GUIDES VOIR

FLORIDE

Des dauphins amusent le public de SeaWorld *(p. 176-179)*

MIAMI QUARTIER PAR QUARTIER

Une des plages de Floride au sable blanc comme neige

LA FLORIDE RÉGION PAR RÉGION

Villa Vizcaya, Miami

LES BONNES ADRESSES

RENSEIGNEMENTS PRATIQUES

Ces touristes profitent du coucher de soleil à Key West *(p. 300)*

COMMENT UTILISER CE GUIDE

Le but de ce guide est de vous aider à profiter au mieux de votre séjour en Floride : il fourmille d'informations pratiques et de conseils. L'introduction, *Présentation de la Floride*, propose une carte de l'État et le situe dans son contexte historique et culturel. Les deux parties *Miami* et *La Floride* présentent en détail les principaux sites. Elles regroupent cartes et illustrations et abordent les thèmes les plus variés, de la cuisine à l'architecture. *Les Bonnes Adresses* recensent les hôtels et les restaurants. Les *Renseignements pratiques* vous fournissent tous les conseils utiles.

MIAMI

Miami fait l'objet de trois chapitres, avec une liste des endroits présentés. Un quatrième chapitre, *En dehors du centre*, est consacré aux faubourgs les plus intéressants. Tous les sites sont repérés sur un plan et numérotés ; les numéros correspondent à l'ordre dans lequel les sites sont décrits dans le corps du chapitre.

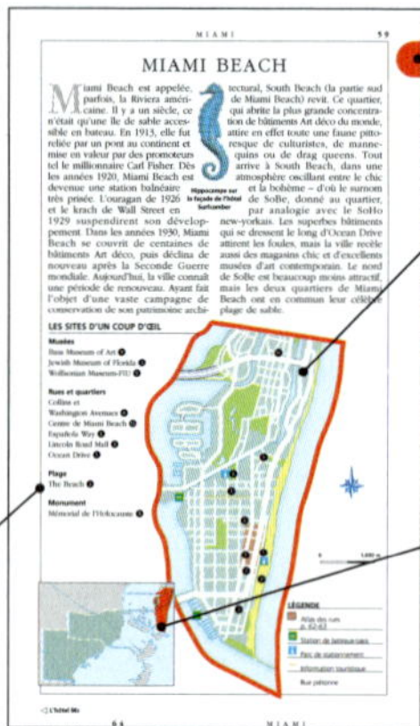

Un repère rouge signale toutes les pages concernant Miami.

1 Plan général du quartier
*Un numéro permet de retrouver sur une carte les sites de chaque quartier. Les sites de Miami figurent aussi dans l'*Atlas des rues de Miami, *p. 100-105.*

La carte de situation indique où se trouve le quartier dans la ville.

Les sites d'un coup d'œil classe les centres d'intérêt par catégories : par exemple, monuments, musées, quartiers, boutiques édifices historiques.

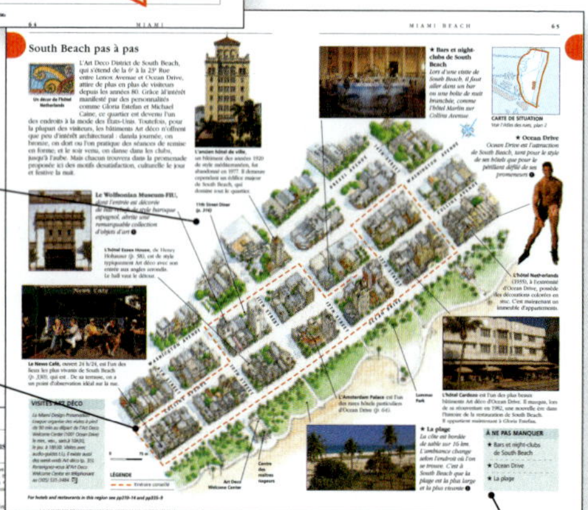

2 Plan du quartier
Il présente une vue aérienne du cœur de chaque quartier.

Un itinéraire conseillé est indiqué en rouge.

Des étoiles signalent les endroits à ne pas manquer.

3 Renseignements détaillés
Les sites de Miami sont décrits un par un, avec toutes les informations pratiques : adresses, heures d'ouverture, etc. La légende des symboles utilisés figure sur le rabat arrière de couverture.

1 Introduction
La présentation des paysages, de l'histoire et de la spécificité des régions montre leur évolution au cours des siècles et ce qu'elles proposent aujourd'hui au visiteur.

LA FLORIDE RÉGION PAR RÉGION
La Floride a été divisée en six régions traitées chacune dans un chapitre séparé. Miami fait l'objet d'un chapitre à part. Les villes et les sites les plus intéressants sont signalés sur une *Carte touristique*.

Les régions peuvent être repérées rapidement grâce à un code couleur (voir premier rabat de couverture).

2 La carte touristique
Elle offre une vue d'ensemble de toute la région et de son réseau routier. Les sites et les monuments sont désignés par un numéro. L'accès à la région et les moyens de transport disponibles sont indiqués.

3 Informations détaillées
Les localités et sites les plus importants sont présentés un par un dans l'ordre de numérotation de la Carte touristique. *Les textes décrivent en détail tous les sites à voir et les monuments.*

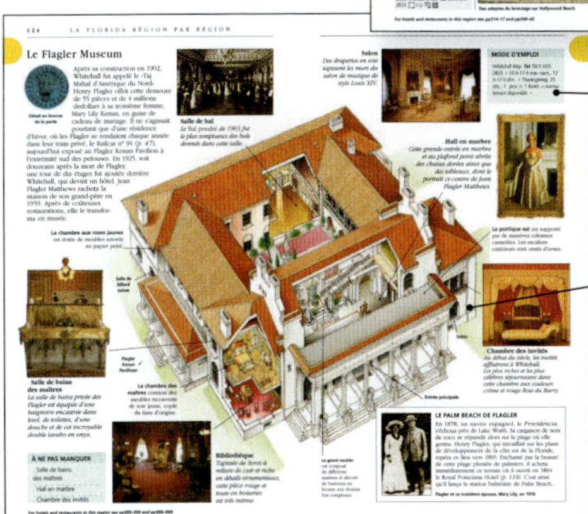

Le mode d'emploi vous aide à organiser votre visite des sites les plus importants.

4 Les principaux sites
Une ou plusieurs pages leur sont réservées. Des dessins dévoilent l'intérieur des bâtiments historiques ; dans les musées, les salles sont distinguées par des couleurs pour faciliter la visite ; dans les parcs, les principales attractions sont signalées.

PRÉSENTATION DE LA FLORIDE

À LA DÉCOUVERTE DE LA FLORIDE

On peut diviser la Floride en sept régions distinctes, chacune correspondant à des critères géographiques et culturels spécifiques. Les marécages des Everglades et l'archipel tropical des Keys occupent le sud tandis que la capitale balnéaire de Miami s'étire le long de la côte est. Des fastueuses demeures de l'âge d'or aux superbes plages des Gold et Treasure Coasts, en passant par les parcs d'attractions d'Orlando et l'architecture coloniale espagnole de Saint Augustine, la Floride est une région de contrastes.

Détail Art déco dans le quartier de South Beach, Miami

Abri de sauveteurs, de style Art déco, sur la plage de South Beach

MIAMI

- **Art déco de South Beach**
- **Quartier de Little Havana**
- **Design District**

Le boum immobilier auquel Miami est actuellement confronté confirme l'attrait continuel que la ville suscite chez les investisseurs en quête de soleil. Des tours résidentielles de plusieurs millions de dollars se multiplient le long de la **Baie de Biscayne** *(p. 75)*. Des bijoux d'architecture **Art déco** *(p. 60-63)* bordent la **plage de Miami** *(p. 58-69)*, et la vie palpite dans les bars et les boîtes de nuit de **South Beach** *(p. 64-67)*, sans oublier, les bandes de plages qui s'étirent sur des kilomètres. À Downtown, la rue animée de Calle Ocho dans **Little Havana** *(p.76)* abrite désormais certains restaurants et clubs de salsa les plus prisés de la ville. Dans le quartier **Design District**, l'élite de Miami investit les galeries d'art et les boutiques d'ameublement haut de gamme.

Patineuse sur le front de mer

LES GOLD ET TREASURE COASTS

- **Demeures de l'âge d'or**
- **Institutions de renommée internationale**
- **Épaves du XVIIIe siècle**

Les vacanciers de la Gold Coast sont attirés par les somptueux palaces datant de l'Âge d'Or comme le **Flagler Museum** *(p. 124-125)*, les boutiques de luxe de **Palm Beach** *(p. 118-119)*, les éminents **Norton Museum of Art** *(p. 126)* et **Boca Raton Museum of Art** *(p. 130)*, et le paisible **Morikami Museum et jardins japonais** *(p. 129)*. En remontant l'**Intracoastal Waterway** vers le nord *(p. 23)*, on découvre les magnifiques îles de **Jupiter** et **Hutchinson** *(p. 112-113)*, ainsi que les butins d'épaves espagnols exposés au fascinant **Mel Fisher's Treasure Museum** *(p. 114)*.

ORLANDO ET LA SPACE COAST

- **Magie de Disneyworld**
- **Dauphins de SeaWorld**
- **Centre spatial Kennedy**

La ville d'Orlando se distingue par la kyrielle de parcs d'attractions qui l'animent. Par son étendue, **Disneyworld** *(p. 142-175)* a peu de concurrents. Le parc d'**Epcot®** *(p. 152-159)* éblouira les passionnés de nouvelles technologies, tandis que les **Disney Hollywood Studios®** *(p. 162-165)* vous dévoileront tous les secrets du monde du cinéma. Au parc aquatique de **SeaWorld®**, on peut nourrir les dauphins. Le littoral abrite une abondante faune ornithologique, la plage de **Cocoa Beach** *(p. 195)* grouille de surfeurs, et le **centre spatial Kennedy** *(p. 196-201)* accueille plus de deux millions de visiteurs par an.

Architecture d'inspiration espagnole de Boca Raton sur la Gold Coast

LE NORD-EST

- **Daytona International Speedway**
- **Forêt nationale d'Ocala**
- **Saint Augustine**

Dans la baie de Daytona Beach, le **phare Ponce de León** *(p. 218)* est le principal emblème de la région. Il fait face au circuit du **Daytona International Speedway** *(p. 218-219)*. La **forêt nationale d'Ocala** *(p. 221)* se prête aux randonnées, aux parties de pêche et à l'observation de la faune et de la flore. Avec ses berges aménagées, **Jacksonville** *(p. 208-209)* a vu sa cote de popularité monter en flèche après avoir accueilli le Super Bowl en 2005. Mais, le joyau de la région, c'est Saint Augustine *(p. 210-213)* : la magnifique forteresse du **Castillo de San Marcos** *(p. 214-215)* datant de la fin du XVIIe siècle et la vieille ville.

La ville de Destin dans le Panhandle, réputée pour sa pêche hauturière

LE PANHANDLE

- **Charme du vieux Sud à Tallahassee**
- **Plages préservées**
- **Musée national de l'Aviation**

Les plantations d'avant la guerre de Sécession longeant la **Route du Coton** *(p. 244-245)* et la ville historique de **Tallahassee** redonnent vie au vieux Sud. Des maisons victoriennes bordent les rues de **Pensacola** *(p. 228-231)*, et le **National Museum of Naval Aviation** *(p. 232-233)* séduira les passionnés de l'armée. Les **plages du Panhandle** *(p. 236-237)* comptent parmi les plus préservées de Floride. **Panama City Beach** est une ville splendide et tapageuse *(p. 238-239)*. **Destin** *(p. 236)* est réputée pour sa pêche.

Une des ravissantes plages des îles de la Gulf Coast

LA GULF COAST

- **Ville moderne de Tampa**
- **Sarasota et Saint Petersburg**
- **Excursions dans les Busch Gardens**

Les adeptes de la plage affluent sur la côte de **Lee Island** *(p. 278-279)*, sur **Saint Pete Beach** *(p. 252-253)* et les îles au large de **Sarasota** *(p. 268-269)*. Sarasota et **Saint Petersburg** *(p. 254-255)* sont des destinations culturelles de premier ordre, respectivement dotées du somptueux **Ringling Museum of Art** *(p. 270-273)* aux allures de palais vénitien, et du **Salvador Dalí Museum** *(p. 256-257)*. À **Tampa**, les constructions exubérantes sont tempérées par les illustres minarets mauresques du Tampa Bay Hotel et par le quartier d'Ybor City, qui abrita jadis une importante industrie du cigare. Toutefois, le premier site touristique de la Gulf Coast demeure le parc des **Busch Gardens** *(p. 264-265)*, où 2 600 animaux africains côtoient d'impressionnantes montagnes russes et autres toboggans aquatiques.

LES EVERGLADES ET LES KEYS

- **Riche écosystème des Everglades**
- **Exploration du récif corallien**
- **Key West, la bohème**

Parsemée de cyprès, de palétuviers et peuplée d'animaux sauvages, la région insulaire du Sud-ouest de la Floride déborde de sites naturels (étendues marécageuses et **récifs coralliens,** *p. 292-293)* d'une beauté unique. Différents réseaux de pistes serpentent à travers le **parc national des Everglades** *(p. 286-291)*, un des plus grands écosystèmes du monde, que l'on peut découvrir à bord d'un hydroglisseur *(swamp buggy)*, d'un canoë ou d'un kayak. Les **Keys** *(p. 292-297)* possèdent tous l'attirail tropical dont on peut rêver : eaux turquoise, sites de plongées et pêche au gros. La ville animée de **Key West** *(p. 284-289)* constitue un refuge historique pour les artistes et les écrivains.

Sentiers aquatiques dans les marécages du parc national des Everglades

La Floride dans son environnement

Peuplée d'environ 14 millions d'habitants, la Floride est l'État le plus méridional des États-Unis. Elle forme une péninsule qui sépare le golfe du Mexique de l'océan Atlantique. La Floride s'étire, du nord au sud, sur 690 km de long et couvre une superficie de 151 714 km² – l'équivalent d'un pays comme l'Angleterre. La capitale de l'État est Tallahassee, une ville moyenne située dans la région du Panhandle, étroite bande de terre qui s'étend à l'ouest, le long de la côte du golfe du Mexique.
La Floride doit sa renommée internationale à deux villes, Miami et Orlando, siège de Disneyland.

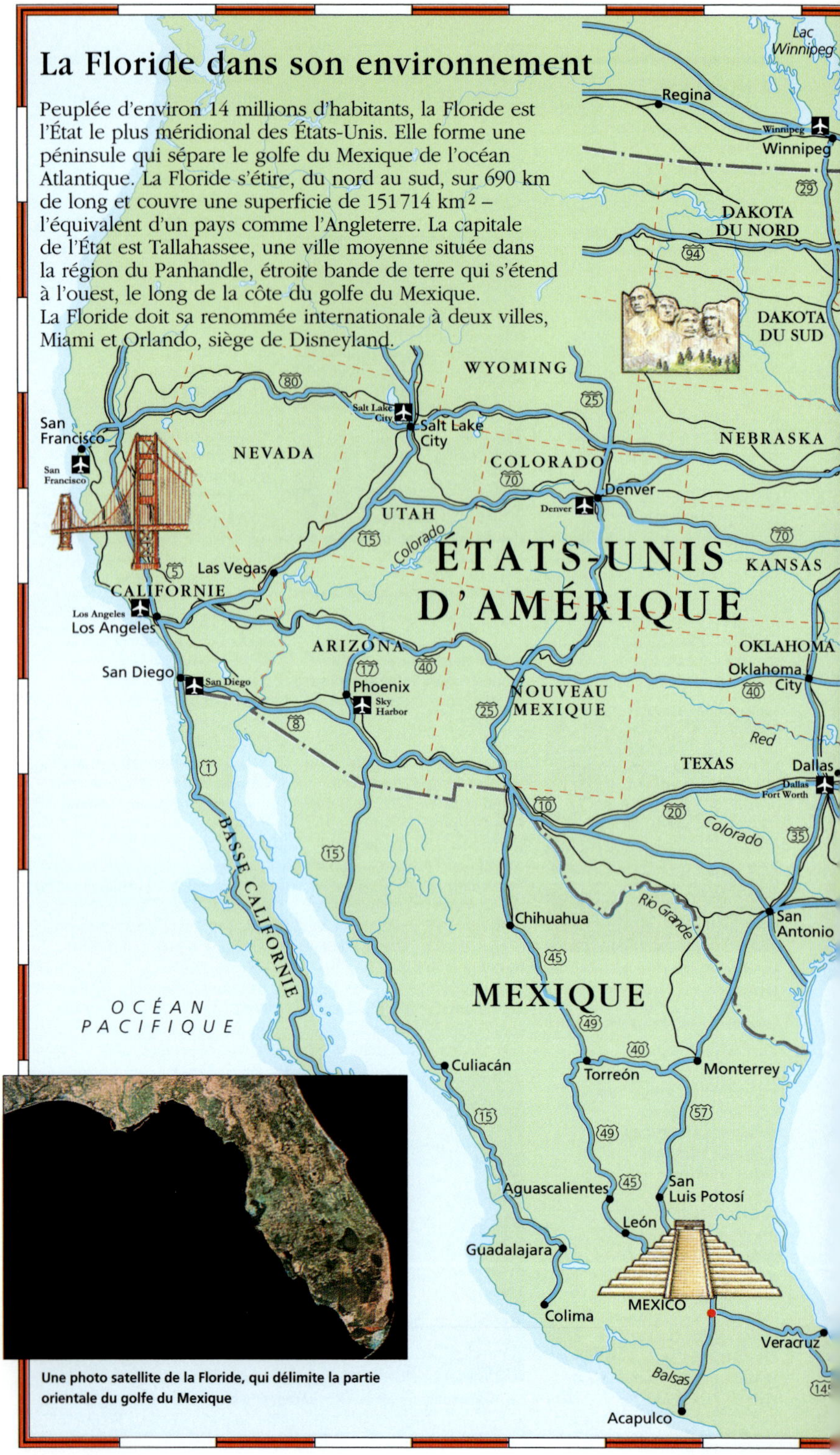

Une photo satellite de la Floride, qui délimite la partie orientale du golfe du Mexique

CANADA
Lac Nipigon
Lac Supérieur
Québec
MAINE
Montréal
Mirabel
Ottawa
MINNESOTA
WISCONSIN
Lac Huron
Lester B Pearson
Logan
Boston
Minneapolis
St Paul
Minneapolis-St Paul
Lac Michigan
Toronto
Lac Ontario
NEW YORK
MICHIGAN
Buffalo
Detroit
Lac Érié
New York
JFK
Milwaukee
Mississippi
IOWA
Chicago
Chicago-O'Hare
PENNSYLVANIE
Pittsburgh
Philadelphie
NEW JERSEY
Omaha
OHIO
Baltimore
DELAWARE
ILLINOIS
INDIANA
Ohio
WASHINGTON, D.C.
Dulles
MARYLAND
Indianapolis
Cincinnati
Missouri
VIRGINIE OCCIDENTALE
Kansas City
Lambert-St Louis
St Louis
VIRGINIE
MISSOURI
KENTUCKY
CAROLINE DU NORD
Nashville
ARKANSAS
TENNESSEE
Memphis
CAROLINE DU SUD
Arkansas
Tennessee
Atlanta
ALABAMA
Savannah
MISSISSIPPI
GÉORGIE
OCÉAN ATLANTIQUE
Alabama
LOUISIANE
New Orleans
Nouvelle Orléans
Houston
Orlando
Tampa
FLORIDE
Miami
ÎLES BAHAMAS
p. 14-15
GOLFE DU MEXIQUE
La Havane
CUBA
LÉGENDE
Floride
Aéroport international
Autoroute principale
Voie ferrée
Frontière internationale
Limite d'État
Mérida
Chetumal
Villahermosa
BÉLIZE
JAMAÏQUE
Kingston
0 400 km
0 200 miles

Carte routière de la Floride

Route bordée de chênes dans le Panhandle

DISTANCES DE VILLE À VILLE (EN MILES ET KM)

10 = Distance en miles
10 = Distance en kilomètres

	MIAMI	FORT MYERS	GAINESVILLE	JACKSONVILLE	KEY WEST	ORLANDO	PALM BEACH	PANAMA CITY	PENSACOLA	SAINT AUGUSTINE	SAINT PETERSBURG	SARASOTA	TALLAHASSEE
FORT MYERS	141 **227**												
GAINESVILLE	331 **533**	230 **370**											
JACKSONVILLE	345 **555**	285 **459**	62 **100**										
KEY WEST	155 **249**	270 **434**	474 **763**	493 **793**									
ORLANDO	228 **367**	153 **246**	109 **175**	134 **216**	371 **597**								
PALM BEACH	64 **103**	124 **200**	269 **433**	274 **441**	219 **352**	166 **267**							
PANAMA CITY	555 **893**	448 **721**	236 **380**	260 **418**	698 **1123**	334 **537**	493 **793**						
PENSACOLA	649 **1044**	541 **871**	330 **531**	354 **570**	792 **1274**	428 **689**	587 **944**	103 **166**					
SAINT AUGUSTINE	308 **496**	251 **404**	73 **118**	39 **63**	461 **742**	96 **154**	238 **383**	293 **471**	387 **623**				
SAINT PETERSBURG	251 **404**	110 **177**	143 **230**	209 **336**	379 **610**	105 **169**	200 **322**	342 **550**	435 **700**	108 **319**			
SARASOTA	214 **344**	71 **114**	179 **288**	240 **386**	344 **553**	132 **212**	174 **280**	378 **608**	471 **758**	228 **367**	39 **63**		
TALLAHASSEE	463 **745**	356 **573**	144 **232**	163 **262**	606 **975**	242 **389**	401 **645**	97 **156**	191 **307**	195 **314**	250 **402**	286 **460**	
TAMPA	245 **394**	123 **198**	128 **206**	190 **306**	387 **623**	85 **137**	192 **309**	331 **533**	425 **684**	179 **288**	20 **32**	53 **85**	239 **383**

GEORGIE
OCÉAN ATLANTIQUE
Fernandina Beach
Amelia Island
JACKSONVILLE
Jacksonville Beach
Mandarin
ST AUGUSTINE
Marineland
Flagler Beach
Ormond Beach
DAYTONA BEACH
Ponce Inlet
New Smyrna Beach
Titusville
John F Kennedy Space Center
Cape Canaveral
Cocoa
Cocoa Beach
Indian River
MELBOURNE
Sebastian Inlet
Sebastian
Vero Beach
Fort Pierce
Hutchinson Island
Stuart
Jupiter Island
Jupiter
WEST PALM BEACH
Palm Beach
Lake Worth
Delray Beach
BOCA RATON
FORT LAUDERDALE
Dania
Hollywood
Davie
MIAMI
Biscayne Bay
BISCAYNE NATIONAL PARK
Homestead
Florida City
Flamingo
Key Largo
Tavernier
Islamorada
Florida Bay
FLORIDA KEYS
Marathon
Bahia Honda
Big Pine Key
KEY WEST
Dry Tortugas
Live Oak
Perry
Suwannee
Lake City
Olustee
Steinhatchee
Cross City
GAINESVILLE
Micanopy
Suwannee
Cedar Key
Cross Creek
Palatka
St Johns
OCALA NATIONAL FOREST
Lake George
OCALA
Silver Springs
Withlacoochee
De Land
Mount Dora
Sanford
Crystal River
Homosassa Springs
Weeki Wachee
Clermont
Walt Disney World
ORLANDO
Dade City
Kissimmee
FLORIDA'S TURNPIKE
Tarpon Springs
TAMPA
Dunedin
CLEARWATER
Lakeland
Winter Haven
Bartow
Lake Wales
Gibsonton
Tampa Bay
ST PETERSBURG
St Petersburg Beach
Anna Maria
Bradenton
SARASOTA
Myakka
Yeehaw Junction
Sebring
Okeechobee
Arcadia
Venice
Port Charlotte
Lake Okeechobee
St Lucie Canal
Pahokee
Caloosahatchee
Clewiston
Belle Glade
Boca Grande
Cayo Costa
FORT MYERS
Captiva Island
Sanibel Island
Immokalee
Bonita Springs
Naples
ALLIGATOR ALLEY
FLORIDA'S TPK
Marco Island
Ochopee
Everglades City
Ten Thousand Islands
THE EVERGLADES
LÉGENDE
Aéroport international
Port de plaisance
Gare ferroviaire
Autoroute
Route principale
Route secondaire
Voie ferrée
1
2
3
4
5
D
E
F

Miami

L'agglomération de Miami est également appelée Dade County (le comté de Dade). Ce comté, d'une superficie de 3 220 km², englobe plusieurs villes distinctes. Miami fait l'objet de trois chapitres : Miami Beach et la station balnéaire de South Beach ; les zones urbaines plus traditionnelles de Downtown et de Little Habana ; et les banlieues chic de Coral Gables et de Coconut Grove.

La banlieue résidentielle recherchée de Coral Gables est bâtie sur un réseau de canaux

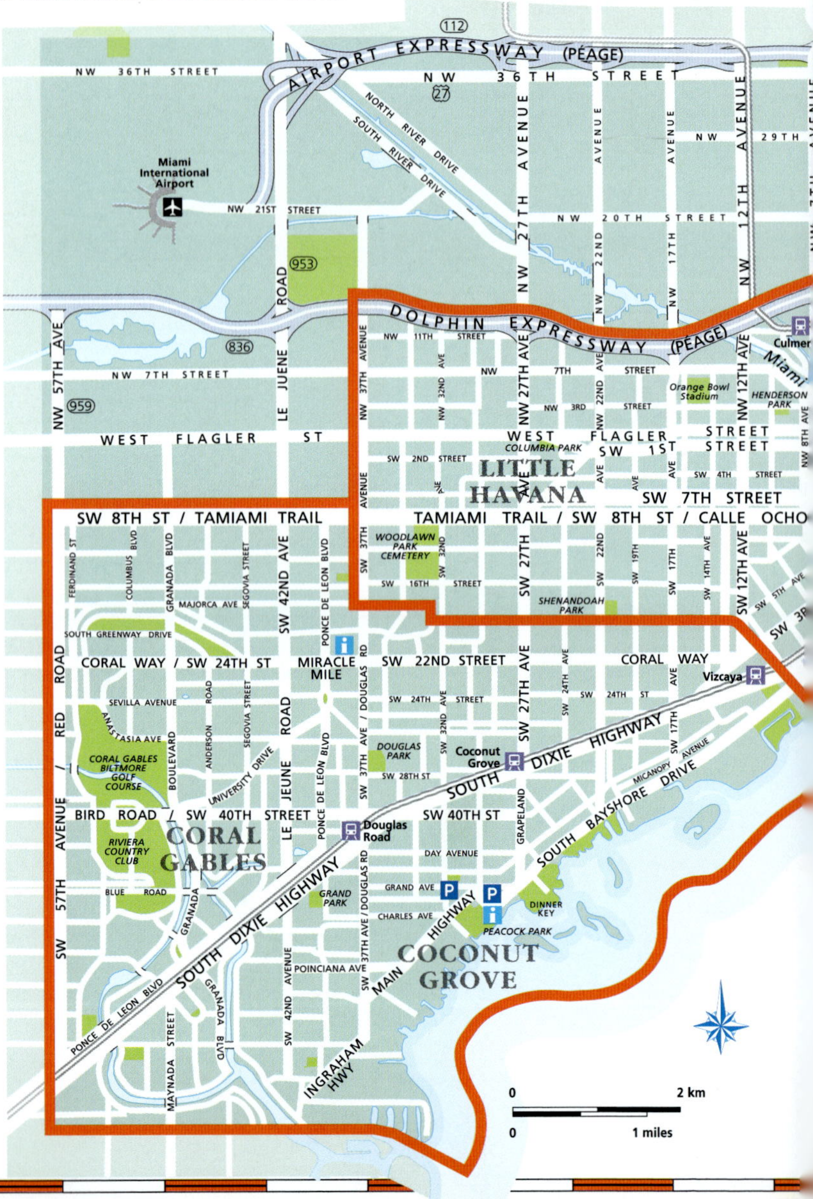

Ville à part entière, Miami Beach est reliée au continent par deux digues

LÉGENDE

- Aéroport international
- Station de métro
- Embarcadère de bateaux-taxis
- Parc de stationnement
- Information touristique
- Autoroute
- Ligne de métro

Downtown, dont les bâtiments dominent la Miami River, est le cœur économique de l'agglomération

UNE IMAGE DE LA FLORIDE

*Les 40 millions de visiteurs qui se rendent en Floride chaque année sont séduits, avant tout, par les nombreux attraits qu'offre traditionnellement cet État – le soleil, la mer, le sable et Disney World. Or, si elle mérite son surnom (*Sunshine State, *« État du soleil ») et sa réputation de destination de vacances idéales, la Floride n'en recèle pas moins de nombreuses facettes plus méconnues.*

En Floride, le visiteur a tendance à vite oublier l'existence d'un arrière-pays s'étendant au-delà des plages. Celles-ci, nombreuses et variées, combleront aussi bien le touriste avide de farniente que le mordu des sports de plage. L'intérieur de la Floride, toutefois, réserve d'intenses satisfactions à qui fait preuve d'esprit de découverte.

Quad de plage à Daytona Beach

Les forêts luxuriantes, les collines vallonnées du Nord, les agencements colorés de bougainvilliers et d'azalées, dont les fleurs éclosent au printemps, sont autant de contre-exemples au mythe d'un arrière-pays qui ne serait constitué que de vastes et mornes plaines. Où que l'on soit en Floride, la civilisation n'est jamais éloignée de la nature la plus sauvage, dans les Everglades par exemple, qui abritent une faune et une flore d'une extraordinaire richesse. Mais la multitude de serpents et d'alligators rappelle au visiteur le caractère inhospitalier que présentait cette région un siècle auparavant. En effet, le développement de la Floride est assez récent, et la plupart de ses subdivisions administratives historiques datent de 1900. L'État abrite cependant la plus ancienne ville des États-Unis, Saint Augustine, où subsistent des bâtiments du XVIIIe siècle bien préservés. Sur les plans culturel et climatique, la Floride forme un trait d'union entre l'Amérique du Nord tempérée et anglophone et

Étendues sauvages inviolées proches de Flamingo, dans le parc national des Everglades

◁ **Scène de rue à South Beach, une plage de Miami où les rollers-skates et les vêtements légers sont de rigueur**

Floridien s'adonnant à la pêche à la ligne près du petit port de Naples, sur le golfe du Mexique

l'Amérique latine subtropicale et hispanophone. Au nord de l'État, les routes bordées de chênes et les habitants typiques du vieux Sud américain font progressivement place, dans la région de Miami, au sud, à une végétation plus exubérante et à une population très largement bilingue.

DÉMOGRAPHIE ET SOCIÉTÉ

Cet État « où tout le monde vient d'ailleurs » est depuis toujours un creuset culturel et démographique. Les Indiens Séminoles furent, au XVIIe siècle, les premiers habitants de la région. Ils vivent aujourd'hui dans des réserves. Parfois, on les rencontre au sud de l'État : établis au bord des routes, ils proposent les produits d'un

Étal de vêtements fabriqués par les Séminoles

artisanat très coloré. Pour l'octroi du brevet d'« authentique Floridien », les prétendants les plus sérieux sont incontestablement les fermiers Crackers, dont les ancêtres s'installèrent en Floride au début du XIXe siècle. L'origine de leur nom s'est perdue. Il est rare de rencontrer un descendant de Cracker le long des côtes de l'État, celles-ci étant en majorité peuplées d'Américains du Nord ou de Latino-Américains. Les populations provenant du nord des États-Unis ont afflué après la Seconde Guerre mondiale. Vingtième État le plus peuplé des États-Unis en 1950, la Floride est aujourd'hui au quatrième rang du pays. Les migrants les plus nombreux sont les retraités, attirés par les conditions climatiques clémentes, les infrastructures de loisirs, voire certaines incitations fiscales. Si le style de vie des résidents les plus fortunés – ceux de Palm Beach, notamment – continue d'alimenter une certaine idée

Cubains de Miami jouant aux dominos

reçue sur la Floride, le quotidien se révèle tout différent. Un nombre croissant d'Américains sont attirés par cet État ensoleillé et contribuent à façonner un style de vie hédoniste propre à cette région. South Beach, une plage de Miami bordée d'immeubles Art déco, est ainsi une station balnéaire fort prisée. Depuis quelques décennies, la Floride est également devenue une terre d'accueil pour les étrangers. Les immigrants viennent d'Amérique latine.

L'un des nombreux centres aquatiques de l'État

À Miami, siège d'une importante communauté cubaine, les rythmes salsa et mérengué font partie de l'environnement sonore, tandis que d'innombrables fêtes sont organisées tout au long de l'année. Ce cosmopolitisme se répercute également dans le domaine de la gastronomie.

Les oranges, fleuron de l'agriculture

ÉCONOMIE ET TOURISME

Sur le plan économique, la Floride est un État dynamique, qui fut longtemps cantonné dans une vocation exclusivement agricole – production d'agrumes, de légumes et de sucre, et élevage. Les plantations d'agrumes couvrent encore aujourd'hui d'immenses étendues dans le centre de l'État, tandis que les industries de haute technologie se développent dans les villes. La proximité de l'Amérique latine et des Caraïbes fait de ces régions un débouché naturel pour les exportations américaines *via* Miami. Par ailleurs, le climat local, très favorable, contribue au déploiement d'activités spécifiques, comme la multiplication de centres d'entraînement pour les grandes équipes américaines de base-ball, et attiré les créateurs de mode et les top models.

Les flamants roses abondent dans les parcs

En tout état de cause, l'activité la plus rentable de l'État est le tourisme. Le parc d'attractions Walt Disney World Resort en est le fleuron, mais le cadre naturel, les activités balnéaires et les croisières, dont le succès est favorisé par la proximité des îles Caraïbes, y contribuent de manière essentielle. Il faut signaler enfin que, après des décennies d'urbanisation sauvage et de soumission aux impératifs agricoles et industriels, la Floride a entrepris une vaste politique de préservation de son patrimoine naturel. L'utilisation de l'eau est désormais réglementée et les dernières panthères de Floride, comme ses grandes régions marécageuses, sont aujourd'hui sévèrement protégées.

Les paysages

Le territoire de la Floride se caractérise par une altitude très faible, puisqu'il culmine à 105 m au-dessus du niveau de la mer. Le paysage de collines du Panhandle, l'un des plus charmants de l'État, constitue donc une exception. Le reste de la péninsule est en effet couvert de prairies et de marécages constellés de forêts et de milliers de lacs. Malgré une urbanisation croissante et le développement des zones agricoles – l'agriculture est, après le tourisme, la deuxième source de richesse de l'État –, la Floride recèle encore de superbes paysages sauvages et inhabités.

Les terres humides *sont soit des forêts inondées, comme ce marais à cyprès, soit des marécages herbeux plus ouverts.*

Les plages de sable *occupent 1 600 km du littoral. À la différence du sable de la côte atlantique qui est d'origine corallienne, le sable à base de quartz du Panhandle est blanc. Pendant la Seconde Guerre mondiale, des escrocs l'auraient vendu en faisant croire que c'était du sucre.*

Des îles, formées de sable aggloméré, constituent une barrière le long des côtes de Floride.

LÉGENDE

- Zone urbanisée
- Zone humide
- Zone boisée
- Intracoastal Waterway
- Zone d'élevage
- Poissons et crustacés
- Plantation d'agrumes
- Canne à sucre
- Tabac
- Arachides

LES AFFAISSEMENTS DE SOL EN FLORIDE

La plupart des 30 000 lacs et étangs de Floride résultent d'affaissements du sol. Ce phénomène, très fréquent dans le nord, résulte de l'érosion naturelle du calcaire qui forme l'essentiel du sous-sol de l'État. Si la plupart de ces affaissements se produisent lentement, certains se forment brutalement, notamment à la suite de pluies torrentielles lorsque le plafond des cavernes souterraines s'effondre sous le poids de la voûte.

L' affaissement le plus spectaculaire répertorié en Floride se produisit à Winter Park en 1981. Il engloutit une demi-douzaine de voitures et une maison, pour former un cratère de 90 m de diamètre. Aussi la plupart des Floridiens souscrivent-ils une police d'assurance spéciale.

Des cantonniers observant un affaissement de sol sur une route

Le canal reliant les côtes est d'origine naturelle, malgré quelques aménagements. Le tronçon qui suit la côte est se prolonge au nord jusqu'au Maryland. En Floride, on commença à draguer les premiers tronçons dans les années 1880. Ce canal est très fréquenté *(p. 372)*.

La forêt, constituée de pins, couvre 50 % des terres émergées de l'État, et plus de la moitié des forêts est exploitée.

Le bétail *élevé en Floride servait à approvisionner Cuba au temps de la domination espagnole. Aujourd'hui, parmi les États du sud-est des États-Unis, seul le cheptel du Kentucky dépasse en importance celui de la Floride. L'essentiel du cheptel est constitué de vaches Brahma, une espèce originaire d'Inde. Les principales zones d'élevage se situent le long de la Kissimmee River, la ville de Kissimmee étant appelée « capitale des vaches de Floride »* (p. 191).

La production d'agrumes en Floride *couvre 70 % de la consommation totale des États-Unis. La qualité des oranges, cultivées surtout pour leur jus, a fait la réputation de la Floride.*

La canne à sucre *pousse sur les sols riches proches du lac Okeechobee* (p. 128). *Autrefois coupée à la machette par des immigrants des Caraïbes, la canne à sucre est aujourd'hui récoltée par des moyens mécaniques.*

La croissance urbaine *est alimentée par l'afflux d'immigrants originaires des États du Nord et de l'étranger, ainsi que par l'exode rural. Le littoral sud-est de la Floride est aujourd'hui entièrement bâti – comme ici à Delray Beach, qui longe le canal reliant les deux côtes* (Intracoastal Waterway) *sur la Gold Coast.*

Les Keys sont un chapelet de petits îlots coralliens fossiles, pour la plupart inhabités.

La faune et les habitats naturels

La diversité des paysages de Floride résulte des deux types de climat – tempéré au nord et tropical au sud – auxquels son territoire est soumis. À ces conditions climatiques s'ajoutent d'autres facteurs tels l'humidité, le caractère sableux des sols, l'altitude basse et la proximité de la mer. La variété des espèces d'oiseaux est particulièrement importante en hiver, période des migrations vers le sud.

Un hammock d'espèces feuillues dans le sud de la Floride

LES ZONES CÔTIÈRES

Malgré leur exposition aux calamités naturelles, elles abritent une faune très riche. À part quelques échassiers, la plupart des espèces sont nocturnes et, la journée, se cachent dans le sable ou, comme les tortues, demeurent en mer. Les marais salants et les lagons, protégés de la mer par des dunes, possèdent une faune particulièrement variée.

Les crabes sabots *délaissent l'océan en grand nombre, surtout au printemps, pour se rassembler sur les plages afin de se reproduire.*

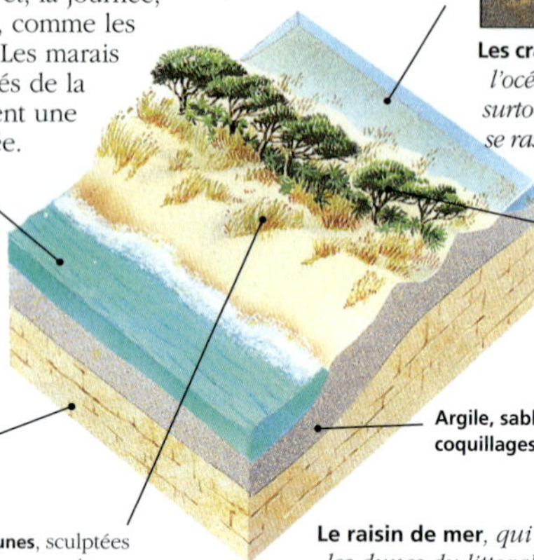

Les lagons sont un sanctuaire pour les poissons et les crustacés.

Les arbustes des dunes sont courbés et « taillés » par les embruns.

Les dunes, sculptées par le vent et les vagues, changent constamment de forme mais sont retenues par les racines des plantes.

L'aigle chauve, *une espèce menacée qui habite les côtes et certaines régions de Floride, a une envergure de 2 m.*

Le raisin de mer, *qui pousse sur les dunes du littoral sud-est de la Floride, tire son nom de la forme en grappe de son fruit.*

LES PINÈDES DES BASSES TERRES

Les forêts de pin, qui hébergent une faune et une flore très endurantes et bien adaptées, recouvrent la moitié de la Floride et constituent le trait d'union entre les différents habitats naturels, qu'elles englobent parfois. Elles sont souvent dévastées par des incendies.

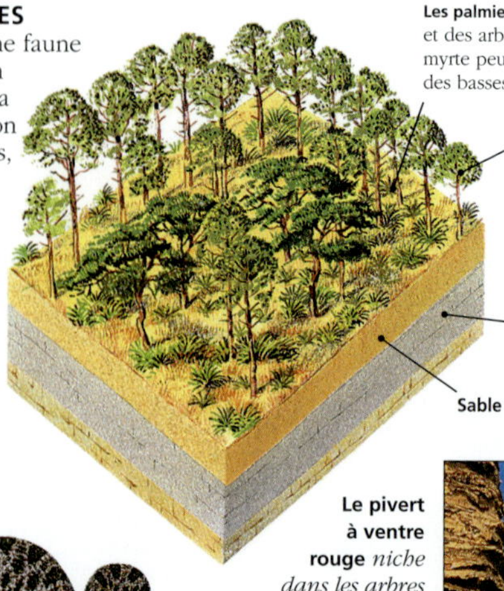

Les palmiers nains et des arbustes telle la myrte peuplent les forêts des basses terres.

Le cyprès chauve domine les pinèdes des basses terres.

Les cerfs *sont des animaux solitaires. Ceux de Floride sont plus petits que leurs cousins du nord des États-Unis.*

Le pivert à ventre rouge *niche dans les arbres morts, parfois pendant plusieurs années.*

Les serpents à sonnette *se camouflent pour se fondre dans les herbes et les broussailles.*

LES MARÉCAGES D'EAU DOUCE

De nombreux marécages d'eau douce ont disparu, drainés par l'homme pour augmenter la superficie des terres cultivées ou pour faire place à l'urbanisation. Pourtant, la Floride en a conservé sur tout son territoire. Ces marécages sont en général peuplés de cyprès nains, bien adaptés à l'habitat amphibie, ou, beaucoup plus rarement, de cyprès chauves.

L'ibis blanc *trouve une nourriture abondante dans les marais. Il niche en colonies nombreuses dans les grands arbres ou les roseraies.*

Le chat sauvage *possède une courte queue, une barbe et un pelage tacheté.*

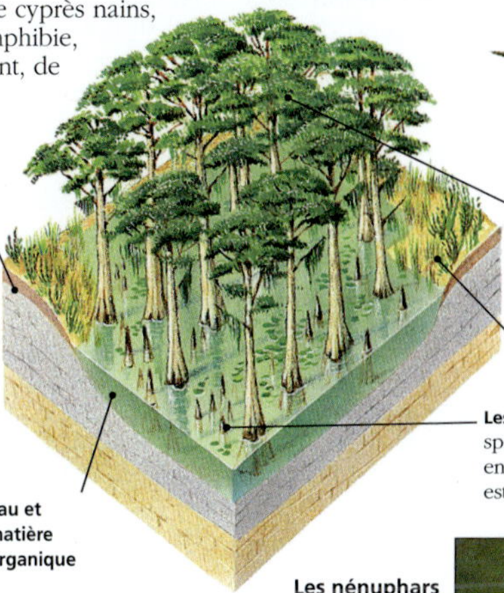

Tourbe

Les cyprès forment souvent un « dôme naturel », les arbres les plus au sec étant plus courts que les autres.

Laîche

Les cyprès ont des racines spéciales qui les alimentent en oxygène lorsque le sol est inondé.

Eau et matière organique

L'anolis est un lézard *vert qui peut virer au brun selon sa température ou son niveau de stress.*

Les nénuphars *sont les fleurs les plus spectaculaires des marais. Les crapauds aiment se reposer sur leurs grandes feuilles.*

LES FORÊTS D'ESPÈCES LIGNEUSES

Ces forêts constituent l'habitat naturel le plus verdoyant de l'État. Elles comprennent de nombreux îlots de végétation ou hammocks. Ceux du sud de la Floride sont peuplés d'espèces tropicales. Ceux du Nord de chênes verts, de magnolias ou de noyers blanc d'Amérique.

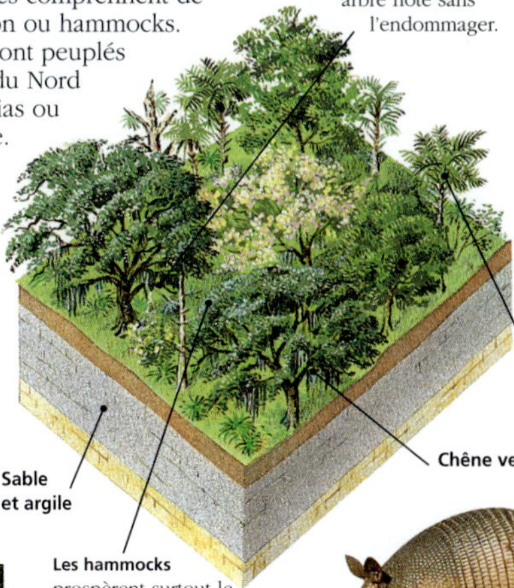

La mousse d'Espagne, comme les autres plantes épiphytes, pousse sur un arbre hôte sans l'endommager.

Chou ou palmier sabal

Chêne vert

Sable et argile

Les hammocks prospèrent surtout le long des cours d'eau.

Les dindes sauvages *se reconnaissent à leur plumage et à leur « barbe ».*

Le magnolia *est un arbre connu depuis la nuit des temps. Il possède une écorce aromatique et produit de superbes fleurs.*

L'opossum *est un excellent grimpeur grâce à ses pattes dotées de doigts et de griffes et à sa queue qui lui permet de s'agripper.*

Le tatou *est un animal nocturne. En cas de danger, il se roule en boule. À l'abri de sa carapace, il devient invulnérable aux prédateurs.*

Les ouragans en Floride

Logo des « chasseurs d'ouragan »

Monument rappelant l'ouragan de 1935 *(p. 294)*

Un ouragan est un cyclone tropical dont les vents atteignent 120 km/h. Sur dix ouragans qui naissent dans l'Atlantique nord, un seul touche la Floride, une fois tous les deux ans en moyenne. La saison des ouragans s'étend du 1er juin au 30 novembre, avec un risque maximal entre août et octobre. Une échelle, dite de Saffir-Simpson, servant à mesurer l'intensité des ouragans, les classe en cinq catégories, la plus dangereuse étant la catégorie 5, quand les vents atteignent 250 km/h. Les ouragans sont baptisés d'après une liste alphabétique de prénoms qui reviennent tous les six ans. Autrefois, on leur donnait des prénoms féminins. Mais depuis 1979, on alterne prénoms masculins et féminins.

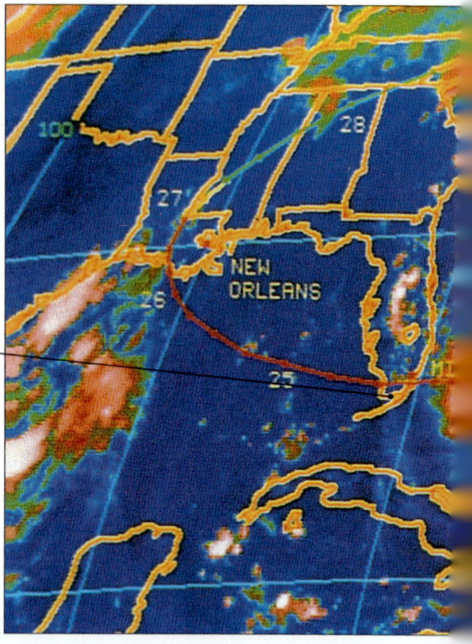

Les régions de Floride les plus exposées aux ouragans sont la côte sud-est, y compris les Keys, la côte ouest des Everglades et, à l'ouest, le Panhandle.

LA VIE D'UN OURAGAN

La formation d'un ouragan est due à plusieurs facteurs dont, en premier lieu, la température et le vent. Le phénomène se produit lorsque le vent heurte une zone de basses pressions et que, attiré violemment par une zone de hautes pressions, il se met à tourbillonner. L'ouragan est alors repéré par les satellites météorologiques. Sa durée de vie est de 8 à 10 jours. Il commence à perdre de sa virulence en passant au-dessus des terres.

Un bateau projeté sur la jetée Rickenbacker de Miami par la violence d'un ouragan

Un immeuble d'habitations après que sa façade eut été emportée par l'ouragan Andrew

Un camp de toiles a accueilli 250 000 personnes évacuées après le passage de l'ouragan Andrew

L'OURAGAN ANDREW

Le 24 août 1992, l'ouragan Andrew dévasta le sud de la Floride. D'une force de 4, «seulement», sur l'échelle de Saffir-Simpson (celui de 1935, qui frappa les Keys, atteignait le degré 5), il provoqua la catastrophe naturelle la plus coûteuse qui ait jamais frappé les États-Unis (25 milliards de dollars de dégâts). Curieusement, Andrew ne tua «que» 23 personnes, dont 15 en Floride.

L'œil *est la partie centrale du cyclone. C'est une aire calme entourée de vents et de pluies violents. Lorsque l'œil est passé, l'ouragan redouble d'intensité.*

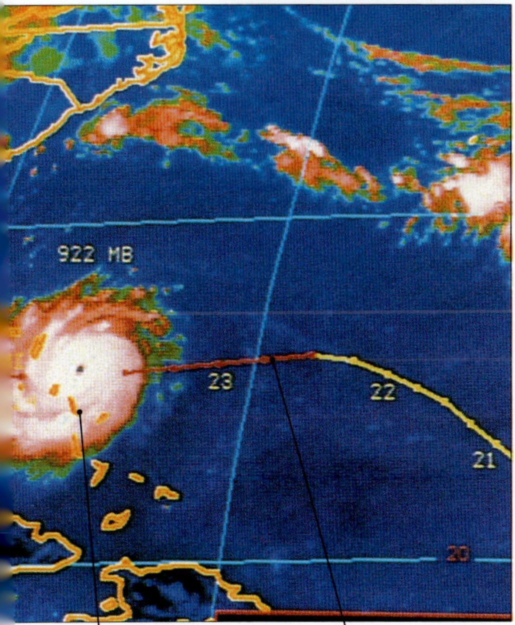

Un ouragan type mesure 400 km de diamètre et peut s'élever de 15 000 à 18 300 m au-dessus de l'océan. Il se déplace à une vitesse comprise entre 15 et 70 km/h.

Beaucoup d'ouragans, tel Andrew, se forment au-dessus de l'Afrique et traversent l'Atlantique en direction de l'ouest.

LE RAZ DE MARÉE

L'essentiel des dégâts et la plupart des victimes des ouragans sont provoqués par la lame de fond qui accompagne l'ouragan, et non pas par les vents. Proche de l'œil du cyclone, ce véritable mur d'eau, lorsqu'il touche le rivage, peut atteindre 80 km de large et plus de 6 m de haut.

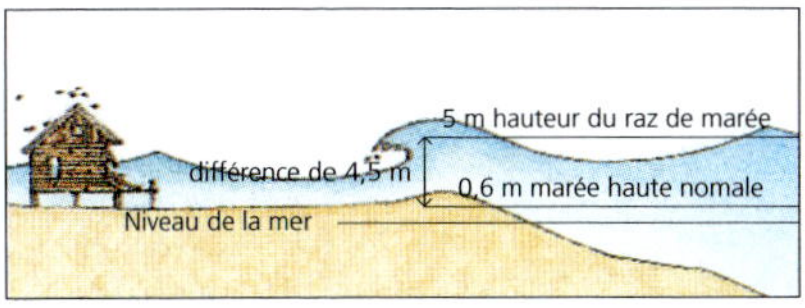

LA SURVEILLANCE D'UN OURAGAN

Le National Hurricane Center, à Miami, a pour mission de suivre la progression des ouragans à l'aide d'ordinateurs et de radars. Il traque l'ouragan bien avant que celui-ci n'atteigne les côtes de Floride. Toutefois, les informations les plus détaillées sont fournies par des pilotes spécialisés, les « chasseurs d'ouragans », qui explorent ceuxci en avion. On peut limiter les dégâts causés par les ouragans en prenant toute une série de mesures préventives.

Arbres courbés par un ouragan

1 L'alerte à l'ouragan

Lorsque le pavillon indiquant la détection d'un ouragan est hissé, cela signifie que celui-ci peut atteindre les côtes de Floride dans un délai de 36 à 48 heures. Lorsque l'alerte est donnée, il ne reste que 24 heures. Les aéroports sont alors souvent fermés.

Signal d'avis d'ouragan

2 L'évacuation

Les autorités responsables de l'évacuation des populations font parvenir leurs consignes par les médias avant l'arrivée de l'ouragan. Les personnes les plus vulnérables sont les habitants des édifices élevés, des mobile homes et des basses terres. Des itinéraires d'évacuation sont fléchés. La Croix-Rouge prend en charge les sans-abri.

Itinéraires d'évacuation

3 La fin de l'alerte

Lorsque l'ouragan se dissipe ou s'éloigne définitivement, le signal de fin d'alerte est donné et chacun peut rentrer chez soi. Du fait des lignes électriques effondrées et des inondations, il faut rester vigilant et prévenir les accidents.

Les épaves et les explorateurs

Le fond des eaux territoriales de la Floride est littéralement parsemé d'épaves de navires qui firent naufrage au cours des siècles, soit lors de tempêtes, soit en heurtant les coraux des Keys. Les épaves indiquées sur cette carte sont celles dont la cargaison a déjà été en grande partie explorée. Chez les chasseurs d'épaves, les cargaisons les plus prisées sont celles des galions espagnols. Les musées de Floride permettent de se faire une idée de la splendeur de l'Espagne au Siècle d'or.

Les phares

Depuis le XIXe siècle, des phares – ici, celui de Jupiter – guident les navires.

L'Atocha

L'épave espagnole la plus célèbre de Floride sombra en 1622. Elle fut découverte en 1985 par Mel Fisher (p. 114) *après 16 années de recherches. La valeur de son trésor fut estimée à 300 millions de dollars.*

Récupération d'un trésor

Cette activité a toujours excité l'ingéniosité des hommes. Ce manuscrit de 1623 expose une technique employée par les Espagnols pour récupérer un trésor dans les Keys.

Les Florida Keys étaient le terrain de prédilection des chasseurs d'épaves *(p. 303)*.

La Havane, capitale de Cuba, était le lieu de rassemblement des flottes retournant en Espagne.

Les navires espagnols en provenance du Nouveau Monde suivaient le Gulf Stream et attrapaient les alizés près de la Floride pour traverser l'Atlantique.

LES CHASSEURS D'ÉPAVES

Mel Fischer dut, plus de cent fois, plaider sa cause devant un tribunal pour faire admettre ses droits sur la cargaison de l'*Atocha*. Les lois fédérales stipulent en effet que les épaves situées jusqu'à 3 miles (5 km) du rivage appartiennent au pays riverain, mais elles sont moins explicites en ce qui concerne celles situées au-delà. Les amateurs qui emploient des détecteurs de métaux sur les plages peuvent garder ce qu'ils trouvent, mais les plongeurs doivent acquérir une licence.

Chasseur de trésor sur une plage

OÙ VOIR DES TRÉSORS ESPAGNOLS EN FLORIDE

McLarty Treasure Museum *p. 114*

Mel Fisher's Maritime Museum *p. 302*

Mel Fisher's Treasure Museum *p. 114*

Museum of Man in the Sea *p. 238*

Saint Lucie County Historical Museum *p. 115*

Une riche flotte espagnole qui fit naufrage ici en 1715 est actuellement en cours d'exploration *(p. 114)*. Quelques amateurs inspectent les plages voisines dans l'espoir de découvrir une pièce d'or rejetée par la mer.

Les navires espagnols *Les caravelles et les galions rapportaient leurs cargaisons en Espagne. Ces navires pouvaient transporter jusqu'à 200 hommes d'équipage. Les caisses d'or et d'argent étaient gardées et enfermées sous clé.*

Barbe-Noire *Réputé pour sa cruauté et pour sa manie de mettre le feu aux cordes de chanvre attachées à son chapeau pour intimider ses ennemis, Barbe-Noire s'attaquait aux navires espagnols au début du XVIIIe siècle. Il fut tué par la Royal Navy britannique en 1718.*

Hispaniola et l'île de la Tortue étaient le repaire des pirates français et anglais, qui en avaient fait leurs bases d'attaque des navires espagnols.

L'architecture en Floride

L'architecture de la Floride reflète la diversité des peuplements successifs. Aux maisons simples des premiers pionniers succéda, avec l'arrivée du chemin de fer, la construction d'édifices plus ambitieux, tandis que des promoteurs, soucieux d'attirer les foules vers le sud, firent édifier des maisons dans des styles familiers aux nordistes. Voilà pourquoi la Floride, confrontée à une importante croissance démographique, ne développa jamais de style propre, tout en recelant quelques curiosités architecturales.

Des gratte-ciel dans le centre de Jacksonville

LE STYLE VERNACULAIRE EN FLORIDE

Les premiers Américains qui s'installèrent au début du XIXe siècle bâtirent des maisons simples et fonctionnelles, adaptées à l'endroit. Deux traits sont constants : la recherche de la ventilation naturelle maximale ainsi que l'emploi du bois. Les maisons des Crackers, les premiers habitants blancs de la Floride *(p. 20)*, sont aujourd'hui assez rares, mais le style vernaculaire a souvent influencé des édifices postérieurs.

Un chickee, demeure traditionnelle des Indiens de Floride

La maison McMullen, *une cabane en pin construite en 1852, est typique de l'habitat des Crackers. On peut l'admirer au village traditionnel de Pinellas County* (p. 252).

L'ÂGE D'OR

À partir des années 1880, grâce au chemin de fer, le tourisme se développe et apporte des influences architecturales nouvelles. C'est ainsi que s'épanouit le goût du style méditerranéen, comme l'illustre l'hôtel Flagler de Saint Augustine, construit en brique. Le bois demeure le matériau le plus utilisé mais fait l'objet de décorations plus recherchées, comme à Key West. Le style victorien domine à Fernandina Beach *(p. 206)* et à Mount Dora *(p. 220)*.

Tour à l'orientale de l'hôtel Tampa Bay

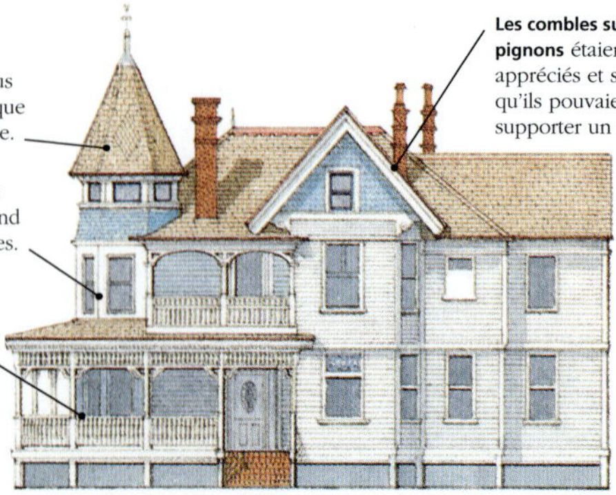

La maison McCreary, *à Pensacola, fut construite vers 1900 ; son style illustre un raffinement tout floridien à l'époque victorienne* (p. 231).

LES FANTAISIES DE L'ÉPOQUE DU BOOM

Les édifices les plus remarquables de la période 1920-1950 partagent le souci romantique d'évoquer des contrées lointaines. Malgré la domination du style méditerranéen, imposé par Addison Mizner à Palm Beach *(p. 118-125)* et George Merrick à Coral Gables *(p. 80-83)*, de nombreux îlots architecturaux coexistent, qui vont du mauresque au style Art déco – ce dernier à Miami, district de South Beach *(p. 60-65)*.

L'hôtel Greystone, de style Art déco à South Beach (Miami)

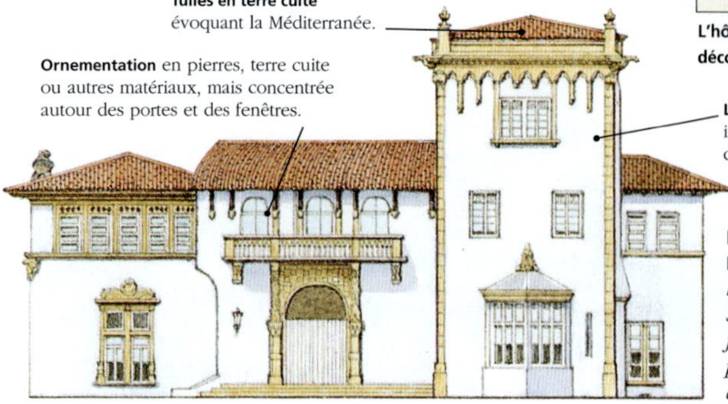

Tuiles en terre cuite évoquant la Méditerranée.

Ornementation en pierres, terre cuite ou autres matériaux, mais concentrée autour des portes et des fenêtres.

Les balcons, tourelles et irrégularités du toit sont des motifs courants.

Les demeures de Palm Beach *ont un style hispanisant. Celle-ci, sur South Ocean Boulevard, fut construite en 1929 par Julius Jacobs, un assistant de Mizner.*

L'ARCHITECTURE D'APRÈS-GUERRE

Les bâtiments récents les plus remarquables sont souvent des centres commerciaux ou des édifices publics, stades ou cinémas, aussi impressionnants par leur style que par leurs dimensions. Plus anecdotiques, les villes nouvelles de Seaside et Disney's Celebration *(p. 156)* s'opposent, par leurs dimensions délibérément modestes, au caractère impersonnel des villes contemporaines.

Le théâtre Van Wezel à Sarasota *(p. 268)*

Les fenêtres à guillotine laissent le soleil et la brise marine pénétrer dans la maison.

La véranda ombragée, construite au 1er étage, offre la vue de la mer.

Seaside, *dans le Panhandle, a reçu un prix d'urbanisme pour ses maisons pseudo-victoriennes* (p. 236) *entourées de palissades.*

Le bois, matériau traditionnel en Floride, est omniprésent à Seaside.

Des néons le long d'International Drive, Orlando

L'ARCHITECTURE AUTOROUTIÈRE

Avec l'afflux des automobiles en Floride, le XXe siècle a vu se développer une architecture typiquement adaptée à l'ère de l'automobile. Des banques et des restaurants accessibles en voiture, mais aussi des édifices en forme de cornet de glace ou d'alligators sont apparus, qui sont destinés à capter l'attention de l'automobiliste. L'originalité de tels bâtiments brise la monotonie du paysage de motels et de fast-foods.

Les sports en Floride

La Floride offre un large choix de compétitions sportives, football américain, base-ball, basket-ball, courses hippiques et polo, golf et tennis, jai alai et sports mécaniques. Tous ces sports sont très populaires à Miami, ville qui accueille de nombreuses rencontres *(p. 96)*. Grâce au climat ensoleillé de la Floride, les sportifs peuvent pratiquer le tennis, le golf et les sports aquatiques *(p. 370-373)* tout au long de l'année. Le football américain, le basketball et le hockey se pratiquent en hiver.

Un match universitaire important au Gator Bowl de Jacksonville

FOOTBALL AMÉRICAIN

La Floride aligne trois équipes en National Football League (NFL) : les Miami Dolphins, les Tampa Bay Buccaneers et, depuis 1995, les Jacksonville Jaguars. L'équipe des Miami Dolphins est la plus prestigieuse, avec ses 5 participations au Super Bowl. La saison de football dure de septembre à décembre *(p. 96)*. Les compétitions universitaires de football sont plus développées en Floride qu'ailleurs aux États-Unis. Parmi les meilleures équipes luttant pour la suprématie, citons les Seminoles de Tallahassee, les Hurricanes de Miami et les Gators de Gainesville. Autour du Jour de l'an se déroulent trois grandes compétitions universitaires, le Citrus Bowl à Orlando, l'Orange Bowl Classic à Miami et le Gator Bowl à Jacksonville. Elles sont suivies par un public enthousiaste.

BASE-BALL

La première équipe professonnelle de base-ball de Floride, les Florida Marlins, vit le jour en 1993. Bien qu'ils aient rejoint depuis peu la Ligue nationale, les Marlins ont déjà remporté deux championnats mondiaux. L'équipe des Tampa Bay Devil Rays *(p. 369)*, basée au Tropicana Fiel Stadium de Saint Petersburg est la deuxième équipe professionnelle de Floride. La saison de base-ball se déroule d'avril à octobre. Huit grandes équipes américaines viennent s'entraîner l'hiver en Floride. L'entraînement commence fin février et fin mars se déroule la **Grapefruit League**, un championnat amical d'une semaine qui attire nombre de fans. Pour le calendrier des matchs et l'achat de billets, adressez-vous à l'avance aux stades concernés. La Florida Sports Foundation *(p. 373)* peut vous fournir une liste des différentes équipes de baseball de Floride, leurs coordonnées et un calendrier des rencontres.

LA GRAPEFRUIT LEAGUE : QUARTIERS D'HIVER DES ÉQUIPES

Atlanta Braves
Walt Disney World.
***Tél.** (407) 939-4263.*

Baltimore Orioles
Fort Lauderdale.
***Tél.** (954) 776-1921, (800) 236-8908.*

Boston Red Sox
Fort Myers. ***Tél.** (877) 733-7699.*

Houston Astros
Kissimmee. ***Tél.** (407) 839-3900.*

LA Dodgers
Vero Beach. ***Tél.** (772) 569-6858.*

Minnesota Twins
Fort Myers. ***Tél.** (800) 338-9467.*

New York Yankees
Tampa. ***Tél.** (813) 879-2244.*

Philadelphia Phillies
Clearwater. ***Tél.** (727) 442-8496.*

St Louis Cardinals
Jupiter. ***Tél.** (561) 775-1818.*
Une liste détaillée est disponible à la Florida Sports Foundation (p. 373).
www.flasports.com

COURSES HIPPIQUES ET POLO

La Floride se flatte d'être le deuxième centre d'élevage de pur-sang d'Amérique, la plupart des élevages étant centrés autour d'Ocala *(p. 222)*. La région de Miami accueille quelques courses célèbres, dont le prestigieux Florida Derby en

L'équipe de base-ball des LA Dodgers à l'entraînement à Vero Beach

mars ou début avril et la Breeder's Cup en novembre, qui se tiennent toutes deux au Gulfstream Park, à Hallandale. Au printemps, on peut admirer les chevaux à l'entraînement à Hialeah Park *(p. 50)*, à Miami. D'autres courses sont organisées aux Tampa Bay Downs en hiver.

Le polo est populaire en Floride et la saison culmine en janvier avec la Challenge Cup, à West Palm Beach *(p.126)*. Spectaculaires, les matchs se déroulent sur des pelouses grandes comme 9 terrains de football et la balle fuse à 176 km/h. À la mi-temps tout le monde se livre au rituel du « piétinement des mottes ».

Course de chevaux à Gulfstream Park, un hippodrome prestigieux

HOCKEY

Le hockey est généralement associé à un sport de pays froid, pourtant la Floride compte deux équipes professionnelles. Les Florida Panthers jouent au Bank Atlantic Center à Sunrise, et les Tampa Bay Lightning, vainqueurs de la Stanley Cup 2004, jouent au St Pete Times Forum à Tampa. Des milliers de Floridiens sont devenus fans de hockey. La saison se déroule d'octobre à avril.

JAI ALAI

Le jeu de jai alai est une forme de pelote basque pratiquée uniquement en Floride *(p. 137)*. Les matchs ont lieu sur un terrain entouré de trois murs, où les joueurs utilisent une chistera pour attraper et renvoyer la balle à une vitesse de 240 km/h. Le fronton est en granite pour absorber l'énergie de la balle.

Le jai alai, le plus rapide et ancien jeu du monde selon les fans

Les compétitions mettent aux prises huit équipes d'un ou deux joueurs. Après le premier point, l'équipe victorieuse reste et affronte la suivante, jusqu'à ce qu'une équipe obtienne sept points. Une compétition de jai alai consiste en 14 parties, jouées en une soirée.

Ce sport est pratiqué toute l'année sur des frontons couverts et fait l'objet de paris énormes.

SPORTS MÉCANIQUES

Les sports mécaniques sont très appréciés en Floride. La saison débute en février au circuit de Daytona *(p. 218)*, l'un des plus rapides du monde, où sont organisées deux courses, la Rolex 24, une cousine des 24 Heures du Mans, et la Daytona 500, l'un des points culminants du NASCAR, le championnat américain de stock-car. D'autres courses automobiles importantes ont lieu à Hialeah (Miami), Homestead, Pensacola et Sebring (près d'Orlando). En mars, la ville de Gainesville accueille des courses de dragsters lors des Gator-nationals. Des grands prix motocyclistes sont organisés à Daytona.

La course Daytona 500, inaugurée en 1959

BASKET-BALL

L'existence d'équipes de basket-ball professionnelles est récente en Floride, avec l'Orlando Magic et le Miami Heat, les seules à être inscrites en NBA. Orlando est célèbre pour avoir engagé Shaquille O'Neal. La saison va d'octobre à avril. Le basket universitaire est également très populaire.

Orlando en action

GOLF ET TENNIS

Les tournois de golf sont nombreux en Floride, État natal de Jack Nicklaus, un joueur de grande classe. Les principaux tournois sont le Bay Hill Invitational d'Orlando et le Tournament Players Championship PGA à Ponte Vedra Beach, près de Jacksonville ; tous deux organisés en mars.

En tennis, le Sony Ericsson Open à Crandon Park, en mars, attire une foule nombreuse.

LA FLORIDE AU JOUR LE JOUR

Avec son climat chaud, la Floride est une destination touristique recherchée toute l'année, malgré une nette différence de temps entre le Nord et le Sud, qui sépare l'État en deux zones. En Floride du Sud (y compris Orlando), la saison touristique s'étend d'octobre à avril, accueillant les Américains du Nord désireux d'échapper aux rigueurs de l'hiver. Bien avant l'arrivée de l'été, les touristes ont abandonné cette partie de l'État – à l'exception du Disney World Resort d'Orlando – pour le Panhandle. Attention : en haute saison, les tarifs des prestations peuvent doubler. En Floride, les fêtes locales sont très nombreuses *(p. 37)*, mais seules les fêtes nationales sont célébrées en même temps dans tout l'État. Pour une liste détaillée, adressez-vous aux offices de tourisme locaux.

Jouteur à la foire de Sarasota

PRINTEMPS

À la fin de février et pour six semaines, les étudiants américains se rendent en Floride pour les vacances de printemps. Ils logent surtout dans les hôtels des stations balnéaires, en particulier à Daytona Beach et à Panama City Beach. Le printemps est aussi l'époque des séances d'entraînement publiques des équipes de base-ball *(p. 32)*. C'est également la saison de la floraison des azalées et des cornouillers.

MARS

Sanibel Shell Fair *(1re semaine)*. Cette foire, qui attire de nombreux amateurs, est consacrée aux coquillages d'ornement *(p. 278-279)*.

Fête de la fraise de Floride *(1re semaine)*, à Plant City près de Tampa. Dégustation de gâteaux et concerts de musique country.

La Calle Ocho à Little Havana, cœur du carnaval de Miami

Daytona Beach fourmille de touristes pendant les vacances de printemps

Foire médiévale *(1er week-end)*, à Sarasota. Des comédiens costumés animent cette fête dédiée au Moyen Âge. **Courses de motos** *(début mars)*, Daytona Beach *(p. 218-219)*. Celles-ci attirent les motards de tout le pays.

Carnaval de Miami *(2e dimanche)*. Neuf jours de fête dans le Latin District de Miami *(p. 76-77)*.

Fête de l'artisanat de Saint Augustine *(dernier week-end)*. Exposition-vente d'objets artisanaux dans les lieux historiques de la ville.

Fête des États *(fin mars-déb. avr.)*, à Saint Petersburg. Trois semaines de parades, de concours de beauté, de concerts de jazz et de feux d'artifice.

AVRIL

Fête des navires anciens *(1er week-end)*, à Mount Dora *(p. 220)*. Courses de navires anciens sur le lac et expositions dans la ville.

Printemps de Tallahassee *(tout le mois)*. L'une des plus grandes fêtes du sud des États-Unis, avec défilés, courses de dirigeables et concerts.

Pâques *(mars-avr.)*. Assistez à l'office du matin au Castillo de San Marcos *(p. 214-215)* puis promenez-vous en calèche dans Saint Augustine.

Conch Republic Celebration *(fin avr.-début mai)*, à Key West. Pendant un week-end, danses et activités multiples sont organisées en l'honneur des fondateurs de la ville.

Emblème de la République de Conch

MAI

SunFest *(1re sem.)*, à West Palm Beach. Événements sportifs et culturels.

Fête de la crevette de l'île aux Huit-Drapeaux *(1er week-end)*, à Fernandina Beach.

Destin Mayfest *(3e week-end)*. Concerts de jazz sur le front de mer de Destin.

14e Festival off International *(fin mai)*. 10 jours de théâtre, comédies et concerts.

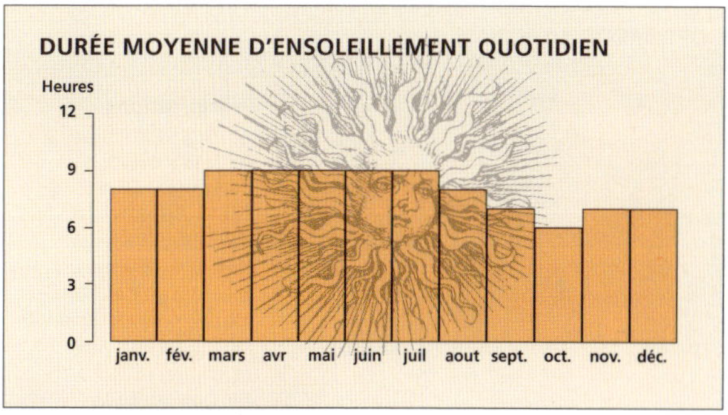

Ensoleillement
Le diagramme indique l'ensoleillement moyen pour toute la Floride. La côte ouest, près de Saint Petersburg, jouit de 361 jours de soleil par an. L'ensemble de l'État a un ciel presque toujours bleu. Même dans le Sud, lors des mois d'été plus humides, les nuages se dispersent rapidement.

Jeune garçon arborant les couleurs nationales un 4 juillet

ÉTÉ

En été, les températures et les taux d'humidité s'élèvent, tempérés seulement par la brise de l'Atlantique et les orages presque quotidiens. C'est également la saison des ouragans *(p. 26-27)*. C'est la période de l'année idéale pour les voyageurs à petit budget, la plupart des hôtels du Sud pratiquant des tarifs de basse saison.

Le principal événement de l'été est la fête nationale, le 4 juillet, qui est célébrée avec démesure.

JUIN

Fête du melon de Monticello *(tout le mois)*, à Monticello *(p. 243)*. Lors de la récolte de ce fruit ; nombreux barbecues et ambiance de fête provinciale.
Fête de Goombay *(1er week-end)*, à Coconut Grove, Miami *(p. 84)*. Fête bahaméenne avec cuisine et musique des Caraïbes.
Fête des cinq drapeaux *(début juin)*, à Pensacola. Deux semaines de festivités avec défilés, marathons, concours de pêche et reconstitution de l'arrivée de Tristan de Luna en 1559.
Downtown Venice Street Craft Festival *(mi-juin)*. Calme et romantique, Venice ouvre ses rues à un marché d'artisanat très apprécié.

JUILLET

Fête nationale américaine *(4 juil.)*, à Miami. Pique-niques et divertissements pour toute la famille précèdent un grand feu d'artifice à minuit lors de la plus grande fête de ce type en Floride du Sud.
Rodéo de Silver Spurs *(début juil.)*, à Kissimmee *(p. 191)*. Le plus ancien rodéo de Floride, qui a lieu aussi en février. Les arènes sont en cours de rénovation.
Hemingway Days *(mi-juil.)*, à Key West. Concours de nouvelles, dédicaces d'ouvrages par des auteurs invités et pièces de théâtre au programme.
Florida International Festival *(fin juil.-début août)* à Daytona Beach. Concerts pop, jazz et classique.

AOÛT

Boca Festival Days *(tout le mois)*, à Boca Raton. Foire artisanale, concours de châteaux de sable et de nombreuses autres activités.
Fête annuelle du Wausau Possum *(1er samedi)*, à Wausau. Cette petite ville au nord de Panama City Beach célèbre ce marsupial avec des grimpés de mâts, des stands de maïs et de dégustation de divers plats à base d'opossum.
Festival des arts et de l'artisanat Carrollwood Twilight *(1er week-end)*, à Tampa. Le rythme frénétique de cette ville se ralentit un peu lors de ce festival d'art.

Concours de ressemblance lors des Hemingway Days de Key West

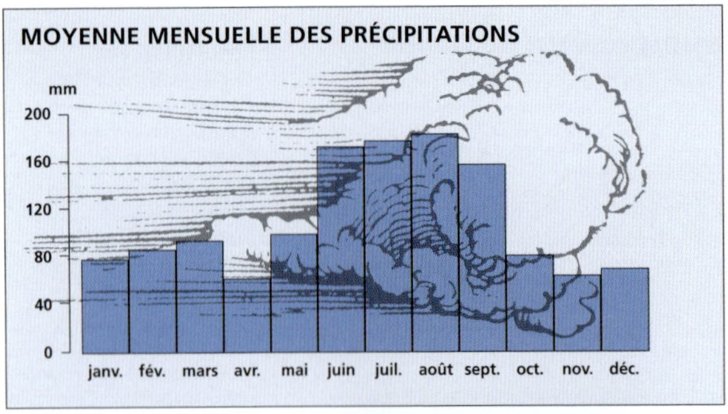

Précipitations
Le diagramme indique les précipitations moyennes dans tout l'État. En raison de la division climatique, le sud de la Floride est plus humide que le Nord en été, période de petites précipitations peu durables, et, à l'inverse, plus sec en hiver.

AUTOMNE

En cette saison, les températures baissent, et, malgré la menace des orages, le climat est agréable. Les plages, les diverses attractions et les autoroutes sont moins fréquentées qu'en haute saison.

Thanksgiving, le 4e jeudi de novembre, est la fête la plus importante de l'automne, où l'on déguste de la dinde et des gâteaux au potiron. Cette fête, qui annonce Noël, est marquée par une frénésie d'achats dans les magasins.

SEPTEMBRE

Foire aux arts de Las Olas *(début sept.)*, Fort Lauderdale. Las Olas Boulevard accueille artistes, vendeurs de plats savoureux et musiciens de rue.
Fondation de Saint Augustine *(le samedi le plus proche du 8)*. Reconstitution de l'arrivée des Espagnols en 1565, à proximité de l'endroit où eut lieu leur débarquement.

Les luxueux alignements de bateaux lors du Fort Lauderdale Boat Show

OCTOBRE

Concours de pêche de Destin *(tout le mois)*. Le « village de pêche le plus chanceux du monde » accueille pendant un mois des pêcheurs du monde entier lors de multiples concours. Dégustation de fruits de mer la 1re semaine.
Festival jazz de Jacksonville *(mi-oct.)*. Ce festival de trois jours mêle concerts de jazz et expositions artistiques.
Festival du mulet de Boggy Bayou *(mi-oct.)*, à Valparaiso et à Niceville. Ces villes jumelles proches de Fort Walton Beach célèbrent le poisson local en organisant dégustations de plats, concerts et jeux.
Fort Lauderdale Boat Show *(fin oct.)*. La plus grande exposition mondiale de bateaux sur l'eau se déroule dans quatre sites distincts.
Fantasy Fest *(dernière semaine)*, à Key West. Fête extravagante durant la semaine de Halloween, avec manifestations homosexuelles, bals masqués, concours de costumes et défilés.
Fête des fruits de mer de Johns Pass *(dernier week-end)*, à Madeira Beach *(p. 252)*.
Guavaween *(dern. samedi)*, à Tampa. Parade d'Halloween parodiant des épisodes de l'histoire de la ville, à l'époque des plantations de goyaviers.

NOVEMBRE

Fête des fruits de mer à Apalachicola *(1er week-end)*. Bénédiction de la flotte de pêche, tressage de filets et dégustation d'huîtres sont les temps forts du plus vieux festival de ce type en Floride.
Orange Bowl Festival *(déb. nov.-fin fév.)*, à Miami. Fête de la jeunesse, avec activités sportives et culturelles.
Festival des Maîtres *(2e week-end)*. Les artistes travaillant pour Walt Disney aux États-Unis exposent leurs travaux à Disney *(p. 172)*.
Foire internationale du livre de Miami *(mi-nov.)*. Rendez-vous très prisé des éditeurs, auteurs et bibliophiles.

Le joyeux défilé costumé de la Key West's Fantasy Fest

MOYENNE MENSUELLE DES TEMPÉRATURES

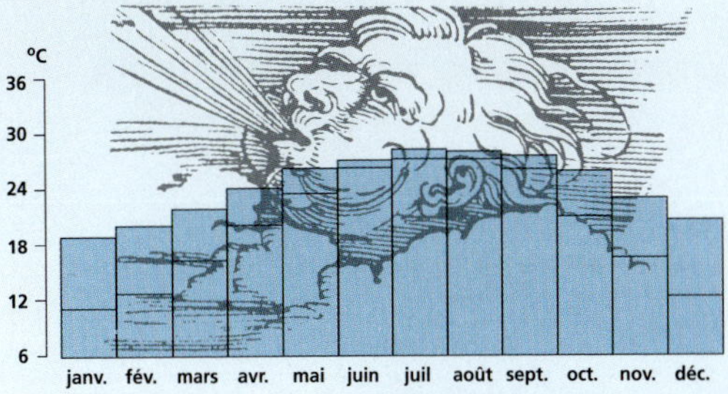

Températures
Le diagramme indique les températures mensuelles moyennes à Miami et à Jacksonville, les plus élevées étant celles de Miami. Au nord, même en hiver, les soirées sont à peine fraîches, mais il fait trop froid pour se baigner. La neige est extrêmement rare. Au sud, les étés sont très chauds et très humides.

HIVER

Les mois d'hiver sont caractérisés par une excitation croissante à l'approche de Noël et du Jour de l'an. Les Américains du Nord arrivent en masse, y compris les célébrités – les premiers en vacances, les seconds pour se produire lors de la haute saison artistique. Disney World Resort fait alors le plein de visiteurs.

DÉCEMBRE

Winterfest Boat Parade *(début déc.)*, à Fort Lauderdale. Le long du canal, défilé féerique de bateaux aux ponts illuminés.
King Orange Jamboree Parade *(31 déc.)*, à Miami. Gigantesque réveillon, entamé la veille par le défilé grotesque du King Mambo, à Coconut Grove.

L'Intracoastal Waterway lors d'un Noël ensoleillé en Floride

JANVIER

Orange Bowl *(nouvel an)*, à Miami. La grande compétition de football universitaire *(p. 96)*.
Épiphanie grecque *(6 janv.)*, à Tarpon Springs. Cérémonies et concerts à la cathédrale grecque orthodoxe *(p. 251)*.
Week-end Art déco *(mi-janv.)*, à Miami Beach. Fêtes dans l'Art Deco District *(p. 60-68)*.
Winter Equestrian Festival *(janv.-mars)*, à Wellington. Sept grandes compétitions équestres.

Invasion de faux pirates lors du Festival Gasparilla, à Tampa

FÉVRIER

Festival Gasparilla *(deuxième lundi)*, à Tampa. Fête animée avec défilés et costumes en l'honneur des pirates qui ravageaient autrefois les côtes *(p. 263)*.
Speed Weeks *(trois premiers week-ends)*, à Daytona Beach. Courses automobiles culminant le dernier dimanche avec les 500 Miles de Daytona *(p. 218-219)*.
Florida Citrus Festival *(mi-fév.)*, à Winter Haven près d'Orlando. Célébration de la récolte des agrumes.
Coconut Grove Arts Festival *(mi-fév.)*, à Miami *(p. 84)*. Une des manifestations d'avant-garde les plus importantes du pays.
Florida State Fair *(mi-fév.)*, à Tampa. Défilés costumés, concerts de célébrités et… catch avec alligators au programme !
Miami Film Festival *(mi-fév.)*. La Film Society of America organise des projections de films pendant 10 jours *(p. 367)*.
Festival du chou des marais *(dern. week-end)*, à La Belle. Dégustation du légume national et rodéos.

JOURS FÉRIÉS

Nouvel An (1er janv.)
Martin Luther King Day (3e lundi de janv.)
President's Day (3e lundi de fév.)
Memorial Day (dernier lundi de mai)
Independence Day (4 juil.)
Labor Day (1er lundi de sept.)
Columbus Day (2e lundi d'oct.)
Election Day (1er mardi de nov.)
Veterans Day (11 nov.)
Thanksgiving (4e jeudi de nov.)

RAIL ~ STEAMER ~ AIR ~ HIGHWAY
ALL LEAD TO MIAMI
LAKE CITY
JACKSONVILLE
GAINESVILLE
ST. AUGUSTINE
PALATKA
ORMOND
DAYTONA
OCALA
NEW SMYRNA
DeLAND
SANFORD
ORLANDO
TITUSVILLE
KISSIMMEE
COCOA
LAKELAND
TAMPA
ST. PETERSBURG
MELBOURNE
SEBRING
SARASOTA
FT. PIERCE
TROPICAL ZONE
OKEECHOBEE
ARCADIA
LAKE OKEECHOBEE
DIXIE HIGHWAY
PUNTA GURDA
FT. MEYERS
WEST PALM BEACH
PALM BEACH
IMMOKALEE
ESTERO
GULF OF MEXICO
NAPLES
FT. LAUDERDALE
EVERGLADE
MIAMI
HOMESTEAD
BIMINI
CAPE SABLE
KEY WEST
HAVANA
CUBA
ATLANTIC OCEAN
TROPICAL ZONE
441 N.E. 1ST AVE.
CITY
MIAMI FLA.
J.D. Vouldoris
MIAMI
IN THE TROPICAL ZONE of FLORIDA
WHERE WINTER IS TURNED TO SUMMER
World's Greatest Playground
The Land of Opportunity

HISTOIRE DE LA FLORIDE

On s'imagine que la Floride est un État pratiquement dépourvu d'histoire. Il n'en est rien. Sa modernité est le résultat de la confrontation et de la synthèse de peuples et de cultures différents. Jusqu'au XVIe siècle, la Floride était peuplée d'indigènes. Organisés en tribus, ces derniers obéissaient à un système politico-religieux complexe qui traduisait un haut degré d'organisation sociale. Cependant, peu après que Ponce de León eut aperçu la « Florida » en 1513, les tribus indiennes furent décimées, au cours de la colonisation espagnole, par la guerre et les épidémies. Pendant 250 ans, la Floride ne se développa guère, réduite aux rôles d'avant-poste des colonies espagnoles des Caraïbes et de refuge pour les esclaves évadés et les Indiens Séminoles *(p. 285)* fuyant la domination britannique au nord. Ce n'est qu'après la prise de contrôle de la Floride par les Britanniques en 1763 que le pays se mit à prospérer. Pendant soixante ans, l'Espagne, la Grande-Bretagne et les États-Unis se disputèrent la Floride, qui devint finalement territoire américain en 1821. Au cours des soixante-cinq années suivantes, les Américains tentèrent de chasser les Séminoles. Parallèlement aux guerres indiennes, la Floride participa à la guerre de Sécession, si bien qu'en 1865 elle était en ruines.

Henry Flagler

Les efforts d'entrepreneurs comme Henry Flagler, qui introduisit le chemin de fer et le tourisme, contribuèrent à relancer l'économie de l'État. Le tourisme prospéra au début du XXe siècle ; en 1950, il était devenu la principale richesse de la Floride. Si l'on excepte la parenthèse de la récession des années 1920-1930, l'agriculture joua un rôle croissant dans l'économie, et les immigrants affluèrent dans la région : entre 1940 et 1990, la population sextupla. En pleine expansion, terre d'asile d'une importante minorité hispanophone, la Floride est aujourd'hui confrontée aux problèmes d'un État moderne.

L'une des plus anciennes cartes connues de la Floride, dessinée au XVIe siècle par Théodore de Bry

◁ **Ancienne carte postale de Floride, destination touristique déjà populaire dans les années 1920**

La Floride préhistorique

Outil de pierre

La Floride faisait autrefois partie de la chaîne volcanique qui donna naissance aux Antilles. Pendant des millions d'années, celle-ci fut soumise à l'érosion, puis submergée. Lorsqu'elle réémergea, elle était reliée au continent nord-américain. Les hommes arrivèrent en Floride après la dernière période glaciaire. Certaines tribus de chasseurs-cueilleurs étaient nomades, d'autres établirent des campements permanents le long des rivières et du littoral. Vers l'an 1000, un système politico-religieux complexe semblait en vigueur au sein des tribus, comme en témoignent divers vestiges.

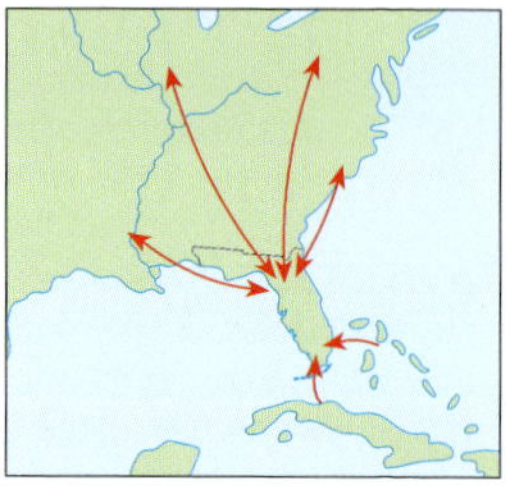

CONTACTS ENTRE LES TRIBUS

— *Régions en contact*

Les pots étaient souvent incisés pour permettre une meilleure résistance de la surface à la chaleur, mais également dans un souci esthétique.

Coiffes ornementales en cuivre, martelées et réalisées dans du métal provenant parfois de la région des Grands Lacs.

Récipient à figure humaine

Cette urne funéraire peinte en céramique est datée du Ve-VIIe siècle. Ces objets étaient souvent richement ornés d'animaux ou d'oiseaux. Des trous étaient pratiqués dans la poterie pour que son « âme » accompagne celle de son possesseur à sa mort.

LES TRIBUS PRÉHISTORIQUES

La pratique de l'agriculture, l'érection de tumuli funéraires et quelques traits communs à des tribus du sud-est des États-Unis indiquent que les tribus du Nord étaient du groupe Timucua. Celles du Sud, les Calusa et les Tequesta, vivaient de la pêche. Elles laissèrent des objets de bois et des tumuli.

Sculpture calusa en bois

LE SECRET DE L'ÎLE MARCO

En 1896, une découverte unique fut effectuée dans l'île Marco *(p. 284)* : un grand nombre d'objets de l'artisanat calusa faits de matières organiques furent découverts, parfaitement préservés par les marécages. Hélas ! une fois retirés de leur milieu d'origine, ils tombèrent en poussière. Il ne reste aujourd'hui que deux pièces d'usage funéraire : une statuette et un masque.

Bol en terre cuite

Daté du IXe siècle, ce récipient avait peut-être un usage religieux. Les ornements aident les archéologues à identifier les tribus.

CHRONOLOGIE

v. 10000 Premiers outils de pierre réalisés par les tribus paléo-indiennes

Des atlatls (armes de jet), font leur apparition vers 6000 av. J.-C.

10000 av. J.-C.	9000 av. J.-C.	8000 av. J.-C.	7000 av. J.-C.	6000 av. J.-C.	5000 av. J.

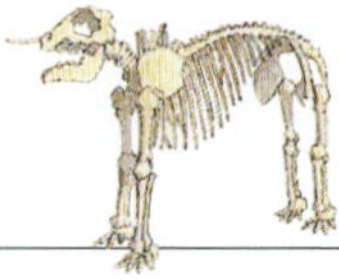

Squelette d'un mastodonte, un animal de l'ère glaciaire qui peuplait autrefois la Floride

v. 7500 Augmentation de la température. Les hommes chassent des animaux plus petits (cerfs) et se mettent à manger des végétaux

v. 5000 Premier campement semi-permanent le long de la St Johns River, avec érection de monticules

Indienne Timucua
Les premières représentations d'Indiens de Floride montrent qu'ils étaient recouverts de tatouages. Ils portaient des boucles d'oreille en bois, des coquillages d'ornement et très peu d'habits.

Pipe en terre
Pour leurs cérémonies, les Indiens de Floride employaient autrefois un tabac très fort. Utilisé en infusion, en chiques ou dans des pipes, il provoquait des hallucinations.

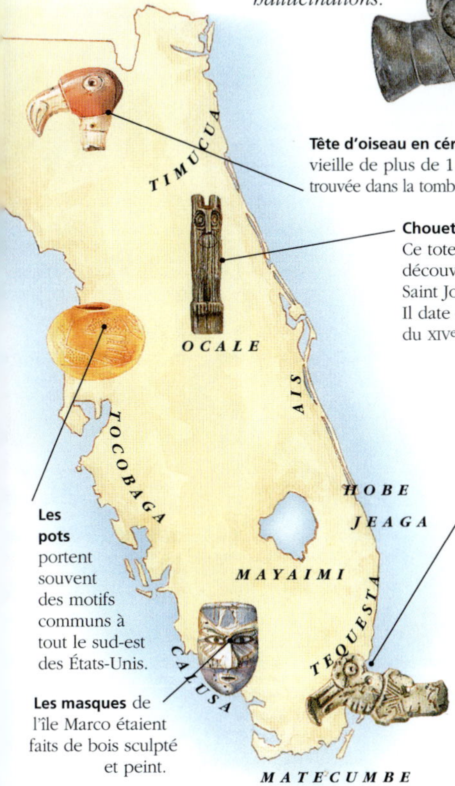

Tête d'oiseau en céramique vieille de plus de 1 600 ans, trouvée dans la tombe d'un prêtre.

Chouette à cornes Ce totem en pin fut découvert dans la Saint Johns River. Il date du milieu du XIVe siècle.

Les pots portent souvent des motifs communs à tout le sud-est des États-Unis.

Les masques de l'île Marco étaient faits de bois sculpté et peint.

Pendentif en coquillage découvert dans un tumulus. Le style de l'ornementation suggère des contacts avec les Caraïbes.

OÙ VOIR LA FLORIDE PRÉHISTORIQUE

La plupart des musées d'histoire de l'État exposent des objets préhistoriques.
Le plus richement doté est le Natural History Museum de Gainesville *(p. 223)*.
À Crystal River *(p. 250)* et à Fort Walton, on peut admirer des tumulus religieux et visiter ensuite les musées associés au site.

Le site de Crystal River *abrite un important complexe de tumulus indiens.*

Les objets en cuivre
Ce plastron en cuivre repoussé découvert dans le nord de la Floride et daté du XIVe siècle ressemble à un autre plastron trouvé en Géorgie. Comme la Floride ne possède pas de mines de cuivre, la présence d'un tel objet de luxe indique l'existence de courants commerciaux.

v. 1000 La Floride du Nord passe de la civilisation nomade de chasseurs-cueilleurs à une société sédentaire et complexe d'agriculteurs. Érection des premiers tumuli

v. 1000 Développement de systèmes politiques et de pratiques religieuses complexes. Érection de tumuli et de temples. Contacts avec des tribus étrangères à la Floride

4000 av. J.-C.	3000 av. J.-C.	2000 av. J.-C.	1000 av. J.-C.	an 1	1000

v. 3000 Le climat de la Floride devient ce qu'il est aujourd'hui

v. 2000 Apparition des premières poteries

Un temple bâti au sommet d'un monticule funéraire

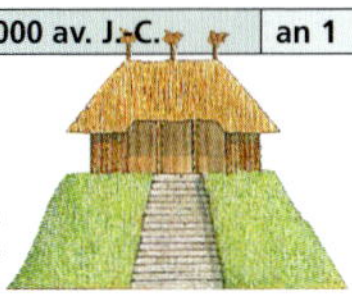

v. 800 Première trace de culture du maïs dans le nord de la Floride

La Floride espagnole

Crucifix espagnol

Après que Juan Ponce de León eut aperçu la Floride, pour la première fois, en 1513, plusieurs troupes de conquistadores tentèrent sans succès de s'y établir et d'y trouver de l'or. Les Français y édifièrent le premier fort en 1564, mais celui-ci fut détruit par les Espagnols. Pour protéger leurs convois en provenance d'Amérique du Sud, ces derniers comprirent très vite l'importance stratégique de la Floride, située à proximité des routes maritimes empruntées par les galions. Malgré les raids anglais, au XVIIe siècle, les Espagnols occupèrent la péninsule ; ils y introduisirent le christianisme, le bétail et… les maladies européennes, qui décimèrent les Indiens.

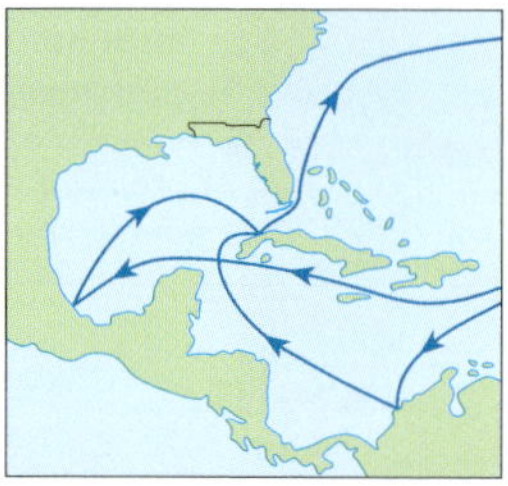

ROUTES MARITIMES ESPAGNOLES

— *Routes maritimes*

Juan Ponce de León
Cherchant de l'or, Ponce de León découvrit une terre qu'il baptisa Pascua Florida, *la fête des fleurs (Pâques).*

La colonne de Ribault, érigée en 1562 *(p. 207)*, vestige des prétentions françaises.

Le maïs, naturel en Floride, était une denrée de base pour les Indiens.

PREMIERS ÉTABLISSEMENTS

Le huguenot René de Laudonnière fonda en 1564 « La Caroline », premier établissement européen durable en Floride. Un autre Français, Le Moyne, peignit cette scène de rencontre avec les Indiens.

FORT MOSE

Les esclaves qui fuyaient les terribles conditions de vie en vigueur dans les colonies anglaises des Carolines arrivaient en Floride, où, comme dans les autres colonies espagnoles, ils avaient quelques droits. Soucieux de soutenir les ennemis des Anglais, les Espagnols créèrent Fort Mose en 1738 à proximité de Saint Augustine : ce fort autonome fut la première communauté noire libre d'Amérique du Nord.

Milicien noir d'une colonie espagnole

CHRONOLOGIE

1513 Ponce de León découvre la Floride. Huit ans plus tard, il tente sans succès d'y établir une colonie permanente

Signature d'Hernando de Soto

1528 Pánfilo de Narváez débarque dans la baie de Tampa à la recherche de l'Eldorado

1539 Hernando de Soto débarque dans la baie de Tampa avec 600 hommes et meurt trois ans après sur le Mississippi

1565 Pedro Menéndez de Avilés fonde San Agustín (Saint Augustine) après avoir défait les Français

1566 Les Jésuites arrivent en Floride

v. 1609 *Histoire de la conquête de Floride* publiée par Garcilasso Inca del Vega

1622 Les navires espagnols *Atocha* et *Santa Margarita* sombrent pendant une tempête

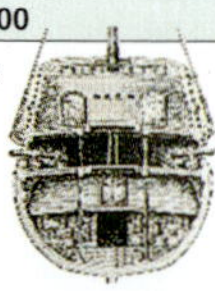

*Vue en coupe de l'*Atocha

1520 | 1540 | 1560 | 1580 | 1600 | 1620

Hernando de Soto
fut le plus impitoyable des conquistadores. Sa quête de l'or s'accompagna du massacre de nombreuses tribus indiennes et de la mort des deux tiers de ses hommes.

Coiffe ornementale en or et argent
Les objets indiens en métaux précieux alimentaient le mythe de l'Eldorado. Celui-ci vient d'une épave espagnole.

OÙ VOIR LA FLORIDE ESPAGNOLE

À Saint Petersburg, le mémorial De Soto indique l'endroit où le conquérant débarqua *(p. 267)*. Aux portes de Jacksonville se dresse une reconstitution de Fort Caroline *(p. 207)*. Le Castillo de San Marcos *(p. 214-215)*, à Saint Augustine *(p. 210-211)*, est le plus impressionnant vestige de l'époque espagnole.

Nuestra Senora de la Leche, *une chapelle de Saint Augustine érigée par de Avilés en 1565.*

René de Laudonnière examine les offres des Indiens.

Athore, le chef des Timucua, dépose, devant les Français, des gages de bienvenue au pied de la colonne Ribault.

Sir Francis Drake
La puissance espagnole en Amérique inquiétait les Anglais. Sir Francis Drake, un boucanier, brûla Saint Augustine en 1586.

Le Codice Osuna
Ce manuscrit du XVIe siècle décrit l'expédition de Tristan de Luna en Floride. En 1559, un ouragan détruisit son camp de Pensacola, mettant un terme à ses efforts de colonisation.

1670 Le traité de Madrid définit les prétentions espagnoles sur le Nouveau Monde

Drapeau du pirate Barbe-Noire

1718 Barbe-Noire, qui a terrorisé la côte est de Floride, est tué en Caroline du Nord

1740 Les Anglais, à partir de la Géorgie, assiègent le Castillo de San Marcos

1763 Par le traité de Paris, la Grande-Bretagne acquiert la Floride et rend Cuba aux Espagnols

1640	1660	1680	1700	1720	1740	1760

1687 Les huit premiers esclaves échappés des plantations britanniques de Caroline arrivent en Floride

1693 Établissement espagnol à Pensacola, qui devient une ville cinq ans après

1702 Les Anglais rasent Saint Augustine

Castillo de San Marcos, Saint Augustine

1756 Le Castillo de San Marcos est achevé

La lutte pour la Floride

Botte de cuir

L'abondance des ressources en cuirs et fourrures et la quête de nouvelles terres pour les plantations attirèrent les Britanniques en Floride. Après la conquête du territoire en 1763, ils divisèrent la colonie en deux parties, soutenues financièrement par la Couronne, qui demeurèrent loyalistes pendant la guerre d'Indépendance. L'Espagne réoccupa l'ouest de la Floride en 1781, puis la partie est deux ans après. Par la suite, la fuite des esclaves américains vers la Floride ainsi que des alliances passées entre fugitifs et chefs indiens attisèrent les tensions entre la Floride et les États-Unis : le général Jackson envahit l'État. Cette intrusion déclencha la première guerre séminole.

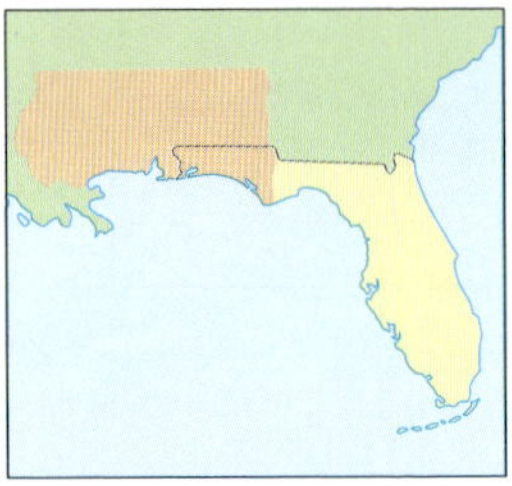
FLORIDE ANGLAISE 1764-1783

Floride de l'Est

Floride de l'Ouest

Le système des castes espagnol
Peu d'Espagnoles se rendaient dans les colonies. Les hommes épousèrent alors des Noires et des Indiennes. Il en résulta un système de castes dominé par les Espagnols blancs.

Fort George abritait la garnison anglaise de Pensacola.

Un tambour rythmant la marche des troupes à la bataille.

LA CAPTURE DE PENSACOLA

En 1781, après un siège d'un mois, l'Espagnol Bernardo de Gálvez battit les Britanniques et leur reprit la Floride. Sa victoire renforça certainement les velléités d'indépendance des colonies britanniques du Nord.

Brasero
L'hiver, le brasero *servait de chauffage, dans le Nord, et l'été, à éloigner les moustiques.*

CHRONOLOGIE

1776 La révolution américaine épuise les forces anglaises. Les loyalistes commencent à quitter la Floride

1783 Au second traité de Paris, la Grande-Bretagne reconnaît l'indépendance américaine, gagne les Bahamas et Gibraltar et rend la Floride à l'Espagne, qui entreprend sa mise en valeur

1785 -1821 Accrochages frontaliers entre Espagnols et Américains

1765 | 1770 | 1775 | 1780 | 1785 | 1

Soldat anglais pendant la révolution américaine

1781 Commandés par de Gálvez, les Espagnols prennent Pensacola et la Floride de l'Ouest

1782 Le Congrès américain choisit l'aigle chauve pour emblème

Emblème américain

Le général Jackson
Soldat ambitieux, le général Andrew Jackson conduisit des raids illégaux sur la Floride, avant de la conquérir. Ses succès l'amenèrent tout naturellement à devenir le premier gouverneur de l'État en 1821, puis le septième président des États-Unis.

Illustrations de William Bartram
Nommé en 1765 botaniste du roi en Amérique, William Bartram contribua à la connaissance de la faune et des indigènes de Floride.

Bernardo de Gálvez, gouverneur espagnol de Louisiane, âgé de 27 ans, fut blessé lors de la prise de Pensacola.

OÙ VOIR LES VESTIGES DE LA LUTTE POUR LA FLORIDE

La plantation Kingsley *(p. 207)*, près de Jacksonville, est la plus vieille maison de planteurs de l'État. Le Seville District de Pensacola *(p. 230)* fut aménagé par les Anglais lors de leur occupation de la ville. Saint Augustine *(p. 210-213)* comprend des bâtiments datant de ce temps (maisons du gouverneur britannique et Ximenez-Fatio).

La plantation Kingsley *occupe un site superbe dans l'estuaire de la Saint Johns River.*

Cette caricature *montre le cheval Amérique désarçonnant son cavalier, l'Angleterre. Les colons loyalistes durent également quitter la Floride orientale.*

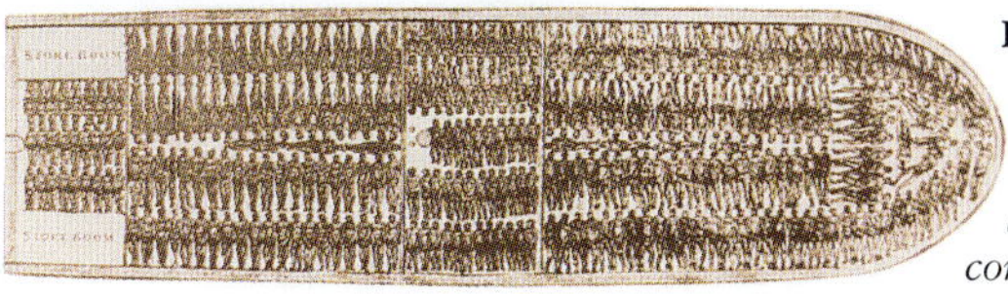

La traite des Noirs
L'économie de plantation reposait sur l'esclavage. Meurtrière, la traversée pouvait durer des mois dans des conditions d'hygiène épouvantables.

1795 L'Espagne cède aux É.-U. ses territoires au nord du 31e parallèle

Drapeau des patriotes de Floride de l'Est

1800 L'Espagne cède la Floride de l'Ouest à la France

1803 Les États-Unis achètent la Louisiane et s'étendent vers l'est. Ils revendiquent la Floride de l'Ouest

1808 Loi votée par le Congrès bannissant l'esclavage. Elle n'est pas appliquée

Menottes d'esclaves

1812 Les patriotes américains prennent Amelia Island et demandent l'annexion de la Floride de l'Est par les États-Unis. C'est un échec, mais l'idée fait son chemin

1817 Première guerre séminole

1819 Pour rembourser sa dette de 5 millions de dollars envers les États-Unis, l'Espagne leur cède tous ses territoires à l'est du Mississippi, dont la Floride

1795 | 1800 | 1805 | 1810 | 1815

La Floride au début du XIXe siècle

Un pélican, par Audubon

La Floride fut cédée aux États-Unis en 1821. Dès lors, la colonisation s'y développa régulièrement et l'économie de plantations s'établit solidement dans le nord de l'État. Pour donner aux colons les meilleures terres, le gouvernement fédéral fit déplacer les Indiens à l'ouest du Mississippi, ce qui déclencha les deuxième et troisième guerres séminoles. Après l'élection, en 1860, d'Abraham Lincoln, opposant à l'esclavage, la Floride fit sécession et rejoignit les rangs confédérés. Elle se contenta d'approvisionner leurs troupes enviande et en sel.

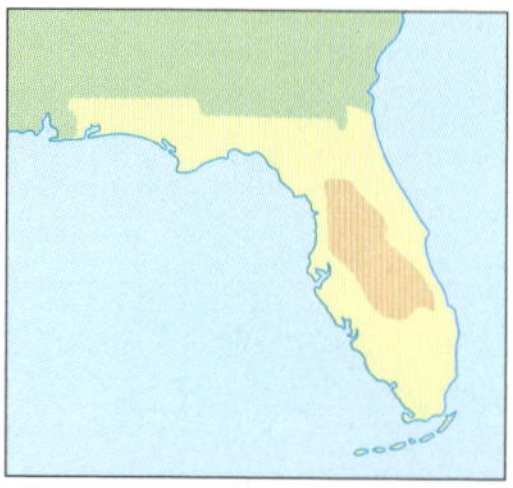

TERRES INDIENNES 1823-1832

Réserves indiennes

Osceola
Le chef indien Osceola refusa de quitter la Floride avec sa tribu. En 1835, il déclencha la deuxième guerre séminole. De nombreuses plantations furent détruites.

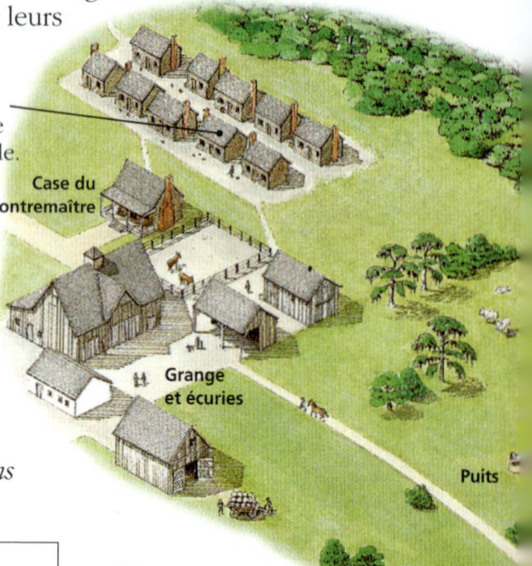

LA CASE DE L'ONCLE TOM

En 1852, Harriet Beecher Stowe publia un roman destiné à connaître un grand retentissement : *La Case de l'oncle Tom,* l'histoire d'un esclave qui, après avoir sauvé un enfant blanc, est vendu à un maître sadique qui le fait battre à mort. Le succès du livre renforça la cause abolitionniste. Pendant la guerre de Sécession, le président Lincoln disait en plaisantant que Mrs Stowe était une « petite femme à l'origine d'une si grande guerre ».

Publicité pour
La Case de l'oncle Tom

Le coton
Principale richesse des grandes plantations, le coton exigeait des soins importants. Sa culture, en particulier la cueillette, était éreintante pour les esclaves.

CHRONOLOGIE

1821 Jackson devient gouverneur de l'État de Floride

1823 En vertu du traité de Moultrie Creek, les Séminoles doivent migrer du nord au centre de l'État

1832 Par le traité de Payne's Creek, 15 chefs séminoles cèdent leurs terres aux États-Unis et acceptent de partir vers l'ouest

1835 Deuxième guerre séminole

Train hippomobile

1820 | 1825 | 1830 | 1835 | 1840

Osceola refusant de signer le traité de 1832

v. 1824 Le village indien de Talasi est choisi comme site de la capitale du nouvel État sous le nom de Tallahassee

1829 Le général Jackson est élu président des États-Unis

1832 Le naturaliste J. J. Audubon, visite Key West

1836 Mise en marche du premier chemin de fer de Floride

1842 Fin de la deuxième guerre séminole

Caboteur à aubes
Pendant les guerres indiennes et la guerre civile, ce type de bateau transportait vivres et troupes.

Le chef Billy Bowlegs
En 1855, un groupe d'arpenteurs pilla un village indien. Le chef Billy Bowlegs riposta, ce qui déclencha la troisième guerre séminole. Il se rendit en 1858, d'autres Séminoles gagnant les Everglades.

Goodwood House fut édifiée dans un style majestueux pour souligner la richesse de ses propriétaires.

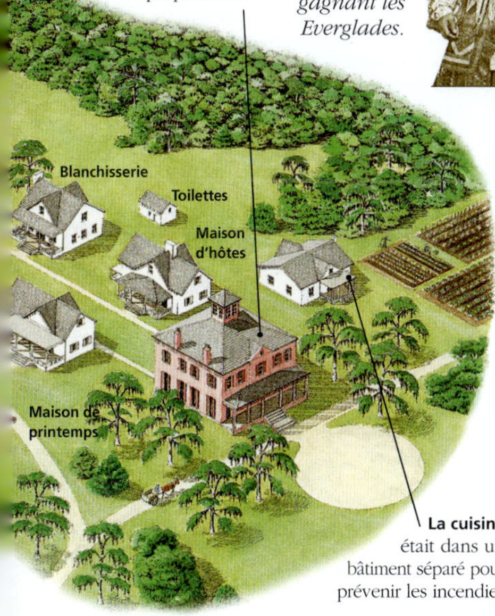

La cuisine était dans un bâtiment séparé pour prévenir les incendies

LA VIE DANS LES PLANTATIONS

Les plantations du XIXe siècle comme Goodwood *(p. 243)*, représentée ci-dessus, étaient presque autosuffisantes. Abritant 200 esclaves, elles avaient leurs propres lois et produisaient surtout du coton et du maïs.

OÙ VOIR LA FLORIDE DU XIXe SIÈCLE

La plantation Gamble *(p. 266)* offre un bon exemple de la vie dans une riche plantation. À Bulow Plantation *(p. 216)* et à Indian Key *(p. 294)*, on peut contempler les ruines de deux plantations détruites par les Séminoles. Le musée des Sciences et de l'Histoire *(p. 208)*, à Jacksonville, recèle des objets de la guerre de Sécession. Parmi les forts du XIXe siècle, mentionnons ceux d'East Martello Tower à Key West *(p. 300)*, de Fort Zachary *(p. 302)* et Fort Clinch *(p. 206)* au nord-est.

East Martello Tower, *bâtie par les troupes fédérales pour défendre les côtes de Key West.*

La bataille d'Olustee
En février 1864, les forces de l'Union, parmi lesquelles deux régiments de Noirs, furent battues par les confédérés au nord-est de l'État. Il y eut 2 000 blessés et 300 tués pour 10 000 combattants.

1845 Le 4 juillet, la Floride devient le 27e État des États-Unis d'Amérique. Le Capitole de Tallahassee est achevé

1848 John Gorrie invente la machine à faire de la glace

1852 Harriet Beecher Stowe publie *La Case de l'oncle Tom*

1855 Troisième guerre séminole ; trois ans plus tard, 163 Indiens, dont Billy Bowlegs, se rendent et sont obligés de quitter la Floride

1860 Des marchands écossais fondent Dunedin sur la côte ouest de Floride

1861 Guerre de Sécession

1865 Les Nordistes sont battus à la bataille de Natural Bridge. La guerre de Sécession s'achève la même année

1845 | 1850 | 1855 | 1860 | 1865

Premier sceau de l'État de Floride

Bon de guerre confédéré

L'âge d'or de la Floride

José Martí, héros cubain

Après la guerre de Sécession, la Floride dut reconstruire son économie : son climat favorable et la faiblesse de son peuplement amenèrent les investisseurs à parier sur son développement. Henry Flagler et Henry Plant firent construire leurs chemins de fer sur les côtes dans les années 1880-1890. Les touristes affluèrent. La diversité de l'agriculture protégea l'État de la ruine que connurent les États voisins, producteurs de coton, lors de la dépression des années 1890. Des fortunes s'édifièrent et l'on construisit de belles demeures. Quant à la ségrégation raciale, elle s'amplifia sous l'action du Ku Klux Klan.

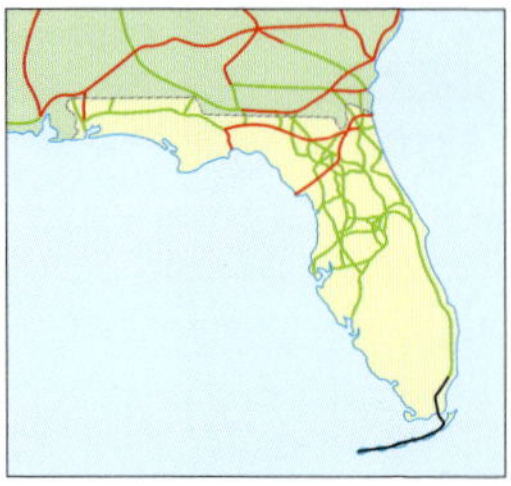

ÉTAT DU RÉSEAU FERROVIAIRE

- *Chemins de fer en 1860*
- *Chemins de fer en 1890*
- *Overseas Railroad en 1912*

Le tourisme en bateau à vapeur
Avant l'arrivée du chemin de fer, les touristes visitaient l'intérieur de la Floride en bateau à aubes. Les cours de l'Oklawaha et de la Saint Johns étaient très fréquentés.

Jacob Summerlin
Après la guerre civile, Jacob Summerlin, le « roi des Crackers » (p. 20), *fit fortune dans l'exportation des bœufs vers Cuba, alors colonie espagnole. Ses troupeaux descendaient des bêtes apportées par les conquistadores.*

Les bagues de cigares étaient des œuvres d'art miniatures, représentant souvent un paysage. L'industrie du cigare prit son essor à la fin du XIXe siècle.

LES HÔTELS DE LUXE

Plant et Flagler furent les premiers bâtisseurs d'hôtels de luxe pour les riches touristes fuyant l'hiver du Nord. Ces « oiseaux migrateurs » s'installaient à Tampa ou à Saint Augustine.

CHRONOLOGIE

1868 Droit de vote accordé à tous les citoyens américains âgés de plus de 21 ans, y compris les Noirs

1869 Premier Noir du cabinet, nommé secrétaire de l'État de Floride

1870 Cent Noirs tués par le Ku Klux Klan à Jackson County

Années 1870 Les bateaux à aubes amènent touristes et marchandises vers l'intérieur de la Floride

1870 — 1875 — 1880 — 1885 — 1890

1884 Les frères Ringling créent leur cirque mobile

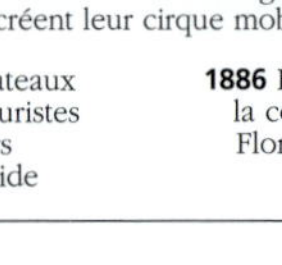

Un numéro du cirque Ringling Brothers

1885 Vincente Ybor transfère son usine de cigares à Tampa

1886 Flagler entame la construction du Florida East Coast Railroad

1891 Le Cubain José Martí, dans un discours à Tampa, se déclare pour l'indépendance de Cuba

1892 Aux élections, seuls 11 % des Noirs peuvent effectivement voter

Voyages en train *Beaucoup de riches touristes avaient leur propre wagon. Celui de Henry Flagler est dans sa maison de Palm Beach* (p. 124).

OÙ VOIR LA FLORIDE DE L'ÂGE D'OR

Saint Augustine *(p. 210-213)* abrite plusieurs bâtiments ayant appartenu à Flagler, dont l'actuel Lightner Museum. L'hôtel Tampa Bay abrite aujourd'hui le musée Henry B. Plant *(p. 258)*. Fernandina possède quelques navires à vapeur *(p. 206)*. Pigeon Key *(p. 296)* est le siège du chantier du Flagler's Overseas Railroad.

L'université Flagler *de Saint Augustine est l'ancien hôtel de Henry Flagler, le Ponce de León.*

Guerre hispano-américaine *Lorsque les États-Unis décidèrent de soutenir les séparatistes cubains en lutte contre l'Espagne en 1898, la Floride connut un boom. Des milliers de soldats convergèrent vers Tampa, Miami et Key West, et l'argent fédéral plut sur l'État.*

L'hôtel Tampa Bay, construit par Henry Plant en 1891, ouvrit jusqu'en 1932. Il possédait 511 chambres. Pendant la guerre hispano-américaine, il servit à loger des officiers.

La rivière Hillsborough et la baie de Tampa firent de cette ville l'un des trois grands ports du golfe du Mexique vers 1900.

Rocking-chair doré *représentatif de la décoration surchargée du XIXe siècle. Ce fauteuil orné de cygnes et de volutes est exposé au musée Lightner* (p. 213).

Naissance d'une nation *À sa sortie en 1915, ce film épique déclencha un regain de violence de la part du Ku Klux Klan.*

1895 Les agrumes en fleur sont ravagés par la «grande gelée». Julia Tuttle envoie des fleurs d'oranger à Flagler pour le convaincre de poursuivre son chemin de fer jusqu'à Miami

Fleurs d'oranger

1898 T. Roosevelt et ses « Rough Riders » arrivent à Tampa pour gagner Cuba et combattre les Espagnols

1903 Alexander Winton bat un record de vitesse automobile, mesuré à 109 km/h, sur le sable de Daytona Beach

1905 Inauguration de l'université de Floride à Gainesville

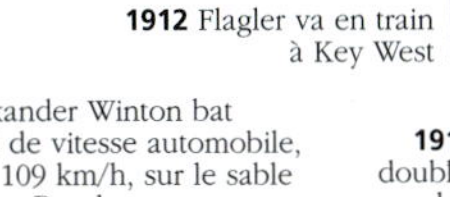

Excursion en automobile à Daytona Beach

1912 Flagler va en train à Key West

1915 Un dragage double la superficie de Miami Beach

1916 La récolte de coton de Floride dévastée par l'anthonome

1918 Début de la prohibition en Floride

1895 | 1900 | 1905 | 1910 | 1915

Crises et expansion

Ancienne affiche de la Pan Am

À l'instar du reste des États-Unis, la Floride connut au début du XXe siècle une période de croissance rapide arrêtée par la crise économique de 1929. Lors des années 1920, le boom immobilier et le tourisme de masse se développèrent avec la généralisation d'automobiles, comme la Ford T. Toutefois, en 1926, trois ans avant le krach de Wall Street, l'effondrement d'une société immobilière ruina nombre de spéculateurs. Mais, stimulée par la croissance du tourisme et par les investissements fédéraux, la Floride récupéra beaucoup plus vite que le reste du pays des effets de la crise. À partir de la Seconde Guerre mondiale, l'État prospéra de plus belle, notamment grâce à l'implantation de la NASA, dans les années 1950.

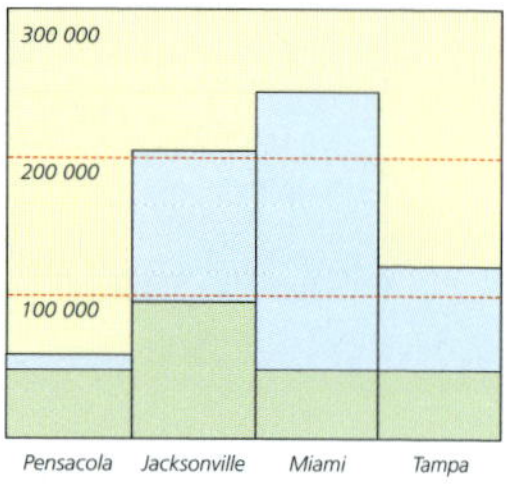

LA POPULATION

1920 | 1950

Le boom immobilier
Au plus fort du boom, les terres valaient jusqu'à 11 600 dollars l'hectare. De nombreux Américains du Nord perdirent leur fortune après avoir acheté des marécages.

L'ouragan de 1926
Le 18 septembre, un ouragan toucha le sud de la Floride, détruisant 5 000 foyers. Les vents « redressaient les routes sinueuses ».

LE RÊVE AMÉRICAIN EN FLORIDE

L'hiver doux et le dynamisme économique de la Floride attirèrent de nombreux Américains du Nord. Des milliers de touristes revinrent s'y établir, rejoints par une multitude d'immigrants étrangers. Avec sa croissance rapide, la Floride représentait un nouvel Eldorado, où même les plus jeunes pouvaient bien gagner leur vie.

CHRONOLOGIE

1928 Ouverture du Tamiami Trail entre Tampa et Miami

1929 Premier vol commercial de la Pan American World Airways entre Miami et La Havane

1931 Hemingway achète une maison à Key West

1935 Un ouragan détruit le Flagler's Overseas Railroad

1920 — 1925 — 1930 — 1935 — 1940

1926 Chute des prix du terrain, faillite de deux banques. Ouragan sur les Everglades et sur Miami

1931 Ouverture du champ de courses de Hialeah Park (*p. 137*) après la légalisation des paris

Course hippique à Hialeah Park

1939 Al Capone se retire dans sa propriété de Palm Island, à Miami

Les touristes amateurs de conserves
Chaque hiver, une nouvelle vague de touristes affluait en Floride en automobile. Ils se rassemblaient sur les parcs de stationnement ensoleillés et mangeaient des conserves.

OÙ VOIR LES VESTIGES DES ANNÉES DE BOOM

Visitez la Wolfsonian Foundation *(p. 67)*, les bâtiments Art déco de Miami Beach *(p. 60-66)* et les réalisations de Milzner à Palm Beach *(p. 118-123)*. Allez voir aussi l'université Frank Lloyd Wright à Lakeland *(p. 266)* ainsi que la maison d'hiver de Henry Ford à Fort Myers *(p. 276)*, plus modeste.

Miami Beach *recèle un grand nombre de bâtiments Art déco récemment restaurés.*

Zora Neale Hurston
écrivit des romans sur la vie des paysans noirs. Son œuvre la plus célèbre, Their Eyes Were Watching God, *fut publiée en 1937.*

Le New Deal de Roosevelt
Ce programme économique permit aux fermiers d'emprunter de l'argent et aida la Floride à sortir de la crise. Écrivains et photographes témoignaient de son efficacité.

La Seconde Guerre mondiale
La Floride servit de terrain d'entraînement pour de nombreuses unités, ce qui assura la prospérité économique de l'État.

La culture des agrumes
Première productrice d'agrumes du pays, la Floride put surmonter la crise des années 1930.

1947 Inauguration du parc national des Everglades par le président Truman

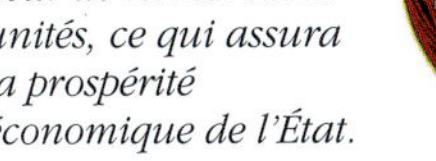

La course des 200 miles de Daytona

1954 Ouverture du pont Sunshine Skyway au-dessus de la baie de Tampa

1959 Lee Perry remporte la première édition de la course des 200 Miles de Daytona

1945 | 1950 | 1955 | 1960

1945 Le 5 décembre, la disparition du vol 19 donne naissance au mythe du triangle des Bermudes

1942 En février, des U-Boots allemands torpillent un pétrolier sur les côtes de la Floride, sous les yeux des baigneurs

1958 La sonde Explorer 1 est lancée par la NASA, qui vient de s'établir à Cap Canaveral pour développer son programme de lancement de fusées

Logo de la NASA

Depuis les années 1960

Dauphin d'un parc d'attractions

Depuis 1960, la Floride connaît une expansion économique continue. Le tourisme se développe de manière impressionnante et d'innombrables hôtels ont été construits pour satisfaire tous les types de clientèle. Les parcs d'attractions à thème – Walt Disney World Resort ou le Kennedy Space Center, qui abrite la NASA – ont contribué à attirer de très nombreux visiteurs. La population s'est accrue rapidement, du fait des migrations intérieures mais aussi étrangères. De nombreux groupes ethniques cohabitent avec bonheur en Floride, malgré des tensions entre les Noirs et la communauté cubaine, la deuxième en importance derrière Cuba. Le développement accéléré, et parfois incontrôlé, de la Floride depuis 1960 a conduit à une prise de conscience des problèmes d'environnement.

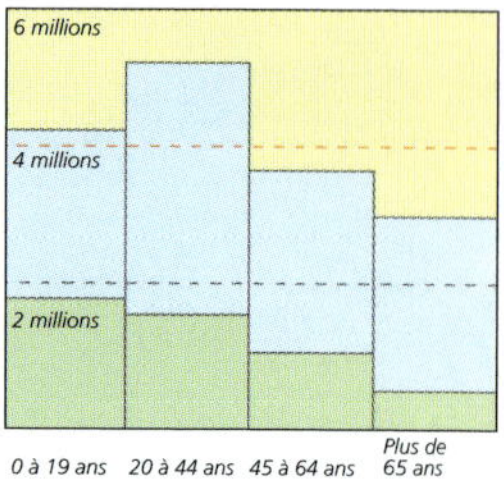

LA POPULATION

1960 2000

Écologie
Pour soutenir les programmes de préservation de l'environnement, les Floridiens peuvent acheter cette plaque d'immatriculation.

L'exode cubain
300 000 Cubains se sont installés en Floride quand Fidel Castro prit le pouvoir à Cuba en 1959. D'abord amenés par les « vols de la liberté », les immigrants cubains ultérieurs furent des boat people.

Martin Luther King
Le mouvement des droits civiques atteignit la Floride en 1960. Son leader, Martin Luther King, fut arrêté lors de la marche sur Saint Augustine en 1964.

De la vapeur se forme lors de l'arrivée d'eau sur la plate-forme au moment des décollages.

LA NAVETTE SPATIALE

Pour remplacer les fusées utilisées lors des missions Apollo, la NASA mit au point une navette thermorésistante qui ne brûlerait pas en rentrant dans l'atmosphère. Son premier vol habité eut lieu en 1981 *(p. 200-201)*.

CHRONOLOGIE

1964 Martin Luther King est arrêté et emprisonné à Saint Augustine

Alan Shepherd, astronaute de la NASA

1969 Apollo II est lancé de Cap Canaveral. À son bord, Buzz Aldrin et Neil Armstrong seront les premiers hommes à marcher sur la Lune

1973 Dade County devient officiellement bilingue (anglais et espagnol).

1977 En janvier, chute de neige à Miami

1980 125 000 Cubains arrivent en Floride dans le cadre de l'opération Mariel (durée : 5 mois), ordonnée par Fidel Castro

1970 — 1980

1961 Alan Shepherd est le premier Américain dans l'espace

1962 Crise des missiles de Cuba

1967 Le jus d'orange devient la boisson floridienne

1971 Le Magic Kingdom, première attraction de Disney en Floride, ouvre à Orlando. Coût : 700 millions de dollars

Le château de Cendrillon à Disney World

1976 La Floride est le premier État à restaurer la peine de mort

1981 Voyage inaugura de la navette spatiale

1982 Key West s'autoproclame «République Concl pendant une sema

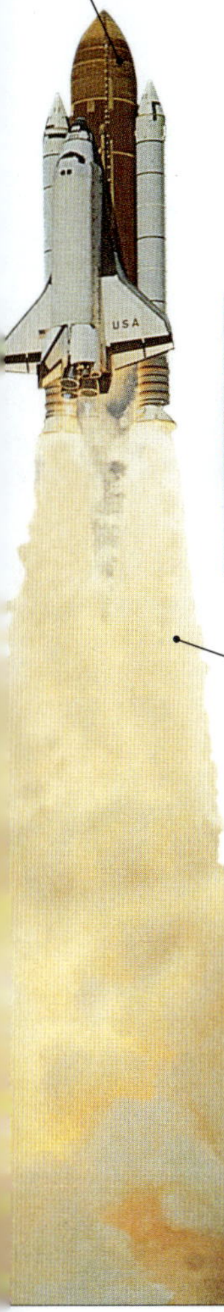

Le réservoir extérieur est la seule partie de la navette à ne pas être réutilisée.

Des propulseurs envoient la navette en orbite. La poussée est d'environ 3,3 millions de kilogrammes.

« Deux Flics à Miami » *Miami a la réputation d'être une ville violente. Celle-ci donna naissance à la célèbre série télévisée des années 1980.*

Naturalisation *Devenir Américain est le rêve de nombreux immigrants. Ici, une cérémonie collective de serment au drapeau.*

Les retraités en Floride *Près de 20 % de la population de Floride a plus de 65 ans. Les retraités sont attirés par les faibles taxes et le style de vie.*

OÙ VOIR LA FLORIDE CONTEMPORAINE

Les amateurs d'architecture contemporaine ont l'embarras du choix, des gratte-ciel de Miami *(p. 70-75)* et de Jacksonville *(p. 208)* au Florida Aquarium de Tampa *(p. 262)*. Pour une approche plus nostalgique, visiter Seaside dans le Panhandle *(p. 236)*.

Downtown Miami : *les gratte-ciel modernes ont conféré à ce quartier son aspect actuel.*

Croisières dans les Caraïbes *Le tourisme est la première industrie de la Floride. Les croisières en paquebot sont de plus en plus prisées.*

1986 La navette Challenger explose, tuant 7 membres d'équipage

1992 L'ouragan Andrew ravage le sud de la Floride

1993 La Force de sécurité des touristes est créée

George W. Bush

2000 George Bush gagne les élections présidentielles

2003 La navette *Columbia* explose en entrant dans l'atmosphère : il n'y a aucun rescapé

1990 | **2000** | **2010**

Emblème de la République Conch

1990 Le général Noriega, ancien chef de Panama, accusé de trafic de drogue à Miami

1994 Nouvel afflux de Cubains en Floride

1998 Le cyclone le plus violent de l'histoire de la Floride fait 42 morts et plus de 250 blessés

2002 Jimmy Carter est le 1er président américian à se rendre à Cuba depuis l'embargo

2004 Un ouragan d'une violence extrême fait plus de 40 milliards de dégâts

MIAMI QUARTIER PAR QUARTIER

Miami d'un coup d'œil

Miami est surnommée Magic City : en effet, l'ancien petit poste de commerce est devenu, en un siècle, une agglomération de 2 millions d'habitants qui s'étend sur 5 200 km². Les visiteurs apprécieront South Beach, pour ses plages magnifiques et pour son atmosphère afro-cubaine. Le Grand Miami, qui n'a rien de la ville dangereuse que l'on imagine parfois, est, curieusement, très fréquenté par les familles. Toutefois, il vaut mieux suivre les conseils donnés p. 380.

Little Havana, *cœur historique du quartier cubain, est l'endroit le plus chaleureux de la ville. La vie déborde dans la rue, avec ses parties de dominos et ses cafés animés* (p. 76-77).

L'hôtel Biltmore *incarne Coral Gables, véritable ville en miniature jaillie du sol lors du boom immobilier des années 1920. Le souvenir de ses hôtes célèbres et des assassinats de la Mafia plane encore sur cet hôtel de luxe* (p. 80-83).

Les International Villages *forment un patchwork de styles architecturaux du monde entier, de la France à la Chine, disposé le long des rues ombragées de Coral Gables, l'une des banlieues les plus charmantes de l'agglomération de Miami* (p. 80-81).

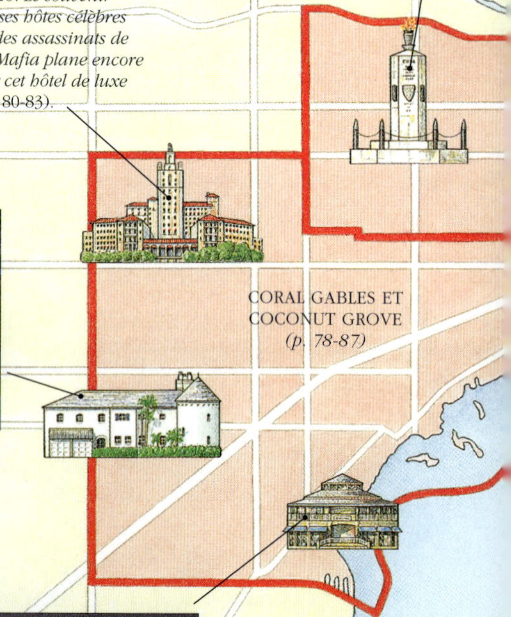

Coconut Grove Village *est un petit quartier sympathique dédié aux loisirs. Il fait bon s'y promener pendant la journée, avant de s'arrêter dans un bar ou dans un restaurant, lesquels n'ouvrent que le soir* (p. 84).

◁ **Baysaide Marketplace de nuit**

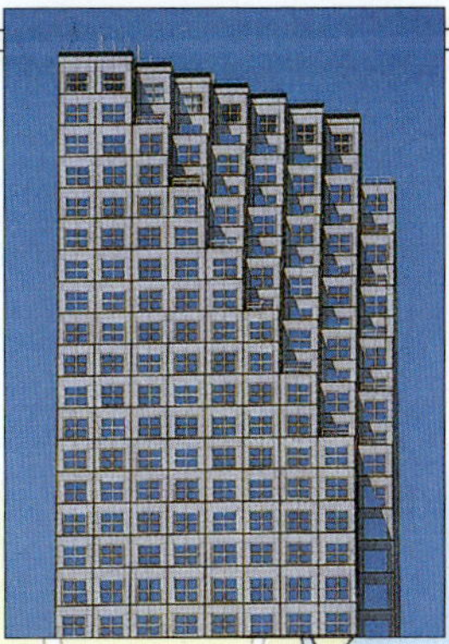

Downtown Miami *est le cœur commercial de l'agglomération. Il se distingue du reste de la ville par ses gratte-ciel, comme celui du Wachovia Financial Center, et par l'atmosphère latine qui règne dans les rues* (p. 72-75).

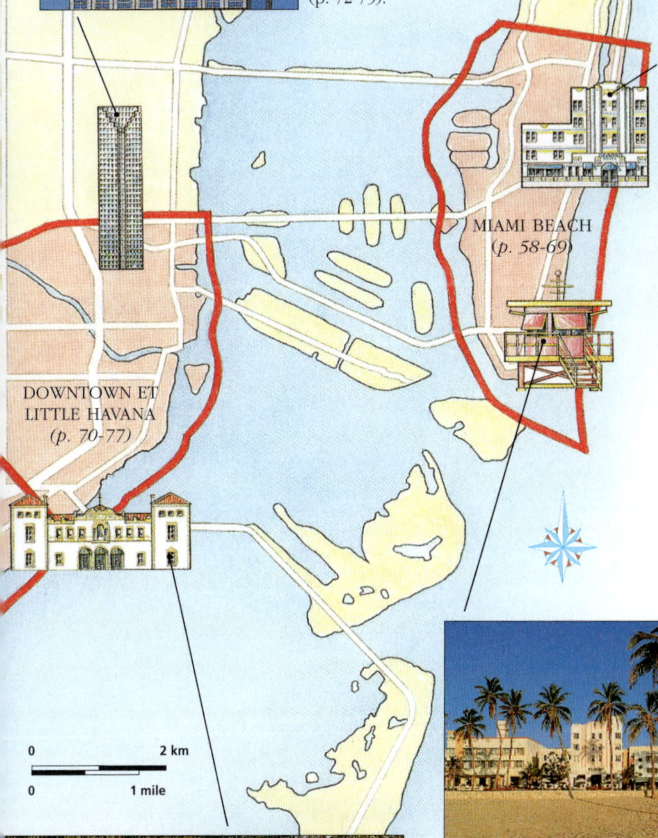

L'Art Deco District *de South Beach abrite d'extraordinaires bâtiments des années 1930, uniques en Floride* (p. 60-67).

South Beach *est un admirable site de loisirs. Sa plage est superbe et l'on peut y passer une merveilleuse journée* (p. 64-66).

Vizcaya *est un site unique à Miami. Il s'agit d'une demeure à l'italienne du XXe siècle, aux chambres décorées de tous les styles imaginables. Dans ses jardins aux nombreuses statues, on peut se délasser dans ce salon de thé romantique* (p. 86-87).

MARLIN
1200

MIAMI BEACH

Miami Beach est appelée, parfois, la Riviera américaine. Il y a un siècle, ce n'était qu'une île de sable accessible en bateau. En 1913, elle fut reliée par un pont au continent et mise en valeur par des promoteurs, tel le millionnaire Carl Fisher. Dès les années 1920, Miami Beach est devenue une station balnéaire très prisée. L'ouragan de 1926 et le krach de Wall Street en 1929 suspendirent son développement. Dans les années 1930, Miami Beach se couvrit de centaines de bâtiments Art déco puis déclina de nouveau après la Seconde Guerre mondiale. Aujourd'hui, la ville connaît une période de renouveau. Ayant fait l'objet d'une vaste campagne de conservation de son patrimoine architectural, South Beach (la partie sud de Miami Beach) revit. Ce quartier, qui abrite la plus grande concentration de bâtiments Art déco du monde, attire en effet toute une faune pittoresque de culturistes, de mannequins ou de drag queens. Tout arrive à South Beach, dans une atmosphère oscillant entre le chic et la bohème – d'où le surnom de SoBe, donné au quartier, par analogie avec le SoHo new-yorkais. Les superbes bâtiments qui se dressent le long d'Ocean Drive attirent les foules, mais la ville recèle aussi des magasins chic et d'excellents musées d'art contemporain. Le nord de SoBe est beaucoup moins attractif, mais les deux quartiers de Miami Beach ont en commun leur célèbre plage de sable.

Hippocampe sur la façade de l'hôtel Surfcomber

LES SITES D'UN COUP D'ŒIL

Musées

Bass Museum of Art 9
Jewish Museum of Florida 3
Wolfsonian Museum-FIU 5

Rues et quartiers

Collins et Washington Avenues 4
Central Miami Beach 10
Española Way 6
Lincoln Road Mall 7
Ocean Drive 1

Plage

The Beach 2

Monument

Holocaust Memorial 8

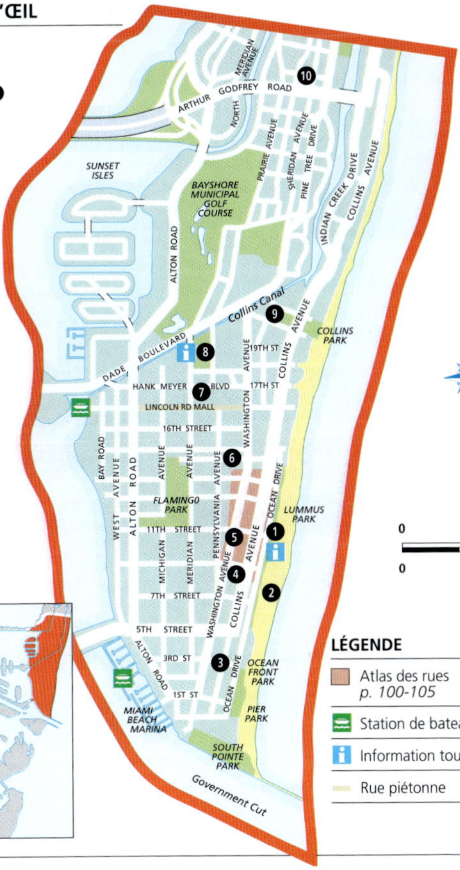

0 1 000 m
0 1 000 yards

LÉGENDE

Atlas des rues *p. 100-105*
Station de bateaux-taxis
Information touristique
Rue piétonne

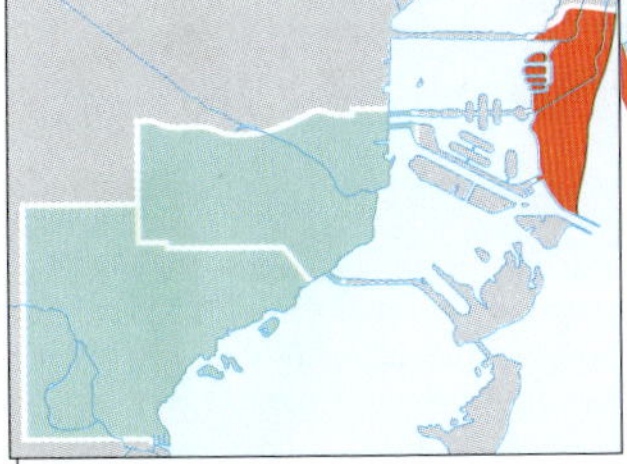

◁ **L'hôtel Marlin, un établissement branché de South Beach, illuminé de néons**

Ocean Drive : le style Art déco

Détail décoratif, South Beach

La principale attraction du quartier de South Beach est l'Art Deco District, qui regroupe 800 bâtiments protégés le long d'Ocean Drive. Leur architecture constitue une illustration tout à fait originale d'un style qui connut son heure de gloire dans les années 1920 et 1930 : l'Art déco, dont l'interprétation floridienne est appelée Tropical Deco. On y trouvera des motifs décoratifs tels que le flamant rose ou le soleil, tandis que la proximité de la mer a inspiré les décorateurs de South Beach. Malgré l'emploi de matériaux peu onéreux, les architectes sont parvenus à créer une atmosphère raffinée. Voici quelques-uns des plus beaux bâtiments d'Ocean Drive, présentés également p. 62 et 63.

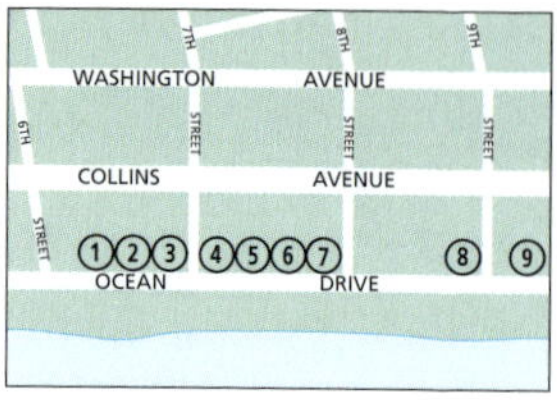

OCEAN DRIVE : DE LA 6ᵉ À LA 9ᵉ RUE

Vue d'Ocean Drive

Les fenêtres englobent quelquefois les angles.

Le blanc, le bleu et le vert étaient très à la mode dans les années 1930 et 1940. Ces couleurs évoquent la végétation tropicale de Miami ainsi que l'océan.

① **Park Central** *(1937)*
Cet hôtel aux fenêtres gravées est l'œuvre de Henry Hohauser, l'un des plus célèbres architectes de Miami.

Des arêtes nombreuses trahissent l'influence du cubisme.

Les alignements de fenêtres laissent entrer la lumière et les brises marines.

④ **Avalon** *(1941)*
L'Avalon est un parfait représentant de l'architecture fonctionnaliste, comme en témoignent l'absence d'ornementation et le design asymétrique.

Flamant rose gravé sur la porte vitrée du hall du Beacon.

⑤ **Beacon** *(1936)*
Les motifs abstraits typiques décorant le dessus des fenêtres du rez-de-chaussée du Beacon ont été peints selon une harmonie de couleurs moderne, caractéristique du « Deco Dazzle », cher à Leonard Horowitz (p. 67).

L'ART DÉCO : DE PARIS À MIAMI

Le style Art déco est apparu à la suite de l'Exposition internationale des arts décoratifs et industriels modernes de Paris en 1925. Éclectique, ce style prétendait mélanger tous les genres, des motifs floraux de l'Art nouveau ou de l'iconographie égyptienne aux motifs géométriques cubistes. Dans l'Amérique des années 1930, l'édification de bâtiments Art déco reflétait la croyance dans la toute-puissance de la technologie ; leur style se voulait parfois futuriste. L'Art déco évolua ensuite vers le style Streamline Moderne, celui-là même qui domine sur Ocean Drive. Cependant, peu de bâtiments de South Beach se cantonnent à un seul style. C'est ce mélange de différents courants qui fait l'originalité d'Ocean Drive.

Carte postale Art déco de l'hôtel Avalon

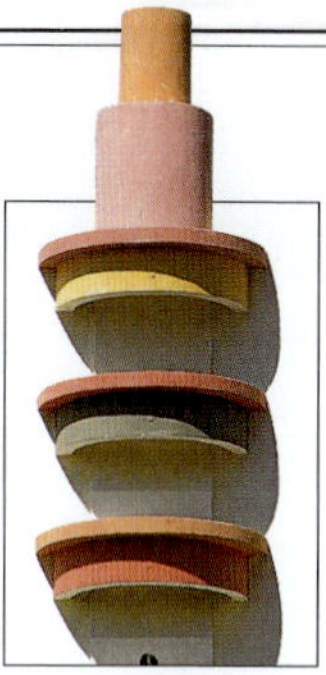

Le Berkeley Shore, derrière Ocean Drive sur Collins Avenue, illustre le style Streamline Moderne, avec ses parapets à plusieurs niveaux.

Le cercle est un élément décoratif inspiré des hublots de navires.

② **L'hôtel Imperial** *(1939)*
L'architecture de cet hôtel évoque celle, plus ancienne, du Park Central, mitoyen.

Les frises en bas reliefs sont un élément décoratif récurrent sur les façades d'Ocean Drive.

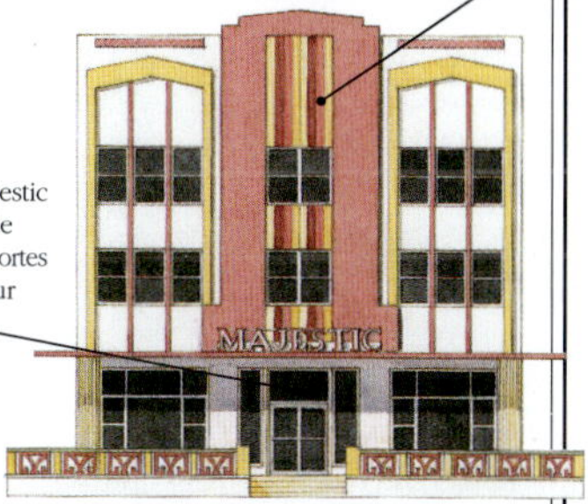

La couleur a été utilisée pour suggérer des rainures verticales.

Le hall de l'hôtel Majestic possède de superbes portes d'ascenseur en cuivre.

③ **L'hôtel Majestic** *(1940)*
Cet hôtel est l'œuvre d'Albert Anis, l'architecte des hôtels Avalon et Waldorf voisins.

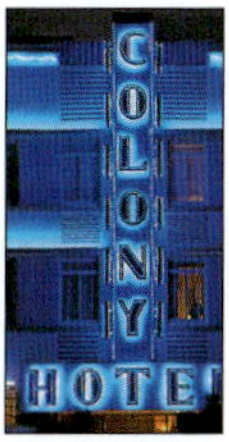

Les néons étaient très fréquemment employés pour mettre en valeur l'enseigne des hôtels ou les formes des bâtiments.

Bandes typiques du style Streamline Moderne.

Fenêtres hublots

⑥ **Hôtel Colony** *(1935)*
L'un des hôtels les plus célèbres d'Ocean Drive, pour son enseigne et la peinture murale du hall. Il est dû à Henry Hohauser.

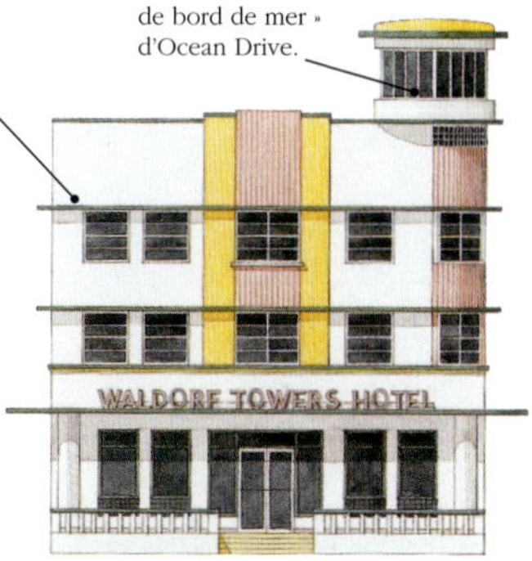

Les « sourcils » surplombant les fenêtres empêchent les rayons du soleil de pénétrer dans les pièces.

Ce « phare » ornemental est l'un des exemples de « l'architecture de bord de mer » d'Ocean Drive.

⑦ **Waldorf Towers** *(1937)*
L'influence de la mer ressort clairement de l'architecture du Waldorf, parfois qualifiée de « Nautical Moderne ».

Ocean Drive : le style Art déco

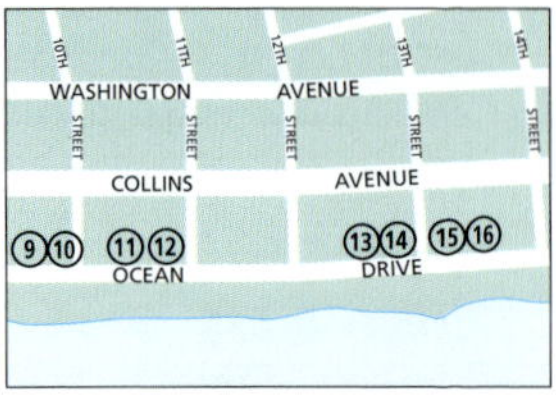

OCEAN DRIVE : DE LA 9e À LA 13e RUE

Les édifices de South Beach mélangent trois expressions différentes du style Art déco : le traditionnel, le Streamline Moderne, plus futuriste et le Mediterranean Revival, inspiré des architectures française, espagnole et italienne. Sur Ocean Drive, l'influence de ce dernier courant méditerranéen se manifeste principalement entre la 9e et la 13e Rue, soit dans l'un des quartiers les plus élégants de South Beach.

La tour centrale tient à la fois de la cheminée de navire et du totem indien.

Des bandes de couleur donnent une impression de mouvement et de vitesse.

Les rambardes du toit rappellent celles du pont d'un navire.

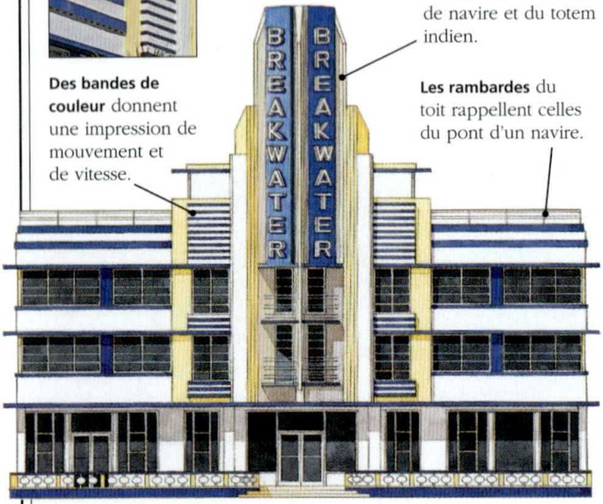

⑧ **L'hôtel Breakwater** *(1939)*
L'hôtel Breakwater, œuvre d'Anton Skislewicz, est représentatif du style Streamline Moderne, avec ses rayures et sa tour impressionnante. Sa décoration intérieure est l'une des plus belles d'Ocean Drive.

Les arches percées de fenêtres et les porches à colonnes évoquent l'architecture méditerranéenne

⑨ **L'hôtel Edison** *(1935)*
Hohauser (p. 60) *s'essaya aussi au style méditerranéen, précédé toutefois dans cette voie par l'architecte de l'Adrian, un immeuble voisin.*

L'enseigne de l'hôtel Leslie est sobre, à l'image de l'immeuble, qui contraste avec le Carlyle tout proche.

Les toits plats se sont imposés sur Ocean Drive, bien qu'ils soient souvent ponctués d'éléments verticaux.

⑫ **L'hôtel Leslie** *(1937)*
De style Art déco traditionnel, cet hôtel est peint en jaune vif, dans le style coloré très à la mode le long d'Ocean Drive (p. 66).

Fenêtres d'angle

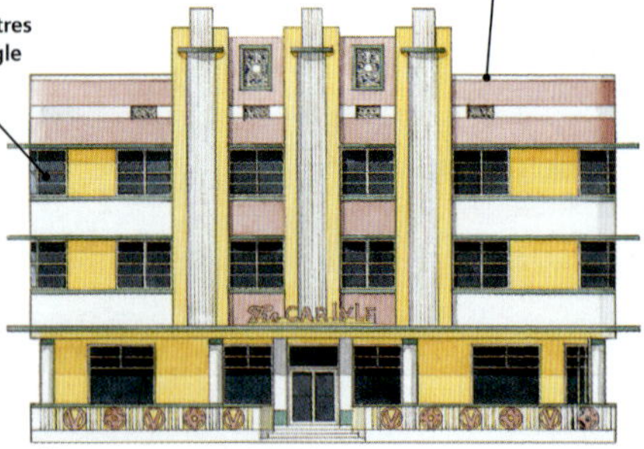

⑬ **L'hôtel Carlyle** *(1941)*
Avec ses trois étages et ses trois colonnes verticales, le Carlyle est agencé selon les canons de l'architecture Art déco, dont la fameuse « Sainte Trinité ». La plupart des hôtels d'Ocean Drive ont trois étages.

Une salamandre en stuc au-dessus de l'entrée principale de l'hôtel Abbey, sur la 21e Rue, ajoute une touche de fantaisie à la façade.

LA SAUVEGARDE DE SOUTH BEACH

La campagne de sauvegarde des édifices Art déco de South Beach commença en 1976, quand Barbara Capitman (1920-1990) fonda la Miami Design Preservation League – à une époque où le quartier semblait voué à disparaître au profit des gratte-ciel. Trois ans plus tard, 1 mile carré de South Beach fut classé au National Register of Historic Places. La bataille contre les promoteurs fit encore rage dans les années 1980 et 1990. Des surveillants bénévoles contribuèrent à sauver des édifices de la destruction.

Barbara Capitman en 1981

Cannelures verticales, fréquentes sur Ocean Drive.

Des surplombs servent à ombrager les fenêtres

⑩ **L'hôtel Clevelander** *(1938)*
L'architecte Albert Anis utilisa pour cet hôtel des éléments Art déco typiques, par exemple, des blocs de verre pour le bar.

Tuiles en terre cuite

Le béton armé était le matériau de construction le plus employé sur Ocean Drive. Les murs étaient ensuite recouverts de stuc.

La véranda est un élément omniprésent dans les hôtels d'Ocean Drive.

⑪ **L'hôtel Adrian** *(1934)*
Avec ses couleurs douces et son style méditerranéen, l'hôtel Adrian tranche sur les bâtiments du voisinage.

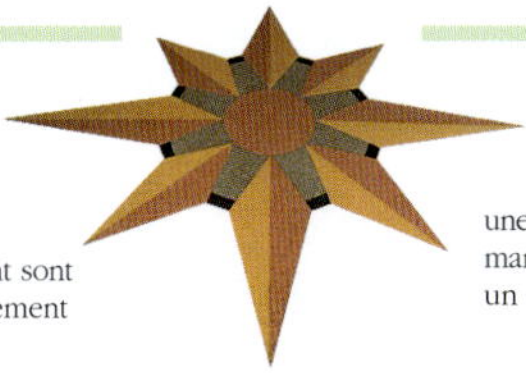

Le sol de la terrasse du bar est fait d'éclats de pierre et de mortier, une version économique du marbre destinée à apporter un cachet au lieu.

Les angles du bâtiment sont magnifiquement arrondis.

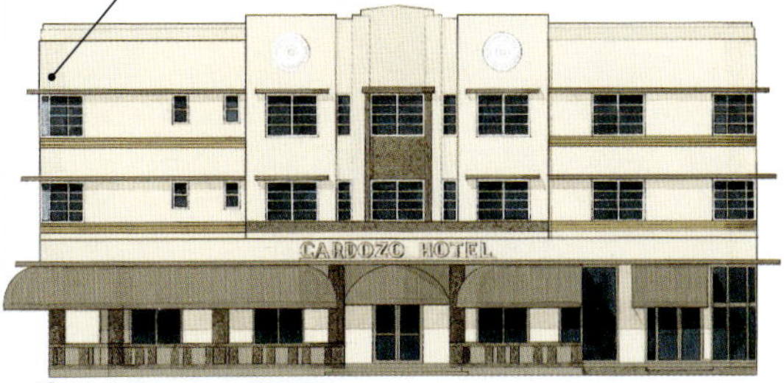

⑭ **L'hôtel Cardozo** *(1939)*
Œuvre tardive de Hohauser, cet hôtel, le préféré de Barbara Capitman, est représentatif du style Streamline, dans lequel les motifs décoratifs habituels de l'Art déco étaient remplacés par des courbes et des motifs d'inspiration futuriste.

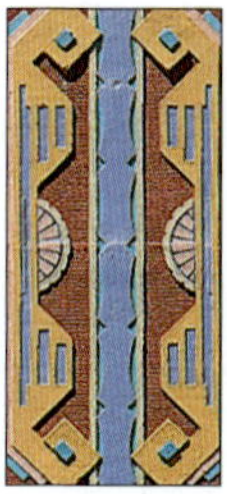

La frise évoque les motifs abstraits des Aztèques.

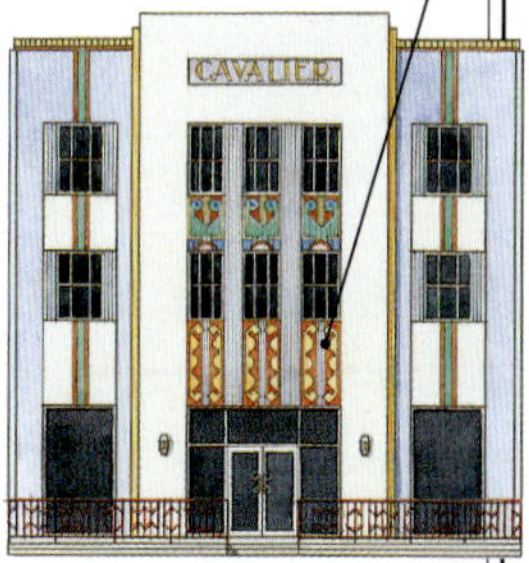

⑮ **L'hôtel Cavalier** *(1936)*
Avec ses angles aigus, cet hôtel Art déco première époque tranche avec son voisin, le Cardozo, construit plus tard.

South Beach pas à pas

Un décor de l'hôtel Netherlands

L'Art Deco District de South Beach, qui s'étend de la 6e à la 23e Rue entre Lenox Avenue et Ocean Drive, attire de plus en plus de visiteurs depuis les années 1980. Grâce à l'intérêt manifesté par des personnalités comme Gloria Estefan et Michael Caine, ce quartier est devenu l'un des endroits à la mode des États-Unis. Toutefois, pour la plupart des visiteurs, les bâtiments Art déco n'offrent que peu d'intérêt architectural : dans la journée, on bronze, on dort ou l'on pratique des séances de remise en forme ; et le soir venu, on danse dans les clubs, jusqu'à l'aube. Mais chacun trouvera dans la promenade proposée ici des motifs de satisfaction, culturelle le jour et festive la nuit.

L'ancien hôtel de ville, un bâtiment des années 1920 de style méditerranéen, fut abandonné en 1977. Il demeure cependant un édifice majeur de South Beach, dominant tout le quartier.

Le Wolfsonian Museum-FIU, *dont l'entrée est décorée de bas-reliefs de style baroque espagnol, abrite une remarquable collection d'objets d'art* ❺

11th Street Diner *(p. 335)*

L'hôtel Essex House, de Henry Hohauser *(p. 60)*, est de style typiquement Art déco avec son entrée aux angles arrondis. Le hall vaut le détour.

Le News Café, ouvert 24 h/24, est l'un des lieux les plus vivants de South Beach *(p. 356)*. De sa terrasse, on a un point d'observation idéal sur la rue.

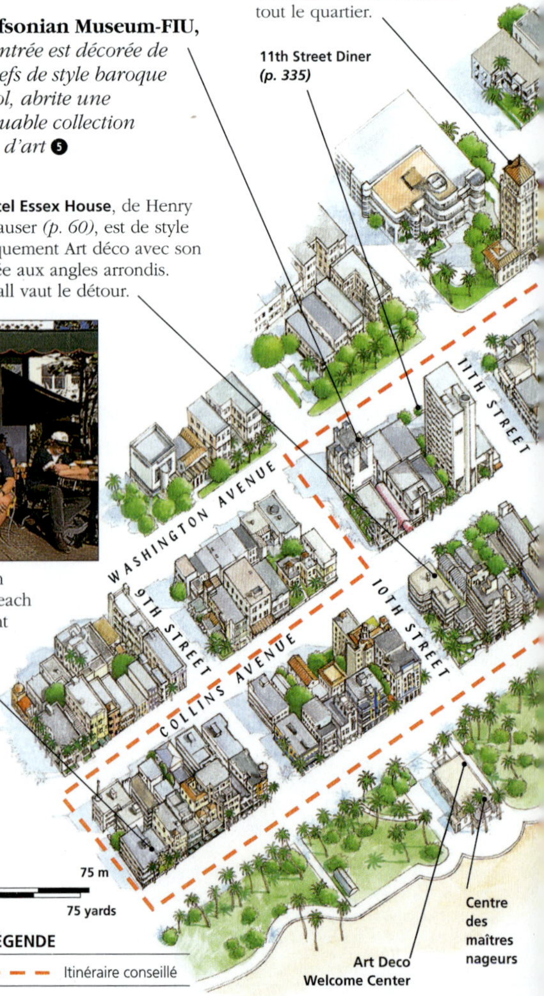

Centre des maîtres nageurs

Art Deco Welcome Center

0 75 m
0 75 yards

LÉGENDE

– – – Itinéraire conseillé

VISITES ART DÉCO

La Miami Design Preservation League organise des visites à pied de 90 min au départ de l'Art Deco Welcome Center (1001 Ocean Drive) le mer., ven., sam. à 10h30, le jeu. à 18h30. Visites avec audio-guides t.l.j. Il existe aussi des week-ends Art déco (p. 37). Renseignez-vous àl'Art Deco Welcome Center en téléphonant au (305) 531-3484.

★ Bars et night-clubs de South Beach
Lors d'une visite de South Beach, il faut aller dans un bar ou une boîte de nuit branchée, comme l'hôtel Marlin sur Collins Avenue.

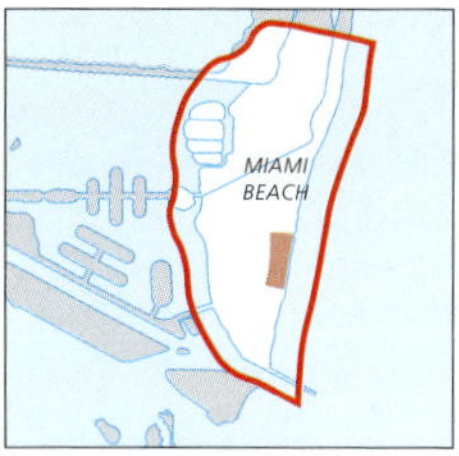

CARTE DE SITUATION
Voir l'Atlas des rues, plan 2

★ Ocean Drive
Ocean Drive est l'attraction de South Beach, tant pour le style de ses hôtels que pour le pétillant défilé de ses promeneurs ❶

L'hôtel Netherlands (1935), à l'extrémité d'Ocean Drive, possède des décorations colorées en stuc. C'est maintenant un immeuble d'appartements.

L'hôtel Cardozo est l'un des plus beaux bâtiments Art déco d'Ocean Drive. Il marqua, lors de sa réouverture en 1982, une nouvelle ère dans l'histoire de la restauration de South Beach. Il appartient maintenant à Gloria Estefan.

L'Amsterdam Palace est l'un des rares hôtels particuliers d'Ocean Drive *(p. 66)*.

Lummus Park

★ Plage
La côte est bordée de sable sur 16 km. L'ambiance change selon l'endroit où l'on se trouve. C'est à South Beach que la plage est la plus large et la plus vivante ❷

À NE PAS MANQUER

- ★ Bars et night-clubs de South Beach
- ★ Ocean Drive
- ★ Plage

South Beach

Ocean Drive possède les plus beaux bâtiments Art déco de South Beach. Cependant, Collins et Washington Avenues recèlent aussi quelques perles, de même que les rues résidentielles situées plus à l'ouest, comme Lenox Avenue, où les portes s'ornent de flamants roses gravés ou d'autres motifs Art déco.

Le stationnement s'avérant très difficile, il vaut mieux visiter South Beach à pied. Les amateurs pourront louer des patins à roulettes ou des bicyclettes.

L'Amsterdam Palace, un des rares bâtiments non Art déco d'Ocean Drive

Ocean Drive ❶

Plan 2 F3, F4. *M, S, C, H, G, L, F, M, Night Owl, Airport Owl.* *1001 Ocean Drive, (305) 672-2014 ;* **Art Deco Welcome Center**, *(305) 531-3484.* **www**.mdpl.org

Le meilleur moyen de découvrir Ocean Drive est de passer quelque temps à la terrasse de l'un des cafés du front de mer. On assiste ainsi à la fois à un défilé de mode d'avant-garde et à une procession de corps bronzés ; même les employés municipaux ont l'air décontractés dans leurs uniformes blancs, tandis que les policiers en shorts moulants patrouillent en VTT. Vous pouvez aussi admirer les demeures toutes proches de style Art déco et entrer dans le hall des hôtels, à l'exception de l'Amsterdam Palace, d'aspect méditerranéen, construit en 1930. Situé au n° 1114, ce bâtiment avait été acheté en 1993 par le couturier Gianni Versace. À proximité, derrière l'Art Deco Welcome Center, la Beach Patrol Station (« centre des maîtres nageurs ») est un édifice de style « nautique » *(p. 61)*, avec des rambardes et des hublots.

Le sud de la 6e Rue présente peu d'intérêt même si, depuis l'extrémité de South Pointe Park, vous jouirez d'une belle vue sur les paquebots entrant à Government Cut *(p. 75)*.

The Beach ❷

Plan 2. *M, S, C, H, G, L, W, Night Owl, Airport Owl, F, M.*

L'homme a apporté l'essentiel du sable de la plage de Miami Beach, il y a quelques décennies et il continue de le faire pour compenser l'érosion du rivage. La plage attire chaque année, en haute saison, des foules de baigneurs. Jusqu'à la 5e Rue, elle est le domaine des surfeurs. L'immense plage qui s'étire au-delà, avec ses postes d'observation de maîtres nageurs et ses vacanciers, fait elle aussi partie de SoBe. La plage est bordée par Lummus Park, où quelques personnes âgées du quartier bavardent en yiddish. Autour de la 21e Rue, il règne sur la plage une ambiance gay.

Poste d'observation des maîtres nageurs à South Beach, peint aux couleurs caractéristiques d'Ocean Drive

Jewish Museum of Florida ❸

301 Washington Ave. **Plan** 2 E4.
Tél. *(305) 672-5044.* *W, M, H.*
10h-17h mar.-dim.
fêtes juives.
www.jewishmuseum.com

Ce musée est installé dans la première synagogue de Miami Beach, construite en 1936. Lorsque de nombreux Juifs arrivèrent en Floride dans les années 1930, ils durent affronter l'antisémitisme – les hôtels de la ville affichaient souvent le panonceau « Ni juifs, ni chiens ». Aujourd'hui, la communauté juive, active bien qu'âgée, est intégrée. L'ancienne synagogue, transformée en musée et en centre d'études de la vie juive en Floride, a rouvert en 1995. Allez-y autant pour les expositions que pour les vitraux colorés et le style Art déco du bâtiment.

L'hôtel Delano, sur Collins Avenue, et son imposante tour

POLYCHROMIE À SOUTH BEACH

À l'origine, les bâtiments Art déco étaient très clairs, souvent peints en blanc, la couleur étant réservée aux ornements ; en raison des difficultés économiques des années 1930, les seules parties des bâtiments que l'on peignait, lorsqu'on le faisait, étaient les façades.
Au cours des années 1980, le designer Leonard Horowitz inventa le « Deco Dazzle » (« éblouissement déco ») en peignant 150 bâtiments en couleurs vives; il renouvela ainsi, en dépit des controverses, l'aspect de South Beach.

Des peintres en bâtiment devant l'hôtel Cardozo sur Ocean Drive

Collins et Washington Avenues ❹

Plan 2. *W, K, C, H, M, S, G, L, F, M, Night Owl.* *1920 Meridian Avenue (Miami Beach Visitor Center), (305) 672-1270.*
www.miamibeachchamber.com

Les rues de ce quartier sont plus populaires que celles qui bordent Ocean Drive : on y trouve des fripiers et des boutiques de tatoueurs. L'ambiance y est plus hispanique. Certains des night-clubs les plus fréquentés de South Beach South donnent le ton à ce quartier *(p. 97),* qui abrite quelques modestes bâtiments Art déco. L'hôtel Marlin, au 1200 Collins Avenue, est un bâtiment de style Streamline. Il a été rénové par Christopher Blackwell, le fondateur d'Island Records. Derrière, au 1300 Washington Avenue, se dresse le Miami Beach Post Office. À l'intérieur, une peinture murale représente l'arrivée de Ponce de León *(p. 42)* et son combat contre les Indiens.

Au nord de Collins Avenue, au-delà de Lincoln Road, les bâtiments sont assez laids. Des constructions des années 1940, comme l'hôtel Delano ou le Ritz Plaza, possèdent des éléments Art déco, mais leurs tours respectives ont des traits futuristes inspirés de BD telles que *Buck Rogers* ou *Flash Gordon*. La décoration intérieure du Delano *(p. 312)*, avec ses drapés blancs et ses meubles signés Gaudí ou Dalí est à voir. Sur la 21e Rue se trouvent quelques beaux hôtels, dont le Governor, dessiné par Henry Hohauser *(p. 60).*

Wolfsonian Museum-Florida International University ❺

1001 Washington Ave.
Plan 2 E3. ***Tél.*** *(305) 531-1001.*
C, H, K, W. *12h-18h sam.-mar. (12h-21h jeu.-ven.).*
mer.
www.wolfsonian.org

Bouilloire électrique (1909) à la Wolfsonian

Ce robuste bâtiment des années 1920 *(p. 64)* abritait autrefois la Washington Storage Company, où les riches résidents de Miami stockaient leurs meubles pendant leur absence. L'édifice recèle aujourd'hui une collection de 70 000 objets couvrant la période de 1885 à 1945, originaires d'Europe et d'Amérique du Nord.

Española Way, une rue commerçante ombragée d'aspect méditerranéen

Española Way ❻

Plan 2 E2. *C, K, H, Night Owl.*

Située entre Washington et Drexel Avenues, Española Way est une charmante petite enclave de style méditerranéen, aux maisons ornées d'arches décorées, de chapiteaux et de balcons forgés, aux façades couleur saumon ornées de stucs. Construit entre 1922 et 1925, ce quartier aurait inspiré la Worth Avenue d'Addison Mizner, à Palm Beach *(p. 118-119)*.

Española Way était jusqu'à récemment un quartier mal famé. Depuis vingt ans, grâce à un programme de réhabilitation, les boutiques et les galeries se sont multipliées *(p. 95)*.

Lincoln Road Mall ❼

Plan 2 E2. *C, K, H, W, M, S, G, L, Night Owl.* **Art Center-South Florida**, *800 Lincoln Road Mall.* ***Tél.*** *(305) 538-7887.* *11h-22h lun.-mer. ; 11h-23h jeu.-dim.* *dim. et mar., Thanksgiving, 25 déc., 1er janv.* **www**.artscentersf.org

Ce quartier plein d'avenir, l'un des pôles culturels de South Beach, a connu une histoire en dents de scie. Dans les années 1920, le promoteur Carl Fisher *(p. 59)* voulut en faire la « 5e Avenue du Sud » ; il y parvint un temps en implantant des magasins. Quatre décennies plus tard, Morris Lapidus (concepteur de l'hôtel Fontainebleau) fit de cette voie la première rue piétonne d'envergure des États-Unis, mais il n'arriva pas à enrayer le déclin de Lincoln Road au cours des années 1970 ; les horribles pavillons en béton qu'il fit construire n'y furent pas étrangers.

La renaissance du quartier commença avec l'installation en 1984 du Art Center South Florida (ACSF). Entre Lenox et Meridian Avenues existent trois zones d'exposition et quelques dizaines de studios subdivisés en ateliers et espaces de vente, ainsi que plusieurs galeries d'art privées *(p. 95)*. La production artistique du quartier est parfois très avant-gardiste.

Les galeries sont surtout ouvertes le soir. La rue s'anime alors que les amateurs s'attroupent autour des théâtres Lincoln et Colony *(p. 96)*. On peut flâner devant les restaurants ou les cafés comme le Van Dyke, au 846 – la réplique de Lincoln Road au News Café *(p. 64)*. La nuit, l'immeuble Sterling de style Streamline au n° 927 est féerique, ses blocs de verre irradiant un halo bleu.

Holocaust Memorial ❽

1933-1945 Meridian Ave. **Plan** 2 E1. ***Tél.*** *(305) 538-1663.* *A, FM, G, L, W.* *9h-21h t.l.j.* **www**.holocaustmmb.org

Miami Beach abrite la plus grande communauté de survivants de l'Holocauste au monde, ce qui explique la présence du poignant mémorial réalisé par Kenneth Treister en 1990. L'axe central de l'œuvre est un bras et une main de bronze représentant la dernière convulsion d'un mourant. Le bras porte un matricule d'Auschwitz tatoué ; il est entouré de 100 sculptures à l'échelle représentant des hommes, des femmes et des enfants en proie à d'horribles souffrances. On peut également voir un tunnel qui porte les noms des camps de concentration et d'extermination européens ainsi qu'une exposition de photos. Sur un mur en granite sont gravés les noms de milliers de victimes.

Mémorial de l'Holocauste

Convives attablés à la terrasse du Van Dyke Café, sur Lincoln Road Mall

Pour les hôtels et restaurants de la région, voir p. 310-314 et p. 335-339

Couronnement de la Vierge **(v. 1492) de Domenico Ghirlandaio**

Bass Museum of Art ❾

2121 Park Ave. **Plan** 2 F1. ***Tél.*** *(305) 673-7530.* 🚌 *M, S, C, H, G, L.* ◯ *10h-17h mar.-sam. (10h-21h le 2e mer. du mois), 13h-17h dim.* ● *jours fériés.* *gratuit les 2e jeu. du mois.* ♿ **www**.bassmuseum.org

Ce bâtiment Art déco d'inspiration maya, construit en 1930, était la bibliothèque et le centre culturel municipal. Il fut converti en musée en 1964 après que deux mécènes, John et Johanna Bass, lui eurent donné leur collection d'art – peintures, sculptures et étoffes. Le musée est divisé en zones d'exposition temporaire et permanente. Les pièces maîtresses du musée sont des œuvres de la Renaissance, des peintures d'Europe du Nord et des tapisseries flamandes du XVIe siècle. Les œuvres modernes comprennent des lithographies de Léger et de Toulouse-Lautrec.

LA PHOTO DE MODE À MIAMI BEACH

Grâce à la présence des bâtiments Art déco, des palmiers, de la plage et d'un climat chaud, South Beach est l'un des endroits au monde les plus appréciés par les photographes de mode. Près de 1 500 mannequins y résident, sans compter les très nombreuses candidates à la gloire qui hantent les bars et la plage dans l'espoir de se faire remarquer. La saison de la mode dure ici d'octobre à mars, lorsque l'hiver règne sur l'Europe et l'Amérique du Nord, gênant les prises de vue en extérieur. En parcourant SoBe tôt le matin, on croise immanquablement directeurs, photographes, maquilleurs et leurs assistants – ainsi, bien sûr, que les modèles. Ocean Drive est le siège de la plus grosse activité, mais certaines équipes travaillent aussi dans les petites rues voisines.

Des professionnels photographiant un mannequin à Miami Beach

Central Miami Beach ❿

Plan 2 F1. 🚌 *C, M, T, J, 6Z, S, H, G, L, Night Owl, Airport Owl.*

Le nord de la 23e Rue à Miami Beach est parfois appelé Central Miami Beach. Il consiste en une succession peu engageante d'immeubles des années 1950 et 1960 séparant l'Atlantique de la très active Collins Avenue. Une promenade, fréquentée par les familles, longe, entre la 23e et la 46e Rue, une plage étroite. L'édifice le plus remarquable du quartier est l'**hôtel Fontainebleau** (prononcer Fontainblou). Lorsque vous vous rendez en voiture de Collins Avenue à la 44e Rue, ne vous laissez pas abuser par une peinture en trompe l'œil représentant une vue de l'hôtel Fontainebleau, celui-ci est en réalité caché derrière l'œuvre. Achevé en 1954, l'hôtel Fontainebleau correspond à la vision que Morris Lapidus (né en 1903) se faisait d'un château français « modernisé ». La majesté et les dimensions de l'hôtel – surtout celles du hall – sont impressionnantes. Un épisode de James Bond, *Goldfinger*, fut tourné dans l'hôtel.

L'hôtel qui accueillit des personnalités connues, Frank Sinatra, Elvis Presley ou Sammy Davis Jr, est toujours fréquenté par des célébrités. Au départ de Bayside Marketplace *(p. 74)*, vous pouvez faire une croisière (plusieurs compagnies) pour découvrir les résidences des milliardaires de Biscayne Bay *(p. 73)*. Attention ! Il n'y a pas de bateau-taxi à Miami ou à Miami Beach.

Vue de l'hôtel Fontainebleau, Central Miami Beach

Occidental Plaza Hotel

DOWNTOWN ET LITTLE HAVANA

Emblème de la cour de justice de Dade County

Lorsque la ville de Miami prit son essor avec l'arrivée du Florida East Coast Railroad en 1896, elle ne s'étendait que sur 2,5 km², le long de la Miami River, sur le site de l'actuel centre ville. L'expansion fut assurée par de riches industriels du Nord qui établirent des banques et d'autres institutions et bâtirent des résidences d'hiver le long de Brickell Avenue. Celle-ci est devenue le cœur du quartier d'affaires de Miami, dopé par le boom des années 1980. Les gratte-ciel futuristes de Downtown, éclairés au néon la nuit, témoignent du statut de centre économique de premier plan acquis par Miami. Après la Seconde Guerre mondiale, Miami n'était guère plus qu'une petite station balnéaire. Celle-ci ne devint une métropole qu'avec l'arrivée massive des immigrants cubains à partir de 1959 *(p. 52)*. Leur présence se remarque surtout dans les rues de Downtown et, de l'autre côté de la rivière, dans celles de Little Havana. Les conversations, les visages, les enseignes des magasins et la cuisine locale font de ces quartiers une véritable ville hispanophone, à l'atmosphère américaine, plutôt que l'inverse. Quartiers chaleureux, Downtown et Little Havana recèlent quelques sites intéressants, en particulier le Miami-Dade Cultural Center, un des musées les plus riches de Floride, ou le centre commercial de Bayside Market, d'où partent des excursions en bateau vers Biscayne Bay.

LES SITES D'UN COUP D'ŒIL

Musée
Miami-Dade Cultural Center 2

Bâtiment historique
US Federal Courthouse 1

Architecture contemporaine
Brickell Avenue 5

Quartier
Little Havana 6

Magasin
Bayside Marketplace 3

Excursions en bateau
Biscayne Bay 4

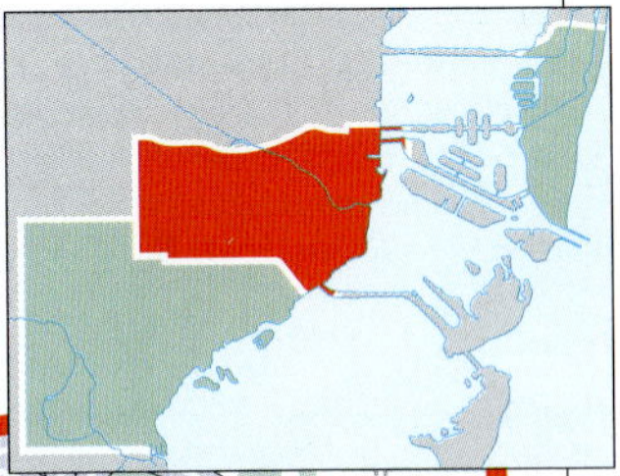

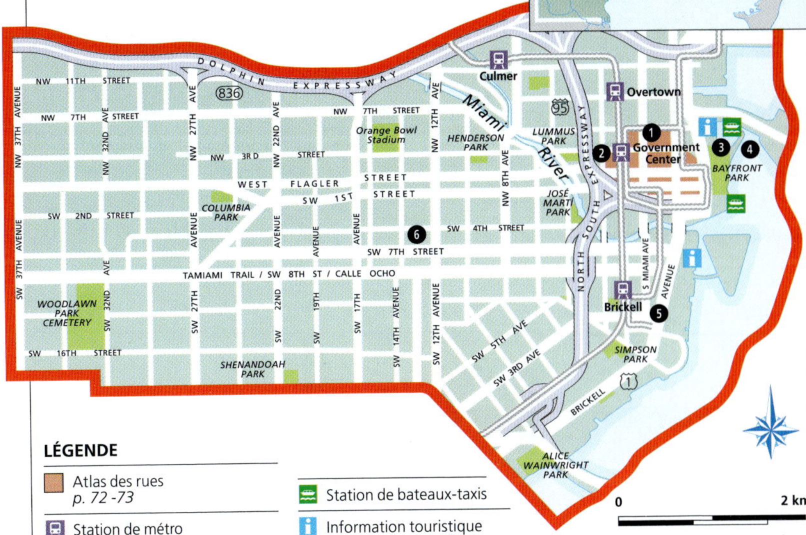

LÉGENDE

- Atlas des rues *p. 72-73*
- Station de métro
- Station de bateaux-taxis
- Information touristique

0 — 2 km
0 — 1 miles

◁ **L'impressionnante Bank of America Tower domine de sa hauteur la Miami River, à Downtown**

Downtown pas à pas

La masse de gratte-ciel de Downtown est très impressionnante, en particulier la nuit, de près comme de loin. Du métro aérien, on jouit d'une belle vue sur le quartier, qu'il est également intéressant de découvrir à pied pour admirer l'intérieur de certains bâtiments publics. Étonnamment, le quartier commercial situé derrière les gratte-ciel propose principalement des articles bas de gamme, surtout en joaillerie et en électronique. L'ambiance dans les rues est latine : cafés servant du café de Cuba, étals de vendeurs d'oranges pelées, atmosphère caraïbe. Flagler Street, la principale artère de Downtown, est le cœur du quartier hispanique, qu'il est préférable de visiter en semaine pendant la journée, mais qu'il faut éviter la nuit.

Les gratte-ciel de Downtown rappellent le boom financier des années 1980. Vus de MacArthur Causeway, ils forment un ensemble impressionnant.

US Federal Courthouse
Ce détail d'une peinture murale de la Cour fédérale dépeint la ville de Miami passant de la sauvagerie au rang de ville moderne ❶

La Cour de justice de Dade County possède un hall impressionnant, avec au plafond des mosaïques représentant le premier sceau de la Floride et des montagnes.

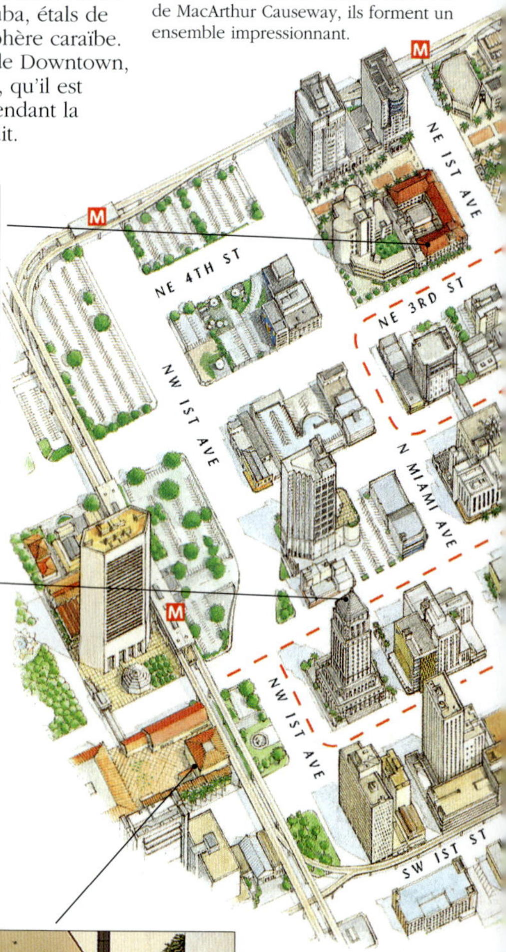

0 150 m
0 150 yards

LÉGENDE

– – – Promenade conseillée

★ Miami-Dade Cultural Center
Ce vaste complexe de style méditerranéen, avec sa cour intérieure centrale et ses fontaines, abrite le seul musée de Downtown ❷

À NE PAS MANQUER

- ★ Miami-Dade Cultural Center
- ★ Bank of America Tower

L'église Gesu, construite en 1922, abrite la plus ancienne paroisse de Miami. À signaler ses vitraux fabriqués en Allemagne, à Munich.

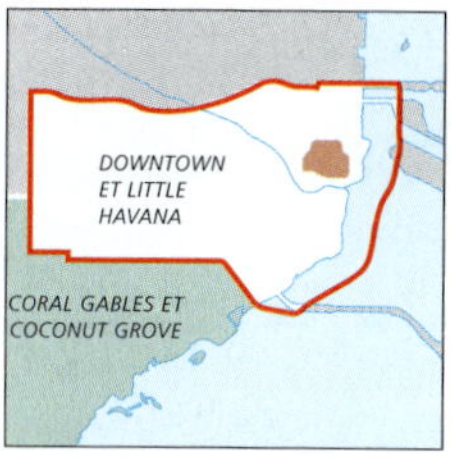

CARTE DE SITUATION
Voir l'Atlas des rues, plan 4

L'immeuble Alfred I DuPont (1938), siège de la Florida National Bank, abrite des éléments décoratifs originaux, dont des portes d'ascenseur en cuivre décorées de palmiers et de flamants roses.

La tour Ingraham (1927) est d'inspiration néoclassique et Renaissance. Le hall possède un plafond somptueux en feuilles d'or qui porte l'emblème de l'immeuble gravé dans le cuivre.

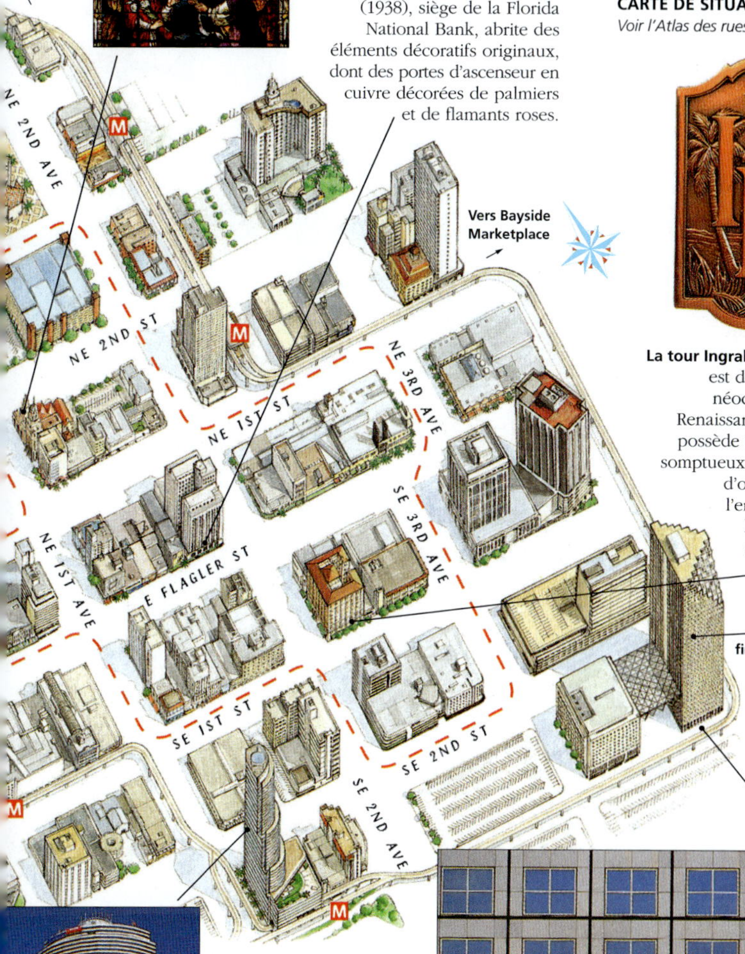

Centre financier de la First Union

★ Bank of America Tower
L'immeuble le plus imposant de Miami est célèbre par son illumination qui change toute la nuit. Construit en 1983, l'immeuble s'appela d'abord Centrust Tower avant d'être rebaptisé.

Le Metromover, inauguré en 1986 et sans pilote, effectue un tour complet de Downtown (4 km) dans le sens des aiguilles d'une montre en 10 min *(p. 394)*. Bien que bref, le parcours permet de jouir d'une vue superbe sur le quartier.

Downtown

Les gratte-ciel de Downtown, qui datent du début du XXe siècle et qui sont éparpillés entre des bâtiments plus récents, illustrent bien l'euphorie régnant à une époque qui s'était entichée des styles méditerranéen ou néoclassique. Ainsi, la Freedom Tower (1925), sur Biscayne Boulevard, s'inspire de la Giralda de Séville. Ancien siège du *Miami News*, la tour devint au début des années 1960 le centre d'accueil des réfugiés cubains *(p. 52)*. Aujourd'hui, elle est vide. Downtown possède quelques bâtiments Art déco, dont le magasin Macy's sur Flagler Street *(p. 94)*.

Freedom Tower (1925)

US Federal Courthouse ❶

301 N Miami Ave. **Plan** 4 E1. ***Tél.*** *(305) 523-5100.* *Arena/State Plaza.* *8h-17h lun.-ven.* *jours fériés.*

Cet imposant édifice néoclassique achevé en 1931 a connu un grand nombre de procès importants, dont celui de Manuel Noriega, l'ancien président du Panamá, en 1990. Le bâtiment possède une vaste et agréable cour intérieure, mais son principal intérêt réside dans la peinture murale conservée au deuxième étage, *Law Guides Florida's Progress (p. 72)* : elle est l'œuvre de Denman Fink, un peintre connu à Coral Gables *(p. 82)*. Lors des procès importants, l'accès de la salle d'audience est interdit au public.

Miami-Dade Cultural Center ❷

101 West Flagler St. **Plan** 4 E1. *Government Center.* *tous les bus pour Miami Avenue.* **Historical Museum of Southern Florida, *tél.*** *(305) 375-1492.* *10h-17h lun.-mer., ven., sam., 12h-17h dim.* **www**.historical-museum.org **Miami Art Museum, *tél.*** *(305) 375-3000.* *10h-17h mar.-ven. (10h-21h le 3e jeu. du mois), 12h-17h sam. et dim.* *gratuit pour les familles le 2e sam. du mois.* **www**.miamiartmuseum.org

Œuvre de l'architecte américain Philip Johnson en 1982, le Miami-Dade Cultural Center est à la fois une galerie d'art, un musée et une bibliothèque.

L'Historical Museum of Southern Florida est dédié à l'histoire de Miami avant 1945 avec des expositions sur la colonisation espagnole et la culture séminole.

La collection de photographies anciennes illustre divers aspects de la vie de l'ancienne Miami, des premiers pionniers aux fastes des années 1920. Le Miami Art Museum of Dade County est consacré à l'art américain d'après 1945.

Des baigneuses en 1920 à Miami, photo de l'Historical Museum

Bayside Marketplace ❸

401 Biscayne Blvd. **Plan** 4 F1. ***Tél.*** *(305) 577-3344.* *College/Bayside.* *16, 3, C, 95, BM, S, FM, Night Owl.* *10h-22h lun.-jeu., 10h-23h ven. et sam., 11h-21h dim.* *Thanksgiving, 25 déc.*

Bayside Marketplace est le site de Downtown le plus apprécié et le plus fréquenté par les touristes (de plus, on s'y gare facilement). Ce centre commercial entoure Miamarina, où sont amarrés de nombreux bateaux, dont certains proposent des excursions dans Biscayne Bay.

Avec ses restaurants et ses cafés – parmi lesquels le Hard Rock Café, avec sa guitare surgissant du toit ! –, Bayside est un endroit où il est facile de se restaurer. Les petits restaurants du premier étage servent une cuisine simple.

Des orchestres se produisent souvent sur le front de mer.

En comparaison, le parc voisin de Bayfront est plus austère. En son centre se dresse la Torche de l'Amitié représentant le président John Kennedy, entouré des armoiries des pays d'Amérique latine ; une plaque commémorative a été dressée par les réfugiés cubains pour remercier les États-Unis.

Des bateaux amarrés à Miamarina, en face de Bayside Marketplace

Pour les hôtels et restaurants de la région, voir p. 310-314 et p. 335-339

Excursions dans Biscayne Bay ❹

Bayside Marketplace. **Plan** 4 F1. Ⓜ *College/Bayside.* 🚌 *16, 3, C, 95, BM, S, FM, Night Owl.* **Island Queen Cruises** *et* **Gondola Tours** *(305) 379-5119.* **Floridian Cruises** *(305) 445-8456.* **Duck Tours** *(786) 276-8300.*

La partie de Biscayne Bay comprise entre Downtown et Miami Beach abrite le plus grand port de croisières du monde et un chapelet d'îlots privés. Le meilleur moyen de découvrir la baie est d'embarquer à Bayside Market pour une excursion en bateau. Island Queen Cruises et d'autres compagnies proposent en effet, toute la journée, des « visites des propriétés de célébrités » d'une durée de 90 min. Les excursions sillonnent d'abord les abords du port, situé dans les îles Dodge et Lummus. Avec un trafic estimé à 3 millions de passagers, le port rapporte 5 milliards de dollars par an à l'économie locale. Amarrés ou non, les énormes paquebots sont les navires les plus impressionnants du port. Près de l'extrémité est de MacArthur Causeway, on peut voir la base de vedettes rapides que l'US Coastguard utilise pour donner la chasse aux trafiquants de drogue ou aux immigrants clandestins. En face de celle-ci se trouve Fisher Island, séparée de South Beach par Government Cut, un chenal en eau profonde dragué en 1905. Plage réservée aux Noirs dans les années 1920 à l'époque de la ségrégation, Fisher Island est devenue, par une ironie de l'histoire, une élégante zone résidentielle. L'excursion continue vers le nord, vers les îles Palm, Star et Hibiscus, des îles artificielles construites dans les années 1920 à une époque d'intense spéculation immobilière. Dans une végétation tropicale luxuriante, des demeures de styles architecturaux les plus variés se succèdent. Frank Sinatra ou Al Capone y résidèrent autrefois, Gloria Estefan ou Julio Iglesias y habitent aujourd'hui. Il existe d'autres types d'excursion en bateau depuis Bayside Marketplace : la nuit, à la pêche au gros, voire… en gondole ! Avec Duck Tours embarquez sur un bateau luxueux (plusieurs départs par jour de South Beach) et approchez les plus belles maisons de Biscayne Bay.

L'Atlantis est le plus célèbre des immeubles de Brickell Avenue

Bateau d'excursion dans Biscayne Bay

Une superbe demeure aperçue lors d'une excursion dans Biscayne Bay

Brickell Avenue ❺

Plan 4 E2-E4. Ⓜ *plusieurs stations.* 🚆 *Metrorail (Brickell).* 🚌 *95, B, 48, 24, BS.* ℹ *Greater Miami Beaches Convention et Bureau des Visiteurs, 701 Brickell Ave, suite 2700, (305) 539-3000.*
www.miamiandbeaches.com

Au début du siècle, l'avenue fut surnommée l'« alignement des millionnaires » à cause de ses superbes demeures particulières. Aujourd'hui, la partie nord est le pendant de Wall Street avec ses grandes banques internationales en verre et en béton. Au sud du coude de Southwest 15th Road s'étire une succession d'immeubles résidentiels popularisés par la série TV *Deux Flics à Miami.* Ces bâtiments, construits au début des années 1980 par Arquitectonica, une société d'architectes novateurs, ne sont plus à la mode, mais demeurent impressionnants.

L'un d'entre eux, l'Atlantis (au n° 2025), est célèbre par son ouverture en façade où sont disposés un palmier et un jacuzzi ! La partie « éjectée » de l'immeuble apparaît par l'ouverture comme un bâtiment indépendant situé derrière. Arquitectonica construisit également le Palace, au n° 1541, et l'Imperial, au n° 1627. Toutes ces résidences furent conçues pour être admirées à distance, d'où leur style dit « d'architecture automobile ».

Little Havana ❻

Plan 3 C2. *8 depuis Downtown, 17, 12 et 6.* **El Crédito Cigar Factory** 1106 SW 8th St. ***Tél.*** *(305) 858-4162.* *8h-18h lun.-ven., 8h-16h sam.* *jours fériés.* **El Aquila Vidente** *(The Seeing Eagle) 1122 SW 8th.* **Plan** 3 C2. ***Tél.*** *(305) 854-4086.* *10h30-17h30 lun.-sam.* *dim., jours fériés.*

Si les Cubains habitent dans toute l'agglomération de Miami, leur véritable quartier d'adoption depuis l'arrivée massive de réfugiés dans les années 1960 est Little Havana, qui s'étend sur 9 km² *(p. 52)*. D'autres communautés hispanophones s'y sont installées depuis. Pour profiter de Little Havana, il faut en parcourir les rues à pied. Des rythmes de salsa s'échappent des magasins, les murs sont couverts d'affiches appelant à poursuivre la lutte armée contre Castro et les *bodegas* (cantines) vendent des spécialités telles que les *moros y cristianos (p. 334)*, tandis que des vieillards ridés sirotent des litres de *café cubano*.

La principale artère commerciale de Little Havana est Southwest 8th Street, plus connue sous le nom de **Calle Ocho**. Il est agréable de découvrir à pied la partie la plus active, entre la 11ᵉ et la 17ᵉ Avenue. Fondée à La Havane en 1907 et déplacée à Miami en 1968, **El Crédito Cigar Factory**, près de l'angle de la Calle Ocho et de la 11ᵉ Avenue, dégage, malgré sa petite taille, un parfum d'authenticité. Il est possible d'y voir à l'œuvre les rouleurs de cigares. Les feuilles sont récoltées en République dominicaine d'après des semences de tabac cubain, le meilleur du monde. Les fumeurs viennent y acheter diverses variétés de cigares *(p. 95)*. À quelques pas, **El Aguila Vidente (The Seeing Eagle)** commercialise herbes, potions et figurines de saints en rapport avec la Santería, la religion afro-cubaine. Southwest 13th Avenue, au sud de Calle Ocho, que l'on appelle le **Cuban Memorial Boulevard**, constitue un haut lieu du nationalisme cubain anticastriste. La flamme du monument de la brigade 2506 reste allumée en permanence en l'honneur des victimes du débarquement manqué de la baie des Cochons, à Cuba en 1961. Tous les 17 avril, on commémore cette tentative de renverser Fidel Castro. D'autres monuments situés au-delà sont dédiés aux héros cubains Antonio Maceo et José Martí, qui luttèrent contre la domination espagnole sur l'île au XIXᵉ siècle *(p. 48-49)*. Sur Calle Ocho, entre la 12ᵉ et la 17ᵉ Avenue, quelques célébrités latines de la communauté comme Julio Iglesias et Gloria Estefan ont leur effigie sur le trottoir, à la manière du Walk of Fame de Hollywood. Au coin de la 14ᵉ Avenue, des Cubains de plus de 55 ans jouent aux dominos dans le minuscule **Máximo Gómez Park**, appelé aussi Domino Park.

Serveuse du Versailles

La flamme du monument de la baie des Cochons

Au nord de la Calle Ocho, à l'angle de West Flagler Street et Southwest 17th Avenue, sur la **Plaza de la Cubanidad**, on a érigé une carte de Cuba en bronze, qui porte une citation énigmatique de José Martí : « Les palmiers sont des cœurs tendres qui attendent. » Derrière celle-ci, une profusion de drapeaux signale le quartier général d'Alpha 66, le groupe anticastriste le plus virulent de Miami : ses membres effectuent régulièrement des exercices militaires dans les Everglades, même si la plupart d'entre eux sont conscients qu'une invasion militaire de Cuba ne se reproduira plus. Le **Cuban Museum of the Americas**, au sud de la Calle Ocho, présente une collection permanente de travaux d'artistes cubains et des expositions consacrées à la musique ou à la religion. Plus à l'ouest, au 3260 Calle Ocho, s'étend le **Woodlawn Cemetery**. La tombe du soldat de la liberté cubain inconnu y avoisine celle de Gerardo Machado, dictateur de Cuba dans les années 1930. Une visite de Little Havana est incomplète sans un repas au restaurant **Versailles** *(p. 338)*.

Des Cubains jouant aux dominos dans le parc Máximo Gómez

La communauté cubaine de Miami

La communauté cubaine de Miami est très soudée autour de son attachement à la mère patrie et par le ressentiment qu'elle nourrit à l'encontre de Fidel Castro. Les exilés, comme ils se nomment eux-mêmes, proviennent de toutes les couches de la société. Les premiers immigrants furent des Blancs aisés, qui occupent aujourd'hui des postes importants dans les entreprises de Miami et vivent dans les banlieues chic. Les « Marielitos », arrivés en 1980 *(p. 52)*, sont issus de couches modestes, comme la plupart des immigrants arrivés dans les années suivantes. Des Cubains de la deuxième génération, comme la chanteuse pop Gloria Estefan, qui poursuit aujourd'hui une carrière internationale, sont surnommés les « yucas » (*young, up-and-coming Cuban-Americans*). La présence des Cubains imprègne en permanence l'atmosphère de Miami, de la cuisine aux conversations en espagnol, de Little Havana à Coral Gables.

Gloria Estefan

Scène de l'ancienne Cuba
Cette peinture murale, qui représente la station balnéaire de Varadero, illustre la nostalgie de la mère patrie ressentie par les Cubains de Floride, dont beaucoup espèrent un jour revoir leur île.

L'engagement politique
Les Cubains de Miami suivent attentivement l'actualité de l'île. Ils manifestent souvent contre le régime de Fidel Castro ou la politique américaine envers Cuba.

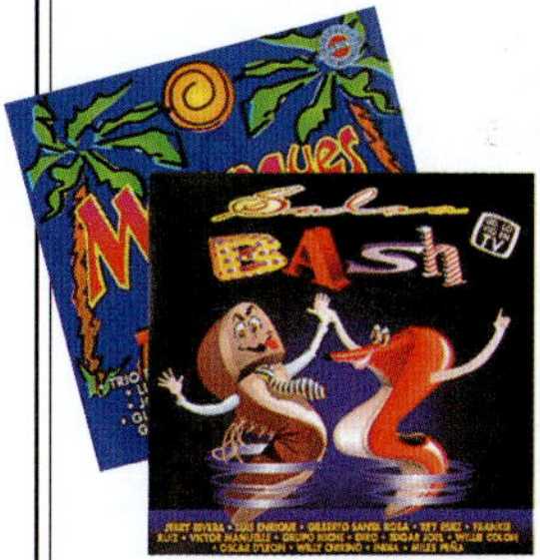

La salsa enregistrée à Miami est très appréciée

LA CULTURE CUBAINE À MIAMI

Les Cubains ont apporté avec eux, à Miami, leur musique, leur religion et leur mode de vie. Officiellement catholiques, de nombreux Cubains adhèrent à la Santería, un culte mêlant rites catholiques et croyances animistes des esclaves africains de la période coloniale.

Un café typiquement cubain : on bavarde, on boit et l'on consomme debout

Un magasin d'articles religieux, ou *botánica*, vendant l'attirail de la Santería, à Little Havana

CORAL GABLES ET COCONUT GROVE

Tête de pompier, Salzedo Street

Coral Gables, l'un des quartiers les plus opulents des États-Unis, est une ville à part entière de l'agglomération de Miami. On la surnomme « the City Beautiful », du fait de ses longues avenues bordées de chênes et de banians. Sur les petits canaux parallèles, une multitude de bateaux sont amarrés. Le respect des directives urbanistiques édictées par George Merrick, concepteur de Coral Gables dans les années 1920 *(p. 82)*, a maintenu la cohésion architecturale du quartier, qui compte aussi d'élégantes boutiques. Coconut Grove est le plus ancien quartier de Miami. Des chasseurs d'épaves *(p. 303)* y vivaient au milieu du XIXe siècle, mais l'endroit ne fut vraiment peuplé qu'à partir des années 1880, après que Ralph Munroe *(p. 84)* et ses amis y eurent ouvert un hôtel. Doté d'un personnel bahaméen, cet établissement n'accueillit d'abord que des intellectuels, ce qui conféra au quartier, proche de Black Coconut Grove, moins bien entretenu, une atmosphère particulière. Le soir et le week-end, les visiteurs affluent à Coconut Grove, quartier le plus animé de Miami après South Beach.

LES SITES D'UN COUP D'ŒIL

Musées et galeries
Lowe Art Museum 6
Miami Museum of Science and Planetarium 11

Rues et quartiers
Coconut Grove Village 7
Miracle Mile 1

Bâtiments historiques
The Barnacle 8
Biltmore Hotel 5
Coral Gables City Hall 2
Coral Gables Merrick House 3
Venetian Pool 4
Vizcaya p. 86-87 12

Église
Ermita de la Caridad 10

Marina
Dinner Key 9

◁ La tour de l'hôtel Biltmore, un des plus remarquables édifices de Coral Gables

Coral Gables en voiture

Ce circuit de découverte serpente à travers les allées luxuriantes et paisibles de Coral Gables, ville dessinée dans les années 1920 par George Merrick *(p. 82-83)*. Le circuit permet d'admirer le Biltmore, un hôtel réputé, deux des quatre portes et six des « villages » de Merrick. Visiter tous les sites prend une journée entière. En effet, on perd souvent son chemin dans les rues de Coral Gables, qui s'entrelacent de façon déconcertante. Les noms des rues, gravés sur des pierres blanches posées sur les pelouses, sont difficiles à localiser. Ils ont été choisis par Merrick dans un dictionnaire espagnol.

Alhambra Water Tower ③
Ce bâtiment de 1925, est signé Denman Fink (p. 82).

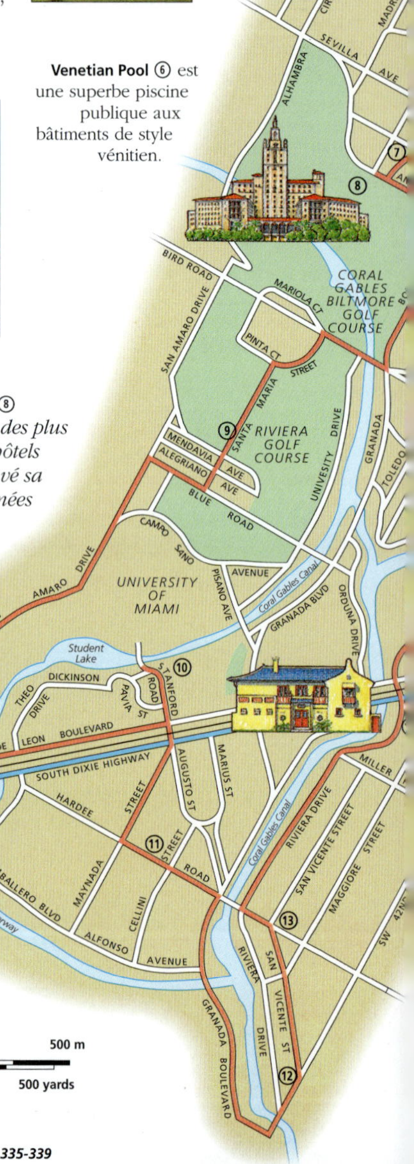

Venetian Pool ⑥ est une superbe piscine publique aux bâtiments de style vénitien.

Coral Gables Congregational Church ⑦
La première église de Coral Gables, bâtie par Merrick en style baroque espagnol, possède un clocher et un porche très décorés.

Biltmore Hotel ⑧
Le Biltmore, l'un des plus extraordinaires hôtels du pays, a retrouvé sa grandeur des années 1920.

The Lowe Art Museum ⑩ abrite une imposante collection d'art indien d'Amérique et européen.

French City Village ⑪
L'un des sept villages « internationaux » construits dans le quartier pour donner de la variété au style méditerranéen.

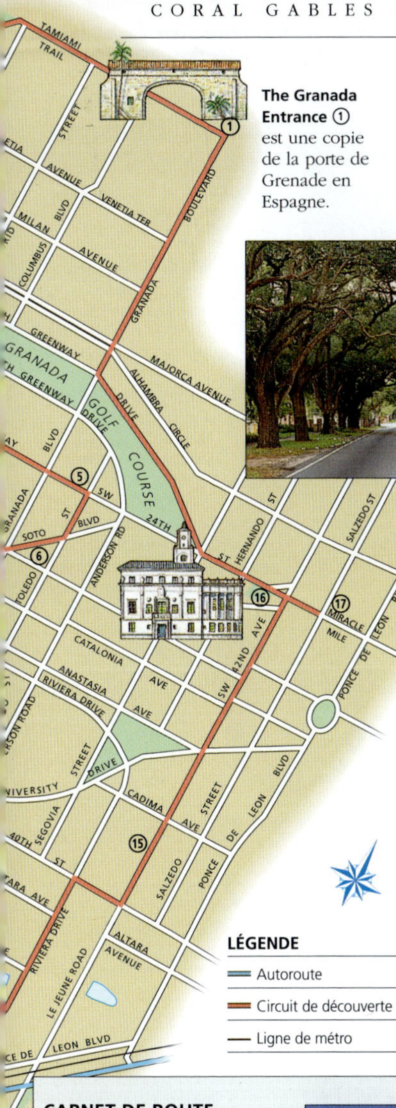

The Granada Entrance ①
est une copie de la porte de Grenade en Espagne.

The Country Club Prado Entrance ②, avec ses piliers ouvragés, est l'une des plus élégantes portes d'accès au quartier.

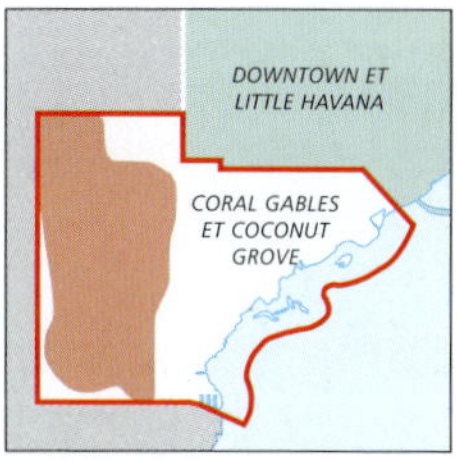

CARTE DE SITUATION
voir l'Atlas des rues, plan 5

Coral Way ④
Avec ses chênes et ses maisons de style espagnol, ce vieux quartier est le plus agréable de Coral Gables.

Coral Gables Merrick House ⑤
L'ancienne demeure de George Merrick a été transformée en musée.

Coral Gables City Hall ⑯
La décoration intérieure de l'hôtel de ville est constituée de peintures murales des années 1920 et 1950.

Miracle Mile ⑰
Boutiques de mariage, de mode et joailleries donnent le ton de cette rue du quartier commerçant de Coral Gables.

LÉGENDE

- Autoroute
- Circuit de découverte
- Ligne de métro

CARNET DE ROUTE

Itinéraire : *23 km.*
Départ : *n'importe où, mais l'itinéraire recommandé est celui inverse des aiguilles d'une montre.*
Où faire une pause : *il y a quelques bons restaurants à Miracle Mile, et l'on peut prendre un thé à l'anglaise au Biltmore en réservant 24 h à l'avance. On peut aussi se baigner à Venetian Pool.*
Quand visiter : *le mercredi et le dimanche en raison des horaires d'ouverture de Merrick House, du Lowe Art Museum et du Biltmore (p. 82-83). Évitez les heures de pointe (7 h-9 h 30, 16 h 30-18 h 30).*

Bateau amarré dans l'un des paisibles chenaux de Coral Gables

LES SITES D'UN COUP D'ŒIL

① Granada Entrance
② Country Club Prado Entrance
③ Alhambra Water Tower
④ Coral Way
⑤ Coral Gables Merrick House
⑥ Venetian Pool
⑦ Coral Gables Cong. Church
⑧ Biltmore Hotel
⑨ Colonial Village
⑩ Lowe Art Museum
⑪ French City Village
⑫ Dutch South African Village
⑬ French Country Village
⑭ Chinese Village
⑮ French Normandy Village
⑯ Coral Gables City Hall
⑰ Miracle Mile

Rotonde du Colonnade Building, sur Miracle Mile

Miracle Mile ❶

Coral Way entre Douglas et Le Jeune Road. **Plan** 5 C1. *Metrorail (Douglas Rd), puis bus J ou 40, 42 et 24 de Downtown.*

En 1940, un promoteur mit à la mode la principale rue commerçante de Coral Gables en la rebaptisant Miracle Mile (un aller-retour à pied mesure un mile). La rue est jalonnée de dais colorés qui ornent la devanture de magasins chic *(p. 92)*. Les prix élevés et la proximité de grands centres commerciaux expliquent la faible fréquentation de la rue.

Colonnade Building, au n° 169, fut construit en 1926 par George Merrick pour servir de bureau de vente à ses réalisations immobilières. Une superbe rotonde abrite aujourd'hui le hall de l'hôtel Colonnade. Le Tula Italian Restaurant *(p. 330)* présente des photos de l'âge d'or de Coral Gables. Entre Salzedo Street et Aragon Avenue, l'ancien hôtel de police et des pompiers, construit en 1939, abrite deux superbes sculptures de pompiers.

Coral Gables City Hall ❷

405 Biltmore Way. **Plan** 5 C1. ***Tél.*** *(305) 446-6800. Metrorail (Douglas Rd) puis bus J, 42 ou 40. 24. 8h-15h lun.-ven. jours fériés.* **www**.coralgables.com

Construit en 1928, l'hôtel de ville de Coral Gables illustre l'intérêt porté par Merrick et ses contemporains à l'architecture Renaissance espagnole. Sur sa façade semi-circulaire, on peut voir un blason de style espagnol : c'est l'emblème de la ville de Coral Gables dessiné par Denman Fink, oncle de Merrick, qui peignit également sous le dôme du clocher une fresque représentant les quatre saisons. Au-dessus des escaliers, une autre fresque intitulée *Landmarks of the Twenties*, et peinte par John St John dans les années 1950, représente les premiers temps de la ville. L'œuvre fut vieillie par l'artiste grâce à la fumée de ses cigarettes !

Logo de l'hôtel de ville de Coral Gables

Coral Gables Merrick House ❸

907 Coral Way. **Plan** *5 B1.* ***Tél.*** *(305) 460-5361. 24. 13h-16h mer. et dim.*

S'il est difficile de se plier aux horaires d'ouverture restreints de la demeure familiale de George Merrick, la visite permet d'apprécier la modestie du train de vie ducréateur de Coral Gables.

Quand le révérend Solomon Merrick arriva de Nouvelle-Angleterre en Floride avec sa famille en 1899, il s'installa dans une cabane en bois au sud de la ville de Miami, qui était en construction. Il lui ajouta ensuite une extension et baptisa la maison Coral Gables (« Pignon de Corail »), prenant pour du corail le calcaire riche en fossiles marins utilisé pour la construction. La maison est devenue un musée dédié à George Merrick. On peut voir quelques meubles qui appartinrent aux Merrick et des portraits de famille réalisés par la mère et l'oncle de George. Plus petit qu'autrefois, le jardin est planté d'espèces tropicales.

UNE VILLE RÊVÉE PAR GEORGE MERRICK

Le rêve de George Merrick était de construire une ville. Avec Denman Fink pour conseiller artistique, Frank Button pour paysagiste et Phineas Paist pour architecte en chef, Merrick voulait donner vie à un « pays imaginaire ». L'architecture fut inspirée des styles espagnol et italien, selon « une association du meilleur des deux styles soulignée d'une touche de gaieté pour complaire à l'ambiance qui règne en Floride ». Ce rêve, le plus gros investissement immobilier des années 1920, coûta 100 millions de dollars. Chaque année, trois millions de dollars étaient consacrés à la promotion de cet ensemble paradisiaque parcouru de petits canaux, alors que ceux-ci n'étaient encore qu'à l'état de projet. L'ouragan de 1926 *(p. 50)* et le krach de Wall Street empêchèrent Merrick de mener son projet à terme.

Portrait de George Merrick, exposé dans sa maison

Venetian Pool, créée dans les années 1920 sur le site d'une ancienne carrière de corail

Venetian Pool ❹

2701 De Soto Blvd. **Plan** 5 B2.
Tél. *(305) 460-5356. Metrorail (S Miami), puis bus 72. mi-juin-mi-août : 11h-19h30 lun.-ven. ; avr.-mai et sept.-oct : 11h-17h30 ; nov.-mars : 10h-16h30 ; toute l'année : 10h-16h30 sam. et dim. lun. sept.-mai, Thanksgiving, 24 et 25 déc., 1er janv.*
www.venetianpool.com

Que l'on désire se baigner ou non, « la plus belle piscine du monde » vaut le détour pour son site, celui d'une ancienne carrière de corail convertie en 1923 en piscine par Denman Fink et Phineas Paist. Ses tours et loggias roses en stuc, ses perches vénitiennes, son pont pavé, les grottes et ses cascades entourant le bassin alimenté par des sources firent du Venetian Pool l'endroit le plus à la mode des années 1920. Dans le hall, des photographies donnent une idée de son lustre passé.

Biltmore Hotel ❺

1200 Anastasia Ave. **Plan** 5 A2.
Tél. *(305) 445-1926. Metrorail (S Miami), puis bus 72. dim. après-midi.* **www**.biltmorehotel.com

Le bâtiment le plus impressionnant de Coral Gables fut achevé en 1926. À l'époque de sa splendeur, des personnalités aussi célèbres qu'Al Capone (qui y possédait un bar clandestin), Judy Garland ou le duc et la duchesse de Windsor, chassaient le renard dans le parc (devenu un golf) et parcouraient les canaux en gondole. De la Seconde Guerre mondiale à 1968, le Biltmore servit d'hôpital militaire, et l'on recouvrit les sols de linoléum. Il fut restauré pour 55 millions de dollars en 1986, puis fit faillite en 1990 avant de rouvrir ses portes deux ans plus tard.

De la façade de l'hôtel s'élève une réplique de 96 m de haut de la tour de la Giralda, la cathédrale de Séville, qui inspira également la Miami's Freedom Tower *(p. 74)*. L'immense hall est bordé de piliers et la terrasse donne sur la plus grande piscine d'hôtel des États-Unis, dans laquelle un maître nageur du Biltmore, Johnny Weismuller – alias Tarzan - battit un record du monde dans les années 1930. Une visite de l'hôtel est organisée chaque semaine.

Cheval Han, Lowe Art Museum

Lowe Art Museum ❻

1301 Stanford Drive. **Plan** 5 A5.
Tél. *(305) 284-3535. Metrorail (University). 52, 56, 72. 10h-17h mar.-sam., 12h-17h dim., 12h-19h jeu. lun., jours fériés.*
www.lovemuseum.org

Ce musée est situé au cœur du campus de l'université de Miami, fondée en 1925 grâce à une donation de 5 millions de dollars de George Merrick.

Les quelque 8 000 pièces exposées dans le musée incluent des œuvres de la Renaissance et de l'époque baroque ainsi qu'une collection d'art indien, textiles et céramiques. À voir également la collection égyptienne, les œuvres du XVIIe siècle et de l'époque contemporaine, les pièces afrocubaines, les collections d'art d'Asie et d'Amérique latine et les photographies du XXe siècle.

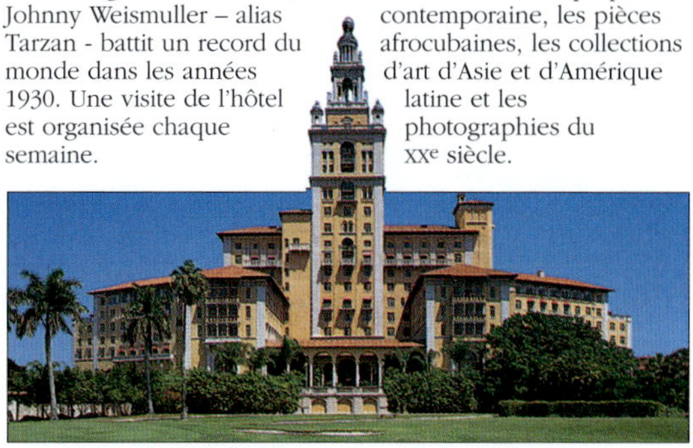

Vue de la façade sud du Biltmore Hotel, fleuron de Coral Gables

Coconut Grove Village ❼

Plan 6 E4, F4. *Metrorail (Coconut Grove). 42 de Coral Gables, 48 de Downtown, 6, 27, 22.*

Ancien point de ralliement des hippies dans les années 1960, Coconut Grove s'est assagi. Le quartier, surnommé « le Village », attire aujourd'hui des jeunes couples élégamment vêtus pour des dîners à l'ancienne. Seul un charmeur de serpents, un masseur de cou, et quelques magasins New Age évoquent encore un style de vie alternatif.
Le Village présente son meilleur visage la nuit ou le week-end. Le centre nerveux de Coconut Grove est situé à la jonction de Grand Avenue, de McFarlane Avenue et de Main Highway, où siège le Johnny Rockets, un snack-bar de style années 1950, ainsi que le **CocoWalk**, un centre commercial branché *(p. 94)* qui constitue l'endroit le plus actif du Village. La cour intérieure accueille des cafés, des boutiques de souvenirs, des restaurants *(p. 339)*, un cinéma et un night-club, tandis qu'à l'étage supérieur se produisent des orchestres.
À l'est de Grand Avenue s'étend un petit centre commercial, tout proche, le **Streets of Mayfair** *(p. 94)*, qui se distingue par son toit en tuiles espagnoles, ses fontaines et sa végétation. Pour profiter de l'ambiance décontractée des cafés de Coconut Grove, il faut se promener le long de Commodore Plaza et de Fuller Street.

CocoWalk, le plus grand centre commercial de Coconut Grove

Une toute autre ambiance règne au **Farmers' Market**, qui se tient tous les samedis sur McDonald Street et Grand Avenue. Un peu plus loin, bordant cette dernière, est établi le quartier de la communauté bahaméenne, qui s'enflamme lors du Goombay Festival *(p. 35)*, mais qui reste assez dangereux le reste du temps.

Sur Main Highway, à cinq minutes de marche vers le sud, on débouche sur un quartier animé, à l'ombre de palmiers, de bougainvilliers et d'hibiscus et bordé de villas élégantes. Au 3400 Devon Road s'élève une petite église, souvent fermée, la **Plymouth Congregational Church**, dont la façade date de 1916.

Monroe, concepteur du Barnacle, peint par Lewis Benton en 1931

The Barnacle ❽

3485 Main Highway, Coconut Grove. **Plan** 6 E4. ***Tél.*** *(305) 442-6866.* *42, 48.* *9h-16h ven.-lun.* *Thanksgiving, 25 déc., 1er janv.* **www**.floridastateparks.org/thebarnacle

Caché de Main Highway par une forêt d'arbres tropicaux, le Barnacle est le bâtiment le plus ancien du Dade County. Il fut dessiné et habité par Ralph Monroe, un amateur du style Renaissance qui tirait ses revenus de la construction navale et de l'exploration d'épaves *(p. 303)*. Photographe et botaniste, Monroe était déjà soucieux de la préservation de l'environnement et prônait la vie en autarcie.
Initialement, la demeure de

MIAMI : RÉALITÉ ET FICTION

Pendant les années 1980, on se représentait Miami comme la capitale de la drogue et du crime aux États-Unis. Paradoxalement, la série télévisée intitulée *Deux Flics à Miami (p. 53)* tout en ne démentant pas cette réputation, fit toutefois découvrir la ville au reste du monde. Les meilleurs romans publiés sur le Miami des années 1990 traitent également de la face cachée de la ville. Les deux écrivains les plus en vue aujourd'hui sont Edna Buchanan, lauréate du prix Pulitzer pour ses reportages dans le *Miami Herald*, et Carl Hiaasen, journaliste au même journal. L'atmosphère insolite qui émane des livres de Carl Hiaasen s'inspire directement, dit-il, des faits relatés par le journal. Son roman *Striptease* a été porté récemment à l'écran.

Romans de Hiaasen

Monroe était un bungalow construit en 1891 avec du bois prélevé sur des épaves et disposé pour que l'air puisse circuler au mieux dans la maison. En 1908, Monroe fit surélever le bungalow d'origine et, en dessous, il fit bâtir un nouveau rez-de-chaussée. On peut aujourd'hui découvrir cette maison à deux étages, son mobilier familial et quelques articles électroménagers d'époque, comme un étonnant réfrigérateur. La visite comprend aussi celle de l'atelier de construction navale de Monroe, relié à la baie par une voie ferrée.

Dinner Key ❾

S Bayshore Drive. **Plan** 6 F4. *Metrorail (Coconut Grove).* *48.*

Au cours des années 1930, Pan American Airways fit de Dinner Key la plus importante base d'hydravions des États-Unis. La pilote Amelia Earhart y entama en 1937 son tragique tour du monde en hydravion. Le terminal aérien, de style Streamline *(p. 61)*, abrite aujourd'hui l'hôtel de ville de Miami, tandis que les hangars des hydravions servent à garer des bateaux.

Détail Art déco sur le Miami City Hall, à Dinner Key

Le Space Transit Planetarium, lieu de spectacles laser

La promenade dans la plus prestigieuse marina actuelle de Miami mérite le déplacement.

Ermita de la Caridad ❿

3609 S Miami Ave. **Plan** 3 C5. ***Tél.** (305) 854-2404.* *Metrorail (Vizcaya).* *12, 48.* *9h-21h t.l.j.*

Cette étonnante église de forme conique, construite en 1966, est très chère au cœur des exilés cubains. Elle renferme un autel dédié à leur sainte patronne, la Vierge de la Charité, qui est orienté vers Cuba. Une fresque au-dessus de l'autel illustre l'histoire de l'église et représente la Vierge dans l'île. Pour atteindre l'église, tourner à droite au premier virage après le Mercy Hospital.

Miami Museum of Science and Planetarium ⓫

3280 S Miami Ave. **Plan** 3 C5. ***Tél.** (305) 646-4200.* *Metrorail (Vizcaya).* *12.* *10h-18h.t.l.j.* *Thanksgiving, 25 déc.* **www**.miamisci.org

Le Miami Museum of Science and Planetarium comporte de nombreuses activités interactives ainsi que des expositions temporaires ou permanentes sur les sciences, de l'astrologie à la zoologie. Il est destiné à un public de tous les âges. Le Wildlife Center du musée abrite des animaux et des reptiles. C'est également le siège du Falcon Bird of Prey Center, une association de défense des oiseaux de proie blessés. Des shows avec des éclairages au laser chaque 1er vendredi du mois et des spectacles multi média sur les étoiles sont proposés aux spectateurs.

La Ermita de la Caridad, sur les rives de Biscayne Bay, attire de nombreux fidèles cubains

Vizcaya ⓬

Applique

Vizcaya fut jadis la plus grande résidence privée de Floride. Achevée en 1916, elle accueillait, l'hiver, l'industriel James Deering. Celui-ci souhaitait édifier la réplique d'un manoir italien du XVIe siècle remanié par plusieurs générations. Aussi Vizcaya et ses chambres mêlent-elles les styles Renaissance et néoclassique. Le mobilier provient d'achats massifs effectués en Europe. Le jardin allie avec bonheur les styles français et italien adaptés à la végétation tropicale de Floride. Pendant la construction, Deering s'inquiétait constamment auprès de son architecte des frais d'entretien ultérieurs de Vizcaya. Deering mourut en 1925, et la propriété fut rachetée par les autorités du comté de Dade en 1952. La maison et les jardins furent ensuite ouverts au public.

★ Salle de bains de Deering
Cette salle de bains est décorée de murs en marbre, de plaques en argent et abrite un baldaquin en forme de tente de campagne.

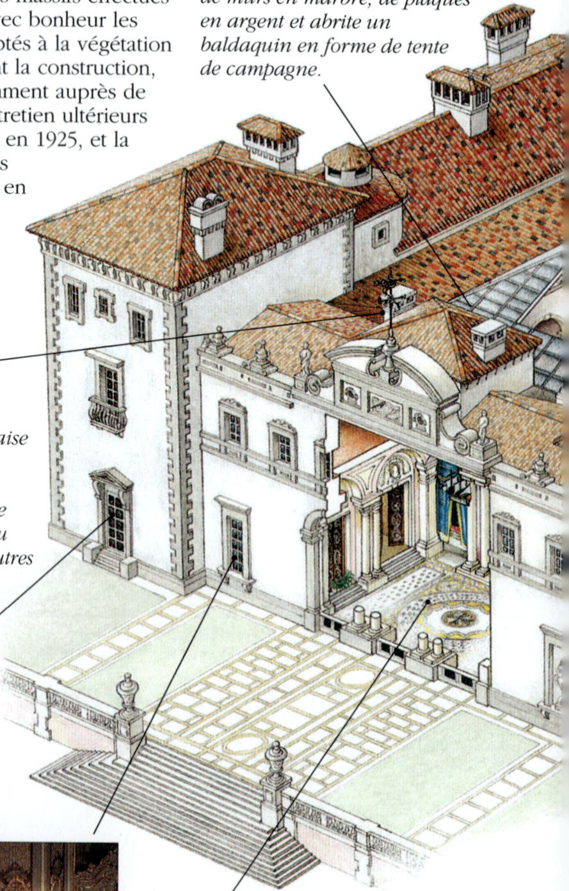

Girouette en forme d'hippocampe

Polichinelle
Cette statue anglaise de Polichinelle, datant du XVIIIe siècle, trône dans le théâtre du jardin parmi d'autres sculptures européennes.

La salle à manger évoque une salle de banquet de la Renaissance, avec ses tapisseries et sa table de réfectoire du XVIe siècle.

La loggia est, où se déroulent parfois des fêtes, abrite une maquette de caravelle, navire préféré de Deering.

★ Le salon de musique
Ce salon rococo est peut-être la plus belle pièce du domaine. Il est éclairé par un chandelier composé de glaces multicolores.

À NE PAS MANQUER

- ★ Salon de musique
- ★ Salle de bains
- ★ Jardins

★ Les jardins
Les jardins à la française tels que ceux de Vizcaya sont rares en Floride. Du mont, on peut admirer la symétrie de l'île centrale jusqu'à la terrasse sud de la villa.

MODE D'EMPLOI

3251 S Miami Ave. **Plan** 3 C5. ***Tél.*** *(305) 250-9133.* *Metrorail (Vizcaya).* *48.* *9h30-17h t.l.j., jardins jusqu'à 17h30 (dern. entrée : 16h30).* *25 déc.* *limité.* **www**.vizcayamuseum.org

Chambre chinoise
Ornée d'un superbe lit à baldaquin, cette chambre à coucher est décorée de chinoiseries, très populaires au XVIIIe siècle en Europe.

La cour, aujourd'hui recouverte d'un vitrage, était autrefois à l'air libre.

Le toit est couvert de tuiles courbes provenant de bâtiments cubains.

La salle de séjour possède un grand hall de style Renaissance orné d'un orgue construit spécialement pour Vizcaya.

La piscine, située sous la maison, est accessible par un escalier intérieur.

Salon de Deering
La décoration du plafond de cette pièce néoclassique arbore un hippocampe, un motif récurrent à Vizcaya.

VILLA ET JARDINS

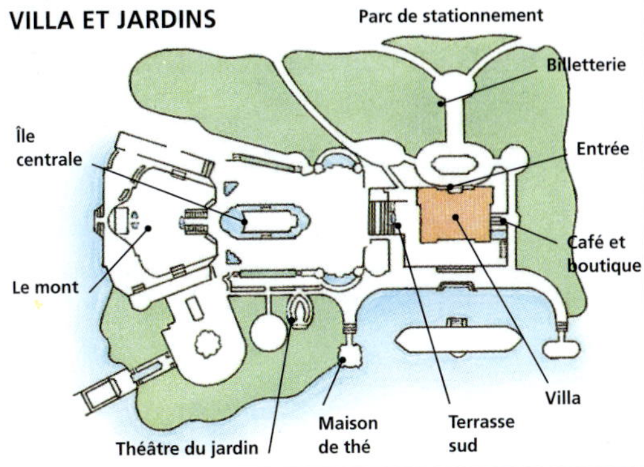

EN DEHORS DU CENTRE

Palmiers du Fairchild Tropical Garden

Les environs de Miami Beach et de Downtown au nord, et de Coral Gables au sud, n'offrent qu'un intérêt limité, même si l'on peut apprécier leurs plages immenses, leurs infrastructures de loisirs et quelques sites étonnants. Le nord de Miami a la réputation d'être pauvre et dangereux, en particulier les quartiers de Liberty City et d'Overtown. Évitez-les et suivez les consignes de sécurité données p. 380. Faites également attention en traversant Hialeah en voiture ou en visitant Opa-Locka ou Little Haiti, des quartiers haut en couleur, mais réservés aux visiteurs que l'aventure n'effraie pas.

La banlieue sud de Miami consiste en une morne succession de maisons de retraite et de vergers d'agrumes. Ces basses terres ont été ravagées par l'épicentre de l'ouragan Andrew en 1992 *(p. 26)*, qui a laissé des blessures encore visibles. La plupart des sites de loisirs endommagés – zoos, parcs et jardins – ont réouvert, mais les travaux de réparation se poursuivent aujourd'hui encore.

LES SITES D'UN COUP D'ŒIL

Bâtiments historiques

Ancien monastère espagnol ❷
Coral Castle ⓮

Musées et galeries

Gold Coast Railroad Museum ❺
Wings Over Miami ⓫

Parcs, jardins et zoos

Charles Deering Estate ❽
Fairchild Tropical Garden ❼
Miami Metrozoo ⓬
Miami Seaquarium ❺
Monkey Jungle ⓭
Parrot Jungle Island ❾

Plages

Key Biscayne ❻
North Beaches ❶

Quartiers

Little Haiti ❹
Opa-Locka ❸

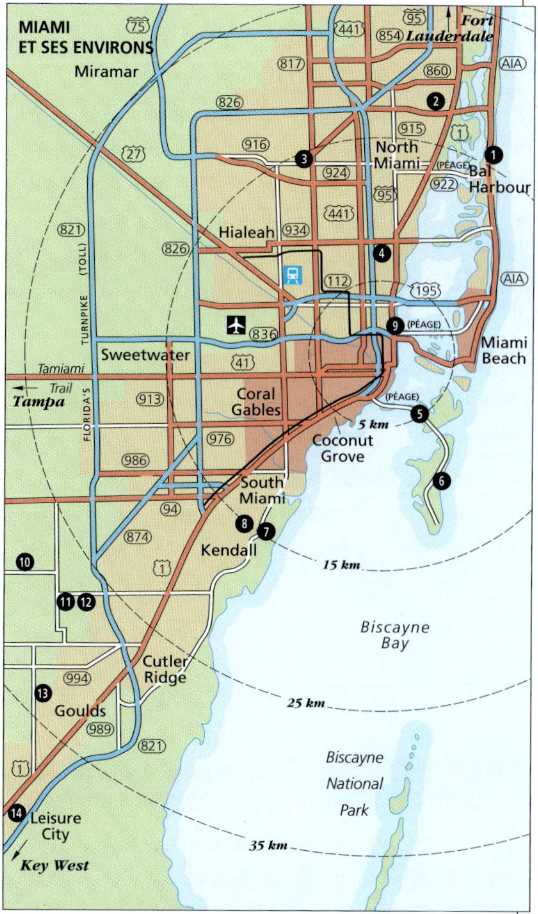

LÉGENDE

- Zone touristique
- Zone urbanisée
- Autoroute
- Route principale
- Route secondaire
- Voie ferrée
- Gare ferroviaire
- Aéroport

◁ **Le cloître du XIIe siècle d'un ancien monastère espagnol reconstruit au nord de Miami**

North Beaches ❶

Collins Avenue. 🚌 *K ou S de South Beach ou Downtown.*

La plage de Haulover Park, sous la surveillance d'un maître nageur

La barrière d'îles au nord de Miami Beach est une zone résidentielle assez peu accueillante, qui regroupe plusieurs stations balnéaires anonymes disséminées le long de Collins Avenue. L'endroit attire principalement tous ceux qui n'ont pas les moyens de s'offrir un séjour à South Beach. Le long de la plage de sable, on trouve quand même de quoi se loger à petit prix. Une bande de sable entre la 79e et la 87e Rue sépare Miami Beach de **Surfside**, destination très prisée des touristes québécois. À hauteur de la 96e Rue, Surfside devient **Bal Harbour**, une enclave connue pour ses hôtels de luxe et son centre commercial à l'architecture tapageuse *(p. 94)*. Au nord, **Haulover Park**, avec sa marina et ses dunes face à l'océan est un lieu charmant.

Ancien monastère espagnol ❷

16711 W Dixie Hwy, N Miami Beach. ***Tél.*** *(305) 945-1462.* 🚌 *H de South Beach, 3 de Downtown.* ◯ *9h-17h lun.-ven., 10h-17h sam., 13h30-17h dim.* ● *certains w.-e. (appel. pour vérifier), jours fériés.* **www**.spanishmonastery.org

L'histoire de ce cloître est originale. Construit en Espagne entre 1133 et 1141, il fut acheté en 1925 par le magnat de la presse William Randolph Hearst, qui fit numéroter, démonter et conditionner ses 35 000 pierres pour les expédier en Amérique. Lors d'un contrôle sanitaire, les caisses furent mal refermées. Elles demeurèrent à New York jusqu'en 1952, date à laquelle la décision fut prise de remonter « le puzzle le plus grand et le plus cher du monde » en Floride pour en faire un parc d'attractions. Remonté, le cloître est installé dans un jardin. Quelques pierres n'ont pu être identifiées.

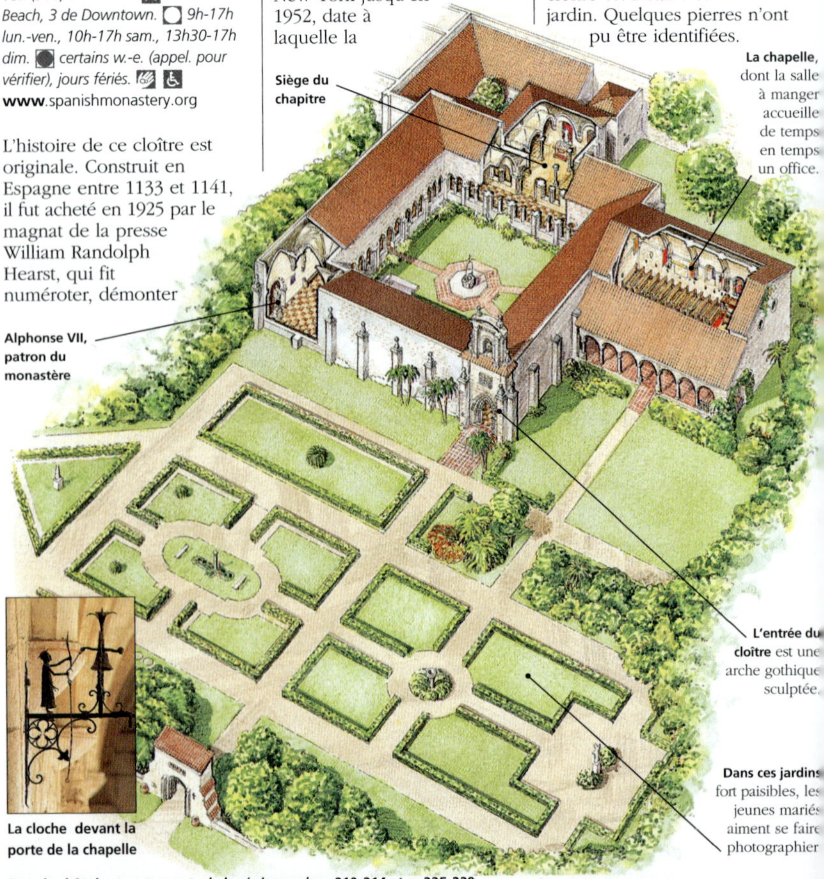

La cloche devant la porte de la chapelle

Opa-Locka ❸

Jonction de NW 27th Ave et NW 135th St, 16 km au nord-est de Downtown. 🚌 *28, 21, 27, 27r, Max.*

Surnommé le « Bagdad de Dade County », Opa-Locka est le produit des rêves de l'ingénieur Glenn Curtiss. Inspiré par *les Mille et Une Nuits*, il fit édifier près de 90 bâtiments de style mauresque pendant le boom des années 1920 *(p. 50-51)*. Aujourd'hui, Opa-Locka est un quartier déshérité où l'on n'a pas intérêt à s'éloigner de l'hôtel de ville restauré (angle d'Opa-Locka et Sharasad Boulevards). Tout rose, doté de minarets, de dômes et d'arches arabisants, cet édifice est le meilleur représentant de ce style néomauresque. Avec ses boutiques nommées Ali Baba Appliances ou ses rues Caliph ou Sultan, Opa-Locka est tout entière dédiée à l'Arabie.

Le dôme arabisant qui surplombe l'hôtel de ville d'Opa-Locka

Little Haiti ❹

46th à 79th Street, E de I-95. 🚌 *9 ou 10 de Downtown.*

Depuis les années 1980, nombre de réfugiés haïtiens se sont installés dans ce quartier. Celui-ci, bien que pauvre, est très pittoresque et relativement sûr si l'on demeure sur les grandes artères comme la 54th Street et la NE 2nd Avenue.

Caribbean Marketplace, sur NE 2nd Avenue et 60th Street, possède quelques étals d'artisanat situés en face de magasins plus intéressants peints de couleurs vives. Sur fond de musique haïtienne, ceux-ci vendent des accessoires religieux *(p. 77)* ; des poulets « façon Caraïbes » ou des plantains.

Publicité peinte d'un magasin religieux *(botánica)* de Little Haiti

Miami Seaquarium ❺

4400 Rickenbacker Cswy, Virginia Key. ***Tél.*** *(305) 361-5705.* 🚌 *B de Brickell Ave.* ◯ *9h30-18h t.l.j.* ♿ **www**.miamiseaquarium.com

Le Miami Seaquarium est moins spectaculaire que le Sea World à Orlando *(p. 176-177)*. Toutefois, les bouffonneries des otaries, des baleineaux et les deux spectacles avec dauphins ravissent toujours les visiteurs. Le nouveau spectacle « Nage avec les dauphins » attire une foule nombreuse deux fois par jour du mercredi au dimanche. Attention ! Si vous souhaitez aller dans l'eau avec les dauphins, vous devez être capable de lire et de comprendre l'anglais ou à défaut être accompagné d'un traducteur. Vous verrez aussi des lamantins, des requins, une mangrove peuplée de pélicans et un récif de corail.

Key Biscayne ❻

11 km au SE de Downtown. 🚌 *B.* **Bill Baggs Cape Florida State Park, *Tél.*** *(305) 361-5811.* ◯ *t.l.j.* **www**.floridastateparks.org

Le spectacle de Downtown vu depuis Rickenbacker Causeway, qui relie le continent à Virginia Key et à Key Biscayne, est l'un des plus beaux offerts par Miami. À l'autre extrémité, Key Biscayne propose quelques plages de rêve dont celle de **Crandon Park**, au nord de l'île, qui s'étend sur 5 km. Très large, elle est plantée de palmiers et équipée d'un bar de plage et d'une vaste aire de pique-nique. Au sud de l'île, la plage du **Bill Baggs Cape Florida State Park** est plus petite avec des aires de pique-nique reliées par des promenades en bois. Le phare voisin, construit en 1825, est le plus ancien édifice de la Floride du Sud. Crandom Boulevard, situé entre les deux parcs, comporte des minicentres commerciaux et des appartements en front de mer, un golf et des tennis.

Les dauphins de bottlenose sont les stars du Seaquarium de Miami

Fairchild Tropical Garden ❼

10901 Old Cutler Rd. ***Tél.*** *(305) 667-1651.* *65 de Coconut Grove.* *9h30-16h30 t.l.j.* *25 déc.* **www**.fairchildgarden.org
Mattheson Hammock Park
Tél. *(305) 665-5475.* *t.l.j. 6h-coucher du soleil.*
www.miamidade.gov/parks

Ce jardin tropical, créé en 1938, est aussi un centre de recherches botaniques. Autour d'un ensemble de lacs artificiels s'étend la plus vaste collection de palmiers au monde, avec 550 espèces sur les 2 500 répertoriées, ainsi que de nombreux genres de cycas – cousins des palmiers et des fougères – qui portent de grandes fleurs rouges coniques. On peut également admirer de nombreuses espèces d'arbres et de plantes, parmi lesquelles un kigelia, ou arbre à saucisses, d'aspect comique. Pendant les 40 min que dure le tour en tramway, on apprend quels sont les différents usages possibles de ces plantes qui entrent dans la production de médicaments, de parfums (la fleur de l'ylang-ylang est utilisée pour fabriquer le Chanel N° 5), voire de balles de golf. Il faut ensuite deux heures pour visiter le parc à pied. À proximité du Fairchild Tropical Garden, le Mattheson Hammock Park, endommagé par Andrew en 1992, est formé de mangroves que l'on peut parcourir en empruntant des pistes cyclables. Il est équipé d'une piscine d'eau salée, Atoll Pool, entourée de sable et de palmiers qui donne sur Biscayne Bay.

Charles Deering Estate ❽

16701 SW 72nd Ave. ***Tél.*** *(305) 235-1668.* *10h-17h t.l.j.* *Thanksgiving, 25 déc.*
www.miamidade.gov/parks

Tandis que son frère James jouissait de la splendeur de Vizcaya *(p. 86-87)*, Charles Deering possédait lui aussi ses quartiers d'hiver à Biscayne Bay. Il les fréquenta régulièrement entre 1916 et 1927. Son domaine de 162 ha a été acheté par l'État en 1985.

Certains édifices du domaine, dont la résidence principale et une auberge du XIXe siècle, Richmond Cottage, furent endommagés par l'ouragan Andrew en 1992. Ils ont été restaurés et rouverts au public depuis. Le parc est le principal centre d'intérêt du domaine, bien qu'il ait été saccagé par des vents soufflant à 260 km/h lors du passage d'Andrew. On peut y admirer une mangrove et une forêt de pins, un marais salant, le plus grand hammock *(p. 25)* intact du continent américain ainsi qu'un site de fossiles.

Le Charles Deering Estate, dévasté par l'ouragan Andrew

Parrot Jungle Island ❾

1111 Parrot Jungle Trail, Watson Island. ***Tél.*** *(305) 400-7000.* *10h-18h t.l.j.*
www.parrotjungle.com

Plus de 1 100 oiseaux habitent ce jardin tropical. Certains sont en cage, d'autres en liberté, d'autres encore font du patin à roulettes dans le cadre d'un spectacle animalier, le Trained Bird Show. On traversera la jungle par un sentier d'où l'on peut admirer alligators et tortues. L'île comporte aussi un Education Center avec des activités didactiques qui intéresseront aussi bien les enfants et que les adultes.

Les paisibles lacs bordés de palmiers du Fairchild Tropical Garden

Un tigre du Bengale devant un faux temple khmer, au Miami Metrozoo

Wings Over Miami ⓾

14710 SW 128th St, à côté de l'aéroport de Tamiami. ***Tél.*** *(305) 233-5197.* *10h-17h, jeu.-dim.* *jours fériés.* **www**.wingsovermiami.com

Le musée est consacré aux vieux avions. Les hangars abritent une collection superbe d'avions en parfait état. Vous admirerez notamment un US F-86 Sabre, un MiG 15 russe, un AT6D texan de 1943 « Old Timer », un Douglas B-23 Dragon et d'autres objets liés à la guerre comme une tourelle de mitrailleuse. Tous les avions exposés volent lors du week-end du Memorial Day. Ils volent également aux côtés des bombardiers B-17 et B-24 lors des Wings of Freedom en février.

Gold Coast Railroad Museum ⓫

12450 SW 152nd St, Perrine. ***Tél.*** *(305) 253-0063.* *Metrorail (au nord de Dadeland) puis bus du zoo.* *11h-15h lun.-ven., 11h-16h sam.-dim.* **www**.goldcoast-railroad.org

À côté du Miami Metrozoo, ce surprenant musée passionnera les fous de chemin de fer. Les plus belles pièces du musée sont le wagon présidentiel « Ferdinang Magellan », deux wagons du California Zephyr et trois locomotives à vapeur du Florida East Coast Railway.

Miami Metrozoo ⓬

12400 SW 152nd St, Miami. ***Tél.*** *(305) 251-0400.* *Metrorail (Dadeland North), puis Zoo Bus.* *9h30-17h30 t.l.j.* **www**.miamimetrozoo.com

Ce gigantesque zoo est l'un des mieux conçus du pays. Les animaux sont installés dans des aires assez vastes recréant leur habitat et sont séparés des spectateurs par des fossés. En plus des animaux courants dans les zoos, on verra des gorilles des plaines, des ours de Malaisie et des tigres blancs du Bengale. Le Petting Zoo propose des promenades à dos d'éléphant, et le Wildlife Show un spectacle avec des grands chats.

Monkey Jungle ⓭

14805 SW 216th St, Miami. ***Tél.*** *(305) 235-1611.* *Metrorail (Dadeland South), puis bus 1, 52 ou Busway Max vers Cutler Ridge Mall, et taxi.* *9h30-17h t.l.j.* **www**.monkeyjungle.com

Un macaque, une espèce des plus facétieuses, à Monkey Jungle

Cet établissement est toujours géré par la famille qui le fonda en 1933 afin d'étudier les primates. On y poursuit des programmes de recherche. À Monkey Jungle, les hommes sont en cage tandis que les singes s'ébattent librement. On peut ainsi parcourir une allée grillagée sur laquelle grimpent des macaques de Java, ou observer de près des singes d'Amérique du Sud dans une forêt équatoriale reconstituée pour eux. Les autres primates, gorilles, orangs-outans, atèles et gibbons, sont en cage. Des démonstrations mettant en scène des capacités des différentes espèces sont organisées.

Croissant de lune sculpté dans le rocher, à Coral Castle

Coral Castle ⓮

28655 S Dixie Hwy, Homestead. ***Tél.*** *(305) 248-6345.* *Metrorail (Dadeland South), puis bus Busway Max.* *7h-20h t.l.j.* *25 déc.* **www**.coralcastle.com

Ce site qui n'a rien d'un château est l'un des plus étranges de Miami. De 1920 à 1940, Edward Leedskalnin, un Letton, sculpta une série d'œuvres géantes sur du corail, en utilisant des outils montés à partir de pièces automobiles. Il sculpta la plupart des rochers dans un rayon de 16 km autour de Florida City puis les déplaça vers le site actuel. L'un représente un télescope et illustre la passion de l'artiste pour l'astronomie ; l'autre, un cœur, rappelle un chagrin d'amour.

BOUTIQUES ET MARCHÉS

Les boutiques de Miami sont à l'image de la ville ; elles proposent aussi bien des articles de grand luxe que de la pacotille clinquante. Organisée en quartiers, Miami possède plusieurs zones commerçantes bien distinctes. Ses grands centres commerciaux attirent des visiteurs en provenance de toute l'Amérique latine et des Antilles. Certains de ces centres, qui sont également dédiés aux loisirs *(p. 356)*, restent ouverts jusqu'à 23 h, contrairement aux autres magasins dont les horaires sont plus traditionnels. Pour l'acheteur en mal d'originalité, il est conseillé de se rendre à Coconut Grove ou à South Beach, dont les boutiques visent une clientèle plus excentrique. La plupart des magasins de Coconut Grove sont ouverts tard, en particulier le week-end. Les boutiques de South Beach ont des horaires irréguliers, la majorité ouvrant tard dans la journée, parfois à 11 h ou à midi !

Enseigne Gucci, Bal Harbour Shops

OÙ FAIRE SES ACHATS ?

S'il est amusant de faire ses emplettes à South Beach, la zone commerciale la plus active de Miami est Coconut Grove. Les boutiques y sont en effet concentrées sur une petite superficie. Le quartier possède deux centres commerciaux *(p. 84)* : **CocoWalk**, avec ses bijouteries, ses boutiques de cadeaux ou de vêtements et ses nombreux cafés et restaurants, et **Streets of Mayfair**, où les prix pratiqués par les magasins de luxe n'autorisent guère que la pratique du lèche-vitrines.

Bayside Marketplace *(p. 74)* a une vocation de centre de loisirs avec ses grandes surfaces dédiées aux cadeaux ou à la mode. Downtown comporte beaucoup de magasins d'électronique ou des boutiques vendant des bijoux à prix cassés. **Macy's** est un grand magasin fondé en 1898.

L'ambiance est différente à Coral Gables, avec ses boutiques de Miracle Mile *(p. 82)* et ses élégantes galeries d'art. Le nouveau Village of Merrick Park, par ses magasins de luxe et ses services a doté Coral Gables d'un certain chic. Les habitués se rendront directement à North Miami, à **Bal Harbour Shops**, installé dans un jardin tropical, ou à **Aventura Mall**, d'une taille impressionnante avec ses 200 magasins et ses hypermarchés.

Vitrine typique d'une boutique de South Beach

MODE ET JOAILLERIE

Miami possède tous les types de magasins, du luxe à la démarque. À Bal Harbour Shops, joailleries et boutiques de mode à l'enseigne Tiffany & Co, Gucci ou Cartier voisinent avec J W Cooper, spécialisé dans les articles western. En revanche, **Loehmann's**, à Aventura, est spécialisé dans la vente de vêtements de mode soldés. On peut faire des affaires dans l'un des 100 magasins discount de Downtown's Fashion District, sur la 5th Avenue entre la 24e et la 29e Street. Le **Seybold Building**, à Downtown, est réputé pour les tarifs très attractifs de ses joailleries. À South Beach, les magasins de Lincoln Road et de Washington Avenue sont spécialisés dans les vêtements en cuir et les tenues de fête. À Coral Gables, sur Miracle Mile, le haut de gamme prédomine, comme chez **J Bolado**, tailleur de vêtements sur mesure.

SOUVENIRS ET CADEAUX

Bayside Marketplace est très appréciée pour la richesse de ses boutiques de cadeaux, comme **CandleTime** ou le **Disney Store**, et le grand nombre de vendeurs ambulants proposant

Warner Brothers Studios Store, magasin préféré des enfants à Bayside

Rouleur de cigares à El Crédito Factory

espadrilles, cravates et toutes sortes d'autres articles. À Coconut Grove, à côté des magasins de T-shirts ou de lunettes de soleil, on en trouve d'autres plus insolites, spécialisés dans l'artisanat oriental ou les préservatifs ! À Nord Miami Beach, **Edwin Watts Golf Shop** est l'endroit parfait pour tout ce qui touche au golf et propose des réductions intéressantes.

Macy's attirera moins les amateurs de souvenirs, même s'il est possible d'y dénicher des articles originaux, comme d'authentiques vestiges découverts dans l'épave de l'*Atocha* renfloué par Mel Fisher *(p. 28)*. **Intermix** est une boutique haut de gamme et chère qui incarne la mode sexy de Miami.

À South Beach, le choix d'articles fantaisie est plus vaste. L'**Art Deco Welcome Center** sur Ocean Drive offre un choix d'articles limité mais original : T-shirts, posters et maquettes des bâtiments d'Ocean Drive et quelques authentiques objets Art déco. Le magasin propose aussi une sélection intéressante de livres. Le meilleur magasin de cigares est **El Crédito Cigar Factory**, à Little Havana *(p. 76)*. Touristes et businessmen viennent s'y procurer des cigares roulés sur place. La meilleure variété est La Gloria Cubana.

Epicure, à South Beach, est une épicerie fine proposant des spécialités floridiennes.

Des étals proposant des objets d'artisanat s'installent le week-end le long d'Española Way *(p. 68)*, mais la production locale est de qualité moyenne. Il est, en revanche, possible d'acheter des œuvres de qualité dans les quelques galeries d'art d'Española Way ou dans celles, plus nombreuses, de Lincoln Road. Parmi celles-ci, le South Florida Art Center *(p. 68)*, au style pop art provocateur. À Coral Gables, les galeries sont plus traditionnelles.

LIVRES ET DISQUES

Si votre séjour à Miami vous donne envie d'écouter de la musique latino-américaine, n'hésitez pas à vous rendre chez **Casino Records,** Little Havana.

Books & Books, à Coral Gables, dont les rayonnages vont du sol au plafond, contient un grand choix de livres consacrés à l'art ou au voyage. Si vous cherchez des ouvrages sur la Floride, allez plutôt à la boutique Indies Company de l'Historical Museum of Southern Florida *(p. 78)*.

Hôtel Art déco en céramique

Vous pouvez faire aussi le plein de livres dans les centres commerciaux qui possèdent des succursales de chaînes de librairies, comme Books-A-Million.

ADRESSES

CENTRES COMMERCIAUX ET SUPERMARCHÉS

Aventura Mall
Biscayne Blvd sur 195th St.
Tél. *(305) 935-1110.*

Bal Harbour Shops
9700 Collins Ave.
Tél. *(305) 866-0311.*

Bayside Marketplace
401 Biscayne Blvd.
Plan 4 F1.
Tél. *(305) 577-3344.*

CocoWalk
3015 Grand Ave.
Plan 6 E4.
Tél. *(305) 444-0777.*

Macy's
22 E Flagler St. **Carte** 4 E1.
Tél. *(305) 577-1500.*

Streets of Mayfair
2911 Grand Ave.
Plan 6 F4.
Tél. *(305) 448-1700.*

Village of Merrick Park
358 San Lorenzo Ave.
Plan 3 C3.
Tél. *(305) 529-0200.*

MODE ET JOAILLERIE

J. Bolado
336 Miracle Mile.
Plan 5 C1.
Tél. *(305) 448-5905.*

Loehmann's
18701 Biscayne Blvd.
Tél. *(305) 932-4207.*

Seybold Building
36 NE 1st St.
Plan 4 E1.
Tél. *(305) 374-7922.*

CADEAUX ET SOUVENIRS

Art Deco Welcome Center
1001 Ocean Drive.
Plan 2 F3.
Tél. *(305) 672-2014.*

CandleTime
Bayside Marketplace.
Plan 4 F1.
Tél. *(305) 373-0334.*

Disney Store
Bayside Marketplace.
Plan 4 F1.
Tél. *(305) 371-7621.*

Edwin Watts Golf Shop
15100 N. Biscayne Blvd.
Plan 2 E3.
Tél. *(305) 944-2925.*

El Crédito Cigar Factory
1106 SW 8th St. **Plan** 3 B2.
Tél. *(305) 858-4162.*

Epicure
1656 Alton Rd.
Plan 2 D2.
Tél. *(305) 672-1861.*

Intermix
634 Collins Avenue.
Plan 2 E4.
Tél. *(305) 531-5950.*

Macabi Cigars
3475 SW 8th St.
Plan 2 E4.
Tél. *(305) 446-2606.*

LIVRES ET DISQUES

Books & Books
265 Aragon Ave.
Plan 5 C1.
Tél. *(305) 442-4408.*

Casino Records
1210 SW 8th St.
Plan 3 B2.
Tél. *(305) 642-7522.*

SE DISTRAIRE À MIAMI

Les convois de limousines stationnées aux alentours des night-clubs les plus courus de la ville attestent que South Beach (SoBe) est l'un des endroits les plus branchés de la planète. Une grande partie des visiteurs qui se rendent à Miami sont attirés par cette réputation née dans les folles soirées de la jet-set. Bon nombre vont en discothèque, dont l'entrée est, contre toute attente, plutôt accessible, ou dans l'une des nombreuses salles de concert de la ville.

Un joueur des Miami Dolphins

D'autres pourront profiter de la vaste gamme de spectacles culturels et sportifs que propose Miami. Si, par le passé, la ville souffrait d'une réputation de désert culturel, aujourd'hui, la vie artistique se révèle bien plus active. En outre, votre séjour coïncidera peut-être avec l'un des grands festivals de la ville. Pour assister aux événements culturels ou sportifs, la méthode la plus simple pour réserver vos billets est de téléphoner à Ticketmaster *(p. 369)*.

S'INFORMER

Les deux principales sources d'information relatives aux spectacles sont la rubrique Week-end de l'édition du vendredi du *Miami Herald* et le journal gratuit *New Times*, plus complet, qui paraît chaque mercredi.

Par ailleurs, le site Internet du **NightGuide Miami** donne de précieux conseils sur les derniers endroits à la mode. La frénésie nocturne du quartier gay de South Beach est commentée en détail dans plusieurs publications et magazines gratuits, disponibles un peu partout dans la ville.

LES ARTS SCÉNIQUES

Toutes les grandes troupes de théâtre anglophones se produisent au **Carnival Center for the Perfoming Arts**, composé du Ziff Ballet Opera House et du Knight Concert Hall, au **Miami/Dade County Auditorium**, au **Jackie Gleason Theater of the Performing Arts** (surnommé TOPA) à South Beach, et au **Gusman Center for the Performing Arts**, un ancien cinéma des années 1920 abritant un riche intérieur mauresque. Les Broadway Series (de novembre à avril) du Ziff Ballet Opera House dominent la saison théâtrale de Miami. Par ailleurs, il existe des salles plus intimes comme le **Miami Shores Performing Arts Theater**, **Gable Stage**, ainsi que l'**Actors' Playhouse** à Coral Gables, qui présentent des nouveautés et des succès confirmés.

Le **Miami City Ballet** propose des œuvres classiques et contemporaines au Jackie Gleason Theater. À South Beach, le Ballet Flamenco La Rosa, membre du collectif **Performing Arts Network** se produit régulièrement au **Colony Theater**.

L'orchestre classique le plus estimé de Miami est le Michael Tilson Thomas's New World Symphony. Il est constitué de lauréats des meilleures écoles de musique du pays et se produit au **New World Symphony Theater** d'octobre à mai. La **Concert Association of Florida** *(p. 367)* organise la majorité des grands concerts de Miami.

Le Carnival Center for Performing Arts, inauguré en 2006

Foule de spectateurs au Gulfstream Park Racetrack

LES RENCONTRES SPORTIVES

L'équipe de football des Miami Dolphins et l'équipe de base-ball des Florida Marlins jouent au **Dolphins Stadium**. Les Miami Hurricanes constituent l'une des meilleures équipes de football universitaires de Floride et attirent également de nombreux supporters à l'**Orange Bowl Stadium**. La célèbre équipe de basket des Miami Heat se produit, elle, à l'**American Airlines Arena**.

Plus typiques de Floride sont les parties de jai alai *(p. 33)*, une version bien floridienne de la pelote basque qui se joue au **Miami Jai Alai Fronton**, où, comme sur les hippodromes de **Gulfstream Park Racetrack**, de **Calder Racecourse** et de **Flagler Greyhound Track**, les paris sont de rigueur.

Intérieur du Ziff Ballet Opera House, pouvant accueillir 2 400 spectateurs

MUSIQUE LATINA

Spécialiste de la musique latina à Ocean Drive, le club **Mango's Tropical Café** jouit d'une ambiance animée. Également dans le quartier de South Beach, le restaurant **Tapas Y Tintos** est une bonne adresse pour assister à un spectacle de flamenco.

Atarazana Nightclub & Restaurant est le lieu de prédilection des passionnés de musique latina. Les cocktails sont bons et les prix raisonnables, et beaucoup s'accordent à dire que c'est le meilleur endroit pour danser à Miami. Il attire une clientèle branchée du jeudi au dimanche de 22 h à 4 h. Par ailleurs, il abrite un espace lounge très chic et propose un tarif *happy hour* en début de soirée. La célèbre station de radio El Sol (95.7 FM) y diffuse ses programmes en direct chaque vendredi et samedi.

Si vous doutez de vos talents de danseur, prenez une leçon gratuite auprès des meilleurs experts de Miami : le jeudi au **Café Mystique**, et les vendredi et samedi au **Bongo's Cuban Café** de l'American Airlines Arena.

LES CONCERTS

Presque tous les bars d'Ocean Drive proposent des concerts de musique latina, de jazz, de reggae ou de salsa.

Quelques rues plus loin, le **Jazid** accueille des groupes de jazz, de blues et de funk au rez-de-chaussée, tandis qu'à l'étage, un DJ joue de la musique fusion et trance.

Dans Lincoln Road Mall, le bar **Upstairs at the Van Dyke Café**, qui ressemble à un *speakeasy* de la Prohibition, met en vedette plusieurs jazzmen locaux.

Au sud de Downtown, le **Tobacco Road**, le plus ancien club de Miami ouvert tous les soirs, propose tous les styles, du rock au latino-jazz.

À Coral Gables se trouve le **Globe Café & Bar** qui propose des concerts de jazz tous les samedis soirs.

BARS

Le **Bar at 1220** se distingue par une pointe de sophistication et ses délicieux cocktails. Dans SoBe, les clients de **Felt** peuvent varier les plaisirs entre la liste de cocktails qui change tous les soirs et les parties de billard. À proximité se trouve le **Marlin Bar**, un lieu branché où les styles musicaux alternent selon le soir. Très prisé des stars, le **Skybar** propose trois espaces distincts sur le toit. C'est un des endroits les plus chic de SoBe. Moins grand mais tout aussi fastueux, le **Rose Bar** sert des martinis au prix fort, tandis que la piscine du **Raleigh Hotel** accueille des soirées mythiques le dimanche. À l'autre extrémité de l'échiquier festif, le **Clevelander** jouit d'une ambiance plus estudiantine. En dehors de SoBe, le **Noir Bar**, très élégant, propose d'excellents cocktails le vendredi soir entre 6 h et 21 h et une vue agréable.

L'un des quatre bars du Clevelander, sur Ocean Drive

The Mansion, un night-club huppé du South Beach's Opium Garden Complex *(p. 98)*

NIGHT-CLUBS

Non sans raison, Miami est réputée depuis longtemps comme étant une ville très festive. Devant la plupart des endroits branchés, de longues files d'attente s'étirent depuis l'entrée. Pour faire pencher la balance en sa faveur, mieux vaut s'habiller chic. Les garçons qui espèrent passer le portier ont plus de chance d'entrer s'ils sont accompagnés par des filles. On vous aura prévenus ! La vie nocturne de Miami s'épanouit principalement dans trois quartiers : South Beach, pour son ambiance branchée, Downtown, qui jouit d'un certain renouveau, et Coconut Grove, plus discret, qui abrite les meilleurs caves et restaurants de la ville.

Dans SoBe, les bars d'Ocean Drive et des rues avoisinantes sont animés 24 h/24, alors que les night-clubs n'ouvrent leurs portes qu'à minuit. Le **Penrod's Complex** abrite le restaurant Nikki Beach and Pearl qui regorge de top-models et de stars. Tous les dimanches, des fêtes ont lieu de midi jusqu'à l'aube. Quelques rues plus loin, l'**Opium Garden Complex**, qui comprend le lounge ultrachic Privé et l'immense night-club Mansion, brasse une importante clientèle de célébrités. Il est quasiment impossible d'entrer le vendredi et le samedi. Sur Washington Avenue, le **Club Deep** s'adresse davantage aux amateurs de hip-hop, et de nombreux rappeurs viennent animer les soirées. Un peu plus loin, près du Delano, se trouve le **Mynt Lounge**, qui se revendique comme la boîte la plus tendance de SoBe. Réputé pour son élitisme, elle est souvent très difficile d'accès.

Rivalisant avec SoBe, Downtown Miami devient un quartier de plus en plus festif, où fut récemment inauguré le **Nocturnal**, un night-club de 12 millions de dollars. Ici s'applique le concept du « trois clubs en un », avec une ambiance différente à chaque étage. L'éclectique **Pawn Shop**, une ancienne boutique de prêts sur gage des années 1930, propose tous les styles de la house au rock indépendant, en fonction du thème de la soirée, et organise régulièrement des concerts. Le décor est exceptionnel avec son espace VIP aménagé dans un car de ramassage scolaire et son lounge encadré par le fuselage d'un 747.

À quelques mètres de là, l'**Area 51** (ancien Metropolis Downtown Complex), tout nouveau mais déjà très en vogue, abrite 5 discothèques dans un même bâtiment et s'affirme comme le plus grand complexe de clubbing du monde. Outre l'Area 51 qui accueille des concerts ou des DJs pointus, on compte l'Allure (anciennement, The Nile), dont l'ambiance est résolument égyptienne, la Discotekka, qui s'adresse essentiellement aux gays, et le Whiskey, le plus décontracté avec son grand espace lounge. Signalons aussi l'Adrenalin, sans conteste le club le plus tapageur, qui attire généralement une clientèle, composée essentiellement d'étudiants. Particularité du lieu : une cabine de douche en verre dont les clients peuvent profiter. Le complexe de l'Area 51 est ouvert du jeudi au dimanche. Chaque club alterne entre concert et soirée DJ. Une fois leur billet d'entrée en poche, les clients ont accès à l'ensemble du complexe.

De l'autre côté de la ville, dans le quartier plus sophistiqué de Coconut Grove, le lieu tendance du moment s'appelle l'**Oxygen Lounge**. Restaurant le jour, c'est un night-club la nuit – les restaurants qui se transforment en lounge-bar passé 22 h sont aussi de plus en plus populaires dans SoBe. **B.E.D. Miami** est un club original, où les lits remplacent les canapés. En accord avec le cadre luxueux et nonchalant, les soirées sont en général décontractées. Comme on peut s'y attendre, il est nécessaire de réserver sa table. Le club **Rain** possède un patio en plein air et un immense plafond en verre suspendu à 32,5 m de hauteur, qui créent une atmosphère détendue digne d'un hôtel des tropiques. À proximité, le **Tantra** est un restaurant-club élégant et très fréquenté ; sa décoration est inspirée de l'Orient, et le sol est recouvert de gazon. Un peu plus loin se trouve le **Sushi Samba**, un lieu incontournable pour les amateurs de sushi, et de karaoké, notamment lors des soirées Wasabi du mardi. De l'autre côté de SoBe, situé dans le nouveau quartier branché de Design District dans Downtown Miami, le **Grass Lounge** est un club élégant, couvert d'un côté et en plein air de l'autre, qui bénéficie d'un excellent menu et de DJs attitrés qui passent différents styles de musique de la house à l'acid-jazz. La plupart des clubs organisent une soirée gay par semaine, d'autres se revendiquent uniquement gay. Toutefois, les communautés semblent se mélanger assez librement dans la plupart des clubs. Le **Twist** est un bar gay très populaire avec une piste de danse. Le samedi, la clientèle gay se bouscule dans l'immense enceinte du **Club Space**, alors que le vendredi soir, la foule est beaucoup plus hétérogène.

FESTIVALS

Votre séjour à Miami coïncidera peut-être avec l'un des nombreux festivals de la ville *(p. 34-37)*. Les deux plus grands et les plus connus sont aussi différents que populaires : le Winter Music Festival en mars, où des milliers de DJs et de festivaliers envahissent South Beach, et le South Beach Food & Wine Festival en mai, qui permet de rencontrer de grands chefs gastronomiques.

Les deux festivals attirent beaucoup de visiteurs dans le quartier de SoBe, donc l'inconvénient est que les discothèques déjà bondées du coin sont encore moins accessibles qu'en temps normal. Ceux qui aiment apercevoir des stars pourront s'en donner à cœur joie.

ADRESSES

INFORMATION

Night Guide Miami
www.miami.
nightguide.com

ARTS SCÉNIQUES

Actors' Playhouse
280 Miracle Mile.
Plan 5 1C.
Tél. *(305) 444-9293.*

Coconut Grove Playhouse
3500 Main Hwy.
Plan 6 E4.
Tél. *(305) 442-4000.*

Colony Theatre
1040 Lincoln Rd.
Plan 2 D2.
Tél. *(305) 674-1026.*

Gusman Center for the Performing Arts
174 E Flagler St.
Plan 4 E1.
Tél. *(305) 374-2444.*

Jackie Gleason Theater of the Performing Arts
1700 Washington Ave.
Plan 2 E2.
Tél. *(305) 673-7300.*

Miami City Ballet
905 Lincoln Rd.
Plan 2 E2.
Tél. *(305) 929-7010.*

Miami/Dade County Auditorium
2901 W Flagler St.
Tél. *(305) 547-5414.*

New World Symphony Theater
541 Lincoln Rd.
Plan 2 E2.
Tél. *(305) 673-3330.*

Performing Arts Network
555 17th St.
Plan 2 E2.
Tél. *(305) 899-7730.*

RENCONTRES SPORTIVES

American Airlines Arena
721 NW 1st Ave.
Tél. *(786) 777-4328.*

Gulfstream Park Racetrack
901 S Federal Hwy.
Tél. *(954) 454-7000.*

Miami Jai Alai Fronton
3500 NW 37th Ave.
Tél. *(305) 633-6400.*

Orange Bowl Stadium
1400 NW 4th St.
MAP 3 1B.
Tél. *(305) 284-2263.*

Pro Player Stadium
2269 NW Dan Marino Blvd.
Tél. *(305) 623-6100.*

MUSIQUE LATINA

Bongo's Cuban Café
601 Biscayne Blvd.
Tél. *(786) 777-2100.*

Café Mystique
7250 NW 11th St.
Tél. *(305) 262-9500.*

Club Tropigala
Fontainebleau Hilton,
4441 Collins Ave.
Tél. *(305) 672-7469.*

Mango's Tropical Café
900 Ocean Drive.
Plan 2 E5.
Tél. *(305) 673-4422.*

Tapas & Tintos
448 Española Way.
Plan 2 E2.
Tél. *(305) 538-8272.*

CONCERTS

The Globe Café & Bar
377 Alhambra Circle,
Coral Gables.
Plan 5 C1.
Tél. *(305) 445-3555.*

Jazid
1342 Washington Ave.
Plan 2 E2.
Tél. *(305) 673-9372.*

Tobacco Road
626 S Miami Ave.
Plan 4 E2.
Tél. *(305) 374-1198.*

Upstairs at the Van Dyke Café
846 Lincoln Rd.
Plan 2 E2.
Tél. *(305) 534-3600.*

BARS

Automatic Slim's
1216 Washington Ave.
Plan 2 E3.
Tél. *(305) 695-8476.*

The Bar at 1220
The Tides Hotel, 1220
Ocean Drive.
Plan 2 F3.
Tél. *(305) 604-5070.*

The Clevelander
1020 Ocean Drive.
Plan 2 F3.
Tél. *(786) 276-1414.*

Felt
1242 Washington Ave.
Plan 2 E3.
Tél. *(305) 531-2114.*

Noir Bar
Conrad Miami Hotel,
1395 Brickell Ave.
Plan 4 E2.
Tél. *(305) 503-6560.*

Raleigh Hotel
1775 Collins Ave.
Plan 2 F1.
Tél. *(305) 534-6300.*

Rose Bar
The Delano Hotel,
1685 Collins Ave.
Plan 2 F1.
Tél. *(305) 672-2000.*

Skybar
The Shore Club Hotel,
1901 Collins Ave.
Plan 2 F1.
Tél. *(305) 695-3100.*

NIGHT-CLUBS

Amika
1532 Washington Ave.
Plan 2 E2.
Tél. *(305) 534-1499.*

B.E.D. Miami
929 Washington Ave.
Plan 2 E2.
Tél. *(305) 532-9070.*

Club Deep
621 Washington Ave.
Plan 2 E4.
Tél. *(305) 532-1509.*

Club Space
142 NE11th St.
Tél. *(305) 375-0001.*

Crobar
1445 Washington Ave.
Plan 2 E3.
Tél. *(305) 672-8084.*

Grass Lounge
28 NE 40th St.
Tél. *(305) 573-3355.*

Metropolis Downtown Complex
950 NE 2nd Ave.
Tél. *(305) 415-0000.*

Mynt Lounge
1921 Collins Ave.
Plan 2 F1.
Tél. *(786) 276-6132.*

Nocturnal
50 NE 11th St.
Tél. *(877) 258-2847.*

Opium Garden Compex
136 Collins Ave.
Plan 2 E5.
Tél. *(305) 531-7181.*

Oxygen Lounge
2911 Grand Ave,
Coconut Grove.
Plan 6 F4.
Tél. *(786) 276-6132.*

Pawn Shop
1222 NE 2nd Ave.
Tél. *(305) 373-3511.*

Penrod's Complex
1 Ocean Drive.
Plan 2 E5.
Tél. *(305) 538-1111.*

Rokbar
1905 Collins Ave.
Plan 2 F1.
Tél. *(305) 538-7171.*

Rumi
330 Lincoln Rd.
Plan 2 E2.
Tél. *(305) 531-7406.*

Sushi Samba
600 Lincoln Rd.
Plan 2 E2.
Tél. *(305) 673-5337.*

Tantra
1445 Pennsylvania Ave.
Plan 2 E3.
Tél. *(305) 672-4765.*

Twist
1057 Washington Ave.
Plan 2 E3.
Tél. *(305) 538-9478.*

ATLAS DES RUES DE MIAMI

Les références données pour chaque site, magasin ou lieu de loisirs dans le chapitre consacré à Miami se rapportent aux cinq plans des pages suivantes. Les trois zones qui font l'objet d'un plan détaillé sont définies sur la carte ci-dessous et sont indiquées en rose. Tous les sites et les principaux centres d'intérêt sont signalés, de même que sont mentionnés les gares ferroviaires ou routières, les bureaux de poste et les points d'information touristique. Les coordonnées des hôtels *(p. 310-314)*, des restaurants *(p. 335-339)* des bars et des cafés *(p. 356)* sont fournies dans le chapitre « Renseignements pratiques ».

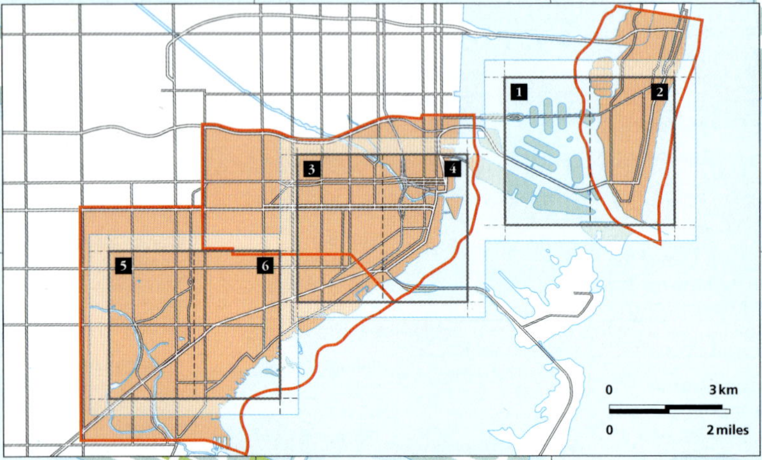

2
D
E
F
1
2
3
4
5
BAYSHORE MUNICIPAL GOLF COURSE
ISLAND VIEW PARK
(PÉAGE)
Sunset Lake
Lake Pancoast
Holocaust Memorial
Miami Beach Convention Center
City Hall
Jackie Gleason Theater
New World Symphony Theatre
Colony Theater
South Florida Art Center
Bass Museum of Art
COLLINS PARK
Delano Hotel
FLAMINGO PARK
MEMORIAL FIELD
Miami Beach Post Office
Cardozo Hotel
Marlin Hotel
Amsterdam Palace
Clevelander Hotel
Old City Hall
LUMMUS PARK
Wolfsonian Foundation
Art Deco Welcome Center
News Café
Park Central Hotel
South Shore Hospital
5TH STREET
MIAMI BEACH
Jewish Museum of Florida
US Coast Guard Base
Miami Beach Marina
OCEAN FRONT PARK
PIER PARK
Joe's Stone Crab Restaurant
SOUTH POINTE PARK
SOUTH POINTE DRIVE
ALTON ROAD
COLLINS AVENUE
WASHINGTON AVENUE
DADE BOULEVARD
PINE TREE DRIVE
MERIDIAN AVENUE
LINCOLN ROAD MALL
HANK MEYER BOULEVARD
ESPANOLA WAY
OCEAN DRIVE
W 25TH STREET
WEST 24TH STREET
WEST 23RD STREET
WEST 22ND ST
WEST 21ST ST
17TH STREET
16TH STREET
15TH STREET
14TH STREET
13TH STREET
12TH STREET
11TH STREET
10TH STREET
9TH STREET
8TH STREET
7TH STREET
6TH STREET
4TH STREET
3RD STREET
2ND STREET
1ST STREET
COMMERCE STREET
BISCAYNE STREET
HARLEY STREET

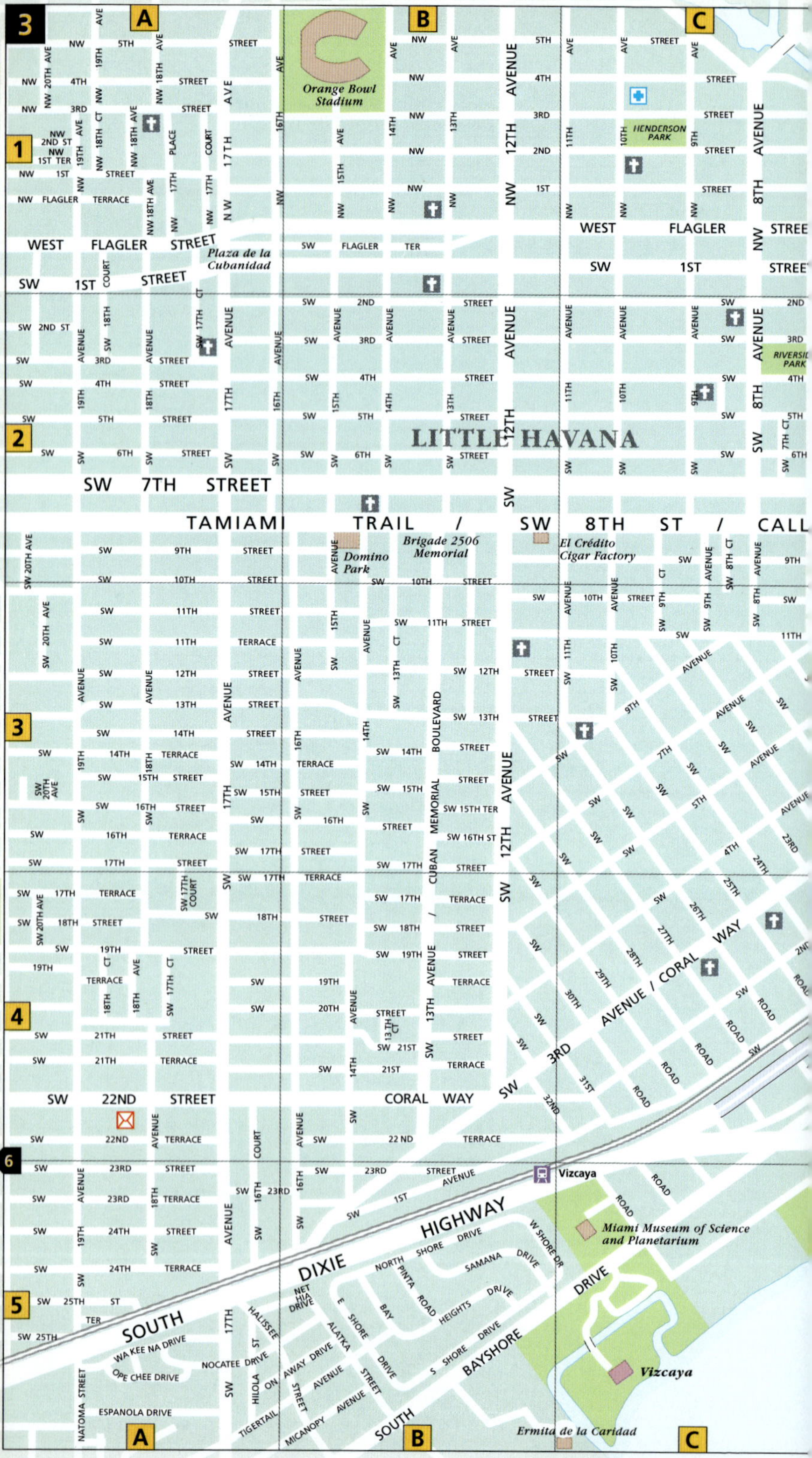
3
A
B
C
1
2
3
4
5
6
Orange Bowl Stadium
Henderson Park
Riverside Park
West Flagler Street
Plaza de la Cubanidad
Little Havana
SW 7th Street
Tamiami Trail / SW 8th St / Call
Domino Park
Brigade 2506 Memorial
El Crédito Cigar Factory
Cuban Memorial Boulevard
SW 12th Avenue
SW 17th Avenue
SW 22nd Street
Coral Way
SW 3rd Avenue / Coral Way
South Dixie Highway
Vizcaya
Miami Museum of Science and Planetarium
South Bayshore Drive
Ermita de la Caridad

4
D
E
F
1
2
3
4
5
Arena/State Plaza
College North
College/Bayside
Government Center
1st Street
Miami Ave
Bayfront
Fort Dallas Park
River Walk
5th Street
8th Street
10th Street
Brickell
Financial District
Miamarina
Bayside Marketplace
Hard Rock Café
Bayside Amphitheatre
BAYFRONT PARK
Federal Courthouse
Miami-Dade Cultural Center
Dade County Courthouse
DuPont Building
Macy's
Wachovia Financial Center
Bank of America Tower
Inter-Continental Hotel
CHOPIN PLAZA
LUMMUS PARK
JOSÉ MARTÍ PARK
Miami River
Brickell Point
CLAUGHTON ISLAND
BRICKELL PARK
Greater Miami Convention and Visitor's Center
SIMPSON PARK
Point View
The Imperial
The Palace
The Atlantis
ALICE AINWRIGHT PARK
BISCAYNE BLVD
EAST FLAGLER STREET
SW 1ST STREET
SE 1ST ST
SE 2ND ST
SE 3RD STREET
SW 3RD ST
SW 7TH STREET
OCHO
SW 13TH STREET
BRICKELL AVENUE
SOUTH MIAMI AVENUE
NORTH - SOUTH EXPRESSWAY
BRICKELL PLAZA
SOUTH BAYSHORE DRIVE
SE 14TH STREET
SE 14TH TERRACE
SE 14TH LANE
SE 15TH ROAD
SW 15TH ROAD
RICKENBACKER CAUSEWAY (PÉAGE)
95
1

5
A
B
C
GRANADA GOLF
COURSE
CORAL GABLES
Coral Gables Merrick House
Old Police and Fire Station
Colonnade Building
Coral Gables City Hall
MIRACLE
CORAL WAY / SW 24TH STREET
SALVADORE PARK
De Soto Plaza
Venetian Pool
Coral Gables Congregational Church
Biltmore Hotel
CORAL GABLES BILTMORE GOLF COURSE
UNIVERSITY PARK
French Normandy Village
Coral Gables Canal
SW 40TH STREET / BIRD ROAD
RIVIERA COUNTRY CLUB
Doctors Hospital
University of Miami
Lowe Art Museum
Student Lake
Chinese Village
GRAND PARK
SOUTH DIXIE HIGHWAY
PONCE DE LEON BOULEVARD
LE JEUNE ROAD
SW 42ND AVENUE
BLUE ROAD
MILLER DRIVE
NORTH GREENWAY DRIVE
SOUTH GREENWAY
SEGOVIA CIRCLE
MINORCA AVENUE
ALCAZAR AVENUE
ALHAMBRA CIRCLE
GIRALDA AVENUE
ARAGON AVENUE
ASTURIA AVENUE
CASTILE AVENUE
ANDALUSIA AVENUE
VALENCIA AVENUE
ALMERIA AVENUE
SEVILLA AVENUE
PALERMO AVENUE
CATALONIA AVENUE
MALAGA AVENUE
SANTANDER
ANASTASIA AVENUE
BILTMORE WAY
RIVIERA DRIVE
CAMILO AVENUE
ALEDO AVENUE
CADIMA AVENUE
SAN SEBASTIAN
ROMANO AVENUE
SARTO AVENUE
ALESIO AVENUE
VISCAYA AVENUE
FLUVIA AVENUE
CANDIA AVENUE
VELARDE AVENUE
WOOD ST
PALMARITO COURT
UNIVERSITY DRIVE
INDIAN MOUND TRAIL
PALOS ST
CORDOVA STREET
DESOTO BOULEVARD
COLUMBUS BOULEVARD
GRANADA BOULEVARD
TOLEDO STREET
ANDERSON ROAD
CARDENA STREET
SEGOVIA STREET
HERNANDO STREET
SALZEDO STREET
BILTMORE COURT
CALBIRA AVENUE
TENDILLA AVE
ESCOBAR
RODERIGO AVENUE
ANDRES AVENUE
ALGARINGO AVENUE
BANOS CT
TOLEDO PLAZA
DURANGO
MONSERRATE STREET
HARLANO STREET
MARIOLA COURT
ALGARDI AVENUE
PINTA COURT
SANTA MARIA STREET
ALAVA AVENUE
OSORIO AVE
SAN ANTONIO AVENUE
ALTARA AVENUE
SAN LORENZO AVENUE
VALNERA AVE
SAN ESTEBAN DRIVE
JERONIMO
VILABELLA
ALMINAR AVENUE
CADAGUA AVENUE
SUAREZ STREET
RONDA STREET
BILTMORE DRIVE
ORDUNA DRIVE
PARMA AVE
DONATELLO AVENUE
PARADISO AVENUE
SISTINA AVENUE
CREMONA STREET
BENEVENTO
RIVIERA DRIVE
LORETTO STREET
GRECO AVENUE
GRANELLO AVENUE
LAGUNA STREET
ESTANCIA STREET
AURORA STREET
PONCE
MENDAVIA AVENUE
ALEGRIANO AVENUE
CAMPO SANO CT
CAMPO SANO AVENUE
PISANO
CARILLO STREET
MEMORIAL DRIVE
STANFORD DR
PAVIA ST
MERRICK STREET
THEO DICKINSON DR
W E WALSH AVE
AUGUSTO ST
MIAMI HOMESTEAD AVE
AGUERO AVE
VIERA AVE
MARIUS STREET
MICHELANGELO STREET
SARDINIA ST
GRANADA BOULEVARD
ORDUNA
MENENDEZ AVENUE
ROSARO AVENUE
AMALFI AVENUE
SANSOVINO AVENUE
CASTANIA AVENUE
PERVEZ AVENUE
PERUGIA AVENUE
MILLER ROAD
VITTORIO AVENUE
BARGELLO AVENUE
LUENGA AVENUE
GERONA AVENUE
SAN VICENTE STREET
MAGGIORE STREET
WASHINGTON DRIVE
N.J. DR.
JEFFERSON DRIVE
GRANT DR.
LOQUAT AVENUE
LYBYER AVENUE
FRANTZ RD
RAYNOLDS AVE
JUSTISON ROAD
SOLANA ROAD
POINCIANA
PAMONA AVE
ENSENADA AVE
VENTURA AVENUE
EL PRADO
LA PLAYA BLVD
MALAGA AVENUE
BRAGANZA STREET

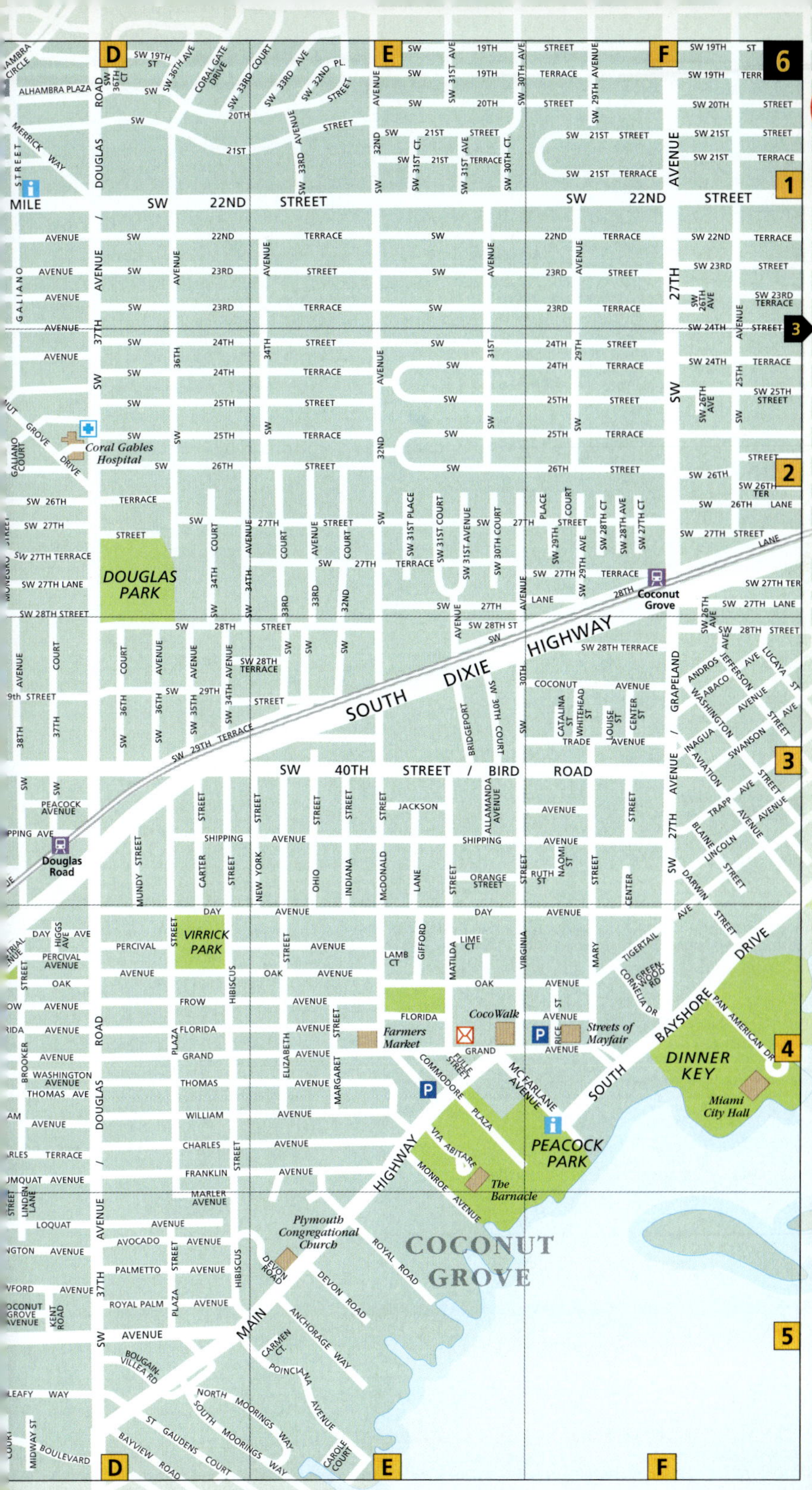
6
D
E
F
1
2
3
4
5
SW 22ND STREET
MILE
DOUGLAS ROAD
SW 37TH AVENUE
SW 27TH AVENUE
SW 32ND AVENUE
Coral Gables Hospital
DOUGLAS PARK
Coconut Grove
SOUTH DIXIE HIGHWAY
SW 40TH STREET / BIRD ROAD
SW 28TH STREET
SW 29TH TERRACE
Douglas Road
VIRRICK PARK
GRAPELAND
CocoWalk
Farmers Market
Streets of Mayfair
DINNER KEY
Miami City Hall
SOUTH BAYSHORE DRIVE
PEACOCK PARK
The Barnacle
Plymouth Congregational Church
COCONUT GROVE
MAIN HIGHWAY
ROYAL ROAD
DEVON ROAD
ANCHORAGE WAY
NORTH MOORINGS WAY
SOUTH MOORINGS WAY
ST GAUDENS COURT
BAYVIEW ROAD
BOULEVARD
MCFARLANE AVENUE
COMMODORE PLAZA
GRAND AVENUE
FLORIDA AVENUE
OAK AVENUE
DAY AVENUE
SHIPPING AVENUE
JACKSON AVENUE
PAN AMERICAN DR

LA FLORIDE RÉGION PAR RÉGION

La Floride d'un coup d'œil

La Floride ne se limite pas à l'univers de Walt Disney. Elle est également réputée pour la multitude de ses plages, où chacun trouvera son bonheur. La plupart des sites touristiques (des monuments historiques aux musées les plus modernes) sont également situés le long de la côte. Mais en Floride, l'intérieur des terres est très facile d'accès. En vous aventurant loin de l'animation des plages, vous découvrirez de magnifiques paysages et l'âme véritable de cette région.

Le canoë *est très prisé da[…] le Panhandle, où les rivièr[…] comme la Suwann[…] traversent une végétati[…] luxuriante* (p. 23[…]

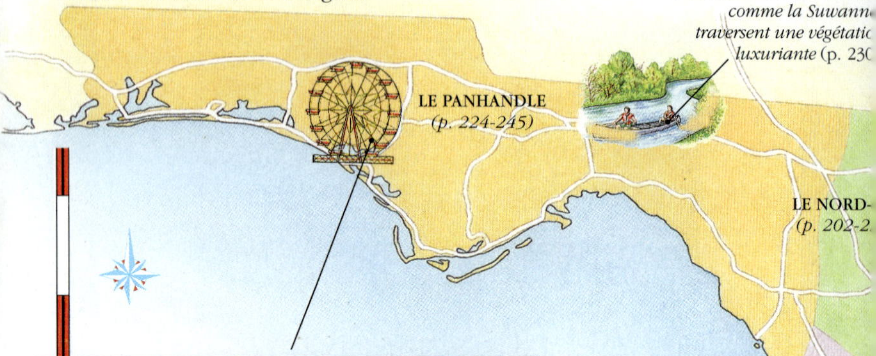

Les plages *du Panhandle, baignées par les eaux du golfe du Mexique, ont le sable le plus fin de Floride. L'été, la foule s'y presse, comme ici à Panama City* (p. 236-237).

Les Busch Gardens *proposent un parc naturel et des attractions comme les montagnes russes. C'est le plus grand parc d'attractions après Orlando* (p. 264-265).

Le Ringling Museum of Art *s'enorgueillit d'une des plus belles collections publiques. Son parc est décoré de copies de statues classiques, comme ce* Lygia au taureau (p. 270-273).

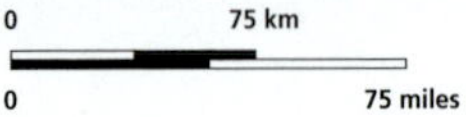

◁ **Forêt marécageuse dans les Everglades**

Castillo de San Marcos, *un fort du XVIIe siècle, est situé dans la plus vieille ville de Floride, Saint Augustine. Il est très bien conservé grâce à ses murs de 6 m d'épaisseur* (p. 214-215).

Les parcs à thèmes d'Orlando *sont le principal attrait de la Floride à part ses plages. Dans cet univers imaginaire, une foule d'attractions permettront de s'évader. Le plus célèbre des parcs à thèmes est le Walt Disney World* (p. 142-157), *mais les Studios Universal* (p. 180-185), *ci-contre, et SeaWorld* (p. 176-177) *attirent aussi les foules.*

La Gold Coast *fourmille de maisons luxueuses, comme celle de Henry Flagler, à Palm Beach. Les propriétés et les yachts situés le long de l'Intracoastal Waterway sont de pures merveilles* (p. 118-125).

L'Everglades National Park, *tout près de Miami, est un mélange de prairies, de marais et de mangroves. C'est la région la plus sauvage de Floride* (p. 286-287).

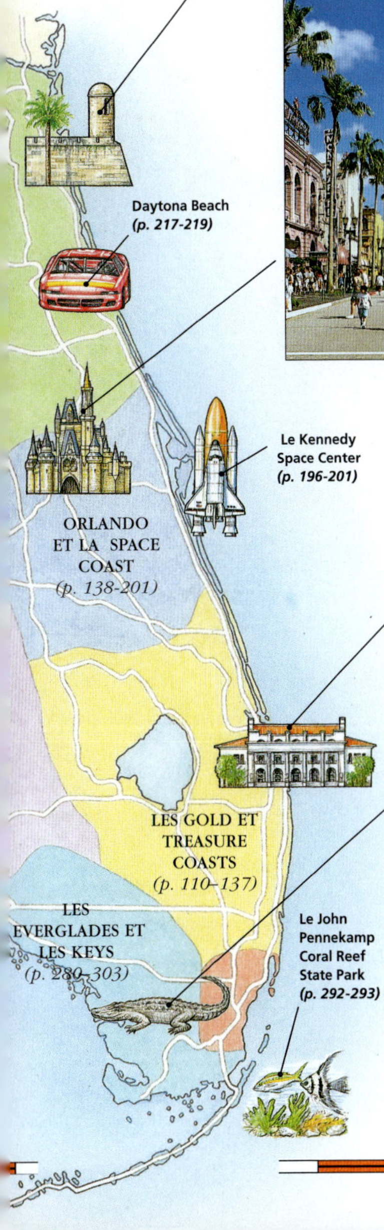

VIA PARIGI

LES GOLD ET TREASURE COASTS

Les Gold et Treasure Coasts doivent leur nom aux trésors que l'on a retrouvés dans les galions échoués à proximité du rivage. Jadis, les hivers chauds de cette riche région attiraient les gens aisés. De nos jours, elle accueille des millions de vacanciers.

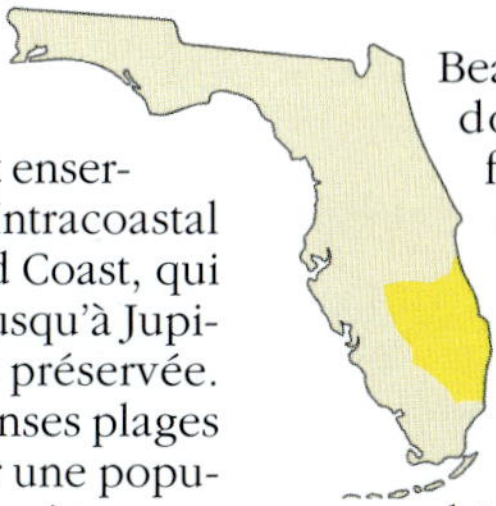

Les stations balnéaires qui jalonnent la barrière d'îles longeant la côte sont enserrées entre les plages et l'Intracoastal Waterway *(p. 23)*. La Gold Coast, qui s'étire de Sebastian Inlet jusqu'à Jupiter Inlet, est relativement préservée. Elle recèle encore d'immenses plages sauvages, fréquentées par une population nombreuse mais discrète.

Coincée entre l'Atlantique et les Everglades, la Gold Coast s'étend sur 97 km, de West Palm Beach à Miami. Avant que Flagler ne fasse construire une ligne de chemin de fer à la fin du XIXe siècle, cette région était peuplée d'Indiens et de rares colons blancs. De nos jours, l'urbanisation n'épargne que les parcs naturels et les terrains de golf. La Gold Coast est divisée en deux comtés. Dans celui de Palm Beach, les habitants du Nord, dont la plupart ont fait fortune dans d'autres États, étalent leurs richesses en acquérant des terrains de polo et des maisons qui atteignent plusieurs millions de dollars.

Les lieux de villégiature hivernaux que sont Palm Beach et Boca Raton illustrent la manière ostentatoire dont les Américains dépensent leur argent. Le comté de Broward (ou Greater Fort Lauderdale) forme une métropole géante. Seuls les plages et les canaux ont échappé à l'urbanisation. Dans des stations balnéaires comme Fort Lauderdale, l'atmosphère est bon enfant et plus décontractée que dans celles du comté de Palm Beach.

Vue de l'océan Atlantique du haut du phare de Jupiter Inlet

◁ **Une allée verdoyante près de Worth Avenue, la rue commerçante la plus huppée de Palm Beach**

À la découverte des Gold et Treasure Coasts

La plupart des vacanciers sont principalement attirés par les plages de la région. Au nord de Palm Beach, le littoral est préservé et peu fréquenté ; au sud, la foule est plus dense. Dans les parcs côtiers, peuplés d'une multitude d'oiseaux, les paysages ont conservé leur aspect originel. Même si les activités culturelles n'ont pas la priorité, allez voir West Palm Beach, ses quartiers élégants et son superbe musée Norton. Les plus courageux joueront au golf, feront les magasins ou iront à la pêche – l'endroit idéal est le lac Okeechobee. Tout le long de la côte, les chambres d'hôtel sont difficiles à trouver et deux fois plus chères de décembre à avril. En été, les visiteurs peuvent bénéficier de réductions.

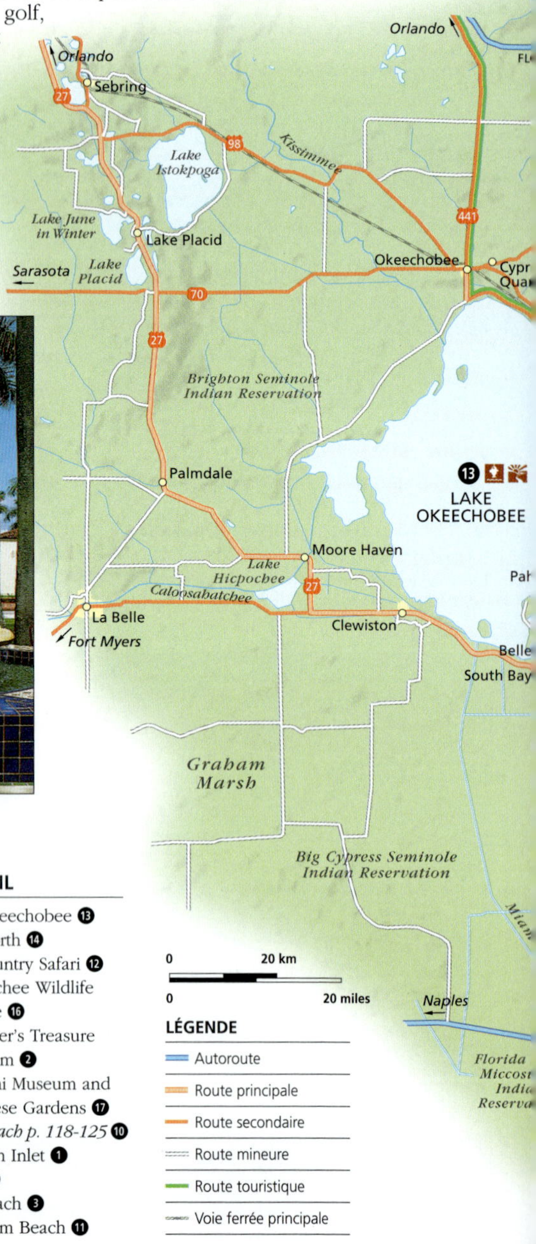

La mairie de Boca Raton, une œuvre d'Addison Mizner *(p. 120)*

LA RÉGION D'UN COUP D'ŒIL

Boca Raton 19
Butterfly World 18
Dania 21
Davie 23
Delray Beach 15
Flamingo Gardens 24
Fort Lauderdale p. 132-135 20
Fort Pierce 4
Hollywood 22
Hutchinson Island 5
Juno Beach 9
Jupiter 8
Jupiter Island 7
Lake Okeechobee 13
Lake Worth 14
Lion Country Safari 12
Loxahatchee Wildlife Refuge 16
Mel Fisher's Treasure Museum 2
Morikami Museum and Japanese Gardens 17
Palm Beach p. 118-125 10
Sebastian Inlet 1
Stuart 6
Vero Beach 3
West Palm Beach 11

Légende des symboles, *voir rabat arrière de couverture*

Voiture et magasin de luxe, à Palm Beach

CIRCULER

Il est indispensable de circuler en voiture, car les transports en commun sont rares. Le réseau ferroviaire Amtrak permet de se rendre dans la région, mais pas vraiment de s'y déplacer. En revanche, le réseau Tri-Rail *(p. 392)* dessert les villes et les aéroports situés entre Miami et West Palm Beach. Trois routes principales longent la côte. Prenez la I-95, rapide et dotée de plusieurs voies. Évitez si possible l'US 1 qui passe par tous les centres-ville. La A1A est parfois encore plus lente, mais elle est généralement beaucoup moins chargée ; en outre, elle traverse de beaux paysages. Enfin, évitez tous les grands axes aux heures de pointe (c'est-à-dire en semaine de 7 h 30 à 9 h 30 et de 16 h 30 à 19 h).

VOIR AUSSI

- ***Hébergement*** p. 314-317
- ***Restaurants et cafés*** p. 340-343 et p. 356

La plage de Fort Lauderdale offre de nombreuses activités nautiques

Sebastian Inlet 1

Carte routière F3. Indian River Co. *Sebastian.* *700 Main St., (772) 589-5969.* **www**.sebastianchamber.com

À Sebastian Inlet, l'Atlantique se mêle aux eaux saumâtres de l'Indian River, l'une des sections de l'Intracoastal Waterway *(p. 23)*. Le **Sebastian Inlet State Park** enjambe le canal. Ses 5 km de plages préservées en font l'un des parcs les plus prisés de Floride.

Le nord-est de la crique est l'endroit idéal pour nager. En revanche, le littoral méridional (sur Orchid Island) est l'un des meilleurs bassins de surf de la côte est de Floride. On peut assister chaque week-end à des compétitions ou louer des planches. Le parc est renommé pour ses poissons. L'embouchure de la crique est encombrée de bateaux de pêche. Les deux jetées qui avancent dans l'Atlantique et les eaux limpides de l'Indian River sont également assaillies par les pêcheurs à la ligne.

À l'extrémité sud du parc, le **McLarty Treasure Museum** retrace en détail la disparition d'un convoi naval espagnol. Le 31 juillet 1715, un ouragan fit échouer 11 galions sur les écueils peu profonds, disséminés entre Sebastian Inlet et Fort Pierce. Après une escale à La Havane, ces navires retournaient en Espagne en suivant le Gulf Stream. Ils étaient chargés de richesses en provenance des colonies espagnoles du Nouveau Monde. Environ un tiers des 2 100 marins périrent. Les survivants installèrent un camp sur le site actuel du musée.

Juste après cette tragédie, les rescapés, aidés par les Indiens Ais, récupérèrent environ 80 % de la cargaison. Ce n'est qu'en 1928 que l'on redécouvrit l'une des épaves. Depuis le début des années 1960, les recherches ont repris et ont mis au jour un butin estimé à plusieurs millions de dollars. Ce trésor, exposé au public, comprend des pièces d'or et d'argent, mais surtout des objets de la vie quotidienne.

Assiette espagnole, McLarty Museum

Sebastian Inlet State Park
9700 S A1A, Melbourne Beach. ***Tél.*** *(321) 984-4852.* t.l.j.
www.floridastateparks.com

McLarty Treasure Museum
1380 N Route A1A. ***Tél.*** *(772) 589-2147.* t.l.j.

Mel Fisher's Treasure Museum 2

Carte routière F3. Indian River Co. 1322 US 1, Sebastian. ***Tél.*** *(772) 589-9875.* *Sebastian.* *10h-17h lun.-sam. (à partir de midi dim.).* *Pâques, Thanksgiving, 25 déc., 1er janv.*
www.melfishers.com

Ce musée étonnant présente l'une des plus extraordinaires histoires de milliardaires partis de rien.

Surfer à Sebastian Inlet est un vrai plaisir

Mel Fisher, homme d'affaires et chasseur de trésors

Le « plus grand chasseur de trésor du monde », Mel Fischer, mourut en 1998 mais son équipe de plongeurs continue les recherches. Le musée expose le butin recueilli dans différentes épaves, dont celles échouées en 1715 et celle de l'*Atocha (p. 29)*. On peut y admirer un lingot d'or, des joyaux et des objets usuels. Des *reales,* monnaie espagnole d'époque et des copies de bijoux anciens sont vendus dans la salle du Bounty.

Vero Beach 3

Carte routière F3. Indian River Co. *18 000.* *1216 21st St, (772) 567-3941.*
www.indianriverchamber.com

La principale ville du comté d'Indian River, Vero Beach, et en particulier sa station balnéaire sur Orchid Island, respirent la richesse. Des chênes bordent les rues des quartiers résidentiels dont les maisons ne dépassent pas quatre étages. Les bâtiments en bois qui longent Ocean Drive abritent des galeries d'art et des magasins d'antiquités.

Le **Vero Beach Museum of Art** de Riverside Park, à Orchid Island, présente des expositions de qualité. Mais la ville est surtout connue pour ses plages et deux hôtels. La station balnéaire de Driftwood, au cœur de Vero Beach, a été créée en 1935 par un excentrique de la région. Il y a construit une maison avec des poutres de récupération et du bois flotté, qu'il a ensuite remplie d'un bric-à-brac toujours visible aujourd'hui. À 11 km au nord, à Wabasso Beach, l'une des plus belles plages d'Orchid Island, s'élève le Vero Beach Resort. Le premier hôtel Disney de Floride bâti en dehors d'Orlando est un modèle d'élégance.

L'**Indian River Citrus Museum**, sur le continent, présente outils et matériel servant à la production et à la récolte des agrumes.

Vero Beach Museum of Art
3001 Riverside Park Drive. ***Tél.*** *(772) 231-0707.* *Thanksgiving, 25 déc., 1er janv.* **www**.vbmuseum.org

Indian River Citrus Museum
2140 14th Avenue. ***Tél.*** *(772) 770-2263.* *10h-16h mar.-ven.* *jours fériés.*

La station balnéaire de Driftwood, à Vero Beach

Fort Pierce 4

Carte routière F3. St Lucie Co. *39 500.* *2300 Virginia Ave, (772) 462-1535.* **www**.visitstluciefla.com

La ville de Fort Pierce tire son nom d'un poste militaire construit durant la deuxième guerre séminole *(p. 46-47)*. Son principal attrait est sa barrière d'îles, accessible par deux routes qui enjambent l'Intracoastal Waterway.

Empruntez la North Beach Causeway pour aller sur North Hutchinson Island. Son extrémité sud est occupée par la **Fort Pierce Inlet State Recreation Area**. Cette magnifique plage de dunes est très prisée des surfeurs. Au nord, sur un camp d'entraînement de la Seconde Guerre mondiale, se dresse l'**UDT-SEAL Museum**. De 1943 à 1946, 3 000 hommes-grenouilles de la Navy, regroupés en équipes de démolition sous-marines y ont appris à neutraliser les mines sous-marines et les défenses littorales. Vers 1960, ils furent rebaptisés Commandos mer, air, terre (SEAL pour Sea, Air, Land Commandos). Ce musée explique leur rôle durant la Seconde Guerre mondiale, en Corée, au Viêt-nam et au Koweït. À l'extérieur, vous pourrez admirer les différents véhicules du SEAL.

À 800 m de là, Jack Island, péninsule située sur l'Indian River est une réserve couverte de mangroves regorgeant d'oiseaux. Une petite piste mène à une tour d'observation.

Homme-grenouille

Le **St Lucie County Historical Museum** est situé sur la route méridionale reliant Fort Pierce à Hutchinson Island. La salle au galion contient des objets retrouvés dans les épaves de 1715 ainsi que les reconstitutions d'un camp séminole et d'un grand magasin du début du siècle. Vous y verrez une maison Cracker *(p. 30)*, construite en 1907 et transportée jusqu'à son site actuel en 1985.

Fort Pierce Inlet SRA
905 Shorewinds Drive, N Hutchinson Island. ***Tél.*** *(772) 468-3985.* *limité.*

UDT-SEAL Museum
3300 N Route A1A. ***Tél.*** *(772) 595-5845.* *janv.-avr. t.l.j. ; mai-déc. : mar.-dim.* *jours fériés.*

St Lucie County Historical Museum
414 Seaway Drive. ***Tél.*** *(772) 462-1795.* *10h-16h mar.-sam. (12h-16h dim.)* *j.f.* *limité.*

Étiquette d'agrumes datant de 1937

LA CULTURE DES AGRUMES À INDIAN RIVER

Au XVIe siècle, les Espagnols implantèrent les agrumes en Floride. Chaque bateau devait embarquer 100 graines d'Espagne. On les plantait ensuite dans les colonies. Le climat de la Floride s'avéra idéal et les arbres prospérèrent, notamment le long de l'Indian River, de Daytona à West Palm Beach. Cette région devint le centre de production d'agrumes le plus important de l'État. En 1931, les fermiers créèrent une marque déposée, l'Indian River Citrus League, afin de protéger leur production. Un tiers des agrumes de Floride et 75 % de ses raisins proviennent de cette région. On utilise la majorité des oranges pour en faire du jus, car elles sont sucrées et juteuses grâce au climat, au sol et aux précipitations.

Le Gilbert's Bar House Refuge Museum, à Hutchinson Island

Hutchinson Island ❺

Carte routière F3. St Lucie Co/Martin Co. *5 000.* *1900 Ricou Jensen Beach, (772) 334-3444.* **www**.jensenbeachchamber.org

Cette barrière d'îles longue de 32 km possède de magnifiques plages. Au sud, les adeptes du bronzage mettent le cap sur Sea Turtle Beach et le parc tout proche de Jensen Beach, près du croisement des routes 707 et A1A. Stuart Beach, au bout de la voie reliant l'Indian River à Stuart, est très fréquentée. On peut y visiter l'**Elliott Museum**, créé en 1961, en l'honneur de l'inventeur Sterling Elliott, dont certaines trouvailles originales sont exposées, à côté de voitures anciennes, de reconstitutions d'intérieurs du XIXe et du début du XXe siècle et d'objets et de documents d'intérêt local. À 1,5 km au sud, vous pouvez vous rendre au **Gilbert's Bar House of Refuge Museum**. Érigé en 1875, ce bâtiment fait partie des dix abris créés sur la côte est par le Lifesaving Service pour recueillir les victimes de naufrage. Les chambres spartiates de cette maison à bardeaux montrent l'âpreté des conditions de vie des premiers sauveteurs. À l'extérieur, on peut voir la réplique d'un navire de sauvetage des années 1840. Derrière ce refuge s'étend la **Bathtub Beach,** la plus belle plage de l'île. Cette piscine naturelle formée par un récif de grès est un lieu de baignade sûr.

Elliott Museum
825 NE Ocean Blvd. ***Tél.*** *(772) 225-1961.* *10h-16h lun.-sam. (13h-16h dim.)* *Pâques, 4 juil., Thanksgiving, 25 déc., 1er janv.*

Gilbert's Bar House of Refuge Museum
301 SE MacArthur Blvd. ***Tél.*** *(772) 225-1875.* *mar.-dim.* *Pâques, Thanksgiving, 25 déc., 1er janv.*

Stuart ❻

Carte routière F3. Martin Co. *17 000.* *1650 S Kanner Highway, (772) 287-1088.* **www**.goodnature.org

La meilleure manière de rejoindre la principale ville du comté de Martin consiste à emprunter la route qui enjambe l'Indian River à partir de Hutchinson Island. Entouré de riches résidences et de terrains de golf, le centre-ville de Stuart a été rajeuni, mais il est traversé par les autoroutes surchargées de la côte. Au sud de Roosevelt Bridge, le long de Flagler Avenue et d'Osceola Street, promenez-vous le long de la rivière et admirez les bâtiments des années 1920 et les galeries d'art. Le soir, bars et restaurants accueillent des concerts.

Le café Riverwalk dans Saint Lucie Street, à Stuart

Un geai des broussailles de Floride, à Jupiter Island

Jupiter Island ❼

Carte routière F4. Martin Co. *200.* *800 N US 1, (561) 746-7111.* **www**.jupiterfl.org

Cette île abrite de riches quartiers résidentiels et de très belles plages publiques. À l'extrémité nord, le **Hobe Sound National Wildlife Refuge** comprend des mangroves, des dunes et 5 km de plages. L'autre moitié du site consiste en une bande de sable recouverte de pins et de broussailles longeant l'Intracoastal Waterway. Ce parc ornithologique héberge notamment des geais des broussailles de Floride. Il y a un autre parc naturel près de la jonction de l'US1 et de l'A1A. Un peu plus loin au sud, la **Blowing Rocks Preserve** (les rochers souffleurs) possède une plage très étonnante. Lors des tempêtes, les cavités calcaires du rivage expulsent l'eau vers le haut, d'où le nom du site.

Hobe Sound National Wildlife Refuge
13640 SE Federal Hwy. ***Tél.*** *(772) 546-6141.* **Plage** *t.l.j.*
Parc naturel ***Tél.*** *(772) 546-2067.* *lun.-ven.* *jours fériés.*

Aux environs
Le **Jonathan Dickinson State Park**, qui porte le nom d'un naufragé échoué là en 1696, présente une flore variée : mangroves, pins parasols et un bois de cyprès situé près de la rivière Loxahatchee. On peut s'y promener à pied ou à cheval, louer un canoë ou sillonner en bateau la rivière où vivent des alligators, des lamantins, des balbuzards et des hérons.

Jonathan Dickinson State Park
16450 SE Federal Hwy.
Tél. *(772) 546-2771.* *t.l.j.* *limité.*

Le phare de Jupiter Inlet, vu de Jupiter Beach Park

Jupiter 8

Carte routière F4. Palm Beach Co.
35 000. *800 N US 1, (561) 746-7111.* **www**.jupiterfl.org

Jupiter est surtout connue parce qu'elle héberge le célèbre acteur Burt Reynolds. C'est là que viennent s'entraîner au printemps les Expos de Montréal et les Cardinals de St Louis. Jupiter est aussi connue pour ses plages. **John D. MacArthur Beach** sur Singer Island est l'une des plus belles de l'État *(p. 127)*. Le **Loxahatchee River Historical Society and Museum** est consacré à la vie des premiers habitants de la région, les Indiens Hobe, et à celle des colons anglais qui s'y sont installés au XVIIIe siècle.

Loxahatchee River Historical Society and Museum
805 N US 1. ***Tél.*** *(561) 747-6639.* *10h-17h mar.-ven., 12h-17h sam. et dim.* *jours fériés.*

John D. MacArthur State Park
Singer Island (traverser l'Intracoastal Waterway sur Blue Heron Blvd, tourner au nord sur Ocean Blvd).
t.l.j.

Aux environs
Le **Jupiter Beach Park**, au sud de Jupiter Inlet, abrite une magnifique plage au sable couleur chocolat qui fourmille de pélicans et de pêcheurs. De là, on voit très bien le **phare de Jupiter Inlet**. Construit en 1860, c'est le plus ancien bâtiment du comté. Au pied du phare, un ancien entrepôt à pétrole abrite un petit musée. Le dimanche, les visiteurs du phare pourront avoir accès gratuitement au 1896 Dubois House Museum, meublé dans le style « pionier » de la fin du XIXe siècle. Non loin se trouve l'immense **Carlin Park**, géré par le Parks and Recreations Department de Palm Beach. Il offre des aires de jeux, de pique-nique, un bar et une plage surveillée.

Phare de Jupiter Inlet
Beach Rd par l'US 1. ***Tél.*** *(561) 747-8380.* *10h-16h sam.-mer.* *jours fériés.*

Carlin Park
400 South State Road, A1A.
Tél. *(561) 966-6600.* *t.l.j.*
Surveillance 9h-17h20.

LES TORTUES MARINES DE FLORIDE

Les côtes du centre est de la Floride sont le plus important lieu de reproduction des tortues de tous les États-Unis. De mai à septembre, les femelles déposent de nuit une centaine d'œufs dans le sable. Deux mois plus tard, c'est l'éclosion. Les petits se jettent dans l'océan, profitant de l'obscurité. Les tortues marines, notamment la caouane, sont en voie de disparition.
La meilleure manière d'assister à la ponte d'une tortue est de participer à une visite organisée. Ces expéditions nocturnes sont très populaires tout le long de la côte. Pour plus de détails, appelez les chambres de commerce, par exemple celle de Juno Beach.

Une jeune caouane se jette pour la première fois à l'eau

Juno Beach 9

Carte routière F4. Palm Beach Co.
2 700. *1555 Palm Beach Lakes Blvd, (561) 471-3995.*

Juno Beach (plage de sable fin occupée par des immeubles de standing) et la plage qui s'étend dans le nord de Jupiter Inlet comptent parmi les principaux lieux de reproduction des tortues caouanes. À Loggerhead Park, niché entre l'US 1 et l'A1A, le **Marinelife Center** expose des carapaces de tortues et des œufs conservés dans des bocaux de formol.
Les tortues blessées y sont soignées. Une piste conduit à la plage où les tortues se reproduisent en été.

Marinelife Center
14200 US 1. ***Tél.*** *(561) 627-8280.* *10h-16h mar.-dim., 12h-15h dim.* *25 déc.*
www.marinelife.org

Palm Beach ❿

L'horloge de Tiffany

Insulaire, aux sens propre et figuré à la fois, Palm Beach a longtemps symbolisé la fortune aux États-Unis. Henry Flagler, pionnier en matière de développement de la Floride du Sud *(p. 125)*, a créé ce lieu de villégiature hivernale pour gens fortunés à la fin du XIXe siècle. Dans les années 1920, l'architecte Addison Mizner *(p. 120)* lui a donné un nouvel élan et l'a transformé en y construisant de somptueuses résidences de style espagnol. Jusque dans les années 1960, la ville était fermée l'été ; même les feux de circulation étaient démontés. Aujourd'hui, Palm Beach reste ouverte toute l'année, même si c'est un lieu de villégiature essentiellement hivernal. Dans ce qui est, paraît-il, la ville la plus riche des États-Unis, les estivants dévalisent les magasins haut de gamme et fréquentent les clubs privés et les bals de charité.

L'entrée de Via Roma donne accès à une charmante allée

Worth Avenue est La Mecque du shopping pour les plus fortunés

Worth Avenue

Si vous voulez connaître Palm Beach, allez sur Worth Avenue. Pendant que leurs patrons y admirent une robe Armani ou une icône russe, les chauffeurs font tourner le moteur de la Rolls Royce, afin de ne pas arrêter la climatisation. Traversant quatre pâtés de maison de Lake Worth à l'Atlantique, Worth Avenue est l'artère la plus célèbre de la ville. Worth Avenue et l'architecture Addison Mizner sont devenues célèbres avec la construction en 1918 de l'Everglades Club, à son extrémité ouest. Fruit de la collaboration de Mizner et de Paris Singer (l'héritier de la firme des machines à coudre), ce club devait servir d'hôpital pour les officiers blessés durant la Première Guerre mondiale. Mais il n'accueillit jamais un seul patient et devint en fait le pivot de la vie sociale de la ville. Aujourd'hui, ses loggias et ses cours de style hispanique sont toujours réservées à ses membres. De l'autre côté de la rue, la Via Mizner et la Via Parigi sont bordées de boutiques et de restaurants aux couleurs vives qui contrastent avec l'extérieur plutôt sobre de l'Everglades Club. Mizner a créé ces allées piétonnes dans les années 1920. Elles mettent en valeur Worth Avenue. Inspirées des rues des villages espagnols, ces allées abritent une débauche d'arches, de bougainvilliers, de fontaines et de cours. En surplomb s'élèvent la tour de bureaux et la villa que Mizner a conçues pour son propre usage. Le premier étage de la tour abritait une salle d'exposition pour ses œuvres en céramique et fut le premier centre commercial de l'avenue. Une promenade relie ces deux bâtiments et donne accès à la zone commerçante de la Via Mizner. Les autres rues débouchant de Worth Avenue, sont du même style mais sont plus modernes et très fleuries. Ne manquez pas la Via Roma ni les cours qui relient la Via de Lela et la Via Flora.

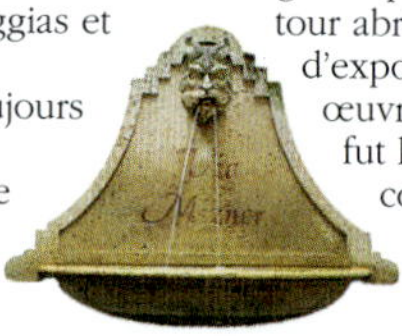

Une fontaine de la Via Mizner

Worth Avenue, photographiée en 1939 par Bert Morgan

Pour les hôtels et restaurants de la région, voir p. 314-317 et p. 340-343

Les boutiques de Worth Avenue

Un collier de Lindsay Brattan

Worth Avenue et les rues voisines sont l'essence même de Palm Beach, avec leurs 250 magasins d'antiquités, galeries d'art et boutiques de vêtements. Leurs façades assez éclectiques mélangent le style hispanique cher à Mizner et à l'Art déco. Les vitrines sont à leur avantage la nuit, quand elles sont toutes illuminées. Certaines pratiquent le second degré pour exposer leurs richesses, par exemple de faux toasts de caviar ou encore un mannequin habillé en majordome. En 1979, une Rolls Royce équipée d'une lame de bulldozer a même défoncé – de manière symbolique – le sol de l'Esplanade, à l'extrémité est de l'avenue. C'est ce genre d'exhibitions tape-à-l'œil qui caractérise le mieux Worth Avenue et la distingue des autres rues commerçantes du monde.

LES BOUTIQUES CHIC DE WORTH AVENUE

Worth Avenue regorge de boutiques tape-à-l'œil : joailleries (certaines sont spécialisées dans les imitations de qualité), échoppes de prêt-à-porter, magasins de cadeaux fantaisie, boutiques de créateurs et grandes surfaces.

Cartier *vend les plus beaux cadeaux qui soient, notamment des bijoux en or, des stylos et, bien sûr, les célèbres montres.*

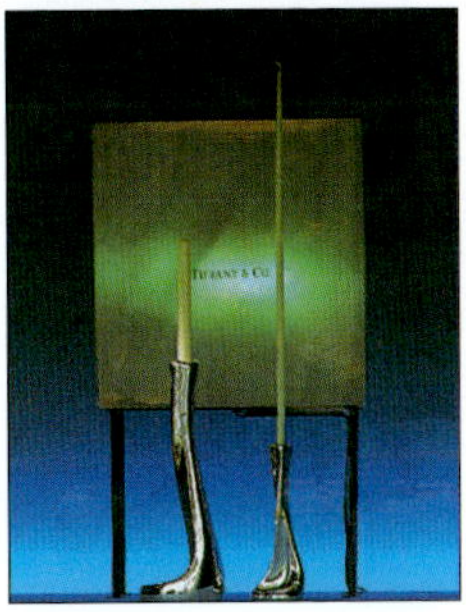

Tiffany & Co, *surtout connu pour sa joaillerie (dont des créations exclusives de Paloma Picasso) et son argenterie, vend également des parfums et de la maroquinerie.*

Saks Fifth Avenue, *installé sur l'élégante Esplanade piétonne, comprend deux étages de vêtements de luxe.*

Greenleaf and Crosby, *établi depuis 1896, possède une façade Art déco.*

Emmanuel Ungaro *compte parmi les grands couturiers de Worth Avenue. Ses vêtements sont à la fois chic et originaux. L'hiver, les vitrines sont renouvelées chaque semaine.*

Meissen Shop *propose la plus vaste gamme d'objets en porcelaine de Meissen du monde.*

À la découverte de Palm Beach

L'esprit d'Addison Mizner souffle sur tout Palm Beach. L'architecte américain a non seulement dessiné plusieurs bâtiments, il a aussi influencé de nombreux collègues. Ses contemporains lui ont emprunté beaucoup d'idées stylistiques qu'un de ses biographes a définies en termes ironiques de « bâtardo-hispaniquo-mauresquo-romano-gothiquo-Renaissance-poussons les cours à la hausse et au diable l'avarice ». Palm Beach regorge d'édifices datant des années 1920 de Marion Wyeth, Maurice Fatio et Howard Major et d'imitations plus récentes. Admirer les résidences chic est d'ailleurs une activité fondamentale à Palm Beach.

Panneau mural, bibliothèque de la Society of the Four Arts

À la découverte de Palm Beach

Les quartiers résidentiels du Nord sont sobres. Leafy Cocoanut Row est bordée de résidences luxueuses, mais c'est le long de la route parallèle, South County Road, que l'influence de Mizner est la plus évidente (dans l'architecture éclectique de la rue ou de l'hôtel de ville, construit en 1926 et parfaitement restauré). Tout près, le Mizner Memorial Park comprend une fontaine, un étroit bassin flanqué de palmiers et la Phipps Plaza (aux rebords de fenêtres carrelés et aux passerelles recouvertes de fleurs). Mizner a également dessiné les plans de la maison corail au n° 264. Le cottage tropical de Howard Major, daté de 1939, a des influences chinoises.

Si vous avez le temps, flânez dans les rues à l'ouest de South County Road, où se mêlent maisons de style Mizner et bungalows du début du siècle, posés dans des jardins ombragés. La rue la plus imposante est Royal Palm Way. Suivre ses allées bordées de palmiers est un itinéraire agréable vers Royal Palm Bridge, un excellent point de vue sur les yachts de Lake Worth, encore plus magnifiques en décembre lorsqu'ils arborent des couleurs vives lors de la parade annuelle des bateaux.

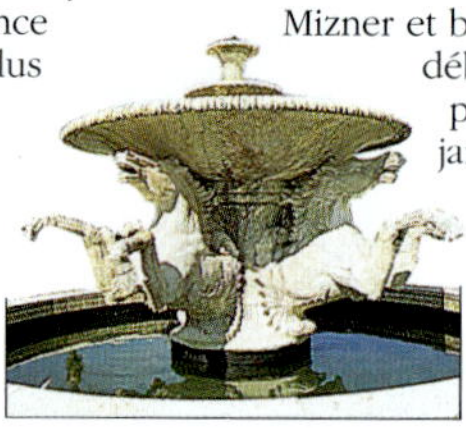

Fontaine du Mizner Memorial

Society of the Four Arts

2 Four Arts Plaza. ***Tél.*** *(561) 655-7226.* **Galerie et jardins** *10h-17h lun.-sam., 14h-17h dim. mai-oct. : dim.* **Bibliothèque** *10h-17h lun.-ven., 9h-13h sam. mai-oct. : sam., dim., jours fériés.*

Fondée en 1936, la Society of the Four Arts comprend deux bibliothèques, une salle d'exposition et un auditorium. À l'origine, la galerie et l'auditorium étaient un club privé conçu par Mizner. L'Italianate Four Arts Library (dessinée par Maurice Fatio) est décorée de peintures murales représentant l'art, la musique, le théâtre et la littérature. Les terrains derrière le bâtiment sont décorés d'un jardin à la chinoise et de bronzes modernes.

La Via Mizner *(p. 118)* est typique du style de Mizner

LES FANTAISIES HISPANIQUES DE MIZNER

Addison Mizner dans les années 1920

Addison Mizner (1872-1933), originaire de New York, découvrit Palm Beach en 1918, pendant une convalescence. Il y conçut des maisons et changea l'apparence de la ville, mais aussi celle de toute la Floride *(p. 31)*. S'inspirant des anciens bâtiments espagnols, Mizner créa un style architectural propre. Il développa les loggias ou les cages d'escalier extérieures, afin de s'adapter aux températures de la région. Il fit couvrir les murs de lait condensé frotté à la laine de verre afin de leur donner une patine.

Mizner devint bientôt millionnaire. Son succès était autant dû à sa vision de l'architecture qu'à son aptitude à se faire admettre parmi ses clients potentiels. Il porta ensuite son attention sur Boca Raton *(p. 130-131)*, mais l'arrêt du boom immobilier en Floride à la fin des années 1920 lui porta un coup fatal. Il dut même demander à ses amis de payer ses factures.

Pour les hôtels et restaurants de la région, voir p. 314-317 et p. 340-343

Hibel Museum of Art

701 Lake Ave, Lake Worth.
Tél. *(561) 622-6872.* *11h-17h mar.-sam., 13h-17h dim.*
Thanksgiving, 25 déc., 1er janv.
www.hibelmuseum.org

Edna Hibel, qui est née en 1917 à Boston et qui vit à Singer Island *(p. 127)*, a surtout peint des portraits de mères et d'enfants du monde entier. Elle a utilisé toutes les surfaces, bois, soie, cristal ou porcelaine. Ce musée, fondé en 1977 par deux collectionneurs des œuvres de Hibel, rassemble 1 500 œuvres.

Brittany and Child **(1994), d'Edna Hibel (huile, enduit et or sur soie)**

The Breakers

1 South County Rd. **Tél.** *(561) 655-6611.* *mer. après-midi.*

The Breakers est le troisième hôtel érigé sur ce site. Cet énorme bâtiment Renaissance surplombe le plus ancien terrain de golf de Floride. Construit en 1895, l'hôtel a brûlé en 1903. Reconstruit au même endroit en 1925, il fut de nouveau victime d'un incendie, provoqué, dit-on, par le fer à friser d'une cliente. L'hôtel actuel a été construit en un an, ce qui relève du miracle. Ses salles de bal accueillent de nombreux galas et constituent un pivot de la vie sociale de Palm Beach. The Breakers vous réservera un accueil chaleureux, même si vous n'êtes pas client. Vous pourrez assister à un match de croquet, prendre un milk-shake dans son café de style ancien ou flâner dans le hall (au plafond peint à la main) et dans les salons. Pour plus d'informations, suivez la visite guidée hebdomadaire

Ces immenses limousines attendent les clients de l'hôtel Breakers

conduite par « l'historien maison ». Au sud de l'hôtel se dressent des résidences en bois du XIXe siècle. C'est tout ce qui reste des Breakers Row, des cabines louées aux vacanciers les plus riches de la saison d'hiver.

La banlieue de Palm Beach

La haute société de Palm Beach se cache dans des résidences de plusieurs millions de dollars. Certaines ont été construites par Addison Mizner ou ses disciples dans les années 1920. Les autres, plus récentes, illustrent tous les styles architecturaux, du néoclassique à l'Art déco. Le moyen le plus facile de les admirer consiste à s'asseoir sur la corniche qui longe South Ocean Boulevard («l'allée des résidences»). La maison géorgienne du n° 126 appartient à Estée Lauder. Le n° 720, construit par Mizner en 1919, a été la propriété de John Lennon. Au n° 1100 se dresse Mar-a-Lago, la plus grande résidence de Palm Beach avec ses 58 chambres, ses 33 salles de bains et ses 3 abris anti-aériens. Construite en 1927 par Joseph Urban et Marion Wyeth, elle a été achetée en 1985 par Donald Trump. Il en fit un club privé dont les droits d'adhésion sont très élevés. Les résidences du Nord sont plus discrètes. Le n° 513 de North County Road abrite la plus grande propriété de famille de Palm Beach. Le n° 1095 servait jusqu'en 1995 de retraite hivernale à la famille Kennedy. Afin de décourager les curieux, la vitesse minimale est fixée à 40 km/h. Se déplacer à vélo est donc pratique. Vous pourrez en louer *(p. 123)* et profiter des pistes cyclables. La Lake Tail, longue de 5 km, offre l'itinéraire le plus intéressant. Elle est combinée à une piste d'exercices pour les riverains. Elle s'étend de Worth Avenue à l'extrémité nord de l'île, longeant Lake Worth ainsi que l'arrière des résidences. La partie la plus belle de cette piste est le nord de Dunbar Road.

Mar-a-Lago est la plus extravagante maison de la banlieue de Palm Beach

Promenade dans Palm Beach

Délimité par les grands axes que sont South County Road et Cocoanut Row, ce circuit relie les principaux sites touristiques du centre de Palm Beach, y compris Whitehall, l'impressionnante maison de Henry Flagler. La partie qui longe Lake Drive South rejoint la piste cyclable de Palm Beach, qui flanque Lake Worth et continue jusqu'en banlieue *(p. 121)*. Vous pourrez suivre ce circuit en voiture, mais aussi à vélo, à pied, ou en patins à roulettes, ce qui vous permettra d'éviter les gardiens de la paix. Extrêmement zélés, ces derniers patrouillent dans de petites voitures de golf.

Flagler Museum ①
À l'origine résidence privée des Flagler, Whitehall a ouvert ses portes au public en 1959. Très bien restauré, il est garni de meubles d'époque.

Sea Gull Cottage ②
La résidence d'hiver des Flagler, datant de 1886, est le plus ancien bâtiment de Palm Beach.

La chapelle royale de Poinciana ③
fut érigée en 1896 par Flagler pour ses invités.

Casa de Leoni ⑤
Avec cette maison, située au n° 450 de Worth Avenue, Mizner a lancé la mode du gothique vénitien.

LÉGENDE

Itinéraire du circuit

Plage publique ⑦
Gratuite et ouverte à tous, cette plage ne présente aucun trait caractéristique.

La mairie ⑧, conçue en 1926, est l'un des points de repère de Palm Beach.

Pour les hôtels et restaurants de la région, voir p. 314-317 et p. 340-343

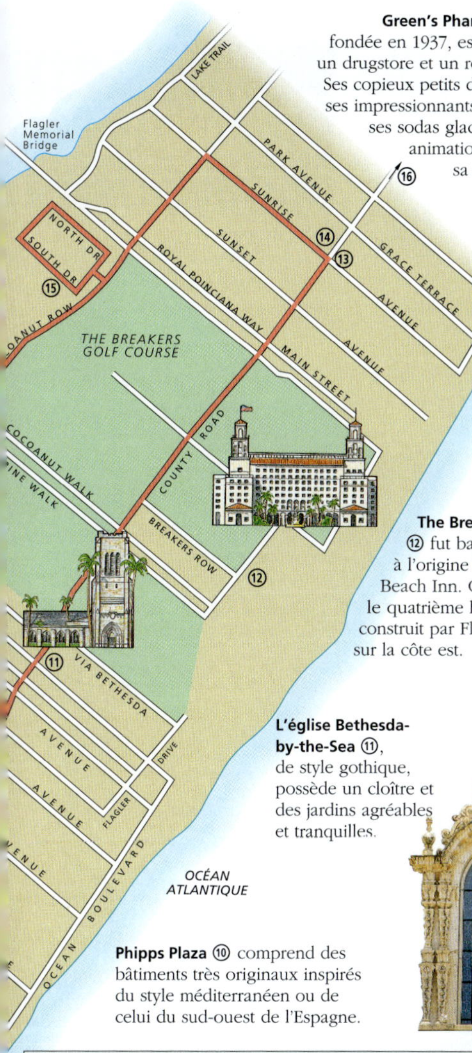

Green's Pharmacy ⑬, fondée en 1937, est à la fois un drugstore et un restaurant. Ses copieux petits déjeuners, ses impressionnants burgers, ses sodas glacés et son animation ont fait sa célébrité.

The Breakers ⑫ fut baptisé à l'origine Palm Beach Inn. C'est le quatrième hôtel construit par Flagler sur la côte est.

L'église Bethesda-by-the-Sea ⑪, de style gothique, possède un cloître et des jardins agréables et tranquilles.

Phipps Plaza ⑩ comprend des bâtiments très originaux inspirés du style méditerranéen ou de celui du sud-ouest de l'Espagne.

MODE D'EMPLOI

Carte routière F4. Palm Beach Co. *10 000.* *5 km à l'ouest.* *Amtrak et Tri-Rail, 201 S Tamarind Ave, West Palm Beach, (800) 872-7245.* *201 South Tamarino Ave. West Palm Beach, (800) 231-2222.* *41, 42, 5 de West Palm Beach.* *45 Cocoanut Row, (561) 655-3282.* *Artigras (fév.).*

Old Royal Poinciana Hotel ⑮
Cet hôtel de 2 000 chambres construit en bois était un lieu de retraite hivernale pour les riches. Brûlé en 1935, il n'en reste que la coupole et la serre.

St Edward's Church ⑭
Achevée en 1927, cette église de style néo-hispanique se caractérise par un clocher et une entrée baroques en moulage.

CARNET DE ROUTE

Itinéraire : *7 km.*
Point de départ : *adoptez le sens des aiguilles d'une montre, car Worth Avenue est en sens unique (de l'est vers l'ouest). Le Palm Beach Bicycle Trail Shop, 223 Sunrise Avenue, tél. : (561) 659-4583, ouvre tous les jours. Partez de là, si vous louez un vélo, un tandem ou des patins.*
Stationnement : *vous aurez besoin de pièces de 25 cents pour les parcmètres. Les places sont souvent gratuites, mais juste pour une heure.*

La fontaine du Memorial Park, dans le centre de Palm Beach ⑨

LES SITES

① Flagler Museum *(p. 124-125)*
② Sea Gull Cottage
③ Royal Poinciana Chapel
④ Society of Four Arts *(p. 120)*
⑤ Casa de Leoni
⑥ Worth Avenue *(p. 118-119)*
⑦ Plage publique
⑧ Hôtel de ville *(p. 120)*
⑨ Memorial Park *(p. 120)*
⑩ Phipps Plaza *(p. 120)*
⑪ Bethesda-by-the-Sea Church
⑫ The Breakers *(p. 121)*
⑬ Green's Pharmacy
⑭ St Edward's Church
⑮ Old Royal Poinciana Hotel
⑯ Hibel Museum of Art *(p. 121)*

Le Flagler Museum

Détail en bronze de la porte

Après sa construction en 1902, Whitehall fut appelé le « Taj Mahal d'Amérique du Nord ». Henry Flagler offrit cette demeure de 55 pièces et de 4 millions de dollars à sa troisième femme, Mary Lily Kenan, en guise de cadeau de mariage. Il ne s'agissait pourtant que d'une résidence d'hiver, où les Flagler se rendaient chaque année dans leur train privé, le Railcar n° 91 *(p. 49)*, aujourd'hui exposé au Flagler Kenan Pavilion à l'extrémité sud des pelouses. En 1925, soit douze ans après la mort de Flagler, une tour de dix étages fut ajoutée derrière Whitehall, qui devint un hôtel. Jean Flagler Matthews racheta la maison de son grand-père en 1959. Après de coûteuses restaurations, elle le transforma en musée.

Salle de bal
Le Bal poudré *de 1903 fut le plus somptueux des bals donnés dans cette salle.*

La chambre aux roses jaunes est dotée de meubles assortis au papier peint.

Salle de billard suisse

Flagler Kenan Pavilion

La chambre des maîtres contient des meubles recouverts de soie jaune, copie du tissu d'origine.

★ Salle de bains des maîtres
La salle de bains privée des Flagler est équipée d'une baignoire encastrée dans le sol, de toilettes, d'une douche et de cet incroyable double lavabo en onyx.

Bibliothèque
Tapissée de livres à reliure de cuir et riche en détails ornementaux, cette pièce rouge, toute en boiseries, est très intime.

À NE PAS MANQUER

- ★ Salle de bains des maîtres
- ★ Hall en marbre
- ★ Chambre des invités

Salon

Des draperies en soie tapissent les murs du salon de musique de style Louis XIV.

MODE D'EMPLOI

Whitehall Way. ***Tél.*** *(561) 655-2833. 10h-17h mar.–sam., 12h-17h dim . Thanksgiving, 25 déc., 1er janv. limité. normalement disponible.*

★ Hall en marbre

Cette grande entrée en marbre et au plafond peint abrite des chaises dorées ainsi que des tableaux, dont le portrait ci-contre de Jean Flagler Matthews.

Le portique est est supporté par de massives colonnes cannelées. Les escaliers extérieurs sont ornés d'urnes.

★ Chambre des invités

Au début du siècle, les invités affluèrent à Whitehall. Les plus riches et les plus célèbres séjournaient dans cette chambre aux couleurs crème et rouge.

Le grand escalier est composé de différents marbres et décoré de barreaux en bronze aux dessins fort complexes.

LE PALM BEACH DE FLAGLER

En 1878, un navire espagnol, le *Providencia,* s'échoua près de Lake Worth. Sa cargaison de noix de coco se répandit alors sur la plage où elle germa. Henry Flagler, qui travaillait sur les plans de développement de la côte est de la Floride, repéra ce lieu vers 1890. Enchanté par la beauté de cette plage plantée de palmiers, il acheta immédiatement ce terrain où il ouvrit en 1894 le Royal Poinciana Hotel *(p. 128)*. C'est ainsi qu'il lança la station balnéaire de Palm Beach.

Flagler et sa troisième épouse, Mary Lily, en 1910

Ces gratte-ciel surplombent les eaux calmes de Lake Worth

West Palm Beach ⓫

Carte routière F4. Palm Beach Co. *78 000. Amtrak et Tri-Rail. 1555 Palm Beach Lakes Blvd, (561) 233-3000.*

À la fin du XIXe siècle, Henry Flagler *(p. 125)* décida de déplacer les résidences ouvrières et les activités de services de Palm Beach sur le continent, hors de la vue des touristes. Il créa ainsi West Palm Beach, qui est depuis le centre d'affaires du comté de Palm Beach.

Depuis quelques décennies, cette ville a réussi à se forger une identité propre, même si elle reste au second plan, derrière sa voisine beaucoup plus petite mais infiniment plus attrayante. Les gratte-ciel aux lignes pures du centre de West Palm Beach n'attirent que des hommes d'affaires, alors qu'au nord se dresse le quartier historique, mais déclinant de Northwest. Les banlieues regroupent principalement des quartiers résidentiels et des terrains de golf. Même s'il n'est pas question de passer toutes les vacances à West Palm Beach, ce lieu offre une vue panoramique sur Lake Worth et quelques attractions qui valent le détour, tel le Norton Museum of Art, considéré par le *New York Times* comme le meilleur musée du sud-est des États-Unis.

LA SAISON DU POLO

Rien ne symbolise mieux la classe supérieure de Palm Beach que l'engouement qu'elle nourrit pour le polo. Le dimanche après-midi, de décembre à avril, suivez la foule qui se rend dans les clubs de Wellington, de Boca Raton ou de Lake Worth. Tous accueillent les grands championnats de polo. Les tickets sont bon marché, et l'on vous gratifiera peut-être, au cours du match, d'un commentaire sur le jeu. Les spectateurs apportent souvent un pique-nique, arrosé de champagne. Pour plus d'informations, appelez le club de Wellington, (561) 204-687, de Boca Raton, (561) 994-1876, ou de Lake Worth, (561) 965-2057.

Le polo est une distraction très répandue à Palm Beach

South Florida Science Museum

4801 Dreher Trail N. ***Tél.*** *(561) 832-1988. t.l.j. Thanksgiving, 25 déc.* **www**.sfsm.org

Comme beaucoup de musées en Floride, cette institution est conçue en priorité pour les enfants. On y trouve une foule de démonstrations sur la lumière, le son, les couleurs ou la météorologie. Vous pourrez ainsi créer des nuages et même toucher une minitornade. Visitez-le de préférence le vendredi soir : vous pourrez utiliser le télescope de l'observatoire et assister à un spectacle de lasers dans le planétarium.

Norton Museum of Art

1451 South Olive Ave. ***Tél.*** *(561) 832-5196. lun.-sam. jours fériés.* **www**.norton.org

Ce musée, le plus grand de Floride, abrite probablement la plus belle collection de l'État ainsi que des expositions itinérantes de qualité. Il a été fondé en 1941, à partir de la centaine de tableaux appartenant à Ralph Norton, un magnat de l'acier qui s'était retiré à West Palm Beach deux ans auparavant. Sa femme et lui avaient des goûts très éclectiques, qui se reflètent dans les œuvres exposées.

Le musée est divisé en trois collections. La plus grande concerne l'impressionnisme et le postimpressionnisme, avec des tableaux de Cézanne, Braque, Picasso,

Matisse et Gauguin, dont l'émouvante *Agonie au jardin,* la pièce la plus célèbre du musée. *Brouillard nocturne*, peint en 1945 par Jackson Pollock, est la pièce maîtresse du fond d'art américain du XXe siècle. Il comprend également des œuvres de Winslow Homer, Georgia O'Keeffe, Edward Hopper et Warhol.

Agonie au jardin **de Paul Gauguin (1889)**

La troisième collection du musée comprend des objets chinois, dont des tombeaux en jade de 1500 av. J.-C., ainsi que des animaux et des courtisans en céramique de la dynastie Tang (IVe-XIe siècle). On y trouve également des sculptures bouddhistes ainsi que des œuvres beaucoup plus récentes de Brancusi, Degas et Rodin.

Une panthère de Floride, très rare, au Dreher Park Zoo

Palm Beach Zoo at Dreher Park

1301 Summit Blvd. ***Tél.*** *(561) 547-9453.* *t.l.j.* *Thanksgiving.*
www.palmbeachzoo.org

Ce zoo intéressera les enfants autant que le South Florida Science Museum. Sur les 100 espèces qu'il présente, les plus rares sont la tortue géante (qui peut vivre jusqu'à 200 ans) et la panthère de Floride. Une plaine d'Amérique du Sud a été reconstituée : lamas, nandous et tapirs s'y promènent en contrebas d'une plate-forme d'observation. Vous pourrez suivre une piste bordée de végétation exotique ou naviguer sur un lac.

Aux environs

Au lieu de s'ennuyer à West Palm Beach (ou de se ruiner à Palm Beach), mieux vaut loger à **Singer Island** ou à **Palm Beach Shores**. L'ambiance est calme et la plage splendide (même si l'horizon est bouché par des immeubles résidentiels). La navigation et la pêche sont des activités très prisées. À Palm Beach Shores, vous pourrez affréter un bateau ou faire une croisière sur le lac Worth, notamment sur le *Star of Palm Beach* *(p. 368)*, un navire à aubes amarré près de Riviera Bridge. Au nord de Singer Island s'étend le **John D. McArthur Beach State Park**. Une piste traverse la mangrove de Lake Worth Inlet, un pont de bois et un tertre puis débouche sur la plage. Des écriteaux indiquent le nom des plantes et des échassiers qui y vivent. En été, des visites guidées nocturnes permettent de découvrir la ponte des tortues caouanes *(p. 117)*. Afin de varier les plaisirs, visitez le centre commercial **The Gardens**, dans Palm Beach Gardens, à 3 km dans l'intérieur des terres. Des allées odorantes et des ascenseurs en verre relient 200 magasins et restaurants.

John D MacArthur Beach State Park

A1A, 3 km au nord de Riviera Bridge. ***Tél.*** *(561) 624-6950.* *t.l.j., Nature Center.* **www**.macarthurbeach.org

The Gardens

3101 PGA Blvd. ***Tél.*** *(561) 622-2115.* *t.l.j.* *Pâques, Thanksgiving, 25 déc.*

Lion Country Safari ⓬

Carte routière F4. Palm Beach Co. Southern Blvd W, Loxahatchee. ***Tél.*** *(561) 793-1084.* *West Palm Beach.* *West Palm Beach.* *t.l.j.*
www.lioncountrysafari.com

Situé à 32 km de West Palm Beach, sur l'US 441, ce parc est un lieu familial. Dans la première moitié, les visiteurs parcourent 200 hectares, où cohabitent des lions, des girafes, des rhinocéros, etc. Si votre véhicule est décapotable, vous pourrez louer un véhicule à toit rigide. La seconde moitié du parc se compose de volières, de zones réservées aux animaux familiers, d'îles habitées par des singes, d'attractions et de circuits en bateau. Attention ! Les deux parties du parc sont bondées le week-end et pendant les vacances.

Ces antilopes se reposent à l'ombre, au Lion Country Safari

Scène de pêche au coucher du soleil sur le lac Okeechobee

Lake Okeechobee ⓭

Carte routière E4, F4. *Palm Trans bus vers Pahokee, (561) 841-4200.* *115 E Main St, Pahokee, (561) 924-5579.* **www**.pahokee.com **Roland Martin** *9203 Delmonte Ave, Clewiston.* ***Tél.*** *(863) 983-3151.* **www**.rolandmartinmarina.com

Le lac Okeechobee (qui signifie « grande eau » en séminole) est le deuxième lac d'eau douce des États-Unis par sa superficie (1 942 km^2). Le « Big O » est réputé pour ses poissons, en particulier ses perches truitées. Dans les marinas, on peut louer du matériel de pêche et des bateaux avec chauffeur. Ses trois marinas et ses hôtels abordables font de **Clewiston** un lieu de séjour parfait.

Mais si vous n'êtes pas pêcheur, votre séjour aura peu d'intérêt : le lac est trop étendu pour délivrer une vision panoramique et il est entouré par une digue de protection contre les inondations qui le cache de la route. **Pahokee** est l'un des rares endroits offrant un accès facile au lac. On peut y admirer les plus beaux couchers de soleil de Floride, après ceux de la Gulf Coast. C'est aussi le point de départ des **Captain JP Boat Cruises** (croisières de cinq à six heures). La population de l'extrémité sud du lac vit de l'industrie du sucre. La moitié du sucre de canne des États-Unis est produite dans les plaines entourant Belle Glade et Clewiston (« la ville la plus sucrée d'Amérique »). Le gouvernement fédéral projette de rendre 40 500 ha de terres cultivées au sud de Lake Okeechobee aux marais afin d'augmenter le volume d'eau disponible dans les Everglades. Ce plan a évidemment été mal accueilli dans la région.

Une des villes de la région proclame sa richesse

Lake Worth ⓮

Carte routière F4. Palm Beach Co. *30 000.* *807 Lucerne Ave. (561) 582-4401.* **www**.lwchamber.com

Les habitants de cette ville sont des gens simples. Sur la barrière d'îles qui longe l'un de ses côtés, l'ambiance est agréable : sur la terre ferme, une dizaine de magasins d'antiquités donnent le ton de Lake et de Lucerne Avenues, en plein centre de Lake Worth. Vous y trouverez également un cinéma Art déco, brillamment réaménagé en espace d'exposition, ainsi que le **Museum of the City of Lake Worth**. Ce musée contient de vieux clichés et des objets usuels (grille-pain, appareils photo, etc.). Des expositions sur la Pologne et la Finlande reflètent la culture des immigrants de la région.

Museum of the City of Lake Worth
414 Lake Ave. ***Tél.*** *(561) 586-1700.* *lun.-ven. sf mar.* *jours fériés.*

Delray Beach ⓯

Carte routière F4. Palm Beach Co. *50 000.* *Amtrak et Tri-Rail.* *64 SE 5th Ave, (561) 278-0424.* **Pilgrim Belle** ***Tél.*** *(561) 243-0686.* **www**.delraybeach.com

Delray Beach est la ville la plus accueillante entre Palm Beach et Boca Raton. Le drapeau national flotte partout, pour rappeler que la ville a obtenu le prix de la « conscience civique ». Sa plage est calme, facile d'accès et bien équipée. De novembre à avril, le *Pilgrim Belle* propose des croisières maritimes sur l'Intracoastal Waterway. Mais le cœur de Delray bat le long d'Atlantic Avenue, une rue agréable, éclairée par d'anciens lampadaires et bordée de palmiers, de cafés, de magasins d'antiquités et de galeries d'art. L'Old School Square, tout proche, est bordé de beaux bâtiments des années 1920. À côté, Cason Cottage a été très bien restauré ; il a retrouvé l'apparence qu'il avait lors de sa construction en 1915.

Cason Cottage
5 NE 1st St. ***Tél.*** *(561) 243-0223.* *mar.-ven.* *jours fériés.* *sur r.-v.*

Scène printanière, à Delray Beach

Pour les hôtels et restaurants de la région, voir p. 314-317 et p. 340-343

Loxahatchee National Wildlife Refuge 16

Carte routière F4. Palm Beach Co. 10216 Lee Rd. ***Tél.*** *(561) 734-8303.* *Delray Beach.* *Delray Beach.* **Refuge** *t.l.j.* *25 déc.* **Centre d'informations** *nov.-avr. : t.l.j. ; mai-oct. : mer.-dim.* *25 déc.* **www**.loxahatchee.fws.gov

Ce refuge de 572 km^2 est situé à l'extrême nord des Everglades. Il abrite de superbes spécimens animaux et végétaux. Il vaut mieux le visiter tôt le matin ou tard le soir et de préférence l'hiver, lorsqu'une foule d'oiseaux migrateurs s'y établissent.

Un petit héron bleu de Floride, au Wildlife Refuge de Loxahatchee

Un centre d'informations (au bord de la route 441, à 16 km à l'ouest de Delray Beach) explique l'écosystème des Everglades. C'est le point de départ de deux pistes. La Cypress Swamp Bordwalk, longue de 800 m, s'enfonce dans les goyaviers, les ciriers et les plantes épiphytes *(p. 290)*. La Marsh Trail, plus longue, traverse les marais, dont le niveau de l'eau est modifié afin de créer les meilleures conditions de vie pour les échassiers et le gibier d'eau. Les soirs d'hiver sont le meilleur moment pour observer les oiseaux. Les hérons, les grèbes, les ibis, les anhingas et bien d'autres se livrent alors à une

Chambre d'écolier japonais, au Morikami Museum

débauche de chants. Peut-être verrez-vous aussi des tortues et des alligators. Si vous empruntez un canoë, vous pourrez naviguer sur un circuit de 9 km de long. Il existe plusieurs visites guidées en pleine nature.

Morikami Museum et jardins japonais 17

Carte routière F4. Palm Beach Co. 4000 Morikami Park Rd. ***Tél.*** *(561) 495-0233.* *Delray Beach.* *Delray Beach.* *10h-17h mar.-dim.* *jours fériés.* **www**.morikami.org

Ce musée, implanté sur un terrain offert par un fermier appelé George Morikami, est le seul du pays à être consacré à la culture japonaise. Morikami appartenait à un groupe de pionniers japonais qui fondèrent en 1905 la colonie Yamato à la limite nord de Boca Raton. Grâce à l'aide d'une société de développement dirigée par Flagler *(p. 124-125)*, ces derniers espéraient produire du riz, du thé et de la soie. Ce projet échoua et la colonie disparut dans les années 1920. Les expositions de la villa Yamato-kan expliquent l'histoire de ces colons ainsi que la culture passée et présente du Japon. On y trouve la reconstitution d'une salle de bains, d'une chambre moderne d'écolier et de magnifiques restaurants. Six jardins historiques entourent la villa, tandis que des allées s'enfoncent dans de sereines pinèdes. Un nouveau bâtiment abrite tout ce qui a trait au Japon, tandis qu'un café sert une nourriture japonaise savoureuse. Des cérémonies du thé et des ateliers d'origami sont organisés régulièrement.

Butterfly World 18

Carte routière F4. Broward Co. 3600 W Sample Rd, Coconut Creek. ***Tél.*** *(954) 977-4400.* *Deerfield Beach (Amtrak etTri-Rail).* *Pompano Beach.* *t.l.j.* *Pâques, Thanksgiving, 25 déc.* **www**.butterflyworld.com

Des milliers de papillons venus du monde entier se pressent dans des volières géantes submergées de plantes tropicales. Il n'est pas rare qu'ils se juchent sur les épaules des visiteurs. Comme ils sont surtout actifs lorsqu'il fait chaud, planifiez votre visite selon le temps. Des salles exposent des chrysalides et une collection fascinante d'insectes naturalisés – dont des papillons morpho aux ailes bleu métallique, des scarabées et d'immenses sauterelles. Vous pourrez également vous promener dans les immenses jardins.

Un morpho bleu, à Butterfly World

Boca Raton ⓳

Une publicité de 1925 faisait parler Boca Raton en ces mots : « Je suis la plus grande station balnéaire du monde. » Bien que la ville imaginée par Mizner *(p. 120)* ne se soit pas matérialisée de son vivant, Boca Raton est aujourd'hui l'un des lieux les plus fréquentés de Floride. De nombreuses sociétés de haute technologie s'y sont établies. Dans une enquête réalisée auprès de cadres, Boca Raton a été classée site le plus agréable de Floride, notamment grâce à ses clubs de loisirs, ses magasins, ses parcs le long du front de mer et ses résidences inspirées du style Mizner.

L'une des rues piétonnes et commerçantes de Boca Raton

À la découverte de Boca Raton

Après avoir lancé Palm Beach, Addison Mizner s'intéressa à un endroit situé plus au sud. Au lieu du chef-d'œuvre de planification urbaine qui était envisagé, seule une poignée de bâtiments furent construits avant que l'essor de la Floride ne prenne fin en 1926 *(p. 50)*. Jusqu'à la fin des années 1940, Boca, comme on l'appelle aujourd'hui, n'était qu'un hameau. La vision de Mizner était centrée sur le luxueux Cloister Inn. Cet hôtel de style hispanique et achevé en 1926 est installé à l'extrême est de Camino Real, qui, complété par un canal réservé aux gondoles, devait constituer l'artère centrale de la ville. Il fait désormais partie du **Boca Raton Resort and Club** *(p. 314)*, une station balnéaire snob à l'expansion fulgurante. On ne peut y pénétrer que lors de la visite guidée hebdomadaire organisée par la Boca Raton Historical Society (dont le siège se trouve dans l'**hôtel de ville** sur Palmetto Park Road). Des expositions y retracent l'histoire locale. Le **Mizner Park**, à l'opposé, copie le style de Mizner. C'est peut-être le plus étonnant de ces centres commerciaux qui traduisent parfaitement le raffinement de la ville. La **Royal Palm Plaza** (surnommée la Pink Plaza) est encore plus fidèle au style de Mizner. Ses boutiques chic sont tapies au fond de cours. Le district d'**Old Floresta**, à 1,5 km à l'ouest de la mairie, abrite 29 maisons de style méditerranéen bâties par Mizner pour les directeurs de ses compagnies.

Boca Raton Museum of Art

501 W Plaza Real, Mizner Park. ***Tél.*** *(561) 392-2500.* *mar.-dim.* *jours fériés.* **www**.bocamuseum.org

Situé dans le magnifique Mizner Park dans la partie basse de Boca Raton, le musée dédie ses 44 000 m² à des expositions d'art contemporain d'un très bon niveau.

Audition au Lynn University Conservatory

Lynn University Conservatory of Music

3601 N Military Trail. ***Tél.*** *(561) 237-9001.* **www**.lynn.edu/music

Le Conservatory of Music at Lynn University accueille un groupe d'élèves musiciens doués venus du monde entier pour les préparer à une carrière de soliste ou de musiciens d'orchestre. Des milliers de mélomanes assistent, au milieu de la centaine d'étudiants du Conservatoire, aux concerts qui sont donnés par le corps enseignant et les artistes invités, ainsi qu'aux cours et conférences qui ont lieu chaque année.

Sports Immortals Museum

6830 N Federal Hwy. ***Tél.*** *(561) 997-2575.* *lun.-sam., horaires variables le w.-e.* *25 déc., 1er janv.* **www**.sportsimmortals.com

Parmi les 10 000 souvenirs sportifs de ce musée, les plus célèbres sont les peignoirs de Mohammed Ali. Le plus cher

L'hôtel de ville de Boca, conçu par Addison Mizner, fut construit en 1927

Deerfield Beach est une paisible station balnéaire proche de Boca Raton

(1 000 000 dollars) est un carton d'une marque de cigarettes qui fut retiré du commerce, car le joueur de base-ball y figurant refusa de sponsoriser l'industrie du tabac.

Les plages

Au nord de la crique de Boca Raton s'étend une longue plage de dunes préservée, à laquelle on accède par les parcs la bordant. Le plus au nord, le **Spanish River Park**, est aussi le plus intéressant, avec ses aires de pique-nique à l'ombre des pins et des palmiers. La plus belle partie de ce parc est un lagon situé sur l'Intracoastal Waterway, près d'une tour d'observation. À **Red Reef Park**, vous pourrez flâner en haut des dunes et plonger autour d'un récif artificiel *(p. 372)*. La plage est peu fréquentée, à cause du prix du parking.

Gumbo Limbo Nature Center

1801 North Ocean Blvd. ***Tél.** (561) 338-1473.* *t.l.j.* *25 déc.*

Cet excellent centre éducatif est implanté dans le Red Reef Park, à côté de l'Intracoastal Waterway. Une promenade serpente à travers les mangroves et un tertre en bois tropical puis débouche sur une tour qui offre une fantastique vue panoramique.

Aux environs

Le sud de la route A1A se développe à un rythme effréné. La paisible **Deerfield Beach** est un endroit très agréable grâce à sa jetée poissonneuse, sa plage de sable fin et de coquillages et sa promenade bordée de palmiers. À 8 km au sud, **Pompano** est la « capitale mondiale de l'espadon », comme en témoignent les photos exposées sur sa jetée.

MODE D'EMPLOI

Carte routière F4. Palm Beach Co. *80 000.* *Tri-Rail, Yamato Rd, (800) 874-7245.* *1300 W Hillsboro Blvd, Deerfield Beach, (800) 872-7245.* *1555 Palm Beach Lakes Blvd, (561) 233-3000.* **Boca Raton Historical Society**, ***Tél.** (561) 395-6766 (circuits).* *Boca Festival (août) ; Meet Me Downton (mars).*

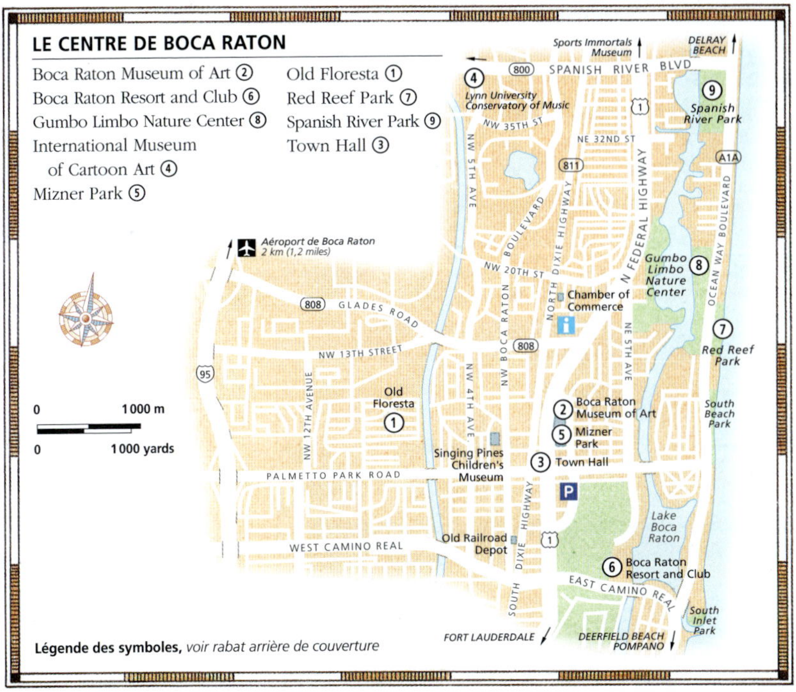

Fort Lauderdale ⓴

Durant la deuxième guerre séminole *(p. 46)*, Fort Lauderdale regroupait trois forts implantés sur la New River. Vers 1900, cette localité devint un centre commercial dynamique. Aujourd'hui, Fort Lauderdale est plus diversifié : c'est un centre culturel et financier, une station balnéaire très prisée ainsi qu'un immense port de croisière. Pourtant, ce sont toujours ses voies navigables *(p. 135)* qui définissent le mieux son caractère.

***Le Grand Oiseau à l'enfant* d'Appel**

À la découverte du centre-ville

Le centre-ville, aux nombreux immeubles de bureaux en verre, est le quartier des affaires. La **Riverwalk** suit la rive nord de la New River sur 2,4 km et dessert la plupart des lieux historiques et culturels de la ville. Cette promenade commence près de Stranahan House, demeure bâtie sur le site du premier comptoir commercial de la ville puis traverse un parc, avant de déboucher sur le Broward Center for the Performing Arts *(p. 366)*.

Old Fort Lauderdale s'étend le long de Southwest 2nd Avenue. Il abrite des bâtiments du début du siècle administrés par la Fort Lauderdale Historical Society, qui siège au Fort Lauderdale Historical Museum. La King-Cromartie House, érigée en 1907 sur la rive sud de la rivière, fut transportée sur une barge en 1971, jusqu'à son emplacement actuel. Son ameublement dépouillé témoigne des difficiles conditions de vie des premiers colons. Derrière la maison se dresse la réplique de la première école, inaugurée en 1899. Les cafés et restaurants de Southwest 2nd Street sont très fréquentés à midi et le soir. Faire une visite organisée en tramway (du centre-ville à la plage, en passant par les principaux sites) est le meilleur moyen de découvrir la ville.

🏛 Old Fort Lauderdale Museum of History

219 SW 2nd Ave.
Tél. *(954) 463-4431.*
◯ *mar.-dim.*
● *4 juil., 25 déc., 1er janv.*
www.oldfortlauderdale.org

Le New River Inn a été construit à Old Fort Lauderdale en 1905. Ce bâtiment en béton est désormais un musée. Il retrace l'histoire de la région et son expansion dans les années 1940. Un cinéma diffuse des films muets des années 1920, l'âge d'or de l'industrie du film en Floride du Sud.

LES SITES D'UN COUP D'ŒIL

Bonnet House ⑦
Broward Center for the Performing Arts ②
Hugh Taylor Birch State Park ⑧
International Swimming Hall of Fame ⑥
Museum of Art ④
Museum of Discovery and Science ①
Old Lauderdale Museum of History ③
Stranahan House ⑤

Sous l'ombrage, la Riverwalk longe la rive nord de la New River

Museum of Art

1 E Las Olas Blvd. **Tél.** *(954) 525-5500.* 11h-19h *mer.-lun.* *j.f.* **www**.museumofart.org

Ce charmant musée, installé dans un impressionnant bâtiment postmoderne, est surtout connu pour sa collection d'art Cobra. Ce nom est formé des premières lettres de Copenhague, Bruxelles et Amsterdam, capitales des pays d'origine des membres de ce groupe expressionniste des années 1948-1951. Vous verrez des œuvres de Pierre Alechinsky, de Karel Appel et d'Asger Jorn, les chefs de file de Cobra et aussi des pièces originaires du Pacifique Sud et de l'Afrique.

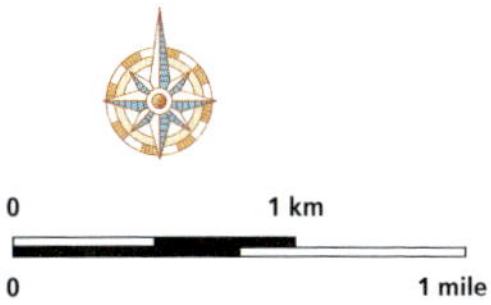

Légende des symboles,
voir rabat arrière de couverture

Museum of Discovery and Science

401 SW 2nd St. **Tél.** *(954) 467-6637.* *t.l.j.* *Thanksgiving, 25 déc.* **www**.mods.org

Ce musée est le plus visité de l'État et l'un des plus grands et des mieux réussis de Floride. Une foule d'animaux (alligators, tortues, iguanes, serpents, chauves-souris) évoluent dans un écosystème recréé de Floride. Les visiteurs peuvent aussi effectuer une simulation de voyage sur la Lune. Des films sont projetés sur un écran de 18 m de haut selon le procédé IMAX. C'est l'un des rares lieux au monde à proposer des films en 3-D et en IMAX® : le public porte des lunettes spéciales et des écouteurs adaptés au son, diffusé à 360°. Appelez le musée pour les horaires et les réservations les soirs de week-end.

Stranahan House

335 SE 6th Ave. **Tél.** *(954) 524-4736.* *mer.-dim.* *juil.-août ; jours fériés.* *limité.* **www**.stranahanhouse.org

La maison la plus ancienne de la ville est un bâtiment en chêne et en pin, construit en 1901 par le pionnier Frank Stranahan. Il devint le centre de la vie sociale de Fort Lauderdale, à la fois comptoir de commerce, lieu de réunion, bureau de poste et banque. L'ameublement, mais aussi les photos montrant Stranahan en train de négocier avec les Séminoles *(p. 285)* sont très évocateurs. Les Séminoles rapportaient des Everglades des peaux d'alligators ou de loutres ou encore des plumes d'aigrettes (des articles alors très à la mode).

MODE D'EMPLOI

Carte routière F4. Broward Co. *150 000.* *8 km au sud.* *200 SW 21st Terrace, (800) 872-7245.* *515 NE 3rd St, (800) 231-2222.* *1850 Eller Dr., (954) 523-3404.* *1000 East Broward Blvd, (954) 765-4466.* **Charters en trolley, Tél.** *(954) 429-3100.* *Winter Fest Boat Parade (déc.).*

Las Olas Boulevard

Malgré la circulation automobile très dense, la section de Las Olas Boulevard comprise entre les 6th et 11th Avenue compte parmi les lieux les plus animés et les plus pittoresques de Fort Lauderdale. Des boutiques plus ou moins chic, des cafés et des restaurants bordent cette voie où l'on peut tout acheter, du manteau de fourrure à l'œuvre d'art haïtienne.

Si vous ne souhaitez pas vraiment faire des achats, visitez ce lieu le soir, lorsque les dîneurs encombrent le trottoir, ou faites-en le tour en calèche.

Stranahan House est la plus ancienne résidence du comté de Broward

À la découverte de Fort Lauderdale : en dehors du centre

Même si vous manquez les panneaux « Bienvenue à Fort Lauderdale – la capitale mondiale du yachting », vous comprendrez vite quelle est la spécialité de la ville. Son principal attrait, que ce soit pour les touristes ou les habitants, réside en effet dans ses plages animées et ses canaux qui rayonnent à partir de l'artère historique de la ville : New River.

Cyclistes et piétons sur la promenade ombragée du bord de mer

La plage

Jusqu'à ce que les autorités les dissuadent en 1980, des milliers d'étudiants descendaient à Fort Lauderdale pour les vacances de printemps. Aujourd'hui, même si sa plage est toujours la plus animée de la Gold Coast, la ville a retrouvé son image originelle. C'est particulièrement vrai au bout de Las Olas Boulevard, où hommes et femmes patinent devant des bars sans prétention et des magasins de souvenirs. Ailleurs, les plages de Fort Lauderdale sont nettement plus familiales. C'est à South Beach Park que l'on trouve le sable le plus fin.

Les nageurs font une pause au Swimming Hall of Fame

International Swimming Hall of Fame

1 Hall of Fame Drive. ***Tél.*** *(954) 462-6536.* *t.l.j.*

Toute l'histoire des sports nautiques est résumée ici. Ce musée étonnamment détaillé abrite un mélange éclectique, mais plaisant, d'expositions d'anciens costumes de bain en laine ou de mannequins de vedettes, comme Johnny Weismuller, détenteur de 57 records de natation.

Bonnet House

900 N Birch Rd. ***Tél.*** *(954) 563-5393.* *obligatoire, déc.-avr. : mar.-sam. 10h-16h (12h-16h dim.) ; mai-nov. : mer.-ven. 10h-15h (10h-16h sam., 12h-15h dim.)* *jours fériés.*
www.bonnethouse.org

Cette maison meublée avec originalité est la principale curiosité d'Old Fort Lauderdale. Elle est érigée sur un terrain où poussaient des nénuphars à bonnet, d'où son nom. En 1920, un artiste dénommé Frederic Barlett construisit lui-même cette résidence d'hiver inspirée des plantations du Sud. Elle regorge d'ailleurs de ses œuvres, surtout des peintures murales.Vous y verrez aussi des cygnes et des singes, une serre aux orchidées et une collection de coquillages.

Sawgrass Mills Mall

12801 W Sunrise Blvd. ***Tél.*** *(954) 846-2300.* *10h-21h30 lun.-sam., 11h-20h dim.* *25 déc.*
www.sawgrassmillsmall.com

C'est le plus grand centre commercial de la Floride et la deuxième attraction touristique de la région après Orlando. Le centre compte 300 magasins, des cinémas, des restaurants et un parc à thèmes couvert pour les enfants : Wanadoo City.

Hugh Taylor Birch State Recreation Area

3109 E Sunrise Blvd. ***Tél.*** *(954) 564-4521.* *t.l.j.*

Ces 73 ha font partie d'une barrière d'îles de 5 km de long qu'un homme de loi de Chicago, Hugh Taylor Birch, acheta en 1894. Ils comptent parmi les rares oasis de verdure de la Gold Coast. On peut y louer des canoës sur le lagon, se promener sur une piste et courir sur une route circulaire où la vue est magnifique.

Bijoux et néons du Swap Shop de Fort Lauderdale

Aux environs

Les amateurs de bonnes affaires adoreront le **Swap Shop of Fort Lauderdale**, qui couvre 30 ha. Dans ce bazar oriental à l'américaine, des allées sont consacrées à la joaillerie, aux lunettes de soleil et autres babioles. Les 12 millions de visiteurs annuels sont très attirés par les produits frais et la pépinière où sont vendues des plantes. Le soir, le parking se transforme en cinéma en plein air.

Swap Shop of Fort Lauderdale
3291 W Sunrise Blvd. ***Tél.*** *(954) 791-7927.* *t.l.j.*

Pour les hôtels et restaurants de la région, voir p. 314–317 et p. 340-343

Le *Jungle Queen*, le plus célèbre navire de croisière de Fort Lauderdale

Les canaux

Des dizaines de canaux parallèles rayonnent à partir de l'embouchure de la New River. Cet endroit a été baptisé **The Isles** dans les années 1920, pendant lesquelles l'excavation des canaux créa une multitude de presqu'îles. Des résidences de plusieurs millions de dollars et de somptueux yachts se dessinent derrière des feuillages luxuriants. Leurs occupants (comme Wayne Huzienga, propriétaire de l'empire Blockbuster Video ainsi que l'équipe de football de Miami, les Dolphins, sont pour la plupart des hommes d'affaires. Ces îles bordent l'Intracoastal Waterway, qui traverse **Port Everglades**. C'est le deuxième port de plaisance au monde après Miami ; mais il accueille aussi des navires marchands, des pétroliers, des destroyers et des sous-marins. Le bar rotatif situé au sommet du Hyatt Regency Pier 66 Hotel sur South East 17th Street offre le meilleur point de vue sur les canaux.

Un water taxi sur New River

Mais pour admirer les résidences, les yachts et le port, il faut être sur l'eau. Le ***Jungle Queen*** est un navire de style ancien qui relie New River à une île abritant la reconstitution d'un village indien. Des excursions de trois heures sont proposées tous les jours et des soirées incluent la représentation d'un vaudeville et un barbecue. Les croisières du ***Carrie B***, qui durent 90 mn, partent de Riverwalk, passent devant des résidences, contournent le port, puis s'enfoncent dans les eaux chaudes rejetées par une centrale électrique où se réunissent des lamantins *(p. 250)*. Quant aux **Water Taxi**, ils remontent New River vers le centre-ville (du nord du port à Oakland Park Boulevard). Appelez-les 10 mn à l'avance. Prenez un billet simple ou un forfait pour la journée, plus avantageux. Vous pouvez aussi louer un bateau au Bahia Mar Yachting Center ou à la Pier 66 Marina. D'autres compagnies, dont **SeaEscape** *(p. 368-369)*, proposent des croisières d'une journée aux Bahamas ainsi que des « croisières vers nulle part ». Des attractions sont prévues, principalement des jeux de casino et des spectacles de cabaret.

ADRESSES UTILES

Carrie B
Las Olas Blvd à SE 5th Avenue.
Tél. *(954) 768-9920.*

Jungle Queen
Bahia Mar Yachting Center,
A1A, Fort Lauderdale Beach.
Tél. *(954) 462-5596.*

SeaEscape
Port Everglades Terminal 1.
Tél. *(954) 453-3333.*

Water Taxi
651 Seabreeze Boulevard,
A1A, Fort Lauderdale Beach.
Tél. *(954) 467-6677.*

Vue sur les canaux de Fort Lauderdale du haut du Hyatt Regency Pier 66 Hotel

Statue d'espadon devant l'IGFA Fishing Hall of Fame and Museum

Dania ㉑

Carte routière F4. Broward Co. *13 000. Hollywood. Dania, (954) 926-2323.* **www**.greaterdania.org

Dania se confond totalement avec la conurbation côtière. Certaines personnes ne s'y rendent que pour y assister à un match de jai alai. L'autre attraction de la ville est le **John U Lloyd Beach State Recreation Area**, une grande barrière d'îles vierges qui contraste avec Port Everglades, tout proche *(p. 135)*. De l'extrémité nord du parc, vous pourrez admirer les navires, tandis qu'au sud s'étend l'une des plus belles plages de la Gold Coast, longue de 3 km et bordée de pins. On peut y louer des canoës pour explorer la crique nichée au cœur du parc. L'**IGFA (International Game Fishing Association) Fishing Hall of Fame and Museum** séduira les amateurs de pêche. Ils y découvriront les plus belles créatures sous-marines et une démonstration de pêche virtuelle. La partie nord de l'US1 regroupe 150 magasins d'antiquités. Malgré leur implantation le long de l'US 1, au trafic intense, ils constituent un agréable but de flânerie.

John U Lloyd Beach SRA
6503 N Ocean Drive. ***Tél.*** *(954) 923-2833. t.l.j.*

IGFA Fishing Hall of Fame and Museum
300 Gulf Stream Way, Dania Beach. ***Tél.*** *(954) 927-2628. 10h-18h t.l.j. Thanksgiving, 25 déc.*
www.igfa.org

Hollywood ㉒

Carte routière F4. Broward Co. *126 000. Amtrak et Tri-Rail. 330 N Federal Highway, (954) 923-4000.* **www**.hollywoodchamber.org

Fondée vers 1920 par un Californien, cette station balnéaire sans prétention est la destination favorite des 300 000 Canadiens français qui vont chaque hiver en vacances à Greater Fort Lauderdale. Depuis quelques années, le développement de la ville s'est concentré dans le quartier artistique autour de Young Circle. Vous y trouverez de nombreux restaurants et l'**Art and Culture Center of Hollywood** où vous pourrez voir des expostions d'art, des spectacles de danse, du théâtre ou écouter des concerts. L'**Anne Kolb Nature Center** comprend un observatoire de pêche, deux circuits de découverte de la nature, un théâtre extérieur et un espace d'exposition.

Art and Culture Center of Hollywood
1650 Harrisson Street. ***Tél.*** *(954) 921-3274. lun.*
www.artandculturecenter.org

Anne Kolb Nature Center
751 Sheridian. ***Tél.*** *(954) 926-2480.*
www.hollywoodfl.org/visiting_hollywood.htm

Aux environs
Au croisement des Routes 7 et 448, à l'extrémité ouest de Hollywood, se trouve la **Seminole Indian Hollywood Reservation**. Avec ses 194 ha, c'est la plus petite réserve indienne de Floride. Comme les autres réserves de cet État, elle est presque indépendante *(p. 285)*.

Évitez le médiocre **Native**

Des adeptes du bronzage sur Hollywood Beach

À l'intérieur de l'immense Seminole Hard Rock Hotel and Casino

Indian Village, avec son artisanat et ses alligators destinés aux touristes, au profit du vaste **Seminole Casino in Hollywood**, de l'autre côté de la route. Les réserves échappant aux lois fédérales sur les jeux d'argent, un millier de personnes jouent quatre fois par jour dans le bingo hall pour des sommes dépassant 10 000 $ en cash.

La nouvelle attraction est le **Seminole Hard Rock Hotel and Casino**. Ce complexe hôtelier possède un immense casino, un espace tropical avec piscine et un auditorium.

Native Indian Village
3551 N State Rd 7. ***Tél.*** *(954) 961-4519.* *t.l.j.* *25 déc.*

Seminole Casino in Hollywood
4150 N State Rd 7. ***Tél.*** *(954) 961-3220.* *24 h/24.* *25 déc.*
www.seminolehardrock.com

Seminole Hard Rock Hotel and Casino
1 Seminole Way. ***Tél.*** *(886) 502-7529, (800) 937-0010.* *24 h/24 .*
www.seminolehardrock hollywood.com

Davie 23

Carte routière F4. Broward Co. *70 000.* *Fort Lauderdale.* *Fort Lauderdale.* *4185 Davie Rd, (954) 581-0790.*
www.davie-coopercity.org

Bâtie autour d'Orange Drive et de Davie Road et entourée d'écuries et d'étables, Davie baigne dans une ambiance du Far West. Des cactus poussent devant les baraquements en bois de la mairie et le McDonald's possède son corral. Passez donc au Grif's Western Wear Shop, au nº 6211 South West 45th Street. Ce supermarché du cow-boy vend des selles, des chapeaux et des bottes. La seule manière de ressentir l'âme de la ville est d'assister à un rodéo, à la **Davie Arena**. Vous y verrez les cow-boys chevaucher un taureau ou dresser un cheval sauvage. Ces spectacles ont lieu le mercredi à 19 h 30. Des rodéos professionnels sont organisés tous les mois.

Vente de Stetson au Grif's Western Wear shop de Davie

Davie Arena
6591 Orange Drive. ***Tél.*** *(954) 797-1166.* *seulement pour les rodéos.*
www.davie-fl.gov

Flamingo Gardens 24

Carte routière F4. Broward Co. 3750 Flamingo Rd, Davie. ***Tél.*** *(954) 473-2955.* *Fort Lauderdale.* *Fort Lauderdale.* *t.l.j.* *lun. (juin.-oct.), Thanksgiving, 25 déc.*
www.flamingogardens.org

Ce lieu magnifique était à l'origine (en 1927) la résidence secondaire des Wrays, une famille de cultivateurs d'agrumes. La maison est plaisante et abrite des meubles d'époque, mais les jardins sont la principale attraction. Des circuits en tram traversent des bosquets de citronniers, de kumquats, de chênes, de figuiers banians et bien d'autres arbres exotiques. Les jardins servent aussi de refuge aux oiseaux de Floride, dont le très rare aigle chauve *(p. 24)* et des flamants. Des canards, des mouettes, des colombes et des échassiers – dont la spatule rose *(p. 289)* – occupent une volière.

LE JAI ALAI – UN SPORT JOYEUX

Ce jeu étrange a vu le jour il y a 300 ans au Pays basque (jai alai signifie « joyeuse fête » en basque) et a été introduit aux États-Unis, via Cuba, au début du siècle. La Floride compte huit des dix arènes ou « frontons » de jai alai du pays. Assister à l'un de ces matchs n'est pas onéreux, à moins de parier sur son issue. Le programme explique la manière de marquer les points et les subtilités du pari, où ceux qui ont misé sur les gagnants partagent la totalité des sommes engagées. Les spectateurs hurlent durant le jeu, car beaucoup misent gros. Les matchs ont lieu cinq fois par semaine à Dania. Appelez le (954) 927-2841 pour plus de détails. Les règles du jeu sont expliquées page 33.

Joueur en position de réception

UNIVERSAL STUDIOS
FLORIDA

ORLANDO ET LA SPACE COAST

Orlando abrite un monde imaginaire, tout entier conçu pour la famille, qui draine 34 millions de visiteurs par an. Avec ses montagnes russes, ses baleines tueuses et sa célébrissime souris, c'est incontestablement la capitale du parc d'attractions.

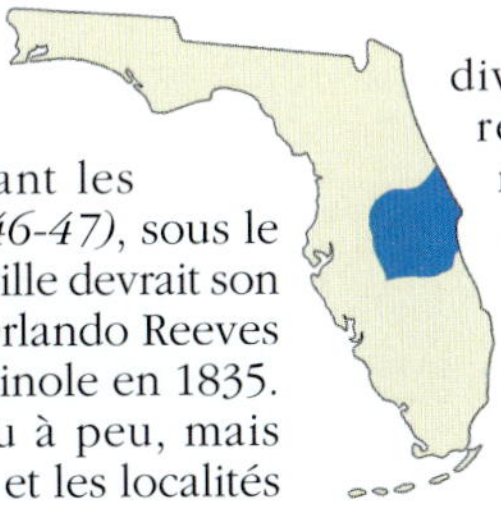

À l'origine, Orlando n'était qu'un poste militaire fondé pendant les guerres séminoles *(p. 46-47)*, sous le nom de Fort Gatlin. La ville devrait son nom actuel au soldat Orlando Reeves tué par une flèche séminole en 1835. Elle se développa peu à peu, mais jusqu'en 1950 Orlando et les localités voisines telle Kissimmee n'étaient que des bourgades vivant de l'élevage et de la culture des agrumes.

Tout changea dans les années 1960. En premier lieu, le centre spatial de Cape Canaveral créa de nombreux emplois. Puis Walt Disney World prit forme : son premier parc à thèmes, Magic Kingdom, ouvrit en 1971. Selon Disney, plus de 500 millions de visiteurs se sont rendus depuis en pèlerinage, dans ce qu'il appelle la destination de vacances la plus populaire au monde. Son succès a généré un boom de l'industrie du divertissement dans toute la région. Une multitude de nouvelles attractions (toutes destinées à tirer profit de ce marché très fermé) sont apparues. Les paysages, à l'exception d'une dizaine de lacs, sont passablement ennuyeux : l'agglomération d'Orlando s'étire sans grâce au milieu de plaines agricoles. Tout le long de la Space Coast, les villes établies sur le continent n'offrent que peu d'intérêt. Cependant, la barrière d'îles qui s'étend sur 116 km de long sur l'Indian River, est dotée d'époustouflantes plages de sable et de deux immenses réserves naturelles riches en oiseaux. C'est au centre de cette région que se dresse le Kennedy Space Center, d'où sont lancées les navettes spatiales. Bâti au milieu d'immenses marécages, il est en parfaite harmonie avec la nature.

Merritt Island, sur la Space Coast, est très bien préservée

◁ **L'imposante entrée des Universal Studios Florida, l'un des parcs à thèmes les plus réussis d'Orlando**

À la découverte d'Orlando et de la Space Coast

Si autant de vacanciers se rendent à Orlando, c'est pour ses parcs à thèmes (surtout Walt Disney World, SeaWorld et Universal Studios). La région disposerait d'environ 80000 lits d'hôtels, soit plus que New York. Si vous avez le temps, visitez le Cypress Gardens Adventure Park et l'Historic Boc Sanctuary, qui, dans toute autre région, constitueraient des attractions majeures très courues. La nuit, succombez au tape-à-l'œl de Church Street Station et de Disney's Pleasure Island. Si vous souhaitez connaître un aspect plus sobre d'Orlando, passez quelque temps dans la banlieue chic de Winter Park. D'Orlando, gagnez la Space Coast (côte de l'Espace), à 80 km à l'est. Certaines plages sont désertes, d'autres fourmillent de surfeurs, comme Cocoa Beach.

LÉGENDE

- Autoroute
- Route principale
- Route secondaire
- Route mineure
- Route touristique
- Voie ferrée principale

0 — 20 km

0 — 20 miles

Un orque du parc de SeaWorld

Légende des symboles, *voir rabat arrière de couverture*

Fusées datant des premiers moments de l'exploration spatiale

CIRCULER

Si vous voulez quitter les parcs, louez une automobile. Grâce aux routes à quatre voies, les déplacements en voiture sont rapides. De Walt Disney World au centre d'Orlando (au nord), comptez une demi-heure ; jusqu'aux Cypress Gardens Adventure Park (au sud), une heure. Si vous passez toutes vos vacances à Walt Disney World, voir page 143. Des hôtels proposent des navettes jusqu'aux parcs, tandis que les bus Lynx *(p. 395)* desservent les sites touristiques de la région. La Space Coast est à une heure d'Orlando par la route 528 vers l'est. L'I-95 est le principal axe nord-sud le long de la côte, tandis que la route A1A relie les plages de la barrière d'îles.

LA RÉGION D'UN COUP D'ŒIL

VOIR AUSSI

- ***Hébergement*** p. 317-319
- ***Restaurants et cafés*** p. 343-346 et p. 356

Walt Disney World® Resort ❶

Magic Kingdom®
Sept royaumes mêlant féeries et aventures entourent le magnifique château de Cendrillon.

Dans cet immense complexe de divertissements, tout le monde, quel que soit son âge, trouve de quoi s'émerveiller. Prévoyez au moins une journée pour visiter chacun des quatre parcs – Magic Kingdom, Epcot, Disney-MGM Studios et Animal Kingdom. Les parcs aquatiques Blizzard Beach et Typhoon Lagon sont idéals pour se détendre, et le complexe sportif Wide World of Sports parfait pour se défouler. Ce dernier abrite un terrain de golf, des sentiers de randonnée et des pistes cyclables, ainsi que plusieurs piscines et un lac où l'on peut se baigner, faire du bateau, du ski nautique et bien plus encore. Grâce aux 31 sites sur place, les visiteurs peuvent rentrer se reposer à l'hôtel avant d'aller admirer un feu d'artifice ou assister à un spectacle dans le Village Disney.

LES SITES D'UN COUP D'ŒIL

Blizzard Beach *p. 168* ⑤

Disney-MGM Studios *p. 162-165* ③

Disney's Animal Kingdom® *p. 166-167* ④

Downtown Disney® *p. 172-173* ⑧

Epcot® *p. 152-157* ②

Fort Wilderness Resort & Campground *p. 171* ⑦

Magic Kingdom® *p. 146-147* ①

Typhoon Lagoon *p. 169* ⑥

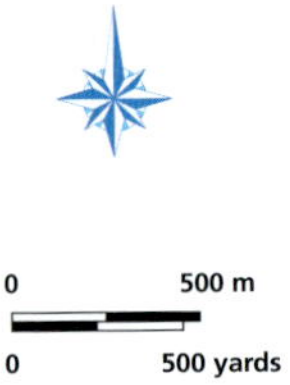

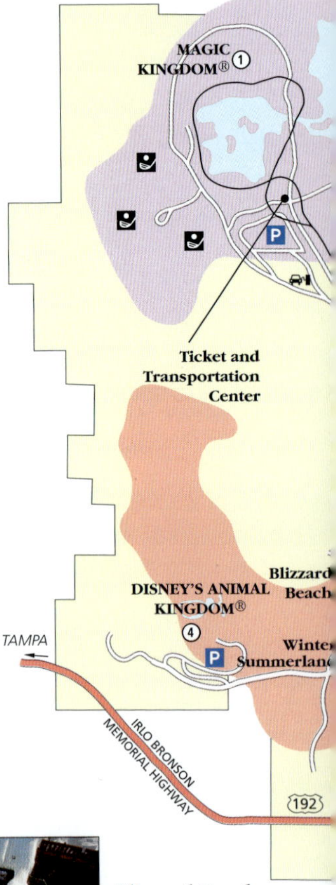

Disney's Animal Kingdom®
Safari africain, excursion en rafting ou randonnée dans la nature : à Animal Kingdom, tout est prévu pour faire le plein d'émotions en découvrant de nombreux animaux sauvages.

LÉGENDE

- P Parc de stationnement
- Station-service
- Terrain de golf
- Monorail
- Routes inter-États
- Route principale
- Route secondaire

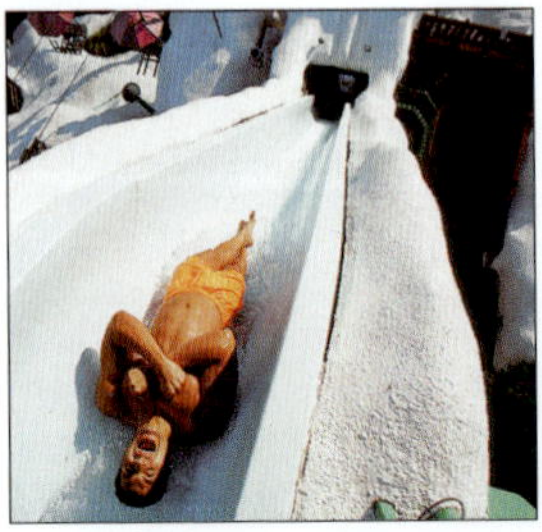

Blizzard Beach
Agréable et intelligemment conçu, ce parc aquatique de 27 ha propose des attractions fortes en sensation et des toboggans aquatiques exaltants.

Légende des symboles, *voir rabat arrière de couverture*

Epcot®
Voyagez à travers les continents, partez à la conquête de Mars, embarquez à bord d'un sous-marin et projetez-vous dans le futur grâce aux incroyables inventions d'Epcot.

Disney-MGM Studios
Au Disney-MGM Studios, c'est le spectacle avant tout : ici, les visiteurs de tout âge sont plongés dans le prestige, le faste et la magie d'Hollywood.

SE DÉPLACER DANS DISNEYWORLD

Chaque jour, 200 000 visiteurs en moyenne circulent dans le parc grâce à un vaste réseau de transports efficacement conçu. La gare de départ se situe dans le Ticket and Transportation Center (TTC). Des services de monorail, de ferry et de navettes fonctionnent 7 j/7. Par ailleurs, la majorité des hôtels situés en dehors du complexe assure un service de navette gratuite pour se rendre dans les différents parcs. Détails p. 174.

LÉGENDE

- Magic Kingdom Resort Area
- Epcot Resort Area
- Disney-MGM Studios
- Disney's Animal Kingdom Resort Area
- Downtown Disney Resort Area

Disney Village
Célèbres restaurants à thèmes, night-clubs, spectacles, sans oublier le plus grand point de vente de produits Disney sont autant de merveilles à découvrir dans cet impressionnant complexe de boutiques et de divertissements.

Le Magic Kingdom®

Comme pour ses homologues californien, japonais et français, le Magic Kingdom® est le principal parc à thèmes de Disney. Ces 45 hectares, où le sourire est de rigueur, sont peuplés de personnages de dessins animés et reflètent une vision nostalgique d'un monde (principalement l'Amérique) qui n'est plus mais qui pourrait revivre. Le parc comporte sept pays ou « lands » qui évoquent chacun un thème ou une époque, le Far West, l'Amérique coloniale ou le futur. Musiciens de rue et personnages de Disney accueillent les visiteurs.

Le château de Fantasyland permet de se repérer dans le parc

ABORDER LE PARC

Si vous êtes client d'un hôtel Disney, vous pourrez entrer plus tôt les jeudi et dimanche, sinon il vaut mieux éviter le parc ces jours-là. Dans le premier cas, prévoyez d'arriver une heure et demie avant l'ouverture officielle. Vous profiterez ainsi de Fantasyland et de Tomorrowland pendant une heure avant l'ouverture du reste du parc. On vous remettra à votre arrivée une brochure indiquant, outre les lands et les attractions, la liste et les horaires des parades et spectacles, également affichés à l'extrémité de Main Street, ainsi que la durée de l'attente pour les attractions.

CONSEILS

- *Si vous bénéficiez d'une entrée anticipée, prévoyez 15 à 20 min d'attente à l'entrée, près de Peter Pan et « It's a small world », avant l'heure d'ouverture officielle.*
- *Si vous voulez visiter en premier Splash Mountain, montez dans le train à Main Street avant l'ouverture du parc. Une fois parti, il s'arrêtera environ 7 min plus tard à Frontierland, près de Splash Mountain et de Big Thunder.*
- *Pour réduire le nombre des spectateurs juste avant la fermeture, les files d'attente pour les attractions sont canalisées entre deux cordes pour paraître plus longues de l'extérieur.*
- *Le meilleur endroit d'où voir toutes les parades est Frontierland. En période d'affluence, il vous faudra malgré tout trouver une place 45 min avant le début de la parade.*
- *Les parades vont, le jour, de Splash Mountain à Town Square et la nuit, en sens inverse.*

Les déplacements dans le parc sont facilités par la disposition en éventail des lands autour de la grand-place centrale, face au château de Cendrillon.

Les principales attractions sont situées aux deux extrêmités du parc : vous aurez donc à marcher plus que vous ne le pensez pour éviter de longues files d'attente. Il y a d'autres moyens de transport plus originaux, comme les véhicules de Main Street®, où l'on vous raconte en prime l'histoire des transports, depuis les trams tirés par des chevaux jusqu'aux voitures automobiles. Un train à vapeur fait le tour du parc en vingt minutes et s'arrête à Main Street®, Frontierland® et Mickey's Toontown Fair®.

LES RESTAURANTS

Ce sont en majorité des fast-foods. Si vous souhaitez bien déjeuner, essayez la Liberty Tree Tavern ou le Crystal Palace pour le calme. Cinderella's Royal Table, dans le château, porte bien son nom, et la cuisine y est bonne. Vous trouverez les meilleurs sandwichs du land (seule proposition de la carte) chez Aunt Polly sur Tom Sawyer's Island.

MAIN STREET, USA®

C'est une petite ville d'une Amérique victorienne imaginaire. À l'entrée de Main Street®, vous passez sous la gare d'où vous pourrez faire le tour du parc. Les trains en partent toutes les dix minutes. Sous la gare, une consigne permet de déposer sacs et objets de valeur à peu de frais. En arrivant sur la place, rendez-vous à la mairie, sur la gauche. On vous y renseignera sur les attractions et autres animations spéciales qui sont programmées. Main Street® est un superbe mélange de couleurs, de formes et de musique, étonnant jusque dans les détails. À droite en arrivant sur la place, Town Square Exposition Hall résoudra vos problèmes de photographie, mais les boutiques principales se trouvent le long de Main Street.

La nuit, l'atmosphère y est magique : des milliers de lumières font luire les pavés bien briqués. De là, on peut admirer la Spectromagic Parade, fantaisie miroitante qui allie musique, acteurs et chars illuminés.

ADVENTURELAND®

Feuillage luxuriant, tam-tam, et bâtiments coloniaux évoquent l'Afrique ou les Antilles. De la Grand-place centrale, pénétrez par un pont de bois dans Adventureland, où voisinent influences tropicales et exotiques.

Jungle Cruise est une promenade en bateau très demandée – on résiste difficilement à l'humour farfelu et contagieux de son marin –, qui vous transportera, grâce à une animation en Audio-animatronics®, au fin fond de l'Afrique, de l'Inde et de

◁ **Sur le Tapis volant d'Aladin, Adventureland**

VISITE EN UN JOUR

Si vous disposez seulement d'un jour pour visiter le parc, la tâche sera rude, surtout en été.

1. *Une fois entré, dirigez-vous vers la grand-place centrale. Si tout le parc est déjà ouvert, allez vers* **Space Mountain**. *Si certains accès sur la grand-place centrale sont barrés, attendez devant celui de Tomorrowland puis, dès l'ouverture des cordes, dirigez-vous vers Space Mountain. Les amateurs de frissons apprécieront tandis que les autres préféreront* **Buzz Lightyears's Space Ranger Spin**.
2. *Dirigez-vous ensuite vers* **Fantasyland** *en passant par Tomorrowland (laissez la voie rapide sur votre droite et tournez à gauche au Mad Hatter's Teacups) pour aller suivre les nombreuses* **Adventures of Winnie the Pooh.**
3. *Puis, tournez à gauche, et laissez-vous emporter par* **Peter Pan's Flight** *et* **« it's small world ».**
4. *Sortez sur la gauche, allez vers Liberty Square et visitez* **Haunted Mansion** *sur la droite.*
5. *En sortant sur la droite, continuez vers* **Splash Mountain.** *S'il y a plus d'une demi-heure d'attente, prenez un ticket FastPass, tournez à droite et traversez en direction de* **Big Thunder Mountain Railroad.**
6. *À la sortie, passez le pont et suivez la file de droite vers* **Pirates of the Caribbean.** *Montez à bord.*
7. *Retournez embarquer à Splash Mountain et revenez sur vos pas pour voir* **Jungle Cruise.** *Si c'est le bon moment, prenez le bateau sinon allez voir* **Enchanted Tiki Room.**
8. *C'est l'heure de déjeuner. Prenez un repas léger dans un fast-food.*
9. *Allez digérer à* **Swiss family Treehouse** *dans Adventureland.*
10. *Sur la Grand-place centrale, allez vers Tomorrowland. Prenez un ticket FastPass pour* **Buzz Lightyear.**
11. *Visitez* **Monsters, Inc. Laugh Floor Comedy Club** *et* **Stitch's Great Escape !** *Et choisissez entre* **Astro Orbiter** *et* **Carousel of Progess.**
12. *Retournez faire le circuit de Buzz Lightyear.*
13. *Sur la Grand-place centrale, prenez vers* **Frontierland** *et trouvez une place d'où vous pourrez admirer la* **parade de l'après-midi.**
14. *Voilà pour les attractions phares du Magic Kingdom. Soufflez un moment avant la* **Spectromagic Parade**. *Si le parc ferme tôt, assistez-y depuis la place de la Mairie ou depuis Main Street, côté Tomorrowland pour pouvoir ensuite retrouver les attractions de Tomorrowland, Mickey's Toontown Fair et Fantasyland.*
15. *Pour finir, installez-vous sur le banc, situé presqu'en face de la maison de Minnie et Mickey, dans Mickey's Tootown, pour y admirer à votre aise les* **feux d'artifice.**

l'Amérique latine.

La nouvelle version très améliorée d'**Enchanted Tiki Room Undern New Management** est divertissante et très bien animée. Les personnages d'Aladin et du Roi Lion vous feront passer vingt minutes tout à fait agréables à l'abri de la chaleur, et vous aurez la surprise de voir les murs changer de forme.

Les **Pirates of the Caribbean** vous entraîneront au cours d'un aventureux périple aux détails très soignés. Vous traverserez des prisons souterraines où vous verrez des prisonniers implorants, vous croiserez des galions du XVIe siècle au plus fort de la bataille et l'on ne vous épargnera pas les scènes de débauche et de bagarre. Même si cette version n'égale pas celle de Disneyland à Paris, les effets en Audio-animatronics® sont excellents et ce voyage fait partie de ceux que les visiteurs préfèrent. À la sortie, l'une des meilleures boutiques du parc propose une vaste gamme d'accessoires.

FRONTIERLAND®

Dans ce Far West revu et corrigé par Hollywood, passerelles surélevées et comptoirs de vente abondent.

Le **Frontierland Shootin'Arcade** rappelle le Far West et les fêtes foraines d'antan.

Au **Country Bear Jamboree**, la fraîcheur y est reposante en plein été et les plus jeunes adoreront les animations en Audio-animatronics®. Le radeau pour Tom Sawyer's Island vous attend face à Big Thunder Mountain. Avec son fort, ses ponts suspendus, ses chutes d'eau et ses tunnels, c'est un terrain de jeu idéal.

La popularité de **Big Thunder Mountain Railroad**, périple remarquablement bien conçu et réalisé à travers le Far West américain, à bord d'un charriot de mine, qui semble être incontrôlable, ne faiblit pas. Les montagnes russes sont supportables, même si les voitures à l'arrière secouent plus que celles de l'avant. Comme de longues files d'attente s'y forment dès les premières heures, prévoyez d'y passer le plus tôt possible.

LES SPECTACLES ET LES PARADES

Ne quittez pas le parc sans assister au moins à un spectacle et à une parade. Mickey's PhilharMagic Orchestra, dessin animé en trois dimensions, et The Enchanted Tiki Room Under New Management sont tous deux magnifiques, mais les parades sont uniques. Des chars hauts comme des tours, suivis d'une foule d'acteurs et de danseurs, vont de Frontierland® à Town Square dans Main Street®. L'après-midi, il y a toujours une parade et, en haute saison, Spectromagic passe à 20 h 30 et à 22 h 30. Le soir, Wishes, un somptueux spectacle de feux d'artifices et de musique, mené par la fée Clochette, est donné.

Pour les hôtels et restaurants de la région, voir p. 317-319 et p. 343-346

Splash Mountain, excellente attraction qui menace seulement de vous tremper, est typique du savoir-faire de Disney. Effets spéciaux, musique qui s'intègre à la perfection et créatures plus vraies que nature vous séduiront. La série de mini-rapides avant le grand plongeon final fait de Splash Mountain l'un des meilleurs circuits en toboggan du monde. Vous aurez vous aussi envie de recommencer, comme tous ceux qui font la queue de l'ouverture à la fermeture.

LIBERTY SQUARE

Liberty Square, le plus petit des lands situé dans l'Amérique postcoloniale, présente trois attractions : **Liberty Square Riverboat, Hall of Presidents** et **Haunted Mansion**. Cette dernière vous entraîne dans une demeure hantée et un cimetière, aux accents d'une mélopée lancinante. Pour cette attraction plus divertissante qu'effrayante, le flux des visiteurs est rapide et les files d'attente sont rares. Puis montez sur le Liberty Square Riverboat, bateau à aubes, qui vous fera naviguer dans le XIXe siècle américain. Puis réfugiez-vous loin de la foule et de la chaleur dans Hall of Presidents, pour y voir la présentation en Audio-animatronics®.

FANTASYLAND®

Voici le cœur du Magic Kingdom, dominé par les flèches pointues du château de Cendrillon. Même les plus cyniques ne résisteront pas à ses attractions étonnantes. Celles-si sont bien sûr destinées en premier lieu aux enfants, public des dessins animés, mais elles feront retourner les adultes dans le monde magique et plein de poésie de l'enfance. **Dumbo the Flying Elephant** enchantera petits et grands et **Cinderella Golden Carousel**, authentique manège de 1917 bien restauré, fera galoper avec autant de plaisir enfants et adultes. **Snow White's Scary Adventures** est un parcours en voiture sur rails simple dont l'histoire peut effrayer les tout-petits. Mais **Peter Pan's Flight** mêlera l'impression de voler au plaisir d'écouter une musique parfaitement synchronisée au mouvement. En face, **« it's a small world »** vous entraînera sur l'eau à travers une série de tableaux animés, sur un air répétitif et un peu mièvre qui risque de vous trotter dans la tête toute la journée. **The Many Adventures of Winnie the Pooh** combine les dernières avancées technologiques en matière de transport, de lumières et d'effets sonores.

Mickey's PhilharMagic, une des plus récentes attractions de Fantasyland, est un excellent dessin animé en 3-D. **Ariel's Grotto** abrite une « fontaine interactive » au nom captivant et une aire d'accueil. Les jeunes enfants pourront jouer à loisir, rencontrer la Petite Sirène en personne et ressortir trempés, mais heureux, de cet environnement aquatique très ludique.

MICKEY'S TOONTOWN FAIR®

Ce land s'adresse surtout aux enfants. Les maisons de Mickey et de Minnie les y attendent. Ils pourront s'y faire photographier avec Mickey en personne. On traverse ces deux maisons, mais il faut faire la queue dans celle de Mickey pour le voir dans la Tente du Juge « en chair et en os ». On peut aussi le rencontrer au **Toontown Hall of Fame tent.** Mais on y avance très lentement sur trois files et on peut y perdre beaucoup de temps uniquement pour voir un personnage. **Barnstormer at Goofy's Wiseacre Farm** est la seule attraction conçue pour les amateurs de sensations fortes, mais elle est décevante. **Donald's Boat**, aire de jeu avec fontaine, offre une chance de plus aux très jeunes de se tremper de la tête aux pieds.

TOMORROWLAND®

Il y a quelques années, les façades de Tomorrowland ont été redécorées et de nouvelles attractions ont été ajoutées pour rajeunir ce land. **Space Mountain** est le circuit le plus rapide du land avec des virages à la corde dans des ténèbres impénétrables, sous un bombarbement d'astéroïdes et autres projectiles. La traversée de l'espace est bien rendue mais le périple, bien qu'il soit plus violent que celui de Big Thunder Mountain, peut décevoir les amateurs de sensations fortes.

Stitch's Great Escape !, situé dans le centre de Congrès interplanétaire de Tomorrowland, vous transporte dans le monde de *Lilo et Stitch*, film lauréat de l'Academy Award. C'est une aventure à découvrir en famille, qui met en scène l'espiègle Stitch au moment où il découvre la Fédération galactique.

Walt Disney's Carousel of Progress est un spectacle conçu pour drainer rapidement une foule importante, dans un auditorium qui tourne autour

LES BOUTIQUES

Elles sont partout dans le Magic Kingdom et vendent toutes sortes de vêtements, de confiseries (sauf du chewing gum !) et autres objets de la marque Disney. Chaque land a sa propre boutique spécialisée dans le thème du land et des attractions les plus proches. Vous trouverez par exemple tout ce qui touche aux pirates près de Pirates of the Caribbean. Toutefois, les meilleurs articles sont vendus dans le plus grand magasin Disney du monde situé dans Downtown Disney.

de la scène centrale. Il relate la vie quotidienne à travers les âges et, malgré son caractère désuet, n'a rien perdu de sa popularité, surtout tard le soir.

Au **Monsters, Inc. Laugh Floor Comedy Club**, découvrez le pouvoir du rire de manière interactive, en mesurant vos talents comiques au monstre à un oeil, Mike Wazowski, et à ses deux comparses.

Dans **Tomorrowland Transit Authority**, la traction des voitures se fait par induction linéaire. Vous apprécierez, après avoir beaucoup marché, ces dix minutes délassantes ainsi que de superbes vues sur le parc. Rarement bondé, le train traverse Space Mountain puis d'autres attractions.

Dernière née des innovations de Tomorrowland, **Buzz Lightyear's Space Ranger Spin** est un périple qui vous emporte dans un univers de bandes dessinées auquel on prend vite goût. Vous circulez en voiturettes à deux places équipées de canons laser, de tableaux de bord et de commandes électroniques qui les font tourner très vite pour mieux faire mouche. C'est certainement l'une des meilleures attractions du parc.

Vous marquez rapidement des points en tirant sur des cibles au rayon laser rouge avec force bangs, crashs et pings. Le succès de cette attraction est tel que les enfants ne sont pas toujours les derniers à vouloir en partir.

CONSEILS

- *Les files d'attente pour les attractions sont plus courtes pendant les parades.*
- *Assistez aux feux d'artifice depuis l'extrémité de Main Street pour profiter ensuite des attractions jusqu'à la dernière parade du soir.*
- *Faites le tour du Magic Kingdom en train pour avoir une idée d'ensemble des possibilités.*
- *Les bancs face à la maison de Mickey dans Mickey's Toontown Fair sont parfaits pour admirer les feux d'artifice.*
- *Un raccourci peu connu juste à droite de la gare va de Mickey's Toontown Fair à Tomorrowland.*
- *Si vous avez de jeunes enfants, louez une poussette à l'entrée du parc.*

MODE D'EMPLOI DES ATTRACTIONS

Ce tableau vous aidera à organiser votre visite du Magic Kingdom. Les attractions et les spectacles sont classés par « land », sans ordre particulier.

		TEMPS D'ATTENTE	ÂGE OU TAILLE LIMITE	HEURES DE POINTE DES ATTRACTIONS	TICKET FASTPASS	VITESSE DE REMPLISSAGE	ÉVENTUEL MAL DES TRANSPORTS	NOTE GLOBALE
	ADVENTURELAND®							
A	JUNGLE CRUISE	●		11h-17h	➡	❷		▼
A	PIRATES OF THE CARRIBBEAN	❍		12h-16h				◆
S	ENCHANTED TIKI ROOM	❍						▼
	FRONTIERLAND							
A	BIG THUNDER MOUNTAIN RAILROAD	●	1,02 m	10h-19h	➡		✓	★
A	SPLASH MOUNTAIN	●	1,02 m	10h-19h	➡			★
S	COUNTRY BEAR JAMBOREE	❍				❶		▼
S	FRONTIERLAND SHOOTIN' ARCADE	◗				❶		◆
	LIBERTY SQUARE							
A	HALL OF PRESIDENTS	❍				❶		▼
A	HAUNTED MANSION	◗				❶		◆
A	LIBERTY SQUARE RIVERBOAT	❍				❶		▼
	FANTASYLAND®							
A	DUMBO THE FLYING ELEPHANT	◗		9h-19h		➡		▼
A	IT'S A SMALL WORLD	❍				❶		▼
A	THE MANY ADVENTURES OF WINNIE THE POOH	●		10h-18h	➡	➡		★
A	PETER PAN'S FLIGHT	●		9h-21h	➡	➡		★
A	SNOW WHITE'S SCARY ADVENTURES	◗		9h-17h		➡		▼
A	MAD TEA PARTY	❍					✓	▼
	MICKEY'S TOONTOWN FAIR®							
A	THE BARNSTORMER AT GOOFY'S WISEACRE FARM	❍	0,90 m			❷	✓	◆
	TOMORROWLAND®							
A	BUZZ LIGHTYEAR'S SPACE RANGER SPIN	◗		10h-18h	➡			◆
A	SPACE MOUNTAIN®	●	1,02 m	9h-19h	➡	❷	✓	
A	STITCH'S GREAT ESCAPE !	◗		10h-18h	➡			◆
S	MONSTERS, INC. LAUGH FLOOR COMEDY CLUB	❍						▼

Légendes : Attraction – A Spectacle – S ; Attente courte – ❍ moyenne – ◗ longue – ● ; Note globale bonne – ▼ excellente – ◆ exceptionnelle – ★ Vitesse de remplissage rapide – ❶ moyenne – ❷ lente – ❸

Epcot®

Sigle anglais signifiant Prototype Expérimental de la Ville du Futur, Epcot concrétise un rêve de Walt Disney : une communauré humaine baignant dans la technologie. Ce lieu devait matérialiser une vision utopique de l'avenir, mais dès son ouverture, en 1982, plusieurs changements étaient déjà intervenus. Epcot s'était transformé en centre éducatif et en exposition universelle permanente.

Les 100 hectares du parc sont divisés en deux parties distinctes : Future World, mi-éducatif, mi-divertissant et World Showcase, vitrine des savoir-faire artistiques, culturels et culinaires de divers pays du monde.

Le Pavillon français dans World Showcase

ABORDER LE PARC

Epcot® fait deux fois et demie la surface du Magic Kingdom®, aussi faut-il compter deux jours pour tout voir. World Showcase n'ouvre normalement pas avant 11 h. Les foules matinales se répandent donc d'abord dans Future World avant d'aller attendre peu à peu devant les cordes qui ferment l'accès au World Showcase. La clé d'une visite réussie est d'arriver tôt. Si vous avez la chance de posséder une entrée anticipée, arrivez 1 h 40 avant l'heure d'ouverture officielle.

Future World compte peu d'attractions : deux d'entre elles, Test Track et Mission : SPACE, sont assiégées dès l'ouverture. Pour y parvenir, dépassez sur la gauche l'immense bâtiment qui abrite Innoventions East. Pour mieux vous répérer, il peut être utile que vous vous représentiez Future World comme le cadran d'une horloge ; si l'entrée est à 6 h, Mission : SPACE est à 9 h et Test Track à 11 h – ce qui équivaut à marcher de l'entrée de Magic Mountain® jusqu'à Splash Mountain®.

Lorsque vous quittez la zone de Mission : SPACE et de Test Track, revenez sur vos pas jusqu'à Innoventions East et traversez tout de suite Innoventions West pour ressortir à Honey, I Shrunk the Audience !, à votre gauche à 1 h, pour garder l'image de l'horloge. Puis retournez à Spaceship Earth, à 6 h, et montez à bord. Cela impose de nombreux aller-retours mais cela vous évitera les longues files d'attente. Visitez Soarin' et The Seas with Nemo, plus tard dans la journée, après être passé au World Showcase.

World Showcase intéresse beaucoup plus les adultes que les enfants. Aussi, pour les occuper, nous vous conseillons de passer aux Kidcot Fun Spots situés dans plusieurs pavillons afin de leur acheter un « Passeport » qu'ils pourront faire tamponner. Dans certains, on peut y faire un tour en bateau et, dans plusieurs autres, voir des films ou dîner. Vous pouvez réserver à l'avance de

CONSEILS

- *Les visiteurs qui arrivent tôt peuvent immédiatement pénétrer dans les parcs pour profiter de certaines attractions.*
- *Trouvez-vous à l'entrée des parcs au moins 15 min avant leur heure d'ouverture.*
- *Test Track et Mission : SPACE sont des attractions très prisées, ce qui signifie de longues queues dès l'ouverture. Essayez de passer en premier et, à la sortie, achetez un ticket FastPass pour y revenir plus tard.*
- *Des bateaux traversent assez régulièrement World Showcase Lagoon. Climatisés, ils offrent une oasis de fraîcheur.*
- *La plupart des visiteurs commencent par Spaceship Earth, d'où de longues files d'attente. Mais l'après-midi, elles sont quasi inexistantes.*

ILLUMINATIONS : RÉFLEXIONS DE LA TERRE

Les IllumiNations du soir sont à voir absolument. Ce son et lumière, à une échelle extravagante, tiré autour de Word Showcase Lagoon, a lieu presqu'à la fermeture. Des lasers, des feux d'artifices et des jeux d'eau illuminent les onze nations représentées aux accents d'une bande son symphonique. Pour bien le voir, installez-vous dans la véranda de la Cantina de San Angel dans le pavillon mexicain, au balcon du restaurant japonais ou sur le pont International Gateway près du Royaume-Uni.

◁ La coupole de Spaceship Earth, que l'on reconnaît de partout dans Future World

votre hôtel. Les transports, peu efficaces, vous gagnerez du temps en vous déplaçant à pied : soyez bien chaussé et portez un chapeau car l'ombre est rare dans le parc.

FUTURE WORLD

Après l'entrée, vous découvrirez un ensemble de vastes bâtiments aux façades futuristes auxquels vous accéderez par Innoventions East et West. Certains abritent une seule attraction tandis que d'autres permettent de flâner à travers diverses expositions, le plus souvent interactives. Dans le pavillon central, des mini-voyages sont également organisés. La majorité des attractions sont sponsorisées par de grandes entreprises, qui sont clairement nommées sur les panneaux.

Pin Trading
À la suite du succès rencontré par les pin's produits par Disney pour des événements spéciaux, des petits comptoirs, réservés à la vente des centaines de pin's produits par Disney, furent créés dans chaque parc. Ils coûtent entre 6 et 15 $ pièce. Les visiteurs peuvent les échanger avec des négociants en pin's selon des règles simples. Enfants et adolescents sont captivés par cette activité. Ils passent des heures à rechercher le pin qui leur manque pour le troquer contre l'un des leurs. Cette trouvaille a rencontré un tel succès auprès des visiteurs que Disney ne prévoit pas d'y mettre un terme. En fonction de la formule hôtelière que vous avez retenue, peut-être vous offrira-t-on, à votre arrivée une série de pin's.

LES 10 MEILLEURES ATTRACTIONS
① TEST TRACK
② HONEY, I SHRUNK THE AUDIENCE
③ SPACESHIP EARTH
④ THE SEAS WITH NEMO
⑤ SOARIN'
⑥ ELLEN'S ENERGY ADVENTURE
⑦ MAELSTROM
⑧ WONDERS OF CHINA
⑨ IMPRESSIONS DE FRANCE
⑩ ILLUMINATIONS

Test Track, l'une des attractions les plus prisées d'Epcot®

Spaceship Earth
En pénétrant dans cette immense coupole géodésique, qui pèse 7 500 tonnes, vous commencez un voyage qui vous transporte en douceur le long de tableaux à la réalisation parfaite et de scènes en Animatronics qui décrivent les progrès technologiques de l'humanité. Le dôme, fascinant et presqu'aussi intéressant que le périple lui-même, comporte un ingénieux système de récupération des eaux pluviales canalisées vers World Showcase Lagoon.

Innoventions
Les deux bâtiments, East et West, offrent une exposition interactive de produits liés à l'avenir proche. Ces produits sont constamment améliorés grâce à la collaboration de grandes entreprises qui fabriquent des produits électroniques de grande consommation. Mais si vous souhaitez profiter vraiment d'Innoventions, vous devrez consacrer du temps à la visite des deux bâtiments. Il faut savoir en outre que de nombreux jeux ayant été déménagés à Downtown Disney, cette exposition attire davantage les adultes.

Pour les hôtels et restaurants de la région, voir p. 317-319 et p. 343-346

Epcot® : Mission : SPACE

Mission : SPACE, la nouvelle attraction-phare d'Epcot®, vous emmène en voyage dans l'espace en terminant l'expédition par un atterrissage forcé sur la planète Mars. Cette attraction extrêmement populaire utilise une technologie de pointe, associant vrilles ultrarapides pour simuler la force gravitationnelle et imagerie interactive en 3-D. Résultat : un lancement de fusée à toute vitesse d'une vraisemblance fascinante et un catapultage autour de la Lune à vous couper le souffle. Les sensations au décollage tout comme la difficulté de l'atterrissage sont particulièrement réalistes. Sortie tout droit de l'imagination Disney, cette invention n'en est pas moins basée sur des faits et des théories scientifiques fournis par des astronautes, des scientifiques et des ingénieurs.

À NE PAS MANQUER

★ Atterrissage sur Mars

★ Décollage

INTERNATIONAL SPACE TRAINING CENTER

L'histoire se situe au sein de l'International Space Training Center (ISTC) en l'an 2036. Dans ce monde du futur, plusieurs pays se sont unis pour tester une nouvelle génération de sondes spatiales. Les participants de Mission : SPACE deviennent alors des astronautes d'un jour pour une mission unique.

L'ISTC est un bâtiment tout en métal brillant, aux murs convexes et d'un futurisme dernier cri. La façade courbe en acier renferme une cour intérieure baptisée **Planetary Plaza** : dès qu'ils pénètrent à l'intérieur, les visiteurs sont plongés dans un autre univers. L'enceinte abrite d'immenses répliques de planètes, et ses parois sont couvertes de citations de grandes figures de l'histoire des voyages interplanétaires et des découvertes spatiales.

La sphère symbolisant la Lune possède des plaques en laiton qui représentent les 30 sites d'atterrissage des missions réalisées entre 1959 et 1976 par les États-Unis et l'URSS. L'intérieur de l'ISTC est compartimenté en plusieurs espaces selon différents niveaux d'entraînement. L'attraction compte 4 voies de décollage, qui abrite chacune 10 capsules pouvant contenir 4 participants.

FORMATION

Avant d'embarquer pour leur vol, les participants doivent suivre un ensemble de procédures afin de préparer leur « mission ». Entraînements et séances de briefing permettent de divertir les futurs astronautes et par conséquent, de réduire un peu le temps d'attente avant l'expédition. Le tout est savamment orchestré et se déroule dans une bonne ambiance, quoique légèrement militariste – une caractéristique plutôt rare dans les parcs Disney. Dans l'**ISTC Astronaut Recruiting Center**, les candidats sont familiarisés avec le X-2 Trainer, le vaisseau spatial à bord duquel ils embarqueront pour l'espace. La seconde étape se déroule au sein du **Space Simulation Lab**, où une énorme roue en rotation à 10 m de hauteur surplombe des espaces d'études, des salles d'entraînement, des cabines pour dormir et des aires de restauration pour l'équipage. Un des points forts du « Sim Lab », c'est l'authentique exemplaire du Rover Lunaire de la mission Apollo, prêté par le Smithsonian National Air and Space Museum ; à ses côtés, un écran de visualisation décrit les premiers pas de l'humanité sur la Lune.

Les participants accèdent ensuite à la salle des commandes dans la **Training Operations Room**, qui grouille d'animation en raison des divers entraînements en cours retransmis en direct sur de grands écrans. Dans le **Team Dispatch**, un officier vient à la rencontre des participants et forment des équipages de 4 personnes avant de les envoyer dans la salle d'embarquement : la **Ready Room**. C'est ici que les membres de l'équipage

Répliques de planètes se détachant de façon spectaculaire sur la façade métallique de l'enceinte Mission : SPACE

acceptent une mission : commandant, pilote, navigateur ou ingénieur. C'est aussi là que les explorateurs font la connaissance de Capcom – l'agent au sol qui leur servira de guide pendant l'expédition. Dans le **Pre-flight Corridor**, l'équipage reçoit ses dernières instructions avant d'être accompagné jusqu'à la navette spatiale X-2.

VOL ET ATTERRISSAGE

Une fois à bord du X-2, les membres de l'équipage sont installés et solidement sanglés, à quelques centimètres de « fenêtres » individuelles. Le compte à rebours commence et le décollage fait monter l'adrénaline : entre le vrombissement des moteurs, les nuages de gaz d'échappement et le mouvement de la capsule, tout concourt à générer des sensations semblables à celles ressenties par les astronautes lors de vrais décollages.

Les hublots de la cabine sont en fait des écrans plats dernière génération qui, grâce à une combinaison de verre LCD et de cartes vidéo électroniques, retransmettent avec précision le déplacement de l'appareil en se basant sur des données reçues des satellites en orbite autour de Mars. Les passagers doivent travailler à l'unisson, en accomplissant leur rôle de commandant, pilote, navigateur ou ingénieur, afin de relever les défis et de mener à bien leur mission pour Mars. Durant le vol, Capcom leur donne des instructions relatives à leurs fonctions, qui consistent principalement à appuyer sur des boutons : la capsule réagit aux commandes de façon très convaincante. Des saccades et des virages inattendus tiennent les participants en haleine et nécessitent des manœuvres délicates à l'aide de manettes. Outre la mise en orbite autour de la Lune, l'expédition procure d'autres sensations fortes, comme par exemple la simulation de gravité et une pluie de météorites.

Le vol de 4 min se termine par un atterrissage forcé sur la planète rouge accentué par de superbes effets sonores issus d'un *woofer* stéréo intégré à l'arrière de la capsule.

Des pionniers de l'astronautique tels que Buzz Aldrin et Rhea Seddon ont testé cette attraction et ont soutenu la comparaison avec les vrais voyages dans l'espace. Les forces gravitationnelles qui entrent en jeu durant Mission : SPACE sont, en réalité, moins intenses que dans les traditionnelles montagnes russes, mais elles sont d'une durée bien plus longue.

ASTUCES

- *À l'origine, le système du ticket Fastpass de Disney fut spécialement mis au point pour Mission : SPACE. Disponible à l'entrée de l'attraction, ce coupe-file permet d'éviter les longues attentes en affichant un horaire : si l'attente est trop longue, le visiteur obtient un ticket Fastpass lui indiquant à quelle heure il doit revenir.*
- *Lisez bien tous les panneaux avertisseurs postés à l'entrée de l'attraction, et montez à bord de la navette spatiale uniquement si vous êtes certain de « supporter le voyage ».*
- *La taille minimum requise pour le vol spatial est de 1,10 m.*
- *De la préparation à l'Advance Training Lab, Mission : SPACE peut durer de 45 min à plus de 1 h. Le vol jusqu'à Mars dure environ 4 min de la fermeture à la réouverture de la capsule.*

ADVANCE TRAINING LAB

À la sortie du vol se trouve l'Advance Training Lab, une zone de jeux vidéo où les participants ont la possibilité de tester leurs connaissances de l'espace grâce à des jeux interactifs s'adressant à tous les âges. Cet espace est aussi accessible sans participation à la mission spatiale et aucune taille minimum n'est requise.

Le **Space Race** met en compétition deux équipes basées sur Mars ayant pour mission de faire revenir leur fusée sur Terre le plus vite possible. Il peut y avoir jusqu'à 60 participants par équipe, lesquels doivent unir leurs forces pour surmonter les nombreux défis de leur mission.

Expedition : Mars est un jeu vidéo très élaboré où le joueur a pour mission de localiser et ramener quatre astronautes égarés sur la surface de Mars.

S'adressant à un public plus jeune, **Space Base** est une zone d'escalade, de saut et d'exploration sur le thème spatial. Le stand **Postcards from Space** permet aux visiteurs d'envoyer des cartes prédéfinies par e-mails à ses proches après s'être filmé devant un des nombreux décors spatiaux – idéal pour garder un précieux souvenir de Mission : SPACE.

De l'autre côté de l'Advance Training Lab se trouve le **Mission : Space Cargo Bay**, un espace boutique de 139 m². À l'entrée, les visiteurs sont accueillis par une animation en 3-D de 1,20 m de haut représentant Mickey Mouse en cosmonaute, et une peinture murale de 3,60 m de haut figure plusieurs personnages Disney en tenue d'astronaute sur la planète Mars. De bon marché à plus coûteux, les souvenirs vendus ici sont divers et multiples.

RENSEIGNEMENTS

Future World, between Test Track & Wonders of Life.
Tél. *(407) 934-7639.*
t.l.j. de 9h à 21h.
www.disneymissionspace.com

ATTENTION

Cette attraction n'est pas recommandée aux personnes sujettes au mal des transports ou sensibles aux espaces étroits, au bruit ou aux secousses. Le voyage dans l'espace peut s'avérer un peu violent pour les plus jeunes, et il est déconseillé aux femmes enceintes ou aux personnes ayant une tension élevée ou des problèmes cardiaques.

FUTURE WORLD, SUITE...

Ellen's Energy Adventure
Une technologie fascinante et la présence d'Ellen DeGeneres rendent plus attrayant ce film d'intérêt moyen. Le théâtre entier tourne sur lui-même avant de se diviser en sections d'une centaine de spectateurs chacune, qui les entraînent ensuite séparément vers un univers préhistorique, peuplé d'êtres antédiluviens assez convaincants.

The Seas whith Nemo & Friends
La technologie qui sous-tend cette attraction est à couper le souffle, mais ce qui attire les visiteurs ici, c'est plutôt Sea Base Alpha, le projet de recherche le plus ambitieux d'Epcot®. Une présentation vous prépare au voyage que vous allez accomplir.
De là, vous prendrez les « clamobiles » à la découverte des récifs coralliens. Vous rencontrerez des personnages familiers comme Dory, Bruce, Marlin et Squirt, dans un immense aquarium contenant plus de 65 espèces de la vie marine. L'attraction Turtle Talk with Crush est une animation en temps réel dernier cri.

Wonders of Life
Ouvert de manière saisonnière, ce pavillon bruyant, tout en coins et recoins, explore, comme le suggère son nom, le corps humain. **The Making of Me** est un film divertissant sur ce qui se passe avant la naissance d'un enfant tandis que **Cranium Command** est une présentation en Animatronics® très drôle et souvent négligée sur le fonctionnement du cerveau. **Body Wars** – numéro un des attractions à sensations fortes d'Epcot®, équipé d'un simulateur – vous fera parcourir l'intérieur du corps humain, après vous avoir miniaturisé.

Test Track
L'une des attractions les plus prisées d'Epcot®, elle génère des files d'attente dès l'ouverture du parc qui s'allongent très vite.
À bord de véhicules à six places d'une technologie sophistiquée, un simulateur sur rails se déplaçant à grande vitesse vous fait participer aux essais d'un prototype de voiture de sport avant sa fabrication en série. Après les essais de freinage, les ascensions de collines, les dérapages contrôlés, les accrochages évités de justesse et les cabines de peinture, le point culminant est le looping à plus de 104 km/h sur une chaussée extérieure surélevée autour du bâtiment de Test Track. Les machines tournent 24 h/24 tellement la procédure de démarrage est longue. Mais elles s'arrêtent souvent, en général parce que les systèmes de sécurité interviennent et stoppent l'ensemble de l'attraction. Aussi, les files d'attente s'allongent au fil de la journée. Le soir, on peut faire entre 90 min et 2 h de queue pour un circuit de 4 min. Les distributeurs de FastPass devant l'entrée sont, en général, vides dès midi.

The Imagination Pavilion
Il comporte trois attractions. Ne ratez pas la première, **Honey, I Shrunk the Audience** ! spectacle drôle qui utilise avec art la propre technologie filmique en 3-D de Disney et les effets spéciaux. **Journey into Imagination with Figment** est un voyage trépidant et enjoué à la recherche d'idées relatives aux arts et aux sciences. Mais cette attraction, trop longue, est compliquée.

ASTUCES

- *Pour éviter les longes files d'attente, commencez par Test Track, une attraction très prisée mais peu fiable. En partant, prenez un ticket Fastpass pour pouvoir y retourner plus tard.*
- *Si Test Track tombe en panne en cours de route, demandez à un employé, en débarquant, à refaire le parcours tout de suite après.*
- *Comme cette attraction marche 24h sur 24h – même quand le parc est fermé – vous pouvez y retourner juste avant la fermeture du parc.*
- *Le film Ellen's Energy Adventure est assez long (45 min), idéal pour faire une pause à l'abri de la chaleur ou pour attendre qu'un accès Fastpass se libère.*
- *Même si la file d'attente devant Ellen's Energy Adventure vous paraît longue, 600 spectateurs y assistent toutes les 15 min., vous passerez donc assez vite.*
- *Le Land est un pavillon dédié à l'agriculture. Sa nouvelle attraction, Soarin', plaira au plus grand nombre. Les plus jeunes préféreront toutefois The Seas with Nemo & Friends, pavillon rénové consacré au film de Disney, Le Monde de Nemo.*

CELEBRATION, FLORIDE

Celebration est une ville nouvelle aux valeurs anciennes, construite sur d'anciens marécages voisins de Walt Disney World. Notamment inspiré par les rues romantiques de Charleston en Caroline du Sud, Disney tente ici de recréer l'atmosphère des petites villes que beaucoup d'Américains d'âge mûr regrettent. C'est un monde rempli de voisins sympathiques et d'épiciers du coin de la rue.

Les premiers habitants, sur les 20 000 attendus, ont emménagé en 1996. Les rues piétonnes, les bâtiments de style ancien, dessinés par des architectes de renom, l'hôpital qui traite les malades mais fait aussi de la prévention, semblent taillés sur mesure pour ceux qu'effraient l'insécurité et la routine éreintante des villes modernes. Des règles strictes stipulent la couleur des rideaux, et les massifs d'arbustes plantés côté rue doivent être approuvés par Disney. Pourtant, Celebration ressemble, dans un certain sens, à toutes les villes : le public est libre de s'y arrêter et de la visiter.

Pour les hôtels et restaurants de la région, voir p. 317-319 et p. 343-346

Enfin, **Imageworks Lab** présente des jeux interactifs qui font appel à des sensations audiovisuelles et des démonstrations.

Le Land

Les thèmes principaux de ce pavillon sont l'écologie et la défense de la nature. Les trois attractions bordent le restaurant fast-food. L'affluence augmente donc à l'heure des repas. Dans **The Circle of Life,** film qui utilise en partie des procédés d'animation, les personnages du Roi Lion chantent un hymne à la défense de la nature. **Living with the Land** est une croisière à travers l'agriculture américaine, passée, présente et à venir. L'attraction la plus spectaculaire est Soarin', un simulateur de vol où les passagers, surélevés à l'intérieur de balancelles, ont la sensation de planer au-dessus des plus beaux paysages californiens comme le Golden Gate Bridge ou le Yosemite national parc.

VISITE EN UN JOUR

1. Arrivez 1 h 40 avant l'heure d'ouverture officielle les jours où le parc ouvre tôt et 1 h avant les autres jours.

2. Allez tout droit à Test Track et à Mission : SPACE. Faites les voyages et prenez des tickets FastPass pour plus tard, puis revenez sur vos pas jusqu'au côté opposé de Future World pour aller voir Honey, I Shrunk the Audience.

3. Sortez et revenez vers l'entrée pour monter à bord de SpaceShip Earth.

4. De là, tournez à droite et prenez vers Wonders of Life. Faites le voyage Body Wars (ouverture saisonnière).

5. Tournez à droite en sortant de Wonders of Life et allez vers Ellen's Energy Adventure.

6. Dirigez-vous vers World Showcase et attendez l'ouverture des cordes sur la gauche.

7. Dirigez-vous alors vers le Mexique. Faites le circuit El Rio del Tiempo.

8. Partez sur la droite et allez en Norvège voir le Maelstrom.

9. L'heure du déjeuner s'approche et vous avez fait le tour des attractions principales. Après avoir soufflé, partez en Chine (film), en France (film) puis au Canada (film).

10. Retournez à Future World et visitez le pavillon The Land. Assistez aux trois attractions présentées.

11. À la sortie, allez vers la gauche et dirigez-vous vers The Seas with Nemo & Friends. Assistez aux deux attractions.

12. Sortez de cette attraction sur la droite, traversez les deux Innoventions East et West, puis retournez au pavillon Wonders of Life voir Cranium Command et The Macking of Me (ouverture saisonnière).

Il est temps de rentrer à votre hôtel pour revenir vers 19 h et trouver un bon endroit d'où assister aux IllumiNations.

MODE D'EMPLOI DES ATTRACTIONS ET DES SPECTACLES

Les attractions et les spectacles sont classés en deux groupes, Future World et World Showcase, sans ordre particulier.

		TEMPS D'ATTENTE	ÂGE OU TAILLE LIMITE	HEURES DE POINTE DES ATTRACTIONS	TICKET FASTPASS	ÉVENTUEL MAL DES TRANSPORTS	NOTE GLOBALE
	FUTURE WORLD						
A	BODY WARS	◗	1,10 m	10h-14h		✓	◆
S	CIRCLE OF LIFE	❍		12h-14h			▼
S	CRANIUM COMMAND	❍					◆
S	HONEY, I SHRUNK THE AUDIENCE	◗		10h-17h	➡		★
A	SOARIN'	●	1,02 m	journée	➡	✓	★
S	LIVING WITH THE LAND	●		12h-14h			◆
A	MISSION : SPACE	●	1,30 m	9h-17h	➡	✓	◆
A	SPACESHIP EARTH	◗		9h-12h			★
S	THE MAKING OF ME	❍					▼
A	TEST TRACK	●	1,10 m	journée	➡	✓	★
S	ELLEN'S ENERGY ADVENTURE	◗		10h-13h			◆
S	THE SEAS WITH NEMO AND FRIENDS / TURTLE TALK WITH CRUSH	❍		11h-15h			◆
	WORLD SHOWCASE						
A	EL RIO DEL TIEMPO	❍		12h-15h			▼
S	IMPRESSIONS DE FRANCE	❍					▼
A	MAELSTROM	●		11h-17h			▼
S	THE AMERICAN ADVENTURE	❍					◆
S	O CANADA	❍					◆
S	WONDERS OF CHINA	❍					★

Légendes : Attraction – A Spectacle – S ; Temps d'attente court – ❍ moyen – ◗ long – ● ; Note globale bien – ▼ excellent – ◆ exceptionnel – ★

WORLD SHOWCASE

Les temples, les églises, et les châteaux de ces onze pavillons ou pays sont soit des répliques de bâtiments existants, soit des édifices d'un style propre à un pays. Mais World Showcase est bien plus qu'une œuvre architecturale. Ainsi, le personnel de chaque pavillon est originaire du pays qu'il représente. Il vend des produits nationaux et propose une bonne cuisine. Aux heures indiquées sur le guide, des artistes font des spectacles devant chaque pavillon. Les meilleurs sont les acrobates chinois ainsi que les bizarres et comiques Living Statues d'Italie. Seuls deux pavillons sont pourvus d'attractions, mais plusieurs projettent sur écran géant des films présentant l'histoire, la culture et les paysages de leur pays. Quelques-uns abritent même une galerie d'art, ce qui n'est malheureusement pas signalé.

Des ferries traversent World Showcase Lagoon, reliant le Canada au Maroc et le Mexique à l'Allemagne, mais il est relativement facile de faire le tour de World Showcase à pied.

Le Mexique

Une pyramide maya dissimule l'intérieur le plus remarquable de World Showcase. On y vend des sombreros, des ponchos et des *piñatas* (des animaux en papier mâché). La *plaza* de style colonial accueille un restaurant de qualité et des mariachis, le tout sous une lumière crépusculaire et derrière un volcan grondant. En voguant sur **El Rìo del Tiempo** (« la rivière du temps »), vous verrez des scènes du Mexique passé et présent en cinématique et en Audio-Animatronics.

La Norvège

Vous verrez la réplique d'une église en bois et celle du château Akershus (une forteresse du XIVe siècle qui surplombe le port d'Oslo), disposées avec goût autour d'une place en pavés ronds. Des trolls et des pulls sont en vente. Mais l'élément essentiel de ce pavillon est le **Maelstrom :** un passionnant périple en bateau dans les fjords, au pays des trolls, et autour d'une plate-forme pétrolière de la mer du Nord. Enfin, vous accosterez dans un port de pêche. Cette attraction est suivie d'un petit film sur la Norvège.

La Chine

Ce pavillon est célèbre pour sa réplique du temple du Ciel. La sérénité qui y règne contraste avec l'atmosphère plus nerveuse des pavillons voisins. **Reflections of China** montre de fabuleux sites anciens et des paysages souvent inconnus de la Chine. Ce film est en Circle-Vision, donc diffusé simultanément sur neuf écrans disposés autour du public. Attention, vous devrez rester debout pendant toute la séance. Les nombreux magasins de ce pavillon vendent de tout, des lanternes chinoises aux sachets de thé en passant par les paravents peints. Malheureusement, les restaurants sont assez décevants.

L'Allemagne

Le pavillon le plus chaleureux de World Showcase abrite un fatras de bâtiments à pignons et à tours réunis autour d'une place centrale, St Georgplatz. Ils sont inspirés d'édifices réels (comme la halle des marchands de Fribourg ou un château sur le Rhin). Si vous avez des enfants, passez-y à l'heure où sonne le carillon de la place. Un accordéoniste joue parfois, et les magasins sont pleins de cadeaux originaux ou éducatifs, par exemple des poupées artisanales en bois. Mais pour vraiment goûter l'atmosphère allemande, il vous faudra y dîner.

L'Italie

L'essentiel du pavillon italien, relativement petit, représente Venise : des gondoles, amarrées dans le lagon, aux reconstitutions d'un campanile en brique rouge et du palais des Doges de la place Saint-Marc, datant du XIVe siècle – même le faux marbre y semble réel. Les bâtiments de la cour arrière sont inspirés de ceux de Vérone et de Florence, tandis que la statue de Neptune est une copie du Bernin. Ici, l'architecture est la grande attraction, mais vous devriez également dîner dans l'un des restaurants ou flâner dans les magasins où vous pourrez acheter des pâtes, de l'amaretti, du vin, etc.

The American Adventure

Le pavillon américain est la pièce centrale de World Showcase, bien qu'il y manque le charme et le sens du détail propres à la plupart des autres pays. Cependant, les Américains sont souvent très émus par **The American Adventure,** un spectacle qui a lieu dans un vaste bâtiment de style géorgien. Ce dernier donnera une bonne idée de

DANS LES COULISSES DE WORLD SHOWCASE

Si vous voulez mieux connaître Walt Disney World, la visite des coulisses vous plaira. À World Showcase, les Hidden Treasures (qui durent 2 h) s'intéressent en profondeur à l'architecture et aux traditions des pays représentés dans le parc, tandis que les Gardens of the World expliquent la création des jardins du World Showcase (on vous y donnera même des astuces pour recréer un peu de la magie Disney chez vous). Ces excursions coûtent 25 dollars par personne. Si vous avez 199 dollars et 7 h devant vous, suivez le Backstage Magic Tour qui traverse les trois parcs. Vous visiterez le fameux réseau de tunnels qui serpentent sous Magic Kingdom. Pour toutes informations sur les Disney Tours, appelez (407) WDW-TOUR/(407) 939-8687.

Pour les hôtels et restaurants de la région, voir p. 317-319 et p. 343-346

la psychologie américaine face aux étrangers. Très patriotique, c'est aussi une farce provocante qui survole l'histoire des États-Unis jusqu'à nos jours. Elle inclut des tableaux sur écran et des personnages en Audio-Animatronics, notamment Mark Twain et Benjamin Franklin.

Le Japon

Ce lieu un peu guindé abrite un jardin à la japonaise, un château de samouraï et une pagode inspirée d'un temple de Nara du VIIe siècle (dont les cinq étages représentent la terre, l'eau, le feu, le vent et le ciel). Le grand magasin Mitsukoshi, copie de la salle des cérémonies du palais impérial de Kyoto, vend des kimonos, des carillons à vent, des bonsaïs et des huîtres. Les seuls endroits vraiment vivants de ce pavillon sont les restaurants.

Le Maroc

La médina (vieille ville) est décorée de carreaux en émaux, de portes en forme de clé, de murs colorés dignes d'une forteresse et d'allées sinueuses. On y accède par la reproduction d'un pont de Fès. Ces œuvres ont été exécutées par des artistes du pays. Le Maroc offre des pièces d'artisanat de grande qualité. La médina débouche sur un marché où l'on vend des tapis, de la chaudronnerie d'art, de la maroquinerie et des châles. Le restaurant Marrakech sert du couscous dans une atmosphère de cabaret.

La France

Ce pavillon abrite des répliques au 1/10 de la Tour Eiffel, de résidences construites à la Belle Époque et de la rue principale d'un village. Ses magasins proposent du parfum, des bérets et bien sûr du vin. Des restaurants et une pâtisserie honorent la cuisine française.

Un film très délassant, intitulé **Impressions de France,** en est la principale attraction.

CAFÉS ET RESTAURANTS

Bien dîner fait partie des agréments de la visite d'Epcot® et surtout de World Showcase. Certains pavillons offrent de bons fast-foods, mais les meilleurs restaurants ne sont souvent accessibles que sur réservation. Appelez le (407) 939-3463 dès que vous aurez fait votre choix. Réservez tôt le matin en utilisant les moniteurs télé du WorldKey Information Satellite *(p. 152).* La plupart des restaurants servent à midi et le soir. Allez-y aux heures creuses (11 h ou 16 h). Le prix d'un déjeuner équivaut généralement aux deux tiers de celui d'un dîner. Tous les restaurants proposent des menus enfants.

À World Showcase, nous vous recommandons :
Mexique : la San Angel Inn, le lieu le plus romantique d'Epcot®, sert des plats intéressants mais coûteux.
Norvège : Akershus offre un *koltbord* (buffet) de plats norvégiens dans un décor digne d'un château.
Allemagne : le Biergarten propose un buffet bon marché et copieux sur fond de musique bavaroise.
Italie : malgré son organisation chaotique, l'Originale Alfredo di Roma est apprécié pour ses plats sophistiqués.
Japon : mangez des grillades et des fritures aux Teppanyaki Dining Rooms, ou des sushis et des tempuras au bar du Tempura Kiku (pas de réservation).
France : le haut de gamme Bistro de Paris n'ouvre qu'à midi, les Chefs de France, le plus chic et le plus cher, est dirigé par de grands chefs français et le Petit Café sert en terrasse des steaks ou des crêpes (pas de réservation).

À Future Land, nous vous recommandons :
The Land : au Garden Grill rotatif, vous admirerez une forêt tropicale, une prairie et un désert, pendant que les personnages de Disney vous distrairont.
The Seas with Nemo & Friends : au Coral Reef, plutôt cher et situé dans le pavillon de l'aquarium, vous pourrez manger, mais également admirer des poissons à travers un mur transparent.

Projeté sur cinq écrans adjacents, ce documentaire présente les plus belles régions de France sur fond de musique classique, également française.

Le Royaume-Uni

Le pub Rose and Crown occupe le centre de ce pavillon. On y sert de la nourriture traditionnelle anglaise (comme des *cornish pasties* et des *fish and chips*) mais aussi de la bière à la pression – que les Américains apprécient bien fraîche. De charmants jardins entourent le pub, ainsi que des bâtiments de diverses époques (dont un château inspiré de celui de Hampton Court, l'imitation d'une terrasse Régence et un cottage en chaume, dont le toit est en fait constitué de feuilles imitant le genêt).

Le pavillon n'offre aucune attraction, seulement des magasins, qui vendent de tout – du thé à la porcelaine, en passant par les pulls, les tartans et les ours en peluche.

Le Canada

Des totems de 9 m de haut, une cabane en rondin, la réplique du Château Laurier Hôtel d'Ottawa (de style victorien), un gouffre en pierre et des jardins d'ornement constituent l'essentiel de ce pavillon, grand mais peu intéressant. Le film en Circle-Vision **O Canada !** traduit mieux la diversité des paysages. Son homologue chinois est encore mieux réussi. Le public se tient debout au centre du cinéma et tourne sur lui-même afin de suivre le film projeté sur neuf écrans. Les magasins proposent de l'artisanat indien et inuit et diverses spécialités.

Dauphins et visiteurs se font face au Seas with Nemo & Friends ▷

Les studios Disney-MGM

Inaugurés en 1989, les studios Disney-MGM étaient des studios de production télévisée et cinématographique. En 2004, le département animation a fermé et les activités de production ont en grande partie cessé. Mais le parc est resté une destination très prisée des visiteurs, présentant d'excellentes attractions fondées sur des films de Disney et de la Metro Goldwyn Mayer, ainsi que des show télévisés, véritable hommage à Hollywood. De nouveaux spectacles comme « Fantasmic ! » et « Voyage of The Little Mermaid » attirent de nombreux spectateurs. Les animations interactives, à la fois instructives et ludiques, s'adressent aux adultes et aux adolescents.

Le Théâtre Chinois de Mann sur Hollywood Boulevard

ABORDER LE PARC

Ce parc ne suit pas la disposition des autres parcs à thèmes, encore qu'Hollywood Boulevard soit une sorte de « Main Street, USA » et serve à canaliser les visiteurs vers les attractions. Ces dernières années, Disney a donné plus d'ampleur aux attractions dont certaines figurent parmi les plus réussies d'Orlando. Le programme d'animation est fréquemment renouvelé, et les rues peuvent être barrées pendant la visite d'une célébrité ou une séquence de tournage. Même si tout cela se passe surtout en hiver, le Visitor Center, qui se trouve à gauche de l'entrée principale, vous renseignera sur les horaires, les lieux et les événements dès votre arrivée dans le parc.

Comme pour les autres parcs à thèmes, il vaut mieux arriver tôt pour éviter les longues files d'attente. N'oubliez pas non plus que l'intensité de certaines attractions peut effrayer de jeunes enfants.

Vers 15 h 30, la parade des Studios Disney-MGM se met en branle. Mais vous risquez d'avoir chaud en l'attendant dans le parc, peu ombragé. L'un des récents dessins animés de Disney en fournit en général le thème.

Un public de 10 000 spectateurs assiste, une fois le soir en basse saison et deux fois en période d'affluence, au superbe spectacle **Fantasmic !** Il vaut donc mieux arriver deux heures à l'avance pour avoir une bonne place.

HOLLYWOOD BOULEVARD

D'adorables bâtiments de style Art déco rivalisent avec une réplique du théâtre chinois de Mann pour donner une vision d'un Hollywood qui n'a jamais existé. On vous prendra en photo, et des employés du parc jouant les policiers ou les journalistes vous pourchasseront comme si vous étiez des célébrités pour mieux vous diriger vers Indiana Jones Epic Stunt Spectacular. Ce spectacle vivant reproduit de nombreuses cascades des films d'Indiana Jones. Mais les meilleures attractions se trouvent du côté opposé.

À mi-hauteur, Sunset Boulevard part à droite et vous conduit aux attractions les plus prisées du parc, The Twilight Zone Tower of Terror et Rock'n Roll Coaster Starring Aerosmith.

Au croisement des deux boulevards, dans l'un des comptoirs à pin's omniprésents, les négociants en herbe pourront tendre une embuscade à un employé du parc pour faire des échanges de badges. La Place centrale, à l'extrémité de Hollywood Boulevard, est dominée par une réplique du Mann's Chinese Theater et ornée de l'immense chapeau de l'apprenti sorcier Mickey dans Fantasia. D'ici, vous embarquerez pour **The Great Movie Ride**, l'une des rares attractions où faire la queue est presqu'aussi agréable que le circuit lui-même. De vastes véhicules d'une capacité de 60 personnes se déplacent silencieusement devant les plus grands décors de cinéma jamais construits pour une attraction Disney. L'expérience du studio se traduit par un réalisme impressionnant. Ce périple est entrecoupé d'animations en temps réel.

CONSEILS

- *Ici, les circuits les plus prisés sont Twilight Zone Tower of Terror et Rock'n Roll Coaster. Allez-y donc tôt pour éviter les files d'attente.*
- *C'est du banc le plus proche du stand de pop-corn et de boissons face à « Sounds Dangerous » que vous verrez le mieux la parade de l'après-midi. Encore devrez-vous y arriver les premiers.*
- *Pendant les parades, la plupart des autres attractions sont peu fréquentées, mais vous ne pourrez vous y rendre si vous êtes du mauvais côté de la rue.*
- *Dans la chaufferie de Twilight Zone Tower of Terror, empruntez n'importe lequel des portillons ouverts menant aux ascenseurs. Vous aurez ainsi une meilleure place et une meilleure vue.*

SUNSET BOULEVARD

Comme Hollywood Boulevard, Sunset Boulevard est une évocation édulcorée de la célèbre rue dans les années 1940. On a recréé les théâtres et les devantures de magasins (certains réels, d'autres fictifs) en soignant ici encore les

Pour les hôtels et restaurants de la région, voir p. 317-319 et p. 343-346

LES 10 MEILLEURES ATTRACTIONS

① FANTASMIC !

② TWILIGHT ZONE TOWER OF TERROR

③ ROCK 'N' ROLLER COASTER STARRING AEROSMITH

④ MUPPET VISION 3-D

⑤ STAR TOURS

⑥ GREAT MOVIE RIDE

⑦ VOYAGE OF THE LITTLE MERMAID

⑧ INDIANA JONES™ EPIC STUNT SPECTACULAR

⑨ STUDIOS BACKLOT TOUR

⑩ THE MAGIC OF DISNEY ANIMATION

détails. Il est dominé à une extrémité par Hollywood Tower Hotel. Dévasté par la foudre et décrépi, celui-ci abrite l'attraction la plus saisissante d'Orlando, **the Twilight Zone Tower of Terror**. Sanglé dans des ceintures, l'ascenseur de service vous emmènera dans un voyage inspiré par la série télévisée des années 1950, *The Twilight Zone*™ (La Quatrième Dimension). Après être entré dans une bibliothèque, vous entrez dans ce qui ressemble à la chaufferie d'un hôtel, que vous traversez pour vous diriger vers les ascenseurs – sortes de monte-charge avec une planche en guise de siège. Parfois la porte de l'ascenseur s'ouvre sur des couloirs fantomatiques. Mais le plongeon de 13 étages qui vous prend par surprise est le plus angoissant. Au 13e étage l'ascenseur traverse l'hôtel à l'horizontale. Une fois parvenu à la cage de descente, la chute se répète sept fois. Il s'agit vraiment là d'un chef-d'œuvre de technologie. Pour la première chute, d'énormes moteurs vous propulsent de toute leur puissance plus vite que si vous tombiez en chute libre.

Vous pourrez aussi apercevoir ici ou là le parc entier et même les environs du parc, ce qui est rare dans la tradition Disney, avant d'entamer la terrifiante descente. Inconditionnels et novices remplissent cette attraction dès l'ouverture.

Apothéose du bruit, **Rock'n Roll Coaster Starring Aerosmith** vous fera subir une accélération de presque 95 km/h en 2,8 secondes dans l'obscurité. Arrive ensuite une série de spirales en tire-bouchon dont la première vous aspirera littéralement à 5G. En préambule, vous assisterez à une séance d'enregistrement du groupe Aerosmith (plutôt ennuyeuse). Vous ferez ensuite la queue devant deux portes. Si vous préférez être assis à l'avant, empruntez plutôt la rampe inférieure.

L'attraction Twilight Zone Tower of Terror est encore plus spectaculaire la nuit

Pleines de loopings, de spirales et de descentes très plongeantes, les montagnes russes de Rock'n Roll Coaster sont accompagnées d'une tonitruante bande-son synchronisée et vous propulsent à la lumière des néons dans un état proche de l'oubli total.

L'entrée du Theater of the Stars se trouve sur Sunset Boulevard. Le spectacle est en partie joué par des comédiens et en partie d'animation. Il est accompagné d'une excellente partition musicale. Le programme change périodiquement. *Beauty and the Beast - Live on stage* (La Belle et la Bête) est au programme depuis plusieurs années. C'est aussi sur Sunset Boulevard que vous trouverez l'entrée de **Fantasmic !**

FANTASMIC !

À Disney-MGM, le spectacle du soir épuise les superlatifs. C'est le meilleur dans son genre dans toute la Floride, et il combine musique, lasers, projections de fontaines lumineuses, animation et une distribution de plus d'une centaine d'acteurs et de danseurs. Fantasmic ! réalise l'exploit d'une chorégraphie synchronisée au quart de seconde avec musique, feux d'artifice et lumières tout au long du spectacle. L'histoire, qui se passe sur une île au milieu d'un lac, raconte la bataille entre le bien et le mal. Des bateaux illuminés, des chars volants et les eaux du lac qui s'enflamment ne sont que quelques-uns des moments marquants de cet événement enchanteur auquel assistent 10 000 personnes par séance.

Pour être bien placé, arrivez au moins 2 h avant le début du spectacle. Même dans les périodes plus calmes en basse saison, il joue à guichets fermés et les 10 000 tickets sont déjà vendus une demi-heure avant le début.

ANIMATION COURTYARD

Cette attraction devait à l'origine plonger au cœur de l'histoire et des procédés d'animation mais aussi lever un coin du voile sur les futurs dessins animés de Disney, en cours de préparation. Mais sa fermeture en janvier 2004 a fait baisser la fréquentation de cette partie du parc. Pourtant certaines attractions méritent encore que vous leur consacriez du temps.

Magic of Disney Animation est une visite guidée : un artiste de Disney et quelques films qui explorent la riche histoire des dessins animés de Disney vous accompagnent. L'artiste réalise quelques dessins et pour finir, les enfants apprennent à dessiner avec lui leur personnage Disney.

Voyage of the Little Mermaid est interprété par des acteurs et personnages en Audio-animatronics® et des dessins animés. Des lasers et des jeux d'eau donnent l'impression d'être dans une grotte sous-marine. Ce spectacle, parmi les plus prisés du parc, s'adresse à tous, même si les petits ont parfois peur de la tempête d'éclairs. Également pour les petits, **Playhouse Disney - Live on stage !** met en scène des personnages de la chaîne Disney.

MICKEY AVENUE

Elle relie Animation Courtyard au Studio Disney-MGM Backlot Tour. Des cabines de son s'étagent tout au long de l'avenue et, en ce moment, elles hébergent le **Journey into Narnia : Creating The Lion, The witch and The Wardrobe.** Ici, vous évoluerez à l'intérieur de ce film à grand spectacle, avec une visite guidée de 15 min. À la porte suivante, **Walt Disney : One Man's Dream** peut passer pour de la propagande mais il est difficile de ne pas rester admiratif devant la grande vision de Walt et les risques qu'il a pris. La taille actuelle de sa société le choquerait sans doute, lui qui déclarait avec humilité : « N'oubliez jamais que tout a commencé à cause d'une souris ».

Disney-MGM Studios Backlot Tour est un circuit de 30 min, encore plus divertissant lorsqu'un film est en cours de tournage. Assis dans un tram, vous découvrirez les costumes, les caméras, les accessoires et les éclairages. Les maisons banlieusardes deviennent des décors extérieurs pour les shows télévisés. La scène catastrophe où le tram s'arrête au milieu d'une inondation et d'explosions est saisissante.

La partie du circuit à faire à pied est plus pédagogique : on vous explique des effets spéciaux. Une bataille marine est recréée. Vous verrez aussi trois studios où, si vous avez de la chance, un show télévisé, une publicité ou un film seront en cours de tournage.

STREETS OF AMERICA

C'est ici que sur des plateaux de tournages sont reconstituées les rues de New York, San Francisco, Chicago et autres villes. Les façades sont simplement soutenues par des madriers. Du linge qui sèche devant un bâtiment de grès brun, une teinturerie chinoise et l'Empire State Building (peint selon une perspective forcée qui donne une impression de hauteur) parfont l'authenticité de la ville. Les rues ne sont plus fermées au public, même si l'on tourne toujours des films sur ce plateau.

Toy Story Pizza Planet est une galerie de jeux forgée de toutes pièces pour ressembler au repère favori d'Andy et remplie de jeux vidéos.

Si vous avez de jeunes enfants, ne ratez pas **Honey, I Shrunk the Kids Movie Set Adventure**, aire de jeu où les brins d'herbe mesurent 9 m de haut, le toboggan est un rouleau de pellicule, et une fourmi a la taille d'un poney. Les enfants passeront des heures dans les tunnels, ou les toboggans.

Dans **Muppet™ Vision 3-D**, film comique divertissant qui met en scène le Muppet Show, des trombones, des voitures, des rochers semblent jaillir de l'écran et se jeter sur vous. Ils sont si réalistes que les enfants essaient de les attraper.

Les personnages en Audio-animatronics® et les effets spéciaux, tel ce canon qui troue les murs du théâtre, apportent la quatrième dimension.

LES RESTAURANTS

Ne manquez pas de réserver votre table dans les trois restaurants des Studios Disney-MGM, plus pour leur atmosphère que pour leur cuisine. Réservez au (407) 939-3463/WDW-DINE ou au Dining Reservation Booth, au croisement de Hollywood et de Sunset Boulevards ou directement auprès de ces établissements.

Le Hollywood Brown Derby, assez cher, est la réplique de l'Original Brown Derby de Hollywood, le lieu de rencontre des stars des années 1930. Les murs sont décorés de caricatures et de célébrités. Les spécialités de la maison sont la salade Cobb et le gâteau au pamplemousse. Les enfants préfèrent souvent le Sci-Fi Dine-In Theater Restaurant, un drive-in des années 1950, où, assis dans des mini-Cadillac sous un ciel étoilé, on regarde de vieux films de science-fiction tout en mangeant du popcorn et des burgers. Au Prime Time café, vous serez servi dans des cuisines des années 1950, où la télévision diffuse des sitcoms de l'époque. Les plats (comme le pain de viande ou de la viande cuite à la cocotte) sont familiaux.

Sans réservation, allez à la cafétéria Hollywood & Vine, de style Art déco. Au menu : des pâtes, des salades, des fruits de mer, des côtes de porc et des steaks.

ECHO LAKE

Le principal intérêt d'Echo Lake réside dans ses trois spectacles et sa saisissante attraction, Star Tours. Mais les enfants aiment aussi son dinosaure vert. Les spectacles, à la fois éducatifs et divertissants, révèlent les trucs utilisés lors des tournages.

Dans **Sounds Dangerous Starring Drew Carey**, des personnes choisies parmi le public doivent faire des bruitages selon le système « Foley », utilisé à Hollywood. Ils appliquent ensuite cette méthode à un film court, avec tonnerre, éclairs et autres effets sonores en prime, que le public revoit ensuite. Le célèbre acteur comique Drew Carey y interprète un policier qui enquête incognito. C'est aussi l'animateur du show.

L'**Academy of Television, Arts and Sciences Hall of Fame** se trouve tout près. On y voit des sosies de nombreuses légendes de la télévision, honorées pour leurs multiples réalisations, soit devant, soit derrière la caméra.

LES MAGASINS

Les meilleurs magasins se trouvent pour la plupart sur Hollywood Boulevard, qui reste ouvert une demi-heure de plus que le reste du parc. Mickey's of Hollywood offre un éventail impressionnant de produits Disney. Celebrity 5 & 10 propose des souvenirs cinématographiques à des prix tout à fait abordables. Vous y trouverez des claps, des Oscars®, des livres et des affiches. Le Sid Cahuenga's One-of-a-kind, dont les prix sont beaucoup plus élevés, recèle des pièces rares comme des photos dédicacées (de Boris Karloff et Greta Garbo, par exemple) ou des vêtements d'acteurs célèbres. Animation Gallery, dans Animation Courtyard, vend des affiches et des livres.

Tout autour d'Echo Lake, les emplacements de pique-nique ressemblent à des décors de films.

L'histoire de l'attraction **Star Tours** est fondée sur le film *la Guerre des étoiles*. Votre vaisseau spatial, un simulateur de vol semblable à ceux des astronomes, effectue un mauvais virage et doit échapper aux météores et livrer une bataille intergalactique. Le tout est criant de vérité, car votre vaisseau bouge en même temps que l'action à l'écran. Spectacle à grande échelle, **Indiana Jones™ Epic Stunt Spectacular** rejoue des scènes célèbres des films d'Indiana Jones. Les exploits des casse-cou sont censés faire frissonner le public. Des cascadeurs sautent audacieusement entre deux bâtiments, tout en évitant des tireurs embusqués et des explosions. Dans une approche plus éducative, ils vous expliquent comment ils réalisent ces scènes d'action. Arrivez tôt si vous voulez participer comme figurant au spectacle.

MODE D'EMPLOI DES ATTRACTIONS

Ce tableau vous aidera à organiser votre visite des Studios Disney-MGM. Les visites guidées, les attractions et les spectacles sont classés par zone, sans ordre particulier.

		ATTENTE	ÂGE OU TAILLE LIMITE	MEILLEURE HEURE DE VISITE	TICKET FASTPASS	ÉVENTUEL MAL DES TRANSPORTS	NOTE GLOBALE
	HOLLYWOOD BOULEVARD						
A	GREAT MOVIE RIDE	❍		Tte la j.			★
	SUNSET BOULEVARD						
S	FANTASMIC	●		Tte la j.			◆
A	ROCK 'N' ROLLER COASTER STARRING AEROSMITH	●	1,20 m	➤11	➡	✓	◆
A	TWILIGHT ZONE TOWER OF TERROR	●	1,10 m	➤11	➡	✓	★
	ANIMATION COURTYARD						
V	MAGIC OF DISNEY ANIMATION	◗		Tte la j.			◆
S	PLAYHOUSE DISNEY – LIVE ON STAGE!	◗		Tte la j.			▼
S	VOYAGE OF THE LITTLE MERMAID	●		Tte la j.	➡		◆
	MICKEY AVENUE						
V	DISNEY-MGM STUDIOS BACKLOT TOUR	◗		Tte la j.			★
S	JOURNEY INTO NARNIA : CREATING THE LION, WITCH AND WARDROBE	◗		Tte la j.	➡		▼
	STREETS OF AMERICA						
S	MUPPET™ VISION 3-D	●		Tte la j.			★
	ECHO LAKE						
S	INDIANA JONES™ EPIC STUNT SPECTACULAR!	●		Tte la j.			◆
S	SOUNDS DANGEROUS STARRING DREW CAREY	◗		Tte la j.			▼
S	STAR TOURS	◗	1,10m	➤11	➡	✓	★

Légendes : Attraction – A Spectacle – S Visite guidée – V; Attente courte – ❍ Moyenne – ◗ Longue – ● ; Note globale bonne – ▼ Excellente – ◆ Exceptionnelle – ★ Heure de visite : Tte la journée – Avt 11 h – ➤11

Disney's Animal Kingdom

Cinq fois plus grand que Magic Kingdom, Disney's Animal Kingdom est le plus grand des parcs à thèmes. Il est exceptionnel, car on y croise de vrais animaux et non des copies en Animatronics®. Chaque visite promet son lot de surprises et de découvertes. Réalité, mythe et espèces disparues sont les thèmes du parc. Certaines zones sont accessibles uniquement en visite guidée.

ABORDER LE PARC

Le parc est divisé en 7 *lands* : l'Oasis, Discovery Island, Dinoland USA, Camp Minnie-Mickey, L'Afrique, L'Asie et Rafiki's Planet Watch. Une fois passé les tourniquets de l'entrée, on pénètre dans l'**Oasis** – une zone ornée de feuillages qui offre plusieurs routes pour rejoindre le point central du parc, Safari Village. L'Oasis réserve plusieurs petites surprises qui échappent à la plupart des visiteurs pressés de se rendre aux attractions. Ceux qui prendront le temps de découvrir chaque type d'habitat ne seront pas déçus. Pour les amateurs de sensations fortes, le parc offre peu d'attractions, mais celles qui sont proposées sont remarquables et très fréquentées.

DISCOVERY ISLAND

Lorsqu'en arrivant au village, vous sortez à découvert, le **Tree of Life** surgit devant vous. C'est une structure massive de quatorze niveaux qui est à la fois le point de repère et le symbole du parc. Il domine une succession de magasins aux devantures très colorées et une multitude de bassins et de jardins qui abritent chacun une

Camouflage coloré dans Animal Kingdom

variété d'espèce sauvage. Les principales boutiques, la nursery et le poste de premiers secours sont tous en face du Tree of Life.

Les ponts qui permettent d'accéder aux autres lands passent sous ses branches, et à l'intérieur de son tronc se déroule le fabuleux spectacle en 3-D **It's Tough to be a bug**, à voir absolument.

CAMP MINNIE-MICKEY

Conçu en premier lieu pour que les visiteurs rencontrent les personnages de Disney, ce land accueille aussi les deux spectacles vivants du parc. Les files d'attente pour le **Camp Minnie-Mickey Greeting Trails** peuvent donc être désespérément longues et se mélanger parfois à celles de ces représentations.

Show très prisé, où le public participe et chante, le **Festival of The Lion King** dispose d'une mise en scène et de costumes exceptionnels ; il se tient désormais dans un auditorium climatisé – un détail fort appréciable en été.
Le spectacle **Pocahontas and Her Forest Friends** n'est pas aussi énergique, mais il semble avoir beaucoup de succès auprès des petites filles qui apprécient sa musique assez jolie et son côté mielleux. Toutefois, la salle est petite et les files d'attente sont souvent longues.

L'AFRIQUE

C'est le plus grand land d'Animal Kingdom. On y entre par le village d'Harambe, reproduction fidèle d'un village kenyan. L'architecture des lieux faite de bâtiments délabrés et de poteaux télégraphiques branlants dissimule la propreté Disney.

Les **Kilimanjaro Safaris** sont l'attraction la plus prisée du parc. Il y a toutefois moins de monde dans l'après-midi. Les visiteurs montent à bord de camions ouverts sur les côtés et sont conduits au cœur de répliques de paysages d'Afrique de l'Est d'une étonnante vérité.
20 min sur une piste qui traverse des mares de boue et des ponts aux craquements inquiétants vous permettent de voir parmi la faune africaine, hippopotames, rhinocéros, lions et éléphants, apparemment libres de circuler où bon leur semble, sans être le moins du monde perturbés par votre intrusion. Il n'est d'ailleurs par rare qu'un rhinocéros blanc s'approche pour renifler le camion !

Dans **Pangani Forest Exploration Trail**, ce sont les gorilles que vous pouvez voir en gros plan, si les bouchons créés par les visiteurs qui quittent les safaris vous le permettent. Pour observer à

Dans Kilimanjaro Safaris, les animaux circulent librement

Pour les hôtels et restaurants de la région, voir p. 317-319 et p. 343-346

loisir les animaux, profitez de la fin d'après-midi, plus calme et moins fréquentée. Agréable balade en train à bord du Wildlife Express, **Rafiki's Planet Watch** se veut plus pédagogique avec sa Station de Protection de la Nature et ses Habitats. La section Affection est un petit enclos ombragé où les enfants peuvent caresser de jeunes animaux domestiqués.

L'ASIE

Gibbons, oiseaux exotiques et tigres peuplent ce land, dans un décor de ruines indiennes postcoloniales. L'attraction **Kali River Rapids** risque de vous tremper jusqu'aux os ! Ce bref parcours sillonne un des cadres les plus saisissants du parc, mais vous n'aurez peut-être pas le temps de vous en apercevoir si une énième vague achève de vous tremper.

La randonnée **Maharaja Jungle Trek** permet d'observer des tapirs, des dragons de Komodo et des chauves-souris géantes. Elle se termine en beauté avec des tigres du Bengale. Dans certaines sections vitrées du palais, les félins sont pratiquement à portée de bras.

Dans **Flights of Wonder**, des oiseaux exécutent des manœuvres complexes et fascinantes leur permettant de survivre dans la nature.

Expedition Everest : Legend of the Forbidden Mountain embarque les passagers à bord d'un train à grande vitesse qui traverse le terrain accidenté et les pentes verglacées de l'Himalaya.

DINOLAND USA®

Ce land vous donne l'occasion d'observer la vie des dinosaures. La célèbre attraction **DINOSAUR** plaît aux enfants plus âgés. Les visiteurs montent dans un simulateur de mouvement mobile qui essaie d'esquiver des dinosaures carnivores. On y est beaucoup secoué et dans le noir la plupart du temps. Pour un divertissement plus familial, allez voir la comédie musicale **Finding Nemo** au Theater in the Wild ou faites un tour sur les montagnes russes de **Primeval Whirl®** et de **TriceraTop Spin**. Ne manquez pas non plus **The Boneyard**, une aire de jeu où les plus petits pourront s'amuser à déterrer des os de dinosaures.

TOP 10 ATTRACTIONS

1. KILIMANJARO SAFARIS®
2. FESTIVAL OF THE LION KING
3. IT'S TOUGH TO BE A BUG®
4. KALI RIVER RAPIDS®
5. DINOSAUR
6. FINDING NEMO – THE MUSICAL
7. FLIGHTS OF WONDER
8. PRIMEVAL WHIRL®
9. TRICERATOP SPIN
10. EXPEDITION EVEREST

MODE D'EMPLOI DES ATTRACTIONS

Ce tableau vous aidera à organiser votre journée à Animal Kingdom. Les principales attractions, les spectacles et les visites guidées sont répertoriées sans ordre particulier pour chaque land.

		TEMPS D'ATTENTE	TAILLE OU ÂGE MINIMUM REQUIS	MEILLEURE HEURE DE VISITE	TICKET FASTPASS	ÉVENTUEL MAL DES TRANSPORTS	NOTE GLOBALE
	DISCOVERY ISLAND®						
S	IT'S TOUGH TO BE A BUG®	❍		Journée	➡		◆
	DINOLAND USA®						
A	DINOSAUR	◗	1 m	Journée	➡	✔	▼
A	PRIMEVAL WHIRL®	●	1,20 m	Avt 11 h	➡	✔	◆
A	TRICERATOP SPIN	●		Avt 11 h		✔	★
S	FINDING NEMO – THE MUSICAL	◗		Journée			◆
	L'AFRIQUE						
A	KILIMANJARO SAFARIS®	●		Journée	➡	✔	★
V	PANGANI FOREST EXPLORATION TRAIL®	●		Journée			◆
	L'ASIE						
A	KALI RIVER RAPIDS®	◗	97 cm	Journée	➡	✔	★
S	FLIGHTS OF WONDER	◗		Journée			★
V	EXPEDITION EVEREST – LEGEND OF THE FORBIDDEN MOUNTAIN	●	1,12 m	Avt 11 h	➡	✔	◆
	CAMP MINNIE-MICKEY						
S	CAMP MINNIE-MICKEY GREETING TRAILS	●		Journée			◆
S	FESTIVAL OF THE LION KING	◗		Journée			★
S	POCOHONTAS AND HER FOREST FRIENDS	◗		Avt 11 h			▼

Légendes : Attraction – A Spectacle – S Visite guidée – V ; Temps d'Attente : court – ❍ moyen – ◗ long – ● ; Meilleure heure de visite : Toute la journée – Avant 11 h ; Note globale : Bonne – ▼ Excellente – ◆ Exceptionnelle – ★

Parcs aquatiques

Walt Disney World compte deux des meilleurs parcs aquatiques du monde, dont le deuxième plus grand d'après les dernières statistiques. Un troisième parc, River Country, qui fut le premier construit, est aujourd'hui fermé. Même s'ils jouent les seconds rôles à côté des principaux parcs à thèmes du complexe, les parcs aquatiques attirent une foule de visiteurs, en particulier durant la chaleur estivale. Avec son décor fantaisiste de marins et de pirates, Typhoon Lagon n'a de thème que le nom. En dehors du fait que l'on peut plonger avec un masque et un tuba à la rencontre de vrais requins et autres poissons, c'est un parc aquatique ordinaire, juste « disney-isé ». En revanche, Blizzard Beach est une magnifique station de ski « inondée » qui projette les visiteurs dans un monde hivernal « échoué » où toboggans et glissoires ont pris la place des skis et des luges. La zone, entourée d'eaux chaudes et agréables, reste couverte de neige en permanence.

Partie de cache-cache dans l'eau à Blizzard Beach

BLIZZARD BEACH

D'après la légende, une forte tempête de neige tomba sur la région et tout un pan du domaine Disney fut enseveli sous une montagne de poudreuse. Les promoteurs de Disney se mirent rapidement au travail en construisant la première station de ski de Floride. Mais naturellement, la neige fondit rapidement et la compagnie Disney crut que tout était perdu jusqu'à ce qu'elle aperçoive un alligator descendre les pistes et se jeter dans un bassin. Ils eurent alors l'idée de transformer la station en parc aquatique, et Blizzard Beach était né. Les pistes de luge furent remplacées par des glissoires, la montagne de neige fondue par le plus long et le plus haut toboggan, et des cours d'eau furent aménagés pour les adeptes du canoë. Le joyau de Blizzard Beach, c'est **Summit Plummet**, un toboggan en chute libre à 36 m de hauteur, qui propulse des visiteurs particulièrement téméraires à plus de 96 km/h en bas des pistes. Très populaire chez les adolescents, cette descente vertigineuse est peut-être un peu violente pour

Summit Plummet entraîne les baigneurs dans une gigantesque descente à pic

Descente du Mont Gushmore à Blizzard Beach

les plus jeunes – la taille minimum requise pour y accéder est de 1,20 m. Slush Gusher et Toboggan Racer sont des versions moins effrayantes. Enfin, Snow Stormers Flumes et Downhill Double Dipper sont d'énormes toboggans à plusieurs pistes pour faire des courses entre amis. Le frisson continue avec **Teamboat Springs**, un joyeux périple de rafting de 400 m de long à travers des rapides et des chutes d'eau. Runoff Rapids est composé de trois toboggans, dont deux en partie ouverts et un totalement fermé.

Si vous êtes en quête d'activités plus relaxantes, un ravissant téléphérique vous emmène au sommet du **Mont Gushmore**, où vous pourrez pratiquer l'escalade et la randonnée. Sinon, laissez-vous dériver dans Cross Country Creek, une rivière lente qui encercle le parc, ou barbotez dans la piscine à vagues de Melt Away Bay.

Ski Patrol Training Camp et Tike's Peak sont des zones de jeux pour enfants avec des petits toboggans et des jets d'eau.

ASTUCE

- *Blizzard Beach et Typhoon Lagon possède leurs propres parcs de stationnement gratuits ; Winter Summerland partage celui de Blizzard Beach. Inutile d'emprunter les transports Disney si vous disposez d'un véhicule : vous pouvez vous garer sur place.*

TYPHOON LAGOON

Ce parc aquatique offre davantage de plaisirs simples que d'attractions sensationnelles. Si Blizzard Beach tire profit de sa nouveauté, Typhoon Lagon jouit d'un superbe cadre naturel et d'une abondante faune aquatique. Au centre du parc se trouve le Surf Pool, dont les 18 406 m³ en font le plus grand bassin du monde. L'emblème du parc se prénomme « Miss Tilly », l'épave d'un bateau de pêche qu'un violent ouragan planta au sommet du pic volcanique du **Mont Mayday**. Au sommet du Mont Mayday, les visiteurs pourront faire du rafting en eaux vives : dans **Gang Plank Falls**, on descend les rapides à toute vitesse dans des bouées, et **Mayday Falls** est une rivière haute et démontée, comparée à **Keelhaul Falls**, relativement plus calme. Également sur le Mont Mayday se trouvent les trois toboggans fermés de **Humunga Kowabunga**. Très amusant quoique franchement intimidant, ils propulsent les visiteurs de 15 m de hauteur dans une piscine, à 48 km/h. Storm Slides abrite trois toboggans moins intenses. Pour les plus téméraires, Crush 'n' Gusher est un ensemble de trois toboggans rapides propulsés par des jets d'eaux au travers de virages en épingle et de minicascades.

Le lagon de Wave Pool, avec « Miss Tilly » au second plan

Plus relaxante, le lagon de **Wave Pool** alterne séances de baignade et vagues de 1,80 m de haut. **Castaway Creek,** l'autre attraction paisible de Typhoon Lagon, séduira surtout les adultes. On décompresse facilement en remontant cette rivière au débit lent qui encercle le lagon et traverse des chutes d'eau, des grottes et des forêts tropicales. Les jeunes enfants pourront s'amuser à **Ketchakiddee Creek**, une zone de jeux avec de petits toboggans et des fontaines ; sans oublier Shark Reef, un bassin d'eau de mer où les visiteurs peuvent, soit observer des poissons tropicaux, des petits requins inoffensifs et autres raies Manta depuis le pont d'un cargo chaviré, soit attraper un masque et un tuba et aller nager avec eux.

Découverte de la vie marine à Shark Reef

WINTER SUMMERLAND

Bien que Fantasia Gardens, sur Buena Vista Drive, ait été le premier parc du domaine Disney sur le thème du mini-golf, Winter Summerland se caractérise par le fait qu'il prolonge les concepts de Blizzard Beach et de Typhoon Lagon, mais en y ajoutant l'atmosphère de Noël avec deux parcours de golf 18 trous minutieusement conçus : un sur le thème de l'hiver, l'autre sur celui de l'été. Ils comportent de nombreux éléments interactifs, et, chose étonnante, ils sont assez difficiles. D'ordinaire plus populaire, avec son décor de neige et de fêtes de fin d'année, Winter Course est généralement perçu comme étant légèrement plus facile. Les deux parcours ont quelques trous en commun, si ce n'est le remplacement de la neige par le sable sur le Summer Course. Sur ce dernier, planches de surf, gerbes d'eau et Père Noël en pleine sieste, enseveli dans le sable, sont autant d'obstacles tropicaux à éviter. Pour les deux derniers trous, les deux parcours convergent sur un pavillon de type cabane en rondins.

Pour les hôtels et restaurants de la région, voir p. 317-319 et p. 343-346

Disney Cruise Line®

En 1998, Disney World a repoussé les frontières de son royaume jusqu'à la mer des Caraïbes grâce à l'inauguration d'une compagnie de croisières et ses deux splendides paquebots pour des destinations privées, et un voyage tout compris. En plus des excursions de trois et quatre nuits, les passagers ont désormais le choix entre plusieurs itinéraires qui comptent davantage d'étapes dans des îles et prolongent ainsi la croisière. Disney Cruise Line possède deux arguments de poids face aux autres compagnies : outre son excellente réputation en termes de qualité et de confort, elle propose un forfait vacances qui comprend le séjour à Walt Disney World.

Paquebot de la Disney Cruise Line amarré à un embarcadère

Navire de la Disney Cruise Line à Castaway Cay

LES PAQUEBOTS ET LA DESTINATION

Disney Magic et **Disney Wonder**, les deux bateaux de la Disney Cruise Line possèdent des cabines de luxe environ 25 % plus grandes que celles des transatlantiques. L'habituelle ligne moderne des autres paquebots est remplacée ici par l'élégance majestueuse des vaisseaux européens d'autrefois, avec un thème Art déco pour le Magic et Art nouveau pour le Wonder.

Dîner chic au restaurant Palo à bord d'un navire Disney

Ils abritent, entre autres installations, un théâtre, des spas et des centres de remise en forme. **Castaway Cay**, l'île privée de Disney située dans les Bahamas, est le port d'arrivée de toutes les croisières. C'est, à bien des égards, un prolongement tropical des hôtels et des sites de Walt Disney World. On peut profiter de plages peu fréquentées, faire de la plongée, du vélo, des excursions en bateau à fond de verre, pratiquer des sports nautiques… De plus, les activités pour les enfants sont nombreuses, à bord comme à terre.

LES CROISIÈRES COURTES (TROIS À QUATRE NUITS)

Pour les croisières courtes, l'itinéraire est le même sur les deux bateaux : une fois arrivé à Port Canaveral en car charter et l'enregistrement fait, vous appareillez en direction de Nassau, où vous arrivez le lendemain. Le jour suivant, vous accostez à Castaway Cay, dont vous repartez dans la soirée pour rejoindre Port Canaveral à 9 h le lendemain matin. La croisière de quatre nuits compte une journée de plus en mer, en faisant parfois escale à Freeport avant de rentrer à Port Canaveral.

LES CROISIÈRES LONGUES (SEPT À DIX NUITS)

Disney propose deux itinéraires, l'un dans l'Est des Caraïbes, l'autre dans l'Ouest. Le premier comprend des escales à St Martin et St Thomas, et le second aux Îles Caïman et à Cozumel ; les deux s'arrêtent à Castaway Cay. D'autres itinéraires de sept nuits sont en cours d'élaboration, ainsi qu'une croisière de dix nuits qui passerait par les îles d'Antigua, San Juan, St Lucia et Key West.

ASTUCES

- *N'oubliez pas que le forfait « tout compris » n'inclue pas les pourboires du personnel navigant. Les consommations (sodas et boissons alcoolisées) prises au bar de la piscine font aussi partie des frais supplémentaires, tout comme les excursions à terre où il faut s'acquitter des droits de port et des taxes locales. Enfin, l'accès au restaurant de spécialités, réservé aux adultes, nécessite un supplément de 10 $ par personne.*
- *Réservez à l'avance vos excursions à terre pour éviter les files d'attente à l'inscription une fois à bord. Pour cela, renseignez-vous sur le site Internet de la compagnie* (p.175).

Pour les hôtels et restaurants de la région, voir p. 317-319 et p. 343-346

Fort Wilderness Resort & Campground

Le concept d'un camp de vacances ne cadre pas à priori avec l'esprit de luxe de la plupart des sites Disney World, mais Fort Wilderness, qui fut inauguré en 1971, incarne tout de même un des objectifs de Walt Disney : sensibiliser les visiteurs à la nature et au grand air. Situé à Bay Lake dans le complexe de Magic Kingdom, il dispose de plus de 750 terrains de camping ombragés et de plus de 400 cabanes en rondins, procurant différents niveaux de « vie à la dure ». Si la faune et la flore sont assez clairsemées dans cette zone, les équipements et les divertissements sont nombreux. Point central de Fort Wilderness, Pioneer Hall abrite plusieurs restaurants et le célèbre dîner-spectacle de musical Hoop-Dee-Doo *(p. 173)*. À proximité, un service de transport dessert Magic Kingdom en bateau et tous les autres parcs à thèmes en car.

Cavaliers randonnant dans Fort Wilderness Resort & Campground

Cabane en rondins de Fort Wilderness

LOGEMENTS ET INSTALLATIONS COMMUNES

Les terrains de camping de Fort Wilderness sont petits, mais relativement bien isolés, et sont tous équipés de branchements temporaires complets. Les cabanes en rondins offrent tout le confort d'une maison. Quinze installations sanitaires climatisées jalonnent le camp, comprenant notamment des blanchisseries, des douches, des cabines téléphoniques et même des machines à glaçons, le tout ouvert 24 h/24. On trouve aussi sur place deux épiceries, où l'on peut louer des équipements de loisirs.

LOISIRS

À Fort Wilderness, les vacanciers trouveront toujours de quoi s'occuper avec bonheur. **Tri-Circle D Ranch** propose deux piscines chauffées et des randonnées équestres avec un guide. On peut aussi jouer au tennis, au volley-ball ou au basket-ball, louer des vélos et des bateaux, pêcher, faire des randonnées, ferrer des chevaux, jouer aux palets… Les plus sportifs pourront aussi faire du ski, du parachute ascensionnel et du wakeboard. Tous les équipements sont généralement disponibles à la location. De plus, le programme **Campfire** organise des soirées cinéma en plein air et des feux de camp où tout le monde chante en chœur. Accessibles à tous les visiteurs Disney – et pas seulement aux résidents de Fort Wilderness –, ces soirées « feu de camp » durent environ une heure et sont agrémentées de marshmallow grillés et du traditionnel « smore », un dessert américain très prisé des campeurs. La soirée se termine par le visionnage d'un dessin animé Disney. Ne manquez pas non plus le spectacle nocturne **Electrical Water Pageant** *(p. 173)*, qui a lieu à Fort Wilderness à 21 h 45. Pour le petit-déjeuner, Pioneer Hall propose un excellent buffet à volonté.

LE SPORT À WALT DISNEY WORLD

En dehors de Fort Wilderness, toutes les résidences Disney possède des équipements sportifs et de remise en forme, mais qui sont réservés à leurs clients. Le complexe **Disney's World Wide of Sports®** fut inauguré en 1997, essentiellement comme camp d'entraînement et stade d'athlétisme pour les compétitions professionnelles et les sportifs olympiques. Si l'expérience du DWWS est en grande partie passive pour le visiteur, il en est tout autrement avec le **Richard Petty Driving Experience**. Cette école de conduite propose aux visiteurs une formation pour piloter des voitures de course, de type NASCAR, à plus de 160 km/h sur le circuit du Disney's Speedway. Contrairement à la plupart des attractions Disney, ici, vous êtes l'unique maître à bord du véhicule. Équipés d'un moteur de plus de 600 chevaux, ces bolides vous garantissent des sensations fortes et bien réelles.

Downtown Disney®

Boutiques, restaurants, concerts et boîtes de nuit ouvertes jusqu'à 2 h du matin : Downtown Disney propose aux visiteurs de multiples façons de terminer la journée en beauté une fois les parcs à thèmes fermés. Le complexe se divise en trois zones : Marketplace, une jolie galerie marchande en plein air ; West Side, qui abrite des magasins, des restaurants et des salles de spectacles ; et la clé de voûte de la vie nocturne Disney, Pleasure Island, où se mêlent boîtes de nuit, spectacles et feux d'artifice. Downtown Disney dispose d'un parc de stationnement gratuit, et les secteurs de West Side et Marketplace sont libres d'accès. L'entrée de Pleasure Island, qui n'ouvre ses portes qu'à partir de 19 h, est payante, à moins que vous n'ayez le pass Ultimate Park Hopper ou le Park Hopper Plus *(p. 174)* ; l'admission est réservée aux plus de 18 ans, voire 21 dans certains endroits. L'entrée de DisneyQuest, un parc à thèmes couvert de cinq étages, est également payante, sauf pour les détenteurs des pass Ultimate Park Hopper et Premium Annual. Un service de bus assure le transport jusqu'aux hôtels du complexe.

Feu d'artifice à Pleasure Island dans Downtown Disney

PLEASURE ISLAND

Entièrement dédié à la fête, ce lieu se compose principalement de huit night-clubs proposant chacun un thème différent. De loin le plus décontracté et le plus surprenant, **Adventurers Club** ressemble davantage à un espace d'art performance qu'à une boîte de nuit. En entrant, les visiteurs sont projetés dans le passé, en 1937, et découvrent un majestueux club privé de gentlemen, à la décoration exquise, où ils sont admis en tant que « nouveaux membres ». Les soirées sont animées par des émissions de radio ou des « concours d'anecdotes ». Entre les masques exotiques exposés au mur qui se mettent à parler et les tabourets de bar qui montent et descendent tout seuls, cet endroit réserve de drôles de surprises à tout instant.

Autre lieu très populaire, **Comedy Warehouse** organise toutes les heures des spectacles d'improvisation. Le décor innovant est constitué de personnages Disney « à la retraite ».

Le night-club le plus prisé est le **Mannequins Dance Palace**, où des DJs jouent une musique moderne teintée de rythmes électro dans un jeu de lumières remarquablement élaboré. Le club **Motion** s'adresse davantage aux plus jeunes et passe surtout les grands tubes du moment à un volume assourdissant. Les plus anciens peuvent revivre leurs années rock en allant au **Rock 'n' Roll Beach Club**, où des groupes sur scène revisitent les meilleurs morceaux rock d'hier et d'aujourd'hui pour le plus grand plaisir du public. L'époque disco est le thème du club **8 Trax**, qui incarne avec fidélité les styles et la musique des années 1970. Réservé aux plus de 21 ans, **Bet Soundstage Club** joue les derniers tubes de hip hop, reggae et R&B. Pour un spectacle vivant, rendez-vous au **Raglan Road Irish Pub and Restaurant**, qui propose des spécialités irlandaises autant culinaires que musicales. L'île abrite une poignée de boutiques, ainsi qu'une troupe d'artistes de rue et quelques scènes en plein air. Chaque soir, à minuit, un compte à rebours précède un superbe feu d'artifice qui recrée l'atmosphère joyeuse d'un réveillon de fin d'année.

WEST SIDE

Chaque boutique, restaurant ou salle de spectacle de Downtown Disney's West Side possède une ambiance particulière qui contribue au plaisir d'une balade nocturne. Entre autres boutiques à ne pas manquer, notons le gigantesque **Virgin Megastore**, spécialisé dans les livres, la musique et autres articles en tout genre ; **Magnatron**, qui vend des aimants décoratifs et plein d'accessoires tout aussi kitsch ; le magasin de farces et attrapes **Magic Masters**, qui présente des tours de magie en permanence ; et **Candy Cauldron** où les confiseries sont préparées sur place. Sans

West Side scintillant dans la nuit à Downtown Disney

Pour les hôtels et restaurants de la région, voir p. 317-319 et p. 343-346

L'attraction Pirates of the Caribbean : Battle for Buccaneer Gold à DisneyQuest

oublier l'amphithéâtre dernier cri de l'**AMC 24 Theaters**.

West Side compte plusieurs restaurants : le célèbre **Bongo's Cuban Café**, spécialiste de la cuisine cubaine et latine, **Wolfgang Puck's Café** avec ses entrées gastronomiques, **House of Blues** qui sert les spécialités du Sud des États-Unis, et l'incontournable **Planet Hollywood**, au décor truffé de souvenirs cinématographiques. Pour les petits creux, **Wetzel's Pretzels** propose des bretzels chauds et des glaces Häagen-Dazs, et le premier étage du Wolfgang Putz Café sert des pizzas au feu de bois et des salades. West Side offre trois attractions spécifiques requérant un droit d'entrée : la salle de concert **House of Blues** qui accueille des concerts de blues et de jazz ; le spectacle La Nouba™ du **Cirque du Soleil®** ; et la salle de jeux vidéo **DisneyQuest®**. En plus des concerts réguliers, House of Blues propose un Sunday Gospel Brunch animé par des chanteurs de gospel. Le spectacle du Cirque du Soleil, une production théâtrale sur le thème du cirque, est si populaire qu'il affiche toujours complet. Ce magnifique spectacle compte 64 artistes exécutant divers exploits acrobatiques. Il est impératif de réserver ses places à l'avance.

Spectacle *La Nouba* du Cirque du Soleil®

DisneyQuest rencontre aussi un vaste succès auprès des adolescents et des jeunes enfants. Cette salle de jeux vidéo dernier cri propose des expériences de réalité virtuelle, ainsi que d'autres jeux interactifs en 3-D gérés par ordinateur ou plus traditionnels comme le Skee-ball, semblable au bowling. Parmi les meilleures attractions – où casque et lunettes sont obligatoires –, signalons **Aladdin's Magic Carpet Ride**, **Ride the Comix** et **Invasion !**, ainsi que le stand de tir **Pirates of the Caribbean : Battle for Buccaneer Gold**.

WALT DISNEY WORLD LA NUIT

Outre les attractions de Downtown Disney, il existe les **dîners-spectacles** et l'**Electrical Water Pageant**. Une parade sur l'eau qui circule aux abords de Seven Seas Lagoon et Bay Lake ; adoré des enfants, ce spectacle féerique de 20 min met en scène de lumineuses créatures marines – dauphins jaillissant de l'eau, baleines nageant à proximité, et même un dragon crachant du feu. Créé en 1971, il sert souvent de spectacle d'ouverture ou de clôture aux feux d'artifice de Magic Kingdom et Epcot®. En tête d'affiche depuis longtemps, les deux dîners-spectacles de Disney, la comédie musicale Hoop-Dee-Doo et Disney's Spirit of Aloha restent divertissants. Le premier, un cabaret populaire de french cancan et de musique country, se déroule au Pioneer Hall de Fort Wilderness ; le second est un spectacle traditionnel de danseurs hawaïens avec un repas polynésien. Enfin, Mickey's Backyard BBQ est un bon divertissement sur le thème de la musique country.

MARKETPLACE

Galerie marchande en plein air abritant de jolies boutiques et divers restaurants, Marketplace est un endroit idéal pour flâner le soir. Particulièrement apprécié des enfants, **LEGO Imagination Center** présente des expositions des plus belles constructions de LEGO. Les boutiques **Once Upon A Toy** et **Disney's Days of Christmas** font également le bonheur des enfants. Les petits comme les grands seront émerveillés devant l'ampleur de **World of Disney**, le plus grand magasin de produits Disney au monde. Les restaurants comprennent le **Rainforest Café** qui, une fois par heure, simule d'impressionnants orages durant lesquels débarquent des gorilles en Animatronics®, le **Fulton's Crab House**, avec ses délicieux fruits de mer et son ambiance de croisière, et le **Ghirardelli's Soda Fountain & Chocolate Shop** avec son atmosphère de buvette à l'ancienne. Le restaurant flottant **Cap'n'Jack's**, mais aussi le **Mc Donald's**, le **Wolfgang Puck Express** et le **Earl of Sandwich** se chargeront de caler vos petits creux.

Le magnifique dragon en LEGO de Marketplace

Carnet de route de Walt Disney World®

Déployé sur une superficie de 121 km², Walt Disney World® Resort peut divertir toute la famille pendant au moins une semaine complète. Les visiteurs qui ne disposent que de quelques jours devant eux doivent bien s'organiser afin de profiter au maximum de leur séjour dans cet univers de rêve. Les informations qui suivent ont pour but de les aider dans leurs préparatifs.

QUAND Y ALLER ?

Les périodes les plus chargées sont Noël, de la dernière semaine de février à Pâques, et de début juin à fin août. Cependant, à cette période, toutes les attractions sont ouvertes et les horaires d'ouverture sont étendus. Durant la saison creuse, il se peut qu'un seul des deux parcs aquatiques soit ouvert et que certaines attractions soient fermées pour entretien. Le temps est aussi un facteur important – la chaleur et l'humidité des mois de juillet et d'août laissent régulièrement la place à des averses torrentielles. Entre octobre et mars, la température et l'humidité sont plus supportables et vous permettent une visite plus énergique du parc.

JOURS DE POINTE

Certains jours de la semaine, tous les parcs à thèmes sont bondés. Voici les journées les plus chargées pour certains sites : **Magic Kingdom**, lundi, jeudi et samedi. **Epcot**, mardi, vendredi et samedi. **Disney-MGM Studios**, mercredi et dimanche. Toutefois, notez qu'après un orage, les parcs aquatiques sont souvent quasi déserts – même en pleine saison.

HEURES D'OUVERTURE

Lorsque les parcs à thèmes sont complets, ils restent ouverts plus longtemps, de 9 h à 22/23 h, voire minuit. En période creuse, ils ouvrent en général de 9 h à 18/19/20 h. Pour les bénéficiaires de ticket Pass et les clients d'hôtels WDW et de résidences, les parcs ouvrent 30 minutes plus tôt. Certains parcs ouvrent également plus tôt.

DURÉE DU SÉJOUR

Au moins quatre jours sont nécessaires pour découvrir et profiter au mieux de Disney World. Consacrez au moins deux jours à Magic Kingdom et à Epcot – ou bien une journée et demie, plus une demi-journée à un parc aquatique – ce qui vous laisse un jour supplémentaire pour visiter Disney-MGM Studios et Animal Kingdom. Gardez trois nuits pour assister à Fantasmic !, aux IllumiNations et aux feux d'artifice.

PROGRAMME IDÉAL

Pour éviter les files d'attente et la chaleur :
- Arrivez tôt et visitez d'abord les attractions les plus prisées.
- Faites une pause en début d'après-midi, lorsqu'il fait le plus chaud et que l'affluence est à son comble.
- Revenez le soir voir les parades et les feux d'artifice. Il fait alors nettement plus frais.

TICKETS D'ENTRÉE & FORFAITS

Vous pouvez acheter un ticket pour une journée et un parc, ou, si vous restez plus de trois jours, l'un des forfaits suivants : **Park Hopper Pass**, accès d'une journée dans chaque parc à thèmes pour quatre ou cinq jours. Pour la plupart, ce forfait est généralement suffisant. **Park Hopper Plus Pass**, accès illimité aux parcs à thèmes, aux parcs aquatiques et à Pleasure Island pour cinq, six ou sept jours. **Ultimate Park Hopper Pass**, réservé aux clients des hôtels WDW ; accès illimité aux parcs à thèmes, à Pleasure Island, aux parcs aquatiques et au Complexe sportif.
Si vous ne résidez pas dans un hôtel Disney mais restez plus de dix jours, prenez le **Annual Pass** ou **Premium Annual Pass**, qui coûtent à peine plus cher qu'un Park Hopper pass de sept jours. Les parcs aquatiques, DisneyQuest et Pleasure Island proposent leur propre pass annuel. Les enfants âgés de trois à neuf ans bénéficient d'un tarif réduit. Les pass s'achètent dans les Disney stores, à l'aéroport, au Tourist Information Center sur I-Drive, et sur le site Internet de Disney.

SE DÉPLACER DANS DISNEY WORLD

Même si vous séjournez à l'extérieur du complexe, la majorité des hôtels à proximité assure un service de navettes pour le parc (pensez à vous en assurer au moment de vos réservations). Le **Ticket and Transportation Center (TCC)** est la gare de départ pour circuler dans Walt Disney World. Deux trains desservent le Magic Kingdom, un troisième relie le TTC à Epcot, et un service de ferry opère entre le TTC et Magic Kingdom en passant par le Seven Seas Lagon. Les ferries relient Magic Kingdom et Epcot au reste du complexe dans leur zone respective, tandis que les bus circulent dans tout le parc et desservent tous les lands. Les transports sont accessibles gratuitement à tous les détenteurs d'un ticket d'entrée. Bien que le réseau soit efficace, vous préférerez peut-être louer une voiture pour profiter de tout le complexe sans encombre. En effet, les parcs à thèmes sont très étendus, en particulier les parcs aquatiques, et les transports Disney ne sont parfois pas idéals pour les enfants – après s'être dépensés dans l'eau pendant des heures, les plus jeunes risquent de faire la grimace à l'idée d'attendre le bus.

FILES D'ATTENTE

Les files d'attente sont moins longues en début et en fin de journée, ainsi que durant les parades et à l'heure des repas. Les files d'attente devant les attractions avancent lentement mais pour un spectacle, l'attente est rarement plus longue que le spectacle lui-même. Le ticket **Fastpass** permet aux visiteurs de réserver une entrée à une heure précise pour 25 des attractions les plus célèbres au lieu de faire la queue. Les parcs se remplissent rapidement après la première heure d'ouverture.

VOYAGEURS HANDICAPÉS

On peut louer des fauteuils roulants à l'entrée du parc et des entrées spéciales, évitant de faire la queue, sont réservées aux personnes handicapées. Mais le personnel n'est pas habilité – pour des raisons d'assurance – à installer les personnes handicapées dans un fauteuil.

TRÈS JEUNES ENFANTS

Pour les plus petits, Walt Disney World peut être éprouvant, tant sur le plan physique qu'émotionnel, donc mieux vaut adapter le programme en conséquence. Si vous êtes venus avec des enfants en bas âge, concentrez-vous sur Magic Kingdom. Les files d'attente devant les attractions et la longue marche qu'impose la visite du parc peuvent être vite épuisantes pour les jeunes enfants. Aussi est-il conseillé d'emprunter une poussette, disponible à l'entrée de chaque parc. Chaque poussette est personnalisée au moment de la location, mais si vous ne la retrouvez pas à la sortie d'une attraction, vous pouvez en emprunter une autre en présentant votre reçu de location. Pour les nourrissons, des coins nurserie sont à disposition.

Grâce au système « switching off », les parents peuvent profiter d'une attraction chacun leur tour – sans refaire la queue – pendant que l'un des deux reste avec l'enfant.

RENCONTRER MICKEY

Pour bon nombre d'enfants, la rencontre avec les personnages de Disney est le moment le plus excitant de leur séjour à WDW. Vous pourrez les rencontrer au hasard de vos visites, mais aussi dans de nombreux restaurants (en général, au petit déjeuner). Chaque parc à thèmes et de nombreuses résidences proposent également un « dîner avec un personnage » - à réserver impérativement à l'avance.

SÉCURITÉ

Le parc est extrêmement sûr et les éventuels problèmes sont réglés rapidement.
Le personnel a l'habitude de repérer les enfants qui ont perdu leurs parents et les accompagne au centre pour enfants perdus. Les sacs des visiteurs sont fouillés à l'entrée.

LES AVANTAGES À RÉSIDER À WALT DISNEY WORLD

Les prestations hôtelières des hôtels du parc et des résidences de Walt Disney World Swan and Dolphin sont de très haute qualité. En outre, les hôtels les moins chers du parc sont meilleur marché que les hôtels situés à proximité de Walt Disney World Resort. En plus d'avoir la qualité Disney, vous bénéficiez de l'accès aux parcs à thèmes avant l'ouverture (jusqu'à 60 minutes avant) ; la garantie d'entrer dans les parcs même s'ils sont complets ; la livraison à votre hôtel des achats que vous avez effectué dans les différents magasins du parc. Pour dîner dans l'un des restaurants de WDW, surtout dans Epcot, réservez une table « priority seating » - l'équivalent du ticket Fastpass. Voir aussi p. 140-147 et 150-157.

PARC DE STATIONNEMENT

Les visiteurs du Magic Kingdom doivent garer leur véhicule au TCC et emprunter ensuite les transports collectifs ou entrer dans le parc à pied. Epcot, Disney-MGM Studios et Animal Kingdom possèdent leurs propres parkings. Le stationnement est gratuit pour les résidents, les autres doivent s'acquitter d'un droit de stationnement par jour (même s'ils déplacent leur voiture plusieurs fois dans la journée).

ADRESSES

NUMÉROS UTILES

Informations générales
Tél. *(407) 939-6244.*
http://disneyworld.disney.go.com/wdw/

Informations et réservations pour l'hébergement
Tél. *(407) 939-6244.*

Réservations pour dîner (restaurant et dîner-spectacle)
Tél. *(407) 939-3463.*
7h–23h sam.–dim.

Excursions Disney
Tél. *(407) 939-8687.*

Réservations pour le golf
Tél. *(407) 939-4653.*

PARC À THÈMES ET ATTRACTIONS

Blizzard Beach
Tél. *(407) 560-3400.*

Disney Cruise Line®
Tél. *(888) 325-2500.*
www.disneytravelagents.com

Disney-MGM Studios
Tél. *(407) 824-4321.*

Disney's Animal Kingdom®
Tél. *(407) 938-3000.*

Disney's Wide World of Sports®
Tél. *(407) 828-3267.*

Downtown Disney®
Tél. *(407) 828-3058.*

Epcot®
Tél. *(407) 934-7639.*

Fort Wilderness Resort & Campground
Tél. *(407) 824-2900.*

Magic Kingdom®
Tél. *(407) 934-7639.*

The Richard Petty Driving Experience
Tél. *(407) 939-0130.*

Typhoon Lagoon
Tél. *(407) 560-4141.*

SeaWorld et Discovery Cove ❷

Ouvert en 1973, ce parc d'aventures sur l'univers marin, le plus célèbre au monde, supporte aisément la comparaison avec les autres parcs à thèmes d'Orlando. Il est particulièrement divertissant et à la pointe de la pédagogie, de la recherche et de l'écologie. La réponse de SeaWorld à la souris de Disney est Shamu – qui correspond en fait à plusieurs orques – et les spectacles Believe et Blue Horizons en tête d'affiche. Certaines attractions exceptionnelles vous permettront de toucher ou de nourrir des animaux marins, et vous pourrez nager avec des dauphins et des raies dans le nouveau parc de Discovery Cove, adjacent à SeaWorld.

Amateurs de sensations fortes s'agrippant à Kraken, montagnes russes primées de SeaWorld

ABORDER LE PARC

SeaWorld est moins couru que les autres parcs à thèmes d'Orlando. Les animaux à voir et les spectacles dans des stades immenses constituent les principales attractions. Il suffit d'arriver 15 minutes avant le début de la séance. Attention ! Vous risquez d'être mouillé si vous êtes dans les premiers rangs. Le rythme plus lent de SeaWorld rend les visites plus calmes. Le parc est moins rempli, surtout après 15 h. Notez également que les spectacles sont programmés pour qu'il soit pratiquement impossible de sortir de l'un pour se précipiter vers un autre, afin de réduire l'encombrement. On peut toutefois voir celui de Clyde and Seamore (Sea Lion and Otter) en quittant le stade de Shamu quatre minutes avant la fin (au moment du salut final). Aux heures de pointe, trouvez-vous une place assez tôt pour le Sea Lion et Otter Show, présenté dans un petit stade, et allez voir Wild Arctic, Shark Encounter, Journey to Atlantis et Kraken assez tôt dans la matinée car, plus tard, l'affluence y est grande.

Les enfants aiment rencontrer les acteurs en costumes de fourrure qui jouent les rôles de Shamu et de Crew, une baleine tueuse ainsi que le pingouin, le pélican, le dauphin et la loutre qui l'accompagnent. Ils se trouvent d'habitude près de la sortie vers l'heure de fermeture. Pour avoir une vue d'ensemble du parc et des environs, montez en 6 min au sommet de la Sky Tower (122 m de haut).

Pour tout renseignement, adressez-vous au bureau des visiteurs, à la sortie.

Shamu, la mascotte du parc

Les 10 meilleures attractions
① KRAKEN
② SHARK ENCOUNTER
③ JOURNEY TO ATLANTIS
④ WILD ARCTIC
⑤ PENGUIN ENCOUNTER
⑥ BELIEVE
⑦ CLYDE AND SEAMORE TAKE PIRATE ISLAND
⑧ SHARKS DEEP DIVE
⑨ BLUE HORIZONS
⑩ FIREWORKS

ATTRACTIONS

Key West at SeaWorld comprend trois habitats reconstitués, dont deux où vous pourrez nourrir et toucher des animaux marins. Dolphin Cove, piscine à vagues rappelant une plage des Antilles, offre une vue sous-marine sur les dauphins souffleurs que vous pourrez flatter de la main et nourrir. À Stingray Lagoon, plus de 200 pastenagues peuvent être

Rencontre avec les requins à Key West at SeaWorld

caressées (ce qui est beaucoup plus plaisant qu'il n'y paraît). Enfin Turtle Point recueille des tortues caouanes, vertes et à écailles, trop blessées pour survivre en liberté.

Pacific Point Preserve recrée la rude côte pacifique nord sous la forme d'un vaste bassin rocheux. Vous y verrez, au soleil sur les rochers ou fendant l'eau avec élégance, des phoques communs, des otaries à fourrure d'Amérique du Sud et des phoques californiens. Les autres animaux de SeaWorld ne sont visibles qu'à travers une vitre.

CONSEILS

- *Vous pourrez nourrir des animaux àSeaWorld, mais le genre et la quantité d'aliments sont définis. Les aliments s'achètent sur place, adressez-vous au bureau des visiteurs.*
- *Atlantis Water Ski, Believe, Sea Lion and Otter et Blue Horizons sont les quatre principales attractions.*
- *Pensez à prendre un sac en plastique pour protéger votre appareil photo de l'eau salée et corrosive des bassins. Sachez que si vous êtes assis dans les douze premiers rangs, vous risquez d'être éclaboussé, surtout lors des spectacles Believe et Blue Horizons.*
- *Attendez-vous à vous faire mouiller pendant Journey to Atlantis ; réservez le spectacle au moment le plus chaud de la journée.*

MISTIFY

Le spectacle de feux d'artifice Mistify, qui a lieu tous les soirs à Waterfront *(p.166)*, terminera en beauté votre journée à SeaWorld. Grâce à des techniques de projection au laser et à des effets spéciaux, des fontaines hautes de 30 m, des panoramas géants de la vie marine, des flammes qui dansent, tout un arsenal de lumières traversent le ciel ou jaillissent sous la surface de l'eau, accompagnées de feux d'artifice. Installez-vous sur les rives du village de Waterfront Seaport pour admirer.

Manatees Rescue nommé meilleure exposition zoologique du pays par l'*American Zoological Association* offre une splendide vue sous-marine sur les lamentins, irrésistibles herbivores, lourdauds et dolents *(voir p. 250)*.

Dans **Penguin Encounter**, vous longerez en trottoir roulant un paysage gelé où une vaste colonie de manchots royaux, papous, à jugulaire ou sauteurs, et de pingouins se dandinent comiquement et nagent avec grâce.

Considérée comme la plus grande collection au monde d'animaux marins dangereux, **Shark Encounter** est un spectacle très prisé. Vous verrez des murènes, des barracudas et des poissons-boules mais les nombreux requins constituent le clou de l'attraction. Vous pourrez soit traverser leur aquarium dans un long tunnel en plastique ou les voir en gros plan dans le programme interactif **Sharks Deep Dive**.

Vous pouvez plonger en apnée dans une cage

Étonnants dauphins à la parade

protectrice, au milieu de plus de 50 espèces de requins, dont des requins tigres des sables, des requins gris, des requins bordés d'Atlantique et du Pacifique. Une combinaison de plongée est fournie aux volontaires de plus de dix ans.

À côté du stade, **Shamu : Close Up** ! est un centre de recherche et d'élevage où l'on peut étudier le comportement des baleines tueuses. Dix d'entre elles sont d'ailleurs nées dans le parc.

Wild Arctic est une simulation de vol high-tech en hélicoptère, à travers des tempêtes et des avalanches, en compagnie de morses, de baleines beluga et d'ours polaires.

RECHERCHE ET RÉADAPTATION À SEAWORLD

L'Institut de Recherche à but non lucratif Hubbs SeaWorld promeut la recherche, le sauvetage et la réadaptation. SeaWorld de Floride est venu en aide à des milliers de baleines, de dauphins, de tortues et de lamentins en difficulté. Les animaux sont soignés et, si nécessaire, opérés dans le centre de réadaptation du parc. Ceux qui se rétablissent suffisamment sont remis en liberté. SeaWorld propose des circuits très suivis qui vous donneront un aperçu du travail effectué, comme par exemple The Sharks ! qui vous emmène dans les coulisses de Shark Encounter.

Une tortue verte, l'un des animaux réhabilités à SeaWorld

MODE D'EMPLOI

Carte routière E2. Orange Co. 7007 SeaWorld Drive, intersection de l'I-4 et de la Bee Line Expressway. ***Tél.*** *(407) 351-3600.* *8, 42 d'Orlando.* *9h-19h t.l.j. ; jusqu'à 23h en été.* **www**.seaworldorlando.com

À Dolphin Cove, on peut toucher les dauphins et les nourrir

Vous arrivez ensuite à Base Station Wild Arctic, construite autour d'un ancien navire d'expédition, pour y découvrir ours polaires, morses, phoques communs et baleines béluga. Les montagnes russes version aquatique de **Journey to Atlantis**, à la note mythologique, et **Kraken**, lauréat du concours annuel de montagnes russes d'Orlando, sont deux attractions très en vogue.

Discovery Cove, contigu à SeaWorld, se visite sur réservation seulement *(p.179)* ; le ticket s'achète séparément. Consacrez une journée entière au parc.

LES SPECTACLES ET LES VISITES

Believe est un spectacle très novateur mettant en scène la famille des orques de SeaWorld, qui réalisent une magnifique chorégraphie sur une musique interprétée par l'orchestre symphonique de Prague. Écrite par le célèbre compositeur de musiques de films, Christopher Ward, elle met en valeur la puissance et la majesté des orques. Le décor à trois étages est constitué d'une immense queue d'orque ornée de dessins de Shamu, spécialement conçus pour le spectacle, ainsi que de quatre écrans panoramiques rotatifs. Près de 100 haut-parleurs diffusent un son de la qualité d'un concert. Le système audio de Believe est le plus sophistiqué jamais construit pour un spectacle de SeaWorld. Dans **Blue Horizons**, vous pourrez admirer des dauphins, des faux orques, un arc-en-ciel d'oiseaux exotiques et une équipe de plongeurs-voltigeurs de haut niveau. Partant de l'imagination débordante d'une jeune fille, l'histoire se compose de numéros dans les airs et sous l'eau, emportant le spectateur dans un tourbillon de sensations fortes. Les artistes plongent et évoluent avec les mammifères avec une grâce infinie. Dans **Clyde and Seamore Take Pirate Island**, visible dans le Sea Lion and Otter Stadium, deux phoques, des loutres et un morse vivent des aventures de cape et d'épée où il est question de butin perdu et de bateau pirate.

Odyssea n'est pas un cirque traditionnel. Il allie acrobaties de haut vol et comédie pétillante, le tout accompagné d'effets spéciaux fantastiques dans un impressionnant décor de monde sous-marin fantaisiste. Pendant une demi-heure, vous êtes transporté de la surface de la mer jusqu'aux tréfonds de l'océan en passant devant un paysage antarctique aux personnages déguisés en pingouin, un contorsionniste dans sa coquille géante et des vers gigantesques qui exécutent des danses rythmiques. **Pets Ahoy** met en scène des chats, des oiseaux, des chiens et des cochons trouvés dans des refuges pour animaux.

Adventure Express Tour propose des visites guidées exclusives du parc, des réservations de place, la possibilité de nourrir les animaux et un accès discret mais rapide aux circuits.

Phoques se prélassant sur les rochers à Pacific Point Preserve

LES RESTAURANTS ET LES MAGASINS

Récemment ouvert, The Waterfront at SeaWorld™ regroupe sur 2 ha des restaurants, des spectacles et une galerie marchande de classe internationale. Neuf restaurants proposent un large choix, du repas complet au snack. Le Seafire Inn offre des plats sautés et le spectacle Makahiki Luau ; le Sandbar Pub sert des sushi et des martinis et le Spice Mill, de la cuisine internationale. Le restaurant Dine with Shamu, dans le Shamu Stadium, vous fait dîner à côté des baleines tueuses tandis qu'au Sharks Underwater Grill, vous serez à quelques centimètres des requins. Parmi les magasins de Waterfront, Allura's Treasure Trove permet aux enfants de composer leur propre poupée en porcelaine et Under The Sun offre des bibelots et des articles à collectionner.

Pour les hôtels et restaurants de la région, voir p. 317-319 et p. 343-346

À la découverte de Discovery Cove

De SeaWorld, son aîné, traversez la rue pour découvrir Discovery Cove, parc très différent des parcs à thèmes de Floride. Il peut recevoir 1 000 personnes seulement par jour (le parking est limité à 500 voitures) et le prix d'entrée est exhorbitant. Le parc offre toutefois des expériences exceptionnelles et inoubliables comme nager 30 minutes avec des dauphins souffleurs d'Atlantique. Si vous renoncez à cette expérience, vous réduirez de moitié le prix de la visite. Pour certaines personnes, Discovery Cove représente le rêve de toute une vie, et les gens s'y pressent. Il est donc préférable de réserver ses tickets longtemps à l'avance.

Le clou d'une visite à Discovery Cove, nager avec des dauphins

ABORDER LE PARC

Une luxuriante végétation recouvre Discovery Cove et les huttes aux toits de chaume côtoient les cascades. La qualité du service est digne d'un bon hôtel. Les forfaits d'entrée (279 $, plus taxe par personne, sans tarif réduit pour les enfants) comprennent la rencontre avec les dauphins (au-dessus de six ans seulement), le parking, tous les équipements, un tuba de nage sous-marine gratuit, un repas principal et l'entrée illimitée pendant sept jours à SeaWorld ou à Bush Gardens Tampa Bay. Les réservations sont indispensables et l'entrée au parking se fait par une réception de type hôtelier où un guide vous réserve un accueil personnalisé, vous remet une carte d'identité avec photo et vous aide à vous familiariser avec les lieux. Les cabines et les serviettes sont gratuites, et le service est très attentionné.

ATTRACTIONS

Le parc est divisé en cinq zones principales : Coral Reef, the Aviary, Ray Lagoon, the Tropical River et Dolphin Lagoon. Coral Reef abrite de nombreuses grottes, une épave de navire. En outre, vous pourrez nager à côté de requins d'une taille menaçante – une forte paroi transparente en Plexiglas vous protège. Dans la « rivière » qui encercle le parc, vous pénétrez dans une volière et nourrissez les oiseaux avec de la nourriture fournie par le personnel tandis que, dans Ray Lagoon, vous nagez avec masques et tubas au milieu de raies qui peuvent atteindre 1,5 m de long.
À Dolphin Lagoon, après une séance d'orientation de 15 minutes, vous pataugez et nagez pendant 30 minutes avec les dauphins, mammifères magnifiques et très intelligents. Le parc compte des chutes d'eau, des bassins de baignade et des jolis espaces, reliés les uns aux autres par des plages. Il n'y a qu'un restaurant self-service, mais la cuisine y est de bonne qualité. Les appareils photo sont autorisés, mais on vous demande de retirer vos bijoux et autres accessoires qui pourraient perturber la vie marine. Le parc est accessible aux personnes handicapées et des fauteuils conçus spécialement pour l'extérieur, équipés de très grandes roues pour faciliter les manœuvres sur la plage, sont mis à leur disposition.

Vue aérienne de Discovery Cove

CONSEILS

- *Ne mettez pas de crème ou d'écran solaire avant votre visite. Discovery Cove vous offre avec votre billet d'entrée la seule crème autorisée dans le parc, car elle respecte les poissons.*
- *Vous n'avez pas besoin d'être un nageur confirmé pour participer à la rencontre avec les dauphins, il suffit que vous soyez à l'aise dans l'eau. On vous fournira un gilet de flottaison, à mettre impérativement.*
- *La piscine des dauphins est plus fraîche que les autres bassins du parc. Mettez une combinaison de plongée si vous avez trop froid.*
- *Assurez-vous qu'une personne dans votre groupe porte une montre afin de ne pas rater l'heure de votre rendez-vous avec les dauphins.*
- *Divisez votre groupe en deux pour pouvoir vous photographier les uns les autres et éviter les photographes du parc, très chers.*

Universal Orlando ❸

Universal Orlando est constitué de deux parcs à thèmes importants, d'un village et d'infrastructures de loisirs et de spectacles et de trois complexes hôteliers. Universal Studios Florida, Islands of Adventure et Universal CityWalk sont une excellente raison de ne pas consacrer son temps exclusivement à Disney. Situé près des sorties 29 et 30B de la I4, le parking d'Universal est construit sur plusieurs étages et conduit les visiteurs, sur des trottoirs roulants à travers Universal CityWalk, jusqu'à un embranchement où ils doivent choisir entre les deux parcs.

Le globe Universal marque l'entrée de l'Universal Studios Park

ABORDER LES PARCS

Universal Studios Orlando comme Walt Disney World *(p. 374)* sont très fréquentés aux mêmes périodes ; les week-ends sont en général plus calmes que les jours de semaine.

Lorsque les parcs sont ouverts tard, deux jours entiers suffisent pour visiter entrièrement les deux parcs. Lorsqu'ils ferment tôt – seul désavantage des visites en basse saison – comptez trois, voire quatre jours. Si votre séjour est plus long, optez pour un des forfaits Universal multijournées, dont les prix sont raisonnables : ils comprennent l'entrée dans les parcs et CityWalk, des remises pour les hôtels, les repas et dans les magasins.

Les files d'attente peuvent être encore plus longues qu'à Walt Disney World : elles durent jusqu'à deux heures. Aux heures de pointe, arrivez en avance pour éviter de faire la queue (les grilles ouvrent une heure avant le parc) et visitez d'abord les attractions les plus courues *(p. 181)*. Vous ne pourrez pas toutes les voir avant l'arrivée de la foule, retournez-y donc juste avant la fermeture du parc. Les files pour les spectacles sont moins longues mais arrivez 15 minutes à l'avance en haute saison pour être sûr d'avoir une place. L'attente, pour les spectacles permanents excède rarement la durée du spectacle. Les files d'attente pour les attractions proches des grands spectacles augmentent considérablement à la fin du spectacle. Une autre façon d'éviter cette attente est d'acheter un Pass Express Universal, qui permet de réserver à l'avance une entrée pour une attraction et d'éviter ainsi de faire la queue.

La plupart des attractions sont trop intenses pour les jeunes enfants et certaines imposent d'avoir une taille minimum. En revanche, ET Adventure. A Day in the Park with Barney, Fievel's Playland, Curious George Goes to Town, Woody Woodpecker's Nuthouse Coaster, Animal Actors on Location, Seuss et Jurassic Park Islands dans Island of Adventure sont conçus pour les plus jeunes.

Les jours très chargés, pensez aux circuits VIP qui permettent de visiter le parc en cinq heures. Vous serez admis en priorité à huit attractions au moins, dans les coulisses et sur certains ateliers de production et plateaux de tournage

Si vous logez dans une résidence Universal, la clé de votre chambre vous servira de pass express – pour obtenir une place prioritaire dans de nombreuses attractions – ou comme carte de crédit dans tout le parc.

L'imposante arche d'entrée des studios Universal, en Floride

LES TOURNAGES

Vous n'êtes pas assuré de voir un tournage le jour où vous visiterez les studios Universal. Mais des caméras tourneront peut-être dans des décors extérieurs (dans l'enceinte du parc à thèmes).

Vous assisterez plus probablement à l'enregistrement d'un show télévisé de septembre à décembre. Pour connaître le programme des tournages, appelez le (407) 363-8000. Les billets pour les shows sont distribués selon l'ordre d'arrivée (le jour du tournage), au Studio Audience Center, près du bureau des visiteurs. Pour être sûr d'avoir une place, allez-y dès votre arrivée dans le parc.

Tableau des horaires de tournage

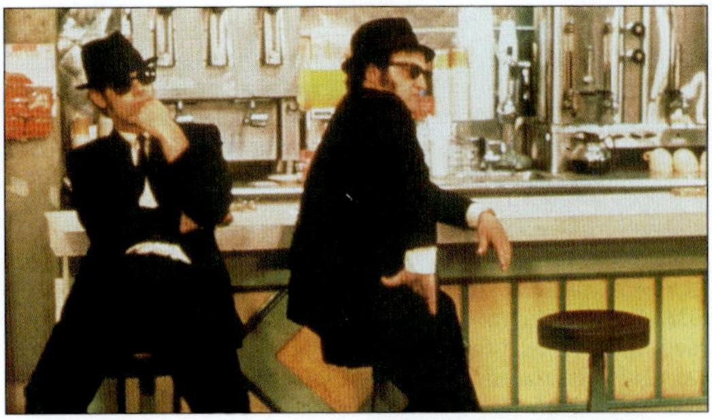

Dan Aykroyd et John Belushi dans le film culte *The Blues Brothers*

LES STUDIOS UNIVERSAL EN FLORIDE

L'entrée des studios Universal est surnommée **Front Lot** du nom donné à la façade avant d'un studio de cinéma des années 1940. Le tableau des horaires de tournage près des grilles d'entrée indique réellement les spectacles télévisés en cours de tournage.

À l'entrée du parc, Plaza of Stars, entourée de palmiers *(p. 183)* compte plusieurs magasins, mais empressez-vous plutôt d'aller voir les attractions principales avant que les files d'attente ne soient trop longues.

Production Central est la section la moins belle du parc. Les plans indiquent que les principaux studios d'enregistrement se trouvent là, mais l'entrée en est interdite, sauf si vous faites le circuit VIP. Le circuit en simulateur de cette partie du parc, **Jimmy Neutron's Nicktoon Blast**, est très drôle. Un extraterrestre ovoïde et malveillant, nommé Ooblar, a volé la nouvelle invention de Jimmy : la fusée Mark IV. Jimmy a besoin de votre aide pour la récupérer. Décollez pour une chasse effrénée à travers vos épisodes préférés de Nicktoons dont Sponge Bob SquarePants, The Fairly OddParents, Hey Arnold ! et Rugrats

Shrek 4-D, l'une des plus récentes attractions des studios Universal, au parcours très amusant, comporte un film en 3-D de 13 minutes avec les voix de Cameron Diaz, d'Eddie Murphy, de John Lithgow et de Mike Myers. Suite du film original *Shrek*, c'est aussi une passerelle vers le prochain épisode de la série, *Shrek 2*. Des lunettes vous permettent de voir en « OgreVision », d'entendre et d'être pratiquement au cœur de l'action sans quitter votre siège.

NEW YORK

Plus de soixante façades regroupées ici sont des répliques de bâtiments réels ou des décors de films connus. Des éléments de décor du musée Guggenheim et de la Bibliothèque de New York créent l'illusion de la profondeur et de la distance. On y retrouve le célèbre grand magasin, Macy's, le restaurant italien Louie's, où a été tourné *Le Parrain*. Les devantures de magasins, les entrepôts et même les pavés ont été peints pour leur donner une patine.

Dirigez-vous vers Delaney Street où Jake et Elwood chantent sur scène un medley de leurs plus grands succès dans un concert de 20 minutes, **The Blues Brothers**.

Le plus récent périple en réalité virtuelle, **Revenge of the Mummy - The Ride**, s'inspire des très célèbres films *Momie* et utilise des montagnes russes du dernier cri et la robotique spatiale pour entraîner les passagers vers des décors égyptiens, des souterrains et des catacombes. L'attraction comporte une effrayante momie animée.

Twister... Ride it out confronte les visiteurs à la férocité de la nature. Enfermé dans une enceinte ravagée par une tornade, vous affrontez la fureur des éléments, notamment d'effrayants tourbillons de vent de 6 m de haut.

À **Delancey Street Preview Center**, les visiteurs pourront façonner la télévision de demain, en visionnant et en évaluant un tout nouveau show télévisé actuellement à l'étude. Votre avis compte !

Des spectateurs captivés par Shrek 4-D

Dans la fureur d'une réplique de tornade de Twister... Ride it out

MODE D'EMPLOI

Carte routière E2. Orange Co. 1000 Universal Studios Plaza, *Sortie 29 ou 30B sur l'I4.* ***Tél.*** *(407) 363-8000.* *21, 37, 40 d'Orlando.* *minimal. 9h-18h t.l.j. ; plus tard l'été et les jours fériés.* **www**.univeralsorlando.com

Hollywood Boulevard est un bel exemple des décors de films du parc

HOLLYWOOD

Hollywood Boulevard et Rodeo Drive sont les plus belles rues des studios Universal. Bien qu'il ne respecte pas la géographie, ce site rend hommage à l'âge d'or de Hollywood, des années 1920 aux années 1950, grâce à la célèbre boîte de nuit le Mocambo, au luxueux Beverley Wiltshire Hotel, au salon de beauté Max Factor et au temple du cinéma le Pantages Theater.

Le Brown Derby était un restaurant en forme de chapeau où se retrouvait le beau monde du cinéma ; la version d'Universal est un magasin de chapeaux fantaisie. La Schwab's Pharmacy où les jeunes espoirs sirotaient des sodas en attendant d'être découverts est devenue un salon de glaces rétro. Ne manquez pas le Hollywood Walk of Fame, où les noms des vedettes sont gravés dans le trottoir comme sur le vrai Hollywood Boulevard.

La meilleure attraction de Hollywood est **Terminator 2 : 3-D**, qui utilise le dernier cri en matière de 3D et de robotique, ainsi que de véritables et détonnantes cascades, pour catapulter le public dans l'action. Vous vous retrouvez aux côtés d'Arnold Schwarzenegger, la vedette de *Terminator*. L'une des séquences combine le film à une scène d'action en direct : un pilote de Harley Davidson crève littéralement l'écran et atterrit sur la scène.

Lucy - a Tribute égrène des souvenirs de la reine de la comédie, Lucille Ball, star de la scène et de la télévision adulée partout dans le monde. On y voit des répliques méticuleuses du décor de « I love Lucy » et de sa maison à Beverly Hills, où sont présentés scénarios, extraits et costumes du célèbre show télévisé, ainsi qu'un jeu interactif qui teste les connaissances de ses admirateurs.

Men in Black - une attaque des extraterrestres

Universal Horror Make-up Show permet de voir dans les coulisses le fascinant savoir-faire des artistes maquilleurs et la façon dont l'industrie du cinéma utilise les maquillages les plus incroyables pour créer d'effroyables monstres et des effets à vous glacer le sang.

WOODY WOODPECKER'S KID ZONE

Inspirée par *ET* de Steven Spielberg, **ET Adventure** est une attraction charmante et plutôt calme. Juché sur un vélo, vous survolez un paysage urbain scintillant.

Dans le spectacle **Animal Actors On Location**, des sosies de chiens jouent le rôle de vedettes comme Lassie et Beethoven.

A Day in the Park with Barney est conçu pour les jeunes enfants. Situé dans un parc magique, le spectacle a pour vedette l'adorable Tyrannosaurus Red nommé Barney, le héro d'un excellent programme télé pour les tout-petits.

Fievel's Playland est inspiré par deux dessins animés *Fievel*. Comme le verrait Fievel, la souris, tous les accessoires de ce terrain de jeu, le chapeau de cow-boy, les bottes, les verres et une tasse à thé sont gigantesques.

Woody Woodpecker's Nuthouse Coaster est une attraction adaptée aux jeunes enfants.

Au **Curious George Goes to Town**, les enfants pourront s'éclabousser dans l'eau et jouer avec des centaines de ballons en mousse.

Terminator 2 : 3-D d'Universal, une attraction à la pointe de la technologie

WORD EXPO

L'architecture de World Expo s'inspire des jeux Olympiques de Los Angeles (1984) et de l'Exposition de Vancouver (1986).

Men in Black - Alien Attack vous emmènera vous battre aux côtés de Will Smith contre des extraterrestres dans un simulateur à quatre places, à grand renfort d'armes au laser et de bombes à fumée. Chacun a son propre canon laser et les points obtenus reflètent l'habileté de l'équipe à détruire les extraterrestres.

Juste à côté se trouve **Back to the Future... The Ride**, classé numéro deux à Orlando après *Spider Man* dans Islands of Adventure. À bord d'une voiture de sport, dont les mouvements sont synchronisés avec le film, diffusé sur un écran géant et panoramique, vous survolerez un flot de lave, frôlerez des champs de glace et vous engouffrerez dans la gueule d'un dinosaure.

Back to the Future The Ride est l'attraction la plus palpitante du parc

SAN FRANCISCO/AMITY

Cette zone s'inspire de San Francisco, notamment du quartier de Fisherman's Wharf. Chez Alcatraz, par exemple, est un snack copié sur les kiosques où l'on vend des tickets pour la visite d'Alcatraz Island. Le succès de San Francisco tient à **Earthquake - The Big One**, une attraction au contenu pédagogique. On vous montrera d'abord comment on simule un tremblement de terre grâce à des maquettes, avant de surimposer l'image des acteurs sur ces scènes dramatiques. Puis, à bord d'une rame de métro, vous vous retrouvez dans le film *Tremblement de terre*. Un séisme de 8,3 sur l'échelle de Richter se déclenche, un raz de marée s'abat sur vous tandis qu'un pétrolier explose et que des trains entrent en collision.

L'enseigne de Beetlejuice

Amity, la seconde partie de cette zone du parc, tire son nom du village fictif de Nouvelle-Angleterre où fut tourné en 1975 *les Dents de la mer*. L'attraction **Jaws** commence par une paisible balade en bateau dans le port d'Amity avant que vous aperceviez l'aileron du premier requin puis le grand requin blanc, fendant les eaux à une vitesse terrifiante pour asséner un coup violent à votre bateau. Très populaire, la nouvelle attraction **Fear Factor Live** est le premier parc à thèmes basé sur un show de télé-réalité. Le casting a lieu 1 h 15 avant.

RENCONTRER LES STARS

Des comédiens revêtus de magnifiques costumes jouent le rôle des Ghostbusters, de Jake et Elwood des *Blues Brothers*, de Frankenstein, des Flintstones et de monstres sacrés comme Marilyn Monroe ou les Marx Brothers. Ils se rassemblent souvent à l'entrée du parc.

Tous les jours en haute saison et deux fois par semaine en basse saison, vous pouvez prendre le petit déjeuner avec ces stars, une heure avant l'ouverture du parc. Mais il faut réserver au (407) 354-6339.

Cette comédienne joue le rôle de Marilyn Monroe

LES RESTAURANTS ET LES MAGASINS

La cuisine est en général bonne dans les parcs d'Universal d'Orlando. Le Hard Rock Café est le plus vaste Hard Rock Café du monde. Réservez à l'avance pour manger dans le restaurant de poissons Lombard's Seafood Grill et l'Universal Studios Classic Monsters Café (cuisines californienne et italienne avec une formule buffet d'un bon rapport qualité-prix). Mel's Drive-In est le meilleur fast-food et sert de bons milk-shakes. Son décor très réussi de style 1950 sort tout droit du film *American Graffitti*, tourné en 1953.

La plupart des magasins restent ouverts après la fermeture du parc ; ils vendent une gamme complète de souvenirs à thème. Dans le Front Lot, Universal Studios Store vend de tout, des copies d'oscars aux gants de four au logo Universal. Vous vous procurerez à On Location, la photo dédicacée de votre star préférée contre plusieurs centaines de dollars.

Explorer les Îles de l'Aventure

Le Logo d'Islands of Adventure

Islands of Adventure est l'un des parcs les plus avancés au monde du point de vue technologique. Consacrez-lui une journée. Les îles thématiques comprennent Jurassic Park et son centre de découvertes pédagogique, The Lost Continent avec ses nouvelles montagnes russes, Duelling Dragons et Marvel Super Hero Island, dont les héros sont Spiderman, Incredible Hulk, Captain America et Dr Doom. Seuss Landing Island propose l'attraction Cat in the Hat qui présente aux plus jeunes les personnages de Seuss, tandis que Popeye, Bluto et Olive Oyl jouent aux stars dans Toon Lagoon Island.

Les 5 meilleures attractions

1. THE AMAZING ADVENTURES OF SPIDERMAN
2. THE INCREDIBLE HULK COASTER
3. DUELLING DRAGONS
4. POPEYE AND BLUTO'S BILGE-RAT BARGES
5. THE JURASSIC PARK RIVER ADVENTURE

La rivière dans Jurassic Park River Adventure

ABORDER LE PARC

Les barques qui sillonnent le lac sont le seul moyen de transport dans le parc. Si vous arrivez le matin, à l'ouverture, vous aurez le temps de voir toutes les attractions en une journée. Comme pour tout parc à thème, un programme bien organisé est essentiel si vous voulez profiter au maximum de votre visite.

LES ÎLES

L'entrée du parc est marquée par le Pharos Lighthouse où une cloche sonne régulièrement. La première île, en tournant dans le sens des aiguilles d'une montre, est **Marvel Super Hero Island**, qui s'inspire des personnages de la bande dessinée Marvel Comics' Super Hero. Incredible Hulk Coaster, probablement les meilleures montagnes russes de Floride, est une structure géante et verte qui vous fait accélérer à plus de 65 km/h en deux secondes avant de vous retourner à 33,5 m au-dessus du sol pour vous faire plonger vers plusieurs trous dans le sol, apparemment remplis d'eau. Accelatron n'est qu'une version plus rapide et intense du circuit du Mad Hatter's Tea Party de Disney et virevolte sur lui-même à une vitesse incroyable, qui risque de faire souffrir du mal des transports. Dr Doom's Fearfall, impressionnant au premier abord, est une balade très agréable : sanglé dans l'un des sièges qui entourent un pilier, vous êtes catapulté dans les airs avant de plonger de 46 m de haut vers le sol. À côté de Dr. Doom se trouve The Amazing Adventures of Spiderman, périple complexe qui permet à un film en 3D de bien s'intégrer dans une simulation de mouvements et des effets spéciaux en direct.

Toon Lagoon transmute en réalité les dessins animés et abrite deux circuits aquatiques ainsi que les exploits programmés de l'hilarant Toon Lagoon Beach Bash. En face, dans le périple en radeau sur eaux vives Popeye and Bluto's Bilge-Rat Barges, on vous promet une rencontre avec une pieuvre géante. Me Ship, the Olive, terrain de jeu pour jeunes enfants, surplombe ce circuit et propose ses canons à eau pour arroser les passagers qui voguent plus bas. Embarquez à côté pour Dudley Doright's Ripsaw Falls, qui, au terme d'une agréable croisière vaguement inspirée par les dessins animés Rocky et Bullwinkle, vous conduira à la chute d'eau finale, au risque de vous y engloutir.

Jurassic Park, déborde d'une végétation exotique, à l'ombre de laquelle Jurassic Park River Adventure, croisière bien ficelée, vous fera traverser le périmètre de Jurassic Park et rencontrer, entre autres, des hadrosaures et des stégosaures. Puis vous serez « accidentellement » dévié de votre itinéraire parce que des « rapaces » se sont échappés, pour finir par une chute de 26 m dans le lagon, sans vous retrouver malgré tout complètement trempé. Camp Jurassic est une aire de jeu, pour pré-adolescents. Ici, les jeunes pourront explorer des mines, grimper à des filets, et découvrir à leur guise cette cour de récréation préhistorique située près de Pteranodon Flyers. Les voyageurs s'y envolent par deux pour survoler Jurassic Park en 80 secondes. Le Discovery Center est une exposition interactive d'histoire naturelle où on vous montre le résultat du mélange d'ADN de plusieurs espèces, y compris la vôtre.

Pour les hôtels et restaurants de la région, voir p. 317-319 et p. 343-346

The Lost Continent est une île mythique, où légende et surnaturel se mêlent pour initier en douceur de jeunes enfants à d'agréables montagnes russes. Toutefois, Duelling Dragons, le Feu et la Glace, séduira les vrais amateurs. L'entrée est un ensemble de tunnels très longs et très sombres, mais un raccourci permet d'essayer le deuxième Dragon en évitant de faire une deuxième fois la queue. Parmi les spectacles sur scène, les cascades, les flammes et les explosions de The Eighth Voyage of Sinbad Stunt Show ne décevront pas les fans du programme télévisé de Xena : Warrior Princess and Hercules. Dans Poseidon's Fury, également stupéfiant, la bataille entre Poséidon et Zeus est superbement orchestrée par une myriade d'effets spéciaux.

Seuss Laning s'appuie sur les récits fantastiques que Seuss a écrit pour les enfants et attire surtout les plus jeunes ainsi que les lecteurs de Seuss. Dans If I ran The Zoo, autre terrain de jeux interactifs pour les plus petits et les fans de Seuss de tout âge, découvrez quelques créatures parmi les plus étranges au monde. Caro-Suess-El est un extraordinaire manège où de célèbres personnages de Seuss remplacent les traditionnels chevaux. Sur le circuit One Fish Two Fish Red Fish Blue Fish, vous devez en prime essayer d'attraper du poisson tout en évitant de vous faire arroser par des jets d'eau. Pour ceux qui abordent Seuss pour la première fois, The Cat in the Hat est un voyage déroutant. Vous êtes sur un divan qui tournoie, au milieu de personnages félins qui semblent pris de folie douce.

Incredible Hulk Coaster, à Super Hero Island

Universal CityWalk

Le logo d'Universal CityWalk

Universal CityWalk est une infrastructure de loisirs et de spectacles de 12 ha qui comprend restaurants, boîtes de nuit, magasins et cinémas permettant de se divertir longtemps après la fermeture des parcs. Portail d'accès à tous les divertissements offerts par Universal, la conception de CityWalk s'est inspirée de nombreux chefs de file de la culture populaire comme Bob Marley, Thelonius Monk et Motown.

THE COMPLEX

CityWalk, ouvert de 11 h à 2 h du matin, attire surtout les adultes. Les amateurs de musique populaire et de danse y sont choyés. Il n'y a pas d'entrée à payer mais chaque club demande une petite participation. On peut acheter un forfait pour tous les clubs (All-Club pass).

CityWalk offre une gamme impressionnante de restaurants qui va d'Emeril's Restaurant Orlando, tenu par Emeril, chef connu qui anime une émission de télévision au Hard Rock Café Orlando. Les amateurs de sports apprécieront le cadre de NASCAR Sports Grill et celui du NBA City Restaurant, qui s'inspirent de l'athlétisme, tandis que le Bubba Gump Shrimp Co. cultive la nostalgie. Bob Marley - A Tribute to Freedom est une exacte réplique de la maison du célèbre musicien. Les boîtes de nuit sont nombreuses à CityWalks. Les meilleurs interprètes du moment viennent jouer en direct au City Jazz et au club de danse « the Groove ».

CityWalk possède des magasins spécialisés et des salles de cinéma du dernier cri. Sur ses scènes en plein air, des concerts, des festivals d'art, des démonstrations culinaires, des apparitions publiques de célébrités et des spectacles de rue sont organisés. Vous pourrez boire un verre au bord du lagon ou vous promener au clair de lune.

Le Hard Rock Café, rendez-vous musical d'Universal CityWalk

Wet'n Wild® 4

Wet 'n' Wild logo

Inaugurée en 1977, le parc aquatique de Wet' n' Wild est l'un des plus fréquentés du Centre de la Floride. Il propose des attractions pour les amateurs de sensations fortes – descentes vertigineuses sur des toboggans à ciel ouvert ou fermés, ou encore rafting dans des rapides. Pour les plus petits, le Kids' Park offre des versions miniatures des attractions les plus prisées des adultes. La gamme d'activités familiales et l'atmosphère conviviale de la base nautique ajoutent à l'intérêt de Wet' n' Wild. Les visiteurs peuvent déjeuner sur place ou apporter leur panier de pique-nique.

Knee Ski
Tracté par un câble, vous dirigez votre planche de surf à genoux dans ce parcours de 800 m sur le lac du parc. Possibilité aussi de pratiquer le wakeboard.

Black Hole®
Ce radeau de deux personnes est propulsé par un puissant jet d'eau à travers 150 m de canaux en zigzag dans le noir complet.

The Flyer
Dans cette attraction aquatique, des bouées de quatre places tombent de 12 m de haut puis fendent les flots sur 137 m de méandres. Une aventure où il est bien difficile de garder le cap !

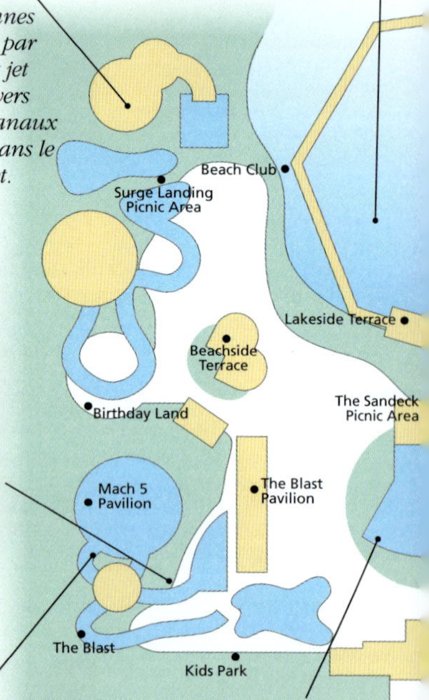

Surf Lagoon, est une piscine à vagues de 1 580 m², avec une cascade et des vagues de 1,20 m de haut.

Mach 5
Les participants descendent l'un de ces trois toboggans sinueux, en solo sur un matelas en mousse. Objectif : glisser le plus loin possible à l'arrivée.

CONSEILS

- *Les allées d'asphalte peuvent devenir brûlantes avec la chaleur. Évitez de marcher pieds nus et préférez des chaussures à semelles antidérapantes.*
- *Certaines attractions vont parfois à une telle vitesse, qu'il vaut mieux éviter d'y monter en bikini. Apportez un tee-shirt !*
- *La taille minimum est de 91 cm pour les enfants non accompagnés.*

Hydra Fighter
Sanglés dos à dos dans une balançoire, armés de canons à eau et contrôlant les mouvements de la nacelle, deux participants se créent leurs propres sensations. Une attraction très amusante qui se termine souvent en bataille d'eau.

MODE D'EMPLOI

6200 International Dr, Universal Blvd. Sur l'I-4, prendre la sortie 74A ; à moins de 3 km d'Universal Orlando et SeaWorld. ***Tél.** (800) 992-9453, 407 351-1800.* *21, 38 de Downtown Orlando.* *10h-17h t.l.j. Appelez pour vérifier les heures d'ouverture qui peuvent varier.* *(Gratuit pour les enfants de moins de 3 ans ; tarif réduit l'après-midi).* **www**.wetnwild.com

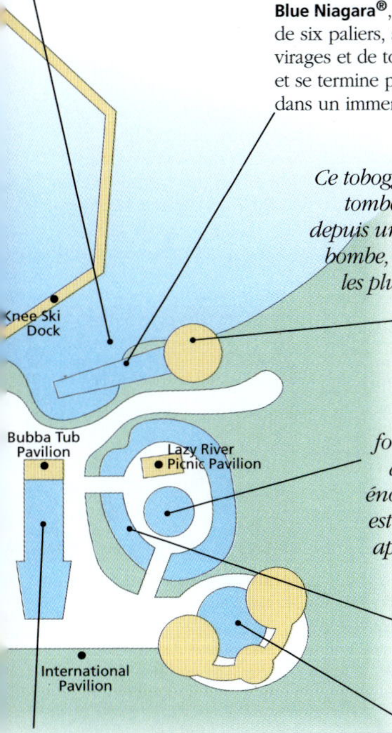

Blue Niagara®, une descente à pic de six paliers, s'étire sur 92 m de virages et de toboggans entremêlés et se termine par une chute vivifiante dans un immense bassin.

Bomb Bay
Ce toboggan à six niveaux, qui tombe presque à la verticale depuis une capsule en forme de bombe, est une des attractions les plus impressionnantes de Wet' n' Wild.

Bubble Up
Surmonté d'une fontaine qui recouvre d'eau la surface, cet énorme ballon glissant est une aire de jeu très appréciée des enfants.

Lazy River®, une rivière circulaire de 1,6 km de long, vous permet de nager ou de dériver tranquillement, entouré de palmiers, d'orangeraies et de cascades – un joli cadre reconstitué à l'image de la Vieille Floride.

Bubba Tub®
Cette bouée pouvant contenir cinq personnes dévale un toboggan à six niveaux. Une attraction idéale pour s'amuser en famille ou entre amis.

The Storm
Ici, les participants dévalent des rapides dans le brouillard et le tonnerre et entourés, la nuit, d'impressionnants effets de lumières.

Le centre d'Orlando est dominé par le SunTrust Center

Orlando 5

Carte routière E2. Orange Co. *200 000.* *6700 Forum Drive, (407) 363-5800.* **www**.orlando.org

Jusqu'aux années 1950, Orlando n'était qu'une petite ville de province. Mais la construction de Cape Canaveral et des parcs à thèmes a tout changé.

Le centre d'Orlando, où des gratte-ciel en verre témoignent de l'émergence d'un quartier des affaires, ne s'anime que la nuit. Les touristes et les gens de la région affluent alors à Church Street Station et, à un moindre degré, dans les bars et les restaurants de Church Street et d'Orange Avenue, la principale rue d'Orlando. Dans la journée, le parc qui entoure **Lake Eola**, à trois blocs à l'est d'Orange Avenue, est un agréable lieu de promenade. C'est l'un des rares témoins de l'histoire encore récente d'Orlando. Quelques maisons en bois datant des premiers colons surplombent le lac. Si vous avez peu de temps, visitez Winter Park en priorité.

La fontaine du jardin des roses, aux Harry P Leu Gardens

Loch Haven Park

N Mills Avenue at Rollins St.
Orlando Museum of Art, *Tél.* *(407) 896-4231.* *10h-16h mar.-ven., 12h-16h sam. et dim.* *jours fériés.* **www**.omart.org
John and Rita Lowndes Shakespeare Center, *Tél.* *(407) 447-1700.*

Loch Haven Park, à 3 km au nord du centre, est assez quelconque mais abrite trois petits musées. Le plus réputé est l'**Orlando Museum of Art**, qui possède trois collections en exposition permanente : des objets précolombiens, de l'art africain et des peintures américaines des XIXe et XXe siècles. Le **John and Rita Lowndes Shakespeare Center** abrite le Mageson Theater de 350 places et le Golden Theater, plus petit. Le centre accueille l'Orlando UCF Shakespeare Festival (www.shakespearefest.org).

Harry P. Leu Gardens

1920 N Forest Ave. ***Tél.*** *(407) 246-2620.* *t.l.j.* *25 déc.*
www.leugardens.org

Les Harry P. Leu Gardens offrent 20 hectares de sérénité. Certains éléments, comme l'immense roseraie de Floride, sont assez classiques, alors que d'autres sont sauvages, comme les spectaculaires bois de chênes, d'érables et de cyprès chauves, agrémentés de mousse espagnole et, en hiver, de massifs de camélias en fleur. La **Leu House** et ses jardins, du début du XXe siècle, sont d'un intérêt moindre. Un homme d'affaires de la région, Harry P. Leu, en a fait don à la ville en 1961.

Enzian Theater

1300 S Orlando Ave, Maitland.
Tél. *(407) 629-0054 (réservation).* *t.l.j.* *jours fériés.*
www.enzian.org

Ce cinéma non commercial et alternatif accueille le réputé Florida Film Festival. Entouré de chênes, il a conquis une solide réputation grâce à sa politique de promotion de films indépendants et étrangers. Il est l'un des rares cinémas à offrir un espace aux films qui ne sont pas distribués par les grands studios américains.

Décoration d'inspiration aztèque au Maitland Art Center

Maitland Art Center

231 W Packwood Ave, 9 km au nord de Downtown. ***Tél.*** *(407) 539-2181.* *t.l.j. (contribution volontaire).* *jours fériés.* *limité.*
www.maitlandartcenter.org

Ce centre artistique, situé dans la banlieue verte de Maitland, occupe des studios et des quartiers d'habitation qui furent conçus dans les années 1930 par l'artiste André Smith pour accueillir ses amis artistes en hiver. Les bâtiments au milieu de jardins sont ravissants et décorés de motifs mayas et aztèques. Les studios sont toujours habités, et des expositions d'art et d'artisanat américain contemporain sont organisées.

Pour les hôtels et restaurants de la région, voir p. 317-319 et p. 343-346

Orlando Science Center

777 East Princeton St. **Tél.** *(407) 514-2000 ou (888) OSC 4FUN.* *9h-17h mar.-jeu. (9h-17h ven. et sam.), 12h-17h dim.* **www**.osc.org

Le but de ce centre est de procurer un environnement stimulant, propice à l'apprentissage des disciplines scientifiques. Un espace de presque 20 000 m² propose un grand nombre d'attractions interactives fascinantes pour les grands et les petits. Le Dr. Phillips CineDome est à la fois un planétarium et un cinéma diffusant des images stupéfiantes. Les enfants se passionneront pour le DinoDigs et sa collection d'os de dinosaures ou le Show Biz Science, qui révèle quelques-uns des trucages et effets spéciaux utilisés dans l'industrie du cinéma. L'attraction le Body Zone permet de partir à la découverte de l'immense machinerie qu'est le corps humain.

Le musée originel – le Central Florida Museum – ouvrit ses portes en 1960 à Loch Haven Park. En 1984, il fut rebaptisé Orlando Science Center. Le bâtiment actuel est six fois plus grand que celui qui abritait l'ancien musée. Il fut achevé en février 1997.

Winter Park ❻

Carte routière E2. Orange Co. *25 000.* *150 N New York Ave, (407) 644-8281.* **Circuit en bateau** **Tél.** *(407) 644-4056.* **www**.winterpark.org

La localité la plus chic de la région d'Orlando a vu le jour dans les années 1880, lorsque des Américains du Nord fortunés décidèrent d'y construire leurs résidences d'hiver. Sa rue principale, Park Avenue, est bordée de magasins et de cafés raffinés. De leur côté, les membres du country club, habillés tout en blanc, jouent au croquet.

Détail du vitrail *les Quatre Saisons*

À l'extrémité nord de Park Avenue, le **Charles Hosmer Morse Museum of American Art** abrite la plus belle collection des œuvres de Louis Comfort Tiffany (1848-1933). Un nouveau complexe recèle de superbes exemples de ses créations Art nouveau : joaillerie, lampes et vitraux, dont *les Quatre Saisons* qui date de 1899. Comme tous ses vitraux, c'est un mélange de verre, de feuille d'or, d'émail, de peinture, de plomb et de cuivre. Des pièces de la même époque (comme des luminaires de Frank Lloyd Wright) sont exposées dans des galeries.

***The Conference* de Potthast, Orlando Museum of Art, Loch Haven Park**

La porte principale de la Knowles Memorial Chapel à Rollins College

À l'extrémité sud de Park Avenue se dresse le prestigieux **Rollins College**, dont le campus boisé abrite des bâtiments des années 1930 de style hispanique. Ne ratez pas la Knowles Memorial Chapel, dont le tympan de l'entrée principale représente une rencontre entre les Séminoles et les conquistadores. Les amateurs d'art iront visiter le **Cornell Fine Arts Museum** qui contient qui 6 000 œuvres d'art. Ils admireront notamment l'impressionnante collection de peintures de la Renaissance italienne.

Pour voir les riches résidences de Winter Park, empruntez le Scenic Boat Tour. De 10 h à 16 h, les navires partent toutes les heures de l'extrémité est de Morse Boulevard et font le tour des lacs (entourés de chênes, de cyprès et de résidences aux pelouses immenses) et des canaux (bordés de superbes hibiscus, de bambous et de papayers).

Charles Hosmer Morse Museum of American Art

445 Park Ave N. **Tél.** *(407) 645-5311.* *mar.-dim.* *jours fériés.* **www**.morsemuseum.org

Cornell Fine Arts Museum

1000 Holt Ave. **Tél.** *(407) 646-2526.* *mar.-dim.* *jours fériés.* **www**.rollins.edu/cfam

L'une des attractions les moins violentes de Wet'n Wild

International Drive 7

Carte routière E2. Orange Co. *Orlando.* *Visitors Center, 8723 S International Drive, (407) 363-5872.* **www**.orlandoinfo.com

International Drive, tout près de Walt Disney World, est situé entre les studios Universal et Sea World. I Drive se compose de 5 km de restaurants, d'hôtels, de magasins et de cinémas, aux prix souvent bas. Dans la journée, les touristes visitant les parcs à thèmes, I Drive est désert. Mais le soir, les magasins restent ouverts très tard.

La plus grande et la plus prisée des attractions de I Drive est **Wet'n Wild**. À la différence des parcs aquatiques de Disney *(p. 166-167)*, Wet'n Wild propose des attractions pour les amateurs de sensations fortes.Il est donc moins adapté aux familles avec de jeunes enfants, même s'il abrite aussi des attractions plus simples.

Regorgeant d'objets bizarres et de témoignages filmés sur des faits étranges, **Ripley's Believe It or Not !** est une autre attraction intéressante de I Drive. Elle fait partie d'une chaîne mondiale de musées. C'est l'œuvre d'un célèbre dessinateur américain de dessins animés, Robert Ripley, qui a rapporté du monde entier des objets étranges. Vous ne pouvez pas rater ce bâtiment qui semble s'enfoncer dans l'un des affaissements de sol typiques de la Floride *(p. 22)*.

Wonder Works est un jeu interactif familial qui simule un tremblement de terre.

Tout près, **The Mercado** est un centre commercial plein air de style hispanique, qui comprend des fontaines, des patios, des magasins de souvenirs, des restaurants et, le soir, des spectacles gratuits.

Juste à côté, le **Titanic-The Experience**, la seule attraction mondiale permanente sur le Titanic, propose un film et des objets sur le paquebot. Des cabines et le grand escalier de la salle à manger ont été reconstitués. Le remarquable centre officiel d'informations des visiteurs qui offre des coupons de réduction pour des hôtels, des restaurants et des attractions d'Orlando et de ses alentours. Ne manquez pas d'y aller, vous ferez de sérieuses économies *(p. 378)*.

Wet 'n Wild
6200 International Drive. ***Tél.*** *(407) 351-9453.* *t.l.j.*
www.wetnwildorlando.com

Ripley's Believe It or Not!
8201 International Drive. ***Tél.*** *(407) 363-4418.* *t.l.j.*
www.ripleysorlando.com

The Mercado
8445 S International Drive. ***Tél.*** *(407) 345-9337.* *t.l.j.* *25 déc.*
www.mercado.com

Wonder Works
9067 I-Drive. ***Tél.*** *(407) 351-8800.* *t.l.j.*
www.wonderworksonline.com

Gatorland 8

Carte routière E3. Orange Co. 14501 S Orange Blossom Trail, Kissimmee. ***Tél.*** *(800) 393-5297.* *Orlando.* *Orlando.* *t.l.j.* **www**.gatorland.com

Depuis les années 1950, on élève des alligators dans cette ferme, pour leur peau et leur viande, aussi bien des petits, qui tiennent dans la main, que des monstres de 4 mètres. Il est conseillé de les observer depuis les sentiers ou bien du haut d'une tour, tandis qu'ils se prélassent dans les eaux peu profondes d'un marécage. Les autres attractions de Gatorland sont moins intéressantes : animaux déprimés en cage,

En vente à Gatorland

La maison penchée de Ripley's Believe It or Not! est immanquable

L'entrée de Gatorland représente une gueule béante d'alligator

spectacle de catch avec un alligator, le Gator Jumparoo, où des animaux jaillissent de l'eau pour attraper des morceaux de poulet, manipulations de serpents venimeux de Floride. Essayez les beignets ou les côtelettes d'alligator dans les restaurants ou achetez une boîte de soupe d'alligator.

L'un des magasins excentriques du vieux Kissimmee

Kissimmee 9

Carte routière E3. Osceola Co. *41 000.* *1925 E Irlo Bronson Memorial Hwy, (407) 847-5000.* **Old Town** 5770 W Irlo Bronson Mem. Hwy. ***Tél.*** *(407) 396-4688.* **www**.floridakiss.com

Au début du siècle, les vaches paissaient librement dans les rues de Kissimmee, ville qui a connu un véritable boom du commerce du bétail. Aujourd'hui, les seuls troupeaux visibles sont ceux qui participent au rodéo bisannuel de la Kissimmee's **Silver Spurs Arena** *(p. 35)*. Kissimmee signifie « lieu paradisiaque » dans la langue des Indiens Calusa *(p. 40-41)*. Pourtant, la plupart des visiteurs viennent ici pour les motels bon marché situés près de Walt Disney World. Alignés le long de l'US 192, ils sont cernés par les restaurants et les affiches vantant des attractions, des centres commerciaux et des dîners-spectacles (le principal attrait de Kissimmee).

Mais après une journée passée dans les parcs à thèmes, vous préférerez peut-être visiter la **vieille ville**. Cette reconstitution d'une rue piétonne du début du siècle est bordée de magasins originaux (analyses psychiques, des tatouages ou du linge de maison irlandais). Évitez la maison hantée et la petite foire aux objets antiques

Warbird Adventures, situé près de l'aéroport municipal de Kissimmee, permet aux visiteurs de vivre une expérience inoubliable : piloter un T-6, l'avion d'entraînement des pilotes de chasse de la Seconde Guerre mondiale, ou un hélicoptère de M.A.S.H. Sous le contrôle d'un moniteur, vous pourrez prendre les commandes de l'un de ces appareils historiques pour un vol tranquille ou acrobatique.

Silver Spurs Arena
Osceola Heritage Park. ***Tél.*** *(407) 67-Rodeo.* *pour les spectacles.* **www**.silverspursrodeo.com

Warbird Adventures
N. Hoagland Blvd. ***Tél.*** *(407) 870-7366.* *lun.-sam.* *25 déc.* **www**.warbirdadventures.com

LES DÎNERS-SPECTACLES

Si vous voulez vous amuser en famille, offrez-vous un dîner-spectacle *(p. 367)*. Orlando en offre une dizaine, sans compter les deux spectacles Disney *(p. 173)*, sur l'I Drive ou l'US 192 près de Kissimmee. Les tickets coûtent entre 40 et 50 dollars par adulte et 20 dollars par enfant (demandez des réductions au centre des visiteurs d'Orlando). Voici les meilleurs :

Capone's Dinner Show : un bar clandestin des années 1930 où l'on déguste une cuisine italienne. ***Tél.*** *(407) 397-2378.* **www**.alcapones.com

Arabian Nights : une démonstration équestre. ***Tél.*** *(407) 239-9223.* **www**.arabian-nights.com

Pirate's Dinner Adventure : autour d'un vaisseau pirate, des combats navals et des acrobaties. ***Tél.*** *(407) 248-0590.* **www**.piratesdinneradventure.com

Sleuth's Mystery Dinner : 8 shows autour de morts suspectes. ***Tél.*** *(407) 363-1985.* **www**.medievaltimes.com

Medieval Times : un spectacle haut en couleur. ***Tél.*** *(407) 396-1518.* **www**.medievaltimes.com

Dolly Parton's Dixie Stampede : une performance équestre spectaculaire. ***Tél.*** *(407) 238-4455.* **www**.dixiestampede.com

Chevalier se préparant pour la bataille, Medieval Times

Lake Toho ⑩

Carte routière E3. Osceola Co. 5km au sud de Kissimmee. *Kissimmee.* *Kissimmee.* *de Big Toho Marina sur Lakeshore Blvd, au centre de Kissimmee.*

Aux sources des Everglades de Floride et à environ 32 km du centre d'Orlando, le lac Tohopekaliga (dit lac Toho) est connu pour la grande variété de sa faune et de sa flore exotiques. Makinson Island, au milieu du lac, est une réserve naturelle privée qui comprend émeus et lamas. Plusieurs aigles nichent sur le lac ainsi que des balbuzards, des hérons et des aigrettes. Un tiers environ des 9 000 hectares du lac est couvert de variétés de panics et de joncs des marais.

Les pêcheurs du monde entier viennent disputer trois

Coucher de soleil se reflétant sur le lac Tohopekaliga

jours d'épreuves sur le lac Toho, l'un des meilleurs endroits de Floride pour les records de pêche au bar.

Si vous n'aimez pas les compétitions, vous pouvez partir pêcher avec un guide local, faire une balade en bateau sur le lac et sur la rivière Kissimmee ou passer une après-midi tranquille à admirer la nature après avoir fait un bon pique-nique.

Disney Wilderness Preserve ⑪

Carte routière E3. 2700 Scrub Jay Trail, 18 km SO de Kissimmee. ***Tél.*** *(407) 935-0002.* *Kissimmee.* *Kissimmee.* *9h-17h t.l.j.* *sam.-dim. juin-sept.* *dim. 13h30.*

La réserve naturelle la mieux entretenue d'Orlando a été ouverte au public en 1992. Elle compte 4 800 hectares de lacs et de marécages abritant la faune et la flore locales et, est bordée par l'un des derniers lacs de Floride non aménagés.

Plus de 160 espèces sauvages y vivent, parmi lesquelles des geais à gorge blanche de Floride, des grues du Canada et des écureuils fauves de Sherman.

Contrairement aux autres parcs Disney, vous ne trouverez pas d'attractions palpitantes mais aurez beaucoup à découvrir. Vous pouvez suivre l'un des trois chemins de randonnée qui mènent aux rives du lac Russell. La plus courte est la randonnée de découverte de 1,2 km. Les chemins les plus longs ne sont pas toujours à l'ombre, emportez beaucoup d'eau et de l'écran solaire pendant les mois les plus chauds.

Vous pouvez également faire la visite guidée hors piste, en buggy. Vous verrez en introduction un film vidéo de vingt minutes avant qu'un guide ne vous emmène à la découverte des marécages de la réserve.

Fantasy of Flight ⑫

Carte routière E3. Polk Co. 1400 Broadway Blvd SE, Polk City. ***Tél.*** *(863) 984-3500.* *Winter Haven.* *Winter Haven.* *t.l.j.* *Thanksgiving, 25 déc.* **www**.fantasyofflight.com

Fantasy of Flight prétend être la meilleure attraction de Floride dans le domaine de l'aviation : vous aurez

Pilote amateur en plein combat à Fantasy of Flight

vraiment l'impression de voler. Des expositions très bien faites vous transportent dans un B-17, forteresse volante de la Deuxième Guerre mondiale, au cours d'un bombardement, et dans les tranchées de la Première Guerre mondiale, en plein raid aérien.

Pour quelques dollars de plus, vous vivrez, à bord d'un simulateur d'avion de chasse du temps de la Seconde Guerre mondiale un combat aérien au-dessus du Pacifique. Installé dans le cockpit, vous disposerez de toutes les instructions préalables, et la tour de contrôle vous fournira des conseils pour le décollage, l'atterrissage et la position des avions ennemis.

Un hangar abrite la plus grande collection d'avions anciens en parfait état, dont le premier long-courrier, le Ford Tri-Motor de 1929, qui apparaît dans *Indiana Jones et le temple maudit,* et le Roadair 1, avion-voiture

Lake Russell, un des nombreux lacs du Disney Wilderness Preserve

Pour les hôtels et restaurants de la région, voir p. 317-319 et p. 343-346

hybride qui n'a volé qu'une fois en 1959.

Vous pourrez aussi découvrir l'atelier de réparation où des experts remettent en état des appareils.

Cette pyramide est le clou du spectacle des Cypress Gardens

Cypress Gardens Adventure Park ⓭

Carte routière E3. Polk Co. 6000 Cypress Gardens Blvd, Winter Haven. ***Tél.*** *(863) 324-2111.* *Winter Haven.* *Winter Haven.* *t.l.j.* *Pâques, Thanksgiving, 25 déc.* **www**.cypressgardens.com

Cypress Gardens, ouvert en 1936, fut le premier parc à thèmes de Floride. Il associe étrangement les fleurs et le ski nautique pour attirer les foules. Autour d'un immense lac bordé de cyprès, quelques 8 000 variétés de plantes et des cyprès bordent un immense lac.

Un parc botanique verdoyant occupe un tiers de la surface. Vous y verrez un cyprès âgé de 1 600 ans, des épiphytes *(p. 290)*, un très rare palmier à double tête et un banian géant.

Vous pouvez découvrir le parc à pied ou à bord de la Botanical Boat Cruise, qui suit les canaux du parc et s'arrête pour que les visiteurs prennent en photo le plus beau site du parc ainsi que les « Belles du Sud », qui y posent en robes à crinoline.

Les spectacles de ski nautique sont très prisés. Trois fois par jour au moins, des acrobaties impressionnantes – ski nautique pieds nus, sauts périlleux depuis une rampe – se succèdent. Le clou du spectacle est une pyramide d'un minimum de dix skieurs, défiant les lois de la gravité.

Le parc comporte de nombreuses autres attractions, notamment des montagnes russes classiques en bois, un voyage sur l'eau qui vous emmène vers les plus grands rapides au monde et un plongeoir de 37 m de haut pour ceux qui aiment les sensations fortes. Il existe aussi des attractions plus calmes.

Historic Bok Sanctuary ⓮

Carte routière E3. Polk Co. 1151 Tower Blvd, Lake Wells. ***Tél.*** *(863) 676-1408.* *Winter Haven.* *Lake Wales.* *t.l.j.* **www**.boksanctuary.org

En 1870, Edward W. Bok, d'origine hollandaise, arriva aux États-Unis à l'âge de six ans. Il devint par la suite un éditeur célèbre et peu avant sa mort, en 1930, fit don de ces superbes jardins boisés (52 ha) au peuple américain en remerciement « du succès qu'il lui avait permis de connaître ».

Le sanctuaire couvre maintenant 100 ha, au point culminant de la péninsule de Floride - à 91 m d'altitude - et en son centre, Singing Tower abrite la tombe de Bok. On ne peut monter à la tour, mais essayez d'assister à l'un de ses concerts de carillons. Ils ont lieu tous les jours à 15h.

La Singing Tower de Historic Bok Sanctuary en marbre rose

Yeehaw Junction ⓯

Carte routière E3. Osceola Co. Desert Inn, 5570 South Kenansville Road, Yeehaw Junction 34972. ***Tél.*** *(407) 436-1054.* *t.l.j.* **www**.desertinnrestaurant.com

Autrefois, Yeehaw Junction n'était qu'un point d'eau connu des bûcherons et des vachers qui menaient leurs troupeaux de bétail du centre de l'état aux réserves et aux plantations de la côte.

Situé au carrefour de la voie à grande circulation de Floride et de l'autoroute touristique 441, **Desert Inn** est une étape idéale. Le restaurant sert des steaks hachés d'alligator et de tortue.

Le bâtiment, qui date des années 1880, est classé monument historique. Il offre aux visiteurs qui y arrivent par autobus entiers et aux amateurs de festivals de musique bluegrass un aperçu fascinant de l'histoire de la Cracker Country.

Voiture de police des années 1930, à l'American Police Hall of Fame

American Police Hall of Fame ⓰

6350 Horizon Drive, Titusville. ***Tél.*** *(321) 264-0911.* *Titusville.* *10h-17h30 t.l.j.* *25 déc.* **www**.aphf.org

Le vaste mémorial de marbre du Hall of Fame, sur lequel sont gravés les noms de plus de 5 000 officiers de police américains morts en service, ne laisse pas indifférent. Vous y verrez le mannequin *RoboCop,* le coup de poing américain et des armes camouflées dans un bâton de rouge à lèvres. Mais la chaise électrique sur laquelle on peut s'asseoir ou la chambre à gaz que l'on peut inspecter font appel à des sentiments macabres et à un goût du sensationnel contestables.

Canaveral National Seashore et Merritt Island ⑰

Carte routière F2. Brevard Co. 🚌 *Titusville.* **www**.nps/gov/cana

Ces deux réserves offrent chacune une étonnante variété de faune et d'habitats (en particulier des estuaires d'eau de mer, des marais, des pinèdes et des hammocks de feuillus). Cette diversité est due à la rencontre d'influences tempérées et subtropicales. Vous y verrez des alligators et des espèces en voie de disparition, comme les lamantins. Toutefois, les oiseaux sont incontestablement les plus intéressants.

Le **Canaveral National Seashore** abrite la plus grande plage de Floride (soit 39 km de dunes) donnant sur une barrière préservée d'îles. À son extrémité nord, Apollo Beach est accessible par la route A1A, tandis que la route 402, en venant du sud, débouche sur Playalinda Beach. Aucune route ne relie ces deux voies. Non surveillées, les plages sont idéales pour le bronzage, mais les baignades peuvent parfois se révéler dangereuses.

Près d'Apollo Beach, se dresse Turtle Mound, un amas de coquilles d'huîtres de 12 m de haut, édifié par les Indiens Timucua de 800 à 1400 de notre ère. Prenez le sentier qui mène au sommet du chemin de promenade pour avoir une vue sur Mosquito Lagoon, la myriade d'îlots qui émergent de la mangrove.

En empruntant la route 402 vers Playalinda Beach, vous aurez une vue superbe du pas de tir du Kennedy Space Center, qui se dresse au milieu de cette immensité aquatique. Cette route traverse également le **Merritt Island National Wildlife Refuge**.

An alligator in the wild

La majeure partie de ces 570 hectares se trouve dans le centre spatial et elle est inaccessible.

Le meilleur moyen de connaître les animaux de la région consiste à suivre les 10 km de la Black Point Wildlife Drive. Vous trouverez une excellente brochure au point de départ de ce circuit, près du croisement des routes 402 et 406. Vous apprendrez, notamment, comment les fossés permettent de contrôler la population des moustiques (même s'ils sont toujours très nombreux en été).

À mi-chemin, vous pourrez marcher le long des 8 km du Cruickshank Trail, équipé d'une tour d'observation.

À l'est, le long de la route 402, vers Playalinda, le centre d'informations de Merritt Island propose de superbes expositions sur les habitats et la vie sauvage du refuge. À 1,5 km à l'est, les pistes Oak et Palm Hammock traversent une partie des marais.

LES OISEAUX

Les espèces d'oiseaux de la Space Coast sont magnifiques et très variées. On les voit plus facilement tôt le matin ou juste avant le crépuscule. C'est plus particulièrement le cas entre novembre et mars, lorsque les marais et les lagons accueillent plus de 100 000 canards migrateurs et échassiers.

Grue des dunes

Pélican brun

Sterne royale

Bec-en-ciseaux noir

Canaveral National Seashore
Route A1A, 32 km au nord de Titusville ou de la route 402, 16 km à l'est de Titusville. ***Tél.*** *(321) 267-1110.* ○ *t.l.j.* ● *pour les lancements de navettes.*

Merritt Island National Wildlife Refuge
Route 406, 6.5 km à l'est de Titusville. ***Tél.*** *(321) 861-0667.* ○ *t.l.j.* ● *pour les lancements de navettes.* **www**.merritisland.fws.gov

Vue du Black Point Drive, près du Merritt Island National Wildlife Refuge

Kennedy Space Center ⑱

P. 196-201.

US Astronaut Hall of Fame ⓳

Carte routière E2. Brevard Co. Jonction des routes 405 et US 1. ***Tél.*** *(321) 269-6101.* *Titusville.* *t.l.j. 9h-18h30.* *25 déc.* **www**.kennedyspacecenter.com/visitksc/attractions/fame.asp

Ce musée rend hommage aux premiers astronautes américains en exposant leurs objets personnels. La réplique grandeur nature d'une navette héberge un cinéma qui diffuse un film sur un voyage spatial. Dans le simulateur de vol, les visiteurs subissent la même pression de force G que les pilotes de chasse. Sur le même site, l'US Space Camp dispense des cours pour les plus jeunes.

Tico Belle, la plus belle pièce du Warbird Air Museum

Valiant Air Command Warbird Air Museum ⓴

Carte routière E2. Brevard Co. 6600 Tico Road, Titusville. ***Tél.*** *(321) 268-1941.* *Titusville.* *t.l.j .10h-18h.* *Thanksgiving, 25 déc., 1er janv.* **www**.vacwarbirds.org

Dans un hangar sont exposés des avions militaires de la Seconde Guerre mondiale à nos jours, tous en état de vol. Le clou de cette collection est un Douglas C-47, le Tico Belle qui date de la Seconde Guerre mondiale. Durant le meeting aérien de mars, vous pourrez assister à des mitraillages au sol et à des combats aériens.

Porcher House, à la limite du quartier historique de Cocoa

Cocoa ㉑

Carte routière E3. Brevard Co. Cocoa Beach Chamber of Commerce. *20 000.* *400 Fortenberry Rd, Merritt Island (321) 459-2200.* **www**.cocoabeachchamber.com

Cocoa est la ville la plus agréable des zones urbaines qui s'étendent sur la Space Coast. Cocoa Village, son quartier historique (situé près de l'endroit où la route 520 enjambe l'Indian River en direction de Cocoa Beach), possède toujours des bâtiments des années 1880, des répliques de lampadaires à gaz et des trottoirs en brique. Sur Delannoy Avenue, à son extrémité est, se dresse la Porcher House en coquin *(p. 215)*, construite en 1916 par un cultivateur d'agrumes. Ne ratez pas le pique, le cœur, le trèfle et le carreau gravés sur le portique : Mme Porcher était en effet très férue de bridge.

Cocoa Beach ㉒

Carte routière F3. Brevard Co. *14 000.* *Cocoa.* *400 Fortenberry Rd, (407) 459-2200.*

Cette grande station balnéaire toute simple s'est désignée comme la capitale du surf de la côte est. Les compétitions de surf et les concours de bikini ou de gagnez-votre-poids-en-bière donnent le ton, tandis que sa rue principale regorge de motels et de chaînes de restaurants. Le **Ron Jon Surf Shop** est la fierté de la ville. Ce palais de néons vend (et loue) toutes sortes de planches de surf et de T-shirts. En face, des statues modernes représentent des sportifs de plage.

Ron Jon Surf Shop
4151 N Atlantic Ave. ***Tél.*** *(321) 799-8820.* *t.l.j. : 24 h/24.*

Ron Jon Surf Shop, à Cocoa Beach, vend tout ce qui a trait au surf et aux jeux de plage

Le Kennedy Space Center ⓲

Logo de la NASA

Implanté sur Merritt Island Wildlife Refuge, à une heure de voiture à l'est d'Orlando, le Kennedy Space Center est le seul site d'Occident d'où des hommes s'élancent vers l'espace. C'est à partir de là, lors du lancement d'Apollo 11 en juillet 1969, que s'est réalisé le rêve du président Kennedy de voir un homme marcher sur la Lune. Le centre abrite la NASA (National Aeronautics and Space Administration). Des navettes habitées *(p. 200-201)* décollent régulièrement de l'un des pas de tir. Comparable aux parcs à thèmes d'Orlando par sa taille et par son ambition, le Kennedy Space Center est à la fois éducatif et distrayant.

★ Apollo/Saturn V Center
Le clou du centre est la fusée Saturne 5, utilisée pour les missions Apollo. La reconstitution d'une salle de contrôle permet aux visiteurs de vivre une simulation de décollage.

Les hommes de l'espace
Des employés habillés en astronautes apparaissent par surprise à tout moment. Ils vous fourniront d'excellents sujets de photo.

★ Rocket Garden
Vous pourrez vous promener à travers un groupe de fusées dressées vers le ciel, dont chacune représente une période différente de l'histoire de la conquête spatiale.

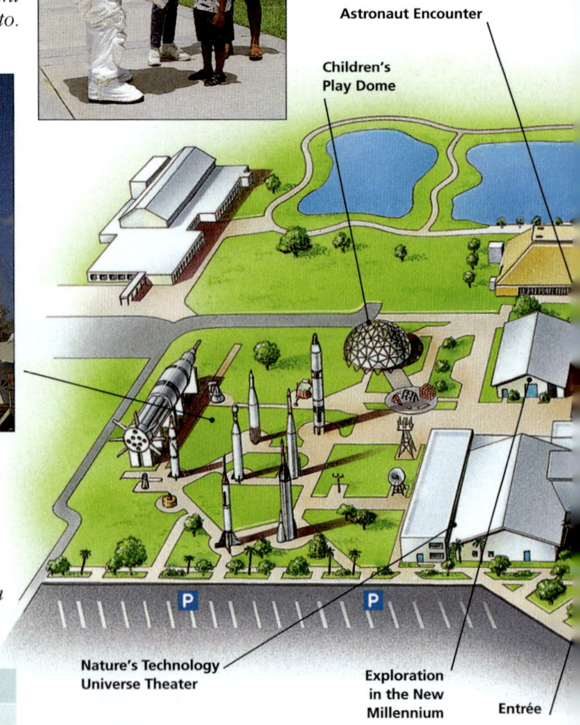

VISITOR CENTER

Dans le cadre des nouveaux équipements destinés à accueillir les touristes, le Visitor Center, ouvert en 1996, organise des circuits en bus sur tout le site. C'est aujourd'hui un grand musée abritant plusieurs snacks et restaurants et un magasin de souvenirs. On y accède par l'US 405 depuis Titusville et la route 3 de Cocoa.

À NE PAS MANQUER

- ★ Apollo/Saturn V Center
- ★ Rocket Garden
- ★ Les circuits en bus
- ★ Les films en IMAX®

Pour les hôtels et restaurants de cette région, voir p. 317-319 et p. 343-346

★ KSC Bus Tour
Le bus permet de visiter les pas de tir, le Vehicle Assembly Building et la « crawlerway », le long de laquelle la navette est soigneusement mise en position lors du décollage.

MODE D'EMPLOI

Carte routière F2. Brevard Co. par la route 405 à environ 10 km à l'est de Titusville. ***Tél.*** *(321) 449-4444.* *Titusville.* *t.l.j. 9h-17h30.* *25 déc. ; parfois fermé pour des raisons techniques.* *toutes les expositions sont accessibles ; des fauteuils roulants sont disponibles.* ***Tél.*** *(321) 867-4636 pour les dates de lancement.* ***Déjeuner avec un astronaute*** *(321) 449-4400.* **www.**ksc.nasa.gov

★ IMAX® Theater
IMAX® Theater diffuse des films en IMAX® sur les satellites et l'exploration spatiale, notamment des vues de la Terre prises de l'espace, à couper le souffle (p. 198).

Déjeuner avec un astronaute
Une agréable opportunité de rencontrer un astronaute de la Nasa et d'obtenir un autographe.

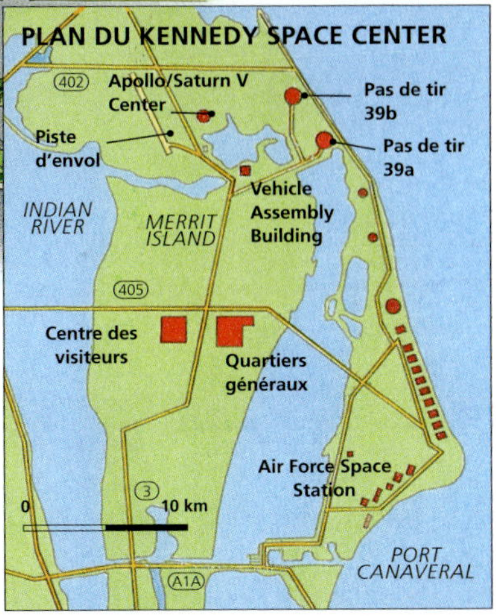

LÉGENDE

- P Parc de stationnement
- ATM (distributeur automatique)
- Restaurant

À la découverte du Kennedy Space Center

Construit en 1967 pour les astronautes et leurs familles, le Visitor Center accueille aujourd'hui plus de 1,5 millions de touristes par an. Le site de 340 m² vous fera vivre le temps d'une journée à l'heure de l'espace. Vous y découvrirez d'excellents films IMAX®, des spectacles, des astronautes et le clou du circuit (visites guidées en bus), la fusée Saturne 5, utilisée pour les missions Apollo. Vous pouvez visiter le centre à votre rythme et vous arrêtez quand vous le souhaitez pour découvrir les trois attractions majeures du centre. Le ticket d'entrée donne à la fois accès au KSC Tour, à l' IMAX® Theater et à toutes les démonstrations.

Vous pourrez faire d'étonnantes photos au Lunar Surface Theater

LE VISITOR CENTER

L'endroit le plus fréquenté du site est l'**IMAX® Theater**, où deux cinémas diffusent en IMAX des films époustouflants sur des écrans géants de plus de cinq étages. Pour certains, c'est le moment le plus important de cette visite.

Le meilleur film est *Magnificent Desolation : Walking on the Moon 3-D*. Commenté par Tom Hanks, réalisé avec des extraits de films inédits de la NASA et des images de synthèse du sol lunaire, ce film vous emmène au cœur de l'équipe des 12 astronautes ayant marché sur la Lune. Le second film, *Space Station 3-D,* montre des astronautes européens et américains à bord d'une station spatiale. Il comporte de nombreuses séquences avec des paysages de l'espace. L'Universe Theater de 300 places au Visitor Center diffuse le film inspiré *Quest for Life* qui souligne la nécessité pour la survie de notre planète de trouver d'autres espaces. La NASA Art Gallery, à l'intérieur de l'IMAX® Theater, expose plus de 200 œuvres d'art réalisées par des artistes célèbres comme Andy Warhol, Robert Rauschenberg et Annie Leibovitz. Les enfants préféreront probablement découvrir les derniers robots d'exploration de **Robot Scouts** ou voir de près un astronaute lors du spectacle **Astronaut Encounter**.

À Shuttle Plaza, vous verrez la réplique grandeur nature de la navette **Explorer**, dans laquelle vous pourrez pénétrer.

Au **Launch Status Center** assistez à des briefings où les équipages reçoivent les dernières instructions avant de partir en mission. À côté, le Space Mirror suit les mouvements du Soleil et réfléchit la lumière sur les noms inscrits sur l'**Astronaut Memorial**. Cet émouvant monument rend hommage aux 16 astronautes qui ont donné leur vie au cours de l'exploration spatiale d'Apollo 1 à Challenger.

Exploration in the New Millenium propose un film, une conférence et une exposition instructive sur l'exploration de l'espace dans le futur. Les visiteurs pourront toucher un morceau d'une météorite de Mars.

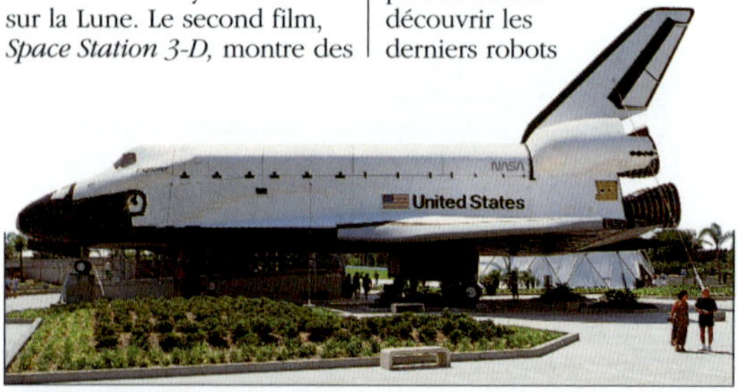

L'Explorer est une réplique en taille réelle d'une navette spatiale

CHRONOLOGIE

1955 – **1960** – **1965** – **1970** – **1975**

1958 Lancement le 31 janvier d'Explorer 1, le 1er satellite américain

1961 Le 5 mai, Alan Shepherd devient le 1er Américain dans l'espace. Kennedy engage la nation à explorer la Lune

1962 John Glenn et Mercury sont en orbite autour de la Terre

John Glenn

1965 Edward White est le 1er à marcher dans l'espace (le 3 juin)

1966 Le 16 mars, premier arrimage spatial de Gemini 8

1968 Apollo 8 en orbite autour de la Lune (le 24 déc.)

1969 Neil Armstrong et Buzz Aldrin (Apollo 11) marchent sur la Lune (le 24 juillet)

Buzz Aldrin

1975 Les vaisseaux américain Apollo et russe Soyouz s'arriment en orbite (le 17 juillet)

1977 La nav Enterpris testée à d'un Boeing (le 18 fév

Pour les hôtels et restaurants de la région, voir p. 317-319 et p. 343-346

KSC BUS TOUR

La porte d'entrée, sur le modèle de celle de l'International Space Station, vous fait pénétrer au sein du Visitor Complex. À l'intérieur, une fascinante promenade permet de découvrir l'histoire des missions dans l'espace qui ont constitué le fondement du programme américain de conquête de l'espace. La rotonde vitrée conduit à l'**Early Space Exploration** qui détaille les premiers essais significatifs de lancement de fusées dans l'espace. Dans la Mercury Mission Control Room, vous découvrirez le tableau de bord qui présida au décollage des huit premières missions. Les échanges avec le personnel de la station sont particulièrement intéressants. Vous découvrirez ensuite les authentiques vaisseaux spatiaux, Mercury et Gemini et revivrez l'excitation des premiers voyages dans l'espace. Les bus du KSC Tour partent toutes les cinq minutes du Visitor Complex et offrent un voyage exceptionnel à travers toutes les installations du centre. Les plus importantes sont le LC 39 Observation Gantry et l'Apollo/Saturn V Center. Vous découvrirez des zones sécurisées dont les guides vous expliqueront en détail le fonctionnement. Vous pouvez rester le temps que vous voulez dans chaque zone. Les passionnés peuvent ainsi s'imprégner de l'ambiance de ces lieux mythiques. Deux circuits supplémentaires ont été mis en place récemment : le **Cape Canaveral : Then and Now Tour**, avec les rampes de lancement de Mercury, Gemini et Apollo et le **NASA Up Close Tour**, qui donne une vue très complète d'un programme de navette spatiale. Ce circuit comprend également une visite à l'**International Space Station Center**. Vous pourrez vous promener et regarder de près toutes les installations nécessaires au lancement d'une fusée dans l'espace.

Le Vehicle Assembly Building domine le paysage plat de la région

Les fusées exposées au Cape Canaveral Air Station

SPACE CENTER TOUR

Comptez entre 2 h et 6 h pour visiter intégralement les deux installations proposées par le KSC Tour. Les circuits sont fascinants et méritent que vous leur consacriez du temps.

Vous aurez une vue plongeante des rampes de lancement si vous vous arrêtez au premier observatoire de la tour de 18 m, le **LC 39 Observation Gantry**. De retour, sur la terre ferme, un film et une exposition vous raconteront comment on envoie une navette dans l'espace. L'**Apollo/Saturn V Centure** expose un vaisseau spatial actuel, Saturn V, de 110 m. Vous verrez le lancement historique d'Apollo 8 et la première mission sur la lune avec des humains dans le Firing Room Theater. Vous découvrirez ensuite au Lunar Theater un film qui montre les séquences actuelle d'un alunissage. Le Moon Rock Café est le seul endroit sur terre où l'on peut dîner à côté d'une vraie fusée.

1980

La navette Columbia

1981 …lumbia est 1re navette …e 12 avril)

1983 La 1re Américaine part dans l'espace à bord de la navette Challenger (le 18 juin)

1984 La 1re Américaine, Kathryn Sullivan, marche dans l'espace (le 11 octobre)

1985

1986 Challenger explose. L'équipage meurt (le 28 janvier)

1988 Discovery, la 1re navette depuis Challenger, est lancée (le 29 septembre)

Logo d'Atlantis -Mir (juin 1995)

1990

1990 Le télescope Hubble est lancé (le 24 avril)

1995

1995 Atlantis s'arrime à la station russe Mir (le 29 juin)

1996 Mars Pathfinder est envoyé sur Mars (le 4 décembre) pour collecter des informations

2001 Dennis Tito dépense 20 millions de dollars pour passer une semaine dans l'espace

2003 La navette Columbia explose, aucun survivant

La navette spatiale

Logo de la navette

À la fin des années 1970, les Américains décidèrent de ne plus envoyer d'astronautes dans l'espace pour ne plus grever le budget fédéral. En effet, les missions Apollo coûtaient des millions de dollars, et tout le matériel était soit perdu, soit détruit. La NASA mit alors à l'étude un programme de construction de vaisseaux spatiaux capables de remplir plusieurs missions. C'est ainsi que naquit la navette Columbia, qui fut lancée le 12 avril 1981 *(p. 52-53)*. Sa vaste soute lui permettait d'emporter toutes sortes de satellites et de sondes ainsi que le matériel nécessaire à la construction d'une station orbitale internationale dans l'espace.

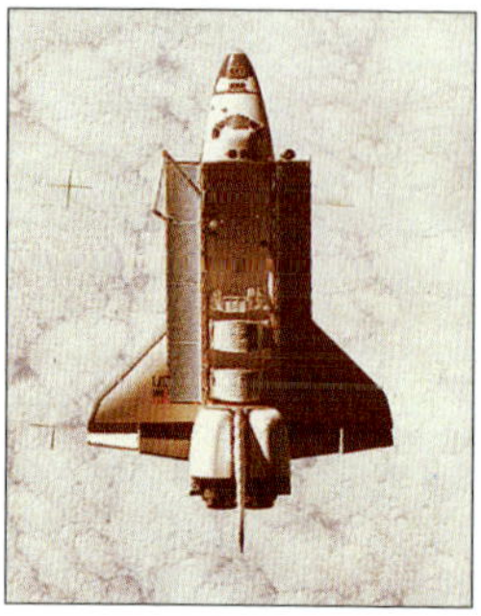

La navette dans l'espace
En orbite, les portes de la soute sont ouvertes. La navette a transporté, entre autres, le télescope Hubble.

Le poste de pilotage
Comme un avion, la navette possède un poste de pilotage, mais celui-ci est bien plus complexe. Vous en aurez une idée au Launch Status Center (p. 197).

Les rails permettent de faire bouger la tour.

La piste chenillée *Cette double piste, de 30 m de large, supporte le poids de la navette spatiale quand la plate-forme l'achemine sur le pas de tir. Sa surface recouvre une couche d'asphalte et une couche de pierres broyées de 2 m de profondeur.*

La plate-forme mobile se retire une fois la navette en place.

LES ÉTAPES DU VOL

La navette comporte trois éléments : l'orbiteur (et ses trois moteurs), un réservoir extérieur d'hydrogène et d'oxygène liquides et deux propulseurs à carburant solide, qui permettent le décollage. Comme les premières fusées, la navette se met en orbite en plusieurs étapes.

1 Le prélancement
On fixe réservoirs extérieurs et propulseurs à l'orbiteur dans le Vehicle Assembly Building, puis on l'emmène sur le pas de tir.

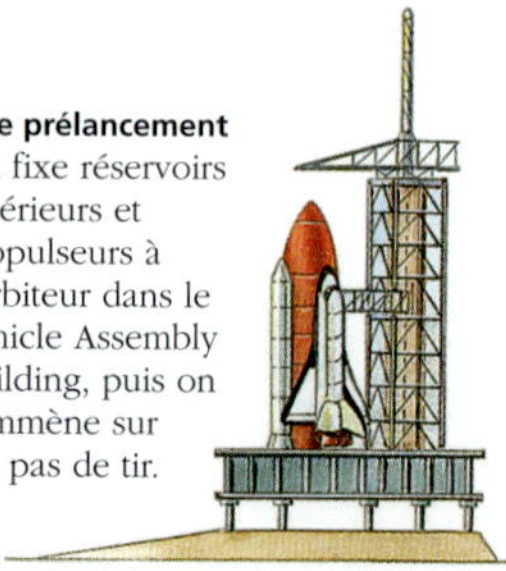

2 Le lancement
À l'issue du comp à rebours, la nave décolle grâce à se trois moteurs et à ses deux propulse

LE LANCEMENT

Depuis le voyage inaugural en 1981, de nombreuses missions ont été réalisées par les navettes Columbia, Challenger, Discovery, Atlantis et Endeavour. Le programme de lancement a subi un coup d'arrêt après l'explosion de Challenger en 1986 et celle de Columbia en 2003. Les lancements reprendront quand la sécurité des navettes sera assurée. Pour y assister depuis le Kennedy Space Center, il faut acheter un Lauch Viewing Ticket. Mais vous aurez un très bon point de vue (gratuit) sur l'US 1, à Titusville, ou sur l'A1A, à Cocoa Beach et à Cape Canaveral.

Navette quittant le pas de tir

L'atterrissage

Une fois revenue dans l'atmosphère, la navette retourne au Space Center tout moteur éteint. Elle atterrit à la vitesse impressionnante de 360 km/h.

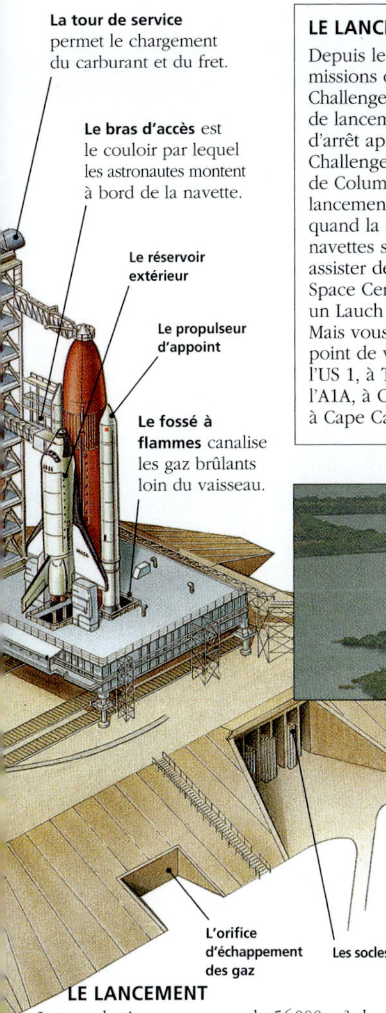

LE LANCEMENT

Le pas de tir se compose de 56000 m³ de béton armé supportés par six socles en acier. Lorsque les moteurs s'allument, le pas de tir est noyé d'eau froide, ce qui produit un immense nuage de vapeur d'eau.

PLAN DU PAS DE TIR

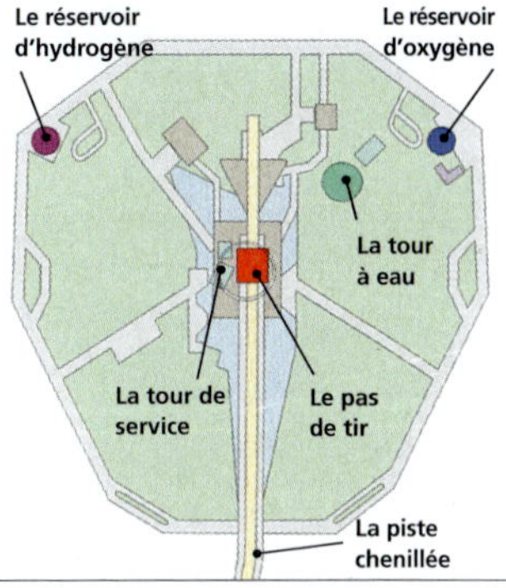

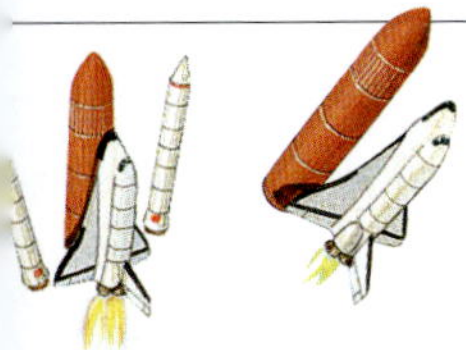

3 La séparation
Deux minutes plus tard, les propulseurs se détachent. Six minutes après, c'est le tour du réservoir.

4 La mise en orbite
En utilisant ses propres moteurs, la navette se place en orbite. La mission, qui dure de 7 à 18 jours, se déroule à une altitude oscillant entre 185 et 1 100 km.

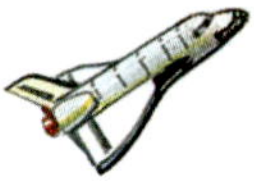

5 L'atterrissage
Rentrant dans l'atmosphère à l'envers, la navette freine avec ses moteurs. Après s'être retournée, elle descend dans la stratosphère et s'arrête grâce à ses parachutes.

LE NORD-EST

Le Nord-Est dégage un charme plus discret que Miami ou Orlando. À quelques kilomètres des routes fédérales surchargées, les villages de pêcheurs, les immenses plantations et les villes surannées rappellent l'ancienne Floride. Ses superbes plages attirent les amateurs de bronzage, tandis que la ville de Saint Augustine est la plus ancienne colonie européenne des États-Unis.

L'histoire de la Floride débute dans le Nord-Est, sur la First Coast : c'est là, en effet, que Juan Ponce de León a abordé en 1513 *(p. 42)*. Les colons espagnols fondèrent Saint Augustine, une ville bien préservée et gardée par la forteresse de San Marcos – l'un des plus beaux monuments de la région.

Le Nord-Est a connu sa première vague de touristes au XIXe siècle, lors de l'expansion de la marine à vapeur *(p. 48)*. Jacksonville devint la porte d'entrée de la Floride, les bateaux à vapeur remontant la Saint Johns River et ses affluents. Dans les années 1880, le chemin de fer de Henry Flagler désenclava la côte est. Des touristes aisés affluèrent alors dans les hôtels de Saint Augustine et d'Ormond Beach. En hiver, les amateurs de soleil gagnèrent le sud. Des plages de sable flanquent la célèbre station balnéaire de Daytona, grand centre de courses automobiles depuis que Henry Ford ou Louis Chevrolet y essayèrent leurs véhicules sur les plages durant les vacances d'hiver. Daytona est aussi le lieu de prédilection des étudiants, qui y passent les vacances de printemps. La ville est alors très animée.

À l'intérieur des terres, à l'ouest de la Saint Johns s'étendent l'Ocala National Forest, puis les pâturages vallonnés du comté de Marion, spécialisé dans l'élevage des chevaux. Les charmants villages et villes de la région, comme Micanopy, semblent avoir été oubliés par le XXe siècle.

Le splendide Lightner Museum de Saint Augustine est hébergé dans l'enceinte de l'ex-Alcazar Hotel

◁ **Sentier du Blue Spring State Park, tout près de la Saint Johns River**

À la découverte du Nord-Est

La First Coast, qui longe l'océan Atlantique sur 193 km, est jalonnée de plages et de stations balneaires et entrecoupée de dunes et de marais très prisés des ornithologues. Les stations balnéaires ont chacune leur style, du décor sublime de Fernandina Beach à la frénésie de Daytona Beach. Entre ces deux extrêmes se dresse le joyau historique de Saint Augustine. À l'intérieur des terres, l'Ocala National Forest offre des dizaines de pistes de randonnée ainsi que la possibilité de faire du bateau, de pêcher et de s'adonner à la plongée. De nombreuses résidences victoriennes ont été transformées en *bed-and-breakfast*, ce qui vous changera agréablement des hôtels.

LA RÉGION D'UN COUP D'ŒIL

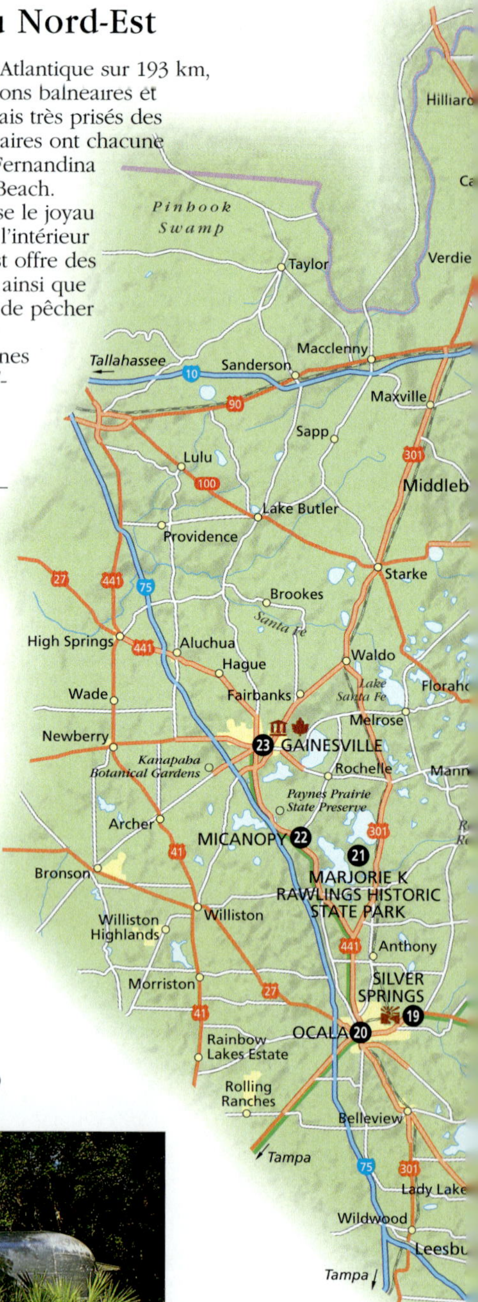

Une caravane traditionnelle, dans l'Ocala National Forest

VOIR AUSSI

• ***Hébergement*** p. 320-321

• ***Restaurants et cafés*** p. 346-348 et p. 357

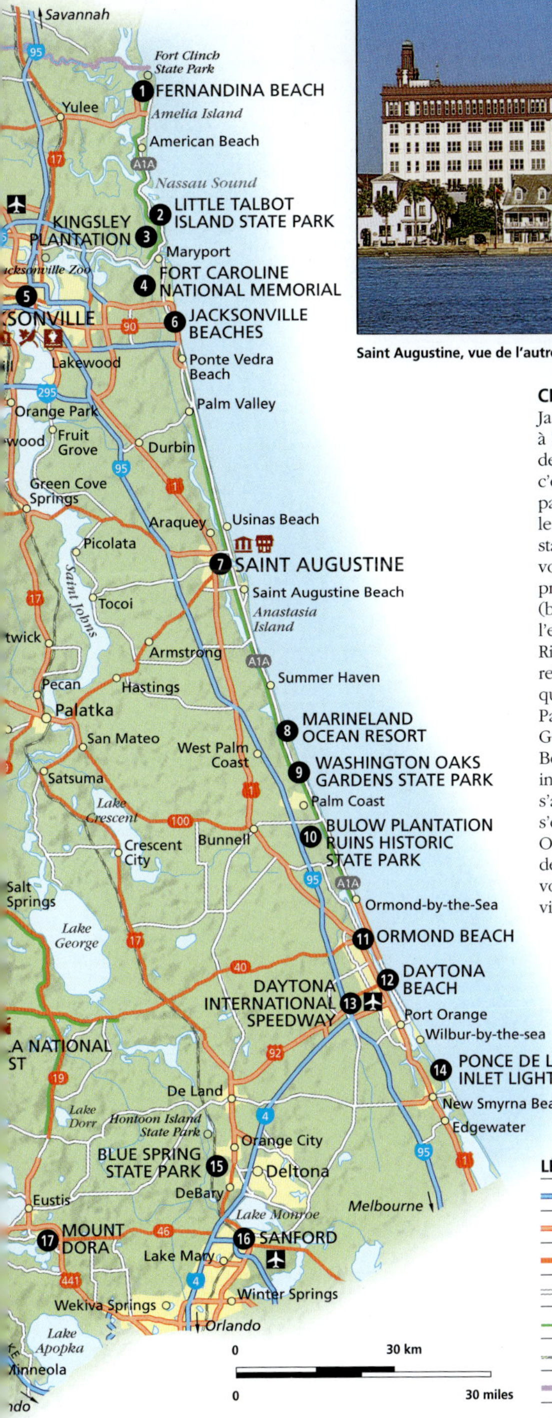

Saint Augustine, vue de l'autre rive de l'Intracoastal Waterway

CIRCULER

Jacksonville est située à l'intersection de l'I-10 et des principaux axes nord-sud, c'est-à-dire l'I-95 et l'US 1, parallèles à la côte. L'A1A suit le littoral et relie les différentes stations balnéaires. Si vous voulez éviter Jacksonville, prenez le ferry de Mayport (bon marché), qui traverse l'embouchure de la Saint Johns River. Plusieurs routes est-ouest relient la côte à l'I-75, qui traverse la Saint Johns à Palatka ou au sud du lac George. Jacksonville et Daytona Beach ont chacune un aéroport international. Les trains Amtrak s'arrêtent à Jacksonville puis s'enfoncent dans les terres vers Ocala et Sanford – le terminus de l'Auto Train *(p. 392)*. Mais si vous voulez vous éloigner des villes, une voiture est nécessaire.

LÉGENDE

- Autoroute
- Route principale
- Route secondaire
- Route mineure
- Route touristique
- Voie ferrée principale
- Limite d'État

Le Beech Street, à Fernandina, avec ses motifs de style Chippendale

Fernandina Beach ❶

Carte routière E1. Nassau Co.
10 000. *Jacksonville.*
Jacksonville. *961687 Gateway Blvd, (904) 261-3248.*
www.islandcamber.com

Jusqu'à la fin du XIXe siècle, la ville de Fernandina Beach, installée sur la Saint Mary dans Amelia Island, était un célèbre repaire de pirates. Son port aux eaux profondes a attiré les armées étrangères et les aventuriers. Ayant appartenu à plusieurs États successifs, Amelia Island fut appelée l'île aux Huit Drapeaux. Aujourd'hui, Fernandina est une station balnéaire de style victorien et la première ville productrice de crevettes blanches en Floride : chaque année, on en pêche plus de 900 tonnes.

La première colonie espagnole fut fondée à Old Fernandina, sur un bras du fleuve. Vers 1850, la ville se déplaça au sud vers le terminus oriental de la ligne de chemin de fer du sénateur David Yulee. Combinée à l'essor du tourisme en Floride vers 1870 *(p. 46-47)*, cette délocalisation provoqua le boom de la construction et l'apparition de l'**Historic District** de Fernandina.

Le Silk Stocking District, qui occupe une bonne moitié de l'Historic District, porte encore la marque de cet âge d'or. Les capitaines de vaisseau et les producteurs de bois firent construire des maisons de styles fort différents : des maisons de style Queen Anne, des résidences italiennes aux motifs originaux et à tourelles ainsi que des bâtiments de style Chippendale chinois, comme le Beech Street Grill *(p. 347)*.

Regarder les crevettiers rentrer au port le soir est un rituel. Un monument sur Centre Street, autrefois riche en magasins d'accastillage, rend hommage aux marins. Ces bâtiments en brique abritent aujourd'hui des magasins d'antiquités et de souvenirs. Le Palace Saloon, datant de 1878, possède un bar orné de caryatides sculptées à la main et sert toujours le punch des pirates.

Dans la 3e Rue, la Florida House Inn *(p. 347)*, fondée en 1857, est le plus ancien hôtel de l'État. À deux blocs plus au sud, l'**Amelia Island Museum of History** est installé dans l'ancienne prison. Des guides vous raconteront l'histoire de l'île. Des découvertes archéologiques et des objets d'époque illustrent les circuits de 90 mn. Visite guidée de la ville sur réservation.

Amelia Island Museum of History
233 S 3rd Rue. ***Tél.*** *(904) 261-7378.* *lun.-sam.* *jours fériés.* *obligatoire, deux circuits par jour.*
www.ameliaislandmuseumofhistory.org

Aux environs

Amelia Island (21 km de long et au maximum 3 km de large) fut peuplée pour la première fois au IIe siècle av. J.-C. par les Indiens Timucua. L'abondance de poissons et de gibier laisse à penser que l'île nourrissait 30 000 Indiens. Vous pourrez y pêcher, jouer au golf (sur l'un des cinq terrains) ou monter à cheval sur la plage (ce qui est rare en Floride). Les dunes de la plage atteignent par endroit 12 m de haut.

Un pirate de Fernandina Beach

À l'extrémité nord de l'île, les 453 hectares de **Fort Clinch State Park** comprennent des pistes, des plages, un camp et un fort du XIXe siècle qui défendait Cumberland Sound, à l'embouchure de la Saint Mary's River. La construction de ce pentagone irrégulier de briques, aux murs de 1,5 m de large et aux canons datant de la guerre de Sécession, a commencé en 1847 pour s'achever dans les années 1860.

Aujourd'hui, les gardes forestiers du parc arborent des uniformes de la guerre de Sécession. Le 1er week-end de chaque mois, très chargé, ils sont aidés par des volontaires. Le samedi, ils organisent des circuits éclairés à la bougie.

La côte atlantique, à Amelia Island près de Fernandina Beach

Fort Clinch State Park
2601 Atlantic Ave. ***Tél.*** *(904) 277-7274.* *t.l.j.* *limité.*
www.floridastateparks.org

Little Talbot Island State Park ❷

Carte routière E1. Duval Co. 12157 Heckscher Drive, Jacksonville. ***Tél.*** *(904) 251-2320.* *Jacksonville.* *Jacksonville.* *t.l.j.* *limité.* **www**.floridastateparks.org

La majeure partie d'Amelia Island et les îles voisines de Big Talbot, Little Talbot et Fort George sont un véritable sanctuaire pour les animaux.

Le Little Talbot Island State Park abrite un camp familial, des pistes, des marais et des réserves de poissons. Vous y verrez des loutres, des lapins des marais, des crabes appelants, des hérons et des mouettes rieuses. Des lynx rufus se cachent dans les bois et des lamantins sillonnent les eaux côtières, tandis qu'en été les tortues pondent sur la plage *(p. 117)*. En automne, les baleines franches viennent mettre bas au large.

Vue d'une piste traversant les marais, sur Little Talbot Island

Kingsley Plantation ❸

Carte routière E1. Duval Co. 11676 Palmetto Ave, Fort George. ***Tél.*** *(904) 251-3537.* *Jacksonville.* *Jacksonville.* *t.l.j.* *Thanksgiving, 1er janv., 25 déc.* **www**.nps.gov

Située dans la Timucuan Ecological and Historic Preserve, la plantation Kingsley est la plus ancienne demeure de ce type en Floride. Construite en 1798 à l'extrémité nord de Fort George Island, elle tient son nom de Zephaniah Kingsley, qui s'y installa en 1814. Il acheta 12950 ha de terrain de Lake George, au nord, jusqu'à la Saint Mary's River. Cette zone comprenait quatre plantations. Celle de Kingsley employait 100 esclaves pour la culture du coton, de la canne à sucre et du maïs.

Bien qu'esclavagiste, Zephania Kingsley prônait un traitement humain des esclaves. Il épousa une esclave affranchie, Anna Jai. Tous deux vécurent dans la résidence en planches à clin *(p. 45)* de la plantation jusqu'en 1839. Décrite à l'époque comme une « très jolie et spacieuse maison », la demeure de Kingsley a été restaurée et abrite aujourd'hui un Visitor Center. Elle est surmontée d'un parapet sur le toit, appelé « chemin des veuves », qui servait à surveiller les champs. En plus de sa grange et de sa cuisine séparée, cette plantation est connue pour ses 23 cases d'esclaves situées dans les bois, près du portail d'entrée. Construites en tabby *(p. 296)*, ces habitations rudimentaires, restaurées une fois, ont traversé les siècles.

Cases d'esclaves de la plantation Kingsley

Fort Caroline National Memorial ❹

Carte routière E1. Duval Co. 12713 Fort Caroline Rd, Jacksonville. ***Tél.*** *(904) 641-7155.* *Jacksonville.* *Jacksonville.* *t.l.j.* *Thanksgiving, 1er janv., 25 déc.* **www**.npas.gov/foca

Le site originel de Fort Caroline fut détruit dans les années 1880, lorsque l'on dragua la Saint Johns River. Au Fort Caroline National Memorial, une reconstitution des fortifications du XVIe siècle illustre le style des premiers forts européens du Nouveau Monde. Des panneaux relatent l'histoire de cette citadelle, depuis l'arrivée des colons français en juin 1564. Chargé de prendre possession de l'Amérique du Nord, 300 Français remontèrent la Saint Johns et installèrent un camp à 8 km dans les terres. Menés par René de Goulaine de Laudonnière et aidés par les Timucua, ils érigèrent un fort, baptisé La Caroline, en l'honneur de Charles IX *(p. 42)*. Un an après, les colons mouraient de faim. Des renforts arrivèrent, menés par Jean Ribault. Mais les Espagnols s'emparèrent du fort, mettant fin aux ambitions de la France. Le parc abrite une réplique de la colonne en pierre érigée par Ribault.

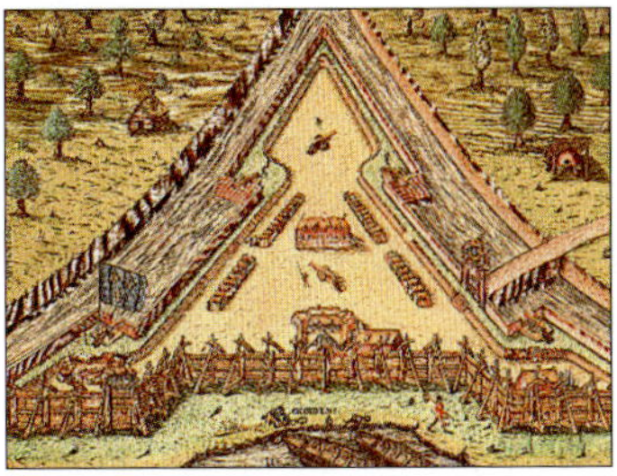

Fort Caroline en 1564, par Théodore de Bry

Les gratte-ciel en verre et en acier dominent la rive nord de la Saint Johns

Jacksonville ❺

Carte routière E1. Duval Co.
1 075 000.
550 Water St, (904) 798-9148.
www.visitjacksonville.com

Jacksonville, la capitale de la First Coast, fut fondée en 1822. Elle doit son nom au général Jackson *(p. 45)*. À la fois port et terminus ferroviaire, Jacksonville a connu un boom à la fin du XIXe siècle. Aujourd'hui, le quartier commercial du centre-ville – visible du Skyway ou ASE *(p. 395)* – vit de la finance.

Cette ville, la plus grande de la région, est traversée par la Saint Johns River. La plupart des visiteurs se dirigent tout de suite vers les zones piétonnières qui bordent les rives du fleuve et qui sont reliées entre elles par des bateaux-taxis *(p. 395)*.

Le complexe de commerces et de restauration de **Jacksonville Landing** et le Museum of Contemporay Art Jacksonville sont situés sur la rive nord. Riverside, vaste quartier résidentiel accueille le Cummer Museum of Art. La **Riverwalk** relie le superbe Museum of Science and History au Jacksonville Maritime Museum Society.

Museum of Science and History

1025 Museum Circle Drive.
Tél. *(904) 396-7062.* *t.l.j.*
www.themosh.org

Ce musée, toujours en expansion, présente des expositions très variées qui relatent l'histoire locale. Les 12 000 ans de civilisation des Indiens Timucua *(p. 40-41)* et de leurs prédécesseurs sont illustrés par des outils, des pointes de flèche, des poteries et autres découvertes archéologiques.

Certaines sections ont pour thème l'écologie ou l'histoire de la Saint Johns River et du *Maple Leaf,* un bateau à vapeur coulé en 1864. Des salles exposent des gadgets distrayants ainsi que l'Alexander Brest Planetarium et des spectacles laser en 3D.

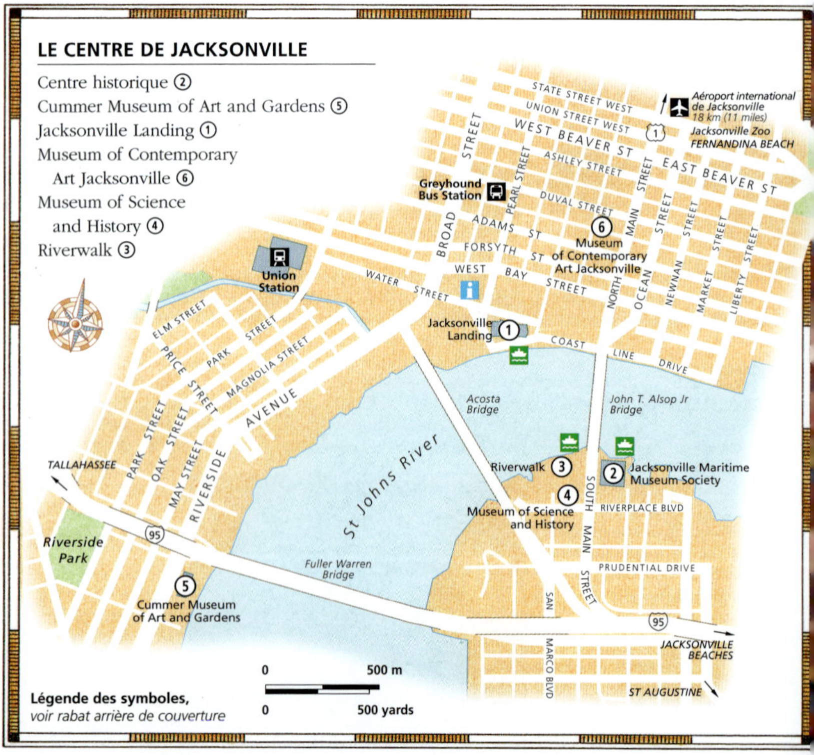

Museum of Contemporary Art Jacksonville

333 North Laura Street. ***Tél.*** *(904) 366-6911.* *hor. variables.* *lun.* **www**.mocajacksonville.org

Au cœur de Jacksonville, ce musée spacieux composé de cinq galeries accueille la plus grande collection d'art moderne et contemporain du Sud-Est.

Jacksonville Maritime Museum Society

1015 Museum Circle. ***Tél.*** *(904) 398-9011.* *t.l.j.* *jours fériés.* **www**.jaxmarmus.com

Ce petit musée expose une douzaine de répliques des fameux vaisseaux. Le clou de l'exposition est l'*USS Saratoga* qui aurait été coulé par un sous-marin allemand. Malgré des centaines de témoins, les Allemands et l'US Navy nièrent ce fait.

Rhinocéros blancs au Jacksonville Zoo

Jacksonville Zoo & Gardens

8 605 Zoo Parkway. ***Tél.*** *(904) 757-4463.* *t.l.j.* *Thanksgiving, 25 déc.* **www**.jaxzoo.org

Le Jacksonville Zoo, ouvert depuis 1914, est situé au nord de la ville, au bord de l'I-95. Plus de 1 000 animaux vivent dans leur habitat naturel. Les lions, les éléphants et les koudous occupent le veld africain, tandis que les antilopes dik-diks, les crocodiles et les porcs-épics se rassemblent le long de la piste Okavango. Vous verrez aussi le plus grand nombre de jaguars des États-Unis. Un train miniature parcourt en 15 mn la moitié des 30 hectares du parc.

Cummer Museum of Art and Gardens

829 Riverside Ave. ***Tél.*** *(904) 356-6857.* *mar.-dim.* *jours fériés.* **www**.cummer.org

Ce musée est entouré de jardins classiques qui descendent jusqu'à la Saint Johns River. Ses douze galeries exposent une petite mais intéressante collection d'art décoratif et de beaux-arts : tableaux Renaissance, œuvres de la collection Wark, porcelaines de Meissen, sculptures et céramiques précolombiennes et classiques, *la Mise au tombeau du Christ* (vers 1605) par Rubens, netsukes japonais voire peintures d'impressionnistes américains ou d'artistes du XIXe et du XXe siècle, comme John James Audubon.

Plages de Jacksonville 6

Carte routière E1. Duval Co, St Johns Co. *Jacksonville.* *Jacksonville BH1, BH2, BH3.* *325 Jacksonville Dr, (904) 249-3868.* **www**.visitjacksonville.org

À 19 km à l'est du centre de Jacksonville, une demi-douzaine de plages s'étendent sur 45 km le long de la côte atlantique. On y accède par l'A1A. Au sud, Ponte Vedra Beach est connue pour ses équipements sportifs, notamment ses terrains de golf. Jacksonville Beach, est un lieu plus fréquenté et plus vivant.

Des nageurs dans le lac du Kathryn Abbey Hanna Park

Il abrite un complexe de divertissements, **Adventure Landing**, et, l'été, un parc nautique. Au nord, Neptune Beach et Atlantic Beach sont plus calmes et plus familiales.

Le **Kathryn Abbey Hanna Park** comprend 2,5 km de plage de sable fin, des pistes dans les bois, des lacs et des équipements de natation, de pique-nique et de camping. Ce parc est situé au sud de **Mayport**, l'un des plus anciens villages de pêche des États-Unis, qui possède toujours sa flotte de pêche à la crevette.

Adventure Landing

1 944 Beach Blvd. ***Tél.*** *(904) 246-4386.* *t.l.j. en fonction du temps.* **www**.adventurelanding.com

Kathryn Abbey Hanna Park

500 Wonderwood Drive. ***Tél.*** *(904) 249-4700.* *t.l.j.* *Thanksgiving, 25 déc., 1er janv.* **www**.coj.net

Crevettiers dans le Mayport, sur la Saint Johns River

Saint Augustine pas à pas ❼

La plus ancienne colonie européenne des États-Unis, qui fut peuplée sans discontinuer depuis sa création, fut fondée par Pedro Menéndez de Avilés *(p. 42)* en 1565, le jour de la Saint-Augustin. Brûlée en 1702, la ville fut reconstruite à l'ombre de Castillo de San Marcos. Nombre de rues étroites et pittoresques de la vieille ville, bordées d'intéressants monuments en pierre, datent de cette époque.

En 1883, Henry Flagler *(p. 125)* y passa sa lune de miel. Conquis par l'endroit, il y fonda l'année suivante le Ponce de León Hotel, aujourd'hui le Flagler College. Les visiteurs affluèrent bientôt et, depuis, Saint Augustine attire toujours les touristes. La ville est également attractive pour ses plages et son accès facile aux golfs et aux marinas des environs.

★ Flagler College
L'architecture de cet ancien hôtel de Flagler se caractérise par des détails hispaniques.

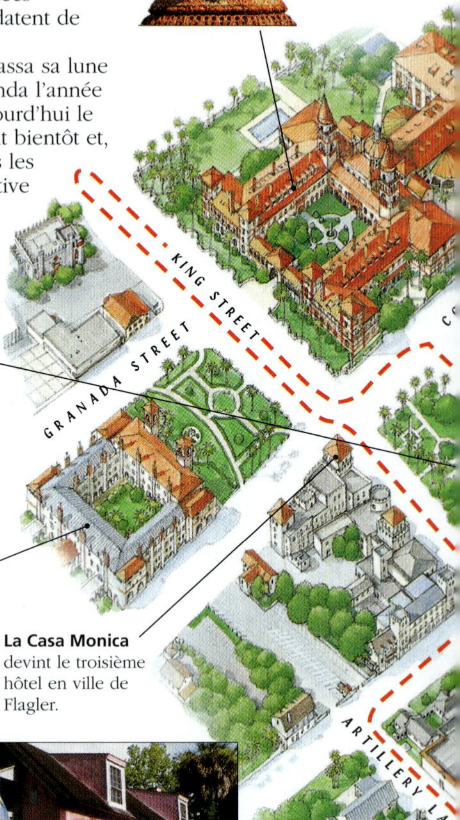

Government House
Cet imposant bâtiment abrite un musée consacré à l'histoire de la ville. C'est ici que tous les jours, à 11 h, débute la visite guidée du quartier historique.

★ Lightner Museum
Cléopâtre *(vers 1890) par Romanelli fait partie des pièces datant de l'âge d'or de la Floride.*

La Casa Monica
devint le troisième hôtel en ville de Flagler.

Prince Murat House
Le prince Achille Murat, neveu de Napoléon, résida dans cette maison en 1824.

★ Maison Ximenez-Fatio
Cette résidence, construite en 1797, fut agrandie par un second étage et une véranda, avant d'être transformée, vers 1850, en pension de famille.

À NE PAS MANQUER

- ★ Flagler College
- ★ Lightner Museum
- ★ Maison Ximenez-Fatio

Plaza de la Constitution
Le cœur de la colonie espagnole bat dans cette place flanquée par la Government House et la Basilica Cathedral.

MODE D'EMPLOI

Carte routière E1. St Johns Co. *16 000. 1711A Dobbs Road, (904) 829-6401. 10 Castillo Drive, (904) 825-1000. Arts & Crafts Spring Festival (avr.).* **www**.visitoldcity.com

Porte de la ville
Datant du XVIIIe siècle, cette porte monumentale mène à la vieille ville via St George Street.

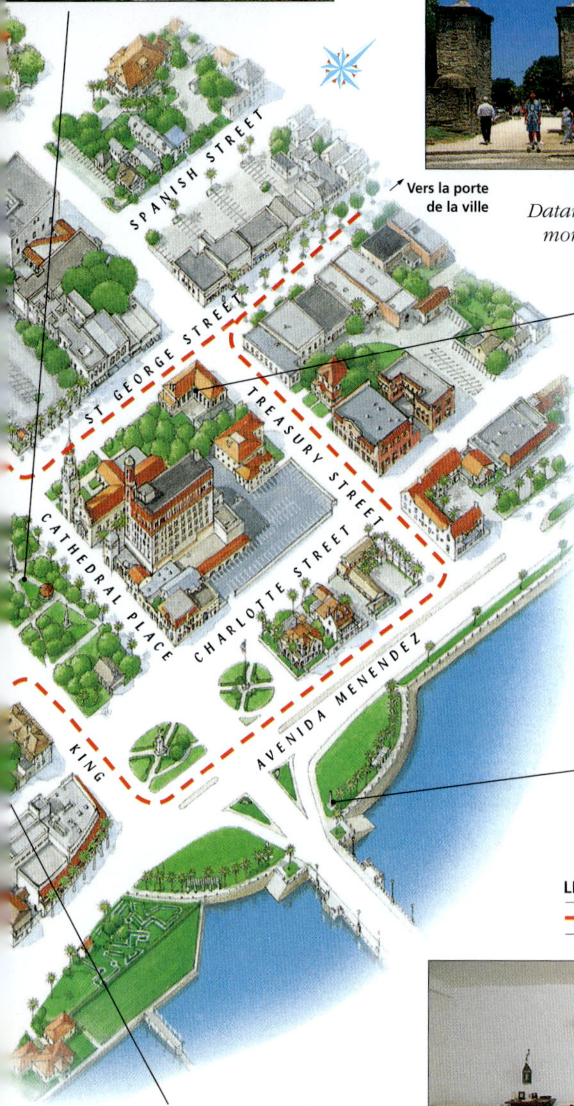

La Peña-Peck House, datant des années 1740, est la plus belle maison de la première période espagnole.

Pont des Lions
Des lions en marbre gardent le pont érigé sur Matanzas Bay en 1926.

0 50 m
0 50 yadrs

LÉGENDE

Itinéraire conseillé

Spanish Military Hospital
Cette reconstitution d'une salle d'hôpital illustre les conditions de vie spartiates des colons espagnols à la fin du XVIIIe siècle.

À la découverte de Saint Augustine

Dense et peu étendu, le centre historique de Saint Augustine se visite facilement à pied. Quittez les artères principales trop fréquentées pour explorer les rues et les cours ombragées. Vous découvrirez des coins tranquilles où les chats prennent le soleil et où les chênes anciens sont recouverts de mousse de couleur gris-vert. Les circuits en calèche, qui partent d'Avenida Menendez, au nord du pont des Lions, sont un moyen très prisé de visiter la ville. Les petits trains touristiques suivent un itinéraire plus étendu. Durant le trajet, le chauffeur raconte des anecdotes historiques.

Saint George Street, la rue principale du quartier historique

La visite de Saint Augustine

La rue piétonne Saint George Street forme le centre du quartier historique. Elle abrite des magasins et certaines des principales attractions de Saint Augustine, dont l'excellent Spanish Quarter Museum. Proche du front de mer, cette rue va de la City Gate à la Plaza de la Constitution. Aviles Street, la rue pavée qui part de cette place vers le sud, est bordée de beaux bâtiments d'époque coloniale. King Street, à l'ouest de la Plaza, est très différente. On y trouve les hôtels construits par Flagler *(p. 48-49)* à l'apogée de Saint Augustine, c'est-à-dire à la fin du XIXe siècle. Ils abritent aujourd'hui le Lightner Museum et le Flagler College.

The Oldest Wooden Schoolhouse

14 St George St. ***Tél.*** *(904) 824-0192* *t.l.j.* *25 déc.*

Construit peu avant 1788, ce bâtiment est censé être la plus ancienne école en bois des États-Unis. Les planches de cyprès et de cèdre rouge sont assemblées avec des picots en bois et des clous en fonte. La maison est retenue au sol par une chaîne, pour ne pas s'envoler par vent fort.

Colonial Spanish Quarter

33 St George St. ***Tél.*** *(904) 823-4569.* *t.l.j. 9h-17h.* *25 déc.*
www.historicstaugustine.com

Ce lieu fait revivre le passé d'une ville de garnison du milieu du XVIIIe siècle. Il occupe sept bâtiments reconstruits pour l'occasion dans une cour dotée d'une pelouse, de citronniers et d'un jardin potager.

Le personnel, en costumes d'époque, explique l'utilité de divers ustensiles ménagers. Des démonstrations d'artisanat révèlent les subtilités et les difficultés de la fabrication d'objets d'usage courant, de vêtements par exemples. La forge offre un spectacle très intéressant. À la taverne, vous boirez dans des verres faits à la main, des pichets en argile cuite ou des barils de rhum cubain, tout en jouant aux dominos ou aux dés.

Le forgeron du Spanish Quarter Village au travail

Peña-Peck House

143 St George St. ***Tél.*** *(904) 829-5064.* *lun.-sam.* *limité.*

Cette maison fut construite dans les années 1740 pour le trésorier royal espagnol, Juan de Peña. En 1837, elle devint la résidence et le bureau du Dr Seth Peck. Sa famille y vécut près de cent ans. Les meubles datent du milieu du XIXe siècle et nombre d'objets exposés sont des héritages de famille.

Government House Museum

48 King St. ***Tél.*** *(904) 825-5079.* *t.l.j.* *25 déc.*
www. historicstaugustine.com

La Government House, qui domine la Plaza de la Constitution, est décorée de loggias hispaniques. Un musée d'histoire locale y expose des objets archéologiques et coloniaux, notamment des pièces d'or et d'argent retrouvées dans des navires espagnols échoués.

L'Oldest Wooden Schoolhouse, construite au XVIIIe siècle

Pour les hôtels et restaurants de la région, voir p. 320-321 et p. 346-348

Spanish Military Hospital

3 Aviles St. ***Tél.*** *(904) 827-0807.* *t.l.j.* *25 déc.* **www**.anciencitytours.net

Le Spanish Military Hospital permet, ce qui est rare, d'avoir une idée des soins dispensés aux soldats à la fin du XVIIIe siècle. On y trouve une pharmacie, une simple salle recouverte de chaume, des instruments médicaux et des rapports d'opération.

Prince Murat House

246 St Georges St. ***Tél.*** *904 823-9722.* *9h-17h.*

Le prince Achille Murat, le neveu de Napoléon Bonaparte résida dans cette maison en 1824, à l'époque où la famille Canova possédait une grande partie du quartier. En 1941, le mécène Kenneth Dow acheta la maison et la meubla d'antiquités.

Ximenez-Fatio House

20 Aviles St. ***Tél.*** *(904) 829-3575.* *oct.-août : lun.-sam.* *jours fériés.* *limité.* **www**.ximenezfatiohouse.org

La maison Ximenez-Fatio servait à l'origine, en 1797, d'entrepôt à un marchand espagnol. Aujourd'hui géré par la National Society of Colonial Dames, ce musée est une reconstitution de la pension de famille qu'elle abrita dans les années 1830, lorsque invalides et aventuriers affluèrent en Floride pour échapper aux hivers du Nord. Les pièces sont décorée de meubles anciens.

Vitrail de Louis Tiffany

Oldest House

14 St Francis St. ***Tél.*** *(904) 824-2872.* *t.l.j.* *Pâques, Thanksgiving, 25 déc.* **www**.oldesthouse.org

L'histoire de cette maison a été retracée sur près de trois siècles. On a retrouvé des preuves que ce site a été occupé dès le début du XVIIe siècle, bien que la structure existante soit postérieure au raid anglais de 1702 *(p. 43)*.

Les murs en coquin *(p. 215)* datent de la maison originelle qui appartenait à Tomas Gonzalez, un artilleur espagnol qui y vivait avec sa famille. Un second étage fut ajouté durant l'occupation anglaise entre 1763 et 1783. Chaque chambre a été restaurée et meublée selon le style des époques connues par cette maison.

La Gonzalez Room tire son nom des premiers habitants de l'Oldest House

Lightner Museum

75 King St. ***Tél.*** *(904) 824-2874.* *t.l.j. 9h-16h30.* *25 déc.* **www**.lightnermuseum.org

Ce bâtiment de style hispano-mauresque était jadis l'hôtel Alcazar construit par Flagler.

C'est aujourd'hui un musée consacré à l'âge d'or de la région. L'emplacement fut choisi par l'éditeur Otto C. Lightner de Chicago, qui transféra ses collections d'art à Saint Augustine, avant l'ouverture du musée en 1948. Sur trois étages, d'élégantes expositions présentent de la verrerie d'art (de Tiffany, notamment), des meubles, des sculptures, des peintures, des jouets et instruments de musique mécaniques. Au rez-de-chaussée, la piscine intérieure de l'Alcazar a été transformée en magasins d'antiquités.

Flagler College

King St à Cordova St. ***Tél.*** *(904) 829-6481.* *t.l.j.* **www**.flagler.edu

Ce bâtiment était à l'origine le Ponce de Leon Hotel, l'une des splendides créations de Flagler. À son ouverture en 1888, on en parlait comme du « plus bel hôtel du monde ». La statue de Flagler accueille toujours les visiteurs, mais seuls la salle à manger du collège et le foyer en marbre de la rotonde sont ouverts au public. La coupole dorée en stuc est décorée de symboles de l'Espagne et de la Floride, comme le masque doré du dieu du Soleil des Timucuan *(p. 40-41)* et l'agneau symbole de la noblesse espagnole. Durant les vacances d'été, on peut aussi visiter la Flagler Room et ses étranges peintures en trompe l'œil réalisées vers 1887.

Zorayda Castle

83 King St. *ne se visite pas.*

Cette ancienne résidence est une réplique au 1/10 d'une partie de l'Alhambra de Grenade. Construite en 1883, elle compte 40 fenêtres de tailles, de formes et de couleurs différentes.
Bien que l'édifice ne soit pas ouvert au public, vous pouvez voir, à travers les haies, les détails sophistiqués et les superbes couleurs utilisées pour les fenêtres, les murs et les avant-toits.

Le Zorayda Castle est décoré de motifs arabes

Castillo de San Marcos

Chargée de surveiller la route des convois espagnols de retour vers l'Europe, Saint Augustine n'a elle-même été protégée, durant plus d'un siècle, que par des forts en bois. Les colons espagnols finirent par ériger des fortifications en pierre en 1672, après avoir été attaqués à plusieurs reprises par les pirates ou par Sir Francis Drake *(p. 43)*.

Le Castillo de San Marcos, dont la construction dura 23 années, est le plus grand fort espagnol des États-Unis. Avec ses défenses extérieures et ses murs mesurant jusqu'à 6 m de large, c'est un bel exemple de l'architecture militaire du XVIIe siècle. Après la conquête de la Floride par les Américains en 1821, il fut rebaptisé Fort Marion. Il servit de prison militaire et d'entrepôt durant tout le XIXe siècle.

Les mortiers
Souvent très décorées (notamment des armoiries royales), ces armes à canon court lançaient de lourds projectiles selon une trajectoire courbe. On évitait ainsi les obstacles de tout ordre.

★ Les salles de garde
Pendant les tours de garde (qui duraient souvent 24 heures), les soldats espagnols faisaient la cuisine, mangeaient et s'abritaient dans ces pièces voûtées.

La Plaza de Armas est entourée de pièces où l'on entreposait de la nourriture et des armes.

Les douves, qui faisaient autrefois le tour du fort, étaient le plus souvent à sec. On y parquait le bétail durant les sièges.

Le ravelin empêchait les ennemis d'entrer dans le fort.

Le pont-levis intérieur et la herse, en poutres de pin recouvertes de fer, étaient les ultimes défenses du fort.

★ Le glacis et l'allée couverte
Devant les douves, une allée couverte permettait aux soldats qui faisaient feu sur l'ennemi de s'abriter. Quant au glacis, il protégeait le fort des coups de canon.

LE COQUIN

Cette roche sédimentaire et calcaire est formée de millions de coraux et de coquillages compressés. Elle a la consistance d'un fromage à pâte dure lorsqu'elle est imbibée d'eau et durcit en séchant. Elle peut résister à l'impact d'un boulet sans se briser. Durant le siège de 1740, les projectiles des assaillants anglais s'enfoncèrent dans les murs du fort. La légende veut qu'ils en aient été extraits pour être à nouveau lancés.

Les murs épais de la réserve de poudre

MODE D'EMPLOI

1 South Castillo Drive, Saint Augustine. ***Tél.*** *(904) 829-6506.* *t.l.j. 8h45-16h45).* *25 déc.* *limité.* *appelez pour plus de détails.* **www**.npas.gov/casa/

La tour de guet
Des hommes surveillaient nuit et jour les vaisseaux ennemis à partir de cette tour, située au nord-est du fort.

★ Le plate-forme d'artillerie
Bien disposés, les canons pouvaient opérer des tirs croisés jusqu'à 5 km de distance.

Le four à boulets, construit en 1844 par l'armée américaine, servait à réchauffer les boulets qui mettaient le feu aux vaisseaux ennemis.

La Necessaria
Cette pièce, derrière la rampe menant à la plate-forme d'artillerie, abritait un système d'égouts fonctionnant grâce aux marées.

À NE PAS MANQUER

- ★ Les salles de garde
- ★ Le glacis et l'allée couverte
- ★ La plate-forme d'artillerie

Marineland Ocean Resort ❽

Carte routière E2. Flagler Co. 9610 Ocean Shore Blvd, Marineland. ***Tél.*** *(904) 460-1275.* *Saint Augustine.* *t.l.j. en été.* **www**.marineland.net

Marineland est à la fois une station balnéaire et un parc d'attractions populaire, inauguré à la fin des années 1930 pour accueillir le tournage d'un film. Les spectacles les plus fréquents mettent en scène otaries ou dauphins, mais l'on y verra également des plongeurs nourrir des requins ou des murènes dans l'Oceanarium. Andrew, l'ouragan qui dévasta la Floride, détruisit presque entièrement le parc. Placé sur le National Register of Historic Places, Marineland, cette attraction touristique majeure, a été entièrement reconstruit.

Le Marineland marie avec bonheur le passé et le présent

Washington Oaks State Gardens ❾

Carte routière E2. Flagler Co. 6400 N Ocean Shore Blvd, 2 miles (3 km) au sud de Marineland. ***Tél.*** *(386) 446-6780.* *Saint Augustine.* *t.l.j.* **www**.floridastateparks.org

Peuplée de chênes et de palmiers, une ancienne plantation de 162 ha a été transformée en un jardin planté d'hydrangées, d'azalées et de fougères luxuriantes. L'ensemble, qui inclut aussi une roseraie, est parcouru de sentiers qui courent à travers un hammock *(p. 25)* vers la rivière Matanzas. De l'autre côté de l'A1A, une passerelle mène à une plage parsemée de rochers *(p. 215)* et de piscines naturelles.

À Bulow Plantation, les ruines d'un moulin à sucre du XIXe siècle

Bulow Plantation Ruins Historic State Park ❿

Carte routière E2. Flagler Co. Old Kings Rd, 3 miles (5 km) au sud de SR 100. ***Tél.*** *(386) 517-2084.* *Daytona Beach.* *t.l.j.* **www**.floridastateparks.org

Au cœur d'un hammock dense et isolé *(p. 25)*, à l'ouest de Flagler Beach, se trouvent les ruines d'une plantation de canne à sucre du XIXe siècle. Le site appartenait à un domaine de 1 890 ha acheté par le major Charles Bulow en 1821, dont la moitié fut défrichée par ses esclaves pour planter du riz, du coton et de la canne à sucre. La plantation, appelée Bulowville, fut finalement abandonnée lors des guerres séminoles *(p. 46-47)*. Aujourd'hui, Bulow Creek est un site d'excursions nautiques, où l'on peut louer des canoës pour explorer les cours d'eau. On peut encore voir sur les rives les ruines de la demeure de Bulow, et à 10 min de là, à travers la forêt, celles du vieux moulin à sucre, qui ne sont pas sans évoquer les vestiges d'un étrange temple précolombien.

Ormond Beach ⓫

Carte routière E2. Volusia Co. *50 000.* *Daytona Beach.* *126 E Orange Ave, Daytona Beach (386) 255-0415.* **www**.daytonabeach.com

Ormond Beach fut l'une des premières stations balnéaires ouvertes sur la ligne du chemin de fer de Henry Flagler *(p. 48-49)*. L'Ormond Hotel, aujourd'hui démoli, accueillait des personnalités comme Henry Ford ou J.D. Rockefeller. Ce dernier aurait acheté en 1918 une maison devant cet hôtel après avoir appris qu'un autre

La chambre Rockefeller, The Casements, à Ormond Beach

pensionnaire payait moins cher que lui. Restaurée, cette ancienne résidence d'hiver, **The Casements**, fait office de musée et de centre culturel. On peut y admirer des objets ayant appartu au célèbre industriel, dont un fauteuil de plage en osier garni sur les côtés de hublots, une chambre meublée etune étrange exposition d'art et d'artisanat hongrois.

Non loin à pied, se trouve l'**Ormond Memorial Art Museum**, au cœur d'un petit jardin tropical. Des sentiers ombragés serpentent le long des pièces d'eau, entourées de bambouseraies et d'une végétation luxuriante. Le musée accueille des œuvres d'artistes floridiens actuels.

Locomotive Old Flagler, Ormond Beach

The Casements
25 Riverside Drive. ***Tél.*** *(386) 676-3216.* *lun.-sam.* *jours fériés.* *limité.* *lun.-ven.*
www.ormondbeach.org

Ormond Memorial Art Museum
78 E Granada Blvd. ***Tél.*** *(904) 676-3347.* *t.l.j.* *jours fériés.*
www.ormondartmuseum.org

Daytona Beach ⓬

Carte routière E2. Volusia Co.
64 000. *126 E Orange Ave, (386) 255-0415.*
www.daytonabeach.com

Au sud d'Ormond Beach se trouve la célèbre Daytona Beach. Près de 200 000 étudiants s'y rendent chaque année au printemps *(p. 34)*, malgré les efforts de la municipalité pour les décourager. Longue de 37 km, la plage est l'une des rares en Floride où l'accès est autorisé aux voitures, en souvenir de l'époque héroïque de l'automobile *(p. 219)*.

Daytona est restée un lieu culte pour les amateurs de sports mécaniques. Le circuit *(p. 218)* attire des foules énormes lors des Speedweeks, en février, et des Motorcycle Weeks en mars et en octobre. Downtown Daytona, surnommé « Mainland », se situe entre la rivière Halifax et la plage bordée d'hôtels, où se déroule l'essentiel de l'activité. Les alentours de la vieille promenade en bois du front de mer accueillent musiciens et marchands ambulants. Près de la grande roue d'Ocean Pier, il est possible de louer sur la plage, des jet-skis, des planches à voile, des buggies ou des vélos. De l'autre côté de la Halifax, dans le centre-ville restauré, le **Halifax Historical Society Museum**, consacré à l'histoire locale, est installé dans un immeuble de 1910 décoré de pilastres extravagants. On peut y admirer une maquette de la promenade vers 1938.

À l'ouest de Downtown, le **Museum of Arts and Sciences** accueille des expositions variées. La partie dédiée à la préhistoire de la Floride présente un squelette d'ours géant de 4 m de haut, tandis que celle intitulée « Arts in America » expose des œuvres datées de 1640 à 1920.

Le musée possède aussi des collections cubaine et africaine et un planétarium. Gamble Place est une dépendance du musée. Construit en 1907 pour James N. Gamble, de Procter & Gamble, ce pavillon de chasse en bois de style Cracker est bâti sur un pic dominant Spruce Creek. Tous les meubles sont d'époque. Des visites guidées sont organisées sur réservation au musée, ou à la Snow White House (maison de Blanche-Neige). Celle-ci fut construite en 1938 pour divertir les arrière-petits-enfants de Gamble, et son architecture est inspirée du dessin animé de 1937.

Miss Perkins **(v. 1840), de J. Whiting Stock, Museum of Arts and Sciences**

Halifax Historical Society Museum
252 S Beach St. ***Tél.*** *(386) 255-6976.* *mar.-sam.* *jours fériés.*
www.halifaxhistorical.org

Museum of Arts and Sciences
1040 Museum Blvd. ***Tél.*** *(386) 255-0285.* *t.l.j.* *Thanksgiving, 24 et 25 déc.* **Gamble Place**
www.moas.org

Voitures circulant sur le sable durci de Daytona Beach

Daytona International Speedway ⓭

Carte routière E2. Volusia Co. 1801 W International Speedway Blvd. ***Tél.*** *(866) 761-7223.* *Daytona.* *9 depuis le terminal au 209 Bethune Blvd.* *t.l.j.* *25 déc.* **www**.daytonainternationalspeedway.com

En février, l'International Speedway accueille les 500 Miles de Daytona

Daytona s'est proclamée «centre mondial des sports mécaniques» et son circuit, l'International Speedway, attire chaque année des milliers de visiteurs. Ceux-ci viennent du monde entier pour assister à l'un des huit principaux week-ends de courses organisées chaque année sur le circuit devant 110 000 spectateurs. Le Speedway accueille des grands prix NASCAR (National Association for Stock Car Auto Racing) – le plus célèbre d'entre eux étant les 500 Miles de Daytona – d'Indycar, de motos et de kart. Le reste de l'année, le circuit sert également à d'autres manifestations : courses d'endurance de moto et de voitures de collection, exhibitions de motos « customisées » ou tests d'automobiles de série.

Les billets pour assister au 500 Miles sont vendus un an à l'avance, mais les visiteurs peuvent toujours se faire une idée de l'événement au Daytona USA, une attraction située sur le site du circuit.

Corvette rouge de 1953

On y projette des films très spectaculaires sur les courses précédentes. On peut s'exercer au pilotage dans des simulateurs électroniques, voire au commentaire sportif (en anglais) ou visiter le circuit en petit train. Le centre comporte aussi deux simulateurs de course. Daytona Dream Laps se calque sur la conduite d'une Daytona 500 et offre un grand nombre de sensations fortes. Acceleration Alley vous invite à sauter dans une voiture, à attacher votre ceinture et à accélérer pour atteindre la vitesse de 320 km à l'heure.

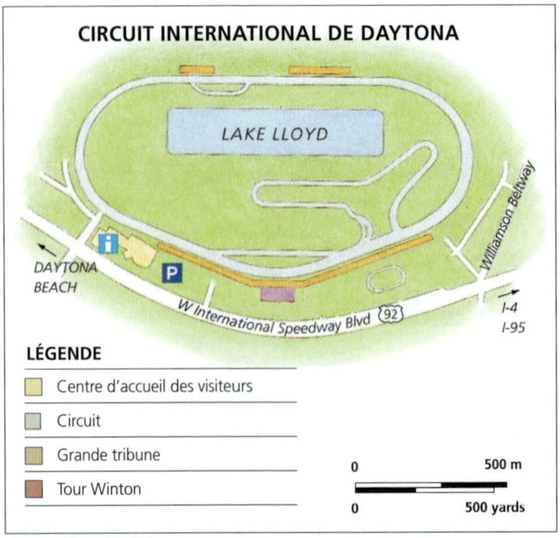

Ponce de León Inlet Lighthouse ⓮

Carte routière E2. Volusia Co. 4931 S Peninsula Drive. ***Tél.*** *(386) 761-1821.* *t.l.j.* *25 déc.* *limité.* **www**.ponceinlet.org

Ce phare imposant bâti en 1887 garde l'accès d'une passe étroite à l'extrémité de la péninsule de Daytona. D'une hauteur de 53 m, cet édifice effilé est visible à 30 km en pleine mer ; depuis sa passerelle, accessible par un escalier de 203 marches, on jouit d'une vue splendide. Au pied du phare, la maison d'un des anciens gardiens a été restaurée dans l'état où elle était en 1890 ; on en a transformé une autre en un petit musée de la mer, tandis qu'une troisième abrite une magnifique lentille de Fresnel de 5 m de haut.

Le phare de la passe Ponce de Leon, au sud de Daytona Beach

Le berceau des sports mécaniques

Harley-Davidson de 1936

La passion de Daytona pour les voitures date de 1903, année où furent organisées les premières courses automobiles de l'Histoire sur les sables durs d'Ormond Beach, promue ainsi « berceau des sports mécaniques ». Cette année-là, Alexander Winton atteignit déjà 109 km/h. Ces courses attiraient des foules considérables et les riches amateurs d'automobiles se réunissaient à l'Ormond Hotel, l'hôtel de Flagler *(p. 216)*. Les tentatives de record de vitesse durèrent jusqu'en 1935, le dernier record ayant été établi sur la plage par Malcolm Campbell. Les courses de stock-car débutèrent en 1936 à Ormond Beach et le grand prix motocycliste des 200 Miles de Daytona en 1937. L'anneau de vitesse fut déplacé une première fois en 1948, et l'actuel Daytona International Speedway fut inauguré en 1959.

LES COURSES SUR LA PLAGE

En 1902, un client de l'Ormond Hotel remarqua qu'il lui était très facile de conduire sa voiture sur le sable dur de la plage. Il organisa des courses… qui durèrent 32 ans.

« La Pirate » *de Ransom E Olds* *courut à Ormond Beach en 1902, mais la première course officielle eut lieu en 1903, quand Olds défia Alexander Winton et Oscar Hedstrom sur une motocyclette. Winton l'emporta sur* Bullet N°1.

***Le* Bluebird Streamliner** *piloté par Malcolm Campbell battit en 1935 le record du monde du mile à Ormond Beach. Propulsé par un moteur Rolls-Royce, la voiture atteignit 444 km/h.*

LE « BERCEAU DES SPORTS MÉCANIQUES »

En 1953, Bill France, un vétéran des courses de stock-car, constata que l'extension de Daytona Beach condamnait les courses de plage. Il proposa donc la construction d'un circuit, le Daytona International Speedway.

Lee Petty *gagna la première course des 500 Miles de Daytona sur l'International Speedway en 1959, en devançant sur la ligne Johnny Beauchamp, son rival direct, d'à peine 50 cm. La course, qui avait mis aux prises 59 voitures, avait attiré 41 000 spectateurs.*

Les karts *ne payent pas de mine, mais ceux qui concourent à Daytona atteignent 130 km/h.*

Blue Spring State Park ⓯

Carte routière E2. Volusia Co. 2100 W French Ave, Orange City. ***Tél.*** *(386) 775-3663.* *t.l.j.* **www**.floridastateparks.org

Blue Spring est l'une des plus grandes sources artésiennes des États-Unis, avec un débit journalier de 450 millions de litres, à température constante de 20°C, ce qui contribue à faire du parc un habitat d'hiver pour les lamantins *(p. 250)*. Entre novembre et mars, on peut assister depuis des passerelles au passage des lamantins qui quittent les eaux plus froides de la Saint Johns River. On peut aussi plonger avec masque et tuba dans les eaux turquoise de la source, ou faire du canoë sur la Saint Johns. Des excursions de 2 heures en bateau sont organisées vers Hontoon Island. **Thursby House** date de la fin du XIXe siècle.

Aux environs

À 3 km au nord, **Hontoon Island State Park** est accessible par un ferry gratuit depuis Hontoon Landing. Elle porte une tour d'observation de 24 m de haut, un camping, des aires de pique-nique et un sentier naturel. On peut louer des canoës ou des barques. En 1955, un totem en bois représentant une chouette réalisé par les Indiens Timucua y fut découvert *(p. 40-41)*.

Hontoon Island State Park
2309 River Ridge Rd, De Land.
Tél. *(386) 736-5309.* *t.l.j.*
www.floridastateparks.org

LES SOURCES BOUILLONNANTES DE FLORIDE

La plupart des 320 sources de Floride répertoriées sont situées dans la moitié nord de l'État. Elles sont en majorité artésiennes, c'est-à-dire formées par la remontée de l'eau des souterrains aquifères. Lorsque le débit atteint 3 m³ par seconde, une source est dite de magnitude 1.

Filtrée par la roche, l'eau de source est extrêmement pure et, parfois, riche en éléments minéraux. Ces propriétés ainsi que la beauté des sites attirent les visiteurs, pour des motifs thérapeutiques ou touristiques.

La source Juniper de l'Ocala National Forest, aménagée pour les nageurs vers 1930

Sanford ⓰

Carte routière E2. Seminole Co. *45 000.* *400 E 1st St, (407) 322-2212.* *Train + auto.* *Bus Lynx depuis Orlando (voir p. 395).* **www**.sanfordchamber.com

Construit pendant les guerres séminoles *(p. 44-47)*, Fort Mellon fut le premier établissement permanent sur le lac Monroe. Sanford fut bâtie à proximité dans les années 1870. Grâce à l'intense trafic de bateaux à vapeur, la ville devint un grand port fluvial, qui vit les premiers développements du tourisme fluvial en Floride *(p. 48)*.

Le centre-ville restauré, qui date des années 1880, se visite en deux heures. Quelques vieux bâtiments élégants en briques rouges (une rareté en Floride) abritent des magasins d'antiquités. La ville est desservie par le système combiné train + auto *(p. 392)*.

Panneau Sanford

Mount Dora ⓱

Carte routière E2. Lake Co. *11 000.* *Sanford.* *341 Nord Alexander St, (352) 383-2165.* **www**.mountdora.com

Installée au cœur des vergers d'agrumes de Lake County, cette ville de style victorien est l'une des plus belles et des dernières du genre en Floride. Son nom provient de son altitude assez élevée pour la région (56 m) et du petit lac sur les rives duquel elle est bâtie. Laville s'appelait jadis Royellou, nom formé à partir de Roy, Ella et Louis, les prénoms des enfants du premier maître de poste.

Les rues bordées d'arbres de Mount Dora sont construites sur un promontoir dominant le lac. La chambre de commerce locale organise une visite de 5 km. Celle-ci emprunte un itinéraire touristique qui traverse des quartiers paisibles aux demeures du XIXe siècle et le centre-ville restauré.

Sur Donnelly Street, la superbe Donnelly House, aujourd'hui siège d'une loge maçonnique, est un exemple d'architecture « Steamboat »,

Des enfants jouant devant Thursby House, à Blue Spring State Park

Pour les hôtels et restaurants de la région, voir p. 320-321 et p. 346-348

Donnelly House et son architecture flamboyante, à Mount Dora

avec ses pinacles et sa coupole. Non loin se trouve le petit Royellou Museum. Sur le lac Dora, possibilité de pratiquer divers sports nautiques et de pêcher.

Royellou Museum
450 Royellou Lane. ***Tél.*** *(352) 383-0006.* *jeu.-dim.* *Thanksgiving, 25 déc., 1er janv.* *limité.*

Ocala National Forest ⓲

Carte routière E2. Lake Co/Marion Co. *t.l.j.* *v. le camping et les piscines.* **Visitor Center** *3199 NE Co. Rd., (352) 236-0288.* **Location de canoës Juniper** *(352) 625-2808.*
www.onf.net

Entre Ocala et la Saint Johns River s'étend, sur 148 000 ha, la plus grande forêt de pins maritimes du monde, traversée de rivières et de plusieurs sentiers de randonnée. Elle abrite les derniers ours noirs de Floride et d'autres espèces animales comme les cerfs ou les loutres. On peut également admirer des oiseaux comme l'aigle chauve, le balbuzard pêcheur, la chouette rayée, la dinde sauvage importée par l'homme ou plusieurs espèces d'échassiers sur les rives marécageuses des rivières.

Les nombreux sentiers de randonnée sont de taille et de difficulté variables, de la promenade en planches de 1,5 km au National Scenic Trail long de 106 km qui permet la traversée complète du parc *(p. 375)*. La pêche au panier est très populaire le long des nombreux lacs éparpillés dans les bois ainsi que la baignade ou le pique-nique dans les aires aménagées telles celles de Salt Springs, Alexander Springs ou Fore Lake. En réservant à l'avance, on peut louer un canoë au Juniper Springs Recreation Area pour parcourir 11 km de rivière jusqu'à Juniper Creek. Les échassiers abondent autour du Salt Springs Trail, tandis que les canards des bois se rassemblent au lac Dorr. Des informations sont disponibles dans le centre d'accueil situé à la lisière ouest du bois ou dans ceux de Salt Springs et Lake Dorr, sur la route 19.

Silver Springs ⓳

Carte routière E2. Marion Co. 5656 E Silver Springs Blvd. ***Tél.*** *(352) 236-2121.* *t.l.j.* *limité.*
www.silversprings.com

Depuis 1878, les excursions en bateaux à fond de verre de Silver Springs permettent d'admirer les merveilles de la plus grande source artésienne du monde.

Aujourd'hui, ce site, la plus ancienne attraction touristique de Floride, offre une vaste gamme d'activités familiales : safaris en jeep ou « Jungle Cruises » à travers l'arrière-pays floridien, où furent tournés les premiers *Tarzan* avec Johnny Weismuller. Wild Waters, un parc aquatique situé à proximité des sources, est lui aussi un lieu de divertissement.

Aux environs

À **Silver River State Park**, à 3 km au sud-est, il est possible d'effectuer une promenade de 15 mn longeant un hammock *(p. 25)* et traversant un marais à cyprès qui débouche sur une piscine naturelle.

Silver River State Park
1425 NE 58th Ave, Ocala. ***Tél.*** *(352) 236-7148.* *t.l.j.*

Jungle Cruise, l'une des nombreuses attractions de Silver Springs

***La Jeune Bergère* (1868), de Bougereau, Appleton Museum**

Ocala 20

Carte routière D2. Marion Co. *65 000.* *Chambre de commerce, 110 E Silver Springs Blvd, (352) 629-8051* **www**.ocalacc.com

Entouré de pâturages vallonnés délimités par des clôtures blanches en bois, Ocala est le chef-lieu du comté de Marion et le cœur de l'élevage des pur-sang en Floride. En effet, l'herbe enrichie par les eaux calcaires de la nappe phréatique *(p. 220)*, contient du calcium qui contribue à la bonne calcification du squelette des chevaux de course. L'élevage hippique en Floride a produit plusieurs chevaux de grande qualité, dont cinq ont remporté le prestigieux Derby du Kentucky.

Les environs d'Ocala regroupent pas moins de 400 élevages. On peut en visiter la plupart, souvent gratuitement, et admirer des chevaux anglo-arabes, des Paso Finos et des poneys. Contacter la chambre de commerce d'Ocala pour plus d'informations sur les visites des haras. On peut aussi venir dans la région pour visiter l'**Appleton Museum of Art**, à l'est d'Ocala. Construit en 1984 en marbre d'Italie par l'industriel et éleveur Arthur I. Appleton, le musée expose des œuvres du monde entier, notamment des œuvres européennes du XIXe siècle, des antiquités précolombiennes ou européennes, des pièces orientales ou africaines et de la porcelaine de Meissen.

Appleton Museum of Art
4333 NE Silver Springs Blvd.
Tél. *(352) 236-7100.* *mar.-dim.* *25 déc., 1er janv.*

Marjorie Kinnan Rawlings State Historic Site 21

Carte routière D2. Alachua Co. S CR 325, Cross Creek. ***Tél.*** *(352) 466-3672.* *Ocala.* *jardins t.l.j. ; maison mar.-dim.* *août-sept.* **www**.floridastateparks.org

La romancière Marjorie Kinnan Rawlings s'installa en 1928 à Cross Creek, qu'elle décrivit ensuite comme « un nœud sur une route de campagne ». Sa maison toute en recoins, nichée dans un verger d'agrumes où déambulent canards, cochons et volailles, est bâtie sur les rives d'Orange Lake. L'écrivain y habita jusque dans les années 1930 puis s'y rendit irrégulièrement jusqu'à sa mort en 1953. Les paysages et les personnages des alentours ont inspiré son roman autobiographique *Cross Creek* (1942), tandis que le paysage de broussailles s'étendant au sud lui inspira *The Yearling* (1938), prix Pulitzer.

Des visites guidées autour du site permettent de découvrir les dépendances préservées de la ferme construites en 1880 qui contiennent des meubles de l'écrivain : une bibliothèque avec des œuvres de Steinbeck et de Hemingway et un meuble à liqueurs. Sous la véranda, une machine à écrire et un chapeau, mis en valeur par des bouquets de fleurs fraîches, donnent l'impression que l'écrivain s'est absenté pour quelques instants.

Collection de cannes, Herlong Inn

Micanopy 22

Carte routière D2. Alachua Co. *650.* *30 East University Ave, Gainesville, (352) 374-5260.* **www**.visitgainesville.net

Construit en 1821, le deuxième établissement blanc permanent de Floride était jadis un comptoir appelé Wanton, bâti sur des terres indiennes. Rebaptisé Micanopy en 1826, du nom d'un chef indien, ce charmant petit village semble hors du temps et constitue un paradis pour les réalisateurs de films. Plantée de chênes recouverts de mousse d'Espagne, la rue principale, Cholokka Boulevard, est bordée de bâtiments victoriens et de magasins de bric-à-brac à devantures en briques rouges. C'est aussi sur cette rue que se trouve le plus grand bâtiment de Micanopy, le **Herlong Mansion**, soutenu par quatre colonnes corinthiennes massives. Construit par un magnat du bois au XIXe siècle, il fait aujourd'hui office de *bed-and-breakfast*.

Oasis planté de chênes et de cèdres sur un tapis de mousse, le cimetière de Micanopy, fondé en 1825, est situé sur une rue donnant sur Seminary Road, vers l'I-75.

La véranda aérée où jadis écrivait Marjorie Kinnan Rawlings

Pour les hôtels et restaurants de la région, voir p. 320-321 et p. 346-348

Tombes recouvertes de lichen dans le cimetière de Micanopy

Aux environs

Au XVIIe siècle, l'un des ranches espagnols les plus prospères de Floride était installé au nord du site actuel de Micanopy. La **Payne's Prairie State Preserve** abrite aujourd'hui une petite horde de bisons et 200 espèces d'oiseaux locaux ou migrateurs. Cette réserve animale est traversée par le **Gainesville-Hawthorne State Trail**. Longue de 27 km, cette ancienne voie de chemin de fer est empruntée par les cyclistes, les randonneurs et les cavaliers.

Paynes Prairie State Park
100 Savannah Blvd, US 441, 0,5 km au nord de Micanopy. ***Tél.*** *(352) 466-3397.* *t.l.j.*
www.floridastateparks.org

Gainesville ㉓

Carte routière D2. Alachua Co.
97 000. *300 East University Avenue, (352) 334-7100.*
www.gainesvillechamber.com

Cette ville universitaire est la capitale culturelle du Centre-Nord de la Floride et lefief de l'équipe de football des Gators. Le centre historique, constitué de bâtiments restaurés construits en brique entre 1880 et 1920, abrite restaurants et cafés. Le vaste campus comporte plusieurs foyers d'étudiants et deux musées importants.

Le premier, le **Florida Museum of Natural History**, vaut le détour. La collection de sciences naturelles contient 10 millions de fossiles, des papillons et des coquillages. On peut également admirer des expositions consacrées aux différents habitats naturels de Floride ou effectuer une visite anthropologique de la population de l'État, des origines au XIXe siècle.

La boisson de Gainesville

L'autre musée du campus, le **Samuel P. Harn Museum of Art**, est l'un des plus modernes et des mieux équipés du pays. Parmi ses collections, des céramiques asiatiques, des objets rituels africains, des gravures sur bois japonaises ainsi qu'une collection de peintures américaines et européennes.

Florida Museum of Natural History
Hull Rd à SW 34th St. ***Tél.*** *(352) 846-2000.* *t.l.j.* *Thanksgiving, 25 déc.* **www**.flnmh.ufl.edu

Samuel P. Harn Museum of Art
Hull Road (de SW 34th St). ***Tél.*** *(352) 392-9826.* *mar.-dim .* *jours fériés.* **www**.harn.ufl.edu

Aux environs

Au sud-ouest de la ville s'étendent les **Kanapaha Botanical Gardens**, qui sont à leur avantage entre juin et septembre, bien qu'on puisse aussi admirer au printemps la floraison d'innombrables azalées. Un sentier fait le tour de ce site de 25 ha, dont la beauté fut remarquée pour la première fois par William Bartram *(p. 45)* à la fin du XIXe siècle. Il serpente sous une arche de vigne vierge et entre des bambous. Le site contient un jardin du désert, un jardin lacustre et un « jardin aux colibris ».

Kanapaha Botanical Gardens
4700 SW 58th Drive. ***Tél.*** *(352) 372-4981.* *ven.-mer.* *25 déc.*
www.kanapaha.org

Des nénuphars géants d'Amazonie, attraction de la fin de l'été aux Kanapaha Botanical Gardens

Monroe St

LE PANHANDLE

En Floride, un proverbe énonce que « plus l'on va vers le nord, plus l'on va vers le sud ». Il est en effet évident que l'histoire et l'atmosphère du Panhandle sont liées à celles du vieux Sud américain. Cette étonnante partie de la Floride se distingue des autres régions de l'État par sa géographie, son climat et l'horaire (situé à l'ouest, le Panhandle retarde d'une heure sur le reste de l'État).

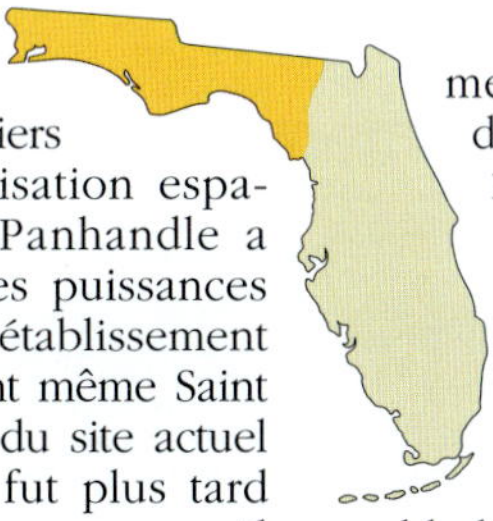

Après avoir accueilli les premiers essais de colonisation espagnole en Floride, le Panhandle a connu la lutte entre les puissances coloniales rivales. Un établissement fut fondé en 1559, avant même Saint Augustine, à proximité du site actuel de Pensacola, mais il fut plus tard abandonné à cause d'un ouragan. Il ne fut réhabité que longtemps après et devint le principal foyer de peuplement de la région jusque dans les années 1820, lorsque Tallahassee fut désignée comme capitale du nouveau territoire de Floride *(p. 48)*. Cette ville ne fut choisie qu'en raison de son équidistance entre Saint Augustine et Pensacola. Aujourd'hui, Tallahassee est une capitale d'État mais conserve un parfum de ville de province. Grâce à l'exploitation forestière et au commerce du coton, la ville se développa tout au long du XIXe siècle, avant d'être dépassée par les régions de la Floride traversées par le chemin de fer. L'essor du tourisme dans le Panhandle est récent, malgré la présence de plages de sable blanc. Cette partie de la côte de Floride est de plus en plus proposée par les tour-opérateurs des États du sud des États-Unis, mais elle est délaissée par les touristes étrangers. Dans la partie est du Panhandle, le « Big Bend », les stations balnéaires familiales laissent la place à de paisibles villes de pêcheurs comme Cedar Key, dont l'atmosphère rappelle un peu celle de l'ancienne Key West. L'intérieur propose plusieurs grands parcs naturels.

L'une des extraordinaires plages de sable du Panhandle, près de Pensacola

◁ L'Old Capitol Building de Tallahassee, à l'ombre de son successeur moderne

À la découverte du Panhandle

La plupart des visiteurs du Panhandle se rendent dans les stations balnéaires autour de Pensacola et de Panama City Beach. Idéales pour les vacances en famille, ces stations, à l'instar de Fort Walton Beach et de Destin, offrent une vaste panoplie de logements et d'activités de loisir, des sports nautiques (notamment la pêche sous-marine) au golf et au tennis. Si la côte attire l'essentiel des visiteurs, le reste du Panhandle mérite le détour pour son relief vallonné planté de pins, loin de la foule. On peut aussi effectuer d'inoubliables randonnées en canoë sur les fleuves Blackwater et Suwannee. Parcourue de chemins ombragés, la campagne autour de Tallahassee est l'une des plus belles de Floride.

Quietwater Beach, près de Pensacola, à Santa Rosa Island

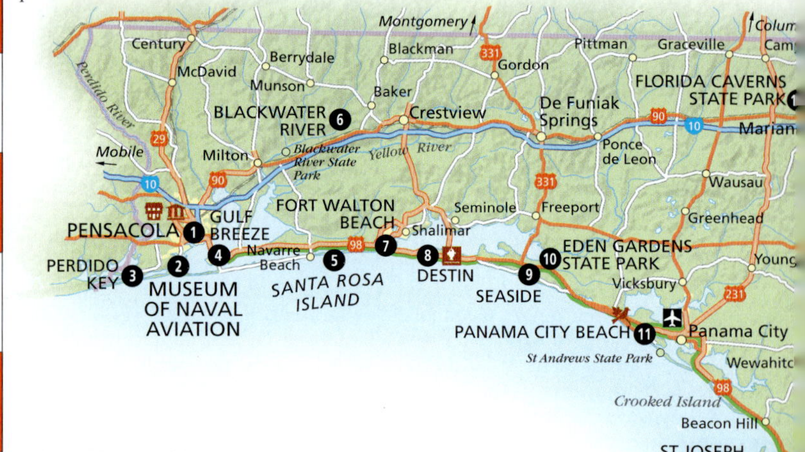

LES SITES D'UN COUP D'ŒIL

AB Maclay Gardens State Park 19
Apalachicola 15
Blackwater River 6
Cedar Key 24
Destin 8
Eden Gardens State Park 10
Florida Caverns State Park 12
Fort Walton Beach 7
Gulf Breeze 4
Monticello 20
National Museum of Naval Aviation p. 232-233 2
Panama City Beach 11
Pensacola p. 228-231 1
Perdido Key 3
Saint George, Saint Vincent et Dog Islands 16
Saint Joseph Peninsula State Park 14
Santa Rosa Island 5
Seaside 9
Steinhatchee 23
Suwannee River State Park 22
Tallahassee p. 242-243 18
Torreya State Park 13
Wakulla Springs State Park 17

Excursions

Circuit du coton p. 244-245 21

L'élégante demeure du Eden Gardens State Park

CIRCULER

Bien que la ligne de chemin de fer de l'Amtrak traverse la région, suivant le tracé de l'I-10, il est indispensable de disposer d'une voiture pour visiter le Panhandle. Il existe deux grandes routes : l'I-10, rapide mais ennuyeuse, qui relie Pensacola et Tallahassee puis longe la côte atlantique ; et l'US 98, qui longe la côte depuis Pensacola jusqu'à la région du « Big Bend », où elle rejoint le principal axe nord-sud du pays, l'US 19. Les routes secondaires du Panhandle sont agréables, mais il faut faire attention aux camions des forestiers.

Le front de mer de la paisible station balnéaire de Destin

VOIR AUSSI

- ***Hébergement*** p. 321-323
- ***Restaurants et cafés*** p. 348-350 et p. 357

LÉGENDE

- Autoroute
- Route principale
- Route secondaire
- Route mineure
- Route touristique
- Voie ferrée principale
- Frontière entre États

Des pélicans savourent la quiétude d'Apalachicola

Pensacola pas à pas ❶

Pensacola fut fondée par un groupe de colons espagnols guidés par Tristan de Luna *(p. 43)*, qui arriva dans la baie de Pensacola en 1559. Le premier établissement ne dura que deux ans avant d'être balayé par un ouragan. Les Espagnols revinrent, mais la ville changea ensuite plusieurs fois de souveraineté, puisque en trois siècles s'y succédèrent les bannières espagnole, française, anglaise, confédérée et, enfin, américaine. Pensacola prit son essor dans les années 1880, pendant lesquelles on édifia le centre-ville. Plusieurs styles architecturaux s'y côtoient, du cottage à la demeure néoclassique bâtie à l'époque du boom du bois. L'itinéraire ci-dessous permet de visiter le centre historique *(p. 230)*.

Lavalle House
Cette maison de deux pièces aux couleurs et aux formes simples date du début du XIXe siècle. Son nom rappelle l'origine franco-créole de ses propriétaires.

Pensacola Historical Museum
Le matériel et les objets exposés évoquent le passé de la région de Pensacola.

Le Museum of Industry *évoque l'époque où Pensacola vivait du commerce du bois et du fret maritime.*

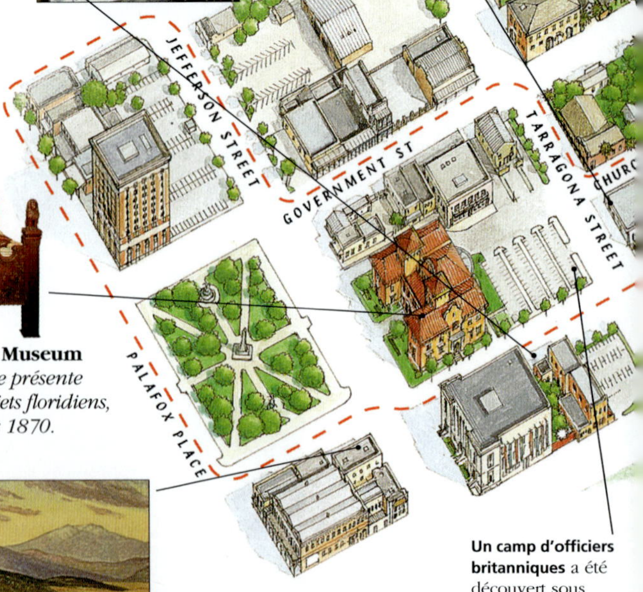

★ TT Wentworth Museum
Ce musée éclectique présente une collection d'objets floridiens, tel ce lit des années 1870.

Pensacola Museum of Art
La vieille prison, construite en 1908, fut transformée en musée dans les années 1950. Ce paysage dû à William Nell appartient au musée.

Un camp d'officiers britanniques a été découvert sous ce parking. Les fondations exhumées sont visibles en suivant l'itinéraire du Colonial Archaeological Trail *(p. 230)*.

Steamboat House
Cette maison à l'architecture évoquant un bateau à vapeur a été construite au milieu du XIXe siècle, âge d'or de la navigation fluviale (p. 48).

MODE D'EMPLOI

Carte routière A1. Escambia Co. *294 400. 8 km au nord. 980 E Heinburg St, (805) 433-4966. 505 W Burgess Rd, (805) 476-4800. 1401 E Gregory St, (805) 434-1234. Fiesta des 5-Drapeaux (juin).* **www**.visitpensacola.com

★ Seville Square
À l'ombre des chênes et des magnolias, Seville Square est situé au cœur du Seville District, construit par les Britanniques dans les années 1770.

Fountain Square est dominé par une fontaine ornée de tableaux représentant des scènes locales.

Dorr House, demeure de style néo-grec, est la dernière du genre à l'ouest de la Floride.

0 — 200 m
0 — 200 yards

LÉGENDE

– – – Itinéraire conseillé

★ Museum of Commerce
Cet atelier d'imprimerie reconstitué est l'une des attractions de ce musée construit en style victorien.

À NE PAS MANQUER

- ★ TT Wentworth Museum
- ★ Seville Square
- ★ Museum of Commerce

À la découverte de Pensacola

Plusieurs quartiers de Pensacola présentent un intérêt historique et méritent une visite. Tout d'abord, le plus ancien quartier du centre-ville, le Historic Pensacola Village, établi sur Zaragoza Street. Puis, plus au nord, le North Hill Preservation District, l'ancien quartier des négociants en bois enrichis par le boom du XIXe siècle. Entre ces deux quartiers, Palafox Street comporte de nombreux immeubles construits entre 1900 et 1920. Le centre-ville de Pensacola est relié par deux ponts à l'île de Pensacola Beach *(p. 236)*, sa station balnéaire. Bien que les principaux centres d'intérêt soient installés sur le continent, les visiteurs préfèrent en général loger dans les hôtels de la plage, reconstruits depuis le passage de l'ouragan Opal en 1995.

Les portes ouvertes des cellules, au Pensacola Museum of Art

Guides en costumes du siècle dernier, Historic Pensacola Village

Historic Pensacola Village

Tivoli House, 205 E Zaragoza St. ***Tél.*** *(850) 595-5985.* *lun.-ven.* *jours fériés.*
www.historicpensacola.org

Le plus vieux quartier de Pensacola, Seville District, comprend plusieurs musées et maisons anciennes. Une simple promenade permet d'imaginer la vie quotidienne à Pensacola au XIXe siècle.

Des guides organisent des visites approfondies qui partent deux fois par jour de Tivoli House, située à Zaragoza Street. Lors de la saison touristique, ils sont vêtus en costume d'époque. La visite guidée s'arrête à Lavalle House (1805) et à Dorr House (1871). D'autres propriétés, qui ne sont pas sur l'itinéraire des visites guidées, peuvent également être visitées. Un seul billet, acheté à Tivoli House et valable deux jours, inclut la visite guidée et l'entrée dans toutes les maisons du village ainsi que l'entrée au Museum of Industry et au Museum of Commerce. Installé dans un ancien entrepôt du XIXe siècle, le Museum of Industry de Church Street illustre les premières années de développement de Pensacola. Les salles sont consacrées à la fabrique des briques, à la pêche, à la coupe et au transport des troncs. Derrière le Museum of Commerce de Zaragoza Street, une petite rue victorienne a été reconstituée avec ses boutiques d'artisans, une imprimerie avec une presse, une pharmacie, une sellerie et un ancien magasin de musique. Dominant Seville Square, Old Christ Church, construite en 1832, est la plus ancienne église de Floride. Elle est actuellement en cours de restauration.

TT Wentworth Jr., Florida State Museum

330 Jefferson St. ***Tél.*** *(850) 595-5990.* *lun.-sam.* *jours fériés.*

Ce musée est installé dans l'ancienne mairie, un bâtiment imposant de style Renaissance espagnole. Parmi les objets légués au musée par le fondateur sont disposés des souvenirs de l'ancienne Floride de l'Ouest et une collection d'objets bizarres provenant du monde entier – pointes de flèche, tête réduite précolombienne, central téléphonique des années 1930. Le musée invite à une découverte intelligente du passé de Pensacola par une promenade le long du Pensacola's Colonial Archaeological Trail, qui suit les fortifications des années 1752-1821. Une nouvelle exposition retrace plus de 400 ans d'histoire de Pensacola. Le ticket pour Historic Pensacola Village inclut l'entrée au musée TT Wentworth.

Pensacola Museum of Art

407 S Jefferson St. ***Tél.*** *(850) 432-6247.* *mar.-dim.* *4 juil., Thanksgiving, 25 déc., 1er janv.*
www.pensacolamuseumofart.org

Les cellules de la vieille prison avec leurs portes en acier ont entamé une seconde vie au sein du Pensacola Museum of Art. Les expositions changent souvent du fait de la richesse et de la diversité des collections, qui incluent aussi bien des poteries

Le TT Wentworth Museum, un bâtiment de style Renaissance espagnole

Pour les hôtels et restaurants de la région, voir p. 321-323 et p. 348-350

précolombiennes, des verreries du XIXe siècle que des tableaux pop art de Roy Lichtenstein.

Pensacola Historical Museum
115 E Zaragosa St. ***Tél.*** *(850) 433-1559.* *10h-16h30 lun.-sam.* *dim., jours fériés.*
www.pensacolahistory.org
Le musée est situé dans un édifice de 1885, originellement connu sous le nom de Gulf Saloon. Dirigé par la Pensacola Historical Society, il expose des objets évoquant les Indiens, l'histoire militaire et maritime et l'héritage multiculturel de Pensacola et de ses environs. Le musée comprend également un centre de documentation : cartes, livres, photographies et manuscrits racontent l'histoire locale.

North Hill Preservation District
Ce quartier historique (qui s'étend sur dix pâtés de maisons à partir de Wright Street, au nord du Pensacola Historic Village) regroupe d'élégantes demeures de la fin du XIXe et du début du XXe siècle. Elles sont bâties sur le site d'un ancien fort et il n'est pas rare d'exhumer des boulets de canon dans les jardins des habitations. Toutes les maisons sont privées. Parmi les plus belles, citons McCreary House *(p. 30)* sur North Baylen Street, à la croisée de De Soto Street.

McCreary House, dans North Hill Preservation District

Les sables immaculés de Johnson Beach, à Perdido Key

National Museum of Naval Aviation ❷

Voir p. 232-233.

Perdido Key ❸

Carte routière A1. Escambia Co. Route 292, 19 km à l'ouest de Pensacola. *Pensacola.* *Pensacola.* *15500 Perdido Key Dr, Pensacola, (850) 492-4660.*
www.perdidochamber.com

À 30 minutes en voiture au sud-ouest de Pensacola s'étendent les plages immaculées de Perdido Key, régulièrement classées parmi les vingt plus belles des États-Unis. On y trouve des bars, des restaurants et des équipements pour la pratique des sports nautiques, la pêche et la plongée.

L'extrémité est de l'île n'est accessible qu'à pied. La route s'arrête à **Johnson Beach Day Use Area**, juste à l'est du pont qui fait la jonction avec le continent. Le sable s'étend sur 10 km aussi bien du côté de la mer que du côté de la baie. Un poste de maîtres nageurs y a été installé.

Sur le continent, en face de Perdido Key, **Big Lagoon State Park** regroupe de belles plages de sable et des marais salants. On peut y observer des oiseaux depuis une tour.

Johnson Beach Day Use Area
13300 Johnson Beach Rd, de la route 292. ***Tél.*** *Federal Govt Office of National Seashore (850) 934-2600.* *t.l.j.* *25 déc.*

Big Lagoon State Park
12301 Gulf Beach Highway. ***Tél.*** *(850) 492-1595.* *t.l.j.*

LE BOOM DU BOIS EN FLORIDE

Au XIXe siècle, la demande en bois de charpente et de matériaux de construction navale, comme le goudron et la térébenthine, influença profondément le développement de la Floride du Nord. Celle-ci recelait d'importantes forêts de chênes, un bois dur très apprécié dans les chantiers navals. Des villes entièrement dédiées à la coupe, comme Cedar Key *(p. 245)*, fleurirent, et des fortunes s'édifièrent lors du boom des années 1870 et 1880. Pensacola prit un autre visage, incarné par exemple par Eden Mansion *(p. 237)*. Vers 1930, la plupart de forêts exploitables de Floride avaient disparu et l'on fit appel à d'autres matériaux de construction. Les scieries fermèrent, et les chômeurs se comptèrent par milliers.

Les forestiers du XIXe siècle travaillaient d'arrache-pied pendant des heures

National Museum of Naval Aviation ❷

Logo du Beechcraft GB-2

Ce grand musée est installé au milieu des pistes et des hangars de la plus ancienne base aéronavale du pays, fondée en 1914. On peut y admirer plus de 150 avions et engins spatiaux, des maquettes et des instruments liés aux technologies aéronautiques. Tous ces objets retracent l'histoire de l'aviation, depuis les biplans en bois et en toile jusqu'aux fusées de la dernière génération. Une projection en IMAX® d'un film sur l'escadrille des US Navy's Blue Angels fera vibrer les plus sceptiques, qui pourront ensuite manier des simulateurs de vol. Il est possible de poser des questions à des pilotes vétérans ou d'effectuer avec eux une visite guidée du musée.

★ Blue Angels
Quatre anciens Skyhawk A-4 des Blue Angels sont suspendus en formation en diamant au toit de l'atrium de sept étages.

Le pont d'envol de l'*USS Cabot* est une reproduction d'un porte-avions de la Seconde Guerre mondiale. Il est exposé avec divers chasseurs datant de la même époque.

Les trésors engloutis
Dans cette salle sont exposés deux avions repêchés dans le lac Michigan, où ils coulèrent pendant la Seconde Guerre mondiale.

Les Tigres volants
Des mâchoires peintes sur le fuselage étaient la marque des pilotes du Volunteer Flying Tiger, qui combattit en Chine et en Birmanie.

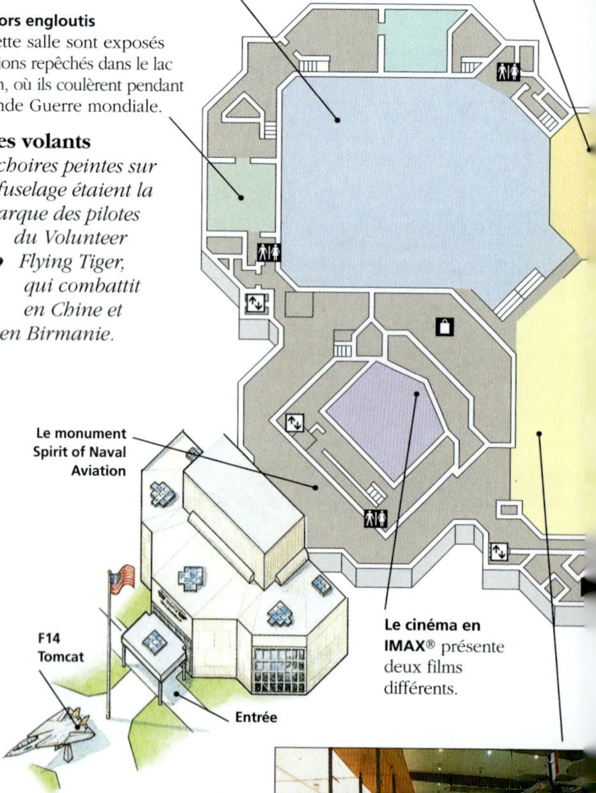

Le cinéma en IMAX® présente deux films différents.

SUIVEZ LE GUIDE !
Le musée occupe deux étages, ou « ponts », divisés en deux ailes convergeant vers un atrium. L'aile ouest est presque entièrement consacrée à un porte-avions de la Seconde Guerre mondiale, l'aile sud porte sur une période de l'histoire plus étendue. D'autres avions sont exposés sur les pelouses.

À NE PAS MANQUER

★ Les Blue Angels

★ Le simulateur de vol

Biplan
Parmi les anciens appareils exposés, des avions d'entraînement de la Première Guerre mondiale et des biplans.

Pour les hôtels et restaurants de la région, voir p. 321-323 et p. 348-350

Dirigeable K47
Ces dirigeable américain de type K effectuait des patrouilles maritimes pendant la Seconde Guerre mondiale.

MODE D'EMPLOI

Carte routière 1A. 1750 Radford Blvd, NAS Pensacola. ***Tél.*** *(850) 453-2389.* *Pensacola.* *Pensacola.* *t.l.j. 9h-17h* *Thanksgiving, 25 déc., 1er janv.*
www.naval-air.org

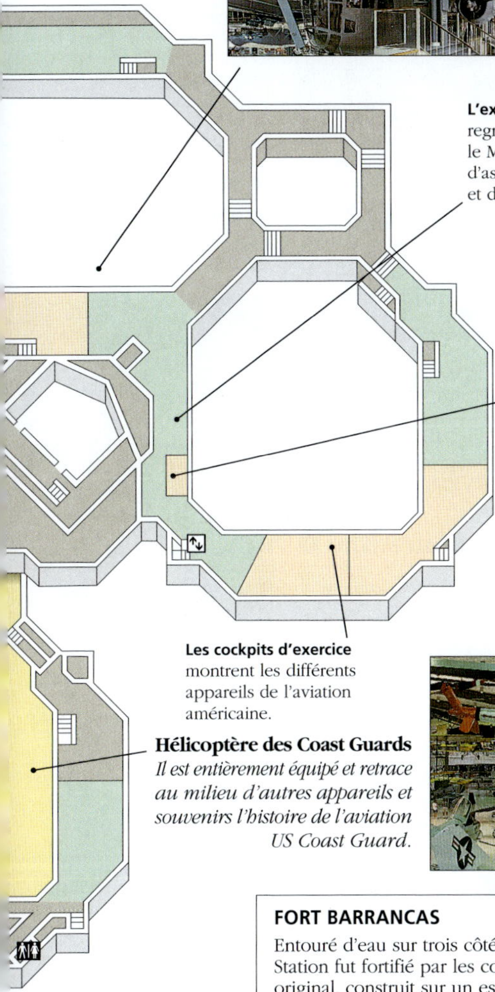

L'exposition de la capsule spatiale regroupe la capsule Mercury, le Moon Rover Vehicler, des tenues d'astronautes, des films sur l'espace et divers souvenirs.

★ Le simulateur de vol
Il propose trois différents scénarios de vols. La simulation est parfaite : on a l'impression d'être aux commandes d'un avion !

Les cockpits d'exercice montrent les différents appareils de l'aviation américaine.

Hélicoptère des Coast Guards
Il est entièrement équipé et retrace au milieu d'autres appareils et souvenirs l'histoire de l'aviation US Coast Guard.

LÉGENDE

- 2e GM, guerre de Corée
- Avions anciens
- Avions modernes
- Cinéma
- Expositions interactives
- Vitrines
- Galerie d'art
- Espace fermé au public

FORT BARRANCAS

Entouré d'eau sur trois côtés, le site stratégique de la Naval Air Station fut fortifié par les colons espagnols en 1698. Le rempart original, construit sur un escarpement *(barranca*, en espagnol) dominant Pensacola Bay, fut renforcé en 1781 puis amélioré par l'armée jusque dans les années 1840. Les restes des forts espagnol et américain, dissimulés derrière de formidables fortifications, sont reliés par un tunnel. Le fort est accessible à pied depuis le musée. Possibilité de visites guidées.

Les fortifications de Fort Barrancas

Gulf Breeze ❹

Carte routière A1. Santa Rosa Co. *6 300. Pensacola. Pensacola. 409 Gulf Breeze Parkway, (850) 932-7888.* **www**.gulfbreezechamber.com

La petite ville prospère de Gulf Breeze se situe à l'extrémité ouest d'un promontoire donnant sur Pensacola Bay. À l'est de la ville, la région est boisée et ses forêts servirent à approvisionner les chantiers navals dans les années 1820 *(p. 231).*

La **Naval Live Oaks Reservation**, sur l'US 98, est une pépinière d'État, chargée de la protection des forêts. Des sentiers sont ouverts aux visiteurs sur les 500 ha de hammocks en chênes, de dunes et de marais, où les échassiers se repaissent de l'abondante faune marine. Un bureau des visiteurs dispense des informations sur la faune et la flore et présente quelques expositions d'histoire locale.

À 16 km à l'est de Gulf Breeze, **The Zoo** est l'une des attractions familiales les plus prisées, avec ses 700 animaux en liberté. Un petit train, le Safari Line, permet de parcourir 12 ha de ce zoo où les animaux vont librement. On peut également déambuler dans le jardin botanique. Les plus chanceux verront peut-

Le Safari Line train traverse The Zoo à Gulf Breeze

être une girafe depuis la plateforme d'observation.

Naval Live Oaks Reservation
1801 Gumlf Breeze Parkway. ***Tél.** (850) 934-2600.* t.l.j. *25 déc.* **www**.nps.gov/guis

The Zoo
5701 Gulf Breeze Parkway. ***Tél.** (850) 932-2229.* t.l.j. *Thanksgiving, 25 déc.* **www**.the-zoo.com

Santa Rosa Island ❺

Carte routière A1. Escambia Co, Okaloosa Co, Santa Rosa Co. *Pensacola. Pensacola ou Fort Walton Beach. 8543 Navarre Parkway, Navarre, (850) 939-2691.* **www**.beaches-rivers.com

Santa Rosa est une ville étirée le long d'une plage étroite reliant Pensacola Bay à Fort Walton Beach sur une distance de 70 km. À son extrémité ouest se trouve **Fort Pickens**, achevé en 1834, le plus grand des quatre forts construits au début du XIXe siècle pour défendre Pensacola Bay. Le chef apache Geronimo y fut emprisonné de 1886 à 1888, ce qui attira de nombreux curieux. Le fort fut utilisé par l'armée jusqu'en 1947.

Le public peut aujourd'hui l'explorer à sa guise.

Le circuit nature, Naval Live Oaks Reservation

Santa Rosa possède plusieurs belles plages de sable blanc fin. Pensacola Beach et Navarre Beach sont les plus fréquentées, chacune d'entre elles étant équipée d'un ponton pour pêcher et d'installations de loisirs pour la pratique des sports nautiques. Entre les deux s'étend une plage quasi vierge. Un camping est installé près de Fort Pickens, à l'extrémité ouest de l'île.

Fort Pickens
1400 Fort Pickens Rd (Route 399). *(850) 934-2621.* t.l.j. *limité.* **www**.nps.gov/guis

Promenade allant vers Pensacola Beach, à Santa Rosa Island

Blackwater River ❻

Carte routière A1. Santa Rosa Co. *Pensacola. Pensacola. 5247 Stewart St, Milton, (850) 623-2339.* **www**.srchamber.com

Le fleuve Blackwater River prend sa source en Alabama et se jette 95 km plus loin, au sud, dans le golfe du Mexique. Il s'agit de l'un des cours d'eau à lit de sable les plus purs du monde. Ses eaux noires de tanins serpentent à travers la forêt, créant des lacs en forme de croissant, des digues naturelles et des plages de sable. Le fleuve attire les amateurs de canoë : l'un des principaux parcours fait 50 km de long. Des excursions en canoë et en kayak sont organisées par plusieurs clubs de Milton, la « capitale du canoë en Floride ». Ces excursions peuvent être une demi-journée de promenade facile,

La Blackwater River, bien connue des amateurs de canoë

de véritables marathons de trois jours ou un voyage vers les criques Sweetwater ou Juniper au nord.

À **Blackwater River State Park**, situé à l'extrémité des parcours, on peut nager ou se restaurer. Le parc abrite le Chain of Lakes Trail, un sentier de 1,5 km qui traverse des bois de chênes, de noyers, de magnolias et d'érables et s'achève sur un paysage de lacs.

Blackwater River State Park
De l'US 90, 24 km au nord-est de Milton. ***Tél.*** *(850) 983-5363.*
t.l.j.
www.floridastateparks.org

Fort Walton Beach 7

Carte routière A1. Okaloosa Co.
22 000. *Crestview.*
34 Miracle Strip Parkway SE, (850) 244-8191, (800) 322-3319.
www.fwbchamber.org.

Fort Walton Beach est située à la pointe ouest d'une région appelée Emerald Coast, une extraordinaire plage de sable de 40 km de long jusqu'à Destin et même au-delà. Des magasins de matériel de plongée et des marinas jalonnent l'US 98, qui longe la côte et relie Fort Walton à Santa Rosa Island. Cette dernière, appelée localement Okaloosa Island, est très prisée. On peut y pratiquer la natation ou la pêche, sous-marine ou depuis la jetée. Il est possible de pratiquer la voile ou la planche à voile sur la côte nord de l'île, dans l'anse protégée de Choctawhatchee Bay, ou d'effectuer des excursions en bateau. Emerald Coast propose une douzaine de parcours de golfe. Au parc nautique de **Gulfarium**, on peut applaudir aux numéros de dauphins ou d'otaries, ou frissonner devant les grands aquariums contenant des requins, des raies et des tortues géantes. La parc abrite des bassins pour phoques, otaries et alligators ainsi que des volières d'oiseaux exotiques. Le centre-ville est dépourvu d'intérêt, à l'exception de l'**Indian Temple Mound Museum**, construit à proximité d'un ancien site funéraire indien. Celui-ci appartenait à la tribu des Apalachee *(p. 40-41)* et date du XVe siècle. Le musée présente des vestiges exhumés de ce site et de ceux des environs. On peut ainsi suivre l'histoire de plus de 10 000 ans de présence humaine à Choctawhatchee Bay. À 5 km au nord, à Shalimar, se trouve la base aérienne d'Eglin, la plus vaste du monde. On peut y visiter l'**US Air Force Armament Museum** où sont exposés des bombes et des missiles allant de la Seconde Guerre mondiale à nos jours. On peut ainsi y admirer l'avion espion SR-71 Blackbird ainsi que divers systèmes d'armement. La visite de la base doit être organisée à l'avance.

Pot indien du Temple Mound Museum

Gulfarium
1010 Miracle Strip Parkway.
Tél. *(850) 243-9046.* *t.l.j.*
Thanksgiving, 24 et 25 déc.
limité. **www**.gulfarium.com

Indian Temple Mound Museum
139 SE Miracle Strip Parkway.
Tél. *(850) 833-9595.* *t.l.j.*
jours fériés. *limité..*
www.fwb.org

US Air Force Armament Museum
100 Museum Drive (Route 85).
Tél. *(850) 882-4062.* *t.l.j.*
jours fériés.

Promeneurs marchant le long des plages de sable du golfe du Mexique, à Fort Walton Beach

Destin ⑧

Carte routière A1. Okaloosa Co. 12 000. *Fort Walton Beach.* *4484 Legendary Dr, Suite A, (850) 837-6241.* **www**.destinchamber.com

Située entre le golfe du Mexique et Choctawhatchee Bay, Destin est une ville tout en longueur qui s'étire le long de l'US 98, la route côtière. L'ancien hameau de pêcheurs, fondé en 1845, est devenu, ainsi qu'il se définit aujourd'hui, le « port de pêche le plus productif des États-Unis ». On y pratique la pêche en haute mer. La zone maritime de Destin regorge en effet de poissons, du fait de la faible profondeur (30 m) des eaux du plateau continental, qui borde le rivage sur une largeur de 16 km. On pêche surtout le séricole, le tarpon et le marlin bleu. La ville se distingue par ses nombreux tournois de pêche dont le plus important, le Fishing Rodeo, dure tout le mois d'octobre. Au début de ce mois, les amateurs affluent à Destin pour le Seafood Festival (« festival des fruits de mer ») annuel.

Pour découvrir la faune marine du golfe du Mexique, allez admirer les aquariums du **Destin Fishing Museum**.

Avec ses plages et ses eaux claires typiques de l'Emerald Coast, Destin est très appréciée, en particulier par les amateurs de plongée sous-marine.

Pêcheur avec ses prises sur le port, à Destin

Destin Fishing Museum
20009 Emerald Coast Parkway.
Tél. *(850) 654-1011.* *lun., mer.*
Thanksgiving, 25 déc., 1er janv.

Tour de bois typique des maisons du rivage de Seaside

Seaside ⑨

Carte routière B1. Walton Co. *200.* *(850) 231-4224.* **www**.seasidefl.com

Quand Robert Davis décida de développer Seaside au milieu des années 1980, il s'inspira des anciennes stations balnéaires de son enfance. Dans son esprit, celles du nord-ouest de la Floride se caractérisaient par de petits cottages en bois entourés de vérandas, aux toits très inclinés et aux clôtures

Les plages du Panhandle

Entre Perdido Key et Panama City Beach s'étendent quelques-unes des plus belles plages de Floride. Le sable, composé à 90 % de quartz originaire des Appalaches, est d'une telle blancheur qu'il est parfois aveuglant à la lumière du soleil. Les hordes de touristes arrivent en juin et juillet – les eaux du golfe du Mexique demeurent tièdes jusqu'en novembre. On choisira, selon ses goûts, une plage sauvage ou des stations balnéaires plus animées. Les sports nautiques et la plongée sont très développés.

Pensacola Beach ③ offre une promenade longue de plusieurs miles bordée de bars, d'hôtels et de magasins. Très fréquentée le week-end *(p. 234).*

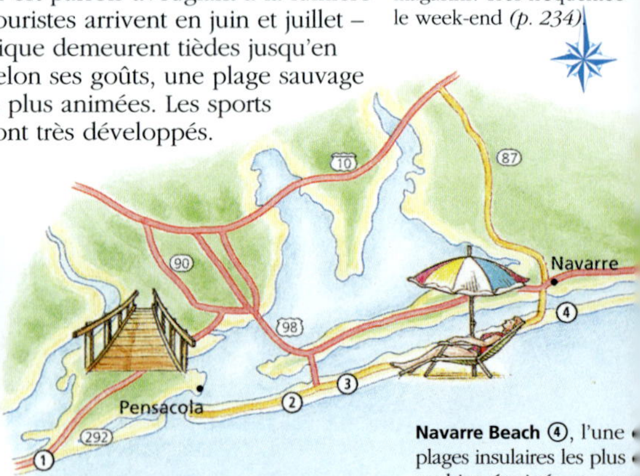

Perdido Key ① Cette plage extrêmement calme, qui est l'une des plus occidentales de l'État, est inaccessible en voiture *(p. 231).*

Quietwater Beach ②, sur la côte de Santa Rosa Island orientée vers le continent. Ce n'est pas la plus belle plage du Panhandle, mais on y accède facilement depuis Pensacola.

Navarre Beach ④, l'une plages insulaires les plus est bien équipée, notam d'une jetée pour la pêch *(p. 234).*

0 15 km
0

Pour les hôtels et restaurants de la région, voir p. 321-323 et p. 348-350

blanches. Mais ce parti pris stylistique originel fut altéré par l'ajout d'éléments décoratifs *(p. 31)*. Cette ville victorienne aux tons pastel établie sur l'US 98 possède un charme envoûtant. Il est difficile de ne pas s'y arrêter, ne serait-ce que pour sa plage.

Aux environs

À 1,5 km à l'ouest de Seaside, la **Grayton Beach State Recreation Area** offre une plage superbe, typique du Panhandle, qui est considérée comme l'une des plus belles des États-Unis.

En plus de sa plage de sable blanc, le parc propose diverses activités : surf, pêche, excursions en bateau. Il comprend aussi un sentier nature et un camping. En été, les campeurs peuvent entreprendre des activités qui intéressent toute la famille.

Grayton Beach SRA
County Rd 30A, de l'US 98, (1 mile) 1,5 km à l'ouest de Seaside. ***Tél.*** *(850) 231-4210.* *t.l.j.* **www**.floridastateparks.org

Une statue dans le luxuriant Eden State Gardens

Eden Gardens State Park ⑩

Carte routière B1. Walton Co. Point Washington. ***Tél.*** *(850) 231-4214.* *Fort Walton Beach.* **Jardins** *t.l.j.* **Bâtiment** *jeu.-lun.* *10h-14h.* **www**.floridastateparks.org

En 1897, William H. Wesley, un magnat de l'industrie du bois, fit construire cette élégante demeure en bois de style néogrec dominant la rivière Choctawhatchee. Ce bâtiment à deux étages, doté de chambres à hauts plafonds et de grandes vérandas s'inspire du style en vigueur avant la guerre de Sécession. Le jardin est planté de camélias et d'azalées, ombragé par des magnolias et des chênes. Des tables de pique-nique sont installées au bord de la rivière, près de l'ancienne scierie, qui recevait les troncs par flottage. Un fois débitées, les planches étaient transportées sur des barges le long de l'Intracoastal Waterway jusqu'à Pensacola.

Santa Rosa Beach ⑦ Cette plage tranquille s'adosse à des dunes et à des marais salants qui abritent une faune nombreuse, surtout des oiseaux.

Panama City Beach ⑨ Hôtels, attractions et parcs aquatiques sont très nombreux à Panama City Beach. La plongée et les sports nautiques sont les plus populaires *(p. 238)*.

Destin ⑥ attire les baigneurs sur ses plages ainsi que les amateurs de pêche en haute mer.

t Walton Beach ⑤ une paisible station néaire familiale, bien équipée ir les sports ıtiques *(p. 235)*.

À Grayton ⑧, une promenade en planches qui traverse les dunes permet d'accéder à l'une des plus belles plages des États-Unis.

Saint Andrews ⑩ possède une plage superbe qui, au contraire de Panama City Beach, est protégée des promoteurs immobiliers *(p. 238-239.)*

Panama City Beach, la station balnéaire la plus animée du Panhandle

Panama City Beach ⓫

Carte routière B1. Bay Co. *6 000.* *12015 Front Beach Rd, (850) 233-5070.* **Captain Anderson's** ***Tél.*** *(850) 234-3435.* **Treasure Island Marina,** ***Tél.*** *(850) 234-8944.* **www**.beachloversbeach.com

Véritable ville de carte postale, Panama City Beach déploie ses hôtels, ses attractions et ses galeries marchandes le long de 43 km de plages. La plus grande station balnéaire du Panhandle attire autant les jeunes, lors des vacances de printemps *(p. 34)*, que les familles, en été. Les équipements sportifs sont excellents. Panama City Beach est « la capitale de l'exploration d'épaves du Sud ». Près des récifs coralliens, les amateurs de plongée ont à leur disposition près de 50 sites de plongée créés avec des navires coulés. Des moniteurs organisent des plongées avec tuba ou bouteilles. Captain Anderson's and Treasure Island Marina proposent des spectacles de dauphins et des visites en bateaux à fond transparent.

Gulf World Marine Park

15412 Front Beach Rd. *(850) 234-5271.* *t.l.j. ;* *Thanksgiving, 25 déc.-1er janv.*
www.gulfworldmarinepark.com
L'attraction principale de ce parc d'attractions nautiques réside dans les spectacles de dauphins ou d'otaries. Allez voir également les aquariums, dont celui des requins, situés dans un jardin tropical luxuriant peuplé de perroquets.

Museum of Man in the Sea

17314 Panama City Beach Parkway. ***Tél.*** *(850) 235-4101.* *t.l.j.* *Thanksgiving, 25 déc., 1er janv.*
Le Museum of Man in the Sea est consacré à l'histoire de l'exploration sous-marine des épaves. On peut y admirer des casques ou d'autres trésors exhumés d'un galion espagnol du XVIIe siècle, l'*Atocha (p. 28)*, et divers objets récupérés. Parmi ceux-ci, Moby Dick, un navire de sauvetage des baleines peint de manière à ressembler à une baleine tueuse.

ZooWorld

9008 Front Beach Rd. ***Tél.*** *(850) 230-1243.* *t.l.j.* *25 déc.*
ZooWorld possède 350 animaux, dont des ours, des chats sauvages, des alligators, des chameaux, des girafes, des orangs-outans et plus de 15 espèces menacées.

Le Gentle Jungle Petting Zoo, qui permet d'admirer et de toucher les animaux sauvages de près sans danger, a beaucoup de succès auprès des jeunes visiteurs.

Un orang-outang, hôte pittoresque du ZooWorld

Shipwreck Island Water Park

12000 Front Beach Rd. ***Tél.*** *(850) 234-0368.* *avr.-mai : sam., dim.; juin-août : t.l.j. (changements possibles).* *limité.*
www.shipwreckisland.com
Ce parc aquatique fera la joie de toute la famille. Les 490 m de toboggan de la Lazy River sont très appréciés, mais il existe également d'autres attractions tout aussi excitantes, dont le Speed Slide dans lequel on glisse à 55 km/h, la Rapid River ou le toboggan de 110 m de long de White Water Tube, un bassin avec des vagues ou des solariums. D'autres bassins bien surveillés sont ouverts aux enfants plus jeunes.

Les joies de la Lazy River, au Shipwreck Island Water Park

Coconut Creek Family Fun Park

9807 Front Beach Rd. ***Tél.*** *(850) 234-2625, (888) 764-2199.* *9h-11h30 t.l.j.* *24 et 25 déc. (entrée payante), gratuit pour les moins de six ans.*
www.coconutcreekfun.com
Le parc possède deux mini-golfs de dix-huit trous, sur le thème d'un safari en Afrique. Vous pourrez vous perdre dans le plus grand labyrinthe des États-Unis. De la taille d'un terrain de football, le labyrinthe sur le thème du Pacifique vous fait passer d'île en île.

Aux environs

À 5 km au sud-est de la plage principale, **Saint Andrews State Park** est un véritable antidote à Panama City Beach, malgré une fréquentation

Distillerie de térébenthine, à Saint Andrews Recreation Area

importante en été. La plage de sable blanc a été reconnue en 1995 comme la plus belle des États-Unis. Vous pourrez explorer les rochers avec un masque et un tuba. Derrière les dunes, marécages et lagons abritent des alligators et de nombreuses variétés d'échassiers. Dans le parc, à proximité de la jetée des pêcheurs, on peut voir une distillerie d'essence de térébenthine de style Cracker du début du siècle *(p. 231)*.

Saint Andrews State Park
4607 State Park Ln. ***Tél.*** *(850) 233-5140.* *t.l.j.* *limité.*
www.floridastatespark.org

Florida Caverns State Park ⓬

Carte routière B1. Jackson Co. 3345 Caverns Rd, de la Route 166, 3 miles (5 km) au nord de Marianna. *Marianna.* ***Tél.*** *(850) 482-9598.* *t.l.j.*
www.floridastatespark.org

La couche calcaire qui constitue le sous-sol de la Floride apparaît dans ces grottes creusées par la Chipola River. Le lent écoulement des eaux à travers les siècles a façonné un extraordinaire paysage de stalactites, stalagmites, colonnes et veines de cristaux scintillantes. Habillez-vous chaudement pour visiter ces grottes, dont la température se maintient entre 16 et 19 °C.

Le parc possède des pistes de randonnée à pied ou à cheval; on peut sebaigner et pêcher dans la Chipola River. Un parcours de canoë long de 84 km, qui passe entre des falaises de calcaire vers le sud, mène jusqu'à Dead Lake, à l'ouest d'Apalachicola National Forest *(p. 240)*.

Torreya State Park ⓭

Carte routière C1. Liberty Co. Route CR 1641, 13 miles (21 km) au nord de Bristol. *Blountstown.* ***Tél.*** *(850) 643-2674.* *t.l.j.* *limité.*
www.floridastatespark.org

Plus éloigné des sentiers battus que les autres parcs de Floride, Torreya State Park mérite pourtant une visite. Il tire son nom de la torreya, une variété d'if qui y poussait autrefois en abondance. Le parc constitue un véritable manteau forestier sur les rives de l'Apalachicola River. Les falaises, à l'intérieur desquelles les soldats confédérés creusaient des casemates pour tirer sur les canonnières nordistes sont un des rares points d'observation d'altitude de Floride.

Gregory House, une belle demeure néoclassique du XIXe siècle, surplombe une falaise de 45 m de haut. Elle fut transportée à cet endroit depuis son site originel en 1935 pour y être restaurée. Il faut 25 min à pied pour aller de Gregory House à la rivière et revenir, à moins que l'on ne choisisse de suivre le Weeping Ridge Trail, long de 11 km. En parcourant ces deux sentiers forestiers, on peut apercevoir des oiseaux, des biches, des castors et des « tortues-carte » (le dessin de leur carapace évoque une carte).

Saint Joseph Peninsula State Park ⓮

Carte routière B1. Gulf Co. Route 30E. *Blountstown.* ***Tél.*** *(850) 227-1327.* *t.l.j.* *limité.* *ouvert toute l'année.* **www**.floridastatespark.org

À l'extrémité de la langue de sable qui part du cap San Blas pour encercler Saint Joseph's Bay, cette plage immaculée est un refuge pour ceux qui recherchent la quiétude. La baignade est agréable ainsi que l'exploration des fonds sous-marins. Les amateurs d'oiseaux apprécieront la présence de près de 200 espèces. Vous pouvez séjourner dans des bungalows dominant la baie ou dans le camping proche. Les marcheurs découvriront la zone forestière derrière la plage, où poussent pins et palmiers nains et où l'on aperçoit parfois des biches, des ratons laveurs, des lynx ou des coyotes.

Les rives boisées de l'Apalachicola River, au Torreya State Park

Maisons restaurées sur Water Street, à Apalachicola

Apalachicola ⓯

Carte routière B1. Franklin Co. *3 000. Tallahassee. 122 Commerce Street, (850) 653-9419.* **www**.apalachicolabay.org

À l'origine Apalachicola était un ancien poste de douane installé en 1823. Il connut un âge d'or tout au long de son premier siècle d'existence, notemment avec le développement du commerce du coton. Les pêcheurs d'éponges et les barons du bois y firent fortune. La ville est toujours environnée de bois de pins et de feuillus, en particulier dans l'Apalachicola National Forest, qui s'étend sur 19 km au nord d'Apalachicola jusqu'aux environs de Tallahassee. À la fin du boom du bois dans les années 1920, la ville se reconvertit dans l'ostréiculture et la pêche, à l'embouchure de l'Apalachicola River.

On peut voir des bateaux de pêche accostés aux quais et d'anciens entrepôts de coton reconvertis en entrepôts frigorifiques destinés à stocker les fruits de mer. Bâtie selon un plan en damier, la vieille ville abrite quelques bâtiments datant de l'époque du boom du coton. On peut se procurer à la chambre de commerce l'itinéraire d'une promenade qui permet d'en voir quelques-uns, comme Raney House, bâtie en 1838 en style néoclassique grec.

Un musée, le **John Gorrie Museum State Park**, est dédié au Dr John Gorrie, qui inventa en 1851 une machine à fabriquer de la glace pour soulager les douleurs des habitants frappés par la fièvre jaune.

John Gorrie Museum State Park
46 6th Street (Gorrie Square).
***Tél.** (850) 653-9347. jeu.-lun. Thanksgiving, 25 déc., 1er janv.*

Saint Vincent, Saint George et Dog Islands ⓰

Carte routière B2, C2, C1. Franklin Co. *Tallahassee. 122 Commerce St Apalachicola, (850) 653-9419.* **Jeannie's Journeys *Tél.*** *(850) 927-3259.* **www**.sgislandjourneys.com

Cette chaîne d'îles sépare les eaux de la baie d'Apalachicola de celles du golfe du Mexique. L'île Saint George, qui connaît une croissance rapide du nombre de ses résidences de vacances, est reliée à Apalachicola par un pont. Elle abrite près de 14 km de dunes préservées dans sa partie est, au cœur du **Saint George Island State Park**, la plus grande des plages sur le golfe des trois îles. À l'ouest, **Saint Vincent National Wildlife Refuge**, inhabité, n'est accessible que depuis

La pêche sur la plage, une activité très prisée à Saint George Island

Saint George : l'agence Jeannie's Journeys, située sur East Gorey Drive, organise des excursions entre mai et octobre. Au printemps, on peut voir des balbuzards pêcheurs, en été la ponte des tortues de mer et en hiver leur migration vers la mer. À l'est, la petite île de Dog Island est accessible en bateau depuis Carrabelle, sur le continent. Elle possède une auberge et un front de mer.

Saint George Island State Park
***Tél.** (850) 927-2111. t.l.j.*

Saint Vincent National Wildlife Refuge
***Tél.** (850) 653-8808. lun.-ven.*

Baigneurs à Wakulla Springs

Wakulla Springs State Park ⓱

Carte routière C1. Wakulla Co. 550. Wakulla Park Drive, Wakulla Springs. ***Tél.** (850) 224-5950. Tallahassee. t.l.j.* **www**.floridastateparks.org

Classée parmi les plus grandes sources du monde, Wakulla déverse 2,6 millions de litres d'eau à la minute dans un bassin naturel.

Filtrée par la roche, l'eau est extrêmement pure. Il est possible d'admirer le fond du bassin depuis un bateau à fond de verre. Des excursions sont organisées sur la Wakulla River, le long de laquelle on peut voir des alligators, des balbuzards pêcheurs ou des échassiers. Voir aussi l'hôtel-restaurant Wakulla Springs Lodge, construit en style espagnol dans les années 1930.

Pour les hôtels et restaurants de la région, voir p. 321-323 et p. 348-350

La récolte des fruits de mer à Apalachicola Bay

Un crabe bleu

La baie d'Apalachicola est l'un des écosystèmes d'estuaire les plus riches du monde. Alimentée par les limons de l'Apalachicola River, la baie recèle une multitude d'espèces marines. Les eaux chaudes peu profondes des marais salants, ,qui s'étendent entre Apalachicola Bay et Cedar Key *(p. 245),* constituent également un habitat animal fort riche. La pêche est une activité pratiquée tout le long de la côte. Les huîtres, les crabes bleus, les crevettes et autres crustacés font la fortune de l'industrie de la pisciculture locale, qui rapporte 15 millions de dollars par an. Apalachicola Bay est réputée pour la qualité de ses huîtres, qui constitue 90 % de la production totale de l'État. Grâce au climat favorable, ces huîtres atteignent la taille de 8 cm en moins de deux ans.

Une « tenaille », constituée de deux perches, est utilisée pour récolter les huîtres en mer.

Un « calibreur » trie les huîtres selon leur taille et rejette les plus petites dans la mer.

La pêche aux huîtres, à Apalachicola Bay

LA PÊCHE AUX HUÎTRES

Les pêcheurs, appelés *tongers* (du nom de leurs perches), opèrent depuis de petits bateaux en bois, dans des parcs à huîtres publics naturels. Les huîtres sont récoltées toute l'année, avec une pause en été et en automne, quand les pêcheurs s'occupent d'autres espèces.

Huîtres fraîches servies sur de la glace

Les crevettes, blanches, brunes et roses, *sont pêchées dans la baie par des bateaux, petits ou grands, qui s'absentent une semaine durant dans le golfe du Mexique. Les prises sont transportées vers les entrepôts frigorifiques pour y être conditionnées et vendues.*

Les fruits de mer frais *sont disponibles toute l'année à Apalachicola. Le premier week-end de novembre, les amateurs affluent dans la ville pour le Florida Seafood Festival.*

Les crabes bleus *à carapace dure ou molle* («peelers») *sont capturés dans des pièges munis d'appâts, qui sont ensuite récoltés par de petits bateaux. Les crabes arrivent avec le beau temps, parfois dès février.*

Tallahassee ⓲

Située à 23 km de la frontière avec la Géorgie, entourée de collines boisées et de routes ombragées, Tallahassee est l'archétype de « l'Autre Floride » – belle, hospitalière et incontestablement « sudiste ». D'abord occupé par des Indiens Apalachee, puis par une mission franciscaine, ce site isolé eut de la chance d'être choisi pour devenir en 1824 la capitale du territoire de Floride *(p. 225)*. Malgré ses débuts modestes, Tallahassee connut une croissance spectaculaire à l'époque des plantations, puis lorsque la Floride fut élevée au statut d'État en 1845. De belles demeures édifiées autrefois par les planteurs et les politiciens témoignent de cette époque.

À la découverte de Tallahassee

Le centre historique, où sont concentrées les belles demeures du XIXe siècle, s'étend autour de Park Avenue et Calhoun Street, deux rues calmes et ombragées plantées de chênes centenaires et de magnolias. Brokaw-McDougall House, sur Meridian Street, est une superbe demeure néoclassique. Ce style se retrouve aussi dans The Columns, un bâtiment de 1830 sur Duval Street. Le plus vieil édifice de la ville et le Capitol Complex sont situés au cœur du centre-ville de Tallahassee.

Décoration en bois, à old Capitol Senate

Le vénérable Old Capitol building a été restauré exactement tel qu'il était en 1902, avec son dôme blanc d'origine et ses stores rayés. Il est possible de visiter la cour suprême, l'ancienne salle de réunion du cabinet et le sénat. Derrière, le New Capitol, un immeuble moderne de 22 étages qui accueille les sessions législatives de mars à mai, domine son aïeul. De sa terrasse, belle vue sur la ville.

MODE D'EMPLOI

Carte routière C1. Leon Co. 137 000. 8 miles (13 km) au sud. 918 Railroad Avenue, (800) 872-7245. 112 W Tennessee Street, (850) 222-4240. 106 E. Jefferson Street, (850) 413-9200, (800) 628-2866. Printemps de Tallahassee (mars-avr.). **www**.seetallahassee.com

Knott House Museum

301 East Park Ave. ***Tél.*** *(850) 922-2459.* *mer.-sam.* *Thanksgiving, 25 déc., 1er janv.* **www**.knotthouse.org

Cette maison a été bâtie par un Noir libre en 1843 – vingt ans avant l'émancipation des esclaves de Floride. Elle est aujourd'hui l'une des plus belles demeures victoriennes de Tallahassee et porte le nom des Knott, une famille qui s'y établit en 1928 et la remeubla complètement. La décoration intérieure date des anciens propriétaires. Des poèmes

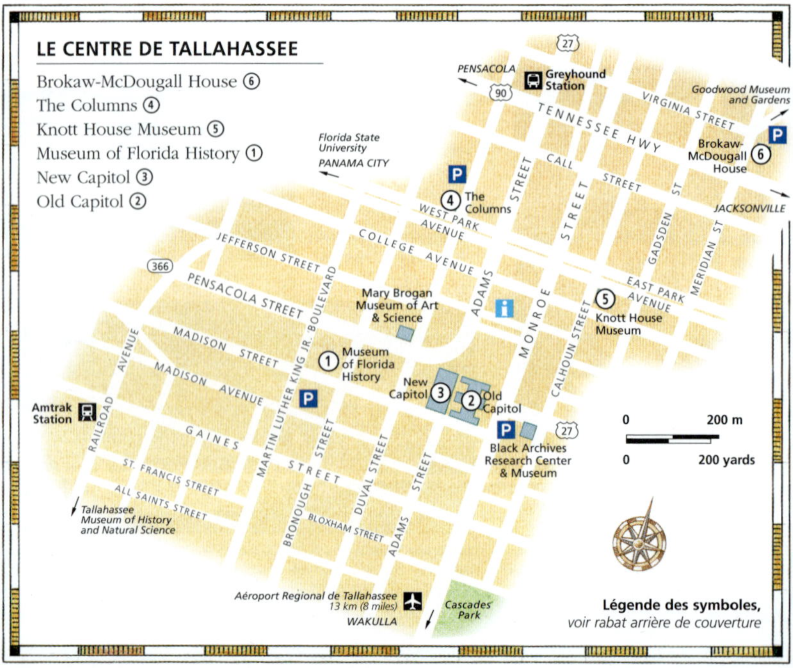

composés par Luella Knott sont encore accrochés à ses meubles préférés.

Museum of Florida History
500 S Bronough St. ***Tél.*** *(850) 488-1484.* *t.l.j.* *Thanksgiving, 25 déc.*
www.flheritage.com

Ce musée embrasse 12000 ans d'histoire locale. Plusieurs dioramas présentent des objets paléo-indiens, d'énormes tatous et un squelette de mastodonte reconstitué à partir d'os trouvés à Wakulla Springs *(p. 240)*. Plusieurs objets et une chronologie succincte évoquent la période coloniale ainsi que le boom touristique des années 1920 *(p. 51)*.

Une passerelle au Museum of History and Natural Science

Aux environs
À 5 km au sud-ouest de la ville, Lake Bradford Road conduit au **Tallahassee Museum of History and Natural Science**, très apprécié des enfants. Son attraction principale est le Big Bend Farm, la reconstitution d'une ferme du XIXe siècle, où le personnel en costume d'époque élève des chèvres et des oies dans des bâtiments de 1880. Vous découvrirez aussi, Bellevue, une petite plantation construite dans les années 1830, un centre interactif et un zoo. Sur les rives du lac Bradford, les forêts sont habitées par des lynx et des ours bruns, tandis que les alligators nagent parmi les nénuphars et les marais à cyprès.

Goodwood Plantation, à l'extrémité nord-est de Tallahassee, produisait de grandes quantités de coton et de maïs au XIXe siècle *(p. 46-47)*. La maison principale, bâtie dans les années 1830, possède une décoration originale, un escalier en acajou et des cheminées en marbre d'Europe. Après des années d'abandon, les bâtiments de la plantation sont en cours de restauration.

Au printemps, la beauté du Maclay Gardens State Park, près de Tallahassee

Tallahassee Museum of History and Natural Science
3945 Museum Drive. ***Tél.*** *(850) 576-1636.* *t.l.j.* *Thanksgiving, 24-25 déc., 1er janv.*
www.tallahasseemuseum.org

Goodwood Plantation
1600 Miccosukee Rd. ***Tél.*** *(850) 877-4202.* *lun.-ven.* *lun.-sam.*
www.goodwoodmuseum.org

A B Maclay Gardens State Park 19

Carte routière C1. 3540 Thomasville Rd, Leon Co. ***Tél.*** *(850) 487-4556.* *Tallahassee.* *Tallahassee.* *t.l.j.*
www.floridastateparks.org

Ces jardins magnifiques, situés à 6 km au nord de Tallahassee, proviennent à l'origine de Killearn, la résidence d'hiver du financier new-yorkais Alfred B. Maclay. Plus de 200 variétés de plantes sont présentes dans ce jardin des rives du lac Hall. En hiver, l'endroit est attrayant, camélias et azalées sont en pleine floraison (de janvier à avril). Les visiteurs peuvent se baigner, pêcher, faire du bateau ou se promener le long du sentier naturel Big Pine.

La sobre église presbytérienne de Monticello

Monticello 20

Carte routière C1. Jefferson Co. *2 800.* *Tallahassee.* *Tallahassee.* *420 W Washington St, (850) 997-5552.*
www.monticellojeffersonfl.com

Fondée en 1827, Monticello fut baptisée du nom de la résidence virginienne de l'ancien président Thomas Jefferson. Située au cœur de la zone d'exploitation du coton en Floride du Nord, la ville connut sa période de prospérité, qui entraîna la construction de belles demeures. Certaines d'entre elles, transformées en bed-and-breakfast, font un excellent point de départ pour découvrir les environs de Tallahassee.

Monticello s'étend en étoile à partir du palais de justice situé sur l'US 90. Établi au nord, le centre historique comporte des rues ombragées et de belles demeures, où s'exprime lestyle des années 1850 mais aussi le style Queen Anne avec ses décorations en bois et ses motifs gothiques.

Chaque année, fin juin, la ville fête le melon, fleuron de l'économie locale. Cortèges, danses, rodéos et cracher de pépins assurent une ambiance de fête.

Suwannee River State Park ㉒

Carte routière D2. Suwannee Co. 13 miles (21 km) au nord-ouest de Live Oak. *Live Oak.* ***Tél.*** *(386) 362-2746.* *t.l.j.* *limité.* **www**.floridastateparks.org

Le Suwannee fut immortalisé dans une chanson du compositeur Stephen Foster en 1851. Ce fleuve prend sa source en Géorgie puis se jette dans le golfe du Mexique, 425 km plus au sud. Le parc propose quelques-uns des plus beaux parcours de canoë de Floride. La rivière est calme et ses rives peu escarpées sont plantées de noyers, de chênes, de magnolias et de cyprès. De plus, les amateurs de canoë pourront apercevoir, s'ils ont de la chance, des hérons, des foulques, des faucons ainsi que des tortues. Sur place, il est possible de louer des canoës et de loger dans un camping ombragé.

Baigneurs sur un ponton, dans le Suwannee River State Park

Steinhatchee ㉓

Carte routière D2. Taylor Co. *1 000.* *Chiefland.* *428 N Jefferson, (850) 584-5366.* **www**.taylorcountychamber.com

Située en retrait de l'estuaire de la Steinhatchee River, cette petite ville de pêcheurs semble assoupie. Pour bien visiter l'endroit, évitez les parcs et promenez-vous parmi le joyeux désordre constitué par les caisses de poissons, les magasins d'appâts et les navires attachés aux cyprès de la rive. Les pêches aux truites et aux crabes sont des activités courantes. À 42 km au nord-ouest de Steinhatchee se trouve la petite ville côtière de **Keaton Beach**.

Cedar Key ㉔

Carte routière D2. Levy Co. *750.* *Chiefland.* *525 2nd Street, (352) 543-5600.* **www**.cedarkey.org

À l'extrémité d'un chapelet d'îlots reliés par des ponts s'enfonçant dans le golfe du Mexique, Cedar Key est un port de pêche pittoresque de style victorien. Au XIXe siècle, la ville prospéra grâce à la présence du premier chemin de fer fédéral de Floride et à l'essor du commerce du bois. Toutefois, en quelques

La route du coton ㉑

Au cours des années 1820 et 1830, les environs de Tallahasse comptaient parmi les régions productrices de coton les plus importantes de Floride. Des plantations, des chariots tirés par des chevaux cheminaient le long des pistes en terre battue rouge vers le marché de la capitale. Aujourd'hui, ces routes sont les derniers vestiges de l'ancienne Floride rurale. Cet itinéraire de 3 h 30 suit l'ancienne route du coton, vous faisant découvrir des routes ombragées qui traversent des pâturages et des forêts : on peut l'emprunter lorsqu'on se rend de Tallahassee à Monticello *(p. 243)*.

Bradley's Country Store ④
Célèbre pour ses saucisses artisanales, ce magasin traditionnel est toujours tenu par la famille Bradley, qui le fonda en 1927.

Old Pisgah United Methodist Church ③
Cette austère église de style néogrec, construite en 1858, est le plus vieil édifice méthodiste du comté de Leon.

Miccosukee Road ②
Dans les années 1850, cet ancien sentier indien était utilisé par 30 plantations locales.

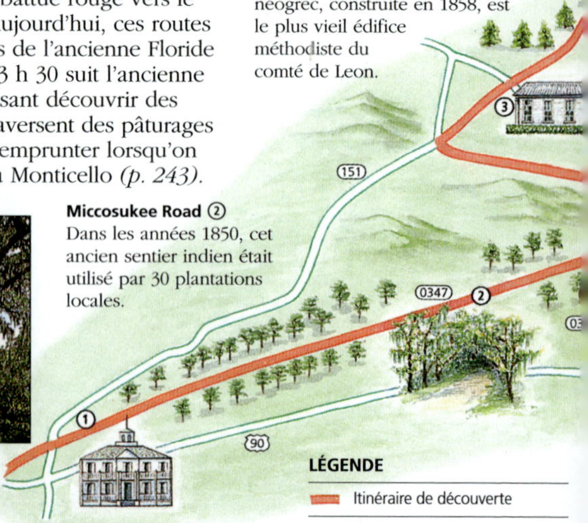

Goodwood Plantation ①
Cette ancienne plantation de coton *(p. 243)* abrite encore une demeure ombragée de chênes datant de 1840.

LÉGENDE

Itinéraire de découverte

Autres routes

décennies de surexploitation, les forêts disparurent. Quelques entrepôts ont été convertis depuis en magasins et en restaurants, mais aujourd'hui Cedar Key est très calme. Depuis les docks, il est possible grâce à plusieurs compagnies d'embarquer pour une île du Cedar Keys National Wildlife Refuge, afin d'admirer les oiseaux dans les marais salants. On peut également visiter le **Cedar Key Historical Society Museum,** dont la collection comprend des dents de tapir fossilisées, des tessons de poterie indienne et des pièges à crabes. Le musée propose aussi des fascicules historiques sur les bâtiments remarquables de la ville.

Cedar Key Historical Society Museum
Angle de D et 2nd Streets. ***Tél.*** *(352) 543-5549. 13h-16h dim.-ven., 11h-17h dim. Thanksgiving, 25 déc., 1er janv.*

Aux environs
À 50 km au nord de Cedar Key, le **Manatee Springs State Park** abrite une source qui jaillit à 9 m sous la surface d'une piscine naturelle. La transparence des eaux de cette source au débit rapide qui alimente la Suwannee River est très appréciée des plongeurs. On y apercevra, rarement, des lamantins, qui passent parfois l'hiver sur le site, et, plus souvent, des tortues, des poissons et des aigrettes en quête de nourriture dans les eaux peu profondes, ou des aigles planant au-dessus des têtes. Il est possible de nager, louer un canoë, effectuer une excursion en bateau ou à pied, voire, avec de la chance, d'apercevoir un tatou.

Manatee Springs State Park
Route 320, 6 miles (10 km) à l'ouest de Chiefland. ***Tél.*** *(352) 493-6072.* *t.l.j.*
www.floridastateparks.org

Cabanes sur pilotis, abîmées par les intempéries, au large de Cedar Key

Miccosukee ⑤
Ce village était peuplé d'Indiens jusqu'à sa destruction par l'armée d'Andrew Jackson en 1818, pendant la première guerre séminole *(p. 46-47).*

Reeve's Landing ⑥
Aire de pêche des années 1930 sur les rives tranquilles du lac Miccosukee.

Magnolia Road ⑦
L'une des dernières routes ombragées non pavées de Floride mène à l'ancien port de Magnolia, où les navires chargés de coton appareillaient pour New York.

CARNET DE ROUTE

Itinéraire : *80 km.*
Où faire une pause : *Il n'y a pas de restaurant le long de ce parcours, aussi faut-il prévoir d'emporter ses provisions ou d'en acheter au Bradley's Country Store, pour pique-niquer sur les rives du lac Miccosukee.*

LA GULF COAST

Pour de nombreux visiteurs, la Gulf Coast n'est qu'une immense plage baignée par les eaux tièdes du golfe du Mexique et jalonnée de stations balnéaires. Toutefois, dès que l'on oublie le sable, on a la possibilité de découvrir certaines des villes les plus intéressantes de Floride ou d'explorer des étendues sauvages quasi épargnées par les caprices du temps.

Depuis l'installation des Espagnols en Floride, c'est autour de Tampa Bay que la Gulf Coast a concentré l'essentiel de ses activités. Pánfilo de Narváez découvrit cet endroit en 1528 et Hernando de Soto *(p. 43)* y débarqua en 1539. Abri naturel parfait, elle attira les immigrants au XIXe siècle. Le climat favorisait la culture de la canne à sucre : Gamble Plantation, près de Bradenton, est la plantation la plus méridionale des États-Unis *(p. 266)*. Après la guerre de Sécession, la Gulf Coast devint un centre de commerce important entre les États-Unis et les Antilles. Elle le doit, principalement, à Henry Plant qui, dans les années 1880, y introduisit le chemin de fer de Virginie, assurant ainsi la prospérité de Tampa Bay et de sa région. Les immigrants qui y affluèrent étaient issus de groupes ethniques fort hétérogènes : des pêcheurs d'éponges grecs qui s'installèrent à Tarpon Springs aux Américains fortunés, comme John Ringling, le roi du cirque. La magnifique demeure à l'italienne de ce dernier et sa collection d'art européen constituent aujourd'hui la principale attraction de Sarasota. À l'instar de Flagler en Floride de l'Est *(p. 48-49)*, Henry Plant vanta les avantages du soleil en hiver pour développer le tourisme. La côte ouest, qui bénéficie d'un ensoleillement de 361 jours par an (c'est là son principal slogan publicitaire), attire toujours les touristes sur ses plages. Celles-ci sont bondées autour de Saint Petersburg et de Clearwater, mais il est facile d'échapper à la foule en s'enfonçant dans les terres, pour visiter les petites villes d'éleveurs, les marais et les bois, là où la nature est restée sauvage.

Le centre-ville de Tampa et ses gratte-ciel, la plus grande agglomération de la Gulf Coast

◁ **La passerelle d'accès à la grande plage de Sand Key, près de Clearwater Beach**

À la découverte de la Gulf Coast

Il est difficile de résister au charme des plages qui forment une ligne presque continue le long de la Gulf Coast, interrompue seulement par quelques baies et criques. On peut tout à fait associer le plaisir de la plage et la visite d'un site remarquable. Les fabuleuses capacités d'hébergement de la côte, du cottage original aux complexes hôteliers de luxe, et l'accès aisé aux villes et aux sites rendent la région très agréable. On peut visiter quelques-uns des plus beaux musées de Floride à Saint Petersburg, Tampa et Sarasota, ainsi que des attractions importantes comme les Busch Gardens ou le Florida Aquarium à Tampa. Signalons aussi la plus importante concentration au monde d'édifices signés par le célèbre architecte Frank Lloyd Wright au Florida Southern College, ou les extravagantes sirènes de Weeki Wachee Spring.

Les tours et les dômes chatoyants du vieux Tampa Bay Hotel *(p. 258)*

VOIR AUSSI

- ***Hébergement*** p. 323-328
- ***Restaurants et cafés*** p. 350-352 et p. 357

À la découverte des paysages primitifs du Myakka River State Park

CIRCULER

La région est facilement accessible par la route. L'US 19 longe la côte nord de la Tampa Bay et traverse la baie par le superbe Sunshine Skyway Bridge, tandis que l'US 41 assure la liaison entre les villes situées au sud de Tampa. Si vous n'êtes pas pressé, empruntez l'I-75, qui passe à l'intérieur des terres. Comme dans les autres régions de Floride, il est impossible de se passer de voiture. Les bus Greyhound desservent les villes principales, mais les trains de l'Amtrak s'arrêtent à Tampa, d'où les bus de la compagnie Thruway *(p. 392)* assurent la liaison avec Saint Petersburg et, plus au sud, avec Fort Myers.

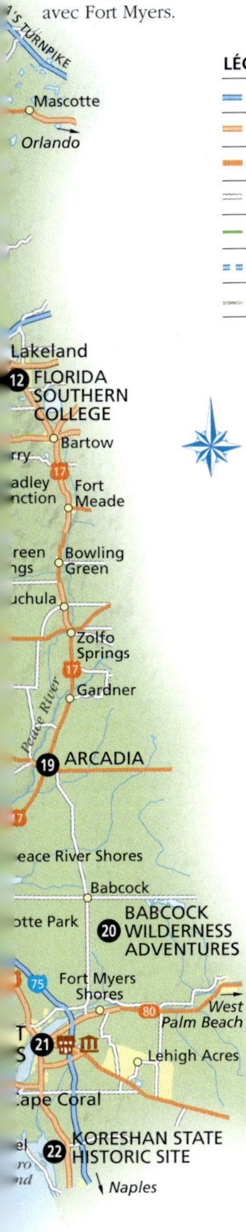

LÉGENDE

- Autoroute
- Route principale
- Route secondaire
- Route mineure
- Route touristique
- Route en construction
- Voie ferrée principale

0 — 30 km
0 — 25 miles

La plage de Clearwater Beach déserte, au coucher du soleil

Ponton à l'ancienne sur Anna Maria Island, un site bien connu des environs de Bradenton

LA RÉGION D'UN COUP D'ŒIL

Arcadia 19
Babcock Wilderness Adventures 20
Bradenton 14
Busch Gardens p. 264-265 10
Clearwater Beach 6
Crystal River 1
Dunedin 5
Florida Southern College 12
Fort Myers 21
Gamble Plantation Historic State Park 13
Gasparilla Island 18
Hillsborough River 11
Homosassa Springs Wildlife State Park 2
Koreshan State Historic Site 22
Lee Island Coast 23
Myakka River State Park 16
Saint Petersburg p. 254-257 8
Saint Petersburg Beaches 7
Sarasota p. 268-273 15
Tampa p. 258-263 9
Tarpon Springs 4
Venice 17
Weeki Wachee Springs 3

Crystal River ❶

Carte routière D2. Citrus Co. 5 000. 28 NW US 19, (352)795-3149.

Crystal River présente deux intérêts majeurs. En hiver, les visiteurs viennent admirer les lamantins, qui se regroupent en hordes comprenant jusqu'à 300 individus dans les eaux chaudes du fleuve, notamment entre janvier et mars. Il est possible d'effectuer des excursions en bateau dans le **Crystal River National Wildlife Refuge**, pour visiter les sources et les passes autour de Kings Bay. L'excursion préserve le mode de vie des lamantins. Les eaux claires qui donnèrent leur nom à Crystal River permettent d'observer facilement ces animaux.

Toute l'année, on peut visiter le **Crystal River State Archaeological Site**, un complexe de six tumulus indiens à 3 km à l'ouest de la ville. Le site aurait été habité pendant 1 600 ans, de 200 av. J.-C. au XVe siècle, un record en Floride. Selon les estimations, 7 500 Indiens, couvrant parfois de longues distances, visitaient le site chaque année. Les fouilles des tombes du site – 400 sur un total estimé de 1 000 – ont révélé que les tribus locales avaient des contacts commerciaux avec celles du nord de la Floride. Du haut de la tour d'observation, on jouit d'un beau point de vue sur le site. Celle-ci surplombe le tumulus principal, construit au VIe siècle. Plus loin, 2 pierres cérémonielles sculptées, ou stèles, érigées vers 440, flanquent deux des trois tumulus. Leur style est celui des civilisations précolombiennes méso-américaines. La partie ouest du site abritait un village, ce qu'indique la présence de 2 fosses à purin *(p. 40)*. Une maquette du site et des restes de poterie sont visibles au bureau d'accueil des visiteurs.

Poterie de Crystal River

Crystal River National Wildlife Refuge
1502 SE Kings Bay Drive. ***Tél.*** *(352) 563-2088.* *t.l.j. (avr.-mi-nov. : lun.-ven.).*

Crystal River State Archaeological Site
3400 N Museum pointe. ***Tél.*** *(352) 795-3817.* *t.l.j.* *limité.*

LE LAMANTIN EN FLORIDE

Il est difficile d'effectuer un voyage en Floride sans entendre parler du lamantin, un animal en voie d'extinction. On estime à 2 500 le nombre de lamantins vivant aux États-Unis, pour la plupart dans les eaux chaudes de Floride. Jadis nombreux, les lamantins ont été victimes de la chasse, leur viande étant très appréciée jusqu'au début du XXe siècle, époque à laquelle la destruction de leur habitat et les collisions avec les bateaux ont dépeuplé l'espèce. D'un caractère très doux, l'animal peut atteindre 3 m de long. Il habite les eaux peu profondes du littoral, les rivières et les sources, et passe quatre heures par jour à se nourrir d'algues.

La lamantin vit aussi bien dans l'eau douce que dans l'eau salée.

Une « sirène » à Weeki Wachee Spring

Homosassa Springs State Wildlife Park ❷

Carte routière D2. Citrus Co. 41150 South Suncoast Blvd, Homosassa. *Crystal River.* ***Tél.*** *(352) 628-5343.* *t.l.j.* **www**.floridastateparks.org

L'un des meilleurs endroits pour voir des lamantins à l'état sauvage est le Homosassa Springs State Wildlife Park, qui dispose d'un observatoire flottant. Le parc s'occupe des lamantins blessés, souvent suite à une collision avec un bateau puis les relâche. On peut parfois en voir une demi-douzaine dans la piscine de convalescence. En hiver, ils se rassemblent à l'extérieur des limites du parc. Comme à Crystal River, ils sont attirés par les sources chaudes.

Weeki Wachee Spring ❸

Carte routière D2. 6131 Commercial Way, Spring Hill, Hernando Co. Jonction de l'US 19 et de la SR 50. ***Tél.*** *(352) 596-2062.* *Brooksville.* *t.l.j.* **www**.weekiwachee.com

Ce parc d'attractions assez ancien est construit sur l'une des plus grandes sources d'eau douce de Floride. Dans les années 1940, un ancien homme-grenouille de l'armée, Newton Perry, eut l'idée d'y faire nager et interpréter des ballets aquatiques à des « sirènes ». Il fit construire un théâtre à 5 m sous l'eau, équipé de tuyaux d'arrivée d'air. Le parc nautique avec le Misunderstood Creatures Show et la descente d'une rivière sauvage sont à voir.

Tarpon Springs ❹

Carte routière D3. Pinellas Co. *20 000.* *Clearwater.* *11 E Orange St, (727) 937-6109.* **www**.tarponsprings.com

Cette ville très animée sur les rives de l'Anclote River est connue pour son importante communauté grecque. Celle-ci est formée par les descendants de pêcheurs immigrants, qui s'y installèrent au début du XXe siècle, attirés par les bancs d'éponges. On trouve ainsi des restaurants grecs, une Athens Street, un magasin de souvenirs Poseidon, une boulangerie Parthenon, etc.

Le Dodecanese Boulevard est longé par les Sponge Docks, qui ont repris leur activité depuis la réapparition des éponges, décimées par une bactérie dans les années 1940. Les pêcheurs d'éponges organisent également des excursions en bateau et des démonstrations de ramassage d'éponges. **Spongeorama,** musée et village-galerie marchande a été aménagé dans d'anciens hangars à éponges. Le Sponge Exchange, qui comprend boutiques, galeries et restaurants a été rénové. Le Sponge Exchange est une galerie marchande qui héberge des galeries d'art et des cafés. À 3 km au sud se dresse la **cathédrale grecque orthodoxe Saint Nicholas**, témoignage frappant de l'héritage grec. L'église de style byzantin, érigée en 1943, est inspirée de Sainte-Sophie d'Istanbul. Les processions de l'Épiphanie en partent chaque année *(p. 37)*.

Préparation des éponges naturelles avant la vente, à Tarpon Springs

Le sentier de nature à travers les bois préservés de Caladesi Island

Spongeorama
510 Dodecanese Blvd. ***Tél.*** *(727) 938-5366.* *t.l.j.*
www.spongefactory.com

St Nicholas Greek Orthodox Cathedral
36 N Pinellas Ave at Orange St. ***Tél.*** *(727) 937-3540.* *t.l.j.*

Dunedin ❺

Carte routière D3. Pinellas Co. *36 000.* *Clearwater.* *301 Main St, (727) 733-3197.* **www**.dunedin-fl.com

Dunedin fut fondée par l'Écossais John L. Branch, qui y ouvrit en 1870 un magasin d'approvisionnement pour les navires en route pour Key West par le golfe du Mexique. La jonction de la route maritime et du chemin de fer à cet endroit contribua à la prospérité de la ville et attira les compatriotes de Branch. L'héritage écossais de Dunedin s'exprime chaque année lors du Highland Games Festival qui se tient fin mars-début avril. Les propriétés rénovées de Main Street évoquent une authentique petite ville de Floride du début du XXe siècle. L'**Historical Museum**, situé dans l'ancienne gare, possède une collection de photographies et d'objets des débuts de la ville. Railroad Avenue appartient au Pinellas Trail. Cette piste cyclable et piétonne de 76 km joignant Tarpon Springs à Saint Petersburg.

Historical Museum
349 Main St. ***Tél.*** *(727) 736-1176.* *mar.-sam.* *jours fériés.*

Aux environs

À 5 km au nord de Dunedin, une jetée mène au **Honeymoon Island State Recreation Area**. On peut y nager et y pêcher, mais cette île de la barrière demeure largement sous-exploitée, afin de préserver l'aire de reproduction des balbuzards. L'endroit fait aussi office de port d'embarquement vers **Caladesi Island State park**, que l'on peut atteindre aussi depuis Clearwater Beach *(p. 252)*. La plage de Caladesi, face au golfe du Mexique, fut classée en 1995 au deuxième rang du pays pour sa beauté. Elle est bordée de dunes plantées d'avoine de mer, de pins, de cyprès et de mangroves traversées par un sentier nature de 5 km.

Honeymoon Island SRA
Route 586, 3 miles (5 km) au nord-ouest de Dunedin. ***Tél.*** *(727) 469-5942.* *t.l.j.* *limité.*

Caladesi Island State Park
1 Causeway Blvd. ***Tél.*** *(727) 469-5918.* *t.l.j.*
www.floridastateparks.org

L'intérieur de McMullen Log House, au Pinellas County Heritage Village

Clearwater Beach 6

Carte routière D3. Pinellas Co. *23 000.* *Clearwater.* *train touristique de Cleveland St.* *1130 Cleveland St, Clearwater, (727) 461-0011.* **www**.clearwaterflorida.org

C'est par cette station balnéaire animée que commence la zone de villégiature de la Tampa Bay. Malgré la prolifération d'hôtels et de bars sur son front de mer, Clearwater Beach a du caractère. En dépit du prix souvent élevé de l'hébergement du côté du golfe, quelques hôtels le long d'Intracoastal Waterway sont abordables. Les plages sont superbes et la pratique des sports nautiques développée. Depuis la marina, on pourra effectuer une multitude d'excursions en bateau.

Chouettes effraies au Suncoast Sanctuary

Aux environs

Barrant la passe de Clearwater, l'îlot de Sand Key s'étend sur 19 km du nord au sud. **Sand Key Park**, au nord, possède une plage bordée de palmiers qui est classée parmi les vingt plus belles du pays et offre une tranquillité supérieure à celle de Clearwater Beach.

À 11 km au sud, après le quartier résidentiel de Belleair qui possède un hôtel construit par Henry Plant *(p. 48-49)*, on découvre le **Suncoast Seabird Sanctuary**. Jusqu'à 500 oiseaux blessés sont soignés dans cet établissement d'Indian Shores. On peut y admirer des pélicans, des chouettes, des hérons ou des aigrettes en compagnie de Ralph Heath, directeur du sanctuaire, ou de l'un de ses assistants.

Si vous effectuez un détour par Largo, à 12 km au sud-est de Clearwater Beach, visitez le **Pinellas County Heritage Village**, avec ses seize bâtiments historiques restaurés. Parmi les plus connus, McMullen Log House *(p. 30)* et Seven Gables Home (1907) permettent de découvrir le style de vie « victorien ». Des démonstrations de filage et de tissage ont lieu dans le musée au centre du parc.

Suncoast Seabird Sanctuary
18328 Gulf Blvd, Indian Shores.
Tél. *(727) 391-6211.* *t.l.j.* *août-mai : mer. et dim.*

Pinellas County Heritage Village
11909 125th Street N. ***Tél.*** *(727) 582-2123.* *t.l.j.* *j.f.* *limité.*
www.pinellascounty.org/heritage

Saint Petersburg Beaches 7

Carte routière D3. Pinellas Co. *Tampa.* *St Petersburg.* *plusieurs lignes depuis Saint Petersburg.* *Saint Pete Beach Chamber of commerce, 6990 Gulf Blvd, (727) 360-6957.* **www**.tampabaybeaches.com

Au sud de Clearwater, débute la région des Saint Petersburg Beaches. Jusqu'à Madeira Beach, le front de mer est assez décevant. Toutefois, **Madeira Beach** est une étape plaisante, à l'atmosphère plus détendue que dans les grandes stations balnéaires du voisinage. Johns Pass Village, un village de pêcheurs tout proche, propose un choix de restaurants et de magasins plutôt chers. On peut visiter le ponton de pêche ou la marina, lieu de rassemblement des bateaux de pêche.

Plus au sud, Treasure Island est une succession monotone d'hôtels. **Saint Pete Beach** lui succède avec sa plage de sable blanc longue de 11 km et son front de mer animé. À son extrémité sud trône le Don CeSar Resort. Construit dans les années 1920, cet édifice est très représentatif des grands hôtels de cette époque.

À l'extrême sud du chapelet d'îles, **Pass-a-Grille** constitue une véritable oasis de calme et d'air frais après la visite à Saint Pete Beach. Traversée par la route côtière principale, la ville abrite des demeures du début du siècle et possède des plages sauvages. Les tarifs de stationnement étant élevés, pensez à prévoir de la monnaie.

Don CeSar, un hôtel extravagant dominant Saint Pete Beach

Les plages de la Gulf Coast

Bénéficiant d'un taux d'ensoleillement moyen de 361 jours par an et situé à deux heures de voiture d'Orlando, le littoral compris entre Saint Petersburg et Clearwater est le plus animé de la Gulf Coast. Il attire des milliers de touristes étrangers. Parfois appelée Holiday Isles, Pinellas Coast ou Suncoast, cette partie de la côte se caractérise par une barrière d'îles longue de 45 km. La qualité du sable et de l'eau, le climat sain et la faible criminalité ont fait la réputation des plages de la Suncoast dans tous les États-Unis. Plus au sud, les plages des îles de la barrière de Sarasota sont de qualité comparable mais attirent plutôt les Floridiens. Dans tous les cas, l'ambiance est plus tranquille que sur la côte est.

Clearwater Beach ① Très populaire auprès des jeunes, cette station balnéaire constitue une bonne base d'exploration vers Tampa, Saint Petersburg et Orlando.

Sand Key Park ② possède deux plages familiales.

Indian Rocks Beach ③ offre aux surfeurs la possibilité rare de pratiquer leur sport sur le golfe. Idéale pour débutants.

Madeira Beach ④ est constituée de dunes plantées d'herbes. On peut y voir les bateaux de pêche décharger leurs prises à Johns Pass.

Saint Pete Beach ⑤ la ville la plus animée de la Gulf Coast, est le royaume des sports nautiques.

Pass-a-Grille ⑥ est une plage très large d'où l'on peut admirer de beaux couchers de soleil. On peut y voir aussi des marsouins.

Fort de Soto Park ⑦ possède trois plages classées dans les dix plus belles des États-Unis. Stationnement gratuit et camping haut de gamme *(p. 255)*.

Anna Maria Island ⑧ avec ses plages immaculées rappelle l'ambiance des Antilles *(p. 267)*.

Longboat Key ⑨ offre 16 km de plages de sable d'où les pêcheurs lancent leurs lignes dans l'océan *(p. 269)*.

Lido Key ⑩ Cette île située au large de Sarasota, est recherchée pour l'intensité de sa vie nocturne *(p. 269)*.

Siesta Key ⑪ possède de superbes plages et de nombreux équipements sportifs. Adaptée aux vacances en famille *(p. 269)*.

Saint Petersburg ❽

Cette ville aux larges avenues est apparue lors de la grande spéculation immobilière du XIXe siècle. En 1875, un fermier du Michigan, John Williams, acheta un terrain près de la Tampa Bay pour y édifier une ville. Un noble russe émigré, Peter Demens, y fit venir le chemin de fer et appela le site Saint Petersburg en mémoire de son lieu de naissance.

« Saint Pete », comme on l'appelle familièrement, reflétait autrefois l'image d'une ville de retraités. Les temps ont changé et la ville est aujourd'hui très active. De profondes rénovations sur le front de mer du centre-ville ont redonné vie à Saint Petersburg, d'autant que la création du Salvador Dalí Museum *(p. 256-257)* lui offre l'occasion d'affirmer une vocation culturelle.

L'étonnante jetée de Saint Petersburg fait la fierté de la ville

À la découverte de Saint Petersburg
Le signe distinctif de la ville, qui apparaît dans toutes les brochures touristiques est **The Pier**. Cette pyramide renversée qui abrite des magasins, des restaurants, un night-club, un aquarium, et un point d'observation, est l'attraction du centre-ville. Un train miniature part de la Pier et s'arrête devant tous les édifices remarquables.

Au nord de la jetée, **Renaissance Vinoy Resort** *(p. 327)*, construit dans les années 1920 sous le nom de Vinoy Hotel, domine les gratte-ciel du centre ville. Plus loin, sur le front de mer, on découvre **Tropicana Field**, l'autre symbole de Saint Petersburg. *(p. 369)*, qui organise des manifestations culturelles ou sportives.

St Petersburg Museum of History
335 2nd Avenue NE. ***Tél.*** *(727) 894-1052.* *t.l.j.* *Thanksgiving, 25 déc., 1er janv.*
www.stpetemuseumofhistory.org
Ce musée relate l'histoire de Saint Petersburg des temps préhistoriques à nos jours. Vous y verrez les os d'un mastodonte, des fossiles, des poteries indiennes et une galerie des glaces, qui donne au visiteur l'illusion d'être plongé à l'époque victorienne.

Un pavillon spécial abrite un hydravion, le Benoist, qui rappelle que Saint Petersburg fut le berceau de l'aviation commerciale. C'est dans cet appareil que le premier passager payant survola Tampa Bay en 1914.

***Poppy*, une toile célèbre de Georgia O'Keeffe exposée au Museum of Fine Arts**

Great Explorations

1925 4th Street N. ***Tél.*** *(727) 821-8992.* *t.l.j.*
www.greatexplorations.org
« On peut toucher » semble être le mot d'ordre de ce musée destiné aux enfants, qui intéressera aussi les adultes. La visite de Great Explorations, unique en son genre, est un grand moment de créativité et d'amusement. L'exposition n'attend que ses visiteurs pour prendre vie. Les enfants sont incités à nager, à escalader, à toucher et à embrasser tout ce qu'ils voient. Ils se perdront dans un labyrinthe à l'obscurité mouvante, le Touch Tunel, testeront leur force et leur faiblesse avec le Bod Shop et exploreront les effets de l'électricité avec le Power Plant.

Florida Holocaust Museum

55 Fifth Street S, St. Petersburg
Tél. *(727) 820-0100 ou (800) 960-7448.* *t.l.j.* *Thanksgiving, 25 déc., 1er janv., fêtes juives.*
www.flholocaustmuseum.org
Le musée, initialement situé à Madeira Beach, rouvrit en février 1999 dans le centre-ville. L'exposition ne retrace pas les atrocités de l'holocauste mais insiste sur l'apprentissage de la tolérance et l'histoire de l'antisémitisme. Vous y verrez de nombreux exemples de la vie quotidienne et religieuse des Juifs avant l'holocauste et après la Nuit de Cristal (9-10 novembre 1938). Un petit film, le Tolerance and Learning Center, interactif, et un espace impressionnant consacré au souvenir, complètent la visite.

Museum of Fine Arts

255 Beach Drive NE.
Tél. *(727) 896-2667.*
mar.-dim.
Thanksgiving, 25 déc., 1er janv.
www.fine-arts.org
Installé dans un bâtiment moderne de style palladien, qui domine la baie, le Museum of Fine Arts est renommé pour sa collection d'art européen, américain, précolombien et asiatique. Citons, parmi les quatre œuvres impressionnistes du musée, *Au coin des bois* (1877) de Cézanne et le *Parlement, effet de brouillard, Londres* (1904) de Monet. Parmi les autres œuvres majeures, *Poppy* (1927) de Georgia O'Keeffe, *la Lecture* (1888) de Berthe Morisot et l'*Invocation* (1886) d'Auguste Rodin exposée dans le jardin.

Une sélection de vieilles photographies du sud-est des États-Unis datant du début du siècle à nos jours complète la collection.

Florida International Museum

242 2nd Avenue N. ***Tél.*** *(727) 341-7900.* *t.l.j.* *Thanksgiving, 25 déc., 1er janv.*
www.floridamuseum.org
Des thèmes populaires historiques sont présentés à travers des expositions nationales et internationales itinérantes : « La crise des missiles de Cuba, quand la guerre froide devint chaude », « Le Titanic », « La collection Kennedy » ou « Trésors des tsars ». En 2000, le musée a été rattaché à la Smithsonian Institution et il expose depuis régulièrement des œuvres de la collection Smithsonian.

Sunken Gardens

1825 4th Street N.
Tél. *(727) 551-3100.* *t.l.j.*
www.stpete.org
Des milliers de plantes et de fleurs tropicales ornent ce jardin aménagé à 3 m au-dessous du niveau de la rue. Le site est un ancien affaissement de terrain autrefois rempli d'eau *(p. 22)* ; la sécheresse du sol est maintenue par un réseau de tuyaux enterrés. Promenez-vous à travers les bougainvilliers et les hibiscus et visitez le jardin aux orchidées. Vous pourrez aussi vous promener au milieu des papillons ou découvrir le programme d'horticulture.

MODE D'EMPLOI

Carte routière D3. Pinellas Co. *265 000.* *Saint Petersburg/Clearwater International Airport, à 16 km au nord de Downtown.* *180 9th St North, (727) 898-1496 ; puis bus Thruway-Amtrak vers Pinellas Square Mall, Pinellas Park, (800) 872-7245.* *100 2nd Ave N, (727) 821-4715.* *Fête des États.* **www**.stpete.com

Végétation luxuriante près d'une source, à Sunken Gardens

Aux environs

Les cinq îles de Boca Ciega Bay au sud de Saint Petersburg forment le Fort **De Soto Park**. On jouit depuis celui-ci d'une belle vue sur le Sunshine Skyway Bridge, en particulier depuis les plages des côtes sud et ouest. Les îles abritent une végétation abondante et des colonies d'oiseaux.
Les amateurs d'histoire pourront se rendre à Mullet Key, où des casemates rappellent l'existence du Fort De Soto, construit pendant la guerre hispano-américaine *(p. 49)*, mais inachevé.

Fort De Soto Park

Pinelllas Bayway, de la Route 693, 9 miles (14 km) au sud de Saint Petersburg. ***Tél.*** *(727) 582-2267.* *t.l.j.* **www**.fortdesoto.com

Salvador Dalí Museum

Bien que l'on soit loin de l'Espagne, le pays natal de Salvador Dalí (1904-1989), c'est à Saint Petersburg que l'on peut admirer la plus grande collection au monde de ses toiles. Le musée de la ville, qui recouvre la période 1914-1970, ouvrit ses portes en 1982, quarante ans après la rencontre entre Reynolds Morse, un homme d'affaires de l'Ohio, et le jeune peintre, dont il commença à collectionner les toiles.
La collection présente les débuts figuratifs du peintre, aborde ses premières expériences surréalistes puis sa maturité, époque des tableaux de grandes dimensions.
Le musée possède plus de 95 huiles, 100 gouaches et dessins et 1 300 études, sculptures et objets divers.

Monumental Canvases
Espace le plus important du musée, cette salle regroupe 18 chefs-d'œuvre tels que le Toréador hallucinogène, *que Dalí peignit entre 1969 et 1970.*

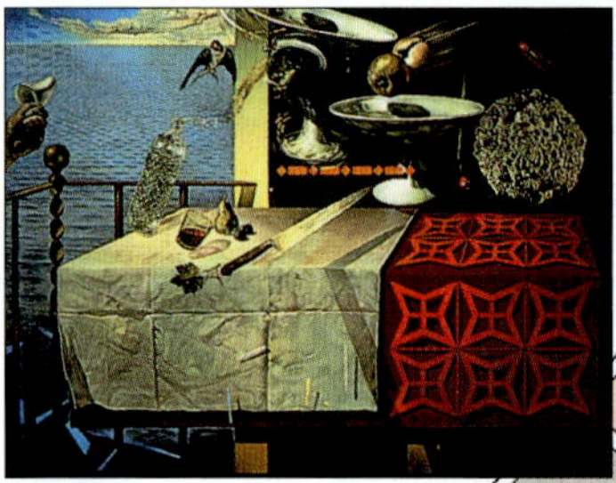

Nature Morte vivante
Cette œuvre de 1956 illustre l'emploi que fait Dalí des motifs mathématiques et de la structure en hélice de l'ADN (du chou-fleur) dans sa composition.

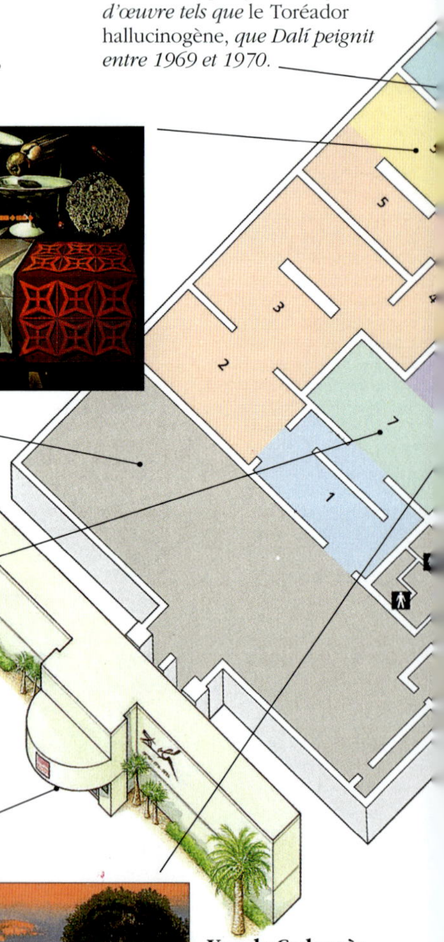

★ L'Enfant malade
Cette toile est la doyenne des œuvres de Dalí exposées par le musée. Elle fut réalisée en 1914, alors que le peintre n'avait que dix ans.

À NE PAS MANQUER

★ L'Enfant malade

★ La Découverte de l'Amérique

★ Le Faucheux du matin-Espoir !

Vue de Cadaquès
L'influence impressionniste est évidente dans ce tableau peint en 1917. Il représente le mont Pani, dont l'ombre s'étend sur la ville natale de Dalí.

Don Quichotte et Sancho
Cette eau-forte de 1968 provient d'une collection de 1 000 dessins ou illustrations de la période classique de Dalí. Ceux-ci sont présentés lors des expositions temporaires.

MODE D'EMPLOI

1000 3rd St S, Saint Petersburg. ***Tél.*** *(727) 823-3767. 4, 32, ou bus touristique depuis la Pier. 9h30-17h30 lun.-sam. (20h jeu.) ; 12h-17h30 dim. Thanksgiving, 25 déc.*
www.SalvadorDaliMuseum.org

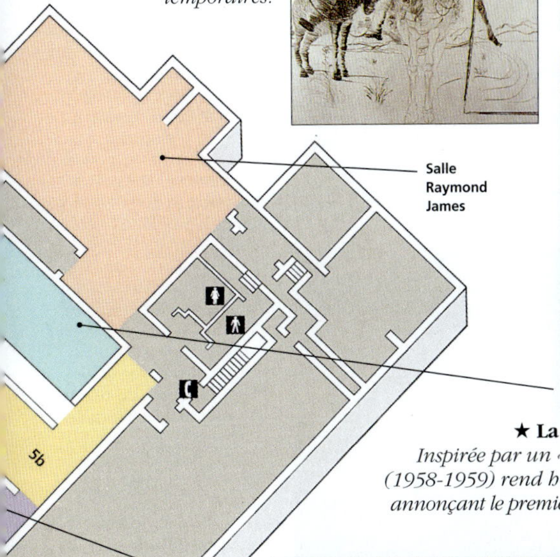

★ La Découverte de l'Amérique
Inspirée par un « rêve cosmique », cette œuvre (1958-1959) rend hommage à Velázquez tout en annonçant le premier pas de l'homme sur la Lune.

★ Le Faucheux du matin-Espoir !
Cette toile étrange fut la première de la collection Morse. Peinte en 1940, elle représente un faucheux marchant sur le visage convulsé d'un violoniste.

LÉGENDE

- Galerie de présentation
- Premiers travaux 1914-1928
- Surréalisme 1929-1940
- Période classique 1943-1989
- Chefs-d'œuvre 1948-1970
- Expositions temporaires
- Espace fermé au public

SUIVEZ LE GUIDE !

Le musée est divisé en cinq parties, agencées par ordre chronologique, avec une galerie de présentation. Des expositions temporaires des nombreux autres travaux de Dalí ont lieu dans la salle Raymond James.

COMMENT DALÍ VINT À SAINT PETERSBURG

Reynolds Morse et sa fiancée Eleanor furent fascinés par Salvador Dalí après avoir vu une exposition de ses œuvres en 1941. Deux ans plus tard, ils achetèrent leur première toile, *Le Faucheux du matin-Espoir !*, puis rencontrèrent bientôt l'artiste. Ce fut le point de départ d'une longue amitié avec l'artiste et sa femme Gala. Durant les quarante années suivantes, les Reynolds constituèrent la plus importante collection privée au monde des œuvres de Dalí. Après avoir recherché dans tout le pays un site approprié pour y installer son musée, Morse choisit celui-ci, en bord de mer, en raison de sa ressemblance avec Cadaquès, le village natal de Dalí.

Tampa 9

Vase grec, Museum of Art

Tampa est l'une des villes de Floride à la croissance la plus rapide. Des gratte-ciel modernes ont remplacé les édifices plus anciens, mais quelques vestiges colorés du passé subsistent – principalement dans le vieux quartier cubain, Ybor City *(p. 260-261)*, berceau de l'industrie du cigare à Tampa dans les années 1880, et dans le centre-ville. Fondée par les Espagnols en 1539, Tampa resta une petite ville jusqu'à la fin du XIXe siècle, quand Henry Plant *(p. 48-49)* y introduisit le chemin de fer. Aujourd'hui, les principales attractions de Tampa sont les Busch Gardens *(p. 264-265)* et le Florida Aquarium, situé dans le nouveau quartier central de Garrison Seaport Center.

Vue de Tampa avec, au loin, l'université

À la découverte du centre-ville

La principale artère de la ville partiellement piétonne permet de découvrir le petit centre-ville de Tampa à pied. Passez par Franklin Street, le siège de superbes bâtiments historiques comme le Tampa Theatre. Située à l'embouchure de la Hillsborough River, Tampa peut se visiter en bateau. *Starlite Cruises* et *Yacht Starship (p. 369)* proposent des croisières autour de Tampa Bay pendant lesquelles vous pouvez déjeuner ou dîner. Les bateaux-taxis offrent des prestations similaires pour découvrir le vieux Tampa Bay Hotel et le Museum of Art.

Vous pouvez aussi emprunter le tram gratuit entre le nord de la ville et le centre-ville. Ce tram monté sur pneumatiques relie le nord de Harbour Island à Tampa Street en s'arrêtant souvent pour prendre des passagers.

Une autre manière de découvrir le centre-ville est de prendre l'un des tramways (TECO Line Streetcar System) qui part du centre-ville et traverse Channel District pour gagner Ybor City. Les tramways sont des répliques des Birney Safety Cars qui circulèrent dans les rues de Tampa jusqu'en 1946. Ils roulent 7 j/7, sont climatisés et accomplissent leur itinéraire en vingt-deux minutes.

Henry B Plant Museum

401 W Kennedy Blvd. ***Tél.*** *(813) 254-1891.* ○ *mar.-dim.* ● *Thanksgiving, 25 déc., 1er janv. Donation requise.* **www**.plantmuseum.com

Le luxueux Tampa Bay Hotel, qui abrite le Henry B Plant Museum, est le plus célèbre bâtiment de Tampa, avec ses minarets mauresques visibles depuis toute la ville.

Henry Plant fit construire en 1891 cet hôtel destiné à accueillir les touristes transportés par son chemin de fer tout neuf. Le coût de construction de l'édifice s'éleva à 3 millions de dollars, celui de l'ameublement à 500 000 dollars. L'hôtel ne connut cependant pas le succès escompté par son créateur. Acheté par la ville en 1905, il fut attribué à l'université de Tampa en 1933. L'aile sud du rez-de-chaussée fut transformée en musée.

Doté d'un solarium, le musée est superbement meublé, 90 % des objets exposés étant d'origine. Les porcelaines Wedgwood, les miroirs vénitiens et le mobilier français du VIIIe siècle recréent la splendeur d'une époque révolue.

Les visiteurs sont invités à se promener sur les pelouses du campus pour admirer l'édifice de l'extérieur.

Tampa Museum of Art

600 N Ashley Drive. ***Tél.*** *(813) 274-8130.* ○ *mar.-dim.* ● *Pâques, Thanksgiving, 25 déc., 1er janv.* **www**.tampamuseum.com

Ce musée est renommé pour la qualité de ses expositions,

L'élégant solarium du Henry B Plant Museum

Le Sunshine Skyway Bridge, qui enjambe l'embouchure de Tampa Bay

MODE D'EMPLOI

Carte routière D3. Hillsborough Co. *300 000. 5 miles (8 km) au nord-ouest. 601 Nebraska Ave, (800) 872-7245. 610 Polk St, (800) 231-2222. Channelside Drive, (800) 741-2297. HARTline buses, (813) 254-4278. 615 Channelside Dr, (813) 223-1111. Gasparilla Festival (fin janv.).*
www.visittampabay.com

qui traitent aussi bien de l'art grec classique, romain et étrusque que de l'art américain du XXe siècle. La collection est trop importante pour être entièrement exposée en une seule fois, aussi l'est-elle par rotation. Depuis peu, un jardin orné des principales sculptures a été créé. Les visiteurs peuvent se promener autour des pelouses ou s'asseoir sur un banc pour admirer les œuvres. Une salle du musée est dédiée aux artistes locaux.

Tampa Theatre

711 Franklin St. ***Tél.*** *(813) 274-8981.*
t.l.j. 25 déc.
téléphoner pour se renseigner.
www.tampatheater.org

En son temps, le Tampa Theatre fut l'un des cinémas les plus modernes des États-Unis. Il fut construit en 1926 par l'architecte John Eberson en style méditerranéen. Très réussi, l'aspect de l'édifice fut qualifié d'« andalou bonbon » par l'historien d'art Ben Hall.

Voulant essayer de recréer « l'extérieur à l'intérieur », John Eberson fit installer au plafond des lumières qui scintillent comme des étoiles. Une machine produit des nuages artificiels, et un jeu de lumière simule le lever du soleil. L'édifice présente un grand nombre de sculptures grecques et romaines. Pour découvrir ce cinéma superbement restauré, assistez à la projection d'un film *(p. 369)*. Il accueille des festivals et divers événements culturels. Deux fois par mois, une visite guidée est organisée.

LE CENTRE DE TAMPA

Florida Aquarium ⑤
Harbour Island ⑥
Henry B Plant Museum ①
Tampa Museum of Art ②
Tampa Theatre ③

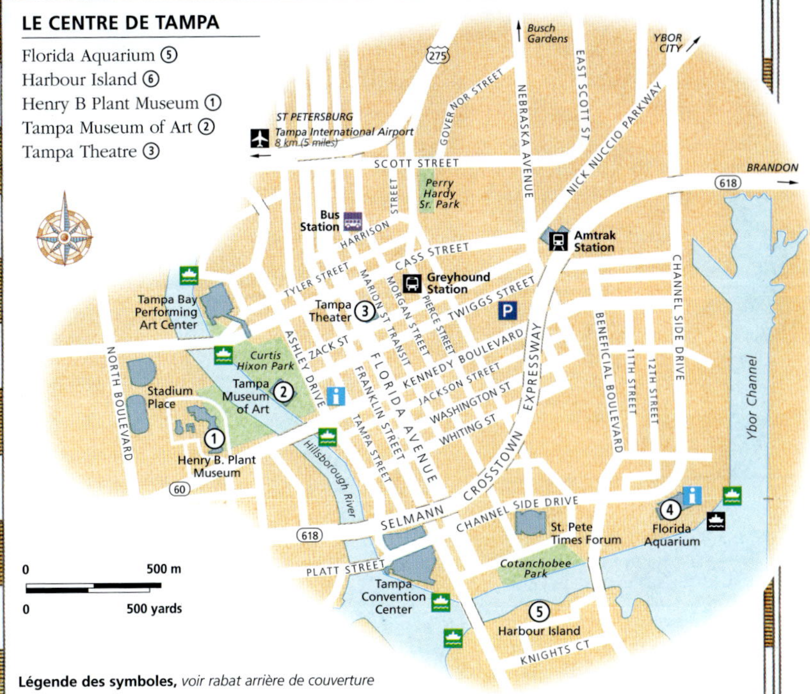

Légende des symboles, *voir rabat arrière de couverture*

Ybor City pas à pas

En 1886, un homme d'affaires cubain, Vicente Martinez Ybor déplaça sa fabrique de cigares de Key West à Tampa. Près de 20 000 ouvriers originaires de Cuba et d'Espagne le suivirent. Le boom du cigare à la fin du XIXe et au début du XXe siècle a laissé son empreinte sur Ybor City. L'artère principale, 7th Avenue, conserve encore son aspect d'autrefois avec ses balcons en fer forgé et ses tuiles de style espagnol. Le quartier est aujourd'hui redevenu très vivant. Les anciennes usines et les cottages ont été rénovés. Calme dans la journée, Ybor City s'éveille avec la nuit.

Cigar Museum and Visitor Center
Le Visitor Center, aménagé dans la plus grande usine de cigares du monde, fournit des informations sur l'hébergement et les manifestations de Tampa.

Historic Clubs
Tampa Cuban Club (El Circulo Cubano de Tampa), fondée en 1917-1918 est l'une des nombreuses fabriques de cigares d'Ybor City.

Don Vicente De Ybor Historic Inn est un hôtel luxueux de 16 suites et un restaurant situé dans l'immeuble rénové Gonzalez Clinic.

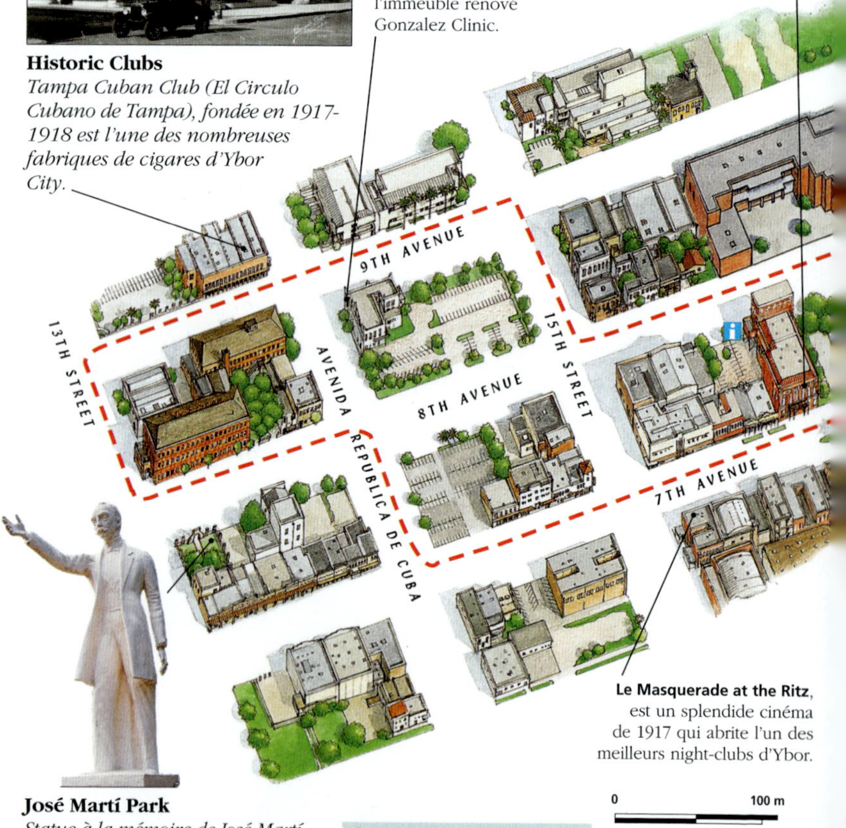

Le Masquerade at the Ritz, est un splendide cinéma de 1917 qui abrite l'un des meilleurs night-clubs d'Ybor.

José Martí Park
Statue à la mémoire de José Martí, le leader indépendantiste cubain qui effectua plusieurs visites à Ybor City pour rallier les Cubains de la ville à ses thèses (p. 48).

0 100 m
0 100 yards

À NE PAS MANQUER

★ Cigar Worker's House

LÉGENDE

Itinéraire conseillé

★ Cigar Worker's House
Cette maisonnette (une dépendance de l'Ybor City State Museum) est meublée comme une habitation typique d'ouvrier rouleur de cigares. «La Casita» est l'exemple même des maisons (p. 301) *construites à la fin du XIXe siècle pour accueillir le flot d'immigrants à Ybor City.*

MODE D'EMPLOI

3 miles (5 km) à l'est de Downtown. *trolleybus Tampa-Ybor depuis Convention Center et Aquarium jusqu'à Ybor City.* *1600 E 8th Ave, (813) 241-8838.* **www**.ybor.org *t.l.j. (dim. ap.-m. seulement).* **Ybor City Museum State Park** ***Tél.*** *(813) 247-6323.* *t.l.j.*

Centennial Park abrite un marché en plein air de produits frais.

Ybor City State Museum, situé dans une ancienne boulangerie industrielle, est consacré au passé d'Ybor City et propose des visites à pied du quartier. Petit jardin d'ornement attenant.

Restaurant Columbia →

La Tropicana propose des plats traditionnels cubains aux nombreux habitués.

Restaurant Columbia
Le plus ancien restaurant de Floride occupe un immeuble entier sur la 7th Avenue. La cuisine hispanique et les spectacles de flamenco sont très prisées des touristes (p. 352).

El Sol Cigars
Le plus ancien magasin de cigares d'Ybor date de 1929. Il vend encore des cigares, mais ils ne sont plus roulés à la main.

L'INDUSTRIE DU CIGARE À TAMPA

Approvisionné en matière première par voie de mer, le port de Tampa était idéalement placé pour se consacrer également à la confection de cigares. Plusieurs unités de production s'installèrent à Tampa à la suite de V. M. Ybor, si bien que, vers 1900, Ybor City produisait 111 millions de cigares par an. Chacun d'entre eux était roulé à la main par des ouvriers. Souvent un «lecteur» les divertissait de la monotonie de leur tâche. Le machinisme et la vogue de la cigarette mirent fin au boom du cigare. Aujourd'hui, la plupart des usines sont automatisées. La Tampa Rico Company est l'une des dernières fabriques de cigares roulés à la main.

Ouvriers d'une usine de cigares, Ybor City, 1929

Plongeur parmi les coraux et les poissons du Florida Aquarium

Florida Aquarium

701 Channelside Drive.
Tél. *(813) 273-4000.* *t.l.j.* *Thanksgiving, 25 déc.*
www.flaquarium.org

Cet aquarium énorme est installé sur le front de mer. L'édifice se remarque immédiatement avec son dôme bleu en forme de coquillage. Il s'agit d'un des aquariums les plus modernes du monde. À l'intérieur, on découvre bien sûr des poissons, mais aussi des bébés alligators, des oiseaux, des loutres de mer et toutes sortes de créatures marines évoluant dans leurs habitats respectifs. L'objectif du Florida Aquarium est aussi de permettre aux visiteurs de suivre le trajet d'une goutte d'eau de la source souterraine à son arrivée dans la mer, en découvrant les différents habitats traversés. Chacun de ces habitats naturels fait l'objet de galeries distinctes. La Florida Coral Reefs Gallery, par exemple, entraîne les visiteurs dans un récif corallien et permet de découvrir les populations de poissons exotiques. Des commentaires enregistrés accompagnent la visite, jalonnée de quelques ateliers d'expérimentation. Le Florida Aquarium propose également une croisière de 10 minutes autour de la baie.

Hyde Park

De l'autre côté de la rivière, au sud-ouest de Downtown après Bayshore Boulevard, Hyde Park est l'un des rares vieux quartiers de Tampa. Bâtis à la fin du XIXe siècle, ses édifices illustrent plusieurs styles architecturaux, du néogothique au colonial. Si l'on peut visiter en voiture les rues paisibles de ce quartier, Old Hyde Park Village, au-delà de Snow Avenue, avec ses magasins chic et ses restaurants,se prête volontiers à une découverte à pied. La rue attire parfois des musiciens.

Concert en plein air, à Old Hyde Park Village

Museum of Science and Industry

4801 E Fowler Ave. **Tél.** *(813) 987-6100.* *t.l.j.*
www.mosi.org

L'excellent « MOSI » tranche par son architecture avec celle des gratte-ciel de Tampa. Son dôme de style Art nouveau contient un écran géant IMAX® et un musée. Le musée offre plusieurs ateliers de découverte interactifs. L'Amazing You met à nu le corps humain et son fonctionnement. La salle de l'ouragan permet de déclencher soi-même ce phénomène. Le GTE Challenger Learning Centre est un atelier dédié à la mémoire de l'équipage de la navette Challenger *(p. 199)*. Il abrite des simulateurs de vol recréant la navette et une salle de contrôle. Autre attraction importante, la Focus Gallery, qui abrite des expositions temporaires. Le MOSI est aussi le siège du Saunders Planetarium, qui présente des animations d'astronomie. Le vendredi et le samedi soir, des télescopes sont installés sur le parking du musée.

Lowry Park Zoo

1101 West Sigh Avenue.
Tél. *(813) 932-0245.* *t.l.j.* *Thanksgiving, 25 déc.*
www.lowryparkzoo.com

Ce zoo, situé à 10 km au nord de Tampa, est l'un des plus réputés d'Amérique du Nord. L'une de ses attractions principales est constituée par le centre des lamantins, qui accueille jusqu'à 20 animaux à la fois dans sa piscine spéciale « pour convalescents ». Le « Manatee Sleepover », visite particulière du musée effectuée après les heures de fermeture permet de découvrir l'unité de soins aux lamantins puis de passer la nuit sur place. Dans le zoo, il ne faut pas manquer le Florida Wildlife Center, un sanctuaire pour certaines espèces comme l'alligator et la panthère de Floride. Visitez aussi le Primate World et l'Asian

L'architecture originale du dôme du Museum of Science and Industry

LA LÉGENDE DE GASPAR

José Gaspar était un pirate de légende qui s'attaquait au XVIIIe siècle aux navires et aux villes situées entre Tampa et Fort Myers. Son repaire était situé quelque part dans les îles de Lee Island Coast *(p. 278 -279)*, dont les agglomérations portent encore des noms comme Gasparilla ou Captiva, qui rappelle les lieux où le pirate cachait ses captives. L'histoire nous apprend que Gaspar, acculé par un vaisseau de guerre américain, préféra se noyer attaché au bout d'une chaîne plutôt que de se rendre. Tampa eut à souffrir de plusieurs raids de Gaspar, ce qui constitue le thème central du Gasparilla Festival qui se tient en février *(p. 37)*. Celui-ci se caractérise par une invasion bouffonne de la ville par de faux pirates débarquant d'un véritable bateau d'époque.

Des « pirates » lors du Tampa's Gasparilla Festival dans les années 1950

Le repos du tigre de Sumatra à l'Asian Domain, Lowry Park Zoo

Domain, qui héberge un tigre de Sumatra, un rhinocéros des Indes rarissime et une volière. Enfin, allez voir le musée des enfants, le parc d'attractions et l'aire de pique-nique.

Busch Gardens ❿

p. 264-265.

Hillsborough River ⓫

Carte routière D3. Hillsborough Co. *Tampa.* *Tampa.*

La Hillsborough River, qui serpente à travers la campagne au nord-est de Tampa, offre un cadre reposant après l'agitation de la grande ville. Elle est bordée sur ses deux rives par de denses forêts de chênes, de cyprès, de magnolias et de mangroves, qui s'étendaient autrefois sur une grande partie de la Floride. Pour découvrir la Hillsborough River, l'un des meilleurs moyens est le canoë : **Canoe Escape**, à 15 min en voiture du centre de Tampa, organise des excursions. Bien que très proches des limites administratives de la ville, le site est étonnamment sauvage et peuplé d'une faune très variée, notamment, de hérons, d'aigrettes, d'alligators, de tortues et de loutres. Les conditions de navigation sont idéales pour les débutants. Trois itinéraires sont proposés, chacun d'entre eux mesurant environ 8 km – ce qui correspond à deux heures de pagayage. On peut, bien entendu, faire des excursions plus longues.

Une portion de la rivière est protégée au sein du **Hillsborough River State Park**. La pratique du canoë y est autorisée, et aussi la marche et la pêche à la ligne. Le parc dispose d'un vaste camping, ouvert toute l'année, et de plusieurs aires de pique-nique. Le Hillsborough River State Park, inaugurés en 1936, fut l'un des premiers parcs nationaux de Floride : c'est sur son territoire que fut édifié Fort Foster, lors de la deuxième guerre séminole *(p. 46)*, qui avait pour mission de contrôler la confluence de la Hillsborough River et de la Blackwater Creek.
Le fort et le pont ont été reconstruits et, en mars, on y reconstitue une bataille. Des visites en car sont organisées chaque week-end et pendant les vacances depuis l'entrée du parc.

Canoe Escape
9335 E Fowler Ave, Thonotosassa, 12 miles (19 km) au nord-est de Tampa. ***Tél.*** *(813) 986-2067.* *t.l.j.* *Thanksgiving, 24 et 25 déc.*

Hillsborough River State Park
15402 US 301, 12 miles (19 km) au nord-est de Tampa. ***Tél.*** *(813) 987-6771.* *t.l.j.*
www.floridastateparks.org

Les bâtiments rebâtis de Fort Foster, au Hillsborough River State Park

Busch Gardens ⑩

Busch Gardens est un parc d'attractions fort original : il est en effet installé au cœur d'un des plus grands zoos des États-Unis. Pour recréer l'atmosphère de l'Afrique coloniale, le parc accueille plus de 2 000 animaux. Les girafes et les zèbres se déplacent librement au sein de la Serengeti Plain. Un safari permet de voir des lions, des gorilles et autres animaux d'Afrique. Birds Gardens présente des aras, des cacatoès et des oiseaux de proie. Les attractions, comme Kumba, les plus grandes montagnes russes de Floride séduisent aussi les visiteurs. Adventure Island, adjacent à Bush Gardens, est le plus grand parc aquatique de Floride (12 ha).

Congo River Rapids
Des rapides, des geysers, des cascades et une grotte artificielle attirent, sur cette rivière calme, les amateurs de rafting.

★ Kumba
Les plus grandes et les plus rapides montagnes russes de Floride sont celles de Kumba, l'une des principales attractions des Busch Gardens. Les amateurs plongent de 43 m à plus de 100 km/h.

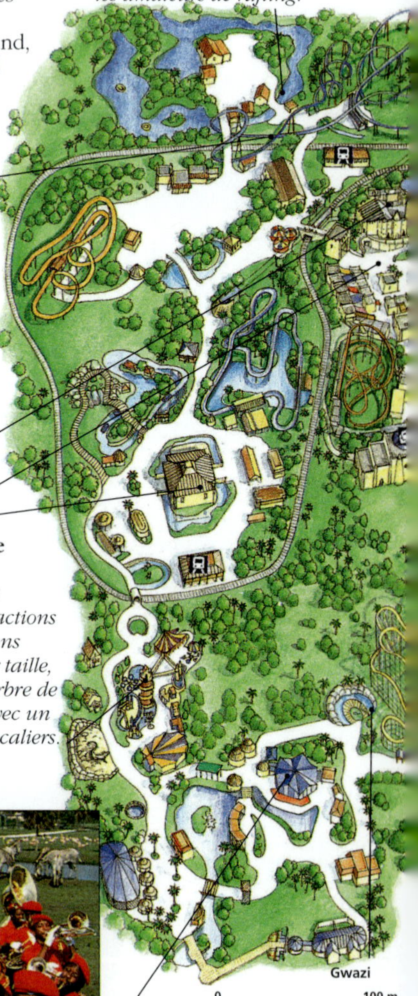

Land of the Dragons
Destinées aux enfants, ces attractions ont des dimensions adaptées à leur taille, notamment l'arbre de trois étages avec un pont et des escaliers.

Mystic Sheiks of Morocco
Une fanfare ambulante, les Mystic Sheiks, donnent des concerts à l'improviste en divers endroits du parc.

À NE PAS MANQUER

- ★ Kumba
- ★ Edge of Africa
- ★ World Rhythms on Ice

LÉGENDE

- Gare ferroviaire
- Distributeur de billets

★ Edge of Africa
Au sud du parc, à la Serengeti Plain, un safari offre au visiteurs la possibilité d'admirer des hippopotames, des lions, des hyènes et divers animaux africains.

MODE D'EMPLOI

Carte routière 3D. Busch Bd, Tampa. ***Tél.*** *(813) 987 5082. Tampa. Tampa 5, 14 et 18 de Marion St, au centre-ville de Tampa. 9h30-18h t.l.j. ; plus grande amplitude horaire en été.*
www.buschgardens.com
www.adventureisland.com

Egypt
Cette attraction comprend un temple de Toutankhamon, un musée, des montagnes russes et un bazar.

★ World Rhythms on Ice
Ce spectacle sur glace se déroule dans un château du XIXe siècle et vous emmène à la découverte des pays du monde entier ; les effets spéciaux sont spectaculaires.

Myombe Reserve
Cette forêt tropicale reconstituée abrite des gorilles et des chimpanzés, deux espèces menacées d'extinction.

Florida Southern College ⓬

Carte routière E3. Polk Co. 111 Lake Hollingsworth Drive, Lakeland. ***Tél.*** *(863) 680-4110.* *Lakeland.* *Lakeland.* *t.l.j.* *4 juil., Thanksgiving, 25 déc., 1er janv.* **Visitor Center** *jusqu'à 14h, lun.-sam.* **www**.flsouthern.edu

Cette université provinciale possède le plus grand nombre de bâtiments réalisés par Frank Lloyd Wright, le plus fameux architecte de son temps. Le premier président de l'établissement parvint à persuader Wright de concevoir le campus à Lakeland en ne lui garantissant rien d'autre que la liberté d'exprimer ses idées… et ses honoraires lorsque le financement serait bouclé ! Les travaux commencèrent en 1938 sous la direction de l'initiateur de l'« architecture organique », qui qualifia son projet d'« enfant du soleil ». Son objectif de fondre les édifices dans leur environnement fut atteint par l'emploi du verre sur une grande échelle. Le plan initial prévoyait la construction de 18 bâtiments, mais 7 seulement étaient achevés à la mort de Wright, en 1959. Cinq autres furent ajoutés ensuite.

Jeux d'espaces et de lumière dans la chapelle Annie Pfeiffer

La chapelle Annie Pfeiffer illustre parfaitement ses conceptions architecturales. Des fenêtres en verre teinté rompent la régularité des blocs de l'édifice, surmonté d'une tour spectaculaire en lieu et place du clocher traditionnel. Wright l'appelait le « coffret à bijoux ». Le campus dégage à merveille cette impression de lumière et d'espace voulue par Wright. Les bâtiments sont reliés entre eux par les Esplanades, une galerie couverte, qui s'étend sur 2 km. On peut se promener librement dans le campus, mais les bâtiments ne peuvent être visités qu'en semaine. Le Thad Buckner Building, avec ses hautes fenêtres, abrite un centre d'accueil des visiteurs, qui expose des dessins et du mobilier de Wright ainsi que des photographies du chantier.

Gamble Mansion, XIXe siècle

Gamble Plantation Historic State Park ⓭

Carte routière D3. Manatee Co. 3708 Patten Ave, Ellenton (Highway 301, 1,5 mile à l'ouest de l'I-75). ***Tél.*** *(941) 723-4536.* *Tampa.* *Bradenton.* *jeu.-lun.* *Thanksgiving, 25 déc., 1er janv.* *limité.* **www**.floridastateparks.org/gambleplantation

La dernière demeure datant d'avant la guerre de Sécession en Floride du Sud est cette maison blanche que l'on aperçoit derrière une clôture en bois sur la route menant à Bradenton. Elle fut édifiée entre 1845 et 1850 par le major Robert Gamble, le long de la Manatee River après la deuxième guerre

FLORIDA SOUTHERN COLLEGE

Benjamin Fine Building ②
Chapelle Annie Pfeiffer ⑥
Emile Watson Building ①
J. Edgar Wall Waterdome ③
Lucius Pond Ordway Building ⑨
Polk County Science Buildings ⑧
Raulerson Building ④
Thad Buckner Building ⑤
William Danforth Chapel ⑦

LÉGENDE

Esplanades
P Parc de stationnement
i Informations

0 100 m
0 100 yards

séminole *(p. 46)*. L'ensemble du domaine couvrait 1 416 ha, dont seule une partie est encore élevée aujourd'hui. Ainsi l'ancien quartier des esclaves est-il devenu une école. Le mobilier conservé dans la demeure est d'époque, de même que le jardin, planté de chênes, dans le style du vieux Sud.

Le musée consacré à la vie du major Gamble nous apprend les difficultés financières du planteur qui, en 1856, dut se séparer de sa plantation entière, y compris de ses 191 esclaves noirs, contre la somme de 190 000 dollars.

Bradenton ⑭

Carte routière D3. Manatee Co. *48 000.* *avec portion en car de l'Amtrak Thruway.* *222 10th Street West (941) 748-3411.*

Chef-lieu du comté de Manatee, Bradenton s'enorgueillit d'accueillir la célèbre académie de tennis de Nick Bollettieri *(p. 375)*, dans laquelle furent formés les meilleurs joueurs du monde, tels qu'André Agassi et Pete Sampras.

Bradenton dispose de belles plages mais aussi de deux centres d'intérêt. Le **Manatee Village Historical Park** évoque l'époque pionnière de la Floride en proposant plusieurs reconstitutions de bâtiments du XIXe siècle, en particulier, un hangar à bateaux, un magasin et une maison de pionnier. Le **South Florida Museum** possède une vocation pédagogique et ludique. Les expositions ont pour thème « la Floride de l'âge de pierre à l'époque spatiale ». On découvrira l'époque des dinosaures, des maquettes de bâtiments espagnols du XVIe siècle et de vieilles voitures. Le Bishop Planetarium propose des spectacles avec lasers et le Parker Aquarium permet de découvrir la faune marine locale.

La cuisine d'une maison de pionniers, au Manatee Village Historical Park

Manatee Village Historical Park
604 15th St E. ***Tél.*** *(941) 749-7165.*
lun.-ven. (hiver : dim. après-midi).
jours fériés.

South Florida Museum
201 10th St W. ***Tél.*** *(941) 746-4131.*
t.l.j. *avr.-mai et août-déc. : lun., 1er sam. de nov. ; Thanksgiving, 25 déc., 1er janv.*
www.southfloridamuseum.org

Aux environs

À 8 km à l'ouest du centre de Bradenton, le **De Soto National Memorial** rappelle le débarquement à cet endroit en 1539 d'Hernando de Soto *(p. 42-43)*. À la tête de 600 hommes, il entama ensuite un périple de 6 500 km à travers le sud-est de l'Amérique du Nord à la recherche de l'or. Si elle permit de découvrir le Mississippi, l'expédition s'acheva dans la confusion : de Soto et la moitié de son armée périrent. Le monument évoque l'infortune de ces hommes et marque le point de départ du De Soto Trail, qui suit une partie de leur itinéraire. Le parc présente une reconstitution du camp du conquistador, animée en haute saison par des acteurs bénévoles en costumes. L'ensemble permet de se représenter la vie des conquistadores. Le centre d'accueil expose des armes du XVIe siècle et une armure. Un sentier naturel de 1 km serpente dans une mangrove. Deux ponts relient Bradenton à **Anna Maria Island**, dont la plage demeure sauvage, mais dont les grosses vagues attirent quelques surfeurs. Quelques petites stations balnéaires sont éparpillées entre Anna Maria au nord et Bradenton Beach au sud. Anna Maria Pier, construite en 1910, possède des commerces et des restaurants sur l'eau.

Pierre à la mémoire de H. De Soto

De Soto National Memorial
75th Street NW. ***Tél.*** *(941) 792-0458.*
t.l.j. *Thanksgiving, 25 déc., 1er janv.* **www**.nps.gov/deso

Coucher de soleil sur la plage d'Anna Maria Island

Sarasota ⓯

Hibiscus des Selby Gardens

Sarasota se targue d'être le plus grand centre culturel de Floride, c'était du moins l'opinion de John Ringling *(p. 270)*, l'une des personnalités qui s'installèrent dans cette ville champignon au début du XXe siècle. Ringling investit beaucoup d'argent dans la région, comme en témoignent encore aujourd'hui sa demeure et la collection d'art qu'il légua à l'État : toutes deux constituent les sites les plus visités de la ville *(p. 270-273)*. L'un des autres atouts de Saratosa est d'avoir su échapper aux excès en tout genre qui caractérisent les autres villes de l'État. Surnommée « le visage tranquille de la Floride », Sarasota est une ville pleine de charme. Dans les magasins chic et sur les plages, on côtoie une population aisée. Les plages des îles de la barrière sont proches du centre-ville.

À la découverte de Sarasota

Le quartier le plus agréable de Sarasota est compris entre Palm Avenue et Main Street, où siègent des magasins d'antiquités, des bars et des restaurants aux devantures du début du XXe siècle récemment restaurées. Le quartier voisin de Sarasota Quay est dédié au shopping et aux restaurants, et la marina attenante propose maintes excursions maritimes, où l'on pourra également dîner en mer.

Le Van Wezel Performing Arts Hall *(p. 31)*, un bâtiment rose et lavande ouvert en 1970, domine le front de mer de ses lignes douces inspirées des coquillages. Cette salle accueille régulièrement des concerts et des spectacles de Broadway *(p. 369)*.

Saratosa Classic Car Museum

5500 N Tamiami Trail. ***Tél.*** *(941) 861-6547.* ○ *t.l.j.*
www.saratosacarmuseum.org

Le Saratosa Classic Car Museum, qui ouvrit ses portes en 1953, est l'un des plus anciens musées de voitures du monde. Il expose plus de 120 voitures, acquises soit par des échanges avec d'autres musées, soit grâce à des dons de collectionneurs. Les clous de la collection sont une rare Packard Model 120 de 1954, une Rolls-Royce Silver Wraith de 1955, une De Lorean de 1921 et un break Cadillac (l'un des cinq jamais fabriqués). Vous verrez aussi le roadster Mercedes de John Lennon et la Mini Cooper préférée de Paul McCartney.

Un orgue de Barbarie du XIXe siècle (Bellm's)

Christy Payne House, aux Marie Selby Botanical Gardens

Rassemblement de flamants roses, aux Sarasota Jungle Gardens

Sarasota Jungle Gardens

3701 Bay Shore Rd. ***Tél.*** *(941) 355-5305.* ○ *t.l.j.* ● *25 déc.*
www.sarasotajunglegardens.com

Ce jardin botanique de 4 ha était à l'origine une plantation de bananiers. Il constitue une véritable oasis de plantes, d'arbres et de fleurs originaires du monde entier, avec ses forêts de palmiers, ses jardins d'hibiscus, de fougères, de roses, de gardénias et de bougainvilliers. Le lagon des flamants roses est très prisé.

Parmi les autres attractions, on distingue un zoo pour enfants et un jardin avec des papillons. On peut aussi assister à un spectacle d'oiseaux exotiques, où cacatoès et aras font du vélo ou des patins à roulettes.

Marie Selby Botanical Gardens

811 S Palm Ave. ***Tél.*** *(941) 366-5731.* ○ *t.l.j.* ● *25 déc.*
www.selby.org

Il n'est pas besoin d'être jardinier pour s'extasier devant la beauté du jardin de William et Marie Selby, un couple de Saratosa. Entourée de lauriers et de banians, leur maison domine Sarasota Bay. Elle fut conçue au début des années 1920 par Marie Selby pour échapper au monde moderne, comme en témoigne la présence d'un rideau de bambous cachant la vue sur Saratosa. Le jardin accueille plus de 20 000 espèces de plantes, dont deux fameuses collections d'orchidées et d'épiphytes *(p. 290)*. D'autres sections du jardin sont consacrées aux plantes vivrières tropicales ou aux hibiscus. La

Tropical Display House présente une impressionnante sélection de plantes de la jungle. La maison des Selby, de style espagnol, convertie en boutique de souvenirs, présente moins d'intérêt que Christy Payne House, de style « plantation », construite dans les années 1930, qui abrite le Museum of Botany and Arts.

Saint Armands Circle

Ce centre commercial chic avec restaurant sur Saint Armands Key est l'une des créations de John Ringling, qui fit l'acquisition de cette île en 1917 dans le but d'y construire un ensemble résidentiel articulé autour d'un centre commercial circulaire renfermant des jardins et des statues classiques. À peine le projet eut-il prit son essor que la crise de 1929 y mit un terme. L'endroit ne reprit vie que dans les années 1950. Il semble aujourd'hui plus conforme que jamais au projet de Ringling. Saint Armands Circle, idéalement situé entre le centre-ville et les plages, ne s'endort jamais. Malgré le prix des magasins, les spectacles de rue sont nombreux.

Mote Aquarium and Mote Marine Laboratory

1600 Ken Thompson Parkway. **Tél.** *(941) 388-4441.* *t.l.j.* **www**.mote.org

Cet aquarium est situé sur City Island, entre Lido et Longboat. Il propose une promenade sur la baie d'où l'on jouit d'une belle vue sur Saratosa, mais il se distingue surtout par la qualité des attractions qu'il offre à l'intérieur. Parmi les plus prisées, l'aquarium aux requins, doté de hublots d'observation intérieurs, et « l'aquarium tactile », où l'on peut saisir toutes sortes d'espèces marines, des crabes-sabots aux buccins et aux raies. Plus de 30 aquariums sont consacrés à la faune et à la flore locales et une série de présentoirs aux rivières, aux baies et aux estuaires des environs. Des fascicules d'explication présentent chaque section et un livre expose le lien entre les aquariums et la recherche scientifique consacrée aux requins et à la pollution.

Poissons tropicaux au Mote Aquarium and Mote Marine Laboratory

G.WIZ, The Hands-On Science Museum

1001 Blvd of the Arts. **Tél.** *(941) 309-4949.* *t.l.j.* **www**.gwiz.org

Situé sur la baie de Sarasota, ce musée de la science et de la technologie abrite 85 expositions interactives permanentes. Avec les bons outils et un peu d'imagination, vous pourrez construire un robot et même créer un film d'animation dans la TechZone. Dans la BodyZone, évaluez la vitesse, la puissance et la flexibilité de votre corps, ou visitez l'EnergyZone pour produire un éclair ! Découvrez la faune et la flore de la Floride dans l'EcoZone.

MODE D'EMPLOI

Carte routière D3. Sarasota Co. *60 000.* *2 miles (3 km) N.* *575 N Washington Blvd, (941) 955-5735 ; Amtrak bus, (800) 872- 7245.* *655 N Tamiami Trail, (941) 957-1877.* *Circus Festival (Janv.)* **www**.sarasotafl.org

Exposition sur le saut au G.WIZ, The Hands-On Science Museum

Sarasota Beaches

Les îles de Longboat Key, Lido Key et Siesta Key, qui offrent de superbes plages faisant face au golfe du Mexique, sont très appréciées des touristes *(p. 253)*. La côte est assez urbanisée mais recèle par endroits des zones plus tranquilles. La plage de South Lido Park, à Lido Key, est la plus calme pendant la semaine, et elle possède un agréable sentier forestier.

À Siesta Key, la zone résidentielle principale est concentrée au nord, en bordure d'un réseau de canaux. La grande plage de Siesta Key Beach est toujours animée. Plus calme, Turtle Beach possède le seul camping des environs. Longboat Key est surtout connue pour ses parcours de golf. Dans toutes ces îles, les sports nautiques sont très développés.

La plage de South Lido Park, avec vue au sud sur Siesta Key

Ringling Museum of Art

Vase (v. 1550)

John Ringling, né dans l'Ohio, était un directeur de cirque talentueux qui bâtit sa fortune sur de nombreux spectacles à succès *(p. 272)*. Au cours de ses voyages à l'étranger, il fit l'acquisition d'une importante collection d'art européen. Lorsque, en 1910, il s'installa à Sarasota, il décida de construire un musée pour l'abriter. Avec sa femme, Mable, il éprouvait une affection particulière pour l'Italie et la peinture baroque, qui constitue le cœur de sa collection. À la mort de Ringling en 1936, sa demeure, qui comprend le palais vénitien de Cà' d'Zan *(p. 272-273)*, fut léguée à l'État.

Le statuaire
Dans la cour sont exposées des copies en bronze de sculptures classiques.

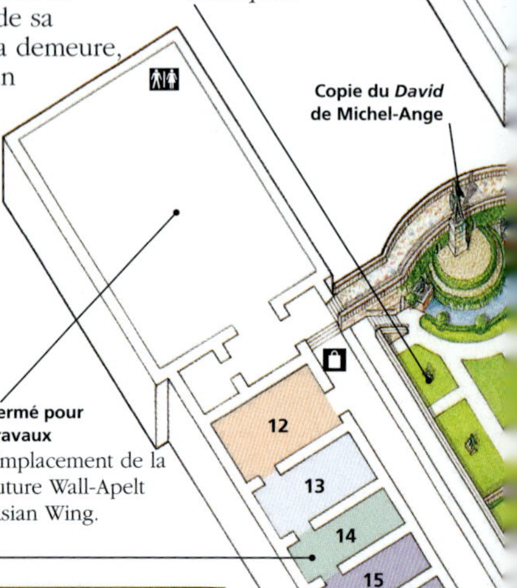

Fermé pour travaux
Emplacement de la future Wall-Apelt Asian Wing.

Spanish Gallery
La galerie expose des œuvres espagnoles du XVIIe siècle, notamment des tableaux d'El Greco, de Ribera, Zurbarán et Velázquez, comme ce magnifique portrait de Philippe IV d'Espagne (1625-1628).

SUIVEZ LE GUIDE !

Toutes les salles sont ordonnées autour d'un jardin décoré de sculptures, les West Galleries et l'Asolo Theater marquant l'extrémité de chacune des ailes du musée. L'exposition commence à partir des salles situées à droite de l'entrée et suit un ordre le plus souvent chronologique, depuis la fin du Moyen Âge européen jusqu'aux œuvres européennes du XVIIIe siècle. Les XVIe et XVIIe siècles italiens sont les plus représentés. L'art contemporain et les expositions temporaires se tiennent dans la Searing Wing.

★ Astor Rooms
Ce mobilier et cette décoration du XIXe siècle proviennent d'une demeure new-yorkaise.

À NE PAS MANQUER

- ★ Astor Rooms
- ★ La cour
- ★ Galerie Rubens

PLAN DU RINGLING MUSEUM

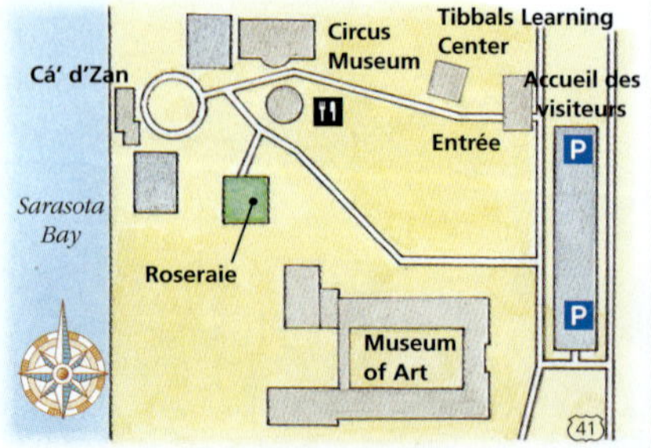

The Searing Wing abrite les expositions temporaires.

★ La cour
Un péristyle de 91 colonnes de différents styles entoure la cour. Certaines datent du XIe siècle.

MODE D'EMPLOI

5401 Bay Shore Road, Sarasota. ***Tél.*** *(941) 359-5700.* *2, angle de 1st St et Lemon St, Downtown.* **House, Galeries et Circus Museum** *10h-17h30 t.l.j.* *Thanksgiving, 25 déc., 1er janv.* *Au Cà' d'Zan, 1er étage seulement.*
www.ringling.org

La construction d'un palais
Expression des débuts de la Renaissance italienne, cette huile sur bois réalisée vers 1515 par Piero di Cosimo est l'une des fiertés du musée.

★ La galerie Rubens
Cette salle renferme quelques trésors du musée dont plusieurs toiles de Rubens.

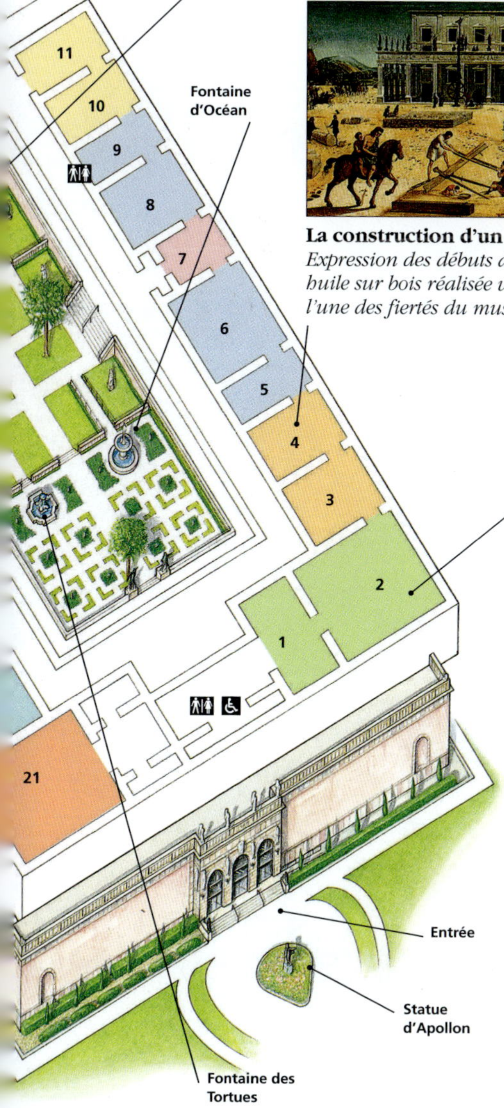

LÉGENDE

- École flamande/holl, XVIIe-XVIIIe s.
- Galerie Rubens
- Moyen Âge et Renaissance
- École italienne, XVIe-XVIIIe s.
- École espagnole, XVIIe-XVIIIe s.
- École européenne, XVIIIe-XIXe s.
- Astor Rooms
- École française, XVIIe-XVIIIe s.
- École flamande, XVIIe-XVIIIe s.
- Ringling Master Plan
- Écoles européenne et nord- américaine, 1850 – 1940

Ringling Museum : Cà' d'Zan

Ca' d'Zan, nom de la résidence d'hiver des Ringling, fut le premier bâtiment achevé de leur domaine. Son architecture est spectaculaire. La passion des Ringling pour l'Italie, alimentée par leurs fréquents voyages en Europe, transparaît dans la décoration de cet édifice, dont le nom signifie en vénitien « la maison de Jean ». Cette résidence, qui surplombe la Sarasota Bay, s'inspire du style d'un palais vénitien, tout en incorporant quelques éléments architecturaux français, de la Renaissance italienne, mais aussi baroques et contemporains. Bâti sur une terrasse de marbre de 60 m de côté et surmonté d'une tour caractéristique, Cà' d'Zan fut construit en deux ans et achevé en 1926. La salle de bal, la cour, l'ancienne salle à manger et les chambres donnent une idée du style de vie des milliardaires des années 1930. L'essentiel du mobilier est d'époque.

★ La décoration extérieure *en terre cuite est parmi la plus raffinée du genre aux États-Unis.*

★ La salle de bal
La principale décoration de la salle de bal est un plafond peint intitulé Danseurs des Nations. *Cette œuvre de Willy Pogany, un décorateur de cinéma des années 1920, représente plusieurs costumes de danse nationaux.*

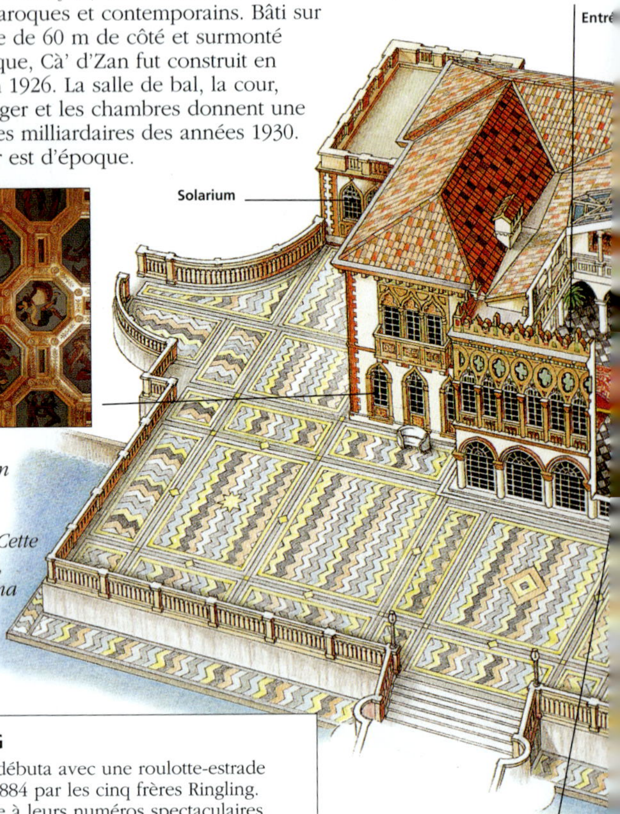

La cour, avec son sol en marbre et ses colonnes en onyx, était le cœur de l'édifice. Les Ringling s'en servaient de… salle de séjour !

LE CIRQUE RINGLING

L'empire des Ringling débuta avec une roulotte-estrade itinérante achetée en 1884 par les cinq frères Ringling. Le succès venant, grâce à leurs numéros spectaculaires et fréquemment renouvelés, ils rachetèrent leurs concurrents les uns après les autres. En 1907, ils s'associèrent avec Phineas T. Barnum, dont le penchant pour les frères siamois et les animaux exotiques fit souffler sur l'entreprise le vent de la modernité.

Le Circus Museum, fondé en 1948, n'est pas une idée des Ringling. Les objets présents retracent la vie des gens du cirque d'autrefois.

Chariot du cirque Barnum, *Five Graces* (1878)

À NE PAS MANQUER

★ La salle de bal

★ La décoration extérieure

Le bar

Cette salle aux plafonds voûtés et aux vitres teintées illustre l'amour de Ringling pour les objets venant du monde entier. Le bar fut acheté au restaurant Cicardi à Saint Louis, dans le Missouri.

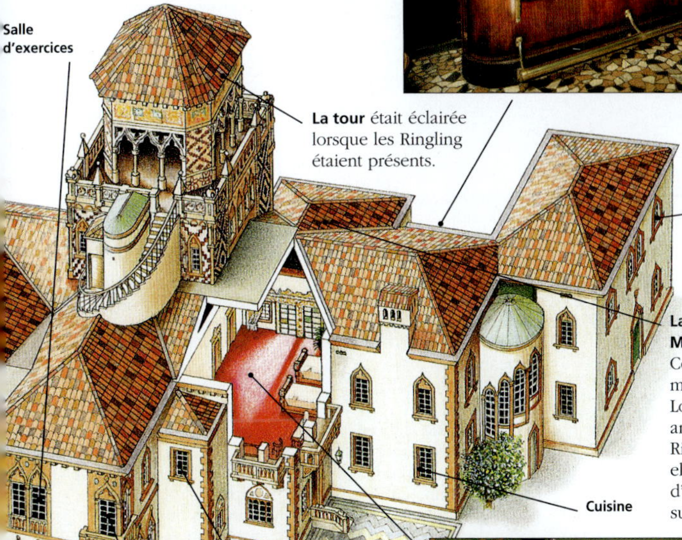

La tour était éclairée lorsque les Ringling étaient présents.

La chambre de Mable Ringling
Cette pièce, meublée en style Louis XV, date des années 1920. Mrs Ringling réalisa elle-même les taies d'oreillers placées sur les lits.

La chambre de John Ringling

Le mobilier en acajou de style Empire réalisé en 1880 confère une touche austère à cette pièce. L'Aube fuyant devant l'Obscurité *(1735) de Jacob de Wit orne le plafond.*

La salle de petit déjeuner

Cette salle décorée avec simplicité servait surtout aux réunions familiales. Les stores vénitiens sont authentiques.

Salle de bains

Une chaise de barbier marque le centre de la pièce, dont les murs sont décorés de marbre de Sienne. La baignoire est taillée dans un seul bloc de marbre.

Une végétation luxuriante borde la rivière du Myakka River State Park

Myakka River State Park ⓰

Carte routière D3. Sarasota Co. 13207 SR 72, 14 km à l'est de Sarasota. Sarasota. ***Tél.*** *(941) 361-6511.* *t.l.j.* *limité.*
www.myakkariver.org

Bien qu'il soit proche de la ville de Sarasota, le Myakka River State Park vous donnera une idée de la région au temps des premiers colons. Des forêts de chênes, des bosquets de palmiers, des pinèdes et de vastes prairies sèches sont parsemés de marais, de marécages et de lacs.

Les 11 300 hectares du parc, qui s'étend le long de la Myakka River et de l'Upper Myakka Lake, sont un sanctuaire naturel. On y a recensé plus de 200 espèces d'oiseaux – aigrettes, hérons bleus, vautours et ibis –, tous très nombreux, ainsi que balbuzards, aigles chauves et dindons sauvages, plus rares. On y aperçoit souvent des alligators et des cerfs et, plus difficilement, des renards. Le parc est équipé de plates-formes d'observation, d'où vous pourrez admirer tous ces animaux.

Les plus courageux parcourront les 63 km de pistes balisées ou les 24 km de sentiers équestres. De décembre à mai (la meilleure saison), des visites guidées en train touristique sont organisées, ainsi que, toute l'année, des visites guidées en hydroglisseur.

Venice ⓱

Carte routière D4. Sarasota Co. *20 000.* *257 Tamiami Trail N, (941) 488-2236.*
www.venicechamber.com

Venice est une station balnéaire très calme. La principale rue commerçante, Venice Avenue, est bordée de fleurs et de palmiers. La ville abrite des bâtiments restaurés avec soin, dont le Venice Little Theater, sur Tampa Avenue, de 1927.

Caspersen Beach, bordée d'avoine de mer et de palmiers nains, est située à l'extrémité sud de Harbor Drive. C'est un lieu idéal pour pêcher, nager ou ramasser des coquillages, même si les plages les plus riches en coquillages se trouvent plus au sud *(p. 278-279)*. La région est célèbre pour ses fossiles de dents de requin. On en retrouve régulièrement dans les bancs de sable du large qui sont traînés jusqu'au rivage par la marée.

Les fossiles de Caspersen Beach

Gasparilla Island ⓲

Carte routière D4. Lee Co, Charlotte Co. Venice. *5800 Gasparilla Rd, Boca Grande, (941) 964-0568.*
www.bocagrandechamber.com

Peuplée à l'origine de pêcheurs et de vacanciers fuyant les hivers du Nord, Gasparilla Island, située entre Sarasota et Fort Myers, est une île assez isolée.

L'activité de l'île est concentrée à Boca Grande, qui est reliée à la terre ferme par une chaussée. L'ancienne gare restaurée, le San Marco Theater et la Gasparilla Inn sont des témoins éloquents du passé. De nombreux bâtiments anciens en bois ont été restaurés et repeints dans des couleurs brillantes, ce qui crée une ambiance plaisamment tropicale. Depuis longtemps, cette ville vit de la pêche – Boca Grande est d'ailleurs connue comme la capitale mondiale du tarpon. Plusieurs marinas proposent des circuits en bateau, notamment vers les barrières d'îles *(p. 278-*

Le Range Light, sur la côte de Gasparilla Island, oriente les bateaux

279). Mais vous pouvez aussi explorer l'île en suivant la piste cyclable.

À l'extrémité sud de l'île, le **Gasparilla Island State Recreation Area** possède des plages de sable calme, où l'on peut pêcher, se baigner et ramasser des coquillages. Un phare désaffecté de la fin du XIXe siècle (aujourd'hui remplacé par le Range Light) surplombe Boca Grande Pass.

Gasparilla Island SRA
880 Belcher Rd, Boca Grande.
Tél. *(941) 964-0375.* *t.l.j.*

Le Schlossberg-Camp Building, à Arcadia, date des années 1920

Arcadia ⓳

Carte routière E3. De Soto Co.
6500. *16 S Volusia Ave, (941) 494-4033.*
www.desotochamber.net

Il est vraiment agréable de se promener dans Arcadia, autrefois ville de ranchs et de bétail. De nos jours, les cow-boys se déplacent plutôt en voiture, mais les chevaux font toujours partie de la culture locale. La fièvre du cheval atteint son paroxysme en mars et en juillet, lorsque concurrents et amateurs de rodéo affluent de tout le pays pour assister au All-Florida Championship Rodeo, le plus ancien rodéo de l'État.

L'architecture flamboyante et parfois colorée d'Arcadia évoque la prospérité des années 1920. Les meilleurs exemples en sont le Koch Arcade Building, sur West Oak Street, et le Schlossberg-Camp Building, sur West Magnolia Street. Plusieurs bâtiments plus récents ont brûlé en 1905. La JJ Heard Opera House date de l'année suivante. Les rares édifices de la fin du XIXe siècle qui subsistent se visitent sur autorisation de la chambre de commerce.

Babcock Wilderness Adventures ⓴

Carte routière E4. Charlotte Co.
8000 SR 31, 10 km au sud de Babcock.
Tél. *(800) 500-5583.* *Punta Gorda.* *t.l.j.* *25 déc.*
obligatoire.
www.babcokwilderness.com

L'immense ranch Crescent B appartenait à l'origine au roi du bois de charpente, E.V. Babcock, qui rasa les cyprès des marécages dans les années 1930. Ce ranch est toujours géré par la très riche famille Babcock. Une partie de ses 36 420 ha est ouverte au public : il s'agit des Babcock Wilderness Adventures. Des circuits de 90 min, commentés par des naturalistes, traversent des marais, des forêts profondes et de denses bosquets de cyprès. Vous y verrez nombre d'animaux : bisons, chevaux et bétail. Des panthères, élevées en captivité, vivent dans des enclos spécialement conçus pour elles, à côté d'alligators. Ces circuits étant très prisés, il vaut mieux réserver.

Un circuit en petite voiture dans Babcock Wilderness Adventures

LES RODÉOS DE FLORIDE

En Floride, la majeure partie de l'intérieur des terres est occupée par des ranchs. Les principales villes à bétail sont Arcadia, Kissimmee *(p. 191)* et Davie *(p. 137)*, où les rodéos font partie de la vie quotidienne. Qu'il s'agisse de ligoter un veau ou de lutter avec un taureau (le cow-boy doit forcer l'animal à s'allonger sur le sol), le vainqueur est le plus rapide (celui qui met souvent moins de dix secondes). Lors de la monte d'un cheval sauvage, avec ou sans selle, le cavalier doit tenir au moins huit secondes, mais son habileté et sa technique sont également jugées. Au cours de la compétition, un commentateur présente au public les talents et le palmarès de chaque cow-boy.

Lutte avec un taureau lors du All-Florida Championship Rodeo

Fort Myers ㉑

Arriver à Fort Myers en traversant la Caloosahatchee River, c'est l'assurance de découvrir une ville qui rappelle la Floride d'antan. Parallèle au cours du fleuve, le McGregor Boulevard est bordé de palmiers royaux, dont les plus anciens furent plantés par Thomas Edison. C'est d'ailleurs grâce à l'inventeur que Fort Myers, qui n'était alors qu'un petit village de pêcheurs, se fit connaître dans les années 1880.

Visitez la maison d'Edison, mais aussi les magasins et les restaurants du centre-ville, autour de First Street. Un circuit en trolley vous permet de découvrir les principaux sites de la ville. Et quand vous le souhaiterez, vous pourrez profiter des plages voisines.

Les équipements d'origine du laboratoire de Thomas Edison

Edison Winter Home

2350 McGregor Blvd. ***Tél.*** *(239) 334-3614.* *t.l.j.* *Thanksgiving, 25 déc.*
www.edison-ford-estate.com

L'Edison Winter Home, résidence du front de mer de l'un des plus célèbres inventeurs américains, fait depuis longtemps la fierté de Fort Myers. C'est en 1886 que Thomas Edison (1847-1931) a fait construire cette propriété. La maison, le laboratoire et les jardins sont tels qu'il les a laissés.

La maison à deux étages et le pavillon des invités comptent parmi les premiers bâtiments préfabriqués des États-Unis. Construits dans le Maine selon les directives d'Edison, ils furent transportés par bateau jusqu'à Fort Myers. La maison, vaste et confortable, est bordée au 1er étage de porches, qui en assurent la fraîcheur. Les meubles sont presque tous d'époque.

Edison, détenteur de plus de 1 000 brevets, s'intéressait aussi bien aux ampoules électriques qu'au phonographe, l'ancêtre du tourne-disque. Son laboratoire, de l'autre côté du McGregor Boulevard, contient les équipements qu'il utilisa pour ses dernières expériences sur le caoutchouc synthétique. Cette pièce est éclairée par des ampoules à filament de carbone (de son invention), que l'on utilise encore aujourd'hui. Le musée adjacent replace dans leur contexte des phonographes, des objets personnels et une Ford T de 1916 offerte à Edison par Henry Ford.

Edison était aussi un grand horticulteur. Ainsi, les jardins fourmillent de plantes exotiques. L'immense banian, que le magnat des pneus Harvey Firestone lui offrit en 1925, atteint aujourd'hui une circonférence de 120 m.

L'enthousiasme dont les guides de la propriété font preuve et l'étendue de leurs connaissances sont impressionnants.

MODE D'EMPLOI

Carte routière E4. Lee Co. *48 000.* *à 11 km au sud-est.* *2275 Cleveland Avenue, (800) 231-2222 ; bus Amtrak, (800) 872-7245.* *2310 Edwards Drive, (239) 332-3624, (800) 366-3622.* *Edison Festival of Lights (fév.).* **www**.fortmyers.org

Ford Winter Home

2350 McGregor Blvd. ***Tél.*** *(941) 334-3614.* *t.l.j.* *Thanksgiving, 25 déc.*

À côté de la maison d'Edison se dresse Mangoes, la petite propriété achetée en 1916 par Henry Ford (le ticket couvre la visite des deux sites). Les Ford étaient de grands amis des Edison et ne remirent plus les pieds à Fort Myers après la mort de Thomas Edison en 1931.

Les meubles sont d'époque et les pièces qui ont été reconstituées à l'identique respirent la simplicité qu'affectionnait Clara Ford. Les amateurs de belles voitures apprécieront les anciennes Ford qui sont exposées dans le garage.

Imaginarium Hands-On Museum and Aquarium

200 Cranford Ave. ***Tél.*** *(239) 337-3332.* *10h-17h lun.-sam., 12h-17h dim.* *Thanksgiving, 25 déc.*

Le musée a de quoi séduire tous les membres de la famille. En effet, ses 60 attractions interactives sont conçues pour tous les âges : vous toucherez un nuage, sentirez la force d'un ouragan ou courrez sous un orage. Le

L'élégant Burroughs Home évoque les temps anciens de Fort Myers

De jeunes visiteurs se promènent dans le Calusa Nature Center

musée comporte aussi une salle de cinéma et un mini-studio de télévision où les enfants peuvent jouer le rôle d'un présentateur de météo. L'aquarium abrite une grande variété de poissons mais aussi des requins, des tortues, des cygnes et des iguanes.

Southwest Florida Museum of History
2300 Peck St. ***Tél.*** *(239) 332-5955.* *10h-17h. mar.-sam. (fév.-avr., aussi le dim.)* **www**.cityftmyers.com
Installé dans l'ancienne gare, ce musée (qui rappelle l'âge d'or de Fort Myers, quans la ville était un important centre de négoce du bétail) plonge dans l'histoire de la région. Vous allez être transporté au temps des Indiens Calusa et des explorateurs espagnols. Vous y verrez une maquette du Fort Myers de 1900, un wagon privé de chemin de fer des années 1930 ainsi qu'un bombardier P-39, qui s'est écrasé dans Estero Bay dans les années 1940.

Calusa Nature Center and Planetarium
3450 Ortiz Ave. ***Tél.*** *(239) 275-3435.* *t.l.j.* *Thanksgiving, 25 déc., 1er janv.* *sur demande.*
www.calusanature.com
Ces 42 hectares sont un excellent moyen de découvrir la flore et la faune du sud-ouest de la Floride, grâce aux pistes qui traversent les mangroves et les bois peuplés de hérons, d'aigrettes et d'ibis. Le musée abrite des salles d'exposition sur les serpents et les alligators. Des visites guidées sont organisées, notamment dans la grande volière et le village séminole. Le centre abrite aussi une pépinière dans laquelle vous pouvez acheter des plantes. Le planétarium propose des spectacles mélangeant les étoiles aux lasers.

Aux environs
The Shell Factory, à 6 km au nord de Fort Myers, est un vaste magasin de souvenirs. Vous n'apprécierez pas forcément les bijoux en coquillages. Mais la collection de coraux et de coquillages – qui serait la plus grande du monde – est étonnante. Vous y trouverez aussi des éponges, du bois flotté brut ou sculpté, des peintures, des livres, etc.

Les coquillages de la Shell Factory

The Shell Factory
2787 N Tamiami Trail.
Tél. *(239) 995-2141.* *10h-21h lun.-sam. ; 10h-20h dim.*
www.shellfactory.com

Koreshan State Historic Site ㉒

Carte routière E4. Lee Co. Estero, 23 km au sud de Fort Myers.
Tél. *(239) 992-0311.* *Fort Myers.* *t.l.j.*
www.floridastateparks.org

Le Koreshan State Historic Site, qui abritait jadis la secte de Koresh, attire à la fois les mordus de religions obscures et les amoureux de la nature.

En 1894, le docteur Cyrus Teed eut une vision lui intimant de changer son nom en Koresh (Cyrus en hébreu) et d'établir dans le sud-ouest de la Floride une cité utopique dont les rues devaient faire 122 m de large. Il choisit un terrain proche d'Estero River, où les membres de sa secte menèrent une vie communautaire fondée sur l'égalité des droits entre hommes et femmes et sur le partage des biens.

Au lieu des 10 millions d'habitants dont Teed rêvait, cette secte ne compta que 250 membres à son apogée et décrut à la mort de son fondateur, en 1908. En 1961, les quatre derniers adeptes firent don de ce site à la Floride. Les jardins et douze des soixante bâtiments de la secte ont été préservés.

Dans le parc, vous pourrez faire du canoë, camper, pêcher et suivre des visites organisées.

La maison restaurée de Cyrus Teed au Koreshan State Historic Site

Lee Island Coast ㉓

Sur la Lee Island Coast, vous admirerez à la fois des plages de sable (célèbres par leurs coquillages), des animaux exotiques, une végétation luxuriante et de magnifiques couchers de soleil. La plupart des visiteurs vont sur Sanibel et Captiva Islands pour leurs marinas et leurs terrains de golf. Mais d'autres îles, que l'on apprécie pour leurs plages et leur paysage, sont toutes proches. Vous aurez un très large choix de circuits en bateau pour vous déplacer d'île en île, grâce aux navires dont l'itinéraire est indiqué ci-dessous.

Bungalows à Sanibel Island, l'île tranquille

Sanibel et Captiva Islands
Captiva et Sanibel Islands ont un petit air des Caraïbes. Elles sont célèbres pour leur qualité de vie, mais aussi pour leurs coquillages : la plupart des visiteurs s'adonnent plus ou moins rapidement à leur cueillette. Sanibel ne correspond probablement pas à l'idée que la plupart des gens se font de la vie sur une île.

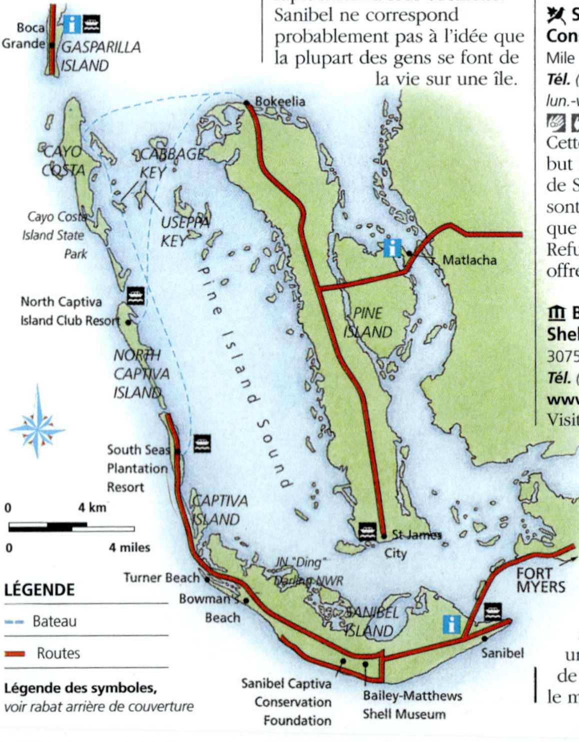

MODE D'EMPLOI

Carte routière D4, E4. Lee Co. *à 24 km à l'est du South West Florida International Airport* *2275 Cleveland Ave, Fort Myers, (800) 231-2222.* *1159 Causeway Rd, Sanibel, (239) 472-1080.* **Bateaux :** *Tropic Star (239) 283-0015 ; Captiva Cruises (239) 472-5300 ; North Captiva Island Club Resort (239) 395-1001.*

En effet, ses jardins sont méticuleusement entretenus et Periwinkle Way, l'artère centrale de la ville de Sanibel, est bordée de magasins et de restaurants. Heureusement, le paysage n'est pas dénaturé par des immeubles, et il existe deux réserves. La plupart des plages publiques bordent Gulf Drive, les plus remarquables étant celles de Turner et de Bowman.

Captiva est moins urbanisée que Sanibel. Vous y trouverez une station balnéaire pittoresque, la South Seas Plantation Resort et sa marina – point de départ des croisières vers Cayo Costa.

Sanibel Captiva Conservation Foundation
Mile Marker 1, Sanibel-Captiva Rd.
Tél. *(239) 472-2329.* *mai-nov. : lun.-ven. ; déc.-avr. : lun.-sam.*
www.sccf.org
Cette fondation privée a pour but la protection des marais de Sanibel. Ses 6 km de pistes sont beaucoup plus calmes que celle du « Ding » Darling Refuge. Sa tour d'observation offre un point de vue idéal.

Bailey-Matthews Shell Museum
3075 Sanibel-Captiva Rd
Tél. *(239) 395-2233.* *t.l.j.*
www.shellmuseum.org
Visitez ce musée, même si vous n'êtes pas un adepte de la pêche aux coquillages. Sa pièce maîtresse est le Great Hall of Shells, où différents habitats (de la barrière d'îles jusqu'aux Everglades) ont été recréés. Le musée prétend abriter un tiers des 10 000 espèces de coquillages existant dans le monde.

JN «Ding» Darling National Wildlife Refuge
Mile Market 2, Sanibel Captiv Rd. ***Tél.*** *(239) 472-1100.* t.l.j. *jours fériés.*
www.fws.gov/dingdarling

Ce refuge, qui occupe les deux tiers de Sanibel, est la principale attraction de l'île. Les animaux (ratons laveurs, alligators, spatules roses, etc.) sont très faciles à observer. La végétation se compose essentiellement de raisins de mer, de mangroves et de palmiers. Vous pourrez parcourir les 8 km de la « Wildlife Drive » à pied ou en voiture, ou louer un canoë, un bateau de pêche ou un vélo.

Spatules roses au JN « Ding » Darling National Wildlife Refuge

Cayo Costa Island State Park
Cayo Costa Island. ***Tél.*** *(941) 964-0375.* t.l.j.
www.floridastateparks.org

Cayo Costa Island est l'une des îles les mieux préservées de Floride. La majeure partie est plantée de pins d'Australie et de poivriers du Brésil, qui furent importés dans les années 1950 pour leur bois et leur ombrage. Aujourd'hui, ils sont peu à peu abattus pour laisser la place à des espèces locales. Vous y trouverez une plage de dunes de 14 km de long et, du côté est, plusieurs mangroves. L'intérieur des terres est un mélange de pinèdes, de pâturages et de hammocks. Les oiseaux sont faciles à observer et les coquillages nombreux.

Vous pourrez vous rendre en bateau à Cayo Costa. La compagnie Tropic Star (au départ de Bokeelia, à Pine Island) offre les rotations les plus fréquentes. Un train relie les côtés de l'île, et vous pourrez loger dans l'un des 12 bungalows du camping.

Ces yachts ont jeté l'ancre dans la marina de Cabbage Key

Cabbage Key
C'est sur cette île que la romancière Mary Roberts Rhinehart s'est installée en 1938. Sa maison, construite à l'ombre de deux lauriers de Cuba âgés de 300 ans, est aujourd'hui une auberge, la Cabbage Key Inn, célèbre pour son restaurant orné de 30 000 billets signés de un dollar. Le premier fut laissé par un pêcheur prévoyant pour payer son verre lors de son prochain passage. Mais lorsqu'il revint, il avait de l'argent et laissa son billet, qu'il avait signé.

Un château d'eau de 12 m de haut fournit un très bon point de vue sur toute l'île. Les compagnies Tropic Star (au départ de Pine Island) et Captiva Cruises (au départ de Captiva Island) assurent les liaisons les plus régulières avec Cabbage Key.

Pine Island
Cette île, où les mangroves remplacent les plages, sert surtout de passage vers les îles voisines. De la marina de Bokeelia, vous pourrez partir en bateau dans toutes les directions. Ne ratez pas les charmantes jetées de pêche.

LES COQUILLAGES

Junonia

Les plages de Sanibel et de Captiva sont parmi les plus riches en coquillages de Floride. Le golfe du Mexique est dépourvu des récifs qui pourraient les briser. Les eaux sont assez chaudes et peu profondes et le fond est plat. Ces conditions sont idéales pour les coquillages. À l'extrémité sud de Sanibel, la présence d'un large plateau contribue à les ramener vers le rivage. À Sanibel, il est interdit de pêcher des coquillages vivants. Ailleurs, cette activité est soumise à des restrictions. Arrivez tôt le matin (de préférence, l'hiver ou après une tempête) et regardez sous la surface sableuse, là où les vagues se brisent et où les oiseaux de mer affluent. Les junonias et les coquilles Saint-Jacques sont particulièrement prisées.

Buccin de Floride

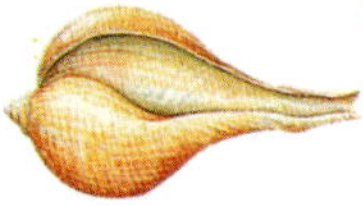

Limnée

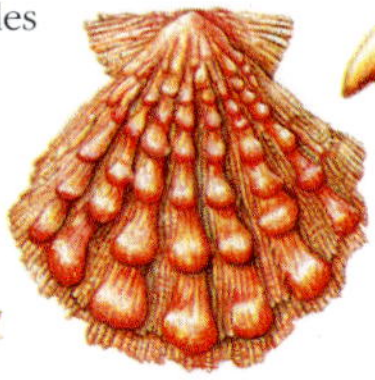

Coquille Saint-Jacques

Janthine

Pour les hôtels et restaurants de la région, voir p. 323-328 et p. 350-352

LES EVERGLADES ET LES KEYS

Le sud-ouest de la Floride est en grande partie recouvert par les Everglades – ces marécages d'une importance écologique capitale. En revanche, les stations balnéaires sont nombreuses dans les Keys, qui abritent une autre merveille : les récifs coralliens.

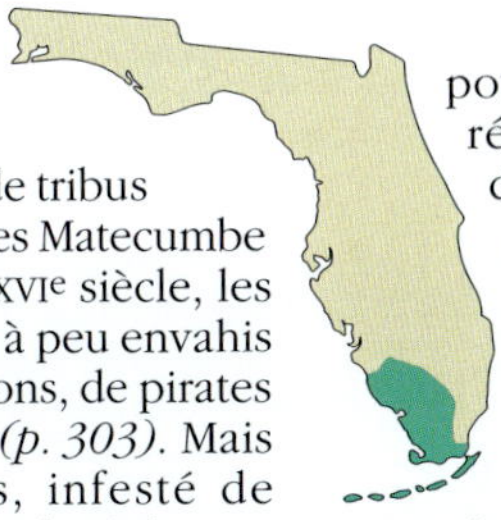

Avant l'arrivée des Européens, le sud de la Floride était peuplé de tribus telles que les Calusa et les Matecumbe *(p. 40-41)*. À partir du XVIe siècle, les Florida Keys furent peu à peu envahis par des cohortes de colons, de pirates et de pilleurs d'épaves *(p. 303)*. Mais l'intérieur des terres, infesté de moustiques, n'a pas été colonisé avant 1850, avec la fondation de Naples.

La première route à désenclaver la région en la reliant aux Atlantic et Gulf Coasts fut la Tamiani Trail, inaugurée en 1928. Les camps de pionniers, tels qu'Everglades City et Chokoloskee, ont à peine changé depuis la fin du XIXe siècle. Ces derniers marquent l'entrée occidentale de l'Everglades National Park. D'une beauté toute particulière, c'est un véritable paradis pour la faune et la flore de la région. Les Keys, un splendide chapelet d'îlots protégés par l'unique barrière corallienne d'Amérique du Nord, s'étendent à l'extrémité sud-ouest de cette péninsule. L'Overseas Railroad de Henry Flagler traversait autrefois les Keys. Mais cette ligne de chemin de fer a disparu et a été remplacée par l'Overseas Highway. Lorsqu'on descend vers le sud, on a l'occasion de vérifier que les Keys sont plus un état d'esprit qu'un simple site géographique. L'Overseas Highway débouche sur la légendaire cité de Key West, une ville où l'esprit de décontraction, propre aux habitants des Keys, inspire la vie quotidienne de tous, gens du coin ou visiteurs.

Cette peinture murale à Key West reflète les origines caribéennes de Bahama Village

◁ **Les mangroves et les îles des Everglades, parcourues par les méandres des canaux qui se mêlent à la mer**

À la découverte des Everglades et des Keys

Naples et Marco Island, au nord-ouest, possèdent les plus belles plages du golfe du Mexique ainsi que d'admirables terrains de golf. De là, vous accéderez facilement aux immenses paysages sauvages de Big Cypress Swamp et de l'Everglades National Park, qui occupent une bonne partie de la région. Les Keys sont célèbres, car l'on peut y pratiquer la pêche et la plongée le long du récif corallien. Islamorada et Key Largo, dans les Upper Keys, offrent de nombreuses possibilités de logement, tandis que Marathon (assez bruyant) et Key West (avec ses *bed-and-breakfast* pittoresques) sont de bons points de départ pour découvrir les Lower Keys, moins snobs.

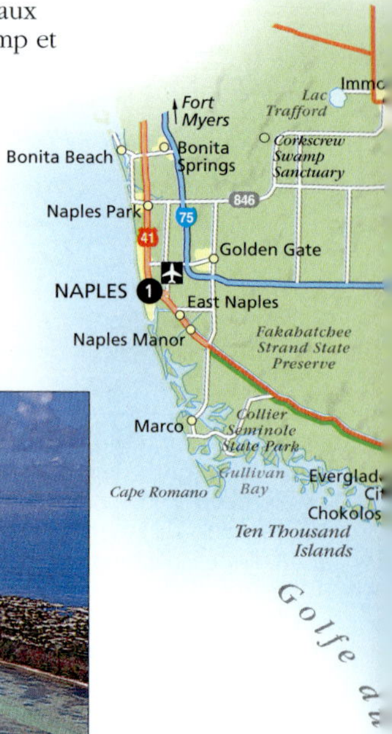

L'Overseas Highway est le principal axe routier des Keys

LA RÉGION D'UN COUP D'ŒIL

Ah-Tha-Thi-Ki Museum 3
Big Cypress Swamp 2
Biscayne National Park 6
Dolphin Research Center 13
Dry Tortugas National Park 18
Everglades National Park p. 286-291 5
Indian and Lignumvitae Keys 12
Islamorada 11
John Pennekamp Coral Reef State Park 8
Key Largo 7
Key West p. 298-303 17
Lower Keys 16
Marathon 14
Miccosukee Indian Village 4
Naples 1
Pigeon Key 15
Tavernier 9
Theater of the Sea 10

VOIR AUSSI

• ***Hébergement*** p. 328-331

• ***Restaurants et cafés*** p. 352-355 et p. 357

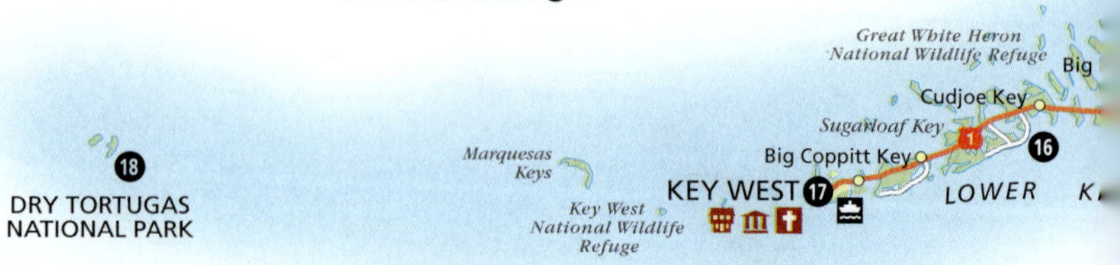

Un des paysages préservés de Big Cypress Swamp

CIRCULER

Il n'y a pas de ligne de chemin de fer dans la région, mais Marathon, Key West et Naples possèdent un aéroport. En outre, des bus relient Miami à Naples et à Key West.
La Tamiami Trail (US 41) et l'I-75 vont de Miami à Fort Lauderdale et de Miami à Naples. L'Overseas Highway (US 1) part de Florida City, mais la Card Sound Road (Route 997), qui est plus belle et moins fréquentée, vous permettra également d'aller dans les Keys. Les bords de l'Overseas Highway sont plus touristiques après le 7-Mile Bridge, où les îles, moins bâties, offrent une vue plus panoramique. Dans les Keys, de petits panneaux blancs et verts, les Mile Markers, indiquent la distance depuis Key West.

Naples ❶

Carte routière E4. Collier Co. 21 000 2390 Tamiami Trail N, *(239) 262-6141.* **www**.napleschamber.org

Naples, une station balnéaire riche et plutôt traditionnelle, se prévaut d'un aspect impeccable et de 55 terrains de golf (qui en font la ville de l'État la mieux équipée par rapport au nombre d'habitants). Le centre-ville, qualifié d'historique, date du début du siècle. C'est un lieu charmant avec ses bâtiments aux couleurs pastel. La plupart des maisons du XIXe siècle ont été détruites en 1960 par l'ouragan Donna ainsi que la jetée datant de 1887. Reconstruite en 1961, c'est aujourd'hui un endroit apprécié par les pêcheurs et… par les pélicans.

Le **Collier County Museum**, qui présente une reconstitution d'un village séminole, résume l'histoire locale. Ses expositions comprennent d'anciens objets indiens et d'autres liés aux premiers pionniers et à la construction de la Tamiami Trail (l'US 41), sur laquelle est bâti le musée.

16 km de plages de sable sont bordés d'immeubles en copropriété. D'accès facile, on peut y nager en sécurité dans les eaux chaudes du golfe du Mexique.

La plage et la jetée de Naples, qui s'étend le long du golfe du Mexique

Collier County Museum
3301 Tamiami Trail E. ***Tél.*** (239) 774-8476. 9h-17h lun.-ven., 9h-16h. dim. *jours fériés.*
www.colliermuseum.com

Aux environs

Marco Island, l'île la plus septentrionale de l'archipel des Ten Thousand Islands, est une station balnéaire depuis les années 1960. C'est un bon point de départ pour découvrir l'ouest des Everglades *(p. 286)*. On y a exhumé des sites archéologiques remontant à 3 500 ans. Les vestiges de tumulus en coquillages et en os témoignent du mode de vie des indiens Calusa *(p. 40-41)*, les premiers occupants de la région.

Big Cypress Swamp ❷

Carte routière E4. Collier Co, Monroe Co.

Accueillant des centaines d'espèces d'animaux en voie de disparition, telle la panthère de Floride *(p. 127)*, ce vaste bassin marécageux comprend des habitats diversifiés, qui varient selon leur altitude : îles sableuses, prairies sèches ou humides et hammocks de feuillus *(p. 287)*. Un tiers du marais est recouvert de cyprès, qui poussent en longues rangées étroites. C'est à la longueur de ces rangées par rapport à la taille des arbres que se rapporte le nom de cette région.

À la saison humide, l'eau de toute la région des Everglades s'accumule dans les marais. C'est également une zone tampon pour l'Everglades National Park *(p. 286-287)*. Terminée en 1928, la Tamiami Trail (ou US 41), qui traverse tout le marais, a désenclavé la région. Cette route longe les Everglades, de Tampa à Miami, d'où son nom. Aujourd'hui, des voix s'élèvent contre son tracé qui entrave la libre circulation de l'eau et des animaux, mettant en cause l'équilibre fragile de cet écosystème unique du sud de la Floride.

Big Cypress National Preserve est la plus grande

Ce chemin traverse Fakahatchee Strand, à Big Cypress Swamp

LES SÉMINOLES DE FLORIDE

Le mot *séminole* (qui signifie « vagabond » ou « fuyard ») désigne depuis le début du XVIIIe siècle les Indiens de différentes tribus *creek*. Ces dernières, chassées par les colons en quête de terres, fuirent le sud de la Floride et arrivèrent dans les Everglades *(p. 47)*. Aujourd'hui, les Séminoles et les Miccosukee sont officiellement distincts, même s'ils appartiennent tous deux au peuple séminole. En 1911, le gouvernement américain a donné une réserve aux Indiens de Floride. Les Séminoles y ont maintenu leurs traditions, tout en s'adaptant à la vie moderne. Ainsi, ils ont récemment ouvert des salles de bingo *(p. 137)* afin d'augmenter leurs revenus.

Séminoles européanisés à la fin du XIXe siècle

Nid de tantales d'Amérique, au Corkscrew Swamp Sanctuary

réserve des Everglades. Mais sa taille la rend difficile à explorer. La plupart des visiteurs profitent du point de vue de l'US 41 ou s'arrêtent à l'Oasis Visitor Center.

À l'extrémité ouest des marécages s'étend la **Fakahatchee Strand Preserve State Park**, l'un des sites les plus sauvages de Floride. Un large fossé de drainage de 5 à 8 km de large s'étend sur 32 km de long.

Dans les années 1950, on a cessé d'abattre des arbres dans la région. Mais 99 % des cyprès avaient déjà disparu. De très vieux spécimens (600 ans) se trouvent à Big Cypress Bend. Une petite piste serpente entre des orchidées et la plus grande plantation de palmiers royaux des États-Unis. La route 846, qui va vers le nord-est depuis Naples, dessert l'**Audubon of Florida's Corkscrew Swamp Sanctuary**. Un sentier de 3 km traverse des paysages végétaux, dont la plus grande plantation de cyprès des États-Unis. Riche en espèces d'oiseaux, c'est un lieu de nidification pour les tantales d'Amérique.

Big Cypress National Preserve
Oasis Visitor Center, US 41. ***Tél.*** *(239) 695-1201.* *t.l.j.* *25 déc.*
www.nps.gov/bicy

Audubon of Florida's Corkscrew Swamp Sanctuary
375 Sanctuary Rd, de la route 846. ***Tél.*** *(239) 348-9151.* *t.l.j.*
www.corkscrew.audubon

Fakahatchee Strand State Preserve
Big Cypress Bend, US 41. ***Tél.*** *(239) 695- 4593.* *t.l.j.*

Ah-Tha-Thi-Ki Museum ❸

Carte routière F4. Hendry Co. Snake Rd, à 27 km au nord de la sortie 14 sur l'I-75. ***Tél.*** *(863) 902-1113.* *9h-17h mar.-dim.* *jours fériés.*
www.seminoletribe.com/museum

Ce musée est situé sur les 26 ha de la Big Cypress Seminole Reservation. Le premier bâtiment et le chemin de promenade ont ouvert en 1997. D'autres zones d'exposition sont en projet. Ce musée est consacré à la culture séminole. Ah-Tha-Thi-Ki signifie en effet « un lieu où apprendre ». Un film, projeté sur cinq écrans, offre une image panoramique à 180°.

Miccosukee Indian Village ❹

Carte routière F5. Dade Co. US 41, 25 miles (40 km) à l'ouest de Florida Turnpike. ***Tél.*** *(305) 223-8380.* *t.l.j.* **www**.miccosukeetribe.com

La plupart des Indiens Miccosukee vivent au bord de l'US 41. La meilleure façon de mieux les connaître est de visiter le Miccosukee Indian Village, situé près de Shark Valley *(p. 287)*.

Vous pourrez voir des *chickees* traditionnels *(p. 30)* et des démonstrations d'artisanat : poupées en feuilles de palmiers, vannerie et bijoux en perles. Il y a aussi un petit centre culturel et un restaurant, où vous goûterez le « swamp fare » : pain de maïs, queues d'alligator et cuisses de grenouilles.

Objets artisanaux en vente dans le Miccosukee Indian Village

L'Everglades National Park ❺

Garde forestier

Ce parc immense (566 580 ha) couvre 1/5 de la superficie des Everglades. Son entrée principale est située à l'extrémité est, à 16 km à l'ouest de Florida City. Les sentiers font environ 800 m de long ; ils sont le plus souvent surélevés et clairement indiqués. Certains sont cyclables. Vous pourrez louer un bateau ou un canoë ou faire une croisière. Le parc comprend un hôtel, un camp et des *chickees* (*p. 30*), qui ne sont souvent accessibles que par canoë. Si vous souhaitez camper en pleine nature, vous devrez payer un forfait peu élevé. Ce dernier se prend dans les stations de rangers à Everglade City ou à Flamingo, mais vous ne pourrez réserver que 24 heures à l'avance.

Chokoloskee
Sur cette petite île, on peut prendre le bateau qui relie l'archipel des Ten Thousand Islands aux côte ouest du parc.

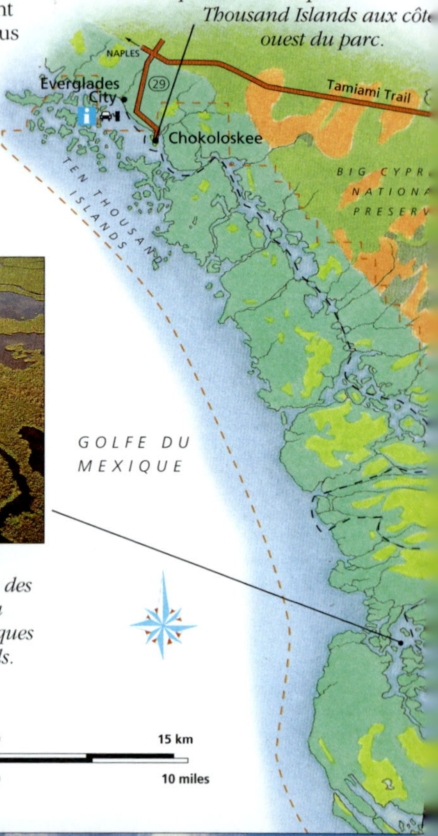

Whitewater Bay
À cet endroit, la rencontre des eaux douces des Everglades avec les eaux salines du golfe du Mexique et de la Florida Bay donne des criques soumises à la marée et des lacs peu profonds.

CONSIGNES DE SÉCURITÉ

Il est impératif de se protéger des insectes, surtout en été. Suivez les conseils des gardes forestiers et lisez les panneaux d'information, tout en respectant la nature. N'oubliez pas que les alligators se déplacent vite sur la terre ferme et que certains arbres, certaines chenilles et certains serpents sont venimeux. Si vous vous éloignez des pistes, informez les autorités de votre intention. Roulez lentement : vous rencontrerez de nombreux animaux sur la route.

Serpent corail

Faire du canoë dans les Everglades
Tout au long de la côte ouest et autour de la Florida Bay, les occasions d'explorer les plans d'eau du parc ne manquent pas. Les circuits proposés peuvent atteindre une semaine sur le Wilderness Waterway.

Shark Valley
Vous pourrez suivre une visite guidée en petit train ou faire ces 25 km à vélo. Tout au bout se dresse une tour de 18 m de haut.

Anhinga Trail
Partant du Royal Palm Visitor Center, c'est l'une des pistes les plus prisées du parc. Elle doit son nom à un oiseau qui aime sécher ses plumes au soleil après avoir plongé pour pêcher.

amingo propose le seul ôtel du parc et un grand mping. On y fait aussi de randonnée et du canoë.

Mahogany Hammock Boardwalk
Cette piste serpente à travers un vaste et dense hammock d'arbres tropicaux. Elle abrite des épiphytes (p. 289), *des escargots colorés* (p. 290) *et le plus grand acajou du pays.*

MODE D'EMPLOI

Carte routière E4, E5, F5. Monroe Co, Dade Co. *t.l.j.* *les visitor centers sont ouverts t.l.j. de déc. à avr. Sinon, appelez pour vérifier.* **Main Visitor Center** ***Tél.*** *(305) 242-7700.* *t.l.j. 8h-16h30.* **Gulf Coast Visitor Center** *(à Everglades City)* ***Tél.*** *(239) 695-3311 ; croisières et location de canoës : (239) 695-2591.* *8h-16h30.* **Shark Valley Information Center** ***Tél.*** *(305) 221-8776 ; réservation de circuits en train et location de vélos (305) 221-8455.* *8h30-16h.* **Royal Palm Visitor Center** ***Tél.*** *(305) 242-7700.* *8h-16h30.* **Flamingo Visitor Center** ***Tél.*** *(239) 695-2945 ; location de bateaux ou de vélos, (239) 695-3101.* *8h30-17h.* *La plupart des pistes sont accessibles. (305) 242-7700.* *(800) 365-2267 (réservation).* **www**.nps.gov/ever

LÉGENDE

- Mangrove
- Prés salés
- Cyprès
- Prairie d'eau douce
- Fossé d'eau douce
- Pinède
- Hammock
- Wilderness Waterway
- Limite du parc
- Route pavée
- Route fermée au public
- Centre d'information
- Entrée
- Camping
- Station-service

La faune et la flore des Everglades

Les Everglades forment un vaste système de rivières et de marais, qui servent de déversoir au lac Okeechobee *(p. 128)*, dont le lit plat en calcaire est recouvert de tourbe. Ce lac fait environ 322 km de long, 80 de large et au maximum 9 m de profondeur.

Les courants aériens et maritimes tropicaux ont engendré, dans cette zone tempérée, une flore unique en Amérique du Nord. Des îlots de végétation – dômes de cyprès *(p. 25)*, hammocks d'espèces ligneuses et *bayheads* (îlots bas) – ponctuent les grandes prairies de laîche. Les Everglades disposent d'une faune particulièrement riche (400 espèces d'oiseaux). La stabilité de cet écosystème unique repose sur le cycle des saisons sèches (en hiver) et humides (en été), qui représente toute la force vitale de cette région.

Le balbuzard
Cet oiseau piscivore vit sur les côtes, dans les baies et les mares du parc. On reconnaît aisément son grand nid.

La grenouille verte
Ce charmant amphibien a un cri retentissant, qui résonne dans tous les Everglades.

La grande aigrette
a un très beau plumage lorsqu'elle couve, des pattes jaunes et un bec noir.

LES HAMMOCKS

Les hammocks situés dans des prairies forment des îl surmontés d'un arbre. Ils abritent une faune et une flore très variées.

L'alligator d'Amérique
Avec sa dentition impressionnante, l'alligator est l'un des animaux les plus redoutables du parc.

Palmier royal

Le grand héron bleu
Omniprésent en Floride, cet échassier a une envergure de 2 m. En Floride du Sud, son plumage est parfois blanc.

La spatule rose
Cet oiseau étonnant pêche dans les eaux peu profondes grâce à son bec en forme de spatule.

L'acajou est l'une des espèces originaires des Antilles qui prospèrent dans les hammocks.

Le gumbo limbo a une écorce rouge qui pèle, d'où son surnom d'« arbre à touriste ».

Palmier nain

Cendrière

Les palétuviers se distinguent par leurs racines en partie immergées. À l'aise dans l'eau de mer, ils protègent le rivage et servent de pouponnière aux animaux marins.

scargot coloré
xiste 58 espèces de ces argots colorés, qui ent sur les hammocks ne se déplacent qu'à saison des pluies.

La loutre
Cousin de la belette, cet animal charmant s'ébat souvent dans les mares d'eau douce.

À la découverte de l'Everglades National Park

Les touristes consacrent souvent une seule journée à la visite de l'Everglades National Park. Pourtant, une des excursions les plus intéressantes emprunte plusieurs circuits le long de Main Park Road (sur la route 9336). Essayez les circuits le moins fréquentés, situés au sud de la route reliant Mahogany Hammock à Flamingo. Les panneaux vous renseigneront sur la flore et la faune. N'oubliez pas de vous munir de crèmes insectifuges et de protections contre le soleil.

Gardes forestiers et visiteurs étudiant la faune et la flore

Autour du Royal Palm Visitor Center

Le Royal Palm Visitor Center, très didactique, et deux circuits tout proches sont implantés sur le site du premier parc fédéral de Floride, créé en 1916.

Les eaux de l'**Anhinga Trail**, qui traversent Taylor Slough, sont plus profondes que ses alentours. Durant l'hiver plus sec, les animaux y affluent. Le terrain dégagé permet de faire de belles photos et il est dénué d'insectes.

En revanche, l'exposition au soleil peut être dangereuse. Au début de la piste, les alligators se réunissent dans des cavités souterraines *(p. 288)*. On peut aussi voir des cerfs, des ratons laveurs et des anhingas.

La **Gumbo Limbo Trail**, ombragée, est un paradis pour les moustiques, même en hiver. Mais si vous vous limitez à la moitié est du parc, vous pourrez voir un hammock d'espèces tropicales. Cherchez les broméliacées, les épiphytes parents de l'ananas, qui poussent sur d'autres végétaux. Mais ceux-ci ne sont pas des parasites puisqu'ils trouvent leur nourriture dans l'air. Vous pourrez aussi admirer des orchidées et des gumbos limbos *(p. 289)*.

Broméliacées sur un acajou

Long Pine Key abrite un charmant camping et des pistes ombragées

Long Pine Key

Cette partie du parc tient son nom d'une vaste pinède, unique en Floride du Sud. Son bois, insectifuge et imputrescible, fut longtemps utilisé pour la construction. Mais les pinèdes ne survivent que grâce aux incendies, sans lesquels elles sont remplacées par des feuillus. Comme les routes et les canaux stoppent la progression des flammes, les employés du parc déclenchent eux-mêmes des feux qui régénèrent les pins.

Le camping, implanté sur un site magnifique, attire de nombreux visiteurs à Long Pine Key. Plusieurs pistes ombragées en partent. Quant à la Pinelands Trail (800 m de long), elle est située à 3 km à l'ouest. Ne vous éloignez pas des pistes : la pluie creuse des trous profonds, difficilement décelables, dans le sol calcaire.

LES CIRCUITS AUTOUR DE FLAMINGO

En règle générale, les itinéraires de canoë permettent d'échapper aux insectes, surtout en été, alors que les sentiers de randonnée pédestre sont nettement plus agréables en hiver.

LÉGENDE

- Sentier de randonnée
- Sentier de canoë
- Route pavée
- Route non stabilisée

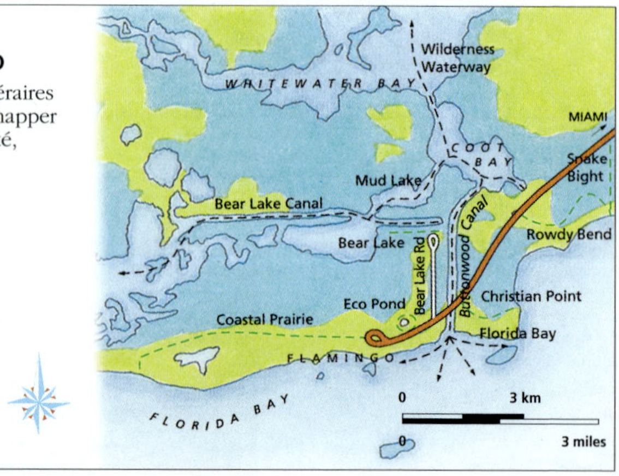

De Pa-hay-okee à Flamingo

Pa-hay-okee Overlook domine une vaste prairie de laîche, le paysage caractéristique des Everglades. De la tour, on observera la lumière changeante des débuts de soirée. Des bosquets rompent la ligne d'horizon. Échassiers, chouettes et buses des coquillages (qui se nourrissent uniquement d'escargots) prolifèrent dans cette prairie où poussent également roseaux des étangs et plantes des marais.

La **Mahogany Hammock Trail** *(p. 287)* débouche sur l'un des plus grands hammocks du parc. La zone qui l'entoure est réputée pour la diversité de ses espèces animales et végétales : les broméliacées sont magnifiques, et la végétation est particulièrement dense durant les mois humides d'été.

Les pistes et les mares situées entre Mahogany Hammock et Flamingo (notamment West Lake Trail et Snake Bight Trail qui aboutit à Florida Bay) attirent moins de visiteurs, en dépit de leur richesse.

Les résidences de **Flamingo** sont édifiées à 60 km de l'entrée principale du parc. À la fin du XIXe siècle, Flamingo était un poste avancé et un territoire pour chasseurs et pêcheurs. Aujourd'hui, seuls quelques employés du parc y vivent encore toute l'année.

Vue d'une prairie de laîche depuis Pa-hay-okee Overlook

Proche de Florida Bay, Flamingo offre pourtant un vaste choix d'activités : randonnées, pêche, bateau ou observation des animaux, etc. Passez donc une nuit au camping ou dans un bungalow, surtout si vous voulez observer des oiseaux, plus nombreux tôt le matin ou en fin d'après-midi.

La baie et les criques qui entourent Flamingo sont peuplées de lamantins *(p. 250)* et de crocodiles d'Amérique, en voie de disparition. Ces derniers se distinguent des alligators par leur cuir gris-vert et par leurs dents qui restent visibles lorsqu'ils ferment la bouche. Mais vous aurez peu de chances d'en voir un.

Au Visitor Center de Flamingo, vous serez informé de la vie sauvage et sur les activités organisées par les gardes forestiers (débats, spectacles et randonnées).

LES EVERGLADES MENACÉS

L'intérieur de l'Everglades National Park est très bien préservé. Mais les menaces viennent de l'extérieur. Depuis sa création en 1947, le problème le plus grave du parc concerne l'état de l'eau, car les besoins de l'écosystème des Everglades et ceux de la population de Floride ne sont pas compatibles. Les canaux d'irrigation et les routes bouleversent le flux naturel de l'eau depuis le lac Okeechobee *(p. 128)*. Le drainage du sol destiné à la culture nuit aussi à la faune et à la flore. Dans le centre de la Floride, l'agriculture utilise beaucoup d'eau et d'engrais, qui stimulent la croissance de la végétation des marais et les poissons absorbent du mercure, que l'on retrouve dans la chaîne alimentaire.

Près des Everglades, l'agriculture utilise de grandes quantités d'eau

Biscayne National Park ❻

Carte routière F5. Dade Co. 9700 SW 328th St, Convoy Point. *Miami.* *Homestead.* ***Tél.*** *(305) 230-7275.* *t.l.j.* *25 déc.* **Visitor Center** *9h-17h.* **Croisières** ***Tél.*** *(305) 230-1100.* **www**.nps.gov/bisc

Une mangrove très dense protège le rivage du Biscayne National Park, qui englobe les îles les plus septentrionales des Keys. La principale attraction du parc est un récif corallien, peuplé de 200 espèces de poissons tropicaux. La barrière d'îles étant préservée, le corail est encore plus sain et les eaux encore plus limpides que dans les parcs sous-marins situés plus au sud, près de Key Largo.

Vous pourrez faire un tour dans un bateau à fond transparent ou faire de la plongée en partant du Visitor Center (mieux vaut réserver).

Coraux et poissons tropicaux au Biscayne National Park

Key Largo 7

Carte routière F5. Monroe Co.
16 000. *MM 106, (305) 451-1414, (800) 822-1088.*
African Queen ***Tél.*** *(305) 451-4655.*
www.keylargochamber.org

Cette île, la plus grande de l'archipel des Keys, fut la première à être habitée. Baptisée « longue île » par les Espagnols, c'est aujourd'hui un site très animé (surtout le week-end), avec la venue des habitants de Miami.

La plupart des visiteurs viennent ici pour faire de la plongée sous-marine le long du récif de corail qui s'étend au large, au John Pennekamp Coral Reef State Park et au National Marine Sanctuary.

Mais Key Largo est également le port d'attache de *l'African Queen,* le bateau du film éponyme (1951) de John Huston. On peut désormais y faire de courtes croisières (quand le bateau n'est pas en rénovation). Il est amarré au MM 100, à proximité d'un bateau-casino. Ce dernier propose un genre de périple totalement différent : celui des jeux d'argent *(p. 368).*

Ornement précieux au Maritime Museum

On raconte qu'un mystérieux et ancien gouvernement vivrait dans les mangroves et qu'il en sortirait en cas de menace de l'équilibre écologique. Ses victoires au fil des années sont le retour à l'état sauvage de terres promises au développement. La plupart des marécages, des mangroves et des plages de Floride ont été conquises par l'homme qui y a édifié des immeubles. Heureusement de nombreux citoyens luttent pour protéger le délicat écosystème de la Floride.

John Pennekamp Coral Reef State Park 8

Carte routière F5. Monroe Co. MM 102.5. *Key Largo.* ***Tél.*** *(305) 451-1202.* *t.l.j.* *limité.*
www.floridastateparks.org

Seuls 5 % de ce parc sont situés sur la terre ferme. On y trouve un bureau d'informations, un petit musée consacré à l'écologie du récif, trois sites de baignade et des pistes forestières. Mais ce parc est surtout connu pour ses fabuleux fonds sous-marins, à 5 km à l'est de Key Largo. Le récif présente des couleurs vives et des formes extraordinaires.

Vous pourrez louer aussi bien un canoë, un canot, un bateau à moteur ou un équipement de plongée. De même, on vous proposera des croisières sous-marines, et une école dispense des cours de plongée. Enfin, pour ceux qui veulent rester au sec,

Le récif corallien de Floride

Le seul récif corallien vivant d'Amérique du Nord s'étire le long des Keys, de Miami à Dry Tortugas, sur 320 km. Cet écosystème complexe et extrêmement délicat protège les îles des tempêtes et des vagues venues de l'océan Atlantique. Il faut des milliers d'années à des millions de minuscules organismes marins, les polypes pour créer un récif corallien. Situé entre 3 et 18 m de profondeur, le récif est un réseau fort complexe de failles et de cavités où vivent une multitude de plantes et d'animaux, dont plus de 500 espèces de poissons.

La murène verte, malgré son air menaçant, est généralement inoffensive

Les éventails de mer sont des coraux mous, sans squelette

Ce poisson-soldat aux grands yeux vit la nuit

LÉGENDE DES CORAUX

1. Corail lisse à astérine
2. Éventail de mer
3. Corail à fleurs
4. Corail elliptique à étoiles
5. Baguette de mer
6. Corail à piliers
7. Corail orange en tube
8. Corail en corne d'élan
9. Corail cerveau
10. Corail en bois de cerf
11. Corail à grandes fleurs
12. Plume de mer

Pour les hôtels et restaurants de la région, voir p. 328-331 et p. 352-355

Un plongeur et une langouste au John Pennekamp Coral Reef State Park

un bateau à fond transparent vous emmène en excursion, principalement au Key Largo National Marine Sanctuary (près du Florida Keys National Marine Sanctuary, à 5 km au large).

Certaines parties du récif sont plus particulièrement appréciées des plongeurs, comme, par exemple, les eaux peu profondes du White Bank Dry Rocks, très riches en coraux multicolores et en poissons tropicaux. Tout près, Molasses Reef intéresse à la fois les plongeurs et ceux qui ne sont équipés que d'un tuba. Ils y rencontreront une myriade de poissons : lutjanides et anges de mer. Plus au nord, vers le French Reef, ils pourront admirer des cavernes remplies de bancs de poissons. À Key Largo Dry Rocks, une statue *(le Christ of the Deep)* immergée à 6 m de fond permet de faire des photos plutôt étonnantes.

Tavernier ❾

Carte routière F5. Monroe Co. *2500.* *MM 192, (305) 451-1414.*

La ligne de chemin de fer de Henry Flagler *(p. 48-49)* est arrivée dans cette zone des Keys en 1910. Des bâtiments datant des années 1920 et 1930 sont regroupés dans les environs de MM 92. Le Tavernier Hotel est le seul d'entre eux qui soit ouvert au public. La grande attraction de Tavernier est le **Florida Keys Wild Bird Rehabilitation Center**. On y soigne des oiseaux victimes de la négligence des hommes (conducteurs ou pêcheurs). Ils récupèrent dans des cages spacieuses et tranquilles, qui contrastent avec le brouhaha régnant dans le reste de l'île.

Florida Keys Wild Bird Rehabilitation Center
MM 93.6., Overseas Highway.
Tél. *(305) 852-4486.* *t.l.j.*
www.fkwbc.org

Le polype du corail *sécrète un squelette calcaire pour se protéger. En se développant, les polypes forment les branches des coraux, tandis que les plantes microscopiques vivant dans les tissus des polypes déterminent la couleur du corail.*

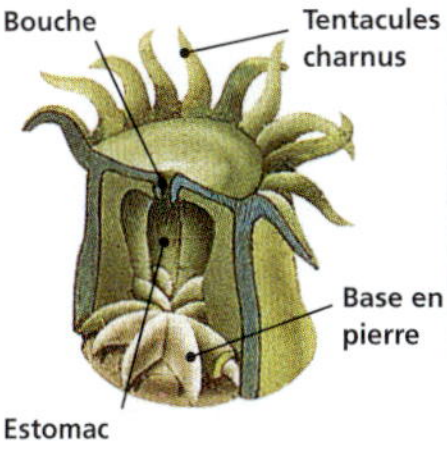

Ce poisson-perroquet broute les polypes grâce à sa bouche en forme de bec

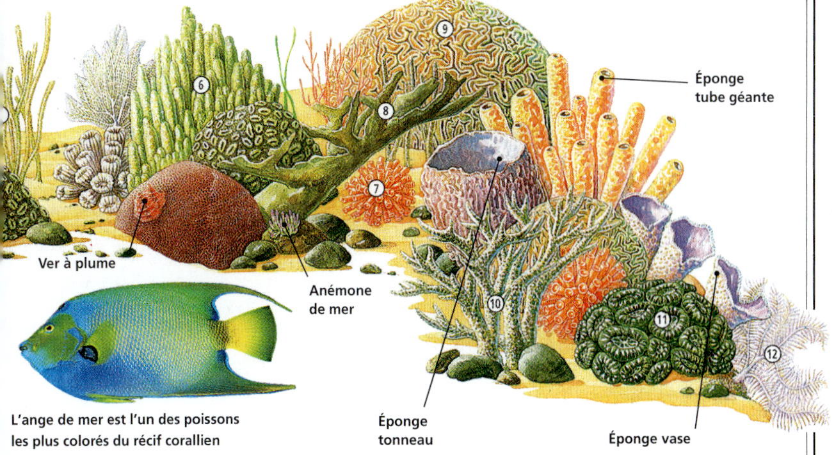

L'ange de mer est l'un des poissons les plus colorés du récif corallien

Theater of the Sea ⑩

Carte routière F5. Monroe Co. MM 84.5. ***Tél.*** *(305) 664-2431.* *t.l.j.* **www**.theaterofthesea.com

Windley Key abrite le Theater of the Sea qui fut en 1946 le deuxième parc aquatique de Floride. Installé dans une carrière créée lors de la construction du chemin de fer de Henry Flagler *(p. 48-49)*, ce parc est célèbre par ses spectacles de dauphins et d'otaries. Vous pourrez aussi découvrir les lagons en bateau et vous inscrire à des programmes comme « Trainer for a Day ».

La Dolphin Adventure est un spectacle de deux heures qui offre l'occasion de nager avec des dauphins. Il est conseillé de réserver longtemps à l'avance.

Pêcheurs pavoisant au Whale Harbor Marina d'Islamorada

Islamorada ⑪

Carte routière F5. Monroe Co. *8 500.* *MM 82.5, (800) 322-5397.* **www**.islamoradachamber.com

Islamorada (prononcer « Aïe-leu-mo-rada »), qui se targue d'être « la capitale mondiale de la pêche », comprend sept îles. Ses eaux sont le royaume de la pêche au gros.

Whale Harbor Marina, dans la ville d'Islamorada, sur Upper Matecumbe Key, accueille d'impressionnants navires de pêche dans ses hauts fonds. Les excursions s'adressent à tous : même si vous n'êtes pas un pêcheur chevronné, vous passerez une demi-journée agréable en mer. Le Hurricane Monument, de style Art déco, est dédié aux 500 victimes d'un raz de marée causé par un ouragan en 1935 *(p. 26)*.

Indian et Lignumvitae Keys ⑫

Carte routière F5. Monroe Co. Islamorada. *Lower Matecumbe Key.* *Islamorada, (800) 322-5397.*

Ces îles, situées de part et d'autre d'Ocean Highway ne sont pas habitées.

Indian Key a une histoire très riche pour sa taille. D'abord campement indien, elle fut colonisée en 1831 par le capitaine J. Houseman, un pilleur d'épaves professionnel *(p. 303)*. En vrai patriarche, il dirigea une communauté, qui fut décimée en 1840 par les Indiens. Seules les limites et les citernes du village sont encore visibles au milieu de plantes rampantes, impressionnantes par leur variété et la rapidité de leur croissance. Depuis la tour d'observation, on a une vue splendide sur l'île.

Lignumvitae Key, que l'on visite en compagnie d'un garde forestier, est d'un grand intérêt botanique avec ses 133 espèces d'arbres, dont celle qui a donné son nom à l'île : un arbre à fleurs bleues qui vit jusqu'à 1 000 ans. Une partie de la flore aurait 10 000 ans d'existence. Parmi les animaux les plus marquants, on peut voir des escargots colorés *(p. 289)* et d'énormes araignées. Prenez garde aux moustiques, surtout l'été.

Des dauphins jouent dans les eaux du Dolphin Research Center

Dolphin Research Center ⑬

Carte routière E5. Monroe Co. MM 59. ***Tél.*** *(305) 289-1121.* *t.l.j.* *jours fériés.* **www**.dolphins.org

Le Dolphin Research Center, à Grassy Key, est une association à but non lucratif qui étudie le comportement des dauphins. Mais ce centre est aussi un lieu de repos pour les dauphins malades ou blessés et pour ceux qui ont vécu dans des parcs d'attractions.

Le centre propose des expositions, des circuits pédestres autour du lagon et des programmes comme le «Dolphin Encounter», au cours duquel vous nagerez aux côtés de ces adorables mammifères marins. Il est indispensable de réserver, et ce seulement à partir du premier jour du mois précédant votre visite.

La tour d'observation et les ruines des citernes d'Indian Key

Pêcher dans les Keys

Un appât

La Floride du Sud comprend trois principales zones de pêche. Près du Gulf Stream (un courant maritime chaud), les espèces des grands fonds abondent, en particulier le marlin. Les conditions y sont excellentes pour la pêche en eaux profondes. Les eaux de la côte atlantique, notamment celles comprises dans le récif corallien, sont peuplées de poissons tropicaux, tels les lutjanides et les mérous. Au nord des Keys, les hauts fonds du golfe regorgent de gros poissons, comme les tarpons. Islamorada, Marathon et Key West sont les principaux ports de pêche de la région. La plupart des marinas louent des bateaux. Quels que soit votre budget, votre niveau ou vos goûts, vous trouverez une solution. Augmentez vos chances en vous inscrivant à une partie de pêche ou en engageant un guide. On pêche toute l'année dans les Keys, les espèces variant avec le temps et les saisons.

MER CONTRE RIVIÈRE

La pêche en haute mer évoque la figure de Hemingway exhibant ses trophées. La location d'un bateau est assez chère. Mais vous pouvez aussi pêcher dans l'arrière-pays, tranquille et touristique, où, avec un peu d'habileté, vous ferez de nombreuses prises.

Ces bateaux à fond plat *sont menés à la perche, car les algues pourraient s'emmêler dans les hélices.*

Ces pêcheurs *sont retenus par un harnais pour ne pas être emportés par les gros poissons.*

Les magasins de pêche *sont nombreux le long d'Overseas Highway et dans les marinas. Ils vendent et louent des équipements et des permis* (p. 373) *mais proposent aussi les services d'un guide et des croisières de pêche.*

Les gros poissons *constituent d'excellents trophées. Certains restaurants de la région nettoient et cuisinent vos prises. Mais pour un souvenir plus durable, faites appel à un taxidermiste* (p. 373).

Les parties de pêche *sont un moyen économique de pêcher autour du récif. Le prix inclut généralement un permis de pêche, l'équipement et les appâts.*

Le Boot Key Harbour de Marathon et, au loin, le 7-Mile Bridge

Marathon ⓮

Carte routière E5. Monroe Co.
13 000. *MM 53.5 ; (305) 743-6555.*
www.floridakeysmarathon.com

Marathon fut à l'origine baptisée *Vaca* (« vache ») Key par les colons espagnols, sans doute à cause des lamantins ou vaches de mer *(p. 250)* qui vivaient au large. Son nouveau nom lui fut attribué par les ouvriers de l'Overseas Railroad *(p. 281)*.

Cette île est le cœur des Middle Keys. Très urbanisée, elle n'offre qu'une succession de centres commerciaux et de stations-service. Mais Marathon est entourée de sites de pêche. Les plus intéressants se trouveraient, dit-on, sous les ponts où se mêlent les eaux de l'océan Atlantique et du golfe du Mexique.

Les passionnés de pêche ont le choix entre de nombreuses techniques *(p. 295)*, notamment la pêche au harpon (illégale dans les Upper Keys, mais pas ici) et la pêche à la ligne depuis la jetée, la plus longue du monde (c'est-à-dire les 3 km restants de l'ancien 7-Mile Bridge) selon les résidents de Marathon.

Il existe aussi des résidences balnéaires et de petites plages, souvent artificielles, accessibles au sud depuis Overseas Highway.

Le **Crane Point Hammock** vaut le détour. Ces 26 hectares de forêt tropicale et de mangroves comprennent des pistes naturelles et une maison traditionnelle inspirée du style des Bahamas *(p. 301)*. Elle est bâtie en tabby, un béton artisanal composé de coquillages brûlés et de coraux. Pour entrer dans le hammock, il faut passer par le **Museum of Natural History of the Florida Keys**, ouvert en 1991. Cette collection, conçue pour les enfants, explique l'histoire, la géologie et l'écologie des îles.

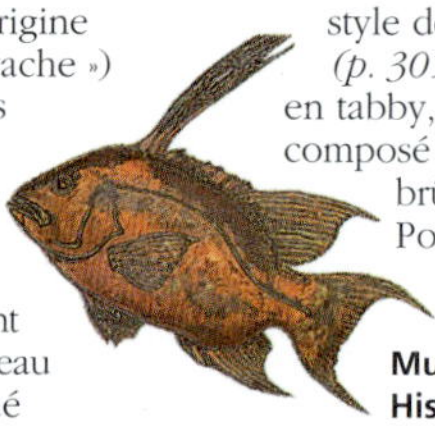

Décor au Crane Point Hammock

Museum of Natural History of the Florida Keys
MM 50.5. ***Tél.*** *(305) 743-9100.*
t.l.j. *25 déc.*
www.cranepoint.org

Pigeon Key ⓯

Carte routière E5. Monroe Co.
MM 47.5, par l'ancien 7-Mile Bridge.
Tél. *(305) 289-0025.* *t.l.j.*
www.pigeonkey.org

Cette petite île servit de base pour la construction du chemin de fer 7-Mile Bridge de Flagler, décrit par certains en 1912 comme la huitième merveille du monde. Utilisées à l'origine par les équipes de construction et de maintenance, sept structures en bois appartiennent à une fondation marine de recherche et d'éducation. C'est l'un des derniers villages datant de la construction du chemin de fer.

La Bridge Tender House abrite un musée historique. Mais beaucoup de visiteurs viennent sur l'île juste pour sa tranquillité. Le vieux pont, parallèle au nouveau 7-Mile Bridge datant de 1982, repose sur des piliers de béton et offre une vue plongeante sur l'île. Les voitures y sont interdites. Allez-y à pied, en vélo ou par la navette qui part du quartier général de la fondation au MM 48.

Lower Keys ⓰

Carte routière E5. Monroe Co. *Key West.* *MM 31, (305) 872-2411.*
www.lowerkeyschamber.com

Une fois passé le 7-Mile Bridge, les Keys changent d'apparence. Le pays est plus rude et

Les Negro Quarters font partie des maisons les plus anciennes de Pigeon Key

Bahia Honda se prévaut d'être l'une des rares plages de sable naturel des Keys

moins urbanisé que dans les Upper Keys. Les bois sont plus nombreux et la faune et la flore plus variées. Et, surtout, le rythme de vie est nettement plus lent, ce qui confirme l'opinion selon laquelle les Lower Keys sont un véritable état d'esprit.

À 60 km de Key West, le **Bahia Honda State Park**, avec ses 212 hectares préservés, dispose de la plus belle plage des Keys, que l'on considère comme la deuxième du pays selon une enquête récente. Cette plage de sable blanc est bordée d'une dense forêt tropicale que sillonnent des pistes. En les suivant, vous découvrirez des arbres rares, comme le palmier argenté et le bois de satin jaune ainsi que de nombreux oiseaux. Le parc permet de se livrer à toutes les activités nautiques, mais attention au courant violent.

Du parc, vous pourrez faire une excursion jusqu'au **Looe Key National Marine Sanctuary**. Les plongeurs s'accordent à dire que ces 8 km de récifs de coraux sont magnifiques, grâce à leurs formations coralliennes et à leur intense vie marine.

De Bahia Honda, la route part vers le nord et rejoint la deuxième île des Keys par la taille, **Big Pine Key**. C'est la principale zone résidentielle des Lower Keys et le meilleur endroit pour voir un cerf des Keys, surtout à l'aube et au crépuscule. Prenez le Deer Boulevard, près du MM 30, jusqu'au **Blue Hole**, une carrière anciennement inondée et aujourd'hui recouverte d'une forêt. Du sommet de la plate-forme qui s'y dresse, on peut contempler les animaux qui viennent s'abreuver. Tout près, la piste en boucle de la Jack Watson Nature Trail (1,6 km) est parsemée de panneaux indiquant les noms des végétaux. Plus bas sur Overseas Highway, au croisement de Cudjoe Key, jetez un coup d'œil sur **Fat Albert**, une tour blanche de 427 m de haut qui sert aussi bien à surveiller les ouragans que les trafiquants de drogues ou les activités politiques de Cuba.

La Bat Tower de Perky

Tout près, en sortant d'Overseas Highway, juste après le MM 17, se dresse Sugarloaf Key, une ancienne résidence de producteurs d'éponges. Elle est aujourd'hui célèbre par sa **Bat Tower** (tour à la chauve-souris). Elle fut construite en 1929 par Richter C. Perky, un spéculateur foncier, qui voulait y attirer les chauve-souris afin de débarrasser l'île de ses moustiques et d'en faire une station balnéaire. Mais son plan échoua.

Bahia Honda State Park
MM 37. ***Tél.*** *(305) 872-2353.* *t.l.j.*
www.floridastateparks.org

LE CERF DES KEYS

Cousin du cerf de Virginie, le cerf des Keys est en voie de disparition. On ne le trouve plus qu'à Big Pine Key et sur les îles avoisinantes. C'est un très bon nageur, que vous pourrez aussi voir dans les pinèdes. Malgré l'instauration de mesures très strictes de limitation de vitesse et la création d'un refuge à Big Pine Key, environ 50 cerfs meurent chaque année sur la route. Leur nombre s'est stabilisé à environ 300 individus. Il est interdit de les nourrir.

Un cerf des Keys n'est pas plus gros qu'un chien

Key West pas à pas ⓱

Key West, l'agglomération la plus méridionale des États-Unis, est une ville sans pareille. Elle attire tous ceux qui souhaitent fuir la Floride, voire l'Amérique. La plupart des habitants se sont quasiment retirés du monde et leur style de vie rappelle celui des tropiques.

Signalée pour la première fois sur une carte en 1513, l'île accueillit bientôt un repaire de pirates puis des pilleurs d'épaves *(p. 303)*, qui s'attaquaient aux navires de commerce. Key West devint la ville la plus riche de Floride et attira un flot constant d'immigrants des Amériques, des Antilles et d'Europe. Tous ont influencé l'architecture, la cuisine et l'esprit de l'île. Une importante communauté homosexuelle, des écrivains et des adeptes du New Age, arrivés plus récemment, contribuent au mélange culturel.

The Curry Mansion
L'intérieur de cette maison cossue du XIXe siècle reflète la richesse des pilleurs d'épaves (p. 302).

Sloppy Joe's était le repaire préféré de Hemingway. Jusqu'en 1935, le bar était établi à Greene Street.

Pier House Resort
Ce lieu possède une terrasse très prisée d'où l'on peut admirer les célèbres couchers de soleil de Key West.

★ Mel Fisher Maritime Museum
Ce musée expose des trésors repêchés dans des épaves et les équipements utilisés lors de ces opérations (p. 302).

Audubon House, construite dans les années 1840, contient des pièces d'époque et des écrits d'ornithologie de John James Audubon *(p. 46)*.

Le Wreckers' Museum *(p. 302)*

Duval Street
La principale artère de Key West est bordée de magasins de souvenirs et souvent bondée de touristes. On y trouve tout ce qui vaut la peine d'être vu.

LÉGENDE

– – – Itinéraire conseillé

À NE PAS MANQUER

★ Mel Fisher Maritime Museum

★ Bahama Village

Fleming Street
Typique des rues calmes et ombragées de la vieille ville, Fleming Street est bordée de jolies maisons en bois. Celle-ci illustre très bien l'architecture traditionnelle de Key West (p. 301).

MODE D'EMPLOI

Carte routière E5. Monroe Co. *28 000.* *3 km à l'est de Duval St.* Simonton et Virginia sts, *(305) 296-9072.* *Mallory Sq, (305) 292-8158.* *402 Wall Street, (305) 294-2587.* **www.**keywestchamber.org **Audubon House** ***Tél.*** *(305) 294-2116.* *t.l.j.* *Conch Republic Independence Celeb. (avr.), Hemingway Days Festival (juil.), Fantasy Fest (mi-oct.).*

Église épiscopalienne Saint Paul
Cette église, bâtie en 1912, est dédiée au saint patron des marins naufragés. Certains de ses 49 vitraux représentent des symboles marins.

Margaritaville
Jimmy Buffet, le chanteur floridien, possède ce café et le magasin adjacent, qui vend des T-shirts et des souvenirs.

Le San Carlos Institute, fondé par des Cubains en 1871, occupe aujourd'hui un beau bâtiment baroque, datant de 1924. Il fait office de centre du patrimoine cubain.

★ **Bahama Village**
Cette banlieue, encore assez peu urbanisée, compte de nombreux bâtiments en planches brillamment colorées.

À la découverte de Key West

Gants de boxe d'Hemingway

La plupart des sites intéressants de la ville sont regroupés à proximité de Duval Street, qui est la principale artère de Key West et relie l'océan Atlantique au golfe du Mexique. Centré sur Whitehead et White Streets, ce quartier présente la plus grande concentration de bâtiments en bois du XIXe siècle de toute la Floride. De simples maisons de style shotgun, où vivaient les ouvriers cubains des fabriques de cigares, contrastent avec les résidences romantiques des riches. Prenez le Conch Train ou l'Old Town Trolley, louez un vélo ou flânez dans les rues. De magnifiques plages de sable s'étendent au sud de l'île.

Des palmiers bordent cette plage, située dans le sud de Key West

Le tour de Key West

À l'extrémité nord de la vieille ville, **Mallory Square** est un lieu célèbre pour ses couchers de soleil. Des artistes de rue y rivalisent d'adresse. Pour apprécier l'ambiance qui règne dans la ville durant la journée, descendez Duval Street et tournez au hasard dans les rues adjacentes. Ces dernières sont bordées d'arbres tropicaux, de bougainvilliers et de maisons *gingerbread* (typiques de Key West).

Le **Bahama Village**, qui doit son nom à ses premiers habitants, est encore plus charmant. Cette banlieue historique, située à la limite ouest de la vieille ville, est délimitée par Fort, Viriginia, Petronia et Whitehead Streets. Ici, on vit dehors. On dispute des parties animées de dominos dans la rue, au milieu des poules en liberté. C'est un avant-goût des Antilles. Les maisons shotgun ont échappé à la rénovation.

East Martello Museum and Gallery

3501 S Roosevelt Blvd. ***Tél.*** *(305) 296-3913.* *t.l.j.* *25 déc.* *limité.* **www**.kwahs.com

Située dans l'est de l'île, l'East Martello Tower, dont la construction débuta en 1861, devait protéger les positions défensives de Fort Zachary *(p. 302)*. Mais elle ne fut jamais achevée car son architecture se démoda vite.

Aujourd'hui, cette tour, transformée en musée, retrace le passé de Key West. Les expositions traitent de l'histoire littéraire de l'île et de ses relations commerciales. Vous y verrez l'un des incroyables radeaux sur lesquels les Cubains ont fui leur pays *(p. 52-53)* et des toiles d'artistes locaux, notamment des œuvres primitives de Mario Sanchez, Du haut de la tour, vous aurez une vue magnifique.

Hemingway Home

907 Whitehead St. ***Tél.*** *(305) 294-1136.* *t.l.j.* *limité.* **www**.hemingwayhome.com

Cette maison hispanique de style colonial (construite en pierre corallienne) est certainement la principale attraction de la ville. C'est là que Hemingway a vécu de 1931 à 1940. Au-dessus d'un garage, on peut voir la chambre où il rédigea *En avoir ou pas*. Sa bibliothèque et ses notes de voyages sont exposées ainsi que des souvenirs, comme la chaise de fabriquant de cigares sur laquelle il écrivait. Les guides évoquent les passions de Hemingway, notamment la pêche ou les bars, comme le Sloppy Joe's *(p. 298)*. Les descendants présumés de ses chats à six orteils errent toujours autour de la maison.

Lighthouse Museum

938 Whitehead St. ***Tél.*** *(305) 294-0012.* *t.l.j.* *25 déc.* **www**.kwahs.com

Sur la même route que la Hemingway House, mais de l'autre côté, se dresse le phare construit en 1848. La maison en planches du gardien accueille aujourd'hui un petit musée d'histoire locale. Le principal intérêt consiste à monter les 88 marches de l'escalier pour avoir une magnifique vue panoramique. Vous pourrez aussi regarder à travers les lentilles, qui illuminaient jadis la mer à 40 km de distance.

Le fanion du phare

Boza's Comparsa **(1975), de M. Sanchez, à l'East Martello Museum**

Pour les hôtels et restaurants de la région, voir p. 328-331 et p. 352-355

Les maisons de Key West

Détail en bois finement sculpté

L'architecture de Key West surprend, surtout par sa simplicité. Elle a su répondre au climat chaud et à la rareté des matériaux (notamment le bois, qui est soit récupéré, soit importé). Les premières maisons de style Bahamas furent bâties au début du XIXe siècle par des charpentiers navals, qui y incorporèrent des éléments d'architecture venus de l'étranger. Ainsi, ils s'inspirèrent des idées des habitants des Bahamas dans le but d'améliorer l'aération et la protection des bâtiments contre le soleil. Le style néoclassique, importé du Nord, ne tarda pas à s'imposer, tandis que le style victorien de la fin du XIXe siècle exerça une grande influence sur la décoration. Les détails extravagants du style *gingerbread* (pain d'épices) se répandirent chez les riches comme chez les pauvres. Depuis les années 1970, de nombreuses maisons furent restaurées, notamment l'intérieur.

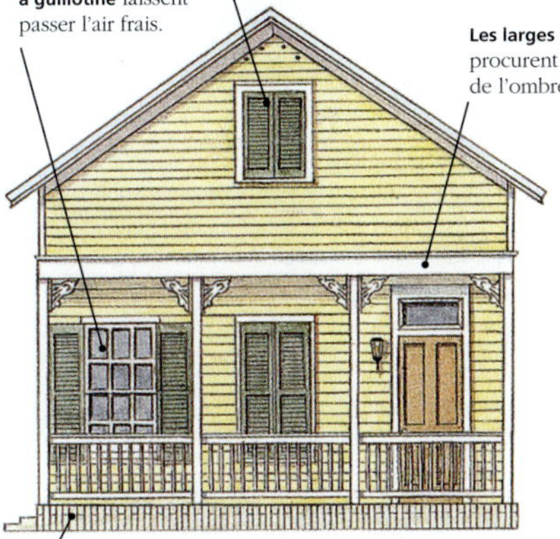

Les volets protègent du soleil et des tempêtes. En effet, à l'origine, certaines fenêtres n'avaient pas de carreaux.

Les grandes fenêtres à guillotine laissent passer l'air frais.

Les larges vérandas procurent de l'ombre.

Des fondations en piliers soutiennent la maison et permettent à l'air frais de circuler dessous.

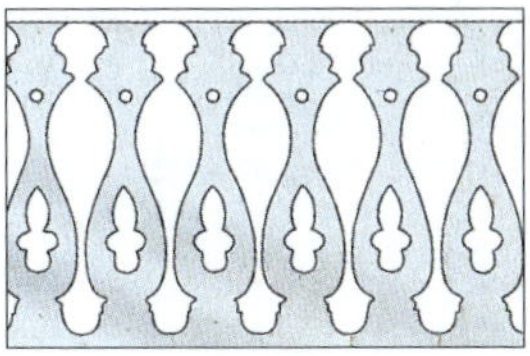

Les sculptures en bois de style *gingerbread* *décorent souvent les balustrades. Les maisons ont chacune des motifs différents.*

MAISON À TROIS OUVERTURES

Ce type de maison est le plus répandu à Key West. Ces logements sont à peine plus raffinés que les maisons « shotgun », ainsi appelées parce qu'une balle tirée dans la porte ressortait sans problème par la façade arrière. Orienter le pignon vers la rue permettait d'augmenter le nombre de maisons dans le même bloc.

Les portes traduisent souvent une influence des plus classiques.

Le « sourcil » cache les fenêtres de l'étage.

Des vasistas sur le toit, inspirés des écoutilles de bateaux, permettent d'aérer le haut de la maison.

Les peintures colorées sont à la mode de nos jours, même si le traditionnel badigeon à la chaux est le plus répandu.

MAISON À CINQ OUVERTURES ET À « SOURCIL »

Ces maisons à cinq ouvertures mettent en évidence la symétrie classique de Key West. Le « sourcil » ou saillie du toit, qui abrite le rez-de-chaussée du soleil, est propre à Key West.

L'impressionnante voûte en brique du Fort Zachary Taylor

Fort Zachary Taylor Historic State Park

Au bout de Southard St. ***Tél.*** *(305) 292-6713.* *t.l.j.* *limité.*
www.floridastateparks.org

Ce fort en brique, achevé en 1866, appartenait au système national de défense côtière, mis en place au milieu du XIXe siècle. Durant la guerre de Sécession, les troupes de l'Union y stationnèrent. Le fort comportait à l'origine trois étages. L'évacuation des sanitaires fonctionnait grâce aux marées. Il fut réaménagé dans les années 1890.

Le fort renferme un musée qui expose une splendide collection d'objets datant de la guerre de Sécession. Si vous montez sur la plate-forme d'observation, vous aurez une vue magnifique. Tout près s'étend la plus belle plage publique de Key West, équipée d'aires de pique-nique ombragées.

The Mel Fisher Maritime Museum

200 Greene St. ***Tél.*** *(305) 294-2633.* *9h30-17h t.l.j.*
www.melfisher.com

La façade de ce musée en simple pierre cache de véritables trésors. En 1985, Mel Fisher a fait la une des journaux en découvrant les galions espagnols *Nuestra Señora de Atocha (p. 28)* et *Santa Margarita*, à environ 64 km à l'ouest de Key West. Ces épaves, qui avaient coulé en 1622, contenaient 47 tonnes de lingots d'or et d'argent et 32 kilos d'émeraudes.

Vous verrez cependant des joyaux, des pièces et des crucifix et l'on vous racontera les opérations de sauvetage.

The Wreckers' Museum

322 Duval St. ***Tél.*** *(305) 294-9502.* *t.l.j.* *limité.* **www**.oirf.org

Cette maison, qui est peut-être la plus ancienne de Key West, appartenait à l'origine au capitaine Francis B. Wallington. Construite en 1829, sa conception révèle des influences maritimes, comme par exemple le vasistas servant à l'aération du grenier. La maison est remplie d'un bric-à-brac nautique, de maquettes de bateaux, de peintures marines et de documents concernant la récupération d'épaves – l'activité qui a fait la richesse de Key West et de Wallington. Des guides bénévoles racontent des anecdotes qui rendent très vivante l'histoire de cette maison.

L'utilisation d'une cuisine séparée du reste du bâtiment, dans la cour arrière (l'une des dernières des Keys), réduisait les risques d'incendie et empêchait la température de monter dans la maison.

Un vasistas dans le grenier du Wreckers' Museum

The Curry Mansion

511 Caroline St. ***Tél.*** *(305) 294-5349.* *t.l.j.*
www.currymansion.com

La construction de cette vaste demeure débuta en 1855, à la demande de William Curry, un capitaine venu des Bahamas qui pillait les épaves et devint le premier millionnaire de Key West. Son fils Milton acheva son œuvre 44 ans plus tard.

Cette maison contient des éléments originaux, dont des chambres lambrissées et une installation électrique. Certains meubles sont de style victorien. La maison abrite des vitraux de Tiffany et une carabine d'Hemingway. Selon la légende, c'est ici que « Tante Sally », la cuisinière, créa la tarte au citron vert des Keys *(p. 334)* en utilisant du lait concentré en boîte. La Curry Mansion est aussi une maison d'hôtes *(p. 330)*.

Le charmant Robert Frost Cottage, dans le jardin de Heritage House

Heritage House Museum and Robert Frost Cottage

410 Caroline St. ***Tél.*** *(305) 296-3573.* *t.l.j.* *Thanksgiving, 25 déc., 1er janv.*
www.heritagehousemuseum.org

Bâtie en 1834 pour un capitaine anglais, cette demeure est l'une des plus anciennes de Key West. Pratiquement conservée dans son état d'origine, elle contient des meubles d'époque et des curiosités rapportées de voyage par les Porter, une riche famille de Key West. La cuisine, séparée, est installée dans le jardin, comme le Robert Frost Cottage, où séjournait le poète américain lors de ses visites à Key West.

Key West Cemetery

701 Passover Lane. ***Tél.*** *(305) 292-8177.* *t.l.j.* *mar. et jeu.*

Comme ce cimetière repose sur du calcaire et une nappe phréatique, la plupart des tombes se trouvent au-dessus du sol. Ce cimetière contient les restes de la plupart des premiers habitants de Key West. Il comprend une section juive et une section catholique. La plupart des tombes cubaines sont couronnées d'une statue de poulet, probablement associée au culte santería *(p. 77)*. Une partie du cimetière est réservée aux animaux familiers. Une statue représentant un marin est dédiée aux 252 hommes d'équipage de l'*USS Maine*, coulé dans le port de La Havane en 1898, à la veille de la guerre hispano-américaine *(p. 49)*. Souvent, les épitaphes sont humoristiques, par exemple : « Je vous avais bien dit que j'étais malade. » Les premiers habitants de la ville n'étaient connus que par leur prénom ou leur surnom, habitude qui les a suivis dans la tombe. Ulcéré par cette coutume, Ernest Hemingway a déclaré : « Je préférerais manger du caca de singe, plutôt que de mourir à Key West. »

Statue du Marin solitaire

LES PILLEURS D'ÉPAVES

Dès la fin du XVIIIe siècle, ceux qui pêchaient au large des Keys étaient principalement des habitants des Bahamas descendant de Britanniques. Ils fouillaient aussi le récif à la recherche d'épaves. Lorsqu'ils en apercevaient une, ils s'écriaient : « Wreck ashore » (« épave au large »), ce qui faisait d'eux les propriétaires du navire coulé. Des objets du monde entier ont fini dans les Keys, que ce soit des matériaux de base comme du bois ou des marchandises de luxe comme de la dentelle, du vin et de l'argent. Cette activité fut bientôt connue sous le nom de « wrecking » (« pillage d'épaves »). En 1825, le Congrès américain interdit à tout étranger de s'y livrer. Key West connut une forte expansion grâce à ces trésors et devint une des villes les plus riches de Floride.

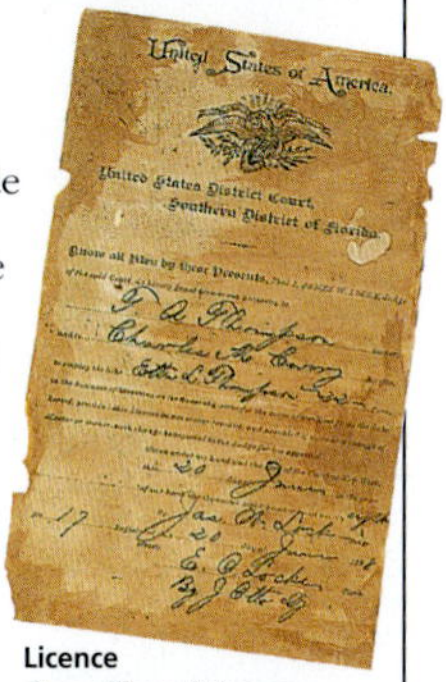

Licence d'un pilleur d'épaves

Dry Tortugas National Park ⑱

Carte routière D5. Monroe Co. *Key West.* 1601 N Roosevelt Blvd. *(305) 292-5000.* **www**.keywestinfo.com

Les Dry Tortugas se composent de sept îles situées à 109 km de Key West. Garden Key est la plus visitée, car elle abrite **Fort Jefferson**, la plus grande fortification en brique des États-Unis. Cet hexagone comprend des douves de 21 m de large et des murs de 15 m de haut. À l'origine, ce fort devait contrôler le détroit de Floride et héberger 1 500 hommes et 450 canons. Commencée en 1845, sa construction dura 30 ans. En fait, ce fort resta inachevé et ne connut jamais aucune bataille. Durant la guerre de Sécession, après avoir été occupé par les troupes de l'Union, il servit de prison.

On y accède par bateau ou par hydravion. La plupart des touristes y viennent lors d'une visite organisée, au cours de laquelle on leur propose de plonger dans les eaux cristallines environnantes. De mars à octobre, Garden Key accueille des oiseaux migrateurs qui y nichent (notamment des fous, des sternes fuligineuses et des frégates).

Remote Garden Key, dans le Dry Tortugas National Park, est occupé par l'imposant Fort Jefferson

LES BONNES ADRESSES

HÉBERGEMENT

La Floride est dotée d'une infrastructure hôtelière fort complète – de la cabane en bois rustique, au confort minimal, aux hôtels de grand luxe – qui convient à tous les types de budgets. On peut loger aussi bien dans des hôtels ordinaires que dans des pensions de famille ou des appartements entièrement équipés. De nombreux campings louent des tentes ou des mobile homes. D'une manière générale, l'hébergement en Floride présente un bon rapport qualité-prix, malgré les variations de tarifs selon la saison ou l'emplacement. Les pages 310 à 331 détaillent en 250 adresses les meilleures formules de séjour disponibles. Le *Florida Accommodation Directory*, que l'on peut obtenir dans les bureaux d'information touristique, propose une liste complète des différents modes d'hébergement, à tous les prix, existant dans l'État. Renseignez-vous également auprès des offices de tourisme locaux.

Enseigne du Coombs House Inn *(p. 322)*

Le hall de l'Eden Roc Renaissance Resort and Spa de Miami *(p. 312)*

LES HÔTELS ET LES RÉSIDENCES

Si vous ne séjournez pas dans l'un des superbes hôtels Art déco de Miami Beach, vous pourrez quand même vous loger facilement dans des établissements bien équipés, avec piscine et service excellent, mais à l'atmosphère plus anonyme.

Les chaînes d'hôtels sont nombreuses aux États-Unis. Elles ont l'avantage de proposer des tarifs standard qui varient toutefois en fonction de l'emplacement. Marriott et Inter-Continental sont les chaînes les plus prestigieuses, Holiday Inns et Howard Johnsons (HoJo's) sont plus abordables, et Days Inn est la plus économique.

Les résidences sont de grands complexes généralement situés en bord de mer et dotés de parcs bien entretenus. Le prix élevé se justifie par la qualité des prestations. Parmi les équipements les plus fréquents, une piscine, des boutiques et des restaurants. La plupart disposent d'équipements sportifs, parcours de golf ou courts de tennis, et proposent des leçons individuelles. Les séjours de remise en forme sont toujours plus nombreux. La multiplicité des activités destinées aux enfants fait de ces résidences un endroit idéal pour des vacances familiales.

Jardins ombragés et piscines typiques des hôtels de Floride

LES BED-AND-BREAKFAST

Pour les amateurs de séjours plus traditionnels, le bed-and-breakfast (B & B) constitue une autre formule. Parfois appelé « homestay », ce type de séjour chez l'habitant inclut en général un petit déjeuner copieux. Les hôtes sont souvent amenés à prendre les repas dans une ambiance conviviale. La qualité de l'accueil fait oublier l'absence des prestations des hôtels classiques, même si certains B & B sont luxueux.

On appelle « inn » un établissement plus coûteux et plus spacieux que le B & B. Il possède un restaurant, le plus souvent, et propose un accueil moins anonyme que les hôtels de chaînes.

Dans les zones rurales ou à caractère historique, il est préférable de séjourner dans un B & B. À Key West ou à Saint Augustine, par exemple, certains sont meublés avec du mobilier ancien. Les B & B n'acceptent pas toujours les enfants ; en outre, en haute saison, il faut souvent y loger pendant une période minimale. Du fait du nombre limité de chambres d'hôtes, il vaut mieux réserver à l'avance. Plusieurs agences sont spécialisées dans le bed-and-breakfast. **Florida B & B Inns** propose des

◁ **Promenade en bateau dans les Everglades**

Un bed-and-breakfast traditionnel, dans le Panhandle

établissements historiques, et **Inn-Keepers Association** se concentre sur la région de Key West. Les publications *Complete Guide to Bed and Breakfasts, Inns and Guesthouses* par Pamela Lanier, *Bed and Breakfast Country Inns* et *Historical Lodgings* sont utiles. Les Pages Jaunes locales donnent aussi des listes de bed-and-breakfast.

COMMENT RÉSERVER ?

Pour réserver une chambre à Miami ou Orlando en haute saison, il est conseillé de contacter plusieurs mois à l'avance l'hôtel de votre choix, ce qui est inutile en basse saison. Cependant, quelle que soit la période de l'année, on trouvera toujours une chambre libre. Il est facile de réserver par téléphone en donnant son numéro de carte bleue, et il est recommandé d'avertir si l'on compte arriver après 17 h, sous peine de perdre le bénéfice de sa réservation.

LES PRESTATIONS

Dans l'industrie hôtelière de Floride, la compétition est si rude que les chambres dépourvues de télévision, de salle de bains et de climatisation sont rares. Les B & B n'échappent pas à la règle et proposent souvent un réfrigérateur et un bureau. Dans certains hôtels, les chambres sont équipées de cuisines *(p. 311)*. Elles sont souvent dotées de deux grands lits. Pour les handicapés, s'informer si l'hôtel est conventionné. Certains établissements proposent des ascenseurs mais aussi des chambres spécialement aménagées.

LES TARIFS

Le prix des chambres varie considérablement selon la saison, avec une hausse de 30 à 50 % par rapport à la basse saison. En Floride du Sud, la haute saison dure de mi-novembre à Pâques, tandis que dans le Panhandle et le Nord-Est, où l'hiver est plus froid, les hôtels sont plus chers en été. Où que vous vous trouviez, les tarifs les plus élevés sont proposés à Noël, à Pâques et à Thanksgiving. Toute l'année, une chambre face à la mer vaut 25 % plus cher. Il est toujours utile de s'informer des prix avant de choisir une chambre.

Les chambres inférieures à 70 $ proposent souvent des prestations équivalentes. Celles qui coûtent plus cher offrent un meilleur service (les prix sont inférieurs en zone rurale). Les prix sont calculés par chambre plutôt que par personne. Le prix des chambres doubles est donc très voisin de celui des simples. Il est conseillé de s'informer sur l'existence de promotions éventuelles. Par exemple, on vous consentira une réduction si vous mangez à l'hôtel (demander le menu) ou si vous séjournez plus d'une semaine. Prix spéciaux pour le 3e âge ou les familles.

Le Delano, un hôtel à la mode sur South Beach, à Miami *(p. 312)*

LES MAUVAISES SURPRISES

Le prix des chambres est presque toujours donné hors T.V.A. *(p. 356)* et hors taxe de séjour (2 à 5 % du prix de la chambre selon la ville). Il faut donc ajouter 15 % au prix donné à la réception. Téléphoner depuis sa chambre s'avère souvent exorbitant : seuls quelques établissements offrent la possibilité de passer gratuitement des coups de téléphone locaux. La réception d'un fax est également facturée. La plupart des hôtels facturent de 10 à 20 dollars par jour (au Delano Hotel, par exemple) le droit de faire garer sa voiture, sans compter le pourboire traditionnel au gardien. Le prix des petits déjeuners à l'hôtel tendant à s'envoler, il vaut mieux les prendre à l'extérieur. Sachez également que le simple fait de regarder un film à la télévision de votre chambre est très souvent facturé en plus : lisez bien les instructions sur le poste avant d'allumer la télévision.

Chambre Art déco du South Beach Plaza Hotel, à Miami *(p. 311)*

Cabanons à louer à Bahia Honda, dans les Keys *(p. 297)*

LES MOTELS

S'il est évident que les touristes choisissent rarement de passer leurs vacances dans des motels, ceux-ci constituent néanmoins une intéressante solution de dépannage, surtout en haute saison. Les motels sont en général implantés à la périphérie des grandes villes, mais en Floride il n'est pas rare d'en rencontrer dans les stations balnéaires, où ils forment le pendant des hôtels classiques.

Les motels sont en général moins chers que les hôtels. Le stationnement y est gratuit et les plages ou les sites intéressants en sont rarement éloignés. Les chambres sont simples et correctes, même si, dans certains établissements, elles peuvent être sordides.

Enseigne au néon d'un motel à Orlando

L'HÉBERGEMENT À ORLANDO

Pour les voyageurs désireux de se rendre à Walt Disney World, la proximité des attractions est un facteur de choix important : il faut en effet arriver tôt pour éviter une longue file d'attente *(p. 179)*. Les embouteillages peuvent, eux aussi, durer plus d'une heure. Enfin, la proximité de l'hôtel autorise des pauses au cours de la visite du parc, pendant que l'affluence diminue. Universal Orlando possède deux hôtels à l'intérieur du parc, Walt Disney World Resort a plusieurs hôtels à l'intérieur du parc et deux hôtels adjacents. Les chambres de ces immenses complexes hôteliers sont chères, mais elles présentent un grand nombre d'avantages. Les hôtels à proximité des parcs sont moins chers et proposent des prestations intéressantes. Vous devez réserver votre chambre entre six mois et un an à l'avance si vous voulez visiter un des parcs à Pâques ou à Noël. Mais ne vous inquiétez pas, Greater Orlando compte de nombreux hôtels de qualité. Au moment de la réservation, pensez à demander quelle distance sépare l'hôtel du parc et renseignez-vous sur l'existence de navettes et sur leur fréquence.

LA LOCATION D'APPARTEMENTS

La Floride étant une destination familiale, la location d'appartements est une formule d'hébergement très répandue. Des chambres avec cuisine, appelées « efficiencies », existent dans certains hôtels et motels. Elles sont plus chères, mais permettent de faire sa propre cuisine. Dans les zones rurales, des cabanons sont souvent loués près des campings. Une autre formule est le *condo* (ou *condominium*), un appartement à louer dans une station balnéaire. Son prix paraît excessif (au moins 1 200 dollars par semaine), mais il est vite amorti si l'on s'y rend en famille. **Villas of the World** et **Vacation Home Rentals Worldwide** proposent des locations d'appartements ou de maisons. Il est également possible de louer des appartements depuis certaines agences à l'étranger.

Enfin, il est possible de procéder à un échange temporaire de son appartement avec celui d'un Floridien et d'y loger gratuitement. Cette formule originale est proposée par des organisations de taille mondiale, telles que **HomeLink**.

LE CAMPING

La Floride possède un grand nombre de campings. Leur qualité va de simple champ dépourvu d'eau courante aux campings de luxe dotés de piscine, de restaurants, de

Moment de détente pour un campeur, dans le Torreya State Park *(p. 239)*

magasins voire d'une location d'emplacement de bateau. La plupart des campeurs voyagent en mobile home, mais même les campings spécialisés disposent d'emplacements pour les tentes. Quelques sites louent des caravanes ou des cabanons. Le prix des campings d'État peut varier de 10 à 15 dollars la nuit, celui des campings privés peut s'élever à 40 dollars. S'il vaut mieux réserver à l'avance, les campings d'État gardent toujours quelques places en réserve. La **Florida Association of RV Parks and Campgrounds** (ARVC) édite un annuaire gratuit, le *Florida Camping Directory*, disponible dans les bureaux d'information touristique. Le **Department of Environmental Protection, Parks and Recreation** recense les campings des parcs naturels. **KOA Kampgrounds of America**, une organisation indépendante, édite son propre bottin, qui couvre 30 sites.

Une caravane dans un coin tranquille du Panhandle Park

Les jardins et la piscine de l'auberge de jeunesse de Kissimmee

LES AUBERGES DE JEUNESSE

La Floride possède quelques auberges de jeunesse, notamment à South Beach, Orlando et Fort Lauderdale. L'organisation qui les regroupe, l'**Hostelling International – American Youth Hostels**, édite une liste de ses membres. En France, s'adresser à la **Fédération unie des auberges de jeunesse**. Des auberges de jeunesse de qualité supérieure en Floride affichent un prix modique : 15 dollars la nuit, un peu plus pour les non-adhérents. En été, pensez à réserver.

VOYAGER AVEC DES ENFANTS

La plupart des hôtels sont équipés pour accueillir les familles et proposent, entre autres, des lits d'enfants ou des services de baby-sitting. À Orlando et dans la plupart des stations balnéaires, l'accueil des enfants est une priorité des hôtels, qui disposent de piscines aménagées, d'aires de jeu, voire d'activités spécifiques, notamment des excursions payantes d'une journée.

Les hôtels ne font pas payer les enfants de moins de 12 ans partageant une chambre avec leurs parents, limite d'âge portée à… 18 ans à Walt Disney World ! La plupart des chambres sont équipées de canapés convertibles. Dans le cas contraire, il est possible de louer un lit supplémentaire.

ADRESSES

BED-AND-BREAKFAST

AAA Auto Club South
www.aaasouth.com

Innkeepers Assn.
3850 N Roosevelt Blvd, Key West, FL 33040.
Tél. *(888) 539-4667.*

Florida B & B Inns
PO Box 6187, Palm Harbor, FL 34684.
Tél. *(800) 524-1880.*
www.florida-inns.com

LOCATION D'APPARTEMENTS

Villas of the World
PO Box 1800.
Sag Harbor, NY 11963.
Tél. *(631) 725-9308.*
www.villasoftheworld.com

HomeLink
Tampa, FL 33647.
Tél. *(800) 638-3841.*
www.homelink.org

Vacation Home Rentals Worldwide
235 Kensington Ave, Norwood, NJ 07648.
Tél. *(201) 767-9393.*
www.vhrww.com

CAMPINGS

Department of Environmental Protection, Parks and Recreation
3900 Commonwealth Blvd, Tallahassee, FL 32399.
Tél. *(850) 245-2118.*
www.dep.state.fl.us/parks.

ARVC
1340 Vickers Drive, Tallahassee, FL 32303.
Tél. *(850) 562-7151.*
www.floridacamping.com

KOA
PO Box 30558, Billings, MT 59114.
Tél. *(406) 248-7444.*
www.koa.com

AUBERGES DE JEUNESSE

Hostelling International
PO Box 37613, Washington DC 20013.
Tél. *(202) 783-6161.*
www.iyhf.org (international)
www.hiusa.org

F.U.A.J.
27, rue Pajol, 75018 Paris.
Tél. *01 44 89 87 27.*
www.fuaj.org

Choisir un hôtel

Nous avons sélectionné ces établissements dans une large gamme de prix pour leur localisation ou la qualité de leurs prestations. Chacun d'eux fait l'objet d'un bref descriptif. Les hôtels sont présentés par régions, en commençant par Miami. Pour l'atlas des rues de Miami, voir p. 100-105 ; pour la carte routière, voir p. 14-15.

LES PRIX
correspondent à une nuit en chambre double standard en haute saison, taxes et service compris

$ moins de 100 $
$$ de 100 à 150$
$$$ de 150 à 200$
$$$$ de 200 à 250$
$$$$$ plus de 250$

MIAMI

MIAMI BEACH Clay Hotel and International Hostel $

1438 Washington Ave, 33139 ***Tél.*** *(305) 534-2988* ***Fax*** *(305) 673-0346* ***Chambres*** *225* ***Plan*** *2 E3*

Installé dans un bâtiment espagnol des années 1920 de la célèbre rue Espanola Way, cet établissement ultra branché est prisé des globe-trotters. Il dispose de 90 chambres avec salle de bains, dont 12 avec balcon. Autour des soirées cocktails et cinéma, de grandes amitiés se sont nouées. Réservez à l'avance. **www.clayhotel.com**

MIAMI BEACH Lily Leon Hotel $$

841 Collins Ave, 33139 ***Tél.*** *(305) 673-3767* ***Fax*** *(305) 673-5866* ***Chambres*** *33* ***Plan*** *2 E4*

Situé au cœur du quartier animé, cet hôtel résulte de la fusion de la Lily Guesthouse et du Leon Hotel. Ses chambres spacieuses de style Art déco, dotées de cheminées et de boiseries, et ses prix raisonnables attirent une clientèle jeune. **www.lilyguesthouse.com**

MIAMI BEACH Nassau Suite Hotel $$

1414 Collins Ave, 33139 ***Tél.*** *(305) 532-0043* ***Fax*** *(305) 534-3133* ***Chambres*** *13* ***Plan*** *2 E3*

Cet hôtel aux prix abordables propose d'élégantes chambres avec salle de bains, parquet, lits spacieux et coin salon. Datant de 1937, le bâtiment est inscrit au patrimoine historique national. D'un bon rapport qualité-prix pour le quartier, il est fréquenté par une clientèle branchée. **www.nassausuite.com**

MIAMI BEACH The Kent $$

1131 Collins Ave, 33139 ***Tél.*** *(305) 604-5068* ***Fax*** *(305) 531-0720* ***Chambres*** *54* ***Plan*** *2 F3*

Branché, d'un bon rapport qualité-prix, à deux pas de la plage, le Kent a tout pour plaire. La déco ultramoderne des chambres est signée Barbara Hulanicki. Visitez la Lucite Suite, à l'ambiance très « James Bond ». Dans le hall, des iMac sont à la disposition du client. **www.thekenthotel.com**

MIAMI BEACH Townhouse Hotel $$

150 20th St, 33139 ***Tél.*** *(305) 534-3800* ***Fax*** *(305) 534-3811* ***Chambres*** *72* ***Plan*** *2 F1*

Doté d'appareils sportifs dans le hall d'entrée, de canapés en forme de L pour les invités dans les chambres et d'un décor sobre, l'hôtel offre une ambiance bohème chic originale. Le vendredi soir, des soirées ont lieu sur le toit. Le restaurant du rez-de-chaussée est une succursale du célèbre bar à sushis de Bond St à NY. **www.townhousehotel.com**

MIAMI BEACH Whitelaw Hotel $$

808 Collins Ave, 33139 ***Tél.*** *(305) 398-7000* ***Fax*** *(305) 398-7010* ***Chambres*** *49* ***Plan*** *2 E4*

« Draps propres, eau chaude et petits remontants », voici la devise du Whitelaw. Cet hôtel à l'ambiance très conviviale propose des petites chambres modernes et confortables dotées de grandes salles de bains. Tous les soirs, de 19h à 20h, des cocktails gratuits sont servis dans le bar du hall, où se retrouvent les gens du quartier. **www.whitelawhotel.com**

MIAMI BEACH Aqua $$

1530 Collins Ave, 33139 ***Tél.*** *(305) 538-4361* ***Fax*** *(305) 673-8109* ***Chambres*** *45* ***Plan*** *2 F2*

Les chambres de style motel, décorées de meubles IKEA et équipées de tout le confort moderne, la piscine et la véranda de l'Aqua attirent une clientèle bohème chic et branchée mais au budget restreint. Il jouit d'un excellent emplacement, à deux pas de la plage et de Espanola Way. **www.aquamiami.com**

MIAMI BEACH Century Hotel $

140 Ocean Drive, 33139 ***Tél.*** *(888) 982-3688* ***Fax*** *(305) 538-5733* ***Chambres*** *24* ***Plan*** *2 F5*

Situé dans le quartier très tendance South of Fifth Street, ce petit hôtel-boutique est fréquenté par une clientèle branchée. Chambres modernes avec parquet, salles de bains en marbre et déco colorée. Il n'y a pas de piscine, mais la plage est juste en face. **www.centurysouthbeach.com**

MIAMI BEACH Chesterfield $$

855 Collins Ave, 33139 ***Tél.*** *(305) 531-5831* ***Fax*** *(305) 672-4900* ***Chambres*** *50* ***Plan*** *2 E4*

Avec son hall d'entrée mêlant décos africaine et baroque, cet hôtel kitsch mais moderne, situé en plein centre, se démarque des hôtels de South Beach tout d'inox revêtus. Les chambres sont chaleureuses, avec parquet et linge de lit Frette. *Happy hour* au Safari Bar de 19h à 20h. **www.southbeachgroup.com**

Légende des symboles, *voir le rabat arrière de couverture*

MIAMI BEACH Hotel Astor $$$

956 Washington Ave, 33139 **Tél.** *(800) 270-4981* **Fax** *(305) 531-3193* **Chambres** *40* **Plan** *2 E3*

Chambres confortables, calmes avec linge de lit Frette, éclairage d'ambiance et matelas moelleux. Les jeunes cadres et les célébrités d'Hollywood se retrouvent dans le bar du hall, dans le patio et au restaurant le Metro Kitchen + Bar. **www.hotelastor.com**

MIAMI BEACH Hotel Nash $$$

1120 Collins Ave, 33139 **Tél.** *(305) 674-7800* **Fax** *(305) 538-8288* **Chambres** *50* **Plan** *2 F3*

Suite à une rénovation de 11 millions de dollars, cet hôtel Art déco est devenu l'un meilleurs établissements de Miami. Il abrite le meilleur restaurant du sud de la Floride, ainsi que trois piscines d'eau douce, salée et minérale. Des parfums d'aromathérapie sont diffusés dans les chambres et les espaces communs. **www.hotelnash.com**

MIAMI BEACH Hotel Saint Augustine $$$

347 Washington Ave, 33139 **Tél.** *(800) 310-7717* **Fax** *(305) 532-8493* **Chambres** *24* **Plan** *2 E4*

Situé dans un quartier branché, à proximité d'excellents restaurants, cet hôtel-spa offre un cadre propice à la détente. Les chambres sont petites et modernes, dotées de belles salles de bains avec douche multijets. **www.hotelstaugustine.com**

MIAMI BEACH Indian Creek Hotel $$$

2727 Indian Creek Drive, 33140 **Tél.** *(305) 531-2727* **Fax** *(305) 947-5873* **Chambres** *61* **Carte routière** *F5*

Niché dans une rue tranquille, cet hôtel de style Key West jouit d'un emplacement idéal à quelques pas de South Beach. Des antiquités Art déco et une ambiance rappelant Hemingway contribuent au charme suranné de l'établissement. Service décontracté et ambiance accueillante. **www.indiancreekhotel.com**

MIAMI BEACH Park Central Hotel $$$

640 Ocean Drive, 33139 **Tél.** *(305) 538-1611* **Fax** *(305) 534-7520* **Chambres** *125* **Plan** *2 E4*

Restauré dans le style des années 1940, cet hôtel classique au bord de l'océan est idéal pour une pause romantique ou un séjour en famille. Très bien situé, au coeur de South Beach, à proximité des restaurants et boutiques. Chambres équipées de tout le confort moderne. **www.theparkcentral.com**

MIAMI BEACH Pelican Hotel $$$

826 Ocean Drive, 33139 **Tél.** *(305) 673-3373* **Fax** *(305) 673-3255* **Chambres** *30* **Plan** *2 F4*

Géré par les créateurs de la marque Diesel, cet « hôtel gadget » comme l'ont surnommé ses propriétaires, est doté de chambres à la déco extravagante. Un séjour dans la Jesus Christ Megastar ou la Elvis-style Jungle Room promet d'être inoubliable. Le restaurant de l'hôtel est une adresse prisée d'Ocean Drive. **www.pelicanhotel.com**

MIAMI BEACH South Beach Plaza Hotel $$$

1411 Collins Ave, 33139 **Tél.** *(305) 531-1331* **Fax** *(305) 534-00341* **Chambres** *55* **Plan** *2 F3*

Entouré de jardins hawaïens et de jolies chutes d'eau, cet hôtel récemment rénové se situe à proximité de la plage. Grâce aux lits spacieux dans le style des années 1930, l'hôtel a conservé son charme espagnol. **www.southbeachplazavillas.com**

MIAMI BEACH The Albion $$$

1650 James Ave, 33139 **Tél.** *(305) 913-1000* **Fax** *(305) 674-0507* **Chambres** *96* **Plan** *2 F2*

Conçu en 1939 par Igor Polevitzky, le célèbre architecte du Hotel Nacional de la Havane, l'Albion a été rénové en 1997 par l'architecte d'intérieur Carlos Zapata. Les chambres sont fonctionnelles, mais le service est accueillant. L'hôtel abrite le Fallabella Bar et le Mayya Restaurant. **www.rubellhotels.com**

MIAMI BEACH The Wave Hotel $$$

350 Ocean Drive, 33139 **Tél.** *(305) 673-0401* **Fax** *(305) 531-9385* **Chambres** *66* **Plan** *2 E5*

Ce petit hôtel-boutique Art déco situé en face de la plage offre des chambres confortables, décorées de meubles italiens. Le petit-déjeuner continental se prend sur la véranda, avec vue sur Ocean Drive. Service chaleureux et courtois. Proche des commerces et des animations. **www.wavehotel.com**

MIAMI BEACH Clinton $$$$

825 Washington Ave, 33139 **Tél.** *(305) 538-1471* **Fax** *(305) 538-1472* **Chambres** *88* **Plan** *2 E4*

Les points forts du Clinton, hôtel-boutique qui a rouvert ses portes en 2004, sont le spa luxueux sur le toit et sa véranda privée, idéale pour prendre un bain de soleil. Intérieur contemporain élégant. Le restaurant de l'hôtel donne sur une petite piscine extérieure. **www.clintonsouthbeach.com**

MIAMI BEACH Hotel Impala $$$$

1228 Collins Ave, 33139 **Tél.** *(800) 646-7252* **Fax** *(305) 538-8288* **Chambres** *17* **Plan** *2 F3*

Petite auberge de style méditerranéen, décorée de fresques et de frises gréco-romaines. Jardin de lis et de gardénias. Les chambres sont luxueuses, dotées de linge de maison en coton beige, de meubles en bois et de salles de bains en roche de corail. Bon restaurant italien. **www.hotelimpalamiamibeach.com**

MIAMI BEACH Mercury $$$$

100 Collins Ave, 33139 **Tél.** *(305) 398-3000* **Fax** *(305) 398-3001* **Chambres** *44* **Plan** *2 E4*

Les gourmets aiment le Mercury parce qu'il se situe entre les deux meilleurs restaurants de Miami, le Nemo et le Shoji Sushi. D'autres l'aiment pour son emplacement et ses suites de style loft new-yorkais avec baignoire balnéo et linge de maison belge. Piscine (visible depuis le restaurant). **www.mercuryresort.com**

MIAMI BEACH Eden Roc Renaissance Resort and Spa $$$$$

4525 Collins Ave, 33140 ***Tél.*** *(800) 327-8337* ***Fax*** *(305) 674-5555* ***Chambres*** *349* ***Carte routière*** *F5*

Mêlant designs rétro et contemporain, l'Eden Rock, conçu par l'architecte Morris Lapidus, évoque l'âge d'or de Miami Beach. Les chambres de style années 1950 sont calmes et spacieuses. Grande piscine, spa et emplacement de plage privé. **www.marriott.com**

MIAMI BEACH Fisher Island Club $$$$$

1 Fisher Island Drive, 33139 ***Tél.*** *(800) 537-3708* ***Fax*** *(305) 535-6003* ***Chambres*** *60* ***Plan*** *1 C5*

Situé sur une île paradisiaque, accessible uniquement par ferry, cet hôtel attire les plus grandes fortunes du monde. Au volant d'une voiture de golf, le principal moyen de transport, découvrez les terrains de golf impeccables, les sublimes propriétés et un presbytère qui appartenait aux Vanderbilt. **www.fisherisland.com**

MIAMI BEACH Fontainebleau Resort Miami Beach $$$$$

4441 Collins Ave, 33140 ***Tél.*** *(305) 538-2000* ***Fax*** *(305) 674-4607* ***Chambres*** *876* ***Carte routière*** *F5*

Ambiance Las Vegas au Fontainebleau. Hôtel *condo* flamboyant mêlant Art déco et objets rétro. Les chambres ont été rénovées. Piscine spectaculaire. Au menu du restaurant Bleu View : sushis, caviar et viandes. **www.fontainebleau.com**

MIAMI BEACH Hotel Victor $$$$$

1144 Ocean Drive, 33139 ***Tél.*** *(305) 428-1234* ***Fax*** *(305) 421-6281* ***Chambres*** *91* ***Plan*** *2 F3*

Établissement le plus spectaculaire sur Ocean Drive avec Versace, cet hôtel-boutique Art déco a été conçu par Jacques Garcia, l'architecte de l'hôtel Costes à Paris. Ici, il y a même un « manager d'ambiance ». Chambres avec vue sur l'océan, écran plasma, baignoire et douche de luxe. **www.hotelvictorsouthbeach.com**

MIAMI BEACH Loews Hotel $$$$$

1601 Collins Ave, 33139 ***Tél.*** *(800) 235-6397* ***Fax*** *(305) 604-1601* ***Chambres*** *800* ***Plan*** *2 F3*

Cet immense hôtel en front de mer à la déco tropicale luxuriante abrite le restaurant Emeril et une piscine. Les stars adorent cet endroit parce qu'il est si grand qu'elles peuvent s'y cacher. Les familles avec enfants l'apprécient aussi. **www.loewshotels.com**

MIAMI BEACH National Hotel $$$$$

1677 Collins Ave, 33139 ***Tél.*** *(800) 327-8370* ***Fax*** *(305) 534-1426* ***Chambres*** *151* ***Plan*** *2 F2*

Ambiance années 1940 dans cet hôtel aux hauts plafonds et miroirs imposants, niché entre les hôtels branchés Delano et Sagamore. Les chambres sont sans attrait particulier, mais la piscine de 62 mètres vaut le coup d'oeil. Pas de bar. Lieu de séjour idéal pour se reposer. **www.nationalhotel.com**

MIAMI BEACH Raleigh $$$$$

1775 Collins Ave, 33139 ***Tél.*** *(305) 534-6300* ***Fax*** *(305) 538-8140* ***Chambres*** *105* ***Plan*** *2 F2*

Racheté par le grand hôtelier André Balazs, cet hôtel a été rénové avec beaucoup de goût. Connu pour sa piscine dans laquelle nageait Esther Williams, le Raliegh accueille aujourd'hui de nombreuses célébrités, avec un restaurant et un bar années 1920 en harmonie avec les origines Art déco du lieu. **www.raleighhotel.com**

MIAMI BEACH The Delano $$$$$

1685 Collins Ave, 33139 ***Tél.*** *(305) 672-2000* ***Fax*** *(305) 532-0099* *Chambres 195* ***Plan*** *2 F2*

Conçu par Starck, cet hôtel luxueux dispose de chambres spacieuses. Vues imprenables depuis la piscine, où vous rencontrerez peut-être un producteur hollywoodien, une starlette, un nabab de la musique ou une tête couronnée. Il abrite le Rose Bar et l'un des meilleurs restaurants du quartier, le Blue Door. **www.morganshotelgroup.com**

MIAMI BEACH The Hotel of South Beach $$$$$

801 Collins Ave, 33139 ***Tél.*** *(877) 843-4683* ***Fax*** *(305) 531-3222* ***Chambres*** *53* ***Plan*** *2 E4*

La déco intérieure, très colorée, de cet hôtel autrefois nommé Tiffany (jusqu'à ce que le joaillier s'y oppose), a été imaginée par le styliste Todd Oldham. La piscine sur le toit offre une vue sublime sur l'océan. Le restaurant dans le hall, avec patio, est l'un des meilleurs de Miami. **www.thehotelofsouthbeach.com**

MIAMI BEACH The Palms $$$$$

3025 Collins Ave, 33140 ***Tél.*** *(305) 534-0505* ***Fax*** *(305) 534-0515* ***Chambres*** *242* ***Carte routière*** *F5*

Situé à une courte distance de South Beach, le Palms offre un très bon rapport qualité-prix. Chambres somptueuses, équipées de tout le confort moderne, dans un cadre magnifique. **www.thepalmshotel.com**

MIAMI BEACH The Ritz-Carlton South Beach $$$$$

1 Lincoln Rd, 33139 ***Tél.*** *(786) 276-4000* ***Fax*** *(786) 276-4001* ***Chambres*** *365* ***Plan*** *2 F3*

À deux pas d'un quartier regorgeant de restaurants, boutiques et animations, le Ritz-Carlton donne directement sur la plage. Conçu en 1953 par Morris Lapidus, il a été restauré. Magnifique piscine, club de plage, DJ et « tanning butler » (masseur qui vous applique votre crème solaire). **www.ritzcarlton.com**

MIAMI BEACH The Sagamore $$$$$

1671 Collins Ave, 33139 ***Tél.*** *(305) 535-8088* ***Fax*** *(305) 535-8185* ***Chambres*** *93* ***Plan*** *2 F3*

Appartenant à la chaîne d'hôtels de luxe, le Sagamore propose de belles suites avec vues sur l'océan, disposées autour d'une piscine en bord de mer. Le hall de l'hôtel abrite un bar ultra tendance et une collection d'art moderne. **www.thompsonhotels.com**

MIAMI BEACH The Sanctuary $$$$$
1745 James Ave, 33139 **Tél.** *(305) 673-5455* **Fax** *(305) 673-3113* **Chambres** *30* **Plan** *2 F2*

Ancien motel rénové à deux pas de la plage, cet hôtel *condo* appartient à la chaîne d'hôtels de luxe de South Beach. « Swanktuary » (sanctuaire du chic), comme le surnomment les habitants du coin, possède une piscine et un bar sur le toit. Une Bentley vous conduit jusqu'à l'aéroport. **www.sanctuarysobe.com**

MIAMI BEACH The Setai $$$$$
2001 Collins Ave, 33139 **Tél.** *(305) 520-6100* **Fax** *(305) 520-6111* **Chambres** *125* **Plan** *2 F2*

Inauguré en 2005, cet hôtel de South Beach a remplacé l'ancien Vanderbilt Hotel. Les prix sont élevés, mais les 50 chambres et 70 suites sont dotées d'un confort ultramoderne. Le décor est apaisant avec une touche Art déco. Vue sur l'océan, jardins tropicaux, à proximité des boutiques et de l'animation de la vie nocturne. **www.setai.com**

MIAMI BEACH The Shore Club $$$$$
1901 Collins Ave, 33139 **Tél.** *(877) 640-9500* **Fax** *(305) 695-3299* **Chambres** *325* **Plan** *2 F1*

Conçu par Ian Schrager, ce bijou d'architecture est l'un des hôtels les plus branchés de la ville. Pour répondre à la demande croissante d'hôtel *condo*, les petites chambres se transforment en grands studios et chambres simples. Il abrite le Skybar et le seul restaurant Nobu de la ville. **www.shoreclub.com**

MIAMI BEACH The Tides $$$$$
1220 Ocean Dr, 33139 **Tél.** *(305) 604-5070* **Fax** *(305) 604-5180* **Chambres** *45* **Plan** *2 F3*

Chef d'œuvre Art déco, le Tides ressemble à un grand paquebot de luxe. Les chambres sont spacieuses, et le hall insonorisé isole de l'agitation d'Ocean Drive. Le restaurant 1220 vaut le détour, tout comme la Goldeneye Suite avec une baignoire au centre. **www.tidessouthbeach.com**

CORAL GABLES Coral Gables Hotel $$
2051 S Le Jeune Rd, 33134 **Tél.** *(305) 443-2301* **Fax** *(305) 446-6827* **Chambres** *168* **Plan** *5 C4*

Situé au centre du Business District, cet hôtel moderne propose des chambres bien tenues à des prix modérés. Il offre des services affaires, notamment le transport gratuit depuis et vers l'aéroport de Miami. Proche des commerces, restaurants et attractions.

CORAL GABLES Hôtel Place St. Michel $$$
162 Alcazar Ave, 33134 **Tél.** *(305) 444-1666* **Fax** *(305) 529-0074* **Chambres** *27* **Plan** *5 B1*

Destination idéale pour un séjour romantique. Doté d'un ascenseur d'époque bringuebalant, de chambres à la déco unique et riche, cet hôtel a le charme de la vieille Europe. Le service est parfait. Le restaurant St. Michel donne l'impression de dîner sur les Champs-Elysées. **www.hotelstmichel.com**

CORAL GABLES Biltmore Hotel $$$$$
1200 Anastasia Ave, 33134 **Tél.** *(305) 445-1926* **Fax** *(305) 442-9496* **Chambres** *280* **Plan** *5 A2*

Le Biltmore est célèbre pour sa piscine de 226 mètres carrés, son clocher inspiré de la Giralda, la suite Al Capone où ont séjourné des têtes couronnées et des hommes d'État, et son magnifique terrain de golf. On dit que des fantômes hantent l'hôtel… **www.biltmorehotel.com**

COCONUT GROVE Hampton Inn $$$
2800 SW 28th Terrace, 33133 **Tél.** *(305) 448-2800* **Fax** *(305) 442-8655* **Chambres** *160* **Plan** *6 F2*

Idéal pour y séjourner une nuit si vous êtes de passage, ce motel assez récent situé à l'entrée de Coconut Grove et à côté de Key Biscayne jouit d'un bon emplacement et offre un bon rapport qualité-prix. Les chambres sont basiques mais propres. Pas de restaurant ou de bar. **www.hamptoninncoconutgrove.com**

COCONUT GROVE Mayfair Hotel and Spa $$$$
3000 Florida Ave, 33133 **Tél.** *(305) 441-0000* **Fax** *(305) 441-1647* **Chambres** *179* **Plan** *6 E4*

Autrefois démodé, rappelant l'époque de *Deux flics à Miami* dans les années 1980, le Mayfair appartient au Kimpton Group aujourd'hui. Inauguré en 2005, il offre des chambres modernes avec écrans plats, un restaurant et une piscine sur le toit avec terrasse et cabines de plage. Ambiance très South Beach. **www.kimptomhotels.com**

COCONUT GROVE Grove Isle Hotel and Spa $$$$$
4 Grove Isle Drive, 33133 **Tél.** *(305) 858-8300* **Fax** *(305) 854-6702* **Chambres** *49* **Plan** *6 F5*

Situé sur Grove Isle, ce complexe hôtelier doté d'un spa est idéal pour se reposer tout en étant à cinq minutes du centre. Ambiance tropicale dans les chambres avec salle de bains attenante. Le Baleen est un excellent restaurant en bord de mer. **www.groveisle.com**

COCONUT GROVE The Ritz Carlton Coconut Grove $$$$$
3300 SW 27th Ave, 33133 **Tél.** *(305) 644-4680* **Fax** *(305) 644-4681* **Chambres** *117* **Plan** *6 F3*

Le plus petit des Ritz Carlton de Miami offre un standing à la hauteur de ses confrères. Cet hôtel *condo* jouit d'un calme absolu. Les arrangements floraux dans le hall sont sublimes, tout comme la cuisine du restaurant. Le vendredi soir, dégustation de vins au bar Amadeus. **www.ritzcarlton.com**

EN DEHORS DU CENTRE Miami River Inn $$
118 SW South River Drive, 33130 **Tél.** *(305) 325-0045* **Fax** *(305) 325-9227* **Chambres** *40* **Plan** *4 D1*

Le seul B&B de Miami. Malgré sa situation, au cœur de Downtown, cette auberge Art déco offre un calme et une ambiance champêtre. Donnant sur la Miami River, elle dispose de quatre cottages avec parquet, décorés d'objets des années 1900. La plupart des chambres ont une salle de bains attenante. **www.miamiriverinn.com**

EN DEHORS DU CENTRE Conrad Miami $$$$$

1395 Brickell Ave, Miami, 33131 ***Tél.*** *(305) 503-6500* ***Fax*** *(305) 533-7177* ***Chambres*** *203* ***Plan*** *4 E3*

Situé dans le quartier des affaires de Miami, cet hôtel luxueux et particulièrement moderne, haut de 36 étages, convient aux hommes d'affaires. *Happy hour* au bar Noir.
www.conradmiami.com

EN DEHORS DU CENTRE Fairmont Turnberry Isle Resort and Club $$$$$

19999 W Country Club Drive, Aventura, 33180 ***Tél.*** *(305) 936-2929* ***Chambres*** *392* ***Carte routière*** *F4*

Aventura est connu pour son centre commercial, l'Aventura Mall. Cet hôtel calme et agréable, d'architecture méditerranéenne, propose des chambres élégantes. Il est équipé d'un grand terrain de golf et d'une piscine.
www.fairmont.com

EN DEHORS DU CENTRE Mandarin Oriental Miami $$$$$

500 Brickell Key Drive, Brickell Key, 33131 ***Tél.*** *(305) 913-8288* ***Fax*** *(305) 913-8300* ***Chambres*** *329* ***Plan*** *4 F2*

Présidents américains, familles royales européennes et sud-américaines, stars hollywoodiennes aiment séjourner dans cet hôtel ultraluxueux doté de chambres grandioses, d'un spa et du seul restaurant cinq étoiles de la ville.
www.mandarinoriental.com

EN DEHORS DU CENTRE Ritz Carlton Key Biscayne $$$$$

455 Grand Bay Drive, Key Biscayne, 33149 ***Tél.*** *(305) 365-4500* ***Fax*** *(305) 365-4501* ***Chambres*** *402* ***Carte routière*** *F5*

Avec ses vues imprenables sur l'océan et son excellent centre de remise en forme, cet hôtel au bord de la plage attire le gotha et les célébrités d'Hollywood en recherche de calme et d'intimité, loin des paparazzi de South Beach.
www.ritzcarlton.com

EN DEHORS DU CENTRE The Four Seasons $$$$$

1435 Brickell Ave, Miami, 33131 ***Tél.*** *(305) 358-3535* ***Fax*** *(305) 358-7758* ***Chambres*** *221* ***Plan*** *4 E3*

Ce gratte-ciel au cœur du quartier des affaires est prisé de la jet-set et des stars. Chambres et service impeccables. La piscine et le bar en plein air, le Bahia, ménagent des vues spectaculaires sur Miami.
www.fourseasons.com/miami

EN DEHORS DU CENTRE Trump International Sonesta Beach Resort $$$$$

18001 Collins Ave, Sunny Isles, 33160 ***Tél.*** *(305) 692-5600* ***Fax*** *(305) 692-5601* ***Chambres*** *390* ***Carte routière*** *F4*

Un hôtel de 32 étages à l'environnement luxueux. Les chambres de style contemporain ont toutes des balcons donnant sur l'océan. Les suites sont dotées d'élégants salons.
www.trumpsonesta.com

LES GOLD ET TREASURE COASTS

BOCA RATON Ocean Lodge $

531 N Ocean Blvd, 33432 ***Tél.*** *(561) 395-7772* ***Fax*** *(561) 395-0554* ***Chambres*** *18* ***Carte routière*** *F4*

Ce petit motel de deux étages offre un service sans prétention et des chambres bien équipées. Situé en face de la plage, il affiche des prix défiant toute concurrence. Une clientèle fidèle, composée essentiellement de Canadiens, revient ici chaque année.

BOCA RATON Boca Raton Resort and Club $$$$$

501 E Camino Real, 33431 ***Tél.*** *(561) 395-3000* ***Fax*** *(561) 447-3183* ***Chambres*** *963* ***Carte routière*** *F4*

Dessinée en 1926 par l'architecte Addison Mizner, cette immense station balnéaire de l'Intracoastal Waterway comprend un terrain de golf de 18 trous et une marina. Les chambres se trouvent dans l'hôtel d'origine de 27 étages ou dans le bâtiment plus moderne accessible par navette fluviale. **www.bocaresort.com**

CLEWISTON Clewiston Inn $$

108 Royal Palm Ave, 33440 ***Tél.*** *(863) 983-8151* ***Chambres*** *52* ***Carte routière*** *E4*

C'est l'hôtel le plus ancien de la région du lac Okeechobee. Installé dans une ancienne demeure coloniale, il propose des chambres simples. Le Everglades Lounge rend hommage aux années 1940, avec des peintures murales d'animaux de la région et un bar regorgeant d'images de la faune et de la flore locales. **www.clewistoninn.com**

DELRAY BEACH Sundy House $$$$$

106 S Swinton Ave, 33444 ***Tél.*** *(561) 272-5678* ***Fax*** *(561) 272-1115* ***Chambres*** *11* ***Carte routière*** *F4*

Installé dans une demeure de 1902, cet hôtel à la façade victorienne et à l'intérieur moderne propose des chambres décorées sur les thèmes équestre et Caribéen, entourées d'un jardin comportant plus de 5 000 espèces de plantes exotiques. Le restaurant De La Tierra est l'une des meilleures tables de Floride. **www.sundyhouse.com**

FORT LAUDERDALE Fort Lauderdale Beach Hostel $

2115 N Ocean Blvd, 33305 ***Tél.*** *(954) 567-7275* ***Fax*** *(954) 567-9697* ***Chambres*** *12* ***Carte routière*** *F4*

Ambiance très conviviale dans cette auberge prisée des routards. Dortoirs et chambres bien tenus. Parc de stationnement, cabines téléphoniques, petit déjeuner sous forme de buffet, planches de surf et rollers sont des services gratuits. Le personnel accueillant fournit des informations sur la région. **www.fortlauderdalehostel.com**

Légende des prix, *voir p. 310* **Légende des symboles,** *voir rabat arrière de couverture*

FORT LAUDERDALE Hyatt Regency Pier Sixty-Six $$$$

2301 SE 17th St, 33316 ***Tél.*** *(954) 525-6666* ***Fax*** *(954) 728-3541* ***Chambres*** *380* ***Carte routière*** *F4*

Situé sur l'Intracoastal Waterway, le Pier Sixty-Six était autrefois le bar le plus branché de la région. Avec son immense spa, sa piscine hydrothérapique d'une capacité de 40 personnes, le Bar Grille 66 et ses chambres récemment rénovées, il a conservé sa splendeur d'antan. **www.hyatt.com**

FORT LAUDERDALE Pillars Hotel $$$$

111 N Birch Rd, 33304 ***Tél.*** *(954) 467-9639* ***Fax*** *(954) 763-2845* ***Chambres*** *23* ***Carte routière*** *F4*

Vous serez accueilli par un cocktail de bienvenue dans cet hôtel de style colonial britannique offrant une ambiance propice au repos. Chambres spacieuses, bibliothèque de plus de 500 livres et vidéos, piscine et cour. Des bateaux-taxis sont disponibles. **www.pillarshotel.com**

FORT LAUDERDALE Lago Mar Resort and Club $$$$$

1700 S Ocean Lane, 33316 ***Tél.*** *(954) 523-6511* ***Fax*** *(954) 524-6627* ***Chambres*** *212* ***Carte routière*** *F4*

Installée sur sa propre île entre le Lake Mayan et l'océan Atlantique, cette station balnéaire donne sur une plage et un lagon magnifiques. Idéal pour un séjour en famille ou en amoureux. Centre de remise en forme. Service accueillant. **www.lagomar.com**

FORT LAUDERDALE Marriott's Harbor Beach $$$$$

3030 Holiday Drive, 33316 ***Tél.*** *(954) 525-4000* ***Fax*** *(954) 766-6193* ***Chambres*** *637* ***Carte routière*** *F4*

Situé au bord de l'océan, dans un cadre apaisant, cet hôtel abrite une piscine, un grand centre de remise en forme, des chambres décorées de marbre et de moulures, deux restaurants, le 3030 Ocean spécialisé dans les fruits de mer et le Riva qui sert une cuisine méditerranéenne. **www.marriottharborbeach.com**

FORT LAUDERDALE Pelican Grand Beach Resort $$$$$

2000 N Atlantic Blvd, 33301 ***Tél.*** *(954) 568-9431* ***Fax*** *(954) 565-2662* ***Chambres*** *180* ***Carte routière*** *F4*

Inauguré en 2004, cet hôtel propose des chambres confortables avec balcon, une véranda d'où l'on peut admirer l'océan dans des rocking-chairs. Les toboggans de la piscine extérieure chauffée attirent petits et grands. **www.pelicanbeach.com**

FORT LAUDERDALE Riverside Hotel $$$$$

620 E Las Olas Blvd, 33301 ***Tél.*** *(954) 467-0671* ***Fax*** *(954) 462-2148* ***Chambres*** *217* ***Carte routière*** *F4*

Ambiance « New Orleans » dans cet hôtel datant de 1936, situé dans une rue animée. Les chambres donnent sur la New River (certaines possèdent des lits à baldaquin avec miroir et draperies). L'hôtel abrite deux restaurants, l'Indigo qui sert une cuisine asiatique et fusion, et le Grill Room. **www.riversidehotel.com**

HOLLYWOOD The Atlantic Fort Lauderdale $$$

601 N Fort Lauderdale Beach Blvd, 33304 ***Tél.*** *(954) 567-8020* ***Fax*** *(954) 567-8040* ***Chambres*** *120* ***Carte routière*** *F4*

Construit en 2004, non loin du centre-ville et en face de la plage, ce bel hôtel abrite un centre de remise en forme, le « Spa Atlantic », une piscine, un club de gym et un restaurant de cuisine méditerranéenne, le Trina. **www.luxurycollection.com/atlantic**

HOLLYWOOD Seminole Hard Rock Hotel and Casino $$$$$

1 Seminole Way, 33314 ***Tél. et Fax*** *(954) 327-7625* ***Chambres*** *500* ***Carte routière*** *F4*

Le principal attrait du Hard Rock reste son casino, mais les chambres sont luxueuses avec écrans plats, linge de lit en coton d'Égypte et salle de bains spacieuse. Piscine de style lagon avec chutes d'eau et source d'eau chaude. Nombreux bars et boîtes de nuit. **www.seminolehardrock.com**

HOLLYWOOD The Westin Diplomat Resort and Spa $$$$$

3555 S Ocean Drive, 33019 ***Tél.*** *(954) 602-6000* ***Fax*** *(954) 602-7000* ***Chambres*** *1060* ***Carte routière*** *F4*

Ce nouvel hôtel-boutique de 39 étages propose des chambres Art déco dotées du lit Heavenly Bed, une innovation Westin. Piscine avec chutes d'eau. Les Satine et Nikki Marina Beach Club sont très populaires. **www.diplomatresort.com**

JUPITER La Quinta Inn $$

34 Fisherman's Wharf, 33477 ***Tél.*** *(561) 575-7201* ***Fax*** *(561) 575-1169* ***Chambres*** *100* ***Carte routière*** *F4*

Situé à proximité du quartier d'affaires, de la plage et des terrains de golf, cet hôtel est prisé des hommes d'affaires. Les chambres sont équipées de tout le confort moderne. Une piscine chauffée et un centre de remise en forme sont mis à disposition. **www.laquintainn.com**

JUPITER Jupiter Beach Resort $$$$

5 N A1A, 33477 ***Tél.*** *(561) 746-2511* ***Fax*** *(561) 747-3304* ***Chambres*** *179* ***Carte routière*** *F4*

Une rénovation de plusieurs millions de dollars a transformé ce petit hôtel en une immense station balnéaire. Chambres modernes avec salle de bains en marbre et vues sur l'océan. La plage privée et le restaurant Sinclair attirent de nombreux visiteurs. Le service est impeccable. **www.jupiterbeachresort.com**

LAKE WORTH Mango Inn Bed and Breakfast $$$

128 North Lakeside Drive, 33460 ***Tél.*** *(561) 533-6000* ***Chambres*** *10* ***Carte routière*** *F4*

Les propriétaires de ce B&B datant de 1915, situé dans un quartier tranquille à deux pas du centre, ont su créer une ambiance chaleureuse. Un mélange éclectique de meubles décorent l'intérieur. Petit déjeuner continental (céréales, fruits, œufs et pâtisseries). **www.mangoinn.com**

LAUDERDALE BY THE SEA A Little Inn by the Sea $$

4546 El Mar Drive, 33308 **Tél.** *(954) 772-2450* **Fax** *(954) 938-9354* **Chambres** *29* **Carte routière** *F4*

Véritable petit bijou, cette chambre d'hôtes de style européen se situe sur une plage bordée de palmiers. Les chambres sont simples, mais bien entretenues. Petit déjeuner compris sous forme de buffet, terrasse sur le toit et piscine chauffée. Réservez à l'avance. **www.alittleinn.com**

LAUDERDALE BY THE SEA Courtyard Villa on the Ocean $$$

4312 El Mar Drive, 33308 **Tél.** *(954) 776-1164* **Fax** *(954) 491-0768* **Chambres** *80* **Carte routière** *F4*

Petit hôtel historique qui offre des chambres spacieuses avec balcon et vue sur l'océan, des suites donnant sur une piscine et des appartements avec deux chambres. Il abrite une grande terrasse au deuxième étage et une piscine. Un récif de corail se situe non loin de la plage. Idéal pour une escapade romantique. **www.courtyardvilla.com**

NORTH HUTCHINSON ISLAND The Melon Patch Inn $$$

3601 N A1A, Fort Pierce, 34949 **Tél.** *(772) 462-6699* **Fax** *(772) 462-0110* **Chambres** *6* **Carte routière** *F3*

Construit en 1949, le bâtiment de style cottage entouré d'un beau parc se situe près de Fort Pierce. Ici, vous vous sentirez comme à la maison. On vous apporte le petit déjeuner dans votre chambre. L'hôtel accueille parfois des mariages. **www.themellonpatchinn.com**

PALM BEACH Palm Beach Historic Inn $$$$

365 S County Rd, 33480 **Tél.** *(561) 832-4009* **Fax** *(561) 832-6255* **Chambres** *13* **Carte routière** *F4*

Auberge décorée d'objets anciens, à deux pas de la plage. Dans chaque chambre, vous trouverez du vin, des fruits, du thé, des cookies, des en-cas et de beaux articles de toilette (linge de lit d'Égypte, peignoirs). Un piano demi-queue et des guitares sont à la disposition des clients. Séjour gratuit pour les enfants. **www.palmbeachhistoricinn.com**

PALM BEACH Brazilian Court $$$$$

301 Australian Ave, 33480 **Tél.** *(561) 655-7740* **Fax** *(561) 655-0801* **Chambres** *103* **Carte routière** *F4*

Les femmes adorent cet hôtel parce qu'il abrite le café Daniel Boulud (du nom du célèbre chef) et le salon du coiffeur de stars Frederic Fekkai. Tous l'apprécient pour ses chambres au charme méditerranéen, dotées de volets en bois, de tissus importés, de la climatisation et de belles salles de bains. **www.thebraziliancourt.com**

PALM BEACH Chesterfield Hotel $$$$$

363 Cocoanut Row, 33480 **Tél.** *(561) 659-5800* **Fax** *(561) 569-6707* **Chambres** *65* **Carte routière** *F4*

Hôtel jumeau du Chesterfield de Londres, celui-ci évoque un manoir anglais à la campagne. Les chambres ont une déco d'inspiration Laura Ashley, façon maison de poupée. Le service est excellent. Le Leopard Lounge est l'un des meilleurs bars de Palm Beach. **www.redcarnationhotels.com**

PALM BEACH Crown Plaza Hotel $$$$$

3200 N Ocean Drive, Singer Island, 33480 **Tél.** *(561) 842-6171* **Fax** *(561) 848-6842* **Chambres** *193* **Carte routière** *F4*

Situé à deux pas de North Palm Beach, sur Singer Island, cet hôtel-boutique de luxe offre de belles chambres confortables avec vue sur l'océan. Terrains de golf à proximité. Possibilité de pratiquer la pêche hauturière. **www.oceanfrontcp.com**

PALM BEACH Four Seasons Resort Palm Beach $$$$$

2800 S Ocean Blvd, 33480 **Tél.** *(561) 582-2800* **Fax** *(561) 547-1557* **Chambres** *210* **Carte routière** *F4*

Prisé d'une clientèle haut de gamme, le Four Seasons représente la quintessence d'un service de luxe. Logé dans un bâtiment imposant, il est doté d'un intérieur agréable et chaleureux. Le hall regorge de curiosités. Le centre de remise en forme fait l'unanimité. L'hôtel abrite l'un des meilleurs restaurants de Floride. **www.fourseasons.com**

PALM BEACH The Breakers $$$$$

1 S County Rd, 33480 **Tél.** *(561) 655-6611* **Fax** *(561) 659-8403* **Chambres** *560* **Carte routière** *F4*

Cet hôtel en bord de mer de style Renaissance italienne est une institution à Palm Beach. Le Flager Club, un hôtel à l'intérieur de l'hôtel, propose un service haut de gamme prisé des célébrités. Le Oceanfront Spa and Beach Club offre de nombreux équipements. Golf, restaurant, spa et activités pour les enfants. **www.thebreakers.com**

PALM BEACH The Colony $$$$$

155 Hammon Ave, 33480 **Tél.** *(561) 655-5430* **Fax** *(561) 659-8104* **Chambres** *85* **Carte routière** *F4*

De nombreuses personnalités, parmi lesquelles Roxanne Pulitzer, ont séjourné dans cet hôtel de style géorgien. Les chambres avec salle de bains sont dotées d'une décoration florale. Bar animé (concert de musique le soir). Belles suites et appartements, à des prix nettement plus élevés. **www.thecolonypalmbeach.com**

PALM BEACH The Ritz Carlton Palm Beach $$$$$

100 S Ocean Blvd, 33462 **Tél.** *(561) 533-6000* **Fax** *(561) 540-4999* **Chambres** *270* **Carte routière** *F4*

Situé en dehors du centre, cet hôtel de luxe plaît pour son emplacement sur la plage de Manalapan, un quartier de Palm Beach et pour son jardin tropical. Cuisine et service haut de gamme. Belles vues sur la plage. Chambres bien équipées. **www.ritzcarlton.com**

PALM BEACH GARDENS PGA National Resort and Spa $$$$$

400 Ave of the Champions, 33418 **Tél.** *(561) 627-2000* **Fax** *(561) 227-2595* **Chambres** *339* **Carte routière** *F4*

Siège de la PGA (association de golfeurs professionnels), cet établissement abrite un grand spa, un parcours de golf (un par 72) dessiné par Jack Nicklaus. Waters of the World abrite six piscines extérieures. Chambres confortables. **www.pga-resorts.com**

Légende des prix, *voir p. 310* **Légende des symboles,** *voir rabat arrière de couverture*

PORT ST LUCIE Club Med Sandpiper $$$$$

4500 SE Pine Valley, 34952 **Tél.** *(772) 398-5100* **Fax** *(772) 398-5101* **Chambres** *337* **Carte routière** *F3*

Vous pourrez laisser vos enfants aux Baby Club Med, Petit Club Med, Mini Club Med et Junio's Club Med pendant que vous irez faire du golf, du tennis, du ski nautique ou visiter l'école du cirque. Chambres basiques. Repas et boissons compris dans le prix. **www.clubmed.com**

SEBASTIAN Floridana Beach Motel $

6580 S AIA Hwy, Melbourne Beach, 32951 **Tél.** *(321) 726-6560* **Fax** *(321) 726-1641* **Chambres** *5* **Carte routière** *F3*

Situé sur une partie du littoral atlantique dotée de plages magnifiques, cet hôtel est idéal pour se détendre. La pêche est la principale activité de la région. Proche des restaurants, terrains de golf et centres commerciaux. Non-fumeur. **www.motelfloridana.com**

SINGER ISLAND Hilton Singer Island Oceanfront Resort $$$$

3700 N Ocean Drive, 33404 **Tél.** *(561) 848-3888* **Fax** *(561) 848-4299* **Chambres** *223* **Carte routière** *F3*

Vous apprécierez le calme de cet hôtel-restaurant donnant sur l'océan et situé à proximité des magasins et restaurants. Les chambres modernes sont toutes dotées d'un balcon avec vue sur l'océan et sur l'Intracoastal Way. **www.singerislandoceanfrontresort.hilton.com**

SOUTH HUTCHINSON ISLAND Dockside Harborlight Inn $

1160 Seaway Drive, 34949 **Tél.** *(772) 468-3555* **Fax** *(772) 489-9848* **Chambres** *64* **Carte routière** *F3*

Endommagé par les ouragans de 2004, cet hôtel récemment rénové est une destination prisée des amateurs de pêche et de bateau. Il possède un ponton pour la pêche et un embarcadère privés. La décoration est nautique, avec balcons donnant sur la mer et kitchenettes. **www.docksideinn.com**

STUART Hutchinson Island Marriott Beach Resort and Marina $$$$$

555 NE Ocean Blvd, 34996 **Tél.** *(772) 225-3700* **Fax** *(772) 225-0003* **Chambres** *281* **Carte routière** *F3*

Ce complexe hôtelier familial, situé sur une ancienne plantation d'ananas, propose de multiples activités : golf, tennis, bateau et pêche. Certaines chambres donnent sur l'océan, d'autres sur le jardin. L'été, inscrivez-vous pour aller à la découverte des tortues de mer. **www.marriott.com**

VERO BEACH Driftwood Resort $$

3150 Ocean Drive, 32963 **Tél.** *(772) 231-0550* **Fax** *(772) 234-1981* **Chambres** *100* **Carte routière** *F3*

Conçu dans les années 1930 par l'entrepreneur loufoque Waldo Saxton, le Driftwood est inscrit au patrimoine historique de la Floride. Restaurées suite aux ouragans de 2004, les chambres sont équipées d'une cuisine. Certaines ont un jacuzzi. La déco est rustique-chic. **www.thedriftwood.com**

VERO BEACH Islander Inn $$

3101 Ocean Drive, 32963 **Tél.** *(772) 231-4431* **Chambres** *16* **Carte routière** *F3*

Motel de style floridien ancien, situé à quelques pas de la plage, des restaurants et des boutiques. Chaque chambre possède un petit frigo, un grand lit ou deux lits doubles, un ventilateur et des meubles en osier. Toutes donnent sur une petite cour intérieure et la piscine. **www.theislanderinn.com**

VERO BEACH Disney's Vero Beach Resort $$$

9250 Island Grove Terrace, 32963 **Tél.** *(772) 234-2000* **Fax** *(772) 234-2030* **Chambres** *211* **Carte routière** *F3*

Situé sur des plages cristallines, cet hôtel propose des chambres claires et spacieuses. La piscine en forme de lagon possède un toboggan. Des activités pour enfants sont organisées : découverte des tortues, feu de camp et visite d'une ferme. Petits déjeuners spécial « Disney » certains jours. **www.dvcresorts.com**

WEST PALM BEACH Hibiscus House $$$

501 30th St, 33407 **Tél.** *(561) 863-5633* **Fax** *(561) 863-5633* **Chambres** *5* **Carte routière** *F4*

Situé dans un quartier tranquille de West Palm, ce B&B des années 1920 est décoré d'antiquités et de tapisseries. Chambres avec terrasse ou balcon. Jardin tropical avec piscine chauffée et transats. Dans le salon, jeux de cartes et de société. Petits déjeuners gastronomiques. **www.hibiscushouse.com**

WEST PALM BEACH Hotel Biba $$$$

320 Belvedere Rd, 33407 **Tél.** *(561) 832-0094* **Fax** *(561) 833-7848* **Chambres** *43* **Carte routière** *F4*

L'hôtel-boutique le plus chic de la ville, dessiné par Barbara Hulanicki. La déco vive et colorée, les jardins asiatiques, la piscine et le bar de l'hôtel Biba attirent une clientèle branchée. **www.hotelbiba.com**

ORLANDO ET LA SPACE COAST

BAY LAKE Disney's Animal Kingdom Lodge $$$$$

2901 Osceola Parkway, 32830 **Tél.** *(407) 938-3000* **Fax** *(407) 939-4799* **Chambres** *1 293* **Carte routière** *E3*

Ici, vous aurez l'impression de passer un séjour dans une réserve naturelle d'Afrique. Les chambres en demi-cercle donnent sur une vaste savane où vous apercevrez des oiseaux et des girafes. Idéal pour ceux qui aiment les animaux. **www.disneyworld.com**

CELEBRATION Celebration Hotel $$$$$

700 Bloom St, 34747 **Tél.** *(407) 566-6000* **Fax** *(407) 566-6001* **Chambres** *115* **Carte routière** *E3*

Sorti tout droit des années 1920, cet hôtel de trois étages tout en bois propose de très belles chambres dotées de lits confortables avec vue sur le lac artificiel. Il est fascinant de voir à quel point les habitants de cette communauté idéale vivent en parfaite harmonie. **www.celebrationhotel.com**

COCOA BEACH Hilton Cocoa Beach Oceanfront $$

1550 N Atlantic Ave, 32931 **Tél.** *(321) 799-0003* **Fax** *(321) 799-0344* **Chambres** *296* **Carte routière** *E3*

Bien qu'il ne soit doté que de 16 chambres côté plage, cet hôtel attire hommes politiques, hommes d'affaires et simples visiteurs, tous fidèles au style Hilton. Le personnel, très disponible, organise pour vous des visites des principaux sites. **www.hilton.com**

COCOA BEACH The Inn at Cocoa Beach $$

4300 Ocean Blvd, 32931 **Tél.** *(321) 799-3460* **Fax** *(321) 784-8632* **Chambres** *50* **Carte routière** *E3*

Idéal pour un séjour romantique, ce B&B propose des chambres dotées de meubles en pin et d'une déco tropicale avec une touche française. Certaines donnent sur une cour avec piscine. Bar en self-service. Thé l'après-midi et dégustations de vins et de fromages le soir. **www.theinnatcocoabeach.com**

COCOA BEACH Doubletree Hotel Cocoa Beach Oceanfront $$$

2080 N Atlantic Ave, 32931 **Tél.** *(321) 783-9222* **Fax** *(321) 799-3234* **Chambres** *148* **Carte routière** *E3*

Ce petit hôtel modeste de six étages abrite des chambres avec balcon donnant sur l'océan (10 chambres ont un salon). Le restaurant de cuisine méditerranéenne s'ouvre sur une terrasse dotée d'une fontaine et de deux piscines. **www.cocoabeachdoubletree.com**

DOWNTOWN ORLANDO Grand Bohemian $$$$

325 S Orange Ave, 32801 **Tél.** *(407) 313-9000* **Fax** *(407) 313-9001* **Chambres** *250* **Carte routière** *E2*

Considéré comme l'un des meilleurs hôtels de Downtown Orlando, le Bohemian convient bien aux hommes d'affaires. Il abrite plus de 100 objets d'arts américains des XIXe et XXe siècles qui attirent les amateurs d'art. **www.grandbohemianhotel.com**

KISSIMMEE Gaylord Palms Resort & Convention Center $$$$$

6000 W Osceola Pkwy, 34747 **Tél.** *(407) 586-0000* **Fax** *(407) 239-4822* **Chambres** *1 406* **Carte routière** *E3*

Ce complexe héberge l'hôtel Emerald Bay, des restaurants, des équipements de loisirs, des boutiques et le Canyon Ranch Spa Club. Le Grand Atrium au dôme de verre abrite une réplique du Castillo de San Marco. Chutes d'eau et végétation luxuriante composent un décor riche. **www.gaylordpalms.com**

LAKE BUENA VISTA Disney's Pop Century Resort $

1050 Century Drive, 32830 **Tél.** *(407) 938-4000* **Fax** *(407) 938-4040* **Chambres** *2880* **Carte routière** *E3*

Des Rubik's Cubes géants aux cassettes à huit pistes, cet hôtel kitsch et sans chichi expose toutes sortes de curiosités en hommage à la culture pop. Les autres hôtels à thème de Disney sont le All Star Movies Resort et le All Star Music Resort, également bon marché. **www.disneyworld.com**

LAKE BUENA VISTA Best Western Lake Buena Vista Hotel $$

2000 Hotel Plaza Blvd, 32830 **Tél.** *(407) 828-2424* **Fax** *(407) 827-6710* **Chambres** *325* **Carte routière** *E3*

Installé dans une tour de 18 étages au bord d'un lac, cet hôtel propose de jolies chambres avec balcon. Jolies vues depuis le 8e étage. Demandez une chambre côté ouest, d'où vous pourrez admirer les feux d'artifice du Magic Kingdom. **www.downtowndisneyhotels.com**

LAKE BUENA VISTA Disney's Caribbean Beach Resort $$$

900 Cayman Way, 32830 **Tél.** *(407) 934-3400* **Fax** *(407) 934-3288* **Chambres** *2 112* **Carte routière** *E3*

Les chambres rénovées de cet hôtel aux prestations haut de gamme sont regroupées dans cinq villages sur une île autour d'un lac de canards. La Parrot Cay Island, où se situe la principale piscine, recrée un fort espagnol avec chutes d'eau, toboggans et canons. **www.disneyworld.com**

LAKE BUENA VISTA Nickelodeon Family Suites by Holiday Inn $$$

14500 Continental Gateway, 32821 **Tél.** *(407) 387-5437* **Fax** *(407) 387-1489* **Chambres** *770* **Carte routière** *E3*

Élu meilleur Holiday Inn des États-Unis en 2003, cet hôtel familial propose des chambres pour enfants avec lits superposés ou lits jumeaux et cuisine entièrement équipée. Le soir, activités à thème et animations. Il est associé au Nickelodeon Channel. **www.nickhotel.com**

LAKE BUENA VISTA Disney's Port Orleans Resort $$$$

2201 Orleans Drive, 32830 **Tél.** *(407) 934-5000* **Fax** *(407) 934-5777* **Chambres** *3 056* **Carte routière** *E3*

En hommage à la Nouvelle-Orléans, Disney a construit ce bâtiment d'architecture typique du début du siècle. L'emplacement, le cadre et l'atmosphère sont agréables. La piscine Doubloon Lagoon plaît beaucoup aux enfants. Chambres pour 4. Demandez une des chambres récemment rénovées. **www.disneyworld.com**

LAKE BUENA VISTA Disney's Boardwalk Inn and Villas $$$$$

2101 N Epcot Resorts Blvd, 32830 **Tél.** *(407) 939-5100* **Fax** *(407) 939-5150* **Chambres** *371* **Carte routière** *E3*

Ce bâtiment de style années 1940 abrite des clubs, restaurants, boutiques et une animation de type carnaval sur une promenade au bord de l'eau. Certaines chambres de style Cape-Cod ont un balcon, d'autres donnent sur la piscine dotée du toboggan Keiser Coaster. **www.disneyworld.com**

Légende des prix, *voir p. 310* **Légende des symboles,** *voir rabat arrière de couverture*

LAKE BUENA VISTA Disney's Grand Floridian Resort and Spa $$$$$

4401 Floridian Way, 32830 **Tél.** *(407) 824-3000* **Fax** *(407) 824 3186* **Chambres** *867* **Carte routière** *E3*

Dans le magnifique hall d'entrée coiffé d'un dôme du Grand Floridian, vous pourrez déguster un thé en écoutant un groupe de musiciens jouer des airs des années 1940. Les chambres donnent sur le jardin, la piscine, la cour ou le Seven Seas Lagoon. Situé à proximité du train menant au Magic Kingdom. **www.disneyworld.com**

LAKE BUENA VISTA Disney's Polynesian Resort $$$$$

1600 Seven Seas Drive, 32830 **Tél.** *(407) 824-2000* **Fax** *(407) 824-3174* **Chambres** *853* **Carte routière** *E3*

Au sud du Magic Kingdom, le Polynesian est l'un des hôtels de Disney au charme d'autrefois. La déco hawaïenne prend toute son ampleur le soir au dîner où se produisent des cracheurs de feu et des danseuses de Hula. Aires de jeu et piscines à thème pour les enfants. **www.disneyworld.com**

LAKE BUENA VISTA Disney's Wilderness Lodge $$$$$

901 W Timberline Drive, 32830 **Tél.** *(407) 824-3200* **Fax** *(407) 824-3232* **Chambres** *909* **Carte routière** *E3*

Entouré de grands arbres, de geysers et de gros rochers, le Wilderness Lodge est idéal pour les enfants souhaitant « vivre à la dure » (dans des lits superposés). La vue sur les bois évoque la splendeur du Yosemite Park. Une adresse prisée. **www.disneyworld.com**

LAKE BUENA VISTA Disney's Yacht Club Resort $$$$$

1700 Epcot Resorts Blvd, 32830 **Tél.** *(407) 934-7000* **Fax** *(407) 924-3450* **Chambres** *630* **Carte routière** *E3*

Ce complexe hôtelier situé au bord d'un lac avec des plages de sable blanc a des airs de yacht-club. Chambres d'un standing élevé. Zone de jeux avec piscine et une épave qui héberge un toboggan. Le phare et l'architecture du bâtiment ont un côté résolument Nouvelle-Angleterre. **www.disneyworld.com**

LAKE BUENA VISTA Walt Disney World Dolphin $$$$$

1500 Epcot Resorts Blvd, 32830 **Tél.** *(407) 934-4000* **Fax** *(407) 934-4884* **Chambres** *1 509* **Carte routière** *E3*

Cette station balnéaire à l'architecture saisissante se compose d'une pyramide au centre de 27 étages et de deux ailes de 11 étages surmontées de quatre sculptures de dauphins. Elle abrite une piscine avec jets d'eau, toboggans et remous, ainsi qu'un club de gym. Belle vue sur les feux d'artifice d'Epcot depuis la plage. **www.disneyworld.com**

NEW SMYRNA BEACH Riverview Hotel $$

103 Flagler Ave, 32169 **Tél.** *(386) 428-5858* **Fax** *(386) 423-8927* **Chambres** *18* **Carte routière** *E2*

Ancienne cabane de pêche et de chasse, ce bel hôtel abrite un immense spa avec piscine minérale et un excellent restaurant, le Riverview Charlie's. Les chambres avec terrasse sont dotées de tout le confort moderne et d'une décoration champêtre. **www.riverviewhotel.com**

ORLANDO Amerisuites/Universal $$

5895 Caravan Court, 32819 **Tél.** *(407) 351-0627* **Fax** *(407) 351-3317* **Chambres** *151* **Carte routière** *E3*

Une très bonne affaire pour les familles souhaitant séjourner à proximité des parcs à thèmes sans avoir à payer le prix fort. Chambres très bien aménagées avec coin cuisine. Le transport est gratuit jusqu'au parc. **www.amerisuites.com**

ORLANDO Hard Rock Hotel $$$$$

5800 Universal Blvd, 32819 **Tél.** *(407) 503-2000* **Fax** *(407) 503-7655* **Chambres** *650* **Carte routière** *E3*

Ce complexe hôtelier à l'architecture californienne de style Mission est très animé. Des stars du rock'n'roll s'y produisent, attirant une clientèle jeune. Les chambres sont insonorisées. Piscine et nombreux services. **www.loewshotels.com**

ORLANDO Marriott's Orlando World Center $$$$$

8701 World Center Drive, 32821 **Tél.** *(407) 239-4200* **Fax** *(407) 238-8938* **Chambres** *2 111* **Carte routière** *E3*

Cinq piscines dont une pour enfants et une avec toboggans et cascades, un terrain de golf de 18 trous, huit courts de tennis, un spa et plusieurs restaurants composent cette immense station balnéaire proposant presque autant d'activités que Disney World. **www.marriott.com**

ORLANDO Peabody Orlando $$$$$

9801 International Drive, 32819 **Tél.** *(407) 352-4000* **Fax** *(407) 351-9177* **Chambres** *891* **Carte routière** *E3*

Tous les jours à 11h et à 17h, une parade de canards défile dans le hall d'entrée du Peabody pour aller se baigner dans la fontaine de l'hôtel sur la chanson de John Philip Sousa « King Cotton March ». Les clients adorent. Service excellent. **www.peabodyorlando.com**

ORLANDO Portofino Bay Hotel $$$$$

5601 Universal Blvd, 32819 **Tél.** *(407) 503-1000* **Fax** *(407) 503-1166* **Chambres** *750* **Carte routière** *E3*

Universal s'est associé aux hôtels Loews pour créer ce superbe complexe, reproduction du village italien de Portofino, avec un port et des canaux. La piscine de la plage héberge un toboggan et celle de la villa offre plusieurs cabines avec accès Internet WI-FI. Mandara Spa dernier cri. **www.loewshotels.com**

ORLANDO The Villas of Grand Cypress $$$$$

1 N Jacaranda, 32836 **Tél.** *(407) 239-4700* **Fax** *(407) 239-7219* **Chambres** *146* **Carte routière** *E2*

Cette station d'inspiration méditerranéenne (jumelée avec le Hyatt Regency Grand Cypress) propose des suites avec baignoires romaines et des chambres avec cuisine, salle à manger et terrasse. Le paysage est magnifique. Clientèle d'adultes. **www.grandcypress.com**

LE NORD-EST

AMELIA ISLAND Amelia Island Plantation $$$$$

6800 First Coast Hwy, 32035 **Tél.** *(904) 261-6161* **Fax** *(904) 277-5945* **Chambres** *680* **Carte routière** *E1*

Cette immense propriété comprend des terrains de golf, des lagons et des pistes de vélos. Les chambres de l'hôtel se trouvent dans l'Amelia Inn and Beach Club. Toutes sont décorées avec luxe et possèdent un balcon. Restaurants et spa. **www.aipfl.com**

AMELIA ISLAND Ritz Carlton Amelia Island $$$$$

4750 Amelia Island Pkwy, 32034 **Tél.** *(904) 277-1100* **Fax** *(904) 261-9064* **Chambres** *444* **Carte routière** *E1*

Situé au bord de la plage, ce Ritz est très agréable (malgré les odeurs de la papeterie située non loin). Le service est irréprochable, mais l'intérieur pourrait être mieux entretenu et mieux éclairé. Toutes les chambres ont vue sur l'océan. Salle de billard, bar et terrain de golf de 18 trous. **www.ritzcarlton.com**

ATLANTIC BEACH Sea Turtle Inn $$$

1 Ocean Blvd, 32233 **Tél.** *(904) 249-7402* **Fax** *(904) 247-1517* **Chambres** *193* **Carte routière** *E1*

Cet hôtel de huit étages situé en bord de plage offre des chambres spacieuses, dont certaines avec balcon donnant sur la mer. Le personnel dynamique vous aidera dans l'organisation de vos visites et activités. Le week-end, le restaurant accueille des groupes de musique. Bondé en haute saison, réservez à l'avance. **www.seaturtle.com**

DAYTONA BEACH Shoreline All Suties Inn and Cabana Colony Cottages $$

2435 S Atlantic Ave, 32118 **Tél.** *(386) 252-1692* **Fax** *(386) 239-7068* **Chambres** *30* **Carte routière** *E2*

Des suites de une ou deux chambres occupent deux bâtiments séparés par un chemin menant à la chambre. Chaque chambre possède une cuisine équipée. Possibilité de faire un barbecue. Les cottages sont lumineux et aérés, avec meubles en osier. Piscine chauffée. Ambiance familiale. **www.daytonashoreline.com**

DAYTONA BEACH The Plaza Resort and Spa $$$

600 N Atlantic Ave, 32118 **Tél.** *(386) 255-4471* **Fax** *(386) 253-7672* **Chambres** *323* **Carte routière** *E2*

Grâce à des travaux de rénovation de 26 millions de dollars, le Plaza offre les meilleures chambres de Daytona (avec balcon et micro-ondes). Les chambres dans l'angle ont un coin salon et deux balcons donnant sur l'océan. Une boutique vend des surgelés. Spa. **www.plazaresortandspa.com**

DAYTONA BEACH The Villa Bed and Breakfast $$$

801 N Peninsula Drive, 32118 **Tél.** *(386) 248-2020* **Chambres** *4* **Carte routière** *E2*

Ce B&B de style européen propose des chambres dotées d'une cheminée, d'un piano demi-queue et de peintures méditerranéennes. La plus grande suite, al King Carlos, possède un lit à baldaquin et une terrasse sur le toit. Les enfants ne sont pas les bienvenus. **www.thevillabb.com**

DAYTONA BEACH Hilton Daytona Beach $$$$

100 N Atlantic Drive, 32118 **Tél.** *(386) 254-8200* **Fax** *(386) 253-0275* **Chambres** *742* **Carte routière** *E1*

L'hôtel le plus grand et le plus stylé de la ville donnant sur l'océan. Les chambres ont été entièrement rénovées. Il abrite deux centres de remise en forme. Boutiques et restaurants à proximité. **www.hilton.com**

DAYTONA BEACH The Shores Resort & Spa $$$$

2637 S Atlantic Ave, 32118 **Tél.** *(386) 767-7350* **Fax** *(386) 760-3651* **Chambres** *214* **Carte routière** *E2*

La compagnie hôtelière Noble House gère cet hôtel de luxe. Ambiance de cottage inhabituelle pour un Hilton, chic et décontractée. Somptueux centre de remise en forme et restaurant gastronomique (le Baleen). **www.shoresresort.com**

FERNANDINA BEACH Hampton Inn and Suites $$

19 S 2nd St, 32034 **Tél.** *(904) 491-4911* **Fax** *(904) 491-4910* **Chambres** *122* **Carte routière** *E1*

L'architecture victorienne de cette « inn » est très couleur locale. Dans les chambres, lits spacieux, cheminée et baignoire à remous. Prenez des photos, personne ne vous croira quand vous direz qu'il s'agit d'une chaîne d'hôtels. **www.hamptoninn.com**

FERNANDINA BEACH Florida House Inn $$$

20 S 3rd St, 32034 **Tél.** *(904) 261-3300* **Fax** *(904) 277-3831* **Chambres** *18* **Carte routière** *E1*

Le plus vieil hôtel de la Floride. Ulysses S. Grant, Jose Marti, les Rockfeller et les Carnegie y ont séjourné. Chambres avec cheminée et baignoire à pieds de lion. Vérandas avec rocking-chairs et cour ombragée d'un grand chêne. Un superbe buffet à volonté propose une cuisine du Sud typique. **www.floridahouseinn.com**

FERNANDINA BEACH Elizabeth Pointe Lodge $$$$

98 S Fletcher Ave, 32034 **Tél.** *(904) 277-4851* **Fax** *(904) 277-6500* **Chambres** *25* **Carte routière** *E1*

Les grandes baies vitrées de cet hôtel victorien donnent sur la plage et l'océan. Chambres décorées d'antiquités. Vous pourrez prendre votre petit déjeuner sur un vaste porche entourant la maison. Quatre chambres se trouvent dans le Harris Lodge, situé à côté. **www.elizabethpointelodge.com**

Légende des prix, *voir p. 310* **Légende des symboles,** *voir rabat arrière de couverture*

JACKSONVILLE The House on Cherry Street $$

1844 Cherry St, 32205 ***Tél.*** *(904) 384-1999* ***Fax*** *(904) 384-5013* ***Chambres*** *4* ***Carte routière*** *E1*

B&B très romantique situé sur la St. Johns River, cette maison de style colonial est dotée de portes-fenêtres donnant sur un joli porche avec rocking-chairs. Les chambres ont des lits à baldaquin, et la déco comporte principalement des motifs de canards. Vite rempli, donc réservez à l'avance. Idéal pour se reposer. **www.houseoncherry.com**

JACKSONVILLE Crown Plaza Jacksonville Riverfront $$$

1201 Riverplace Blvd, 32207 ***Tél.*** *(904) 398-8800* ***Fax*** *(904) 398-9170* ***Chambres*** *292* ***Carte routière*** *E1*

Ce Hilton est connu pour sa suite Elvis Presley, où le King aurait séjourné à plusieurs reprises. Une ambiance années 1970 y règne. Les chambres avec balcon donnant sur la rivière et le grill Ruth's Chris Steakhouse attirent une clientèle d'hommes d'affaires. **www.jacksonvillehilton.com**

JACKSONVILLE Plantation Manor Inn $$$

1630 Copeland St, 32204 ***Tél.*** *(904) 384-4630* ***Fax*** *(904) 387-0960* ***Chambres*** *9* ***Carte routière*** *E1*

Ce petit B&B de style colonial décoré d'antiquités et de boiseries offre un cadre idéal pour les mariages. Situé dans le quartier de Riverside, proche des boutiques et des restaurants, il offre une atmosphère conviviale. Le petit déjeuner maison est délicieux. Piscine, spa et porche. **www.plantationmanorinn.com**

NEPTUNE BEACH Sea Horse Oceanfront Inn $$

120 Atlantic Blvd, 32266 ***Tél.*** *(904) 246-2175* ***Fax*** *(904) 246-4256* ***Chambres*** *39* ***Carte routière*** *E1*

Hôtel sur la plage avec chambres spacieuses face à l'océan. Six d'entre elles sont équipées d'un coin cuisine. Pelouse avec gril, piscine, jeu de palets et tables de pique-nique. Le Lemon Bar est assez fréquenté, surtout le soir et le week-end. Les familles aiment séjourner ici.

PONTE VEDRA BEACH Ponte Vedra Inn $$$$$

200 Ponte Vedra Blvd, 32082 ***Tél.*** *(904) 285-1111* ***Fax*** *(904) 285-2111* ***Chambres*** *260* ***Carte routière*** *E1*

Hôtel *condo* avec spa. Il propose des chambres avec balcons, deux terrains de golf de 18 trous et une piscine olympique de 6 couloirs située au Lodge and Club de Ponte Vedra Beach. Au spa, faites-vous masser tout en admirant l'océan. **www.pvresorts.com**

PONTE VEDRA BEACH Sawgrass Marriott Resort and Beach Club $$$$$

1000 PGA Tour Blvd, 32082 ***Tél.*** *(904) 285-7777* ***Fax*** *(904) 285-0906* ***Chambres*** *508* ***Carte routière*** *E1*

L'un des plus grands terrains de golf du pays (99 trous), le TPC de Sawgrass, dessiné par Pete Dye, accueille chaque année le Players Championship. Chambres confortables, surtout les suites donnant sur le green. Une navette vous conduit au Cabana Beach Club. **www.sawgrassmarriott.com**

SAINT AUGUSTINE Monterey Inn $

16 Avenida Menedez, 32084 ***Tél.*** *(904) 824-4482* ***Fax*** *(904) 829-8854* ***Chambres*** *59* ***Carte routière*** *E1*

Hôtel fonctionnel et bien entretenu donnant sur Mantazas Bay, d'un très bon rapport qualité-prix. Il est géré par une famille accueillante qui vous conseillera dans le choix des restaurants alentour et vous aidera dans l'organisation de vos visites. **www.themontereyinn.com**

SAINT AUGUSTINE Pirate Haus Inn and Hostel $

32 Treasury St, 32084 ***Tél.*** *(904) 808-1999* ***Chambres*** *4* ***Carte routière*** *E1*

Les voyageurs au budget restreint adorent cette auberge située au cœur du quartier historique. Cuisine commune, salon et terrasse sur le toit facilitent les rencontres avec les autres locataires. Les chambres en dortoir sont basiques et bien entretenues. Trois chambres privées avec salle de bains. **www.piratehaus.com**

SAINT AUGUSTINE Victorian House $$

11 Cadiz St, 32084 ***Tél.*** *(904) 824-5214* ***Fax*** *(904) 824-7990* ***Chambres*** *8* ***Carte routière*** *E1*

Ce B&B de style victorien datant de 1897 regorge d'antiquités. Il est doté d'un porche entourant la maison et d'une ancienne épicerie adjacente, la Carriage House, reconvertie en quatre chambres (où les enfants sont les bienvenus). Toutes les chambres ont une entrée indépendante. **www.victorianhouse-inn.com**

SAINT AUGUSTINE Casa Monica Hotel $$$$

95 Cordova St, 32084 ***Tél.*** *(904) 827-1888* ***Fax*** *(904) 819-6065* ***Chambres*** *137* ***Carte routière*** *E1*

Cet hôtel de style maure Revival a été entièrement restauré dans sa splendeur d'antan. Dans les chambres, armoires de style ibérique, têtes de lit en fer forgé et articles de toilettes haut de gamme. Le restaurant 95 Cordova est succulent. Il faut payer une taxe supplémentaire pour profiter du Serenata Beach Club, à 10 minutes. **www.casamonica.com**

LE PANHANDLE

APALACHICOLA Apalachicola River Inn $$

123 Water St, 32320 ***Tél.*** *(850) 653-8139* ***Fax*** *(850) 653-2018* ***Chambres*** *26* ***Carte routière*** *C1*

Le seul hôtel de la ville au bord de l'eau. Chambres avec portes-fenêtres et salle d'eau. Le Frog Level Oyster Bar sert de sublimes huîtres d'Apalachichola. Ambiance animée au Roseate Spoonbill Lounge. **www.apalachicolariverinn.com**

APALACHICOLA Coombs House Inn $$

80 6th St, 32320 **Tél.** *(850) 653-9199* **Fax** *(850) 653-2785* **Chambres** *19* **Carte routière** *C1*

Logé dans deux maisons de 1905, ce B&B luxueux offre des chambres décorées dans le style victorien. Le Love Bungalow a une entrée indépendante. L'autre bâtiment possède un jacuzzi. Dégustations gratuites de vin le week-end. **www.coombshouseinn.com**

APALACHICOLA Gibson Inn $$

51 Ave C, 32320 **Tél.** *(850) 653-2191* **Fax** *(850) 653-3521* **Chambres** *30* **Carte routière** *C1*

Coiffé d'une coupole, cet hôtel classé au patrimoine national est la quintessence de l'architecture victorienne de Floride. Commandez un cocktail au bar et passez la soirée à vous relaxer sur la véranda. Essayez d'y aller lors du « Murder Mystery Week-end ». **www.gibsoninn.com**

DESTIN Best Western SummerPlace Inn $

14047 Emerald Coast Pkwy, 32541 **Tél.** *(850) 650-8003* **Fax** *(850) 650-8004* **Chambres** *72* **Carte routière** *B1*

Cet hôtel de chaîne à l'architecture espagnole offre des chambres décorées de thèmes floraux et d'animaux. Certaines ont un balcon donnant sur le golfe. Piscines couverte et extérieure. D'un très bon rapport qualité-prix. **www.bestwestern.com**

DESTIN Hilton Sandestin Beach and Golf Resort $$$$

4000 Sandestin Blvd, 32541 **Tél.** *(850) 267-9500* **Fax** *(850) 267-3076* **Chambres** *598* **Carte routière** *B1*

Splendide station balnéaire en bord de plage composée de deux tours abritant des chambres avec salle de bains attenante. Terrain de golf, 13 courts de tennis, centre d'animation pour enfants et plage privée. **www.hiltonsandestinbeach.com**

DESTIN Sandestin Golf and Beach Resort $$$$

9300 Emerald Coast Pkwy, 32541 **Tél.** *(850) 267-8000* **Fax** *(850) 267-8222* **Chambres** *1 300* **Carte routière** *B1*

Installé sur 1 200 hectares de terrain et doté d'une plage privée, c'est l'un des plus grands complexes hôtelier et sportif de Floride. Chambres avec salle de bains, balcon et coin cuisine. Certaines appartiennent à des particuliers et sont disponibles à la location (*condo*-hôtel). Nombreux restaurants et boutiques. **www.sandestin.com**

FORT WALTON BEACH Venus by the Sea $

885 Santa Rosa Blvd, 32548 **Tél.** *(850) 301-9600* **Fax** *(850) 301-9205* **Chambres** *45* **Carte routière** *A1*

Ambiance années 1970 dans cet hôtel situé sur Okaloosa Island. Les appartements d'une, deux ou trois chambres avec cuisine, salle à manger et salon conviennent parfaitement aux familles. La plage est à une courte distance à pied. Prix abordables. **www.venuscondos.com**

FORT WALTON BEACH Aunt Martha's Bed and Breakfast $$

315 Shell Ave, 32548 **Tél.** *(850) 243-6702* **Fax** *(850) 796-2431* **Chambres** *7* **Carte routière** *A1*

Cette délicieuse chambre d'hôtes a été construite en l'an 2000 sur le modèle des résidences d'été de Floride du début du XXe siècle. Il y a un lac derrière la maison. Chambres confortables, meublées avec goût. Petit déjeuner succulent. **www.auntmarthasbedandbreakfast.com**

FORT WALTON BEACH Holiday Inn Sunspree $$

573 Santa Rosa Blvd, 32548 **Tél.** *(800) 238-8686* **Fax** *(850) 244-5926* **Chambres** *195* **Carte routière** *A1*

Cet hôtel convivial en bord de plage offre de nombreuses activités. Il abrite un restaurant, deux piscines, un centre d'affaires, un club pour enfants et des terrains de golf. Activité de pêche proposée. **www.hifwb.com**

FORT WALTON BEACH Islander Beach Resort $$$

790 Santa Rosa Blvd, 32548 **Tél.** *(850) 244-4137* **Fax** *(850) 664-6748* **Chambres** *98* **Carte routière** *A1*

Situé sur une superbe plage, cet hôtel propose un hébergement allant des chambres simples à des suites avec trois chambres, toutes avec un balcon donnant sur la mer. Farniente assuré autour de la piscine de 25 mètres et du jacuzzi. **www.emeraldcoastrentals.com**

FORT WALTON BEACH Ramada Plaza Beach Resort $$$

1500 E Miracle Strip Pkwy, 32548 **Tél.** *(850) 243-9161* **Fax** *(850) 243-2391* **Chambres** *335* **Carte routière** *A1*

Cette grande station balnéaire vaut surtout pour son esplanade extérieure avec un bar de style Vegas, des chutes d'eau et des rochers. Jolies chambres avec vue sur le golfe ou la cour. Les moins chères donnent sur le parking. **www.ramadafwb.com**

PANAMA CITY BEACH Beachcomber by the Sea $

17101 Front Beach Rd, 32413 **Tél.** *(850) 233-3600* **Fax** *(850) 233-3622* **Chambres** *96* **Carte routière** *B1*

Cet hôtel confortable et propre propose des chambres avec salle de bains attenante et balcon donnant sur la piscine et sur le golfe. Les suites sont de deux tailles différentes avec coin salon ou deux lits double. Les petites chambres de style motel sont équipées d'un micro-ondes. **www.beachcomberbythesea.com**

PANAMA CITY BEACH Flamingo Motel $

15525 Front Beach Rd, 32413 **Tél.** *(850) 234-2232* **Fax** *(850) 234-1292* **Chambres** *118* **Carte routière** *B1*

Motel géré par une famille, doté d'un superbe jardin tropical entourant une piscine chauffée et d'une terrasse avec vue sur le golfe. Chambres avec cuisine équipée (ou seulement frigo ou micro-ondes) pouvant accueillir de 2 à 6 personnes. Chambres moins chères pour les petits budgets. **www.flamingomotel.com**

Légende des prix, *voir p. 310* **Légende des symboles,** *voir arrière de couverture*

PANAMA CITY BEACH Sunset Inn $

8109 Surf Drive, 32408 ***Tél.*** *(850) 234-7370* ***Fax*** *(850) 234-7370* ***Chambres*** *62* ***Carte routière*** *B1*

Situé en bout de plage, ce hôtel *condo* est loin des foules. Chambres spacieuses, simples et bien entretenues. Les balcons donnent directement sur la plage et offrent de très belles vues.
www.sunsetinnfl.com

PANAMA CITY BEACH Edgewater Beach Resort $$$

11212 Front Beach Rd, 32407 ***Tél.*** *(850) 235-4044* ***Fax*** *(850) 235-6899* ***Chambres*** *500* ***Carte routière*** *B1*

Ce *condo*-hôtel, l'un des plus grands de la ville, offre de nombreux aménagements sportifs, dont un terrain de golf de 9 trous. Très belles vues depuis les chambres sur le golfe et la plage.
www.edgewaterbeachresort.com

PANAMA CITY BEACH Marriott's Bay Point Resort Village $$$$

4200 Marriott Drive, 32408 ***Tél.*** *(850) 236-6000* ***Fax*** *(850) 236-6158* ***Chambres*** *349* ***Carte routière*** *B1*

Niché dans une réserve naturelle séparée de la plage, ce complexe luxueux d'un bon rapport qualité-prix est prisé pour son terrain de golf et ses courts de tennis (parmi les meilleurs du pays). Navette gratuite jusqu'à la plage. Sports nautiques à la Grand Lagoon Beach. **www.marriottbaypoint.com**

PENSACOLA New World Inn $

600 S Palafox St, 32501 ***Tél.*** *(850) 432-4111* ***Fax*** *(850) 432-6836* ***Chambres*** *14* ***Carte routière*** *A1*

Cet hôtel de style colonial, situé dans le quartier historique de la ville, propose des chambres meublées d'antiquités. Rattaché à un centre de conférence, il attire une clientèle d'hommes d'affaires. Idéal pour les petits budgets.
www.newworldlanding.com

PENSACOLA BEACH Bay Beach Inn $$

51 Gulf Breeze Pkwy, 32561 ***Tél.*** *(850) 932-2214* ***Fax*** *(850) 932-0932* ***Chambres*** *168* ***Carte routière*** *A1*

Offrant de belles vues sur Pensacola Bay, cet hôtel abrite aussi l'un des meilleurs restaurants de la ville. Les chambres sont basiques, mais les activités proposées sont nombreuses (bateau, kayak et jet-ski).
www.baybeachinn.com

PENSACOLA BEACH The Portofino $$$$$

10 Portofino Drive, 32561 ***Tél.*** *(850) 916-5000* ***Fax*** *(850) 916-5010* ***Chambres*** *150* ***Carte routière*** *A1*

Le seul hôtel de luxe de la ville. De style italien, il offre toutes les commodités : belles chambres (donnant sur le golfe), appartements *condo*, cinq piscines, restaurant gastronomique, club pour enfants et navette gratuite jusqu'au terrain de golf. **www.theportofino.com**

SEASIDE Josephine's French Country Inn $$$$

County Rd 30 A, 32459 ***Tél.*** *(850) 231-1940* ***Fax*** *(850) 231-2446* ***Chambres*** *7* ***Carte routière*** *B1*

Ce magnifique hôtel arbore de grandes colonnes toscanes rappelant les manoirs de la Virginie. Chambres élégantes, romantiques avec lit à baldaquin en acajou, édredons brodés de dentelle, baignoire en marbre, mini-bar, micro-ondes et frigo. Restaurant de 22 couverts, éclairé aux chandelles. **www.josephinesinn.com**

TALLAHASSEE Cabot Lodge North $

2735 N Monroe St, 32303 ***Tél.*** *(850) 386-8880* ***Fax*** *(850) 386-4254* ***Chambres*** *160* ***Carte routière*** *C1*

Petit hôtel charmant avec un toit en étain et un porche entourant la maison. Chambres modestes, mais propres. Pas de restaurant, mais petit déjeuner continental copieux et cocktails le soir. Excellent rapport qualité-prix, idéal pour les budgets restreints. **www.cabotlodge.com**

TALLAHASSEE Governors Inn $$$

209 S Adams St, 32303 ***Tél.*** *(850) 681-6855* ***Fax*** *(850) 222-3105* ***Chambres*** *40* ***Carte routière*** *C1*

Hommes de loi, politiques et *gentrys* du Sud séjournent dans cet hôtel situé au nord de l'Old Capitol. Les chambres sont meublées de lits à baldaquin, de bureaux, d'armoires en bois d'érable et d'antiquités. Chacune porte le nom d'un gouverneur de Floride. **www.thegovinn.com**

LA GULF COAST

CAPTIVA ISLAND Captiva Island Inn Bed & Breakfast $$$$

11509 Andy Rosse Lane, 33924 ***Tél.*** *(239) 395-0882* ***Fax*** *(239) 395-0862* ***Chambres*** *12* ***Carte routière*** *D4*

Délicieux complexe hôtelier situé à proximité de la plage, entouré de restaurants, galeries et boutiques. Le bâtiment principal comprend deux chambres avec terrasse. Il y a aussi quatre cottages de style hollandais. Le Keylime Bistro, non loin, sert un excellent petit déjeuner. **www.captivaislandinn.com**

CAPTIVA ISLAND Tween Waters Inn $$$$

15951 Captiva Rd, 33924 ***Tél.*** *(239) 472-5161* ***Fax*** *(239) 472-0249* ***Chambres*** *138* ***Carte routière*** *D4*

Charmant complexe situé sur une palmeraie. Certaines chambres donnent sur le golfe, d'autres sur la baie. Les couples en lune de miel opteront pour le cottage, et les familles pour la maison avec trois chambres. Le restaurant du lieu vaut le détour pour son histoire et sa cuisine. **www.tween-waters.com**

CAPTIVA ISLAND South Seas Resort $$$$$

5400 Plantation Rd, 33924 ***Tél.*** *(239) 472-5111* ***Fax*** *(239) 481-4947* ***Chambres*** *660* ***Carte routière*** *D4*

Située sur une ancienne plantation, cette station est tellement vaste qu'un petit véhicule gratuit circule à travers tout l'établissement. Hébergement en villas (certaines avec piscine privée). Si vous aimez le golf, le tennis ou la natation (il y a 18 piscines chauffées), cet endroit est pour vous. **www.south-seas-resort.com**

CLEARWATER Belleview Biltmore Resort and Spa $$$$

25 Belleview Blvd, 33756 ***Tél.*** *(727) 373-3000* ***Fax*** *(727) 441-4173* ***Chambres*** *240* ***Carte routière*** *D3*

Le plus vieil hôtel de la Gulf Coast, construit en 1896. Situé sur un promontoire surplombant la baie, il attire principalement les groupes et les passionnés de golf qui jouent au Belleview Country Club adjacent. Visites guidées sur l'histoire du lieu et navette gratuite jusqu'à la Clearwater Beach. **www.belleviewbiltmore.com**

CLEARWATER BEACH Amber Tides Motel $

420 Hamden Drive, 33767 ***Tél. et Fax*** *(727) 445-1145* ***Chambres*** *11* ***Carte routière*** *D3*

Cet hôtel bien entretenu donnant sur la baie se situe à cinq minutes à pied de la plage. Les chambres sont propres et basiques. Jardin avec piscine où vous pourrez prendre un bain de soleil. Restaurants à proximité. Idéal pour les petits budgets. **www.ambertides-motel.com**

CLEARWATER BEACH Clearwater Beach Marriott Suites on Sand Key $$$$$

1201 Gulf Blvd, 33767 ***Tél.*** *(727) 596-1100* ***Fax*** *(727) 595-4292* ***Chambres*** *220* ***Carte routière*** *D3*

Hôtel très agréable sur l'îlot de Sand Key. Activités pour enfants. Promenade adjacente avec magasins et restaurants. Chaque chambre possède un balcon et un salon doté d'un canapé-lit. Piscine chauffée avec chutes d'eau. **www.clearwaterbeachmarriottsuites.com**

FORT MYERS Sanibel Harbour Resort and Spa $$$$$

17260 Harbour Pointe Rd, 33908 ***Tél.*** *(239) 466-4000* ***Fax*** *(239) 466-2150* ***Chambres*** *401* ***Carte routière*** *E4*

Station balnéaire donnant sur San Carlos Bay et Sanibel Island. Trois fois par jour, une navette gratuite transporte les clients jusqu'aux plages de l'île. L'hôtel principal et l'hôtel-boutique de Sanibel Island sont modernes et luxueux. Le superbe spa propose plus de 60 soins. Huit courts de tennis et un club pour enfants. **www.sanibel-resort.com**

FORT MYERS BEACH Island House Motel $

701 Estero Blvd, 33931 ***Tél.*** *(239) 463-9282* ***Fax*** *(239) 463-2080* ***Chambres*** *5* ***Carte routière*** *E4*

Cet hôtel paisible est situé à quelques pas de Times Square, le quartier animé de la ville regorgeant de bars et restaurants. Chambres avec cuisine. Quatre ont un porche avec baie vitrée. Une petite bibliothèque décore le salon à ciel ouvert. Des transats et des vélos sont mis gratuitement à la disposition des clients.

FORT MYERS BEACH Palm Terrace Apartments $

3333 Estero Blvd, 33931 ***Tél.*** *(239) 765-5783* ***Fax*** *(239) 765-5783* ***Chambres*** *9* ***Carte routière*** *E4*

Une clientèle d'Européens fréquente cet hôtel où les propriétaires parlent allemand, français et italien. Les petites chambres au rez-de-chaussée s'ouvrent sur une pelouse et sont équipées de matériel de cuisine. Les chambres du haut arborent un porche ou une terrasse donnant sur la piscine. **www.palm-terrace.com**

FORT MYERS BEACH Outrigger Beach Resort $$

6200 Estero Blvd, 33931 ***Tél.*** *(239) 463-3131* ***Fax*** *(239) 463-6577* ***Chambres*** *144* ***Carte routière*** *E4*

Ravissant hôtel très bien entretenu géré par la même famille depuis 1965. Les petits cottages avec des jardins à l'arrière sont charmants. Évitez les chambres donnant sur le parking. Le bar sur la plage est le meilleur endroit de la ville pour admirer le coucher de soleil. **www.outriggerfmb.com**

FORT MYERS BEACH Sandpiper Gulf Resort $$

5550 Estero Blvd, 33931 ***Tél.*** *(239) 463-5721* ***Fax*** *(239) 765-0039* ***Chambres*** *63* ***Carte routière*** *E4*

Vous vous sentirez comme à la maison dans cette station au bord de la mer. Les deux bâtiments offrent un accès facile à la plage et sont chacun dotés d'une cour avec jardin tropical. Des appartements donnent sur la plage. Bonne option pour un séjour long. Prisée d'une clientèle plutôt âgée. **www.sandpipergulfresort.com**

FORT MYERS BEACH Edison Beach House All Suite Hotel $$$

830 Estero Blvd, 33931 ***Tél.*** *(239) 463-1530* ***Fax*** *(239) 765-9430* ***Chambres*** *24* ***Carte routière*** *E4*

Cet hôtel non-fumeurs propose des chambres avec balcon, cuisine équipée, matériel de bureau et salle de bains avec machine à laver/sèche-linge. Chambres avec vue sur la plage. Les « A suites » sont dotées de lits spacieux et de baies vitrées offrant des vues panoramiques sur le golfe et la baie. **www.edisonbeachhouse.com**

FORT MYERS BEACH Pink Shell Beach Resort & Spa $$$$

275 Estero Blvd, 33931 ***Tél.*** *(239) 463-6181* ***Fax*** *(239) 463-1229* ***Chambres*** *234* ***Carte routière*** *E4*

Ce complexe hôtelier donnant sur le golfe et Matanzas Pass offre des chambres et des appartements très bien équipés. Les cottages sur pilotis ont un parfum de la Floride d'antan. Belles vues sur Sanibel Island. Pendant que vous profiterez du spa, les enfants (de 4 à 11 ans) visiteront le « Kidds Kampp ». **www.pinkshell.com**

FORT MYERS BEACH DiamondHead Beach Resort $$$$$

2000 Estero Blvd, 33931 ***Tél.*** *(239) 765-7654* ***Fax*** *(239) 765-1694* ***Chambres*** *124* ***Carte routière*** *E4*

Ce bâtiment haut de 12 étages situé en front de mer propose de grands appartements (avec une chambre) offrant de très belles vues. Chambres avec balcon, canapé-lit, deux télévisions et un coin cuisine. Idéal pour les familles ou les groupes de voyageurs. Bar sur la plage et restaurant. **www.diamondheadfl.com**

Légende des prix, *voir p. 310* **Légende des symboles,** *voir rabat arrière de couverture*

LONGBOAT KEY Colony Beach and Tennis Resort $$$$$

1620 Gulf of Mexico Drive, 34228 **Tél.** *(941) 383-6464* **Fax** *(941) 383-7549* **Chambres** *235* **Carte routière** *D3*

Ce hôtel *condo* aux airs de *country club* à l'ancienne (veste exigée pour les hommes au dîner) jouit d'une réputation établie depuis des années. Chambres avec salon, cuisine, balcon, jacuzzi et douche vapeur. Le club de tennis accueille des tournois professionnels. **www.colonybeachresort.com**

MARCO ISLAND Olde Marco Inn and Suites $$

100 Palm St, 34145 **Tél.** *(877) 475-3466* **Fax** *(239) 394-4485* **Chambres** *329* **Carte routière** *E4*

Cet hôtel-inn au charme typiquement victorien, l'un des plus romantiques de Floride, date de 1883. Décoration tropicale dans les 51 chambres récemment rénovées. Les jardins, la plage et le restaurant sont sublimes. Un catamaran vous conduit jusqu'aux plages privées de l'hôtel. **www.oldmarco.com**

MARCO ISLAND Boat House Motel $$$

1180 Edlington Place, 34148 **Tél.** *(239) 642-2400* **Fax** *(239) 642-2435* **Chambres** *25* **Carte routière** *E4*

Vous ferez de sérieuses économies en logeant dans ce petit hôtel plaisant de style années 1950 situé près de la Marco River tout au nord de l'île. Décor tropical. Deux chambres sont dotées d'une terrasse donnant sur des petites cours. Idéal pour quelques nuits. **www.theboathousemotel.com**

MARCO ISLAND Marco Beach Ocean Resort $$$$$

480 S Collier Blvd, 34145 **Tél.** *(239) 393-1400* **Fax** *(239) 393-1401* **Chambres** *100* **Carte routière** *E4*

Le hall d'entrée en marbre donne le ton dans cet hôtel très chic doté d'une plage privée impeccable offrant tous les services. L'hôtel abrite un spa et un excellent restaurant italien. Ambiance sélect. **www.marcoresort.com**

MARCO ISLAND Marco Island Hilton Beach Resort $$$$$

560 S Collier Blvd, 34145 **Tél.** *(239) 394-5000* **Fax** *(239) 394-8410* **Chambres** *297* **Carte routière** *E4*

Ambiance très animée dans cet hôtel de 11 étages donnant sur le golfe. Chambres agréables équipées de tout le confort moderne. Superbe piscine dans la cour. Le Beach Club sert des boissons et des repas légers, et le Sandcastles Lounge propose des soirées piano bar. **www.marcoisland.hilton.com**

MARCO ISLAND Marco Island Marriott Resort and Golf Club $$$$$

400 S Collier Blvd, 34145 **Tél.** *(239) 394-2511* **Fax** *(239) 642-2672* **Chambres** *797* **Carte routière** *E4*

Ici, les familles trouveront leur bonheur : nombreuses activités pour les enfants, golf et spa pour les adultes. Chambres avec balcon offrant des vues spectaculaires sur le golfe. Deux bons restaurants ajoutent au charme du lieu. **www.marcomarriottresort.com**

NAPLES Lighthouse Inn Motel $

9140 Gulf Shore Drive, 34108 **Tél.** *(239) 597-3345* **Fax** *(239) 597-5541* **Chambres** *15* **Carte routière** *E4*

Le meilleur hôtel de la ville d'un point de vue rapport qualité-prix. Situé à deux pas du centre, des magasins et restaurants, il propose des chambres et appartements équipés d'une cuisine. Très populaire, le Lighthouse Café attire même la clientèle du Ritz.

NAPLES Sea Shell Motel $

287 182 9th St S, 34102 **Tél.** *(239) 262-5129* **Fax** *(239) 263-0182* **Chambres** *30* **Carte routière** *E4*

Difficile de passer à côté du Sea Shell Motel dont la statue de bronze *Flying Dolphins* de l'artiste Dale Ever se dresse fièrement dans l'entrée. Situé non loin de la plage, cet hôtel propose des chambres basiques, mais confortables. Magnifique jardin et piscine chauffée. **www.bestlodgingswflorida.com**

NAPLES Hotel Escalante $$$$$

290 5th Ave S, 34102 **Tél.** *(239) 659-3466* **Fax** *(239) 262-8748* **Chambres** *71* **Carte routière** *E4*

Hôtel-boutique romantique doté de chambres luxueuses, situé à proximité de la très chic Fifth Avenue. Les jardins luxuriants sont pavés de chemins de vieilles briques importées de Chicago et de fontaines de France. Déjeuner sur la plage. Dégustation de vins le soir. **www.hotelescalante.com**

NAPLES LaPlaya Beach and Golf Resort $$$$$

9891 Gulf Shore Drive, 34102 **Tél.** *(239) 597-3123* **Fax** *(239) 597-6278* **Chambres** *189* **Carte routière** *E4*

Situé sur Vanderbilt Beach, c'est l'un des meilleurs hôtels-boutique de Naples. Les chambres décorées à la française ménagent des vues sublimes sur le golfe. Oreillers en plume d'oie et produits de toilette de luxe. Le spa, le terrain de golf de 18 trous et la David Leadbetter Golf Academy attire les sportifs. Excellent restaurant. **www.laplayaresort.com**

NAPLES Naples Beach Hotel and Golf Club $$$$$

851 Gulf Shore Blvd, 34102 **Tél.** *(239) 261-2222* **Fax** *(239) 261-7380* **Chambres** *318* **Carte routière** *E4*

Station balnéaire au charme d'antan. Courts de tennis, golf de 18 trous et spa. Chambres agréables donnant sur la plage. Admirez les couchers de soleil depuis le Sunset Beach Bar. Le restaurant face à la mer sert une cuisine floridienne traditionnelle. Jardin fleuri d'orchidées. **www.naplesbeachhotel.com**

NAPLES Naples Grand Resort & Spa $$$$$

475 Seagate Drive, 34103 **Tél.** *(239) 597-3232* **Fax** *(239) 597-3147* **Chambres** *474* **Carte routière** *E4*

Cette station luxueuse n'est pas sur la plage, mais une navette gratuite vous y emmène. Les deux piscines sont superbes, excellent spa, et le restaurant Lafite est l'un des meilleurs restaurants de cuisine française de la ville. Le bar Luna organise des soirées dansantes. **www.registryresort.com**

NAPLES Staybridge Suites $$$$$

4805 Tamiami Trail North, 34108 ***Tél.*** *(239) 643-8002* ***Fax*** *(239) 643-8069* ***Chambres*** *132* ***Carte routière*** *E4*

Possibilité de cuisiner soi-même et de manger dans sa chambre dans cette luxueuse station située au cœur de Naples, à proximité de la plage. On s'y sent comme à la maison. Les enfants et les animaux domestiques (taxe supplémentaire de 150 $) ne manqueront pas d'espace. **www.staybridgesuites.com**

NAPLES The Inn on Fifth $$$$$

699 5th Ave S, 34102 ***Tél.*** *(239) 403-8777* ***Fax*** *(239) 403-8778* ***Chambres*** *87* ***Carte routière*** *E4*

Charme européen, classique dans cette ancienne banque devenue l'un des meilleurs hôtels de Naples. Chambres élégantes qui changent de l'habituelle décoration tropicale typique de la Floride, dotées d'un balcon donnant sur Fifth Avenue. Le pub irlandais McCabe's est très populaire. **www.innonfifth.com**

NAPLES The Ritz Carlton Golf Resort $$$$$

2600 Tiburon Drive, 34109 ***Tél.*** *(239) 593-2000* ***Fax*** *(239) 254-3300* ***Chambres*** *295* ***Carte routière*** *E4*

Le paradis des golfeurs. Cette station a ouvert ses portes en 2001 sur le terrain de golf de 36 trous Tiburón Golf Club dessiné par Greg Norman dans une enclave résidentielle près de Vanderbilt Beach. Chambres, service et cuisine haut de gamme. Spa. **www.ritzcarlton.com**

NAPLES The Ritz Carlton Naples $$$$$

280 Vanderbilt Beach Rd, 34108 ***Tél.*** *(239) 598-3300* ***Fax*** *(239) 598-6690* ***Chambres*** *463* ***Carte routière*** *E4*

Souvent considéré comme le meilleur Ritz des États-Unis, cet hôtel de style méditerranéen haut de 14 étages donne sur le golfe. Activités pour les enfants, spa et cuisine de grande qualité. Détente garantie sur la plage de sable blanc, où des serveurs seront aux petits soins pour vous. **www.ritzcarlton.com**

PALM HARBOR The Innisbrook Golf Resort $$$$$

36750 US 19 N, 34684 ***Tél.*** *(727) 942-2000* ***Fax*** *(727) 942-6676* ***Chambres*** *450* ***Carte routière*** *D3*

Élue meilleure « golf resort » du pays par le *Golf Digest*. Elle comporte quatre immenses terrains de golf, des courts de tennis et des piscines. Hôtel *Condo*. Grande diversité de types d'hébergement.
www.innisbrookgolfresort.com

SAFETY HARBOR Safety Harbor Resort and Spa $$$$

105 N Bayshore Drive, 34695 ***Tél.*** *(727) 726-1161* ***Fax*** *(727) 724-7749* ***Chambres*** *193* ***Carte routière*** *D3*

Installé sur le rivage ouest de Tampa Bay, au milieu de sources d'eau minérale naturelle, ce sublime centre de remise en forme propose de nombreux soins (dont des massages) basés sur le bien-être et la détente.
www.safetyharborspa.com

SANIBEL ISLAND Tarpon Tale Inn $$$

367 Periwinkle Way, 33957 ***Tél.*** *(239) 472-0939* ***Fax*** *(239) 472-6202* ***Chambres*** *5* ***Carte routière*** *D4*

Ce chaleureux B&B non-fumeurs propose des chambres à la déco thématique, lumineuses et aérées (sol carrelé et murs blancs), avec salle d'eau. Des portes-fenêtres s'ouvrent sur de beaux jardins, fleuris de *seagrape* (raisins de mer), palmiers et ficus. Petit déjeuner continental servi dans les chambres. Prix abordables. **www.tarpontale.com**

SANIBEL ISLAND Casa Ybel Resort $$$$$

2255 W Gulf Drive, 33957 ***Tél.*** *(239) 472-3145* ***Fax*** *(239) 472-2109* ***Chambres*** *115* ***Carte routière*** *D4*

Condo-hôtel en bord de mer idéal pour les familles. Les appartements-*condo* de une ou deux chambres avec terrasse (et gril au gaz) offrent de belles vues. Le restaurant est l'un des meilleurs du quartier. Vous pourrez vous balader sur des kilomètres de plages de sable fin ou faire un saut dans la piscine. **www.casaybelresort.com**

SANIBEL ISLAND Island Inn $$$$$

3111 W Gulf Drive, 33957 ***Tél.*** *(239) 472-1561* ***Fax*** *(239) 472-0051* ***Chambres*** *57* ***Carte routière*** *D4*

Une partie du bâtiment de cette station balnéaire datant de la fin du XIXe siècle abrite le salon et la bibliothèque de cet hôtel. Décoré d'une foule d'objets anciens, le restaurant sert une excellente cuisine. Chambres et cottages disponibles. Belles plages. Réservez à l'avance. **www.islandinnsanibel.com**

SANIBEL ISLAND Sanibel Inn $$$$$

937 E Gulf Drive, 33957 ***Tél.*** *(239) 472-3181* ***Fax*** *(239) 472-5234* ***Chambres*** *94* ***Carte routière*** *D4*

Les amoureux de la nature adorent les plages magnifiques, le jardin et la décoration tropicales de cet hôtel. Vous pourrez observer les oiseaux, faire des randonnées ou du kayak. Sortie découverte des coquillages et des dauphins pour les enfants. **www.sanibelinn.com**

SANIBEL ISLAND Sanibel's Seaside Inn $$$$$

541 E Gulf Drive, 33957 ***Tél.*** *(239) 472-1400* ***Fax*** *(239) 472-6518* ***Chambres*** *32* ***Carte routière*** *D4*

L'emplacement de cet hôtel rétro de style années 1960 est vraiment son point fort. Vous pourrez séjourner dans un cottage spacieux avec cuisine ou dans l'une des chambres de l'hôtel donnant sur la plage. Les clients ont accès au Dune's golf and tennis club et bénéficient des privilèges du Sanibel Inn. **www.seasideinn.com**

SANIBEL ISLAND Sundial Beach Resort $$$$$

1451 Middle Gulf Drive, 33957 ***Tél.*** *(239) 481-3636* ***Fax*** *(239) 481-4947* ***Chambres*** *270* ***Carte routière*** *D4*

La plus grande station de Sanibel Island, très populaire auprès des familles pour son hébergement en appartements *condo* de une ou deux chambres. Les chambres ont un balcon donnant sur la plage ou les jardins. Bateau, golf, tennis et aquarium (où les enfants peuvent manipuler les animaux). Plusieurs restaurants de qualité. **www.sundialresort.com**

Légende des prix, *voir p. 310* **Légende des symboles,** *voir rabat arrière de couverture*

SARASOTA The Helmlsley Sandcastle $$$

1540 Ben Franklin Drive, 34236 ***Tél.*** *(941) 388-2181* ***Fax*** *(941) 388-2655* ***Chambres*** *179* ***Carte routière*** *D3*

Chambres confortables et vues spectaculaires dans cet hôtel situé sur une plage privée, à quelques minutes du centre commercial St. Armands Circle. Personnel serviable, ambiance détendue. Vous pourrez bronzer toute la journée et profiter de la piscine. **www.helmsleyhotels.com**

SARASOTA The Cypress $$$$

621 Gulfstream Ave, 34236 ***Tél.*** *(941) 955-4683* ***Chambres*** *5* ***Carte routière*** *D3*

Caché parmi les manguiers et les palmiers, ce petit hôtel coiffé d'un toit en étain et donnant sur la baie est sans doute le meilleur secret gardé de Sarasota. Des antiquités et un grand piano décorent l'intérieur. Chambres avec lits spacieux, parquet et tapis orientaux. Délicieux petit déjeuner. **www.cypressbb.com**

SARASOTA The Ritz-Carlton Sarasota $$$$$

1111 Ritz Carlton Drive, 34236 ***Tél.*** *(941) 309-2000* ***Fax*** *(941) 309-2100* ***Chambres*** *256* ***Carte routière*** *D3*

Magnifiques vues, quatre restaurants gastronomiques et piscine chauffée, cet hôtel offre un standing à la hauteur d'un Ritz-Carlton. Pas de plage privée, mais une navette vous conduira sur l'île de Lido Key où l'hôtel possède un club de plage. Activités pour les enfants. **www.ritzcarlton.com**

SARASOTA Turtle Beach Resort $$$$$

9049 Midnight Pass Rd, 34242 ***Tél.*** *(941) 349-4554* ***Fax*** *(941) 312-9034* ***Chambres*** *10* ***Carte routière*** *D3*

Complexe composé de cinq cottages et de cinq chambres occupant un bâtiment moderne. Le jardin tropical crée une ambiance intime. Pas étonnant que cet endroit soit prisé des jeunes mariés. Cannes à pêche, kayaks, canoës et bateaux à roue sont disponibles gratuitement. **www.turtlebeachresort.com**

SIESTA KEY Captiva Beach Resort $$$

6772 Sara Sea Circle, 34242 ***Tél.*** *(941) 349-4131* ***Fax*** *(941) 349-8141* ***Chambres*** *20* ***Carte routière*** *D3*

Cet hôtel sans prétention de style années 1950 offre des chambres propres et confortables, avec climatisation et salle d'eau. Bon marché, idéal pour un séjour long. Femme de chambre une fois par semaine. **www.captivabeachresort.com**

SAINT PETERSBURG Dickens House $$

335 8th Ave, 33701 ***Tél.*** *(727) 822-8622* ***Chambres*** *5* ***Carte routière*** *D3*

Datant de 1912, ce B&B a été restauré dans le style architectural Craftsman d'origine. Les cinq chambres sont décorées avec originalité et goût (linge de lit d'Égypte, frigo et accès Internet). **www.dickenshouse.com**

SAINT PETERSBURG Bayboro House B&B $$$

1719 Beach Drive, 33701 ***Tél.*** *(727) 821-6899* ***Fax*** *(727) 823-2341* ***Chambres*** *8* ***Carte routière*** *D3*

Ravissante demeure victorienne située sur Tampa Bay. Les chambres avec salle de bains attenante et lit à baldaquin ont toute une histoire. La Audubon possède aussi une cuisine et un salon. Dégustation de fromages et de vins (dont le vin d'agrumes maison) tous les jours sous la véranda. **www.bayborohousebandb.com**

SAINT PETERSBURG Mansion House B&B $$$

105 5th Ave NE, 33701 ***Tél.*** *(727) 821-9391* ***Fax*** *(727) 821-6909* ***Chambres*** *10* ***Carte routière*** *D3*

Une cour sépare les deux bâtiments de ce B&B cosy datant du début du XIXe siècle. Le bâtiment principal possède six chambres et une véranda ensoleillée. Salon avec télévision et vidéocassettes dans les deux bâtiments. La Pembroke Room est la plus luxueuse. **www.mansionbandb.com**

SAINT PETERSBURG The Heritage Holiday Inn $$$

234 3rd Ave N, 33701 ***Tél.*** *(727) 822-4814* ***Fax*** *(727) 823-1644* ***Chambres*** *71* ***Carte routière*** *D3*

Bien qu'il ait été rénové, cet hôtel du début des années 1920 a conservé un parfum d'époque. Avec son parquet craquant, ses portes-fenêtres et sa cour tropicale, il ne ressemble pas à un hôtel de chaîne. **www.theheritagehi.com**

SAINT PETERSBURG Renaissance Vinoy Resort and Golf Club $$$$$

501 5th Ave NE, 33701 ***Tél.*** *(727) 894-1000* ***Fax*** *(727) 822-2785* ***Chambres*** *360* ***Carte routière*** *D3*

Situé à une courte distance à pied du Pier et de Central Avenue, cette station balnéaire de style méditerranéen est l'une des plus chics de la ville. Chambres avec écran de télévision dans la salle de bains et vues magnifiques sur la baie. Le Marchand's Grill est un excellent restaurant. Golf de 18 trous. **www.renaissancehotels.com**

SAINT PETERSBURG BEACH Beach Haven $$

4980 Gulf Blvd, 33706 ***Tél.*** *(727) 367-8642* ***Fax*** *(727) 360-8202* ***Chambres*** *18* ***Carte routière*** *D3*

Cet hôtel de style années 1950 est d'un excellent rapport qualité-prix. Il comporte 1 suite avec deux chambres,12 suites avec une chambre et cuisine (dont certaines avec baie vitrée donnant sur la piscine extérieure chauffée) et cinq chambres plus standard. Magnifiques vues sur la plage. **www.beachhavenvillas.com**

SAINT PETERSBURG BEACH Don CeSar Resort and Spa $$$$$

3400 Gulf Blvd, 33706 ***Tél.*** *(727) 360-1881* ***Fax*** *(727) 367-6952* ***Chambres*** *277* ***Carte routière*** *D3*

La plage s'étend à perte de vue devant ce palace rose au charme d'époque. De grandes fenêtres, des chandeliers en cristal et un sol en marbre habillent le hall d'entrée. Piscine et jardin tropical. Demandez une chambre avec vue. Activités de grande qualité pour les enfants. **www.doncesar.com**

SAINT PETERSBURG BEACH Tradewinds Island Grand Resort $$$$$

5500 Gulf Blvd, 33706 ***Tél.*** *(727) 363-2212* ***Fax*** *(727) 363-2222* ***Chambres*** *585* ***Carte routière*** *D3*

Derrière la façade austère du bâtiment se cache un hôtel fantastique doté de promenades, patios et bassins de nénuphars. Les chambres donnent sur le parc ou le golfe. Piscine réservée aux adultes. Dégustez un cocktail dans le bar romantique flottant sur une mare de nénuphars. **www.justletgo.com**

TAMPA Best Western All Suites Hotel $$

3001 University Center Drive, 33612 ***Tél.*** *(813) 971-8930* ***Fax*** *(813) 971-8935* ***Chambres*** *150* ***Carte routière*** *D3*

Plus connu sous le nom de « The Parrot Place » en raison de sa proximité avec les Busch Gardens. Il arrive que les perroquets s'invitent ici. Chambres bien équipées avec lits superposés pour les enfants. Bar, piscine et jacuzzi. **www.thatparrotplace.com**

TAMPA Hilton Garden Inn $$$

1700 E 9th Ave, 33602 ***Tél.*** *(813) 769-9267* ***Fax*** *(813) 769-3299* ***Chambres*** *95* ***Carte routière*** *D3*

L'emplacement de cet hôtel, proche de tous les bars et clubs de Ybor City, est son grand point fort. Il propose des chambres du standing d'un Hilton et des commodités qui attirent étudiants, hommes d'affaires et voyageurs au budget restreint. **www.hiltongardeninn.com**

TAMPA Hyatt Regency Tampa $$$$$

2 Tampa City Center, 33602 ***Tél.*** *(813) 225-1234* ***Fax*** *(813) 273-0234* ***Chambres*** *521* ***Carte routière*** *D3*

Situé juste à côté de la rue piétonne Franklin Street, le Hyatt est l'un des hôtels les plus populaires du centre-ville. Il attire les hommes d'affaires et ceux qui préfèrent visiter la ville que les Bush Gardens. Chambres simples et confortables. **www.tamparegency.hyatt.com**

TAMPA Tampa Marriott Waterside Hotel and Marina $$$$$

700 S Florida Ave, 33602 ***Tél.*** *(813) 221-4900* ***Fax*** *(813) 221-0923* ***Chambres*** *719* ***Carte routière*** *D3*

Installé dans une imposante tour près du Channel District, cet hôtel de luxe offre des vues incroyables sur la rivière et la promenade. La moitié des chambres possède un balcon donnant sur la baie ou la ville. Port de plaisance, spa et piscine extérieure chauffée. **www.marriott.com**

TAMPA Tampa Riverwalk Hotel $$$$$

200 N Ashley Drive, 33602 ***Tél.*** *(813) 223-2222* ***Fax*** *(813) 221-5929* ***Chambres*** *282* ***Carte routière*** *D3*

Cet ancien hôtel de chaîne haut de six étages, situé sur le rivage est de la Hillsborough River, offre des chambres bien aménagées. Vous pourrez petit-déjeuner, déjeuner et dîner au restaurant Ashley Drive Grill. **wwwtampariverwalkhotel.com**

TAMPA Westin Harbour Island $$$$$

725 S Harbour Island Blvd, 33602 ***Tél.*** *(813) 229-5000* ***Fax*** *(813) 229-5322* ***Chambres*** *299* ***Carte routière*** *D3*

Installé sur sa propre île, cet hôtel proche du centre-ville propose des chambres confortables donnant sur le port. Le restaurant de l'hôtel sert une cuisine italienne. Le Harbour Island Athletic Club abrite des courts de tennis, des équipements sportifs et un spa. **www.wyndhamhotels.com**

VENICE Horse & Chaise Inn $$$$$

317 Ponce de Leon Ave, 34285 ***Tél.*** *(941) 488-2702* ***Chambres*** *9* ***Carte routière*** *D4*

Construit en 1927, cet hôtel se situe dans un quartier calme de Venice à 10 minutes de la plage. Parmi les objets d'époque se trouvent des moulures en stuc ornant la porte d'entrée et une cheminée d'origine dans le salon. Chaque chambre est décorée selon un thème historique différent. **www.horseandchaiseinn.com**

WESLEY CHAPEL Saddlebrook Resort $$$$$

5700 Saddlebrook Way, 33543 ***Tél.*** *(813) 973-1111* ***Fax*** *(813) 973-4504* ***Chambres*** *800* ***Carte routière*** *D3*

Situé à 30 minutes de voiture seulement de Tampa, le Saddlebrook paraît pourtant très isolé. Installé dans 250 hectares de terres, il abrite un superbe spa, des courts de tennis, des terrains de golf, un club pour enfants et des lacs artificiels. Chambres spacieuses ou *condos* de une ou deux chambres. **www.saddlebrookresort.com**

LES EVERGLADES ET LES KEYS

DUCK KEY Hawk's Cay Resort $$$$$

61 Hawk's Cay Blvd, 33050 ***Tél.*** *(305) 743-7000* ***Fax*** *(305) 743-5215* ***Chambres*** *176* ***Carte routière*** *F5*

Installé sur sa propre île, cet hôtel à l'ambiance délicieusement tropicale est fait pour les amoureux des dauphins. Il propose un nombre impressionnant d'activités : bateau, pêche, plongée. Vous pourrez même nager avec les dauphins dans une piscine spéciale. Chambres spacieuses avec balcon. Le spa Indies est divin. **www.hawkscay.com**

EVERGLADES Flamingo Lodge, Marina and Outpost Resort $$

1 Flamingo Lodge Hwy, 33034 ***Tél.*** *(239) 695-3101* ***Fax*** *(239) 695-3921* ***Chambres*** *97* ***Carte routière*** *E5*

Seul hôtel du Everglades National Park, le Flamingo est très confortable. Les chambres occupent un pavillon et un bâtiment de deux étages et donnent toutes sur la baie. Sports nautiques, kayak et pêche. **www.flamingolodge.com**

Légende des prix, *voir p. 310* **Légende des symboles,** *voir rabat arrière de couverture*

EVERGLADES CITY Everglades Spa and Lodge $$

201 W Broadway, 34139 **Tél.** *(239) 695-3151* **Fax** *(239) 695-3335* **Chambres** *7* **Carte routière** *E4*

Ce B&B occupe la première banque de Collier County construite en 1923. Les chambres (Trust Room, Checking Department, Stocks et Bonds Room) sont toutes propres et confortables. Petit déjeuner copieux en *room-service*. **www.banksoftheeverglades.com**

EVERGLADES CITY Rod & Gun Lodge $$

Riverside Drive and Broadway, 34139 **Tél.** *(239) 695-2101* **Chambres** *17* **Carte routière** *E4*

Les propriétaires de cette maison rustique coiffée d'un toit de bardeaux n'entendent pas répondre à tous vos besoins. Ils ont pourtant accueilli Mick Jagger, Richard Nixon et Burt Reynolds. Des trophées de chasse trônent dans les salles communes. Chambres cosy. Piscine avec véranda vitrée.

EVERGLADES CITY Ivey House B&B $$$

107 Camelia St, 34139 **Tél.** *(239) 695-3299* **Fax** *(239) 695-4155* **Chambres** *18* **Carte routière** *E4*

C'est ici que les constructeurs de l'autoroute Tamiami Trail venaient se reposer dans les années 1920. Ce B&B se compose du bâtiment d'origine, d'un nouveau bâtiment et d'un cottage. Salles de bains communes dans la maison principale. Les propriétaires vous donneront des renseignements précieux sur la région. Non-fumeurs. **www.iveyhouse.com**

FLORIDA CITY Everglades International Hostel $

20 SW 2nd Ave, 33034 **Tél.** *(305) 248-1122* **Chambres** *20* **Carte routière** *F5*

Installée dans une ancienne pension des années 1930, cette auberge pleine de charme ne vous décevra pas. Personnel chaleureux, pancakes à volonté, clientèle d'aventuriers et d'amoureux de la nature, tous les ingrédients sont là pour passer un bon séjour. Le patron organise des excursions. **www.evergladeshostel.com**

FLORIDA CITY Best Western Gateway to the Keys $$$

411 S Krome Ave, 33034 **Tél.** *(305) 246-5100* **Fax** *(305) 242-0056* **Chambres** *114* **Carte routière** *F5*

Hôtel standard de deux étages situé à 16 km de l'entrée principale des Everglades. Confortable et coloré, c'est une base pratique pour découvrir le parc national et les Keys à des prix abordables. Réservez à l'avance, surtout lors d'événements spéciaux comme le Homestead Speedway. **www.bestwestern.com**

ISLAMORADA Holiday Isle Resort $$$

US 1 at MM 84, 33036 **Tél.** *(305) 664-2321* **Fax** *(305) 664-2703* **Chambres** *176* **Carte routière** *F5*

Abritant un bar tiki célèbre dans le monde entier, le Holiday Isle est le paradis des amateurs de boissons. Les familles l'apprécient aussi, car ce grand complexe hôtelier offre diverses chambres, de belles vues et des prix pour toutes les catégories. On ne vient pas ici pour le luxe mais pour se détendre et s'amuser. **www.holidayisle.com**

ISLAMORADA Ragged Edge Resort $$$

243 Treasure Harbor Rd, 33036 **Tél.** *(305) 852-5389* **Chambres** *12* **Carte routière** *F5*

Ambiance détente dans cette station au bord de l'océan dont les palmiers et la déco évoquent Tahiti. L'hôtel est impeccable, toutes les chambres ont une cuisine. Pour trouver un bar ou restaurant, suivez les conseils du propriétaire. Piscine extérieure. **www.ragged-edge.com**

ISLAMORADA Casa Morada $$$$$

136 Madeira Rd, 33036 **Tél.** *(305) 664-0044* **Fax** *(305) 664-0674* **Chambres** *16* **Carte routière** *F5*

Superbe boutique-hôtel en bord de baie. Le jardin avec terrasse, la grotte de calcaire et le terrain de jeu de *bocce* composent un magnifique paysage. Chambres élégantes et minimalistes. Idéal pour les couples en quête de calme. **www.casamorada.com**

ISLAMORADA Cheeca Lodge and Spa $$$$$

US 1 at MM 82, 33036 **Tél.** *(305) 664-4651* **Fax** *(305) 664-2893* **Chambres** *209* **Carte routière** *F5*

Ce havre de paix situé sur la plage est doté de l'un des seuls terrains de golf des Upper Keys. Chambres luxueuses (hôtel *condo*) avec écran plasma et balcon. Sublime spa et l'un des meilleurs restaurants de la ville. Les célébrités ne jurent que par cet hôtel. **www.cheeca.com**

ISLAMORADA The Moorings $$$$$

123 Beach Rd, 33036 **Tél.** *(305) 664-4708* **Fax** *(305) 664-4242* **Chambres** *18* **Carte routière** *F5*

Installé sur une plantation de cocotiers, cet hôtel propose un hébergement en cottages spacieux ou dans des chambres avec cuisine équipée, décorées avec goût. Il donne sur l'une des meilleures plages d'Islamorada. Les bateaux à moteur ne sont pas autorisés près de l'hôtel. Tranquillité garantie. **www.themooringsvillage.com**

KEY LARGO Jules' Undersea Lodge $$$$$

51 Shoreline Drive, 33037 **Tél.** *(305) 451-2353* **Fax** *(305) 451-4789* **Chambres** *2* **Carte routière** *F5*

Unique en son genre, cet ancien laboratoire de recherche se situe sous l'eau. Il faut plonger 6 mètres sous l'eau pour atteindre l'entrée et traverser une « moon pool » (sorte de piscine) jusqu'à la pièce comportant deux chambres et un salon. *Room-service* servi dans des sachets étanches. **www.jul.com**

KEY LARGO Kona Kai Resort and Gallery $$$$$

97802 Overseas Hwy, 33037 **Tél.** *(305) 852-7200* **Fax** *(305) 852-4629* **Chambres** *11* **Carte routière** *F5*

Un splendide jardin de palmiers, fougères et arbres fruitiers tropicaux entourent ce petit havre de paix. Chambres aérées, gaies et salles de bains dotées de produits de beauté naturels. Une galerie d'art exposant les œuvres d'artistes locaux et internationaux attire une foule éclectique. **www.konakairesort.com**

KEY WEST Key West International Hostel and Seashell Motel $$

718 South St, 33040 **Tél.** *(305) 296-5719* **Fax** *(305) 296-0672* **Chambres** *31* **Carte routière** *E5*

Situé à trois minutes à pied de la plage et du vieux Key West, cette auberge attire les jeunes voyageurs sacs au dos. Les dortoirs sont un peu froids, mais les prix sont très attrayants. Table de billard et location de vélos. Réductions sur certaines activités (plongée sous-marine). **www.keywesthostel.com**

KEY WEST Angelina Guest House $$

302 Angela St, 33040 **Tél.** *(305) 294-4480* **Fax** *(305) 272-0681* **Chambres** *14* **Carte routière** *E5*

Cette ancienne maison close située dans un quartier très bohème est aujourd'hui la maison d'hôtes la plus populaire de Key West. De nombreux restaurants bon marché l'entourent. Chambres confortables (trois d'entre elles n'ont pas de salle de bains attenante). Piscine chauffée. Réservation recommandée. **www.angelinaguesthouse.com**

KEY WEST Southernmost Point Guest House $$$

1327 Duval St, 33040 **Tél.** *(305) 294-0715* **Fax** *(305) 296-0641* **Chambres** *6* **Carte routière** *E5*

Les animaux domestiques et les enfants sont les bienvenus dans cette maison d'hôtes qui a gardé un parfum romantique d'époque. Toutes les chambres offrent de petites attentions, comme des fleurs fraîches, du vin et du sherry. Très beaux couchers de soleil. **www.southernmostpoint.com**

KEY WEST The Grand $$$

1116 Grinnell St, 33040 **Tél.** *(305) 294-0590* **Fax** *(305) 294-0477* **Chambres** *11* **Carte routière** *E5*

L'une des meilleures affaires de la ville. Cette accueillante maison d'hôtes située à quelques rues de Duval Street propose de jolies chambres confortables avec salle de bains. Copieux petit déjeuner continental compris dans le prix. Idéal pour quelques nuits. **www.thegrandguesthouse.com**

KEY WEST Westwinds Inn $$$

914 Eaton St, 33040 **Tél.** *(305) 296-4440* **Fax** *(305) 293-0931* **Chambres** *19* **Carte routière** *E5*

À l'ombre des tilleuls, cette pension du XIXe siècle abrite deux piscines (dont une chauffée) et un jardin parcouru de fontaines et de tonnelles. Chambres accueillantes avec ventilateurs de plafond et meubles en osier. Les enfants de moins de 12 ans ne sont pas admis. **www.westwindskeywest.com**

KEY WEST Ambrosia Key West $$$$

622 Fleming St, 33040 **Tél.** *(305) 296-9838* **Fax** *(305) 296-2425* **Chambres** *19* **Carte routière** *E5*

Dans un décor sublime, l'Ambrosia abrite trois piscines, des chambres, une petite maison et un cottage indépendants. Service haut de gamme. Dans cette partie très saisonnière de la Floride, l'Ambrosia ne désemplit pas de l'année. Réservez à l'avance. **www.ambrosiakeywest.com**

KEY WEST Curry Mansion Inn $$$$

511 Caroline St, 33040 **Tél.** *(305) 294-5349* **Fax** *(305) 294-4092* **Chambres** *28* **Carte routière** *E5*

Cette auberge, appartenant autrefois à un pirate, est classée au patrimoine historique national. Des meubles en osier et lits à baldaquin décorent les chambres. Le petit déjeuner continental et des cocktails le soir sont servis dans la salle de restaurant de style victorien. **www.currymansion.com**

KEY WEST La Pensione $$$$

809 Truman Ave, 33040 **Tél.** *(305) 292-9923* **Fax** *(305) 296-6509* **Chambres** *9* **Carte routière** *E5*

Bâtie en 1891 par des négociants en cigares, cette élégante pension offre de très belles chambres avec ventilateur de plafond et lit spacieux (pas de télévision). Piscine extérieure. Des gaufres belges sont cuisinées à la demande pour le petit-déjeuner continental. **www.lapensione.com**

KEY WEST Doubletree Grand Key Resort $$$$$

3990 S Roosevelt Blvd, 33040 **Tél.** *(305) 293-1818* **Fax** *(305) 296-6962* **Chambres** *216* **Carte routière** *E5*

Cet hôtel convivial, calme et agréable abrite une belle piscine et des chambres confortables, mais il est un peu loin du centre et le service de taxis n'est pas toujours très efficace. On y sert une bonne cuisine. **www.doubletreekeywest.com**

KEY WEST Island City House Hotel $$$$$

411 William St, 33040 **Tél.** *(305) 294-5702* **Fax** *(305) 294-1289* **Chambres** *24* **Carte routière** *E5*

Cet hôtel comporte trois bâtiments séparés, un patio et une piscine extérieure chauffée. La Cigar House offre des chambres spacieuses. Les maisons sont décorées à l'ancienne, avec parquet et antiquités. Certaines chambres ont une cuisine équipée. Massages. Gratuit pour les enfants de moins de 12 ans. **www.islandcityhouse.com**

KEY WEST Marquesa Hotel $$$$$

600 Fleming St, 33040 **Tél.** *(305) 292-1919* **Fax** *(305) 294-2121* **Chambres** *27* **Carte routière** *E5*

Vous logerez dans un décor paradisiaque (deux piscines et cascades d'eau tombant dans une mare de nénuphars) dans l'une des deux maisons victoriennes restaurées ou dans l'une des deux maisons luxueuses avec lits à baldaquin et dessus-de-lit fleuris. Le Café Marquesa vaut le détour. **www.marquesa.com**

KEY WEST Ocean Key Resort $$$$$

Zero Duval St, 33040 **Tél.** *(305) 296-7701* **Fax** *(305) 292-2198* **Chambres** *100* **Carte routière** *E5*

Situé sur Mallory Square, l'Ocean Key offre des chambres à la déco tropicale, un bar sur une jetée avec concerts de musique et vues sur les couchers de soleil. Les chambres donnent sur le golfe du Mexique, Duval Street ou le port. Piscine. On y trouve l'un des meilleurs restaurants de la ville, le Hot Tin Roof. **www.oceankey.com**

Légende des prix, *voir p. 310* **Légende des symboles,** *voir rabat arrière de couverture*

KEY WEST Pier House Resort $$$$$

1 Duval St, 33040 ***Tél.*** *(305) 296-4600* ***Fax*** *(305) 296-9085* ***Chambres*** *142* ***Carte routière*** *E5*

Idéal pour admirer les magnifiques et tranquilles couchers de soleil. Chambres confortables. Prenez soin de vous dans le magnifique spa offrant massages, manucure, pédicure et d'autres soins personnalisés. **www.pierhouse.com**

KEY WEST Sunset Key Guest Cottages $$$$$

245 Front St, 33040 ***Tél.*** *(305) 294-4000* ***Fax*** *(305) 294-4086* ***Chambres*** *37 Cottages* ***Carte routière*** *E5*

Hôtel situé sur une île privée. Vous passerez un séjour reposant dans les cottages aux murs blanchis à la chaux et aux fenêtres panoramiques. Quand vous connaîtrez l'épicerie fine, le restaurant, le bar et la piscine de style tropical, vous ne voudrez plus repartir. **www.sunsetkeycottages.hilton.com**

KEY WEST The Gardens Hotel $$$$$

526 Angela St, 33040 ***Tél.*** *(305) 294-2661* ***Fax*** *(305) 292-1007* ***Chambres*** *17* ***Carte routière*** *E5*

Ce havre de paix de Key West est classé au patrimoine historique national. Il convient aux séjours romantiques. Les jardins luxuriants avec petite piscine, bar et jacuzzi font partie des nombreux attraits du lieu. **www.gardenshotel.com**

KEY WEST Weatherstation Inn $$$$$

57 Front St, 33040 ***Tél.*** *(305) 294-7277* ***Fax*** *(305) 294-0544* ***Chambres*** *8* ***Carte routière*** *E5*

Cet ancien observatoire météorologique situé à proximité de Duval Street a été restauré dans les moindres détails. L'hôtel offre des chambres à la décoration thématique, dotées de volets en bois, de plafonds hauts et de salles de bains modernes. Petit déjeuner servi au bord de la piscine. **www.weatherstationinn.com**

KEY WEST Westin Key West Resort and Marina $$$$$

245 Front St, 33040 ***Tél.*** *(305) 294-4000* ***Fax*** *(305) 294-4086* ***Chambres*** *178* ***Carte routière*** *E5*

Situé au bout de Duval Street, au cœur de la vieille ville, cet hôtel jouit d'un très bel emplacement, central mais calme, parfait pour admirer les couchers de soleil. Chambres simples et confortables. **www.keywestresort.hilton.com**

KEY WEST Wyndham Reach Resort $$$$$

1435 Simonton St, 33040 ***Tél.*** *(800) 996-3426* ***Fax*** *(305) 296-2830* ***Chambres*** *150* ***Carte routière*** *E5*

Cet hôtel monté sur pilotis offre des chambres spacieuses, claires, décorées de meubles en osier. Réservez une chambre avec vue sur l'océan si possible. L'hôtel possède une jetée privée où vous pourrez pêcher ou vous faire bronzer. Le Shula's, sur la plage, sert une cuisine délicieuse (les steaks notamment). . **www.wyndham.com**

LITTLE TORCH KEY Parmer's Resort $$

565 Barry Ave, 33043 ***Tél.*** *(305) 872-2157* ***Fax*** *(305) 872-2014* ***Chambres*** *45* ***Carte routière*** *E5*

Située à une demi-heure de Key West, cette station sans prétention est prisée des familles. La plupart des cottages ont une cuisine. Certains donnent sur l'océan. Les enfants adorent les 19 volières où s'ébrouent les oiseaux. **www.parmersresort.com**

LITTLE TORCH KEY Little Palm Island $$$$$

Launch at US 1 at MM 28.5, 33042 ***Tél.*** *(305) 872-2524* ***Fax*** *(305) 872-4843* ***Chambres*** *30* ***Carte routière*** *E5*

On n'atteint ce petit paradis que par bateau ou par hydravion. Ici, pas de télévision ni de téléphone. C'est l'endroit rêver pour se couper du monde. L'île est entourée d'une végétation luxuriante, le spa est sublime, et le restaurant est idéal pour un dîner romantique. **www.littlepalmisland.com**

LONG KEY Lime Tree Bay Motel $$

US 1 at MM 68.5, 33001 ***Tél.*** *(305) 664-4740* ***Fax*** *(305) 664-0750* ***Chambres*** *30* ***Carte routière*** *E5*

L'unique hôtel de cette ville offre de toutes petites chambres. Le cottage avec vue sur la baie est plus spacieux (il abrite deux chambres). Si vous souhaitez vous reposer et vous isoler, c'est l'endroit qu'il vous faut. **www.limetreebayresort.com**

MARATHON Banana Bay Resort and Marina $$$

US 1 at MM 49.5, 33050 ***Tél.*** *(305) 743-3500* ***Fax*** *(305) 743-2670* ***Chambres*** *60* ***Carte routière*** *E5*

Caché par une verdure tropicale luxuriante, cet hôtel de style années 1950 offre des chambres confortables avec balcon et vues sublimes sur le golfe du Mexique. Jeu de bocce et aire de pique-nique. L'île privée de l'hôtel, la Pretty Joe Rock, est disponible pour de longs week-ends. **www.bananabay.com**

MARATHON Conch Key Cottages $$$$

US 1 at MM 62/3, 33050 ***Tél.*** *(305) 289-1377* ***Fax*** *(305) 743-8207* ***Chambres*** *12* ***Carte routière*** *E5*

Plongez-vous au cœur de la nature en logeant dans l'un des 12 cottages de cette petite île que l'on dirait déserte par moments. Dotés d'une véranda, d'un hamac, d'un barbecue et d'un kayak pour deux, ils donnent sur une plage privée. Idéal en couple. **www.conchkeycottages.com**

MARATHON The Holiday Inn & Marina $$$$

MM 54 Oceanside, 33050 ***Tél.*** *(305) 289-0222* ***Fax*** *(305) 743-5460* ***Chambres*** *134* ***Carte routière*** *E5*

Situé au cœur des Keys, cet hôtel propose tout le confort moderne (télévision câblée, minibar, bureau, cafetière). Bar tiki au bord de la piscine, centre de remise en forme et centre d'affaires. Adressez-vous au personnel pour pratiquer la plongée sous-marine, le jet-ski ou la pêche hauturière. **www.holiday-inn.com**

RESTAURANTS ET CAFÉS

En Floride, comme dans le reste des États-Unis, les fast-food sont extrêmement répandus. Pourtant la Floride regorge de produits frais, notamment des fruits tropicaux et des fruits de mer, que proposent tous les restaurants. Les produits sont souvent excellents et leur prix raisonnable. Il y en a pour tous les goûts et pour tous les budgets dans les établissements, du restaurant chic de Miami qui propose des menus à la mode au petit restaurant qui sert des plats familiaux et traditionnels. Quoi qu'il en soit, ce n'est pas forcément dans les établissements les plus huppés que l'on fera les repas le plus mémorables. Les restaurants recommandés dans les pages 335-355 offrent une cuisine et un service de qualité. Les cafés et les bars, pour boire un verre ou manger sur le pouce, sont décrits pages 356 et 357.

Horloge au Joe's Stone Crab *(p. 336)*

Le restaurant du Cardozo Hotel, à South Beach *(p. 63)*

LES TYPES DE RESTAURANT

Les restaurants les plus chic de Floride (en ville ou dans les hôtels des stations balnéaires) servent de la nourriture européenne (souvent française) ou de la cuisine locale élaborée. De jeunes chefs ont adapté les produits frais de la région à la cuisine caribéenne, créant ainsi la cuisine que l'on dit « floribbéenne » ou cuisine New Florida. Des restaurants de style bistro servent également cette nouvelle cuisine. Très prisés, la plupart d'entre eux changent de menu chaque jour.

Miami et les villes des Gold et Gulf Coasts sont réputées pour leurs restaurants, tout comme Walt Disney World.

Miami offre une multitude de restaurants et de cafés asiatiques, européens ou antillais. La Floride est l'État qui offre le plus grand choix de restaurants hispaniques.

Les établissements de tous types servent des fruits de mer. Au « raw bar » (le « bar cru »), une véritable institution de Floride, vous pourrez manger de délicieuses huîtres fraîches, des palourdes ainsi que des crevettes

LES HORAIRES

Les citadins aiment manger à l'extérieur, même le matin. Cette tradition est particulièrement populaire le dimanche, où l'on sert le brunch (souvent sous forme de buffet) de 10 à 14 h.

En semaine, le déjeuner est servi de midi à 14 h 30 et le dîner à partir de 18 h. En dehors des stations balnéaires et des quartiers d'affaires comme South Beach, à Miami, où l'on dîne vers 23h, les Floridiens mangent tôt, entre 19 et 21 h.

LES RÉSERVATIONS

Restaurants populaires ou restaurants réputés, il est préférable de réserver, surtout le week-end. À certains endroits, comme au Joe's Stone Crab à South Beach *(p. 336)*, on ne peut pas réserver et il faut faire la queue.

LES PIÈGES À ÉVITER

En Floride, manger en ville se fait à la bonne franquette. Les restaurants exigent rarement veste et cravate. Le cas échéant, ils fournissent des vêtements au client imprudent. Une tenue correcte est toutefois exigée.

Si vous réservez, on vous demandera de choisir entre les espaces fumeurs et non-fumeurs. Si ce n'est pas le cas, n'hésitez pas à préciser.

Les pourboires représentent entre 15 et 20 % de l'addition, voire plus dans les restaurants chic, si le service est

Le Blue Desert Café, à Cedar Key *(p. 348)*

excellent. Une taxe locale de 6 % est automatiquement ajoutée à la note.

Les chèques de voyage en dollars et les cartes bancaires sont acceptés presque partout, mais parfois les fast-food, les petits restaurants au bord des routes et les cafés n'acceptent que les espèces.

LES PLATS VÉGÉTARIENS

En Floride, les végétariens qui ne mangent ni fruits de mer ni poissons auront du mal à trouver un menu adapté à leur goût. À moins de dénicher l'un des rares restaurants véritablement végétariens, ils devront se préparer à suivre un régime à base de salades, de pâtes et de pizzas.

Un pique-nique dans l'un des parcs fédéraux de Floride

LE BUDGET

Il y a plusieurs façons de limiter son budget alimentaire. En règle générale, les portions sont énormes en Amérique. Commandez donc moins de plats que d'habitude. Une entrée suffit souvent à un repas léger. Vous pouvez aussi partager votre plat, bien que cela soit généralement facturé en plus.

Les buffets à volonté sont d'un bon rapport qualité-prix. Certains restaurants offrent des menus « prix fixes », moins chers. Les menus « early birds » ou « specials feature », pour les « dîne-tôt » (entre 17 et 18 h), sont également meilleur marché, jusqu'à 35 % en moins. Appelez à l'avance, car les

Le McGuire's Irish Pub de Pensacola sert des plats et de la bière *(p. 346)*

conditions et les horaires varient souvent selon le lieu.

Dans les restaurants chic, les déjeuners sont souvent moins onéreux que les dîners. En revanche, les restaurants des hôtels sont toujours chers. C'est pourquoi il vaut mieux prendre son petit déjeuner à l'extérieur.

Les bars servent souvent des plats à prix modérés. On peut aussi faire passer sa faim en mangeant les tapas servis pendant les heures creuses *(happy hours)*.

Certains restaurants, notamment dans les Keys, accommodent le poisson que vous avez pêché pour un prix plutôt modique. De nombreux parcs sont équipés de barbecues où vous pourrez faire griller vos produits. Les épiceries et les supermarchés proposent également des plats cuisinés et des sandwichs tout à fait pratiques pour pique-niquer.

LES MENUS

Comme dans tous les États-Unis, les menus de Floride comprennent des amuse-gueules *(appetizers)*, des plats (entrées) et des desserts. Mais certaines préparations vous sembleront étranges. Ainsi, « aged » qualifie une viande de bœuf de première qualité au goût de noisette. « Surf'n'turf » est un mélange de viande et de fruits de mer, le plus souvent un steak et une langouste. « Dolphin » fait référence au *mahi-mahi*, un poisson à la chair blanche. Si un plat est « blackened » (« noirci »), c'est qu'il est recouvert d'épices cajuns et cuit dans un poêlon fumant. « Broiled » signifie grillé.

Si vous avez un doute, demandez conseil aux serveurs qui se feront un plaisir de vous répondre.

LES ENFANTS

La plupart des restaurants s'adaptent aux besoins des enfants : ils proposent de petites portions à moitié prix ou des menus comportant des plats appréciés des petits, tels que des hot dogs ou des frites. Certains fournissent des chaises hautes. Appelez pour vérifier.

Les enfants ne sont pas admis dans les bars. Néanmoins, si l'on y sert des plats, ils peuvent y manger à condition de se tenir à distance du comptoir et d'être accompagnés par un adulte.

Un débit de hot dogs, à Keaton Beach dans le Panhandle

Saveurs de Floride

Le climat de la Floride permet de disposer en abondance de fruits tropicaux, de légumes et de fruits de mer bien frais tout au long de l'année ; ces éléments sont à la base de la cuisine floridienne. Dans les villes du Centre et du Sud, les communautés cubaines et antillaises ont eu un impact considérable sur la cuisine, et l'Amérique Latine a donné naissance à diverses spécialités culinaires comme le *ceviche*. Au Nord, c'est l'influence des États voisins du vieux Sud qui se retrouve dans les plats. Toutefois, afin de satisfaire les milliers de touristes, tous les types de cuisine internationale sont représentés.

Crevette géante

Arrivage de poissons frais, prêts à être vendus aux restaurateurs locaux

DÉLICES TROPICAUX

Le climat tropical de Floride produit une bonne partie des fruits exotiques et des agrumes d'Amérique, des kumquats aux litchi en passant par les caramboles et les pommes de Goa. La diversité des cultures permet un approvisionnement en produits de qualité supérieure quelle que soit la saison. Quant aux marchés hebdomadaires de producteurs, ils offrent une sympathique balade touristique.

FRUITS DE MER DE FLORIDE

Côté poisson, optez pour la sériole, la dorade tropicale, le pompano, le vivaneau (sorte de perche), le thon ou le thazard (famille des maquereaux) et le mérou, également très populaire. Autre spécialité, les crevettes du Golfe de Floride, sont copieuses, sucrées et tendres.

CUISINE CUBAINE

Les restaurants des villes abritant une importante communauté cubaine (Tampa ou Miami) proposent des spécialités d'influence espagnole. Rôti de porc, *arroz con pollo* (poulet et riz épicé) et paëlla sont les plats phares des menus, sans oublier les sandwiches cubains et le flan en dessert.

Fruits et légumes de Floride :

PLATS RÉGIONAUX ET SPÉCIALITÉS

De couleur brun terne, le *stone crab* est un crabe réputé pour la chair ferme et délicieuse de ses pinces. Il est le fruit de mer le plus prisé de Floride, peut-être en partie parce qu'il n'est disponible que de mi-octobre à mi-mai. Sa chair est toujours cuite mais généralement servie froide avec du beurre fondu et une sauce à la moutarde. Autre mollusque marin d'importance, la conque (une grande limace de mer) est à la base de nombreuses entrées, salades ou soupes de fruits de mer. On trouve deux variétés de crevettes : les grosses crevettes roses du Golfe et les fines crevettes blanches de l'Atlantique. En dessert, la spécialité de l'État est la Key Lime Pie, une tarte composée d'une garniture acidulée de petits citrons verts. Grillés ou poêlés, les poissons sont souvent marinés dans du jus de citron vert et accompagnés de sauces ou de garnitures à base de fruits.

Pinces de *stone crab*
Dégustez la chair des pinces en la trempant dans du beurre fondu ou de la sauce.

Choisir un restaurant

Les restaurants de cette sélection ont été choisis pour leur rapport qualité-prix ou leur cuisine d'exception. Certains critères, comme l'existence d'une terrasse ou la présence d'un groupe de musique, pourront influencer votre choix. Les restaurants sont présentés par ordre alphabétique, puis par ordre de prix croissant.

CATÉGORIE DE PRIX
pour un repas comprenant trois plats pour une personne, avec un verre de vin, couvert, taxe et service compris.

$ moins de 25 $
$$ de 25 à 35 $
$$$ de 35 à 50 $
$$$$ de 50 à 60 $
$$$$$ Plus de 60 $

MIAMI

MIAMI BEACH 11th Street Diner $

1065 Washington Ave, 33139 ***Tél.*** *(305) 534-6373* **Plan** 2 F3

Ce petit restaurant ancien, venu de Pennsylvanie, sert des plats traditionnels : pains de viande, poulet frit, pâtes et riz, ainsi qu'un vaste choix de sandwichs et de burgers, à des prix très raisonnables, dans un cadre charmant.

MIAMI BEACH Jerry's Famous Deli $

1450 Collins Ave, 33139 ***Tél.*** *(305) 532-8030* **Plan** 2 F3

Au cœur de South Beach, ce traiteur a remplacé le célèbre Wolfie's. Dans une ambiance décontractée, dégustez de délicieux sandwichs au corned-beef, *pastrami* et thon, ainsi que de très bons desserts d'un bon rapport qualité-prix.

MIAMI BEACH Pizza Rustica $

863 Washington Ave, 33139 ***Tél.*** *(305) 674-8244* **Plan** 2 E4

Au menu, pizzas toscanes authentiques. Optez pour la classique tomates-fromage, ou épinards et fromage bleu, ou la pizza aux pommes de terre au romarin et à la roquette. Pizza Rustica est connu pour ses croûtes fines légèrement fourrées de chocolat.

MIAMI BEACH San Loco Tacos $

235 14 St, 33139 ***Tél.*** *(305) 538-3009* **Plan** 2 F3

Ce restaurant mexicain bon marché est très prisé le soir pour son ambiance animée. Au menu, tacos, burritos, chips à la sauce salsa et autres plats latino-américains typiques. Les aficionados trouveront sans doute les plats pas assez épicés.

MIAMI BEACH Tap Tap $

819 5th St, 33139 ***Tél.*** *(305) 672-2898* **Plan** 2 E4

Source de véritables plats haïtiens (conques au manioc ou crevettes à la sauce noix de coco), ce restaurant original attire une foule multiraciale. À l'étage, galerie d'art, groupes de musique et lectures de poésie. Personnel très serviable.

MIAMI BEACH Balans $$

1022 Lincoln Rd, 33139 ***Tél.*** *(305) 534-9191* **Plan** 2 D2

Ce café-restaurant de style anglais sur Lincoln Road sert une cuisine multiethnique. Le sandwich au homard, les saucisses à la purée et le petit déjeuner de la maison ont fait la réputation du lieu. Personnel chaleureux.

MIAMI BEACH Big Pink $$

157 Collins Ave, 33139 ***Tél.*** *(305) 532-4700* **Plan** 2 E5

Les habitants du quartier aiment ce café en bord de mer pour sa cuisine de type bistro servie dans des portions généreuses, la diversité du choix proposé, les salades, les sandwichs et les délicieux desserts. Goûtez aux frites maison, un vrai régal.

MIAMI BEACH El Rancho Grande $$

1626 Pennsylvania Ave, 33139 ***Tél.*** *(305) 673-0480* **Plan** 2 E2

Depuis son ouverture, ce restaurant mexicain ne désemplit pas. La clientèle apprécie la grande qualité de la cuisine (*moles, enchiladas* en sauce verte, *chille rellenos*, divines margaritas) et les prix attrayants. Ambiance de café conviviale, où il fait bon se détendre.

MIAMI BEACH Maiko Japanese Restaurant $$

1255 Washington Ave, 33139 ***Tél.*** *(305) 531-6369* **Plan** 2 F2

L'un des premiers restaurants de sushi de Miami resté populaire encore aujourd'hui. Il sert des spécialités japonaises comme les sushis, sashimis et bien d'autres… le tout très bien présenté, dans un décor discret. Le lieu est particulièrement bondé le week-end.

Légende des symboles, *voir rabat arrière de couverture*

MIAMI BEACH News Café $$

800 Ocean Drive, 33139 ***Tél.*** *(305) 538-6397* ***Plan*** *2 F4*

L'un des tout premiers cafés à avoir ouvert quand South Beach se développait, le News Café est devenu une institution. La cuisine américaine n'est pas exceptionnelle, mais les vues sont panoramiques, l'ambiance est très conviviale (musique jazz et classique), et on y trouve une bonne sélection de livres internationaux.

MIAMI BEACH Nexxt $$

700 Lincoln Rd, 33139 ***Tél.*** *(305) 532-6643* ***Plan*** *2 E2*

Café typique de Miami Beach, idéal pour regarder les passants, le Nexxt offre un menu très éclectique. Les hommes politiques de Miami Beach aiment y déjeuner. Les salades, servies dans des portions généreuses, et les nombreux desserts sont particulièrement bons.

MIAMI BEACH Van Dyke Café $$

846 Lincoln Rd, 33139 ***Tél.*** *(305) 534-3600* ***Plan*** *2 E2*

Dans la même veine que le Nexxt, le Van Dyke sert une cuisine américaine de type café à des prix raisonnables. Au cœur de Lincoln Road, c'est le café où les gens du quartier aiment se retrouver pour regarder les passants ou dîner en terrasse. À l'étage, concerts de jazz.

MIAMI BEACH Fratelli La Bufala $$$

437 Washington Ave, 33139 ***Tél.*** *(305) 532-0700* ***Carte routière*** *F4*

Ce restaurant sert les meilleures pizzas de la ville, cuites dans un four à bois italien authentique. Cette cuisson donne aux plats un goût savoureux. Au menu figurent également de la viande de bison chassée par les Indiens Seminoles et du fromage de Campanie, une région près de Naples.

MIAMI BEACH Grillfish $$$

1444 Collins Ave, 33139 ***Tél.*** *(305) 538-9908* ***Plan*** *2 F2*

Grillfish est un restaurant-traiteur sans prétention. On y mange d'excellents produits de la mer ainsi que des plats de saison préparés avec des ingrédients très frais, son principal atout.
Essayez le poisson local.

MIAMI BEACH Joe's Stone Crab $$$

11 Washington Ave, 33139 ***Tél.*** *(305) 673-0365* ***Plan*** *2 E5*

Cette institution de Miami sert du homard, des crevettes, du poisson, du tourteau (la spécialité de la maison) et du poulet frit. Le *key lime pie* est succulent. Plats à emporter. Pas de réservation, l'attente peut être longue, mais cela vaut la peine.

MIAMI BEACH JOHNNY V'S $$$

956 Washington Ave, 33139 ***Tél.*** *(305) 672-9998* ***Plan*** *2 E3*

Ce restaurant situé dans l'hôtel-boutique Astor *(p. 311)* est l'un des endroits les plus branchés de la ville. Le chef sert une cuisine moderne, dont des beignets de vivaneau à queue jaune et des frites aux truffes. L'intérieur est moderne et ambitieux.

MIAMI BEACH Rosinella $$$

525 Lincoln Rd, 33139 ***Tél.*** *(305) 672-8777* ***Plan*** *2 E2*

Dans ce restaurant familial tenu par des Italiens, vous dégusterez une cuisine italienne authentique à base de produits frais. Goûtez les pâtes fraîches, les entrées de poisson, et surtout les penne au gorgonzola dans cette ambiance chaleureuse.

MIAMI BEACH Afterglo $$$$

1200 Washington Ave 33139 ***Tél.*** *(305) 695-1717* ***Plan*** *2 F5*

Inscrit dans la mouvance bio, ce restaurant au décor élégant sert une cuisine gastronomique saine et préparée de façon créative. Au menu, thon sauvage, tartare de saumon, poulpe grillé et un vaste choix de salades bio.

MIAMI BEACH Emeril's Miami Beach $$$$

1601 Collins Ave, 33139 ***Tél.*** *(305) 695-4550* ***Plan*** *2 F2*

Cette succursale du restaurant Emeril de la Nouvelle-Orléans, rendu célèbre par Food TV, propose une cuisine cajun et créole : crevettes au barbecue avec biscuit au romarin, pommes de terre caramélisées et sauce *chile mole*. Bonne sélection de vins. Excellents desserts.

MIAMI BEACH Osteria del Teatro $$$$

1443 Washington Ave, 33139 ***Tél.*** *(305) 538-7850* ***Plan*** *2 F3*

Ce restaurant italien typique et réputé sert des plats traditionnels ou modernes, comme les ravioli au crabe sauce langouste et un très bon bar. Réservation conseillée car la salle est petite, ce qui procure une ambiance conviviale.

MIAMI BEACH Pacific Time $$$$

915 Lincoln Rd, 33139 ***Tél.*** *(305) 534-5979* ***Plan*** *2 E2*

Le menu, qui change souvent, propose des plats issus de la cuisine panasiatique oscillant entre des influences indonésiennes, vietnamiennes et indiennes. Les végétariens et les amateurs de poissons y trouveront leur bonheur. Le thon, préparé par le chef Honathan Eismann, est une vraie merveille.

Légende des prix, *voir p. 335* **Légende des symboles,** *voir rabat arrière de couverture*

MIAMI BEACH Tuscan Steak $$$$

433 Washington Ave, 33139 ***Tél.*** *(305) 534-2233* — ***Plan*** *2 E5*

C'est l'un des meilleurs restaurants à viande de Miami Beach. On y vient pour ses antipasti géants, ses T-bone accompagnés de purée à l'ail et ses cocktails sophistiqués. Ambiance romantique et plutôt sélect (on y croise souvent des célébrités). Les enfants sont les bienvenus.

MIAMI BEACH YUCA $$$$

501 Lincoln Rd, 33139 ***Tél.*** *(305) 532-9822* — ***Plan*** *2 E2*

Le YUCA, acronyme pour « young upwardly mobile Cuban Americans » (« jeunes Cubano-Américains émancipés ») sert une nouvelle cuisine cubaine, tels des plantains doux farcis au bœuf séché et salé. Plus cher que certains restaurants cubains traditionnels.

MIAMI BEACH Barton G. The Restaurant $$$$$

1427 W Ave, 33139 ***Tél.*** *(305) 672-8881* — ***Plan*** *2 D3*

Le jardin tropical luxuriant de ce restaurant offre un cadre idéal pour un dîner romantique. On y déguste une cuisine américaine néoclassique sophistiquée. Belle carte de vins et cocktails. Le restaurant a reçu de nombreuses distinctions, à juste titre.

MIAMI BEACH Blue Door $$$$$

1685 Collins Ave, 33139 ***Tél.*** *(305) 674-6400* — ***Plan*** *2 F2*

Le restaurant très cher et très sophistiqué de l'hôtel Delano *(p. 312)* sert une cuisine française et floridienne aux influences tropicales, dans un cadre sublime. La terrasse est idéale pour profiter de la vue sur l'océan.

MIAMI BEACH China Grill $$$$$

404 Washington Ave, 33139 ***Tél.*** *(305) 534-2211* — ***Plan*** *2 E4*

Cette maison sert, dans un déco futuriste, divers plats du monde entier relevés de saveurs asiatiques. Essayez les épinards frits (paraît-il le plat préféré d'Oprah Winfrey). Vous y trouverez aussi un bar à saké et à vodka. Un lieu idéal pour apercevoir des célébrités.

MIAMI BEACH David Bouley Evolution $$$$$

1669 Collins Ave, 33139 ***Tél.*** *(305) 604-6090* — ***Plan*** *2 F5*

Les tons or, bleu-vert et noir de ce restaurant Art déco offrent un cadre idéal pour une soirée romantique. Dégustez des plats novateurs, tels les galettes de crabe du Maryland ou l'agneau à l'origan. Excellente carte des vins.

MIAMI BEACH Escopazzo $$$$$

1311 Washington Ave, 33139 ***Tél.*** *(305) 674-9450* — ***Plan*** *2 F3*

Réservez à l'avance pour obtenir une table dans ce restaurant très prisé. On y sert des spécialités italiennes, notamment du nord de l'Italie, à base d'ingrédients très frais. Le risotto maison est excellent et le service irréprochable dans une ambiance conviviale.

MIAMI BEACH Mark's South Beach $$$$$

1120 Collins Ave, 33139 ***Tél.*** *(305) 604-9050* — ***Plan*** *2 F3*

Mark Militello a ouvert puis a donné son nom à ce restaurant réputé. En mêlant ingrédients régionaux, tropicaux et des Caraïbes, le célèbre chef signe une cuisine fusion succulente. Essayez le crabe mou ou les côtelettes de veau.

MIAMI BEACH Tantra $$$$$

1445 Pennsylvania Ave, 33139 ***Tél.*** *(305) 672-4765* — ***Plan*** *2 E2*

Le Tantra est l'un des restaurants les plus originaux de la ville. On y sert une « cuisine aphrodisiaque » aux influences thaïs et indiennes, à déguster dans un cadre somptueux, les pieds dans l'herbe. Vaste sélection de vins.

MIAMI BEACH The Forge $$$$$

432 41st St, 33140 ***Tél.*** *(305) 538-8533* — ***Carte routière*** *F4*

Attirées par le décor clinquant et les copieux plats américains, les personnalités se pressent dans ce lieu. Les desserts sont sublimes et la carte des vins est la mieux fournie de la ville. Si possible, demandez à visiter la cave. Les mercredis soirs sont particulièrement animés.

DOWNTOWN People's Bar-B-Que $

360 NW 8th St, 33136 ***Tél.*** *(305) 373-8080* — ***Carte routière*** *F4*

Généralement, les visiteurs ne s'arrêtent pas à Overtown *(p. 89)*, pourtant une foule se presse au cœur de la ville pour goûter aux viandes cuites au barbecue (poulet, côtes de porc) du People's. Les policiers et hommes politiques de Miami font partie de la clientèle.

DOWNTOWN S & S Restaurant $

1757 NE 2 Ave, 33132 ***Tél.*** *(305) 373-4291* — ***Plan*** *4 E1*

Ce restaurant rudimentaire sert des petits déjeuners et des plats traditionnels américains (jusqu'à 18h), tels du rôti braisé, des pains de viande et du poulet frit. Les desserts sont bons. Ambiance Floride du Sud d'un autre temps.

DOWNTOWN Big Fish $$$

55 SW Miami Ave, 33128 ***Tél.*** *(305) 373-1770* **Plan** *4 E2*

Ce restaurant de fruits de mer sans prétention mais très confortable borde la Miami River. Les poissons sont très frais et les vues sur Downtown et Brickell Avenue sont magnifiques. Essayez les spécialités du jour, souvent innovantes.

DOWNTOWN Porcao $$$

801 Brickell Bay Drive, 33131 ***Tél.*** *(305) 373-2777* **Plan** *4 E2*

Restaurant à *rodizio* (spécialité brésilienne de viandes cuites à la broche), cette *churrascaria* est le paradis des amateurs de viandes, comme l'indique l'enseigne affichant un cochon. La carte propose plus de 40 salades.

DOWNTOWN Azul $$$$$

500 Brickell Key Drive, 33131 ***Tél.*** *(305) 913-8254* **Plan** *4 F2*

Ce restaurant primé de l'hôtel Mandarin Oriental *(p. 314)* sert une cuisine caribéenne influencée par la Floride. Le mélange d'ingrédients asiatiques et locaux est surprenant mais jamais décevant. La décoration est japonaise. Cuisine ouverte. Le restaurant offre des vues magnifiques sur la ville et sur l'eau.

LITTLE HAVANA Hy Vong $$

3458 SW 8th St, 33135 ***Tél.*** *(305) 446-3674* **Carte routière** *F4*

Très bon restaurant vietnamien, le seul de Little Havana. L'agneau grillé sauce curry est l'un nombreux plats exotiques proposés. Laissez-vous tenter par les dégustations de différents plats. L'adresse est connue, l'attente pour une table peut être longue.

LITTLE HAVANA Versailles $$

3555 SW 8th St, 33135 ***Tél.*** *(305) 444-0240* **Plan** *4 E2*

Le plus célèbre restaurant de Little Havana offre un menu varié et des portions copieuses dans une atmosphère détendue. Toutes les spécialités cubaines sont représentées, mais certaines son un peu bourratives. Les non-Cubains sont les bienvenus.

CORAL GABLES Miss Saigon Bistro $$

148 Giralda Ave, 33134 ***Tél.*** *(305) 446-8006* **Plan** *5 D1*

Ce restaurant familial est parfait pour découvrir la cuisine vietnamienne : le personnel parcourt le menu avec vous et propose des dégustations. Bons plats de nouilles. Les poissons et fruits de mer à la citronnelle, gingembre et piments sont un vrai régal pour le palais.

CORAL GABLES Bugatti $$$

2504 Ponce de Leon Blvd, 33134 ***Tél.*** *(305) 441-2545* **Plan** *5 C2*

Le meilleur restaurant italien de la ville selon les habitants, en partie grâce au personnel, serviable et disponible, mais surtout grâce aux délicieux plats comme les ravioli au homard et les risotto. Excellents plats du jour.

CORAL GABLES Ortanique on the Mile $$$

278 Miracle Mile, 33134 ***Tél.*** *(305) 446-7710* **Plan** *5 C1*

Ambiance conviviale dans ce restaurant de cuisine caribéenne. Les saveurs traditionnelles sont légèrement atténuées pour plaire à une large clientèle. Le menu abonde en plats exotiques épicés, en fruits frais et légumes qui réveilleront vos papilles gustatives.

CORAL GABLES Red Fish Grill $$$

9610 Old Cutler Rd, 33156 ***Tél.*** *(305) 668-8788* **Carte routière** *F5*

Ce restaurant de fruits de mer propose également une large sélection d'excellents produits frais. Il est surtout agréable pour son emplacement, au cœur de Matheson Hammmock Park *(p. 92)*, offrant un cadre magnifique pour dîner avec vues sur la mer.

CORAL GABLES Caffé Abbracci $$$$

318 Aragon Ave, 33134 ***Tél.*** *(305) 441-0700* **Plan** *5 C1*

Ce restaurant sert des spécialités de l'Italie du Nord. Au menu, plats de pâtes, foie d'oie grillé et calamars frits. Il abrite aussi un bar. Réservation conseillée pour le soir.

CORAL GABLES Christy's $$$$

3101 Ponce de Leon Blvd, 33134 ***Tél.*** *(305) 446-1400* **Plan** *5 C2*

Ce restaurant à viande sert aussi des fruits de mer dans une ambiance de club. Une salade César accompagne chaque entrée. Le service est irréprochable. Fréquenté par les hommes d'affaires italiens.

CORAL GABLES La Palme d'Or $$$$

1200 Anastasia Ave, 33134 ***Tél.*** *(305) 913-3201* **Plan** *5 A2*

Ce restaurant de l'hôtel Biltmore *(p. 313)*, très renommé, mêle cuisine française traditionnelle et ingrédients tropicaux pour créer des plats tels la sole braisée parfumée au gingembre et cumin avec céleris, carottes au beurre blanc et pommes mousseline.

Légende des prix, *voir p. 335* **Légende des symboles,** *voir rabat arrière de couverture*

CORAL GABLES Norman's $$$$$
21 Almeria Ave, 33134 ***Tél.*** *(305) 446-6767* ***Plan*** *6 A1*

Le chef Norman Van Aken est connu pour sa nouvelle cuisine inventive et le menu, qui change souvent, reflète son talent. Parmi les spécialités, porc Havana, soupe de conques, yucca et crevettes farcies.

COCONUT GROVE Señor Frog's $$
3480 Main Hwy, 33133 ***Tél.*** *(305) 448-0999* ***Plan*** *6 E4*

Ce restaurant mexicain sert des plats traditionnels à base de produits frais et de sauces maison. Essayez les *fajitas*, les *enchiladas* ou les plats au chocolat *(mole)* très originaux. Le week-end, les étudiants aiment se retrouver ici.

COCONUT GROVE Anohka $$$
3195 Commodore Plaza, 33133 ***Tél.*** *(786) 552-1030* ***Plan*** *6 E4*

Excellent restaurant de cuisine indienne qui sert de délicieux plats tandoori et des *vindaloo* (curry très épicé). Le personnel est très accueillant.

COCONUT GROVE Le Bouchon du Grove $$$
3420 Main Hwy, 33133 ***Tél.*** *(305) 448-6060* ***Plan*** *6 F4*

Les habitants de Coconut Grove viennent déguster des saveurs authentiques françaises dans ce petit restaurant qui sert la meilleure soupe aux oignons de la ville et d'autres spécialités à base de produits frais comme une soupe aux légumes et une délicieuse purée de potiron.

COCONUT GROVE Baleen $$$$
4 Grove Isle Drive, 33133 ***Tél.*** *(305) 858-8300* ***Carte routière*** *F5*

Ce restaurant du Grove Isle Club offre de magnifiques vues et sert de très bons pains de crabe et des desserts exquis. Prix élevés. Pour varier les plaisirs, goûtez le plat du jour.

COCONUT GROVE Knu $$$$
2669 S Bayshore Drive, 33133 ***Tél.*** *(305) 858-9600* ***Plan*** *6 F4*

En couple pour un dîner romantique ou en famille, dégustez une cuisine floridienne novatrice dans ce restaurant haut de gamme à la déco élégante. Service impeccable.

EN DEHORS DU CENTRE Gourmet Diner $$
13951 Biscayne Blvd, North Miami, 33162 ***Tél.*** *(305) 947-2255* ***Carte routière*** *F4*

Ce restaurant gastronomique, à la déco toute simple, propose en plus du menu plusieurs spécialités du jour (poisson, fruits de mer, viandes et pâtes). Les soufflés aux légumes et les desserts sont excellents.

EN DEHORS DU CENTRE Mario the Baker $$
13695 W Dixie Hwy, North Miami, 33161 ***Tél.*** *(305) 891-7641* ***Carte routière*** *F4*

Véritable légende, cette petite pizzeria familiale au nord de Miami est connue depuis des décennies pour ses plats italo-américains bon marché, ses délicieuses pizzas et ses pains à l'ail, les meilleurs de toute la ville. Très prisé des collégiens.

EN DEHORS DU CENTRE Shorty's BBQ $
9200 S Dixie Hwy, Miami, 33156 ***Tél.*** *(305) 670-7732* ***Carte routière*** *F5*

Considéré comme le meilleur grill de la ville, cette institution de Miami sert d'excellentes côtes de bœuf et de porc, des sandwichs et des desserts succulents. Ambiance familiale. Menu pour enfants.

EN DEHORS DU CENTRE Charcuterie $$$
3612 NE 2nd Ave, Miami Design District, 33137 ***Tél.*** *(305) 576-7877* ***Carte routière*** *F4*

Idéal pour un déjeuner rapide, au cœur du Design District, ce restaurant allie saveurs de France et de Floride. Au menu, salade niçoise, pâté, fruits de mer de la région et spécialités du jour sur l'ardoise.

EN DEHORS DU CENTRE La Terrazza $$$
18090 Collins Ave, Suite 3, Sunny Isles Beach, 33160 ***Tél.*** *(305) 792-2355* ***Carte routière*** *F4*

Situé sur la RK Plaza, ce restaurant italien offre une cuisine et un service hauts de gamme, avec nappes, serviettes en tissu et une excellente carte des vins. Essayez le *fettucini alfredo*, le poulet *parmigiana* ou les plats de pâtes aux fruits de mer.

EN DEHORS DU CENTRE Chef Allen's $$$$$
19088 NE 29 Ave, Aventura, 33180 ***Tél.*** *(305) 935-2900* ***Carte routière*** *F4*

Extrêmement chic, ce lieu célèbre de Miami est connu pour sa nouvelle cuisine floridienne novatrice. Allen Susser est l'un des meilleurs chefs de la région. Cuisine ouverte. Essayez le mérou en croûte de pistache et les côtelettes de veau.

LES GOLD ET TREASURE COASTS

BOCA RATON Nestors Gourmet Deli — $

7050 W Palmetto Park, 33434 ***Tél.*** *(561) 391-0999* — **Carte routière** *F4*

Fréquenté par les clients du centre commercial, ce traiteur offre une bonne sélection de sandwichs, soupes et spécialités du jour (le soir) à des prix raisonnables. Allez-y tôt, car il est souvent bondé.

BOCA RATON El Mariachi — $$

1600 N Federal Hwy, 33432 ***Tél.*** *(561) 347-5077* — **Carte routière** *F4*

D'un bon rapport qualité-prix, ce restaurant mexicain à l'ambiance familiale propose plus de 100 plats au menu. Tentez les *carnitas* au poulet et le guacamole.

BOCA RATON Legal Seafoods — $$$

6000 W Glades Rd, 33431 ***Tél.*** *(561) 447-2112* — **Carte routière** *F4*

Les poissons frais et la bisque de palourdes sont la spécialité de ce restaurant familial. Essayez aussi les pains de crabe et le poisson cuit au feu de bois. Décoration nautique et cuisine ouverte.

BOCA RATON Max's Grille — $$$

404 Plaza Real, 33432 ***Tél.*** *(561) 368-0080* — **Carte routière** *F4*

Ce restaurant situé dans le Mizner Memorial Park *(p. 210)* offre une excellente cuisine régionale dans un décor chic où chacun observe son voisin. Vous pourrez goûter du saumon et de la sole au sirop d'érable. Il y a aussi un menu pour enfants.

BOCA RATON Bova — $$$$$

1450 N Federal Hwy, 33432 ***Tél.*** *(561) 362-7407* — **Carte routière** *F4*

Le bar de ce restaurant branché ne désemplit jamais. Il sert une cuisine italienne gastronomique, dont des *focaccia* cuites au four à bois et un délicieux canard. Le décor tout blanc donne un ton très « South Beach ».

DANIA Casa Bella — $$$

129 N Federal Hwy, 33019 ***Tél.*** *(954) 923-1000* — **Carte routière** *F4*

Installé dans un bâtiment de 1912 entre Stirling Road et Sheridan Street, ce restaurant joliment décoré est l'endroit idéal pour un dîner romantique en tête à tête. Cuisine italienne et continentale. Le carré d'agneau et l'osso bucco sont excellents.

DANIA BEACH Jaxson's — $$$

128 S Federal Hwy, 33004 ***Tél.*** *(954) 923-4445* — **Carte routière** *F4*

Les familles font la queue devant ce glacier à la déco kitsch, offrant un vaste choix de glaces à emporter ou à manger sur place. Servies dans des portions très généreuses, la plus impressionnante est la « Kitchen Sink » (servie dans un évier !). Il faut être plusieurs pour en venir à bout.

DAVIE Buca di Beppo — $$$

3355 S University Drive, 33324 ***Tél.*** *(954) 577-3287* — **Carte routière** *F4*

Vous pourrez partager de grandes assiettes de spécialités de l'Italie du Sud dans ce restaurant familial. Les murs regorgent de photos et d'objets en tout genre. Idéal pour manger après avoir visité Broward Mall.

DEERFIELD Pal's Charley's Crab — $$$

1755 SE 3 Court, 33441 ***Tél.*** *(954) 427-4000* — **Carte routière** *F4*

Situé sur l'Intracoastal Waterway, ce restaurant propose des menus différents à midi et le soir avec des spécialités de fruits de mer. Demandez la pêche du jour, souvent la meilleure option.

DEERFIELD BEACH Brooks — $$$

500 S Federal Hwy, 33441 ***Tél.*** *(954) 427-9302* — **Carte routière** *F4*

D'un bon rapport qualité-prix, ce restaurant prisé des gens de Deferfield Beach *(p. 131)* propose, à la carte ou au menu, des plats floribbéens à base de produits frais. Souvent plein.

DELRAY BEACH Café Luna Rosa — $$$$

34 S Ocean Blvd, 33444 ***Tél.*** *(561) 247-9404* — **Carte routière** *F4*

Situé sur la plage et donnant sur l'océan, ce restaurant italien offre une vue sublime. Au menu, ravioli au fromage fermier farcis au *prosciutto*, sauge et crème de parmesan, côtelette d'agneau de Nouvelle-Zélande. Goûtez absolument leur *cheesecake* de New York.

Légende des prix, *voir p. 335* **Légende des symboles,** *voir rabat arrière de couverture*

DELRAY BEACH De La Tierra Restaurant $$$$

106 S Swinton Ave, 33444 ***Tél.*** *(561) 272-5678* ***Carte routière*** *F4*

L'une des meilleures tables de Delray Beach. Vous dégusterez dans un jardin tropical luxuriant une savoureuse cuisine locale et continentale. Le cadre est parfait pour une soirée romantique. Les familles sont les bienvenues.

FORT LAUDERDALE Rosie's Bar & Grill $

2449 Wilton Drive, 33305 ***Tél.*** *(954) 567-1320* ***Carte routière*** *F4*

Ce restaurant populaire auprès de la communauté gay sert de bons burgers, d'excellents hot-dogs, des tortillas, des sandwichs et des salades dans une très bonne ambiance.

FORT LAUDERDALE Himmarshee Bar & Grille $$

210 SW 2nd St, 33301 ***Tél.*** *(954) 524-1818* ***Carte routière*** *F4*

Bondé le week-end, ce bar-restaurant attire une clientèle jeune et branchée. Le menu se compose de plats américains créatifs (saumon au wasabi). Belle carte des vins et terrasse extérieure.

FORT LAUDERDALE Limoncello Trattoria Pizzeria $$

208 SW 2nd St, 33312 ***Tél.*** *(954) 525-7656* ***Carte routière*** *F4*

Réputé pour ses pizzas, ce restaurant sert aussi de bons plats de pâtes, grillades et sandwichs. D'un bon rapport qualité-prix, il offre une ambiance familiale, idéale à l'heure du déjeuner. Plats à emporter.

FORT LAUDERDALE The Floridian Restaurant $$

1410 E Las Olas Blvd, 33301 ***Tél.*** *(954) 463-4041* ***Carte routière*** *F4*

Un restaurant de quartier particulièrement animé le dimanche à midi lorsque les habitués y dégustent des omelettes, des crêpes au babeurre et des steaks. Prix raisonnables, ouvert 24h/24. Clientèle éclectique et locale.

FORT LAUDERDALE 15th Street Fisheries $$$

1900 SE 15th St, 33316 ***Tél.*** *(954) 763-2777* ***Carte routière*** *F4*

Vous dégusterez, outre de délicieux fruits de mer, des viandes inhabituelles – kangourou ou alligator. La vue sur le front de mer est superbe. Réservation recommandée (surtout en hiver et au printemps).

FORT LAUDERDALE Creolina's $$$

209 SW 2nd St, 33312 ***Tél.*** *(954) 524-2003* ***Carte routière*** *F4*

À ne pas manquer. Ce restaurant sur la Riverwalk sert une cuisine typique de la Louisiane : jambalaya (à base de riz et de fruits de mer), étouffée d'écrevisses et limonade fraîche sont à déguster dans une ambiance du Sud.

FORT LAUDERDALE Japanese Village Hibachi Steak $$$

350 E Las Olas Blvd, 33301 ***Tél.*** *(954) 525-8386* ***Carte routière*** *F4*

Les plats cuits sur les barbecues de type hibachi (gril à charbon de bois) sont le point fort de ce restaurant japonais. Le décor et le service ajoutent au charme de cet endroit familial.

FORT LAUDERDALE Le Café de Paris $$$

715 E Las Olas Blvd, 33301 ***Tél.*** *(954) 467-2900* ***Carte routière*** *F4*

Un établissement familial ancien qui sert une savoureuse cuisine française, d'un bon rapport qualité-prix. Le menu gastronomique comporte des escargots en apéritif. Réservez-vous pour les desserts.

FORT LAUDERDALE River House Restaurant $$$

301 SW 3rd Ave, 33312 ***Tél.*** *(954) 525-7661* ***Carte routière*** *F4*

On y sert une cuisine américaine, notamment des spécialités de fruits de mer dans un cadre confortable, mais aussi du saumon au wasabi, purée de pommes de terre, *bok choy* (chou chinois). Le brunch du dimanche est très prisé.

FORT LAUDERDALE Tarpon Bend $$$

200 SW 2nd Ave, 33301 ***Tél.*** *(954) 523-3233* ***Carte routière*** *F4*

D'un très bon rapport qualité-prix, ce restaurant réputé sert des poissons et des fruits de mer très frais. Les huîtres fraîchement écaillées et les spécialités du jour, notamment les recettes de poisson fumé, sont délicieuses. Barbecue de fruits de mer.

FORT LAUDERDALE Grill Room on Las Olas $$$$

620 E Las Olas Blvd, 33301 ***Tél.*** *(954) 467-2555* ***Carte routière*** *F4*

Restaurant superbement décoré dans le style d'un club d'officiers anglais, situé dans le Riverside Hotel *(p. 315)*. Les steaks, le carré d'agneau et le chateaubriand sont excellents. Belle carte des vins.

FORT LAUDERDALE Mark's Las Olas $$$$
1032 E Las Olas Blvd, 33301 **Tél.** *(954) 463-1000* **Carte routière** *F4*

Un sublime bâtiment aux formes onduleuses abrite ce restaurant du chef Mark Militello. Il prépare une nouvelle cuisine floridienne savoureuse, comme le homard à l'américaine *(lobster brulée)*. Le menu innovant change tous les jours. Réservation indispensable.

FORT LAUDERDALE Blue Moon Fish Co. $$$$$
4405 W Tradewinds Ave, 33308 **Tél.** *(954) 267-9888* **Carte routière** *F4*

Le restaurant est magnifiquement situé sur l'Intracoastal Waterway. Les fruits de mer sont délicieux et l'ambiance agréable. Prix élevés. Idéal pour fêter une occasion spéciale en famille. Demandez la pêche du jour.

FORT LAUDERDALE Trina $$$$$
611 N Fort Lauderale Beach Blvd, Fort Lauderdale, 33304 **Tél.** *(954) 779-8070* **Carte routière** *F4*

Très bien situé, ce restaurant sophistiqué sert une délicieuse cuisine continentale. Les spécialités sont le carré d'agneau et les fruits de mer très frais. Le bar sert un vaste choix de boissons.

FORT PIERCE Mangrove Mattie's $$$
1640 Seaway Drive, 34949 **Tél.** *(772) 466-1044* **Carte routière** *F3*

Les fruits de mer (accompagnés de pâtes en sauce) sont le principal attrait de ce restaurant réputé, qui sert aussi steaks et côtelettes. Les plats sont copieux. Ambiance familiale et service accueillant.

HOLLYWOOD Bavarian Village $$
1401 N Federal Hwy, 33020 **Tél.** *(954) 922-7321* **Carte routière** *F4*

Ce restaurant accueillant est destiné aux gros appétits et aux amateurs de cuisine allemande (escalopes de veau et canard au chou), bien qu'on y mange également des spécialités américaines, dont des steaks et du poisson. Prix raisonnables.

HOLLYWOOD Taverna Opa $$$
410 N Ocean Drive, 33019 **Tél.** *(954) 929-4010* **Carte routière** *F4*

Ambiance joviale et familiale (avec danses sur les tables) dans ce restaurant grec de Hollywood Beach. Les spécialités incluent la moussaka, les *pastitsio* (plats de pâtes grecs), et bien sûr l'*ouzo* (liqueur à l'anis). Le plat de homard du Maine pour deux est un très bon choix.

HUTCHINSON ISLAND Baha Grill $$$$
555 NE Ocean Blvd, 34949 **Tél.** *(772) 225-6818* **Carte routière** *F3*

Ce charmant restaurant de l'Indian River Marrito Hotel sert une délicieuse cuisine locale, notamment à base de poissons, dont du thon à nageoires jaunes et un excellent vivaneau rouge. Prix élevés, mais cuisine à la hauteur.

PALM BEACH Chuck & Harold's $$$
207 Royal Poinciana Way, 33480 **Tél.** *(561) 659-1440* **Carte routière** *F4*

Les tables sous le porche sont le lieu idéal pour observer les vedettes tout en mangeant une soupe de conques ou la spécialité du jour. Ambiance chaleureuse avec animations et prix raisonnables.

PALM BEACH Bice Ristorante $$$$
313 1/2 Worth Ave, 33480 **Tél.** *(561) 835-1600* **Carte routière** *F4*

Ce restaurant formel et romantique sert une très bonne cuisine italienne. Le code vestimentaire est en accord avec le décor. Service excellent. Demandez les spécialités du jour. La clientèle est chic, mais l'ambiance n'est pas guindée.

PALM BEACH Café Boulud $$$$
301 Australian Ave, 33480 **Tél.** *(561) 655-6060* **Carte routière** *F4*

Il faut réserver pour avoir une table chez Daniel Boulud. Cette succursale de son restaurant new-yorkais installée dans le Brazilian Court Hotel sert une cuisine du sud de la France. Le menu, divisé en quatre catégories, n'est qu'une succession de délices.

PALM BEACH L'Escalier $$$$$
1 S County Rd, 33480 **Tél.** *(561) 655-6611* **Carte routière** *F4*

Vous vivrez une expérience gastronomique mémorable dans ce restaurant de l'hôtel Breakers : décoration sophistiquée et cuisine française élaborée. Au menu, foie gras grillé, agneau du Colorado et sole meunière. Tenue correcte exigée. Prix élevés.

PALM BEACH Renato's $$$$$
87 Via Mizner, 33480 **Tél.** *(561) 655-9752* **Carte routière** *F4*

Niché dans l'une des allées de Palm Beach, Renato's propose des plats européens préparés et servis avec soin tels du crabe et un risotto au homard. Tenue correcte exigée. Les prix sont élevés, mais la clientèle est d'une fidélité sans faille. Les horaires d'ouverture changent suivant les saisons.

Légende des prix, *voir p. 335* **Légende des symboles,** *voir rabat arrière de couverture*

POMPANO BEACH Flaming Pit $

1150 N Federal Hwy, 33062 ***Tél.*** *(954) 943-3484* ***Carte routière*** *F4*

On vient ici de toute la région pour les steaks, les côtelettes, le poulet et le bar à salades (au choix très varié), mais aussi pour les prix et le service, très accueillant.
Le cadre un peu rétro crée une ambiance familiale.

VERO BEACH Ocean Grill $$$

1050 Sexton Plaza, 32963 ***Tél.*** *(772) 231-5409* ***Carte routière*** *F3*

Décoré d'antiquités, ce restaurant de style années 1940 propose des fruits de mer et des viandes (pains de crabe d'Indian River, canettes rôties). La vue sur le front de mer crée un cadre romantique.
Le menu change régulièrement.

WEST PALM BEACH Colombino Bakery $

4439 Forest Hill Blvd, 33409 ***Tél.*** *(561) 642-4544* ***Carte routière*** *F4*

Petit boulanger-traiteur italien qui sert des pains chauds cuits au four, des pizzas préparées à la façon new-yorkaise et des sandwichs bon marché (de 3 à 5 $), notamment au *pepperoni* et fromage.
La devanture se trouve près de la County Main Library.

WEST PALM BEACH Aleyda's Tex Mex $$

1890 Okeechobee Blvd, 33409 ***Tél.*** *(561) 688-9033* ***Carte routière*** *F4*

Ce lieu populaire propose des plats tex-mex préparés à l'ancienne *(tacos, fajitas, tamales)*. Le week-end, le déjeuner sous forme de buffet est d'un très bon rapport qualité-prix. Les gens de la région et les familles en visite en quête de saveurs épicées aiment cet endroit.

WEST PALM BEACH Mark's City Place $$$

700 S Rosemary Ave, 33401 ***Tél.*** *(561) 514-0770* ***Carte routière*** *F4*

Le restaurant de Mark Militello de West Palm est connu pour ses pizzas cuites au four à bois, sa sélection de sushis et ses spécialités de Floride
(thon à nageoires jaunes en croûte de poivre).

WESTON Lucille's American Café $$

2250 Weston Rd, 33326 ***Tél.*** *(954) 384-9007* ***Carte routière*** *F4*

Décoré dans le style des années 1940 avec une touche d'élégance en plus, le Lucille's sert des sandwichs, de grandes salades, des soupes et une spécialité du jour à midi.
Ambiance très chaleureuse, prix abordables et service de qualité.

WILTON MANORS Stork's Bakery and Coffeehouse $

2505 NE 15th Ave, 33305 ***Tél.*** *(954) 567-3220* ***Carte routière*** *F4*

Les gens de la région aiment se retrouver ici et discuter en regardant les passants autour d'un thé ou d'un café accompagné de quelques douceurs.
Sandwichs et salades préparés sur place.

ORLANDO ET LA SPACE COAST

COCOA BEACH The Mango Tree Restaurant $$$$

118 N Atlantic Ave, 32931 ***Tél.*** *(321) 799-0513* ***Carte routière*** *F3*

Ce restaurant pour gourmets, situé à quelques mètres de l'océan, propose de la cuisine locale spécialisée dans les fruits de mer. Salades et légumes frais accompagnent le plat principal. Jardin tropical avec cascade et carpes japonaises.

DOWNTOWN ORLANDO Little Saigon $

1106 E Colonial Drive, 32803 ***Tél.*** *(407) 423-8539* ***Carte routière*** *F2*

Ce restaurant très réputé sert la meilleure cuisine vietnamienne du quartier dans un cadre décontracté et à des prix abordables. Le menu comprend entrées, plats de nouilles, plats de porc, bœuf, fruits et mer et frites ou légumes. Ambiance familiale, personnel serviable.

DOWNTOWN ORLANDO O'Boys Barb-Q $

924 W Colonial Drive, 32804 ***Tél.*** *(407) 425-6269* ***Carte routière*** *F2*

Dans un décor rustique et chaleureux, vous dégusterez des viandes cuites au barbecue à couper le souffle.
Le soir, le buffet propose des plats spéciaux à base de bœuf et de poulet, accompagnés de très bonnes sauces et garnitures, servis dans des portions généreuses.

DOWNTOWN ORLANDO Johnny's Fillin' Station $$

2631 S Ferncreek, 32806 ***Tél.*** *(407) 894-6900* ***Carte routière*** *F2*

Selon les critiques gastronomiques, on y sert les meilleurs burgers d'Orlando.
Cuisine et ambiance typiquement américaines. Service chaleureux et rapide.
Très apprécié des enfants, ce restaurant ravira les amateurs de viandes.

DOWNTOWN ORLANDO Smokey Bones $$
3400 E Colonial drive, 32803 ***Tél.*** *(407) 894-1511* **Carte routière** *F2*

Dans une déco de type ranch, ce restaurant équipé d'écrans de télévision convient bien aux familles. Même les plus gros appétits seront comblés, car les plats sont copieux (côtelettes, poulet grilléss au barbecue). Il y a aussi de grandes salades.

DOWNTOWN ORLANDO Le Coq au Vin $$$
4800 S Orange Ave, 32806 ***Tél.*** *(407) 851-6980* **Carte routière** *F2*

L'ambiance chaleureuse et la qualité de la cuisine ont fait la réputation du Coq au Vin, considéré comme l'un des meilleurs restaurants de cuisine française de la région. Au menu, aubergines frites avec pains de crabe ou filet de porc sauce au poivre et roquefort. Cadre romantique.

DOWNTOWN ORLANDO The Boheme $$$$
325 S Orange Ave, 32801 ***Tél.*** *(407) 581-4700* **Carte routière** *F2*

Un piano à queue Bösendorfer Impérial (l'un des deux rares modèles au monde) décore magistralement l'intérieur de ce restaurant à la déco par ailleurs moderne. Fruits de mer, gibier et pâtes figurent au menu. Les coquilles Saint-Jacques aux asperges sont très demandées.

INTERNATIONAL DRIVE Atlantis $$$
6677 Sea Harbor Drive, 32821 ***Tél.*** *(407) 351-5555* **Carte routière** *E2*

Situé juste en dehors de Sea World (p. 176-179), ce restaurant sert des spécialités de fruits de mer, comme le vivaneau sauté au beurre *piña colada* et la bisque de homard. Goûtez la côtelette de veau au *prosciutto* et gruyère.

INTERNATIONAL DRIVE Bahama Breeze $$$
8849 International Drive, 32819 ***Tél.*** *(407) 248-2499* **Carte routière** *E2*

Vous dégusterez une cuisine entièrement tropicale dans un cadre jovial et exotique. Tentez la boisson Bahamarita. Le *Jerk chicken* (poulet à la jamaïquaine), les crevettes à la noix de coco et les pâtes sont particulièrement recommandés. Idéal en famille ou tout seul.

INTERNATIONAL DRIVE Bergamo's Italian Restaurant $$$
8445 International Drive, 32819 ***Tél.*** *(407) 352-3805* **Carte routière** *E2*

Cette trattoria sert une excellente cuisine italienne : essayez l'osso bucco et son risotto ou les pâtes. Service efficace. Des animations ont lieu régulièrement, quand ce ne sont pas les serveurs qui se mettent à pousser la chansonnette, avec un certain talent.

INTERNATIONAL DRIVE Fishbones $$$
6707 Sand Lake Rd, 32819 ***Tél.*** *(407) 352-0135* **Carte routière** *E2*

Au Fishbones, vous pourrez choisir parmi une vaste sélection de fruits de mer et poissons frais de la pêche du jour, accompagnés de délicieuses sauces, ou opter pour le carré d'agneau ou les côtelettes.

INTERNATIONAL DRIVE The Crab House $$$
8291 International Drive, 32819 ***Tél.*** *(407) 352-6140* **Carte routière** *E2*

Ce restaurant à l'ambiance détendue propose notamment neuf recettes de crabe et un bar à salades et à fruits de mer (avec des huîtres fraîchement écaillées, des crevettes, des moules marinées et des écrevisses), ainsi que des spécialités du jour. Bon rapport qualité-prix.

INTERNATIONAL DRIVE Everglades $$$$
9840 International Drive, 32819 ***Tél.*** *(407) 996-9840* **Carte routière** *E2*

Cet hôtel-restaurant sert une cuisine créative, inspirée des plats régionaux. Essayez donc l'alligator ! C'est l'un des restaurants les plus populaires de la région. Les enfants apprécient l'originalité du menu.

INTERNATIONAL DRIVE The Butcher Shop Steakhouse $$$$
8445 International Drive, 32819 ***Tél.*** *(407) 363-9727* **Carte routière** *E2*

Vous pourrez déguster les plus gros et les meilleurs steaks d'International Drive, servis par un personnel très efficace, ou faire cuire celui que vous aurez apporté, si l'envie vous en dit.

INTERNATIONAL DRIVE Dux $$$$$
9801 International Drive, 32819 ***Tél.*** *(407) 345-4550* **Carte routière** *E2*

Des volailles circulent librement dans ce restaurant élégant situé dans le Peabody Orlando *(p. 319)*. Le menu change tous les trimestres. Grande sélection d'entrées, de fruits de mer, de viandes et de plats végétariens. Idéal pour fêter de grandes occasions.

KISSIMMEE Pacino's Italian Ristorante $$$
5795 W Hwy 192, 34746 ***Tél.*** *(407) 396-8022* **Carte routière** *E3*

Les grillades au charbon de bois (notamment les steaks) sont le point fort de ce restaurant familial et confortable qui livre sans frais les hôtels voisins. Le menu propose aussi d'autres plats. Service courtois.

Légende des prix, *voir p. 335* **Légende des symboles,** *voir rabat arrière de couverture*

LAKE BUENA VISTA Hemingway's $$$$

1 Grand Cypress Blvd, 32836 ***Tél.*** *(407) 239-3854* ***Carte routière*** *E2*

La décoration nautique du Hemingway's et la terrasse avec chutes d'eau forment un cadre charmant et romantique. Au menu, beignets de crevettes à la bière et noix de coco, paella de fruits de mer, *ceviche* d'huîtres et calamars et espadon « blackened ».

ORLANDO Seasons 52 $$$

7700 W Sandlake Rd, ***Tél.*** *(407) 354-5212* ***Carte routière*** *E2*

Ce restaurant sert une cuisine saine délicieuse. Tous les plats sont préparés avec un léger filet d'huile d'olive et ne dépassent pas 475 calories. Le menu de saison comprend des légumes grillés, des champignons farcis au crabe et du pain pita au parmesan et au romarin.

WALT DISNEY WORLD Chef Mickey's $$

Disney's Contemporary Resort, 32830 ***Tél.*** *(407) 939-3463* ***Carte routière*** *E3*

Ce restaurant familial propose un buffet au petit déjeuner et au dîner, pendant que vos personnages favoris de Disney se livrent à des pitreries. Le reste de la journée, menu fixe et varié. Le service est de qualité et les enfants sont les bienvenus.

WALT DISNEY WORLD Gulliver's Grill $$

Walt Disney World Swan Hotel, 32830 ***Tél.*** *(407) 934-1609* ***Carte routière*** *E3*

Essayez la cuisine de Brobdingnag, le légendaire pays des géants, dans ce restaurant au décor verdoyant. Bons plats américains. La qualité du service compense un menu assez banal. Accueil très chaleureux.

WALT DISNEY WORLD Ohana $$

Disney's Polynesian Resort, 32830 ***Tél.*** *(407) 939-3463* ***Carte routière*** *E3*

Ce restaurant très fréquenté sert de la cuisine polynésienne, notamment des viandes et des coquillages cuits au feu de bois et servis sur des brochettes de 1 m de long. Prix fixes. De très belles animations égayent le dîner, à partager en famille ou en couple.

WALT DISNEY WORLD Whispering Canyon Café $$

Disney Wilderness Lodge, 32830 ***Tél.*** *(407) 939-3463* ***Carte routière*** *E3*

À vos revolvers ! Cette reconstitution d'un camp du Far West propose un buffet à volonté ainsi que des petits déjeuners rustiques. L'endroit plaît beaucoup aux enfants. Attention, les prix sont assez élevés.

WALT DISNEY WORLD Bongo's Cuban Café $$$

2426 Viscount Row, 32809 ***Tél.*** *(407) 828-0999* ***Carte routière*** *E3*

Un restaurant sans prétention, très animé, idéal pour les familles. Le menu se compose essentiellement de plats espagnols, mais aussi de plateaux de fruits de mer ou de crevettes sautées en sauce.

WALT DISNEY WORLD California Grill $$$

Disney's Contemporary Resort, 32830 ***Tél.*** *(407) 939-3463* ***Carte routière*** *E3*

Ce restaurant à la vue splendide et à la cuisine ouverte au public prépare des plats originaux de la côte ouest tels la pizza au saumon fumé ou le porc à la polenta. Les enfants n'y trouveront pas forcément leur bonheur.

WALT DISNEY WORLD Cape May Café $$$

Disney's Beach Club Resort, 32830 ***Tél.*** *(407) 939-3463* ***Carte routière*** *E3*

Le buffet du petit déjeuner est supervisé par l'amiral Goofy. Au dîner, une cloche annonce l'ouverture du buffet de palourdes cuites, qui offre également un choix très vaste de plats. Très prisé des familles.

WALT DISNEY WORLD Cinderella's Table $$$

Magic Kingdom, Fantasyland, 32830 ***Tél.*** *(407) 939-3463* ***Carte routière*** *E3*

Dînez dans le château de Cendrillon. Les enfants adorent cet endroit, car ils peuvent jouer avec leurs personnages favoris tout en dégustant leur repas. Le buffet propose une grande variété de choix. Petit déjeuner et déjeuner seulement.

WALT DISNEY WORLD Olivia's Café $$$

Disney Old Key West, 32830 ***Tél.*** *(407) 939-3463* ***Carte routière*** *E3*

Ce café, dont le style rappelle l'ancien Key West, offre une cuisine aux saveurs locales (paella floridienne, soupe de conques, poulet mojo). Le menu coloré et l'accueil chaleureux du personnel convient bien aux enfants.

WALT DISNEY WORLD Wolfgang Puck® Café $$$

1482 E Buena Vista Drive, 32830 ***Tél.*** *(407) 938-9653* ***Carte routière*** *E3*

Situé dans Downtown Disney, ce lieu comprend plusieurs restaurants. Du café de style californien au restaurant de cuisine fine, ce concept convient à tous les goûts et à toute la famille. Les pizzas cuites au four, les pâtes et les grillades sont assez savoureuses.

WALT DISNEY WORLD Christini's Ristorante $$$$$

7600 Dr Phillips Blvd, 32819 ***Tél.*** *(407) 345-8770* — **Carte routière** E3

Le Christini's a tout d'un restaurant romantique : cuisine italienne variée préparée avec des ingrédients de saison, décor élégant, service irréprochable et belle carte des vins.
Le menu change souvent, demandez les spécialités.

WALT DISNEY WORLD Shula's $$$$$

Walt Disney World Dolphin Hotel, 32830 ***Tél.*** *(407) 934-1609* — **Carte routière** E3

L'un des meilleurs grills du parc. Belle sélection de fruits de mer et desserts délicieux servis dans une ambiance calme.
Ici, l'accent est mis sur la cuisine et non sur les attractions.

WALT DISNEY WORLD The Outback $$$$$

1900 Buena Vista Drive, 32830 ***Tél.*** *(407) 827-3430* — **Carte routière** E3

La chute d'eau à l'intérieur de ce bistro produit une ambiance apaisante.
Les crevettes farcies et les steaks sont énormes. Réservez-vous pour les délicieux desserts.
Plus adapté aux familles ou aux groupes qu'aux dîners en tête à tête.

WALT DISNEY WORLD Narcoossee's $$$$$$

Disney's Grand Floridian Resort, 32830 ***Tél.*** *(407) 824-1400* — **Carte routière** E3

Ce chalet octogonal situé le long du Seven Seas Lagoon propose des plats de viande et de poisson servis avec des légumes de la région. Les produits sont frais et l'ambiance détendue.
Demandez les spécialités du jour et le poisson local.

WALT DISNEY WORLD Victoria & Albert's $$$$$$

Disney's Grand Floridian Resort, 32830 ***Tél.*** *(407) 824-1089* — **Carte routière** E3

Le menu à prix fixe qui comprend six plats est plus que copieux.
Il est servi par un maître d'hôtel et une serveuse. Demandez la table du chef, la meilleure de toutes.
Réservez à l'avance.

WINTER PARK Café de France $$$$$

526 Park Ave S, 32789 ***Tél.*** *(407) 647-1869* — **Carte routière** E2

À midi, ce bistro français sert de la cuisine simple (comme des crêpes) et le soir du collet d'agneau et la spécialité du jour.
Doté d'un cadre romantique, ce restaurant vaut le détour.

WINTER PARK Park Plaza Gardens $$$$$

319 Park Ave S, 32789 ***Tél.*** *(407) 645-2475* — **Carte routière** E2

Cet élégant restaurant est logé dans un atrium débordant de végétation. Primé pour la qualité de sa cuisine, préparée avec des produits de la région, il sert avec panache des spécialités américaines comme le filet mignon ou le carré de porc. Les enfants sont les bienvenus, même si le cadre convient mieux aux adultes.

LE NORD-EST

DAYTONA BEACH Hog Heaven $

37 N Atlantic Ave, 32118 ***Tél.*** *(386) 257-1212* — **Carte routière** E2

L'arôme alléchant de la viande (bœuf, poulet, agneau) cuisant sur le feu envahit ce lieu chaleureux et bon enfant. Les sauces sont succulentes. Tous les sens sont comblés.
Pour les gros appétits.

DAYTONA BEACH Aunt Catfish's $$$

4009 Halifax Drive, 32127 ***Tél.*** *(386) 767-4768* — **Carte routière** E2

Cet établissement populaire, situé sur l'Intracoastal Waterway, est renommé pour sa cuisine du Sud (poisson-chat frit, pains au crabe et palourdes).
Également ouvert le dimanche pour le brunch.

DAYTONA BEACH Down the Hatch $$$

4894 Front St, Ponce Inlet, 32127 ***Tél.*** *(386) 761-4831* — **Carte routière** E2

D'un bon rapport qualité-prix, ce restaurant familial sert des poissons de toute première fraîcheur et quelques plats de viande. Installez-vous au bord de l'eau pour voir les bateaux décharger en fin de journée.

DAYTONA BEACH Rosario's Ristorante $$$

448 S Beach St, 32114 ***Tél.*** *(386) 258-6066* — **Carte routière** E2

Installé dans la Live Oak Inn, une maison victorienne ornée de rideaux de dentelle, ce restaurant original et populaire sert une cuisine italienne traditionnelle. Laissez-vous surprendre par les spécialités de la maison (écureuil, faisan, caille). Cadre intime et romantique.

Légende des prix, *voir p. 335* **Légende des symboles,** *voir rabat arrière de couverture*

FERNANDINA BEACH Beech Street Grill $$$
801 Beech St, 32034 ***Tél.*** *(904) 277-3662* **Carte routière** *E1*

Logé dans un magnifique bâtiment datant de 1889, ce restaurant primé propose des plats floridiens contemporains et de très bons vins. Spécialités différentes tous les jours à base de produits frais régionaux et plats de fruits de mer originaux.

FERNANDINA BEACH Florida House Inn $$$
20–22 S 3 St, 32034 ***Tél.*** *(904) 261-3300* **Carte routière** *E1*

Ce restaurant occupe le plus vieil hôtel de Floride, classé au patrimoine historique. Les clients sont assis à des tables sur tréteaux. On y sert une cuisine du Sud préparée à l'ancienne (poulet frit, jambalaya, entrecôte et légumes de saison) sous forme de buffet à volonté.

FERNANDINA BEACH The Grill $$$$$
4750 Amelia Island Pkwy, 32034 ***Tél.*** *(904) 277-1100* **Carte routière** *E1*

Couronné de la distinction AAA Five Diamond, le restaurant du Ritz-Carlton Amelia Island Hotel propose des spécialités régionales. Le menu composé de trois plats change tous les jours. Goûtez les poissons et le gibier locaux. Brunch du dimanche très élaboré. Réservation recommandée.

GAINESVILLE Harry's Seafood Bar & Grill $$$
110 SE 1st St, 32605 ***Tél.*** *(352) 372-1555* **Carte routière** *D2*

Ambiance Nouvelle-Orléans dans ce restaurant de fruits de mer. Les crevettes à la créole et le crabe *almondine* sont excellents, tout comme la truite cuite au gril (demandez-la « blackened » pour encore plus de saveur). Très bons sandwichs également.

JACKSONVILLE Café Carmon $$$
1986 San Marco Blvd, 32207 ***Tél.*** *(904) 399-4488* **Carte routière** *E1*

Détendez-vous en regardant les passants à la terrasse de ce bistro, où vous mangerez d'excellents plats, comme des pâtes à la tomate et au basilic ou le poisson du jour grillé ou « blackened ». Laissez-vous tenter par les desserts.

JACKSONVILLE Juliette's, A Florida Bistro $$$
245 Water St, 32202 ***Tél.*** *(904) 355-6664* **Carte routière** *E1*

Le service impeccable, les desserts délicieux, les spécialités locales à base de viande ou de fruits de mer telles le thon grillé et le steak de saumon font de cet établissement situé dans l'hôtel Omni Jacksonville un restaurant de premier ordre.

JACKSONVILLE The Wine Cellar $$$
1314 Prudential Drive, 32207 ***Tél.*** *(904) 398-8989* **Carte routière** *E1*

Ce restaurant, l'un des meilleurs de Jacksonville, propose une cuisine continentale et une carte de plus de 200 vins. La terrasse avec jardin, l'intérieur décoré de boiseries forment un cadre chaleureux.

JACKSONVILLE Matthews Restaurant $$$$$
2107 Hendricks Ave, San Marco, 28105 ***Tél.*** *(904) 396-9922* **Carte routière** *E1*

L'un des meilleurs restaurants gastronomiques de Jacksonville. Le chef Matthew Medure prépare un délicieux thon hawaïen assaisonné d'huile d'olive et de basilic, et des coquilles Saint-Jacques du Maine sur leur lit de maïs. Pour le dessert, essayez le tiramisu et son strudel aux bananes flambées. Le menu change tous les jours.

JACKSONVILLE BEACH Dolphin Depot $$$$
701 N 1 St, 32250 ***Tél.*** *(904) 270-1424* **Carte routière** *E1*

Cette ancienne station-service dans un bâtiment Art déco abrite l'un des meilleurs restaurants du Nord-Est. Sa petite taille garantit son calme. Le menu change tous les jours et propose fruits de mer, viandes et volailles à base de produits locaux. Réservations conseillées.

MANDARIN Clark's Fish Camp Seafood Restaurant $$$
12903 Hood Landing Rd, 32258 ***Tél.*** *(904) 268-3474* **Carte routière** *E1*

Il vous faudra du temps pour choisir un mets de ce vaste menu (allant de l'autruche au serpent). N'hésitez pas à tenter des nouveautés, car les plats sont très bien préparés, et le cadre rustique et chaleureux offre de splendides vues sur Julington Creek. Prisé des locaux.

OCALA Arthur's $$$
3600 SW 36 Ave, 34474 ***Tél.*** *(352) 854-1400* **Carte routière** *E2*

Ce restaurant de l'hôtel Hilton est célèbre pour ses buffets à midi et le soir. Le chef prépare une délicieuse cuisine traditionnelle et propose des spécialités du jour et un brunch le dimanche. Belle vue sur un paddock.

ORMOND BEACH Pickwick's Restaurant & Tea Room $$$
268 N Nova Rd, 32176 ***Tél.*** *(386) 672-1169* **Carte routière** *E2*

Idéal pour faire une pause après des achats au Trails Shopping Center, ce salon de thé au charme désuet propose des sandwichs, du riz au lait avec une sauce au rhum et raisins secs, des scones et des sablés *(shortbread)* ainsi que des repas plus substantiels.

ORMOND BEACH Barnacle's Restaurant & Lounge $$$
869 S Atlantic Ave, 32176 **Tél.** *(386) 673-1070* **Carte routière** *E2*

Très fréquenté (surtout le soir et le week-end) par des gens du coin et des visiteurs en raison de son atmosphère paisible, de ses fruits de mer, de ses succulents steaks et côtelettes et de sa vue splendide sur la plage. Buffet de salades à volonté. Ambiance familiale.

ORMOND BEACH Julian's Dining Room & Lounge $$$
88 S Atlantic Ave, 32176 **Tél.** *(386) 677-6767* **Carte routière** *E2*

Ce restaurant familial est connu pour son bœuf de l'Ouest de premier choix. Il sert une cuisine américaine consistante. Ses spécialités de fruits de mer sont aussi très prisées (crabe royal au gratin, vivaneau grillé, crabe frit). Délicieux desserts. D'un bon rapport qualité-prix.

ORMOND BEACH Frappe's North $$$$
123 W Granada Blvd, 32174 **Tél.** *(386) 615-4888* **Carte routière** *E2*

Le menu de cet élégant restaurant change constamment. Les plats sont préparés avec des produits bio locaux et régionaux. Goûtez les spécialités au canard et homard, le filet mignon Black Angus, les grosses crevettes au gril et le saumon au pecorino. Réservation recommandée.

ST AUGUSTINE Florida Cracker Cafe $$
81 St George St, 32084 **Tél.** *(904) 829-0397* **Carte routière** *E1*

Situé dans le quartier historique de la ville, ce charmant restaurant sert une cuisine simple et des spécialités locales exotiques servies dans des portions généreuses, comme l'alligator frit. L'ambiance cosy, décontractée et familiale plaît beaucoup aux visiteurs.

ST AUGUSTINE Salt Water Cowboy's $$
299 Dondanville Rd, 32080 **Tél.** *(904) 471-2332* **Carte routière** *E1*

Installé dans un faux camp de pêche près de marais salants, ce restaurant aux murs décorés de peaux de serpents et d'alligators sert des plats locaux (huîtres, alligator, fruits de mer, jambalaya, côtelettes cuites au barbecue). Il possède aussi une terrasse.

ST. AUGUSTINE Raintree $$$
102 San Marco Ave, 32084 **Tél.** *(904) 824-7211* **Carte routière** *E1*

Occupant l'un des derniers bâtiments historiques de la rue, le Raintree est réputé pour sa cuisine. Terminez votre repas de fruits de mer ou de viande traditionnelle par une crêpe au bar des desserts. Ambiance sophistiquée et romantique, sans chichi.

ST. AUGUSTINE Santa Maria $$$
135 Avenida Menedez, 32084 **Tél.** *(904) 829-6578* **Carte routière** *E1*

Nous vous recommandons les fruits de mer, mais aussi la soupe aux haricots noirs, les steaks et les côtelettes dans ce restaurant situé sur une jetée de Matanzas Bay. Plusieurs aquariums décorent l'intérieur. Terrasse.

ST. AUGUSTINE Opus 39 $$$$
39 Cordova St, 32209 **Tél.** *(904) 824-0402* **Carte routière** *E1*

Situé au cœur du quartier historique de la ville, ce restaurant créatif et très populaire sert une cuisine américaine contemporaine. Le chef Michael McMillan propose un délicieux menu à base de produits bio et d'ingrédients du monde entier. Belles cartes de desserts et des vins. Le service est excellent.

LE PANHANDLE

APALACHICOLA Seafood Grill & Steakhouse $$
100 Market St, 32320 **Tél.** *(850) 653-9510* **Carte routière** *B1*

Établi dans le centre-ville, ce grill propose une grande variété de plats. Ne manquez pas le « plus grand sandwich au poisson frit du monde », les huîtres et les crevettes de la région et goûtez l'une des 30 variétés de bières proposées. Ambiance détendue, service efficace. Bondé le week-end.

CEDAR KEY Blue Desert Café $$
12518 Hwy 24, 32625 **Tél.** *(352) 543-9111* **Carte routière** *D2*

Dans ce restaurant, un personnel efficace sert un vaste choix de plats tex-mex, cajun et asiatiques (pizzas, *burritos*, crevettes frites et fruits de mer épicés), adaptés à tous les goûts. Le décor de western est kitsch et l'ambiance détendue. C'est le seul lieu de la ville ouvert tard.

DESTIN Ciao Bella Pizza $
10676 Emerald Coast Pkwy, 32550 **Tél.** *(850) 654-3040* **Carte routière** *A1*

Ce restaurant italien, situé dans le centre commercial Silver Sands Outlet, permet de faire une pause après des achats. On y sert une cuisine traditionnelle de l'Italie du Nord, dont de grandes pizzas et de très bons desserts. Ambiance détendue, confortable.

DESTIN Donut Hole $
104 Hwy 98 E, 32541 ***Tél.*** *(850) 837-8824* ***Carte routière*** *A1*

Impossible de faire un mauvais choix dans ce restaurant convivial qui sert l'un des meilleurs petits déjeuners de Destin. Les œufs, omelettes et pancakes avec garnitures sont tous délicieux. Goûtez absolument l'omelette maison au crabe, fromage Monterey Jack, beurre, ail et oignons verts. Ouvert matin, midi et soir.

DESTIN The Back Porch $$
1740 Old Hwy 98, 32541 ***Tél.*** *(850) 837-2022* ***Carte routière*** *A1*

Spécialités de fruits de mer (huîtres, coquillages) et de poissons (frits, bouillis ou grillés). Ne manquez pas de goûter les spécialités au homard et au crabe. Vaste choix de plats de viande et volailles. La vue sur la plage et la côte est sensationnelle. Prisé le week-end et pendant les vacances.

DESTIN Marina Café $$$$
404 E Hwy 98, 32541 ***Tél.*** *(850) 837-7960* ***Carte routière*** *A1*

Un joyau de l'Emerald Coast, parfait pour un dîner romantique. Le service est excellent, le lieu spectaculaire et la cuisine inventive et internationale (spécialités de fruits de mer). Goûtez les plats du jour ou les poissons fraîchement pêchés. Excellente carte des vins.

FORT WALTON BEACH Staff's Seafood Restaurant $$$
24 Miracle Strip Pkwy, 32548 ***Tél.*** *(850) 243-3482* ***Carte routière*** *A1*

Ouvert depuis 1931, ce restaurant d'un bon rapport qualité-prix est connu pour sa cuisine régionale, notamment des plateaux de fruits de mer (crabes, coquilles Saint-Jacques, crevettes, gombos et poissons) accompagnés de savoureuses sauces. Des plats de viande (steak, rôti de bœuf et porc) figurent aussi au menu. Service amical.

GRAYTON BEACH Criolla's $$$$
170 E Scenic Hwy 30 A, 32459 ***Tél.*** *(850) 267-1267* ***Carte routière*** *A2*

Célèbre pour sa cuisine créole-caribéenne élaborée et novatrice, ce restaurant sert du collet d'agneau d'Australie, des pommes Fuji au four et du thon mignon grillé au feu de bois. Le menu change souvent, laissez-vous tenter par la variété du choix. Le gâteau au chocolat est succulent.

GULF BREEZE Bon Appetit Waterfront Café $$
51 Gulf Breeze Pkwy, 32561 ***Tél.*** *(850) 932-3967* ***Carte routière*** *A1*

Appétissante nourriture floribéenne dans ce café du front de mer donnant sur Pensacola Bay. Grand choix de vins et bières. Choisissez l'un des délicieux desserts pour clore votre repas en admirant les magnifiques couchers de soleil. Le dimanche, le brunch est servi avec du champagne maison.

PANAMA CITY BEACH Kingfish at The Bay Point Marriott $$$
4200 Marriott Drive, 32408 ***Tél.*** *(850) 236-6075* ***Carte routière*** *B1*

Ce restaurant sert un mélange éclectique de cuisine caribéenne et floridienne. Situé dans le Marriott's Bay Point Resort, il sert du poisson local, des fruits de mer, des viandes et volailles. Il abrite aussi un bar à sushis. Possibilité de manger à l'intérieur ou à l'extérieur.

PANAMA CITY BEACH Capt. Anderson's $$$$
5551 N Lagoon Drive, 32408 ***Tél.*** *(850) 234-2225* ***Carte routière*** *B1*

Cet immense restaurant cinq étoiles situé sur les quais est connu d'abord pour ses fruits de mer, mais aussi pour ses plats de viande (steaks) et ses spécialités grecques. La variété du menu et le confort du décor attirent les familles.

PANAMA CITY BEACH The Treasure Ship $$$$
3605 S Thomas Drive, 32408 ***Tél.*** *(850) 234-8881* ***Carte routière*** *B1*

Cette réplique sur trois étages d'un galion espagnol du XIXe dispose de ponts en plein air avec vue sur le front de mer. The Treasure Ship sert notamment de savoureux fruits de mer. Essayez le thon grillé, le saumon, les steaks *mahi mahi*, les spécialités ou le poisson du jour. Idéal en famille ou en groupe.

PENSACOLA Barnhill's Buffet $
10 S Warrington Rd, 32507 ***Tél.*** *(850) 456-2760* ***Carte routière*** *A1*

L'endroit propose un buffet familial où les enfants sont les bienvenus. Des spécialités du Sud (poulet grillé, filets de poisson-chat, viandes *hickory* fumées au noyer, côtelettes de porc, poitrine de bœuf et saucisse fumée) sont servies dans des portions très généreuses. Ouvert tous les jours, le midi et le soir. Service accueillant.

PENSACOLA Cracker Barrel Old Country Store $
8050 Lavelle Way, 32526 ***Tél.*** *(850) 944-2090* ***Carte routière*** *A1*

Ce restaurant familial, qui fait partie d'une chaîne, propose de belles portions d'une cuisine familiale typique du Sud. Essayez le poisson-chat, le pain de maïs, les feuilles de chou vert et les pommes de terre sautées. Superbes petits déjeuners à déguster dans une ambiance détendue. Un petit magasin vend des souvenirs.

PENSACOLA McGuire's Irish Pub $$
600 E Gregory St, 32501 ***Tél.*** *(850) 433-6789* ***Carte routière*** *A1*

Une halte indispensable : steak, pâtes et pizzas sont servis en portions énormes. À accompagner d'une bière fait maison. Un bar très couleur locale.

PENSACOLA Landry's Seafood House $$$
905 E Gregory St, 32502 ***Tél.*** *(850) 434-3600* **Carte routière** *A1*

De savoureux plats cajuns avec une touche antillaise : salades, plateaux de fruits de mer, *mahi mahi* grillé et farci avec de la chair de crabe, gombos louisianais et huîtres frites. Tous les plats sont cuisinés avec des sauces très diverses et à base de produits frais.

PENSACOLA Skopelos on the Bay $$$
670 Scenic Hwy, 32503 ***Tél.*** *(850) 432-6565* **Carte routière** *A1*

Une cuisine primée qui travaille fruits de mer et viande avec une touche européenne. Les spécialités grecques sont délicieuses, notamment l'apéritif dolmade (feuille de vigne farcie). D'un excellent rapport qualité-prix. Cadre plaisant.

SEASIDE Bud & Alley's $$$
County Rd 30 A, 32459 ***Tél.*** *(850) 231-5900* **Carte routière** *B1*

Ce lieu de rencontre sans prétention propose un menu inventif de cuisine régionale qui change à chaque saison, à la frontière entre saveurs méditerranéennes (basques et toscanes), louisianaises et floridiennes. Le bar du haut, à ciel ouvert, offre une vue spectaculaire sur le golfe du Mexique.

TALLAHASSEE Andrew's Capitol Bar & Grille $$$
228 S Adams St, 32301 ***Tél.*** *(850) 222-3444* **Carte routière** *C1*

Ce restaurant de gourmets propose un excellent menu et des plats aux saveurs méditerranéennes. Grand choix de burgers, steaks, lasagnes, salades et desserts. Très prisé pour ses plats du jour servis lors de *happy hour* et le brunch du dimanche. Les serveurs sont très attentionnés.

TALLAHASSEE Chez Pierre $$$
1215 Thomasville Rd, 32303 ***Tél.*** *(850) 222-0936* **Carte routière** *C1*

L'hospitalité du Sud et la cuisine française font de ce bistro un lieu apprécié des gens de la région. Les plats novateurs sont préparés avec des produits régionaux frais. Ne passez pas à côté des délicieuses pâtisseries.

LA GULF COAST

ANNA MARIA ISLAND Sign of the Mermaid $$$$
9707 Gulf Drive, 34207 ***Tél.*** *(941) 778-9399* **Carte routière** *D3*

L'endroit parfait pour le brunch du dimanche. Le gombo est particulièrement recommandé. Mieux vaut réserver car le Mermaid est toujours bondé. Il ne sert pas de boissons alcoolisées, mais vous pouvez apporter vos propres bouteilles.

CAPTIVA ISLAND The Bubble Room $$$
15001 Captiva Rd, 33924 ***Tél.*** *(239) 472-5558* **Carte routière** *D4*

Des serveurs plein d'énergie vous apporteront de gigantesques portions de fruits de mer, de steaks et de desserts. L'activité qui règne ici et le décor plaisent beaucoup aux enfants. Parfois un peu bruyant.

CAPTIVA ISLAND The Old Captiva House $$$
15951 Captiva Rd, 33924 ***Tél.*** *(239) 472-5161* **Carte routière** *D4*

Logé dans la 'Tween Waters Inn, ce restaurant sert des plats locaux de style floridien ancien dans une atmosphère amicale et décontractée. Grand choix de pâtes, fruits de mer et plats de viande. Les entrées sont classées en 4 catégories de prix.

CAPTIVA ISLAND Mucky Duck $$$$
11546 Andy Rosse Lane, 33924 ***Tél.*** *(239) 472-7575* **Carte routière** *D4*

Seul restaurant en front de mer de l'île, ce pub est très apprécié des gens du coin et des visiteurs. Vous dégusterez une cuisine anglaise et américaine dans une atmosphère typiquement britannique. Animations, cocktails à siroter sur le patio et vues sur le coucher de soleil : difficile de faire mieux.

CLEARWATER BEACH Britt's Beachside Café $
201 S Gulfview Blvd, 33759 ***Tél.*** *(727) 461-5185* **Carte routière** *D3*

L'endroit idéal pour admirer le coucher de soleil en mangeant un sandwich et en sirotant une bière. Ambiance décontractée, bon rapport qualité-prix. Les pâtes, fruits de mer et steaks sont tous excellents. Les tables à l'extérieur ménagent une vue magnifique sur la plage.

CLEARWATER BEACH Frenchy's South Beach Café $$$
351 S Gulfview Drive, 33767 ***Tél.*** *(727) 441-9991* **Carte routière** *D3*

Ce restaurant de fruits de mer situé sur la plage est célèbre pour ses sandwichs au mérou. Le rapport qualité-prix, l'ambiance conviviale, l'excellence du menu et l'emplacement en font un lieu très apprécié des familles.

Légende des prix, *voir p. 335* **Légende des symboles,** *voir rabat arrière de couverture*

DUNEDIN Bon Appetit $$

148 Marina Plaza, 34698 ***Tél.*** *(727) 733-2151* ***Carte routière*** *D3*

Une cuisine américaine primée qui travaille les ingrédients locaux les plus frais pour créer des plats créatifs. Cadre simple et élégant, avec une vue imprenable sur le détroit de Saint Joseph et sur Honeymoon et Caladesi Islands. Splendide à l'heure du coucher de soleil.

FORT MYERS The Veranda $$$

2122 2nd St, 33901 ***Tél.*** *(239) 332-2065* ***Carte routière*** *E4*

Logé dans un bâtiment de 1902, ce restaurant, l'un des plus appréciés de la région, offre des créations culinaires originales comme les beignets d'artichauts farcis au crabe. Le décor s'inspire du Sud profond. Les serveurs sont attentionnés. Idéal pour une escapade romantique.

SANIBEL ISLAND Peaches $$$$

1451 Middle Gulf Drive, 33957 ***Tél.*** *(239) 395-6014* ***Carte routière*** *D4*

Situé dans la Sundial Beach Resort, donnant sur le golfe du Mexique, cet élégant restaurant sert une délicieuse cuisine floridienne préparée avec des saveurs régionales et des ingrédients du monde entier. Excellente carte des vins. Réservations recommandées.

SARASOTA Michael's On East $$$$

1212 E Ave S, 34239 ***Tél.*** *(941) 366-0007* ***Carte routière*** *D3*

L'un des meilleurs restaurants de Sarasota. Cuisine américaine contemporaine (salades, sandwichs, pâtes et fruits de mer) et vaste sélection de bières de microbrasserie. L'intérieur chic est décoré de motifs ondulants et de sièges luxueux. Il est conseillé de réserver à l'avance.

SARASOTA Café L'Europe $$$$$

431 Armands Circle, 34236 ***Tél.*** *(941) 388-4415* ***Carte routière*** *D3*

Ce restaurant établi, situé dans le quartier chic de St Armands Circle, sert une cuisine continentale. C'est l'endroit idéal pour célébrer une occasion spéciale. Au menu, risotto de fruits de mer, mérou, thon ahi, filet mignon et sole.

SAINT PETE BEACH Hurricane Seafood Restaurant $$$

809 Gulf Way Rd, 33706 ***Tél.*** *(727) 360-9558* ***Carte routière*** *D3*

Installé sur la plage, ce restaurant vante ses pains de crabe et ses poissons de Floride qui sont « blackened », grillés, bouillis ou servis en sandwich. Le pont aux cocktails est assailli au coucher du soleil. Belle sélection de vins.

SAINT PETE BEACH Maritana Grille $$$$$

3400 Gulf Blvd, 33706 ***Tél.*** *(727) 360-1882* ***Carte routière*** *D3*

Détenteur de plusieurs titres gastronomiques, le Maritana Grille situé dans Don CeSar Beach Resort propose des plats élaborés à base de produits locaux et bio. Le brunch du dimanche (avec fruits de mer et plats de viande) est à découvrir. Atmosphère détendue et décor tropical.

SAINT PETERSBURG Columbia Restaurant $$$

800 2nd Ave NE, 33701 ***Tél.*** *(727) 822-8000* ***Carte routière*** *D3*

Membre de la chaîne des restaurants Columbia de Floride, ce restaurant sert des plats espagnols raffinés. Au menu figurent essentiellement des fruits de mer. Les serveurs sont de très bon conseil. Très belle vue sur Tampa Bay.

SAINT PETERSBURG Merchand's Bar & Grill and Terrace Room $$$$$

501 5th Ave, 33701 ***Tél.*** *(727) 894-1000* ***Carte routière*** *D3*

Logé dans un hôtel des années 1920 (le Renaissance Vinoy Resort), ce restaurant élégant propose des plats méditerranéens avec une touche floridienne, à déguster dans un cadre romantique. Mention spéciale pour la bouillabaisse.

TAMPA Cauldron Restaurant $

2302 E 7 Ave, 33605 ***Tél.*** *(813) 248-5694* ***Carte routière*** *D3*

Ce restaurant animé de style caribéen sert des spécialités de la mer et des plats cuits au barbecue aux saveurs d'agrumes, préparés avec des produits de la région. Ambiance familiale et service efficace.

TAMPA Benjarong Thai $$

14402 N Dale Mabry, 33618 ***Tél.*** *(813) 265-2667* ***Carte routière*** *D3*

Cuisine thaï raffinée : citronnelle, piments et basilic relèvent des plats savoureux. La spécialité maison est le plateau d'épices avec moutarde thaï, piments jalapenos, piments rouges et verts, piments séchés et nuoc-mâm (sauce à base de poisson). Les prix sont très abordables, surtout à midi.

TAMPA Kojak's House of Ribs $$

2808 Gandy Blvd, 33611 ***Tél.*** *(813) 837-3774* ***Carte routière*** *D3*

Cette institution de Tampa est gérée par la même famille depuis 1978. Niché sous de grands chênes, il sert de délicieuses côtelettes au barbecue, des plats à base de poulet accompagnés de larges portions de salades de coleslaw, pommes de terre et d'épis de maïs. Très apprécié des gens de la région.

TAMPA Estela's Mexican Restaurant $$

209 E Davis Blvd, 33606 **Tél.** *(813) 251-0558* **Carte routière** D3

Cuisine tex-mex à des prix raisonnables. Les piments *poblano* farcis au fromage, *chili rellano* et pâté impérial au poulet sont les plats les plus populaires.
Comme dessert, nous vous recommandons le flan.

TAMPA CDB Southside $$$

3671 SW Shore Blvd, 33629 **Tél.** *(813) 831-0694* **Carte routière** D3

Ambiance de bistro décontractée dans ce restaurant prisé aussi bien des hommes d'affaires que des familles. Il sert une excellente cuisine italienne à des prix modérés. Concert de musique le soir et le week-end. Places de stationnement.

TAMPA Columbia Restaurant $$$

2117 E 7th Ave Ybor City, 33605 **Tél.** *(813) 248-4961* **Carte routière** D3

C'est le premier restaurant de la chaîne Columbia. Il sert des plats espagnols et cubains depuis 1905. Il offre plusieurs salles au sol magnifiquement pavé et un spectacle de flamenco le soir. Il a reçu plusieurs titres gastronomiques pour sa cuisine et sa carte des vins. Ambiance chaleureuse et confortable.

TAMPA The Schnitzelhaus German Restaurant $$$

4333 W Waters Ave, 33614 **Tél.** *(813) 884-5634* **Carte routière** D3

La cuisine allemande authentique et les bières ont fait la réputation de ce restaurant convivial. On y déguste des spécialités comme l'escalope de veau panée, le strudel et des plats à base de porc, poulet, agneau et venaison. Le choix de bières et de desserts est impressionnant. Réservation indispensable.

TAMPA Gio's $$$$

3621 W Waters Ave, 33614 **Tél.** *(813) 932-1922* **Carte routière** D3

Vous dégusterez une cuisine italienne raffinée agrémentée de saveurs régionales dans ce restaurant populaire. Les plats sont présentés avec élégance. L'ambiance intime et romantique est idéale pour célébrer une occasion spéciale. Concerts le week-end. Réservation recommandée.

TAMPA Mise en Place $$$$

442 W Kennedy Blvd, 33606 **Tél.** *(813) 254-5373* **Carte routière** D3

Le menu inventif de ce bistro très fréquenté change chaque jour. Il offre une vaste sélection de fruits de mer, volailles et plats de viande préparés avec des produits régionaux.
Réservez, car les gens de la région y viennent en masse.

TAMPA Oystercatchers $$$$

Grand Hyatt Regency Hotel, 2900 Bayport Drive, 33607 **Tél.** *(813) 874-1234* **Carte routière** D3

La qualité du service, le décor agréable, la variété de la cuisine d'inspiration floridienne (fruits de mer et poissons) et les prix modérés de ce restaurant primé attirent les clients, et notamment les familles. Le brunch du dimanche est particulièrement élaboré.

TAMPA Lauro Ristorante Italiano $$$$

3915 Henderson Blvd, 33629 **Tél.** *(813) 281-2100* **Carte routière** D3

Ce restaurant propose de délicieux plats italiens traditionnels dans un décor agréable et romantique.
Le service est bon et les prix sont modérés, ce qui explique le succès du lieu.
Au menu, grande variété de pâtes, gnocchi et veau.

TAMPA Bern's Steak House $$$$$

1208 S Howard Ave, 33606 **Tél.** *(813) 251-2421* **Carte routière** D3

L'une des meilleures tables de la ville. Ce temple du steak est un *must* pour les amateurs de viande.
Chaque commande est préparée selon vos désirs et accompagnée de légumes bio.
Il faut absolument réserver.

VENICE Sharky's on the Pier $$

1600 S Harbor Drive, 34285 **Tél.** *(941) 488-1456* **Carte routière** D4

Les spécialités de la maison sont des poissons cuisinés de tous les styles (bouillis, « blackened », grillés ou frits).
Vous mangerez au choix à l'intérieur ou sur la terrasse à deux niveaux. L'animation qui règne ici et le cadre plaisent beaucoup aux familles.

LES EVERGLADES ET LES KEYS

EVERGLADES Coopertown Airboat Rides and Restaurant $

22700 SW 8 St, 33144 **Tél.** *(305) 226-6048* **Carte routière** E5

Un bel endroit pour s'arrêter boire une bière et manger une cuisine campagnarde, dans un cadre couleur locale.
Cuisses de grenouilles, alligator, steaks, crevettes, burgers et frites composent un menu varié.
Le restaurant propose des tours en hydroglisseur.

Légende des prix, *voir p. 335* **Légende des symboles,** *voir rabat arrière de couverture*

EVERGLADES Miccosukee Restaurant $$

25 miles W of Florida Turnpike, on SW 8 St, 33144 ***Tél.*** *(305) 894-2374* ***Carte routière*** *E5*

Malgré son nom, ce restaurant ne sert pas de spécialités culinaires des Indiens Miccosukee, mais plutôt du poisson-chat, des cuisses de grenouilles, du pain au potiron et des plats plus classiques (burgers). Il abrite un petit musée dédié à la culture indienne. Idéal si vous explorez le sud des Everglades.

ISLAMORADA Marker 88 $$$

MM 88 Overseas Hwy, 33036 ***Tél.*** *(305) 852-9315* ***Carte routière*** *F5*

Surplombant Florida Bay, ce restaurant gastronomique ancien propose des fruits de mer et de la cuisine européenne classique. Le chef André Mueller accommode des produits de saison, dont des fruits et des légumes, pour créer des plats inventifs délicieux servis dans des portions généreuses par un personnel efficace.

ISLAMORADA Whale Harbor Inn $$$

MM 83.5 Overseas Hwy, 33036 ***Tél.*** *(305) 664-4959* ***Carte routière*** *F5*

On vient de Miami pour profiter du buffet de fruits de mer à volonté proposé par ce restaurant célèbre dans les Keys et dans le sud de la Floride. Large sélection de plats, dont des huîtres, du vivaneau, des pains de crabe, des ailes de poulet et des côtelettes cuites au barbecue.

KEY LARGO Mrs. Mac's Kitchen $$

MM 99.4 Overseas Hwy, 33037 ***Tél.*** *(305) 451-3722* ***Carte routière*** *F5*

Une institution locale sans prétention. Vous savourerez d'épais sandwichs, des *chilis* et des fruits de mer à des prix tout à fait abordables. Très apprécié des locaux et des visiteurs pour son ambiance familiale et conviviale.

KEY LARGO Fish House Restaurant and Seafood Market $$$

MM 102.4 Overseas Hwy, 33037 ***Tél.*** *(305) 451-4665* ***Carte routière*** *F5*

Le restaurant ressemble à une cabane. Vous y dégusterez des poissons très frais et des salades de conques. Le menu et le charme rustique du lieu plaisent aux enfants. D'un très bon rapport qualité-prix pour la région.

KEY WEST Banana Café $$

1211 Duval St, 33040 ***Tél.*** *(305) 294-7227* ***Carte routière*** *E5*

Grande variété de crêpes au menu. Tables intimes à l'intérieur ou sur la terrasse couverte, à l'abri du bruit. Plats créatifs à base de produits locaux. Service de grande qualité et ambiance typiquement Key West.

KEY WEST El Siboney $$

900 Catherine St, 33040 ***Tél.*** *(305) 296-4184* ***Carte routière*** *E5*

Situé au coeur du centre-ville, ce restaurant familial propose une cuisine cubaine traditionnelle servie dans de larges portions. Soupe de haricots noirs, poisson grillé, paella et sandwichs. Une adresse recommandée.

KEY WEST Sloppy Joe's Bar $$

201 Duval St, 33040 ***Tél.*** *(305) 294-5717* ***Carte routière*** *E5*

Rendu célèbre par Hemingway, ce n'est pas le bar d'origine de l'écrivain, mais il en reproduit l'ambiance. Il offre une cuisine de bistro de qualité servie dans des portions généreuses. Le service efficace, l'atmosphère décontractée en font l'un des bars les plus populaires des Keys.

KEY WEST Camille's $$$

1202 Simonton St, 33040 ***Tél.*** *(305) 296-4811* ***Carte routière*** *E5*

Ce restaurant convivial est très apprécié des locaux, surtout pour son petit déjeuner et son brunch. Il suffit d'y aller une ou deux fois pour que l'on vous reconnaisse. On y sert une cuisine américaine contemporaine, créative et copieuse. L'ambiance est détendue. Parfait pour une sortie en famille.

KEY WEST La Trattoria Restaurant $$$

524 Duval St, 33040 ***Tél.*** *(305) 296-1075* ***Carte routière*** *E5*

L'un des restaurants les plus connus de la région. Cuisine délicieuse, à la confluence entre spécialités italiennes et saveurs tropicales. Belle carte des vins. L'ambiance romantique et intime, l'efficacité du service et les plats joliment préparés ont conquis une clientèle fidèle.

KEY WEST Mangia Mangia Pasta Café $$$

900 Southard St, 33040 ***Tél.*** *(305) 294-2469* ***Carte routière*** *E5*

Les pâtes fraîches accompagnées de sauces savoureuses ont fait la réputation de ce restaurant situé en centre-ville. Le service est efficace. Des animations ont lieu certains week-ends. Réservation nécessaire.

KEY WEST Mangoest $$$

200 Duval St, 33040 ***Tél.*** *(305) 292-4606* ***Carte routière*** *E5*

Ce bistro à la déco tropicale sert des fruits de mer et de délicieux plats floribéens, notamment du poisson local, des champignons sauvages et des truffes. Vous pourrez dîner à l'intérieur, dans un décor magnifique, ou sur la terrasse ou le balcon donnant sur Duval Street.

KEY WEST Seven Fish $$$

632 Olivia St, 33040 **Tél.** *(305) 296-2777* **Carte routière** *E5*

Il faut réserver pour avoir une table à ce petit restaurant très animé situé dans un coin isolé de l'île. La raison en est simple : on y sert des fruits de mer incroyablement délicieux, mais aussi un choix de viandes et de volailles. L'une des meilleures adresses de l'île.

KEY WEST Antonia's Restaurant $$$$

615 Duval St, 33040 **Tél.** *(305) 294-6565* **Carte routière** *E5*

Les plats de l'Italie du Nord ont rendu ce petit restaurant célèbre auprès des habitants de Key West. Le menu se compose de plats classiques et modernes à base d'ingrédients de la région et d'ailleurs, dont des pâtes maison accompagnées de sauces. Carte des vins raffinée. Très prisé le week-end. Réservez.

KEY WEST Blue Heaven $$$$

729 Thomas St, 33040 **Tél.** *(305) 296-8666* **Carte routière** *E5*

Installé dans un bâtiment ancien de Key West, ce restaurant à l'atmosphère décontractée sert une cuisine caribéenne et un vaste choix de plats végétariens. Vous dégusterez de très bons fruits de mer dans un jardin où circulent des poulets en liberté. Il y a aussi un magasin de souvenirs.

KEY WEST Café Sole $$$$

1029 Southard St, 33040 **Tél.** *(305) 294-0230* **Carte routière** *E5*

Ce petit bistro, situé hors des sentiers battus, propose une cuisine typique de l'île dans un décor romantique et discret. Le chef primé John Correa accommode des ingrédients de la région pour créer une cuisine novatrice (vivaneau sorbe dans une sauce au pesto et champagne, bouillabaisse au homard). .

KEY WEST Café Marquesa $$$$

600 Fleming St, 33040 **Tél.** *(305) 292-1244* **Carte routière** *E5*

Depuis la cuisine ouverte de cette ancienne auberge, vous verrez le chef préparer des spécialités américaines créatives, comme le carré d'agneau dans sa croûte au fromage de chèvre et pistache, des crevettes de Key West marinées et cuites au gril et des desserts succulents. Réservation conseillée.

KEY WEST La-Te-Da Ocean Grill $$$$

1125 Duval St, 33040 **Tél.** *(305) 296-6706* **Carte routière** *E5*

Ce restaurant chaleureux sert une cuisine du monde aux influences tropicales. Le menu change régulièrement. C'est l'une des meilleures tables de l'île. Réservation recommandée.

KEY WEST Louie's Back Yard $$$$

700 Waddell Ave, 33040 **Tél.** *(305) 294-1061* **Carte routière** *E5*

Ce restaurant installé dans une maison de style Bahamas superbement restaurée propose des fruits de mer et des plats d'inspiration caribéenne et thaï. Le bâtiment est entièrement entouré de plantes tropicales. Le vivaneau et le brunch du dimanche sont particulièrement recommandés.

KEY WEST Michael's $$$$

532 Margaret St, 33040 **Tél.** *(305) 295-1300* **Carte routière** *E5*

Situé dans le quartier historique de la ville, ce charmant restaurant sert un menu traditionnel composé d'un choix de viandes, poissons et fruits de mer. Les steaks (de Chicago) sont très appréciés. Le dessert « chocolate volcano » est succulent.

KEY WEST Opera Italian Restaurant $$$$

613 Duval St, 33040 **Tél.** *(305) 295-2705* **Carte routière** *E5*

La cuisine italienne classique et les plats d'inspiration tropicale ont valu au Opera Italian la réputation du meilleur restaurant de l'île. Le charme romantique et le calme de l'endroit attirent les amoureux. Service efficace.

KEY WEST Pisces $$$$

1007 Simonton St, 33040 **Tél.** *(305) 294-7100* **Carte routière** *E5*

Ancien Café des Artistes, ce restaurant récemment rénové sert une cuisine américaine moderne aux accents tropicaux. Le plat-phare est le homard *tango mango*. L'intérieur est décoré d'œuvres d'Andy Warhol.

KEY WEST Square One Restaurant $$$$

1075 Duval St, 33040 **Tél.** *(305) 296-4300* **Carte routière** *E5*

Les habitants de Key West adorent cet endroit, l'un des plus chaleureux de l'île. Véritable oasis de calme en plein centre-ville, il propose une cuisine américaine traditionnelle aux influences caribéennes (steak tartare, tacos au homard et coquilles Saint-Jacques sauce moutarde). Goûtez le Martini et les desserts.

KEY WEST A & B Lobster House $$$$$

700 Front St, 33040 **Tél.** *(305) 294-5880* **Carte routière** *E5*

La meilleure adresse pour déguster du homard. Fruits de mer, pâtes et plats de viande figurent aussi au menu. Les portions sont énormes. Très belle carte des vins. Service de qualité. Fréquenté par une clientèle plutôt âgée et par des familles.

Légende des prix, *voir p. 335* **Légende des symboles,** *voir rabat arrière de couverture*

KEY WEST One Duval $$$$$

1 Duval St, 33040 ***Tél.*** *(305) 296-4600* ***Carte routière*** *E5*

Ce restaurant en bord de mer sert une cuisine floribéenne (homard à la banane plantain, fruits de mer, viandes et volailles). Réservez une table à l'extérieur pour profiter des magnifiques couchers de soleil. Ambiance chic.

MARATHON The Cracked Conch Café $$

4999 Overseas Hwy, 33050 ***Tél.*** *(305) 743-2233* ***Carte routière*** *E5*

Situé sur l'Overseas Highway, ce petit café bien connu est parfait pour s'arrêter prendre un repas rapide et une boisson rafraîchissante. Sandwichs, steaks, conques, côtelettes, filets et poulet sont à déguster à l'intérieur ou sur la terrasse. Parfait en famille.

MARATHON 7-Mile Grill $$$

MM 47.5 Overseas Hwy, 33050 ***Tél.*** *(305) 743-4481* ***Carte routière*** *E5*

Vous pourrez prendre votre petit déjeuner, votre déjeuner ou votre dîner dans ce restaurant situé au nord du 7-Mile Bridge. Fruits de mer, soupe de conques, soupes maison, sandwichs et burgers font partie des spécialités. Les prix attractifs, les belles vues et l'ambiance amicale sont les points forts du lieu.

MARATHON Island Fish Company $$$

12648 Overseas Hwy, 33050 ***Tél.*** *(305) 743-4191* ***Carte routière*** *E5*

La terrasse, les vues splendides et la diversité des plats proposés sont les principaux atouts de ce restaurant à l'ambiance détendue. Le Island Tiki Bar propose des steaks, burgers, plateaux de fruits de mer, poulet grillé, filet mignon et sandwichs. Idéal quand on voyage sur l'Overseas Highway.

MARCO ISLAND Olde Marco Pub & Restaurant $$

1105 Bald Eagle Drive, 34145 ***Tél.*** *(239) 642-9700* ***Carte routière*** *E4*

Ce restaurant décontracté, d'un bon rapport qualité-prix, propose une cuisine de bistro savoureuse. Les spécialités de la maison sont les crevettes géantes sautées, les crevettes *oreganato*, la *saltimbocca* de veau, le mérou farci et les crevettes au crabe. Concerts de musique le week-end.

MARCO ISLAND Konrad's $$$

599 S Collier Blvd, 34145 ***Tél.*** *(239) 642-3332* ***Carte routière*** *E4*

Un décor stylé et l'un des meilleurs bars à salades de l'île. Les menus *early bird* et les plats de langoustines sont très appréciés. Demandez à connaître le plat du jour. Très prisé en début de soirée.

MARCO ISLAND Snook Inn $$$

1215 Bald Eagle Drive, 34145 ***Tél.*** *(239) 394-3313* ***Carte routière*** *E4*

Fruits de mer, steaks, spécialités américaines et locales sont au menu du Snook Inn. On cuisine le poisson selon votre mode de cuisson choisi. Vous pourrez dîner à l'intérieur ou en terrasse. Magnifiques vues sur la mer et le coucher de soleil depuis le bar où vous apprendrez tout sur les nouvelles du coin.

NAPLES First Watch $

225 Banyan Blvd, 34102 ***Tél.*** *(239) 434-0005* ***Carte routière*** *E4*

Situé en face du Lowdermilk Park, ce restaurant familial à la déco aérée est toujours plein. Il sert les meilleurs petits-déjeuners de la ville et propose un vaste choix d'omelettes, pancakes, gaufres et crêpes. Ouvert à midi et pour le brunch. Non-fumeurs.

NAPLES Noodles Italian Café and Sushi Bar $$$

1585 Pine Ridge Rd, 34109 ***Tél.*** *(239) 592-0050* ***Carte routière*** *E4*

L'un des meilleurs restaurants de pâtes de Naples, selon les locaux. Les pâtes fraîches sont rehaussées de délicieuses sauces. Tous les plats sont présentés avec du pain *focaccia* que l'on déguste dans une ambiance conviviale pour un prix raisonnable.

NAPLES Remy's Bistro $$$

2300 Pine Ridge Rd, 34109 ***Tél.*** *(239) 403-9922* ***Carte routière*** *E4*

Le Remy's propose une excellente cuisine continentale aux influences méditerranéennes : poisson frais, crabes farcis, coquilles Saint-Jacques, Brie aux noix, thon grillé au sésame, canard glacé, filet mignon, burgers et sandwichs composent un menu éclectique qui attire une clientèle jeune. *Happy hour.*

NAPLES Bistro 821 $$$$

821 5th Ave S, 34102 ***Tél.*** *(239) 261-5821* ***Carte routière*** *E4*

Essayez la cuisine du monde créative de ce bistro stylé. Le menu et les spécialités quotidiennes comprennent la sole au citron farcie à la coquille Saint-Jacques et à la mousse de homard. L'ambiance élégante et la richesse de la carte des vins ajoutent au charme de l'endroit.

TAVERNIER Tropical Café $

90691 Old Hwy, 33070 ***Tél.*** *(305) 852-3251* ***Carte routière*** *F5*

Le buffet de ce restaurant propose une cuisine américaine classique. Ne manquez pas de goûter les beignets de conques et les crevettes panées. La vue sur la plage, l'atmosphère confortable et familiale font partie du charme du lieu.

Bars et cafés

La Floride compte une multitude de bars et de cafés. On appelle café un restaurant dont le style se rapproche de celui d'un bistro, mais également un véritable café ou même un bar. Les bars sportifs sont très fréquentés. Ils disposent de plusieurs téléviseurs branchés sur des chaînes différentes, mais le son est souvent coupé et remplacé par une musique plutôt assourdissante. L'*happy hour* est généralement proposée par les établissements entre 16 h et 19 h. Les boissons, les snacks et les plats sont alors moins chers que durant le reste de la journée.

MIAMI

Miami Beach : *News Café*
800 Ocean Drive. **Plan** 2 F4.
Tél. *(305) 538-6397.*

Avec de grandes tables sur le trottoir, ce café est le principal lieu de rencontre de South Beach. On s'y retrouve 24 h/24 pour boire, manger ou profiter du spectacle d'Ocean Drive. Le menu propose un bon petit déjeuner, d'immenses bols de pâtes, des repas légers et équilibrés, une douzaine de cafés et autant de pâtisseries.

Miami Beach : *Van Dyke Café*
846 Lincoln Rd. **Plan** 2 E2.
Tél. *(305) 534-3600.*

Ce café, avec tables en terrasse, occupe un bâtiment de style méditerranéen très bien restauré. Les spécialités de la maison sont le gâteau de pain, le sabayon aux fruits rouges et un vaste choix de cafés et de thés aromatisés. Un trio de jazz officie le soir.

Downtown : *Hard Rock Café*
401 Biscayne Blvd. **Plan** 4 F1.
Tél. *(305) 377-3110.*

Fréquenté par les touristes et les habitués, ce café est décoré d'icônes rock. La sono y est forte. Si vous voulez boire ou vous immerger dans l'atmosphère, allez au bar. Mais si vous voulez manger, réservez. La cuisine est américaine (burgers, *apple pie*) et les portions généreuses.

Coral Gables :
Cafe Books & Books
265 Aragon Ave. **Plan** 5 C1.
Tél. *(305) 448-9599.*

Situé dans la cour de Books and Books, ce traiteur de style européen propose des soupes, des sandwichs et de fabuleuses pâtisseries. Tout est entièrement fait maison par Lyon & Lyon Caterers. Il y a un bar et c'est ouvert 7j/7 de 9 h à 23 h.

Coconut Grove :
Café Tu Tu Tango
3059 Grand Ave. **Plan** 6 E4.
Tél. *(305) 461-2228.*

Dégustez des spécialités espagnoles (*tapas*, mousse d'artichaut) et des *sashimis* de thon dans ce café donnant sur Coco Walk, idéal pour regarder les passants.

Coconut Grove :
Fat Tuesday's
CocoWalk, 3015 Grand Ave.
Plan 6 E4. ***Tél.*** *(305) 441-2992.*

Cet ancien bar des sports est équipé de 51 postes de TV et de 5 billards. Il fait partie de la chaîne des Fat Tuesdays qui attire ceux qui aiment s'amuser. On y trouve des bières américaines et importées et on y sert des repas légers.

LES GOLD ET TREASURE COASTS

Boca Raton :
GiGi's Tavern
346 Plaza Real.
Carte routière F4.
Tél. *(561) 368-4488.*

Ce restaurant a plusieurs visages, c'est à la fois une taverne, un bar à huîtres, un coffee shop et un restaurant élégant. Vous pouvez vous installer à l'extérieur pour siroter un cappucino ou savourer un délicieux repas tout en regardant les passants.

Fort Lauderdale :
Brio Mediterranean Bistro
720 E Las Olas Blvd.
Carte routière F4.
Tél. *(954) 760-4186.*

Dégustez une excellente sangria maison et des pizzas cuites au four à bois dans ce bistro rénové, situé dans le quartier le plus prisé de Fort Lauderdale pour ses boutiques, restaurants et animations. Au menu, des spécialités grecques, espagnoles, italiennes et turques. Le bar sert aussi du vin et des bières.

Fort Lauderdale :
Shooters
3033 NE 32nd Ave.
Carte routière F4.
Tél. *(954) 566-2855.*

Ce bar-restaurant du front de mer est idéal pour observer les gens. Il déborde toujours d'une clientèle d'habitués qui mangent, boivent et admirent les bateaux. Le menu est varié et d'un prix modéré. Vous pourrez grignoter des plats comme les pains de crevettes et de crabes, ou absorber une nourriture plus consistante comme la salade de thon ou le sandwich au poisson.

Palm Beach :
The Leopard Lounge
363 Cocoanut Row.
Carte routière F4.
Tél. *(561) 659-5800.*

Situé dans le Chesterfield Hotel, ce café est décoré de tentures écarlates et noires ainsi que de nappes et de tapis en impression léopard. Le week-end, les habitués affluent pour danser aux sons d'un groupe. On y sert un menu complet.

ORLANDO ET LA SPACE COAST

Orlando :
Bongos Cuban Café
1498 E Buena Vista Drive.
Carte routière E2. ***Tél.*** *(407) 828-0999.*

Ce café branché est tenu par Gloria Estefan et son mari Emilio. Il propose une bonne cuisine cubaine et des rythmes cubains sur lesquels on danse. Essayez le riz au poulet et la soupe de pois rouges. Il y a deux étages : le balcon du premier étage est idéal pour regarder les gens.

Orlando : *Nascar Café*
Universal Orlando City Walk.
Carte routière E2.
Tél. *(407) 224-7223.*

Si vous aimez les voitures de course, cet endroit est pour vous. Plusieurs authentiques voitures de course sont exposées ainsi que de nombreux souvenirs de compétitions célèbres. Pendant que vous prenez un verre, vous pourrez voir une course sur l'un des quarante écrans de télévision. Il y a aussi une boutique et des simulateurs de course. La nourriture est typiquement américaine : steaks et burgers.

LE NORD-EST

Jacksonville :
River City Brewing Company
835 Museum Circle. **Carte routière** E1.
Tél. *(904) 398-2299.*
Des bières brassées sur place et des plats variés à des prix raisonnables font de ce café un lieu apprécié des gens de la région. Un groupe de variétés joue les vendredi et samedi soir.

Saint Augustine :
A1A Ale Works
1 King St. **Carte routière** E1.
Tél. *(904) 829-2977.*
Situé au pied du Bridge of Lions, ce pub-restaurant chaleureux possède sa propre brasserie. Les passionnés viennent ici pour les sept variétés de bières maison. Des groupes jouent le week-end.

Saint Augustine : *OC White's Seafood and Spirits*
118 Avenida Menendez. **Carte routière** E1. ***Tél.*** *(904) 824-0808.*
Logé dans un bâtiment du XVIIIe siècle, ce café décoré de têtes de pirates en cire jouit d'une vue imprenable. Il propose des spectacles tous les soirs et offre un menu complet (fruits de mer, steaks et burgers).

Daytona Beach : *Oyster Pub*
555 Seabreeze Blvd. **Carte routière** E2.
Tel *(904) 255-6348.*
Ce pub sert des coquillages au bar. Le tarif *happy hour* s'applique aux boissons et aux fruits de mer. Les 27 téléviseurs diffusent des émissions de sport (on peut parier sur les matchs de football). Un disc-jockey officie tous les week-ends.

Gainesville :
2 Bits Lounge
1714 SW 34th Street.
Carte routière D2.
Tél. *(352) 371-3600.*
Situé dans l'hôtel Hilton près du campus de l'université de Floride, ce bar dédié au sport dispose d'écrans de télé où sont diffusés les matchs importants. Des collations y sont servies.

LE PANHANDLE

Panama City Beach :
Shuckum's Oyster Pub
15614 Front Beach Rd.
Carte routière B1.
Tél. *(850) 235-3214.*
Les murs de ce bar populaire et sans prétention sont recouverts de billets de banque paraphés par des clients satisfaits. Ce lieu est surtout connu pour ses huîtres, servies crues, cuites au four, à la vapeur ou frites en sandwich. On y sert aussi d'autres fruits de mer.

Pensacola Beach : *Sidelines Sports Bar and Restaurant*
2 Via de Luna Drive.
Carte routière A1.
Tél. *(850) 934-3660.*
Ce lieu de rencontre bon enfant change de spécialités chaque soir de la semaine. Ainsi, pour la « Cajun Night », on sert des Bloody Mary cajuns. Des souvenirs sportifs et des écrans de télévision géants décorent les murs.

Tallahassee :
Banjo's Smokehouse
2335 Apalachee Pkwy.
Carte routière C1.
Tél. *(850) 877-8111.*
À quelques kilomètres de Tallahassee sur la US 27, Banjo's est réputé pour ses travers de porc, ses steaks, son poulet et ses grosses salades. Il y a un menu enfants.

LA GULF COAST

Lee Island Coast :
The Mucky Duck
11546 Andy Rosse Lane, Captiva Island.
Carte routière D4.
Tél. *(941) 472-3434.*
Ce pub de style anglais occupe un bâtiment des années 1930 à Captiva Town. Son fondateur, un ancien policier anglais, lui a donné le nom de son pub favori dans son pays. Vous pourrez jouer aux fléchettes, boire une bière ou admirer le coucher de soleil. Le menu éclectique comprend des plats anglais (fish and chips, plats végétariens).

Tampa : *Elmer's Sports Café*
2003 E 7th Ave, Ybor City.
Carte routière D3.
Tél. *(813) 248-5855.*
Le premier bar sportif de la ville est connu pour ses pizzas et ses bières. Il propose également plusieurs télévisions à écran géant. Vous pouvez aussi parier sur les matchs de football. Peu original, ce lieu propose pourtant des plats maison et une atmosphère agréable.

Saint Petersburg : *Carlies's*
7020 49 th St N.
Carte routière D3.
Tél. *(727) 527-5214.*
Atmosphère chaleureuse et bruyante pour cet établissement qui aime les motards et comporte six bars. Tous les soirs sauf le dimanche et le lundi, des groupes de musique locaux viennent jouer. La carte est variée et les prix sont raisonnables

LES EVERGLADES ET LES KEYS

Naples : *HB's On The Gulf*
851 Gulf Shore Blvd N.
Carte routière E4.
Tél. *(239) 435-4347.*
Ouvert en 1946, ce bar sophistiqué est situé dans le Naples Beach Hotel, sur la jetée de Naples. C'est l'endroit idéal pour regarder le soleil se coucher. Mais il faut arriver tôt pour avoir une place. Une fois la nuit tombée, le bar extérieur est bondé. Un groupe musical assure l'ambiance. On y sert un menu complet, mais la nourriture est ordinaire.

Key West :
Hog's Breath Saloon
400 Front St.
Carte routière E5.
Tél. *(305) 296-4222.*
Ce saloon a été fondé à Fort Walton Beach par un expatrié d'Alabama en 1976. Il fut ensuite transporté à Key West en 1988. C'est une bonne adresse, où l'on déguste des fruits de mer et de savoureux desserts (dont une délicieuse version de la tarte au citron vert). Des groupes jouent de 13 h à 2 h du matin.

Key West : *Jimmy Buffet's Margaritaville Café*
500 Duval St.
Carte routière E5.
Tél. *(305) 292-1435.*
Ce lieu est rempli de colifichets de Jimmy Buffet, en exposition ou à vendre *(p. 285)*, bien qu'on y voie rarement ce chanteur-compositeur local. Les *margaritas* glacées sont la spécialité de la maison. On y sert des repas légers, des sandwichs, des burgers et des fruits de mer.

Key West : *Sloppy Joe's*
201 Duval St.
Carte routière E5.
Tél. *(305) 294-5717.*
Ce bar jadis apprécié par Ernest Hemingway *(p. 284)* est devenu commercial et touristique. Il a cependant gardé son caractère typique de Key West. Les soirs de concert, il est difficile de trouver une place. Le menu comprend des plats de bar, tels que des *jalapeño* (beignets de conque), du poulet, des frites et le célèbre « original Sloppy Joe » burger.

Légende des symboles, voir rabat arrière de couverture

BOUTIQUES ET MARCHÉS

Courir les magasins est le principal passe-temps en Floride, et pour bon nombre, une manière agréable d'échapper quelques heures à la chaleur. Orlando et Miami, surtout, attirent les acheteurs étrangers. L'État est réputé aussi bien pour ses soldes que pour ses boutiques de luxe, regroupées dans les quartiers branchés ou les centres commerciaux. Ceux qui visitent les États-Unis pour la première fois devront s'habituer à la culture américaine du shopping. Plutôt que de faire leurs courses au centre-ville, les Floridiens vont dans les centres commerciaux situés à la périphérie des villes, où l'on trouve de tout, des vêtements aux ordinateurs. Toutefois, pour les cadeaux et les souvenirs *(p. 360-361)*, mieux vaut opter pour les magasins spécialisés. Les syndicats d'initiative locaux vous fourniront une liste détaillée des commerces de la région. Les boutiques de Miami sont passées en revue p. 94-95.

Enseigne de Hammock House, à Cedar Key

Mizner Park à Boca Raton, à l'architecture et aux magasins élégants

LES HORAIRES

La plupart des magasins ouvrent de 10 h à 18 h, du lundi au samedi, et ferment souvent plus tard une fois par semaine. Les boutiques des centres commerciaux et de nombreux grands magasins restent ouverts jusqu'à 21 h. Certaines boutiques, y compris dans les centres commerciaux, ouvrent le dimanche, généralement de 10 h à 18 h, alors que d'autres, notamment dans les grandes villes, ne ferment jamais. En décembre, durant la période des fêtes de fin d'année, beaucoup de magasins prolongent leurs horaires d'ouverture de une voire deux heures.

LES TAXES

La Floride impose une taxe à l'achat en moyenne de 6 % selon le comté, et ce sur tous les biens, à l'exception des médicaments, des produits d'épicerie et des vêtements d'enfants. Cette taxe n'est pas comprise dans le prix affichés mais elle est automatiquement ajoutée à la caisse. Notez que chaque année, en général la dernière semaine de juillet ou la première semaine d'août, l'État accorde une « semaine d'achats exonérés de taxes » dans l'intérêt des familles devant pourvoir aux besoins de leurs enfants en vue de la rentrée scolaire. Profitez de l'occasion pour faire jusqu'à 50 $ d'achats en vêtements et en livres : vous économiserez ainsi 6 % de la facture.

LES GRANDS MAGASINS

La plupart des centres commerciaux comprennent au moins un grand magasin, qui offre souvent un ensemble impressionnant de biens et de services.

La majorité de ces grands magasins est implantée un peu partout aux États-Unis et tous sont réputés pour la qualité de leurs produits. Ainsi, Bloomingdale's est connu pour ses vêtements de mode et son rayon d'épicerie fine. Certains sont uniquement spécialisés dans l'habillement comme Saks Fifth Avenue (célèbre pour ses vêtements de grands couturiers), Neiman Marcus ou encore le très classique Lord & Taylor. L'ancienne chaîne floridienne Burdines a récemment fusionné avec la célèbre enseigne Macy's qui possède des succursales dans tout l'État. Les incontournables Sears et JC Penney vendent toutes sortes d'articles, des vêtements aux cosmétiques en passant par les appareils ménagers et les outils électriques.

Pour les produits de première nécessité – stylos, dentifrice, provisions

Une boutique de mode de Bal Harbour Shops, à Miami

alimentaires – allez dans les supermarchés comme Target, K-Mart et Wal-Mart, que l'on trouve partout. Des commerces comme Walgreens et CVS Pharmacy proposent également des produits de base, divers articles et des développements photos en une heure. Une grande majorité de ces enseignes est ouverte en continu, surtout dans les grandes villes.

L'un des magasins d'antiquités de Micanopy

LES BONNES AFFAIRES

Pour certains, le principal intérêt des magasins de Floride réside dans les prix peu élevés. Les magasins de discount proposent toutes sortes de produits électroniques, des équipements ménagers et des vêtements. Certains sont spécialisés dans les vêtements de créateur, comme Ross, TJ Maxx et Marshalls, présents dans toutes les grandes villes. Best Buy et Circuit City sont les meilleures enseignes discount pour les CD, les DVD, les ordinateurs et les produits électroniques.

Les adeptes des bonnes affaires se dirigeront vers les magasins d'usine, où des produits imparfaits bénéficient de 50 à 75 % de réduction. La plupart d'entre eux proposent des équipements pour la maison ou des vêtements de grandes marques, comme des jeans Levis ou des pulls Benetton à des prix imbattables.

À Orlando, l'International Drive *(p. 190)* est bordé de magasins discount, pratiquant la vente directe d'usines. On peut même y trouver des articles Disney meilleur marché, bien qu'ils soient souvent de moins bonne qualité que dans les boutiques des parcs à thèmes. Mieux vaut aller chez Character Warehouse, présent dans les centres commerciaux de magasins d'usine de la ville, qui vend les produits officiels Disney de la saison passée à prix réduits, parfois jusqu'à moins 75 %.

Les marchés aux puces, ouverts le week-end, permettent de faire de bonnes affaires. Ils proposent des articles d'occasion, mais aussi des pièces d'artisanat, des antiquités, de la nourriture, etc. certains marchés sont intéressants pour leur animation, comme le Swap Shop de Fort Lauderdale *(p. 134)* et le Flea World à Orlando, qui combine marché aux puces, mini-cirque et petit parc d'attractions. Tous deux se revendiquent comme le plus grand marché aux puces de l'État et constituent une agréable balade.

Des éponges en vente à Key West

CADEAUX ET SOUVENIRS

Les touristes qui visitent les États-Unis achètent souvent des oranges fraîches. Les meilleures poussent près d'Indian Rivier *(p. 115)*, où on les vend par sacs entiers. Autre agrume très convoité, le citron vert agrémente plusieurs plats locaux, mais aussi les sauces ou les tartes.

Les fruits de mer sont aussi très appréciés. Vérifiez toujours leur origine.

La Lee Island Coast *(p. 278-279)* est surtout connue pour ses coquillages. Vous pourrez en acheter des spécimens légalement ramassés à la Shell Factory, près de Fort Myers *(p. 277)*. Les coquillages et les coraux vendus sur des étals le long de l'US 1, dans les Keys, sont le plus souvent importés. On y vend aussi des éponges naturelles, tout comme à Tarpon Springs *(p. 251)*.

Bien que la Floride ne soit pas réputée pour son artisanat, les Indiens en vendent au Miccosukee Indian Village *(p. 285)* et à Hollywood *(p. 136)*. En revanche, plusieurs villes comme Dania *(p. 136)*, Micanopy *(p. 222)* et Mount Dora *(p. 220)* sont renommées pour leurs magasins d'antiquités.

Qu'il s'agisse de reproductions ou de jeux éducatifs, les boutiques des musées vous donneront aussi de bonnes idées de cadeaux.

L'un des nombreux magasins d'usine de Floride

Qu'acheter en Floride ?

Coquillages en chocolat

On vous dira sûrement que l'on peut vraiment acheter de tout en Floride – un bikini de grand couturier, un lecteur de DVD dernier cri, voire une maison. Effectivement, certains touristes viennent en Floride pour faire des achats. Mais vous pouvez aussi rapporter des cadeaux ou des souvenirs tout simples ; dans ce cas, vous serez ébahi par le choix proposé par les parcs à thèmes et les stations balnéaires. Il faut s'en éloigner pour échapper aux articles kitsch – et pourtant, c'est ce que la Floride fait de mieux et ce qui évoque le mieux l'âme de l'État du soleil.

Casquette des Miami Dolphins

Porte-clés

L'incontournable Floride
Dans toute la Floride, vous trouverez des souvenirs amusants (et kitsch) à un prix raisonnable. Ils portent souvent le nom de « Florida » et sont décorés d'un alligator, d'un palmier ou d'une autre image caractéristique de cette région.

Nourriture séchée du Kennedy Space Center

Un faux Oscar des Universal Studios

Les parcs à thèmes
Tous ces parcs, des Universal Studios aux Busch Gardens, proposent leurs propres articles qui sont destinés à tous les âges.

Carreau décoré de flamants

Tirelire-alligator

L'artisanat séminole
Les pièces d'artisanat séminole sont peu répandues (p. 359). *Vous pourrez néanmoins acheter des poupées et des bijoux pour quelques dollars, mais aussi des vêtements très colorés, des sacs et des couvertures.*

Les livres
Les livres illustrés consacrés aux quartiers Art déco de Miami constituent un souvenir durable de la ville. Vous pourrez aussi en rapporter un livre de cuisine.

Les cigares roulés à la main
La tradition cubaine du roulage des cigares à la main s'est perpétuée à Ybor City, à Tampa (p. 260-261) *et à Little Havana, à Miami* (p. 95)*, bien que les machines remplacent de plus en plus l'homme.*

La musique latino
Si vous aimez les rythmes latinos de la communauté hispanique de Miami, choisissez l'un des disques des artistes locaux.

LES ARTICLES BON MARCHÉ

Les étrangers trouvent que certains articles sont moins chers que chez eux (jeans, lunettes de soleil, chaussures de sport, CD, appareils photo, livres, etc). En effet, les taxes sont moins élevées. En outre, les prix sont encore plus bas dans les magasins discount *(p. 359)*. Les appareils électriques sont souvent de bonnes affaires. Le centre de Miami est célèbre pour ses magasins bon marché *(p. 94-95)*, qui vendent surtout de l'or, des bijoux et du matériel électronique. N'hésitez pas à marchander. Si vous achetez du matériel électronique, vous aurez besoin d'un adaptateur pour le brancher chez vous. La plupart des magasins livrent les achats à domicile.

Les T-shirts
Vendus partout, des échoppes de souvenirs aux magasins discount, les T-shirts sont parfois très bon marché. Mais vérifiez leur qualité avant de les acheter.

Véritables bottes de cow-boy

Ceinture en cuir

Le style western
Les articles en cuir vendus par exemple chez JW Cooper ne sont pas toujours fabriqués en Floride et ne plaisent pas forcément aux Texans.Ils sont cependant de bonne qualité.

LES SPÉCIALITÉS DE FLORIDE

La Floride est célèbre dans le monde entier pour ses agrumes, que l'on peut acheter frais (toute l'année pour certaines espèces) ou non (sous forme de confitures, de gelées, de marinades ou encore d'huiles parfumées pour la cuisine). Il existe toutes sortes de sucreries, des bouchées à la noix de coco aux bonbons, tels que les berlingots à l'eau de mer. Les chocolats locaux ne sont pas de très bonne qualité, mais ils ont souvent une forme amusante.

Bouchées à la noix de coco

Un panier de pâtes de fruits, à base d'agrumes

Oranges de Floride, vendues en sac

Berlingots colorés à l'eau de mer

Marmelade de citron vert

Marmelade de mandarine

Gelée au poivre *jalapeño*

Marinade à la mangue

Huile au citron vert

Centres commerciaux et quartiers commerçants de Floride

Les centres commerciaux de Floride offrent ce qui se fait de mieux en matière de shopping, avec un vaste de choix de boutiques, de restaurants et autres distractions au sein d'un même complexe. Bon nombres d'entre eux abritent au minimum deux grands magasins *(p. 358)* et une batterie de boutiques vendant toutes sortes de produits. Il existe aussi de nombreux magasins d'usine *(p. 359)* qui vendent des articles de marque à des prix réduits défiant toute concurrence. On peut facilement se garer dans les aires de stationnement qui les entourent, et la majorité est desservie par les transports publics. Les clients qui souhaitent profiter du temps ensoleillé tout en flânant d'un magasin à l'autre préféreront sans doute les nombreux quartiers commerçants de la région. Ces secteurs branchés abritent surtout des boutiques de luxe.

QUARTIERS COMMERÇANTS

En Floride, les quartiers commerçants en plein air sont une alternative idéale pour ceux qui n'aiment pas les centres commerciaux. Ils accueillent un vaste choix de magasins – essentiellement des boutiques de luxe – et ont donné un nouvel essor à des quartiers historiques.

MIAMI ET SES ENVIRONS

Aventura Mall, le plus grand centre commercial de Miami, abrite plus de 250 magasins, suivi de près par **Dadeland Mall** et **Dolphin Mall**. Plus petit, **Bal Harbour Shops** à Miami Beach s'adresse davantage à une clientèle chic avec ses enseignes de grands couturiers comme Prada, Dolce & Gabbana et Gucci. À Downtown, **Bayside Marketplace** accueille boutiques et restaurants sur le front de mer.

Les meilleurs quartiers commerçants des environs de Miami *(p. 94-95)* comprennent le **Village of Merrick Park** à Coral Gables et **Downtown Coral Gables and Miracle Mile**. Le quartier de Coconut Grove constitue une magnifique aire de shopping avec **CocoWalk** et **Streets of Mayfair**. L'élégant **Lincoln Road Mall** de South Beach, ainsi que **Cauley Square Historic Village**, plus proche des Everglades que du centre de Miami, sont aussi d'importants quartiers commerçants.

GOLD ET TREASURE COASTS

Les voyageurs en quête de bonnes affaires seront séduits par **Sawgrass Mills** à Fort Lauderdale, avec plus de 300 boutiques bon marché et magasins d'usine. Pour des produits plus haut de gamme, allez à **The Galleria**. Très prisé depuis les années 1920, Worth Avenue à Palm Beach est l'un des quartiers commerçants les plus chic du monde. Le **Mizner Park** de Boca Raton attire également une clientèle aisée et branchée. À proximité, le **Town Center Mall** de Glades Road est un endroit agréable pour faire les boutiques.

ORLANDO ET LA SPACE COAST

Orlando détient le plus grand nombre de magasins d'usine de Floride. L'International Drive abrite entre autres **Prime Outlets** et **Prime Designer Outlets**, ainsi que **Festival Bay Mall**. **Orlando Premium Outlets** et **Lake Buena Vista Factory Stores** se trouvent près de Disney World. Étape incontournable, **The Florida Mall** possède de nombreux magasins à petits prix, alors que **Pointe Orlando** et **Mall at Millenia** sont plus luxueux. À Winter Park *(p. 189)*, **Park Avenue** abonde en boutiques et restaurants gastronomiques.

LE NORD-EST

À Jacksonville, les adeptes du shopping peuvent admirer la St Johns River depuis le complexe **Jacksonville Landing**, alors que **The Avenues** abrite un centre commercial un peu plus traditionnel.

En longeant la côte vers le sud, les clients en quête de bonnes affaires découvriront **St Augustine Premium Outlets**. Enfin, la visite de Daytona Beach ne serait pas complète sans passer par **Ocean Walk Shoppes**, qui donne sur la mer.

LE PANHANDLE

Ceux qui se rendent à Destin ont le choix entre le centre commercial à ciel ouvert Destin Commons et le spécialiste des vêtements de grand couturier à petits prix, **Silver Sands Factory Stores**.

À Tallahassee, **Governor's Square Mall** offre le plus grand choix de boutiques.

LA GULF COAST

Pour faire la chasse aux bonnes occasions, trois centres commerciaux de magasins d'usine longent l'autoroute I-75 de la Gulf Coast. Du nord au sud, on trouve **Prime Outlets Ellenten** près de Sarasota, **Tanger Factory Outlet Center** à Fort Myers et **Miromar Outlets** à Estero. Pour des boutiques plus chic, rendez-vous à l'**International Plaza and Bay Street** près de l'aéroport de Tampa, ou à Centro Ybor, situé dans Ybor City, le quartier latino de Tampa. Les principaux quartiers commerçants de la région sont **St Armands Circle** à Sarasota, le paradis des gastronomes, **Old Hyde Park Village** à Tampa, et **Johns Pass Village** près de Madeira Beach, reproduction fidèle d'un village de pêcheurs de la fin du XIXe siècle.

LES EVERGLADES ET LA RÉGION DES KEYS

Les deux enseignes **Prime Outlets** de Naples et Florida City raviront les petits budgets.

À Naples, le quartier chic de Fifth Avenue South abrite toutes sortes de boutiques. N'allez pas à Key West sans passer par le marché faussement bohème de **Mallory Square Festival Market Place**.

ADRESSES

MIAMI ET SES ENVIRONS

Aventura Mall
19501 Biscayne Blvd, Aventura. ***Tél.*** *(305) 935-1110.* **www**.shopaventura mall.com

Bal Harbour Shops
9700 Collins Ave, Bal Harbour. ***Tél.*** *(305) 866-0311.* **www**.balharbour shops.com

Bayside Marketplace
401 Biscayne Blvd, Miami. **Plan** 4 F1.
Tél. *(305) 577-3344.* **www**.baysidemarket place.com

Cauley Square Historic Village
22400 Old Dixie Hwy (US 1), Miami. **Carte routière** F5.
Tél. *(305) 258-3543.* **www**.cauleysquare shops.com

CocoWalk
3015 Grand Ave, Coconut Grove. **Plan** 6 E4.
Tél. *(305) 444-0777.* **www**.coconutgrove.com

Dadeland Mall
7535 N Kendall Drive, Kendall.
Tél. *(305) 665-6226.*

Dolphin Mall
11401 NW 12th St, Miami.
Tél. *(305) 599-3000.* **www**.shopdolphin mall.com

Downtown Coral Gables and Miracle Mile
224 Miracle Mile, Coral Gables. **Plan** 5 C1.
Tél. *(305) 569-0311.* **www**.shopcoralgables.com

Lincoln Road Mall
Lincoln Rd at 16th St, Miami Beach. **Plan** 2 E2.
Tél. *(305) 531-3442.*

Streets of Mayfair
2911 Grand Ave, Coconut Grove. **Plan** 6 E4.
Tél. *(305) 448-1700.* **www**.coconutgrove.com

Village of Merrick Park
358 San Lorenzo Ave, Coral Gables. **Plan** 5 C4.
Tél. *(305) 529-0200.* **www**. villageofmerrickpark.com

GOLD ET TREASURE COASTS

The Galleria
2414 E Sunrise Blvd, Fort Lauderdale.
Tél. *(954) 564-1036.*

Mizner Park
433 Plaza Real, Boca Raton.
Tél. *(561) 362-0606.* **www**.miznerpark.org

Sawgrass Mills
12801 W Sunrise Blvd, Fort Lauderdale.
Tél. *(800) 356-4557.* **www**.sawgrassmills.com

Town Center Mall
6000 Glades Rd, Boca Raton.
Tél. *(561) 368-6000.* **www**.simon.com

Worth Ave
Palm Beach.
Tél. *(561) 659-6909.* **www**.worth-avenue.com

ORLANDO ET LA SPACE COAST

Festival Bay Mall
5250 International Dr, Orlando.
Tél. *(305) 599-3000.* **www**.belz.com

The Florida Mall
8001 S Orange Blossom Trail, Orlando.
Tél. *(407) 851-6255.*

Lake Buena Vista Factory Stores
15591 Apopka Vineland Rd, Orlando.
Tél. *(407) 238-9301.* **www**.lbvfs.com

Mall at Millenia
4200 Conroy Rd, Orlando.
Tél. *(407) 363-3555.* **www**.mallatmillenia.com

Orlando Premium Outlets
8200 Vineland Av, Orlando.
Tél. *(407) 238-7787.*

Park Avenue
Winter Park, Orange Co.
Tél. *(877) 972-4262.* **www**.wpfl.org

Pointe Orlando
9101 International Drive, Orlando.
Tél. (407) 248-2838. **www**.pointeorlando.com

Prime Designer Outlets
5211 International Drive, Orlando.
Tél. *(407) 352-3632.*

Prime Outlets
5401 W Oakridge Rd, Orlando.
Tél. *(407) 352-9611.*

LE NORD-EST

The Avenues
10300 Southside Blvd, Jacksonville.
Tél. *(904) 363-3060.*

Jacksonville Landing
2 Independent Drive, Jacksonville.
Tél. *(904) 353-1188.* **www**.jacksonvillelanding. com

Ocean Walk Shoppes
250 N Atlantic Ave, Daytona Beach.
Tél. *(386) 258-9544.* **www**.oceanwalk shoppes.com

Saint Augustine Premium Outlets
2700 State Rd 16, Saint Augustine.
Tél. *(904) 825-1555.*

LE PANHANDLE

Destin Commons
4300 Legendary Drive, Destin.
Tél. *(850) 337-8700.* **www**.destincommons.com

Governor's Square Mall
1500 Apalachee Pkwy, Tallahassee.
Tél. *(850) 671-4636.* **www**. governorssquare.com

Silver Sands Factory Stores
10562 Emerald Coast Pkwy, W Destin.
Tél. *(850) 654-9771.* **www**.silversandoutlet.com

LA GULF COAST

Centro Ybor
1600 E 8th Ave, Tampa.
Tél. *(813) 242-4660.* **www**.centroybor.com

International Plaza and Bay Street
2223 N W Shore Blvd, Tampa. ***Tél.*** *(813) 342-3790.* **www**.shop internationalplaza.com

Johns Pass Village
150 John's Pass Boardwalk, Madeira Beach.
Tél. *(727) 397-1667.* **www**.johnspass.com

Miromar Outlets
10801 Miromar Outlets Blvd, Estero.
Tél. *(850) 539-7422.* **www**.miromar.com

Old Hyde Park Village
742 S Village Circle, Tampa.
Tél. *(813) 251-3500.* **www**.oldhydepark.com

Prime Outlets Ellenton
5461 Factory Shops Blvd, Ellenton.
Tél. *(888) 260-7608.* **www**.primeoutlets.com

St. Armands Circle
300 Madison Drive, Sarasota.
Tél. *(941) 388-1554.* **www**.starmandscircle assoc.com

Tanger Factory Outlet Center
20350 Summerlin Rd, Fort Myers.
Tél. *(888) 471-3939.* **www**.tangeroutlet.com

LES EVERGLADES ET LA RÉGION DES KEYS

Fifth Avenue South
Naples.
Tél. *(239) 435-3742.* **www**.fifthavenue south.com

Mallory Square Festival Market Place
207 Simonton St, Key West.
Tél. *(800) 868-7482.* **www**.mallorysquare.com

Prime Outlets Florida City
250 E Palm Drive, Florida City.
Tél. *(888) 545-7198.*

Prime Outlets Naples
6060 Collier Blvd, Naples.
Tél. *(888) 545-7196.*

Boutiques spécialisées de Floride

En Floride, faire du shopping est aussi naturel que de respirer. Des magasins d'antiquités aux équipements de plein air en passant par la musique, il y en a pour tous les goûts. La plupart de ces boutiques ne se trouvent pas dans les grands centres commerciaux, donc pour y accéder, les transports publics ou un véhicule personnel s'imposent. Mais cela vaut vraiment le détour, ne serait-ce que pour le vaste choix d'articles proposés et la possibilité de s'entretenir avec des vendeurs spécialisés.

ANTIQUAIRES

Au nord-ouest d'Orlando, Mount Dora *(p. 220)* s'est autoproclamé capitale antiquaire de Floride. Dans ce refuge pour collectionneurs, le **Renninger's Twin Markets** est un des plus grands marchés d'antiquités.

Autre centre névralgique, Micanopy *(p. 222)* abrite plus de 18 magasins d'antiquités. Parmi les autres destinations remarquables, notons le **Waldo's Antique Village**, un marché aux puces dans le village de Waldo près de Starke, et le superbe **Webb Antique Mall** dans Winter Garden. Visitez aussi l'**Historic Antique District** à Dania *(p. 136)*.

GALERIES D'ART ET D'ARTISANAT

La région des Keys se prête bien à l'achat d'artisanat local. À Key Largo *(p. 292)*, faites un saut chez **Happy Feathers** pour dénicher des articles typiquement floridiens, qui constituent par ailleurs de superbes cadeaux. Un peu plus loin sur la route, dans Key West, Duvall Street abrite une multitude de galeries d'art et d'artisanat local, notamment l'**Alan S. Maltz Gallery**, qui présente le travail primé du photographe.

Dans la ville balnéaire de Seaside *(p. 236)*, **Ruskin Place Artists' Colony** est une merveille pour les amoureux de l'art avec ses nombreuses galeries et boutiques qui vendent les œuvres d'artistes locaux à demeure.

MARCHÉS DE PRODUCTEURS

Les marchés de producteurs sont l'endroit idéal pour trouver des agrumes et autres produits frais issus directement des fermes et des vergers locaux. Plusieurs marchés proposent également divers objets d'artisanat vendus par des marchands ambulants.

À Orlando, le **Downtown Farmer's Market** ouvre ses portes le samedi matin et propose du pain, des pâtisseries, des produits fermiers et des fleurs. **Lincoln Road Mall**, ouvert le dimanche, est très prisé des habitants de South Beach. Le **Tallahassee Downtown Marketplace** du Panhandle se tient les mardi, jeudi et samedi. Dans la région du Golfe, visitez le **Clearwater Downtown Farmer's Market** le mercredi et le samedi de mi-octobre à mi-avril. L'**Ybor City Fresh Market** est ouvert le samedi durant toute l'année.

CADEAUX ET SOUVENIRS

Miami, avec son quartier de Little Havana, regorge de boutiques spécialisées dans le cigare. **El Crédito Cigar Factory** possède une excellente collection de cigares faits main. Dans le Dowtown, vous trouverez le très estimé **Puros Indios Cigars**. À Walt Disney World, le magasin **Sosa Family Cigars** vend également des cigares de qualité et différents accessoires. Les non-fumeurs préféreront sans doute faire un tour chez **Little Havana To Go**, la boutique officielle de souvenirs spécialisée, entre autres, dans l'art cubain, la musique et la littérature. Avec son large choix de produits de beauté à base d'aloès, **Key West Aloe**, possède une touche particulièrement floridienne. Faites tourner le moteur en allant chez **Orlando Harley Davidson**, le plus grand concessionnaire de motos de Floride.

GASTRONOMIE

Key West offre une grande variété de produits gastronomiques. Goûtez aux saveurs épicées des **Peppers of Key West**, aux pains artisanaux tout juste sortis du four chez **Cole's Peace** et aux poissons incroyablement frais de **Conch Republic Seafood Company**.

Florida Orange Groves Winery préfèrent les agrumes au raisin pour créer des vins exotiques, tandis que Lakeridge Winery propose une gamme de vins blancs, rosés et rouges produits à partir de vignes muscadines de Floride.

Les délicieuses gourmandises chocolatées faites sur commande chez **Peterbrooke** raviront les friands de sucreries, qui pourront en outre visiter leur fabrique. L'**International Food Club** propose un large choix de produits du monde entier, des saucisses à la purée en passant par les thés indiens et les épices chinoises.

MUSIQUE ET DVD

La Floride possède deux enseignes **Virgin Megastore**, l'une à Miami, l'autre à Orlando. Toutes deux abritent une gamme vertigineuse de CD et de DVD.

Pour un choix plus spécifique par genre, essayez les magasins indépendants. Les deux magasins **Park Ave CDs** sont spécialisés dans le rock indépendant. À Fort Lauderdale, **Uncle Sam's** propose un choix similaire, ainsi qu'un rayon concerts. À South Beach, Uncle Sam's et **The Groove** sont spécialisés dans la musique de club.

SPORTS NAUTIQUES ET ACTIVITÉS DE PLEIN AIR

Les passionnés de football trouveront leur bonheur chez **Soccer Locker** à Miami. Un peu plus haut sur le littoral, Cocoa Beach accueille **Ron Jon Surf Shop**. Ce célèbre spécialiste des sports nautiques est ouvert 24 h/24. Si vous êtes plutôt fou de camping et pêche, **Bass Pro Shops** possède plusieurs enseignes en Floride.

ADRESSES

ANTIQUAIRES

Historic Antique District
Federal Hwy,
Dania Beach Blvd,
Dania.
Tél. *(954) 925-6935.*

Renninger's Twin Markets
20651 US Hwy 441,
Mount Dora.
Tél. *(352) 383-8393.*
www.renningers
florida.com

Waldo's Antique Village
17805 NE US Hwy 301,
Waldo.
Tél. *(407) 877-5921.*
www.fleamarkets.com/
waldo

Webb Antique Mall
13373 W Colonial Drive,
Winter Garden.
Tél. *(407) 877-5921.*
www.webbantique
malls.com

GALERIES D'ART ET D'ARTISANAT

Alan S. Maltz Gallery
1210 Duval St, Key West.
Tél. *(305) 295-0007.*
www.alanmaltz.com

Happy Feathers
99150 Overseas Hwy,
Key Largo.
Tél. *(305) 453-1800.*
www.happyfeathers.
com

Ruskin Place Artists' Colony
Ruskin Place,
Seaside.
Tél. *(888) 732-7433.*

MARCHÉS DE PRODUCTEURS

Clearwater Downtown Farmer's Market
112, S Osceola,
Clearwater.
Tél. *(727) 461-7674.*
www.clearwaterfarmers
market.com
(Ouv. 8h-13h)

Downtown Farmer's Market
E Central Blvd at
N Magnolia Ave,
Orlando.
Tél. *(321) 689-2798.*
www.downtown
orlando.com
(Ouv. 8h-14h30)

Lincoln Road Mall
Lincoln Rd at 16th St,
Miami Beach.
Plan 2 E2.
Tél. *(305) 531-3442.*
www.lincolnroad.org

Tallahassee Downtown Marketplace
1415 Timberlane Rd
at Market Sq,
Tallahassee.
Tél. *(850) 224-3252.*
www.downtown
market.com
(Ouv. 8h-14h)

Ybor City Fresh Market
8th Ave and 18th St,
Ybor City.
Tél. *(813) 241-2442.*
www.yborfreshmarket.
citysearch.com

CADEAUX ET SOUVENIRS

El Crédito Cigar Factory
1106 SW 8th St,
Miami.
Plan 3 B2.
Tél. *(305) 858-4162.*

Key West Aloe
540 Greene St,
Key West.
Tél. *(800) 445-2563.*
www.keywestaloe.com

Little Havana To Go
1442 SW 8th St,
Miami.
Plan 3 B2.
Tél. *(305) 857-9720.*
www.littlehavana
togo.com

Orlando Harley-Davidson
3770 37th St,
Orlando.
Tél. *(407) 423-0346.*
www.orlandoharley.com

Puros Indios Cigars
114 NW 22nd Ave,
Miami.
Plan 3 A1.
Tél. *(800) 992-4421.*
www.purosindio
scigars.com

Sosa Family Cigars
1502 E Buena Vista Drive,
Lake Buena Vista.
Tél. *(407) 827-0114.*
www.sosacigars.com

GASTRONOMIE

Cole's Peace
1111 Eaton St,
Key West.
Tél. *(305) 292-0703.*
www.colespeace.com

Conch Republic Seafood Company
631 Greene St, Key West.
Tél. *(305) 294-4403.*
www.conchrepublic
seafood.com

Florida Orange Groves Winery
1500 Pasadena Ave S,
Saint Petersburg.
Tél. *(800) 338-7923.*
www.floridawine.com

International Food Club
4300 LB McLeod Rd,
Orlando.
Tél. *(321) 281-4300.*

Lakeridge Winery
19239 US 27 N,
Clermont.
Tél. *(800) 768-9463.*
www.lakeridgewinery.
com

Peppers of Key West
602 Greene St, Key West.
Tél. *(800) 597-2823.*
www.peppersofkey
west.com

Peterbrooke
1470 San Marco Blvd,
Jacksonville.
Tél. *(800) 771-0019.*
www.peterbrooke.com

MUSIQUE ET DVD

The Groove
1432 E Fletcher Ave,
Tampa.
Tél. *(813) 979-7051.*
www.wannagroove.com

Park Ave CDs
528 Park Ave S,
Winter Park.
Tél. *(407) 629-5293.*
www.parkavecds.com

Uncle Sam's
4580 N University Dr,
Lauderhill.
Tél. *(954) 742-2466.*
1141 Washington Ave,
Miami Beach. **Plan** 2 E3.
Tél. *(305) 532-0973.*
www.unclesams
music.com

Virgin Megastore
The Shops at Sunset
Place, 5701 Sunset Dr,
Miami. **Carte routière**
F5. ***Tél.*** *(305) 665-4445.*
Downtown Disney,
1494 Buena Vista Dr,
Lake Buena Vista.
Tél. *(407) 828-0222.*
www.virginmega
magazine.com

SPORTS NAUTIQUES ET ACTIVITÉS DE PLEIN AIR

Bass Pro Shops
Festival Bay Mall,
5156 International Drive,
Orlando.
Tél. *(407) 563-5200.*
www.basspro.com

Ron Jon Surf Shop
4151 N Atlantic Ave,
Cocoa Beach.
Tél. *(888) 757-8737.*
www.ronjons.com

Soccer Locker
9492 S Dixie Hwy,
Miami. **Carte routière**
F5. ***Tél.*** *(305) 670-9100.*
www.soccerlocker.com

SE DISTRAIRE EN FLORIDE

Que vous appréciez les spectacles de cabaret inspirés par Las Vegas, les comédies dramatiques de Broadway, les boîtes de nuit ou les jeux d'argent, la Floride saura vous combler. Vous trouverez la plus grande variété de divertissements dans le sud de la Floride, en particulier sur la Gold Coast et à Miami *(p. 96-97)*, mais Sarasota et Tampa sont aussi de grands centres culturels. Grâce à leurs nombreux parcs à thèmes et à leurs dîners-spectacles, Walt Disney World et Orlando offrent les meilleures occasions de se divertir en famille. C'est un peu moins le cas du nord-est et du Panhandle, sauf dans les stations balnéaires telles Panama City Beach et les villes universitaires, par exemple Gainesville et Tallahassee. Dans les villes dont l'activité se partage entre la terre ferme et les plages, la vie nocturne est toujours plus animée sur le front de mer. Enfin, la plupart des spectacles de qualité ont lieu d'octobre à avril, même si des événements intéressants sont organisés toute l'année.

Actrice lors d'un dîner-spectacle

Le Raymond F Kravis Center for the Performing Arts, à West Palm Beach

LES SOURCES D'INFORMATION

La plupart des journaux régionaux ont un supplément week-end, où sont répertoriés les activités locales. Les visitors' centers et les chambres de commerce vous fourniront aussi de nombreuses brochures.

LES RÉSERVATIONS

La manière la plus simple d'acheter un billet de concert, de théâtre, de football ou autre consiste à appeler le bureau de vente adéquat et à payer par carte de crédit. Dans certains cas, vous devrez réserver par l'intermédiaire de **Ticketmaster**. Cette société gère un réseau de paiement par téléphone. Selon le spectacle, elle prend une commission de 2 à 8 dollars par billet.

LES CENTRES CULTURELS

Les principaux centres culturels de Floride, dont certains appelés « performing arts centers », servent à diverses représentations, des opéras aux concerts de rock, ainsi qu'à des événements spéciaux, notamment sportifs. C'est là que les plus grandes troupes nationales se produisent. Mais ils accueillent aussi des spectacles locaux. Voici les principaux centres culturels de Floride : le **Raymond F Kravis Center for the Performing Arts**, à West Palm Beach ; le **Broward Center for the Performing Arts**, à Fort Lauderdale's ; le **Carnival Center for the Performing Arts**, à Miami ; le **Tampa Bay Performing Arts Center**, à Tampa, et le **Van Wezel Performing Arts Hall**, à Sarasota. Les autres grands théâtres sont le **Tropicana Field** de Saint Petersburg et le **Florida Citrus Bowl** d'Orlando, une salle de 70 000 places où Paul McCartney et George Michael ont chanté. Le **All-tel Stadium** de Jacksonville accueille aussi de grands concerts de rock.

LES THÉÂTRES

Les productions aux scènes extravagantes et aux distributions pléthoriques inspirées de Broadway sont les meilleurs spectacles organisés en Floride. Mais cet État possède aussi de très bonnes compagnies de théâtre, dont les représentations ont lieu dans des salles comme le **Saenger Theater,** à Pensacola ou le **Red Barn Theater**, à Key West. Le **Florida State University Center for the Performing Arts** abrite l'Asolo Theatre Company. Ce bâtiment était à l'origine l'opéra de Dunfermline en Écosse : il a été transplanté à Sarasota dans les années 1980. Les **Players of Sarasota** sont la plus ancienne compagnie de la ville. Certains acteurs célèbres, comme Montgomery Clift, y ont fait leurs débuts. Ses spectacles sont très appréciés.

Enseigne du Saenger Theater, à Pensacola

MUSIQUE CLASSIQUE, OPÉRA ET DANSE

La plupart des grandes villes ont leur propre orchestre symphonique. Le Symphony of the Americas joue principalement à Fort Lauderdale et dans les villes de la Gold Coast. Il se produit aussi à l'étranger. Le New World Symphony de Miami *(p. 96)* joue aussi dans le monde entier. Guettez les représentations de la **Concert Association of Florida** (à Fort Lauderdale et à Miami) et du Jacksonville Symphony Orchestra, basé au **Times-Union Center for the Performing Arts**.

La plus grande compagnie d'opéra de Floride est le **Florida Grand Opera**, le fruit de la fusion en 1994 des compagnies de Miami et de Fort Lauderdale, qui fait environ cinq créations par an dans les comtés de Broward et de Dade. Le **Gold Coast Opera** présente des opéras classiques dans quatre salles du sud-est de la Floride. Pour plus d'intimité, fréquentez la **Monticello Opera House**, qui propose des opéras de septembre à mai.

La meilleure compagnie de ballet est le Miami City Ballet *(p. 96)*, dont le chorégraphe est Edward Villela, un disciple de George Balanchine.

LES CINÉMAS

Pour les films d'art et d'essai, mieux vaut aller à New York ou à Los Angeles, mais la Floride possède de nombreux complexes multisalles qui diffusent des films à gros budget. Le plus célèbre est le **Tampa Theatre** *(p. 259)*, qui joue des films classiques et étrangers, mais propose aussi des spectacles. La Floride compte plusieurs festivals de cinéma, comme celui de Sarasota en novembre. Le Miami International Film Festival a lieu en février au Gusman Center for the Performing Arts *(p. 94)*.

LES DÎNERS-SPECTACLES

Si vous souhaitez vous distraire, ne manquez pas d'assiter à un dîner-spectacle. Les dîners-spectacles sont des divertissements familiaux très prisés en Floride, surtout à Orlando *(p. 191)*. Les clients sont assis à des tables communes où on leur sert de copieux repas dont le thème correspond en général à celui du spectacle. La participation du public est de rigueur.

Hors d'Orlando, les dîners-spectacles sont moins tapageurs, mais tout aussi variés. Le **Mai Kai** de Fort Lauderdale est une revue polynésienne avec des danseurs vêtus de jupes de raphia et des cracheurs de feu. L'**Alhambra Dinner Theater de Jacksonville** propose d'ambitieuses musiques des écoles *Oklahoma* et *South Pacific*.

L'intérieur du Tampa Theatre, un cinéma historique

Chanteur au Latin Carnival de Miami *(p. 34)*

CONCERTS ET BOÎTES DE NUIT

Certains des meilleurs endroits où danser sont les clubs où la musique n'est pas enregistrée, mais jouée par un grand groupe. Les « supper clubs » proposent en outre de quoi se restaurer. La musique est très variée : le **Coliseum Ballroom**, un joyau de style mauresque à Saint Petersburg, propose de la musique *country*. South Beach est réputée pour ses boîtes de nuit *(p. 97)*. Vous trouverez de bons clubs dans les lieux de villégiature populaires. Le **Razzles** de Daytona Beach organise des spectacles au laser, le **Cherrs** de Fort Lauderdale produit de nombreux groupes de rock et le **Cowboys Orlando** joue de la musique *country*. Attention, on vous demandera votre carte d'identité avant d'entrer en boîte de nuit (vous devez avoir 18, voire 21 ans).

Logo du Hog's Breath Café, à Key West

Les festivals proposent de nombreux concerts. Key West possède plusieurs salles de concerts bien connues, comme le Hog's Breath Café *(p. 357)*, de même qu'Ybor City, avec son **Skipper's Smokehouse**. Le **Pace's Farmer's Opry House** de Panama City Beach est un haut lieu de la musique *country and western*. Certains des bars cités p. 356-357 organisent également des concerts.

Les artistes de rue de Mallory Square divertissent les passants à la tombée du jour

LES CROISIÈRES

La Floride est le principal point de départ des croisières vers les Caraïbes. Des navires appareillent de nombreux ports, notamment Miami et Port Everglades. Les compagnies, comme **Cunard's *Princess*** et **Carnival Cruise Line**, proposent des croisières pour plusieurs jours ou plus. Vous pouvez aussi faire une minicroisière d'un jour ou d'un soir, à partir de 40 dollars.

Durant les soirées-croisières, vous pourrez manger et danser ou jouer de l'argent. À Jacksonville, vous pourrez jouer à bord du La Cruise Casino. Le Seaescape Cruises possède aussi un casino. Certaines croisières sont plus modestes. Le **Jungle Queen** à Fort Lauderdale *(p. 135)*, le **Manatee Queen** à Jupiter *(p. 117)*, et le **Starlite Princess** sont des bateaux anciens appréciés des touristes. Le **Rivership Romance** propose des circuits sur la Saint Johns à partir de Sanford *(p. 220)*.

Le Rivership Romance sur la St Johns River

LES CASINOS

Les casinos étant interdits sur la terre ferme, les croisières dédiées aux jeux d'argent sont très prisées. Sur terre, vous pourrez visiter l'un des six **Seminole Indian Casinos,** autorisés par l'État. Il y en a deux à Hollywood *(p. 137)*, un à Coconut Creek, un à Immokalee, un près de Tampa et un à Okechobee. La tribu des Miccosukee possède un casino près de Miami. Gulfstream Park Racetrack et Mardi Gras à Hollywood Racetrack – tous deux à Hallandale – ainsi que Pompano Park Harness Track à Pompano Beach possèdent des casinos.

LES DIVERTISSEMENTS POUR ENFANTS

Les enfants sont très bien accueillis en Floride. Ils apprécieront les parcs à thèmes, mais aussi les musées qui proposent des expositions interactives, ainsi que les zoos et les parcs où ils peuvent toucher des animaux domestiques. Enfin, les enfants adorent les parcs aquatiques *(p. 373)*. Orlando regorge de divertissements familiaux. Vérifiez le programme de l'**Orlando Arena**, qui accueille aussi bien des cirques que des spectacles de patins à roulettes.

Certains divertissements sont gratuits. Ainsi, les enfants adorent les artistes de rue, par exemple à Mallory Square, à Key West. Enfin, les festivals sont nombreux toute l'année *(p. 34-37)*.

LES LIEUX GAYS

South Beach à Miami est connu pour sa scène gay *(p. 97)*, qui attire chaque année de plus en plus de visiteurs, dont de nombreux étrangers.

Key West est un centre homosexuel depuis plusieurs années, tout comme Fort Lauderdale, où le club **The Coliseum** est le plus prisé de tous.

Le milieu gay est moins développé à Tampa, bien qu'il y ait plusieurs lieux gays bien établis et très fréquentés à Ybor City.

Pour obtenir davantage de renseignements, consultez le site Internet *Gay Guide to Florida,* une excellente source d'information pour connaître les activités gays en Floride et les adresses de boîtes de nuit, restaurants, hôtels, commerces et autres.

Les festivités de la Gay Pride de Fort Lauderdale

ADRESSES

POINTS DE VENTE TICKETMASTER

Floride centrale
Tél. *(407) 839-3900.*

Fort Lauderdale
Tél. *(954) 523-3309.*

Fort Myers
Tél. *(239) 334-3309.*

Miami
Tél. *(305) 358-5885.*

Floride du Nord
Tél. *(850) 434-7444.*

Saint Petersburg
Tél. *(727) 898-2100.*

Tampa
Tél. *(813) 287-8844.*

West Palm Beach
Tél. *(561) 966-3309.*

CENTRES CULTURELS

Broward Center for the Performing Arts
201 SW Fifth Ave,
Fort Lauderdale.
Tél. *(954) 522-5334.*

Florida Citrus Bowl
1 610 W Church St,
Downtown Orlando.
Tél. *(407) 849-2020.*

All-tel Stadium
1 Stadium Blvd,
Jacksonville.
Tél. *(904) 633-6100.*

Raymond F Kravis Center for the Performing Arts
701 Okeechobee Blvd,
West Palm Beach.
Tél. *(561) 832-7469.*

Tropicana Field
1 Tropicana Drive,
Saint Petersburg.
Tél. *(727) 825-3120.*

Tampa Bay Performing Arts Center
1 010 N MacInnes Place,
Tampa.
Tél. *(800) 955-1045.*

Van Wezel Performing Arts Hall
777 N Tamiami Trail,
Sarasota.
Tél. *(941) 953-3366.*
www.vanwezl.org

THÉÂTRES

Florida State University Center for the Performing Arts
5 555 N Tamiami Trail,
Sarasota.
Tél. *(941) 351-8000.*

Players of Sarasota
838 N Tamiami Trail,
Sarasota.
Tél. *(941) 365-2494.*

Red Barn Theater
319 Duval St, Key West.
Tél. *(305) 296-9911.*

Mann Hall
8099 College Park SW,
Fort Myers.
Tél. *(239) 489-3033.*

MUSIQUE CLASSIQUE, OPÉRA, DANSE

Times-Union Center for the Performing Arts
300 W Water St,
Jacksonville.
Tél. *(904) 633-6110.*

Concert Association of Florida
555 17th St, Miami Beach.
Tél. *(305) 532-3491.*

Florida Grand Opera
1 200 Coral Way, Miami.
Tél. (305) 854-7890.

Symphony of the Americas
199 N Ocean Blvd,
Pompano Beach.
Tél. *(954) 545-0088.*

Gold Coast Opera
1 000 Coconut Creek Blvd,
Pompano Beach.
Tél. *(954) 973-2323.*

Monticello Opera House
West Washington St,
Monticello.
Tél. *(850) 997-4242.*

CINÉMAS

Tampa Theatre
711 Franklin St,
Tampa.
Tél. *(813) 274-8981.*
www.tampatheatre.org

DÎNERS-SPECTACLES

Alhambra Dinner Theater
12 000 Beach Blvd,
Jacksonville.
Tél. *(904) 641-1212.*

Mai Kai
3 599 N Federal Highway,
Fort Lauderdale.
Tél. *(954) 563-3272* ou *(800) 262-4524.*

CONCERTS ET BOÎTES DE NUIT

Cheers
941 E Cypress Creek Rd,
Fort Lauderdale.
Tél. *(954) 771-6637.*

Coliseum Ballroom
535 4th Ave N,
Saint Petersburg.
Tél. *(727) 892-5202.*

Cowboys Orlando
1108 S Orange Blossom Trail, Orlando.
Tél. *(407) 422-7115.*

Farmer's Opry House
4374 Fith Ave,
Pace, Florida.
Tél. *(850) 994-6000.*

Razzles
611 Seabreeze Blvd,
Daytona Beach.
Tél. *(386) 257-6236.*

Skipper's
910 Skipper Rd, Ybor City,
Tampa.
Tél. *(813) 971-0666.*

CROISIÈRES EN BATEAU

Carnival Cruise Line
3655 NW 87th Ave,
Miami.
Tél. *(305) 599-2600.*

Cunard Line's *Princess*
6100 Blue Lagon Dr,
Miami Beach.
Tél. *(800) 458-9000.*

Rivership Romance
433 N Palmetto Ave,
Sanford.
Tél. *(407) 321-5091.*

SeaEscape Cruises
Terminal 1,
Port Everglades,
Fort Lauderdale.
Tél. *(954) 453-3333.*

Starlite Cruises
3400 Pasadena Ave South,
Saint Petersburg.
Tél. *(813) 229-1200.*

Manatee Queen
1065 N Ocean Blvd,
Jupiter.
Tél. *(561) 744-2191.*

Yacht Starship
601 Channelside Drive,
Tampa.
Tél. *(813) 223-7999.*

CASINOS

Seminole Indian Casino
5223 N Orient Rd,
I-4 Exit 5,
Tampa.
Tél. *(813) 627-7625.*
506 South 1st St,
Immokalee.
Tél. *(800) 218-0007.*
5550 NW 40th St,
Coconut Creek.
Tél. *(954) 977-6700.*

DIVERTISSEMENTS POUR LES ENFANTS

Waterhouse Center
600 W Amelia St, Orlando.
Tél. *(407) 849-2020.*

SeaWorld/Bush Gardens
Tél. *(407) 363-2613.*
www.buschgardens.com

Universal Orlando
Tél. *(407) 363-8000.*
www.universalorlando.com

Walt Disney World
Tél. *(407) 934-7639.*
www.disneyworld.com

DIVERTISSEMENTS GAYS

The Coliseum
2520 S , Miami Rd,
Fort Lauderdale.
Tél. *(954) 832-0100.*

Gay Guide to Florida
www.gay-guide.com

Sports et activités de plein air

Grâce à son climat, la Floride offre toute l'année la possibilité de pratiquer un sport ou une activité de plein air. C'est donc une destination de choix pour les sportifs (tennismen, golfeurs et autres plongeurs). Certains touristes consacrent même toutes leurs vacances à ces activités. Les sports nautiques sont nombreux et variés sur les magnifiques plages des côtes de l'Atlantique et du golfe du Mexique. La Floride comprend aussi 4 millions d'hectares préservés que vous pourrez explorer à pied, à cheval, à vélo ou en bateau. Pour ceux qui rechignent à faire du sport, la Floride offre également une très large palette d'événements sportifs publics répertoriés *p. 32-33*.

Logo d'une flotte de pêche

Terrain de golf en bord de mer à Boca Raton, sur la Gold Coast

LES SOURCES D'INFORMATION

Les meilleures sources d'information sur les activités de plein air sont le **Florida Sports Foundation** et le **Department of Environmental Protection (DEP)**. Le *Florida Vacation Guide*, disponible dans les offices de tourisme floridiens à l'étranger, contient des adresses utiles. Contactez aussi les offices de tourisme locaux. D'autres sources d'information sont données à chaque rubrique.

LE GOLF

Avec ses 1 100 terrains de golf, la Floride est un paradis pour les golfeurs. Riche de 150 terrains, Palm Beach se veut «la capitale mondiale du golf», même si Naples la devance en terme de concentration.

La plupart des terrains de Floride sont plats, mais les aménageurs leur donnent un certain relief. Les terrains les plus difficiles sont souvent rattachés aux hôtels des stations balnéaires. Certains proposent d'ailleurs des formules de séjours. Il existe aussi des terrains à l'intérieur des terres, notamment à Walt Disney World *(p. 175)*. Les deux tiers des terrains de Floride sont publics.

On peut jouer au golf toute l'année, mais l'hiver est la saison la plus prisée. L'été, jouez tôt afin d'éviter les orages de fin d'après-midi. Les prix varient de 20 à 75 dollars et sont plus élevés en hiver. *Fairways in the Sunshine*, un guide édité par la Florida Sports Foundation, répertorie tous les terrains, publics et privés de Floride.

LE TENNIS

Le tennis est très populaire en Floride. De nombreux hôtels ont des courts et certaines stations balnéaires proposent des séjours tennis. Contactez l'**United States Tennis Association (Florida Section)** pour tout savoir sur les entraînements, les clubs et les compétitions. La meilleure école de l'État est la **Nick Bollettieri Tennis Academy** *(p. 267)*, qui offre des stages d'un jour ou d'une semaine (à partir de 800 dollars).

LA PLONGÉE

La Floride est la région idéale pour faire de la plongée sous-marine. Un récif corallien borde la côte sud-est et s'étire le long des Keys, où les coraux et les poissons sont magnifiques *(p. 292-293)*. Ce récif, situé à 5-8 km du rivage, est facilement accessible, même pour les amateurs. Les circuits guidés, souvent excellents, sont nombreux dans les Keys.

Le nombre des sites de plongée de Floride (estimé à 4 000) augmente grâce à la création de récifs artificiels. Partout, l'homme a utilisé tout ce qu'il pouvait pour créer un habitat propice aux coraux et aux poissons. Il y a même une Rolls Royce au large de Palm Beach. Les galions espagnols échoués sont aussi de fascinants sites de plongée, en particulier dans le sud de la Floride.

Si vous n'avez pas de carte de plongée, vous devrez prendre des cours. Ceux du NAUI ou du PADI

Nager à Wakulla Springs, dans le Panhandle

Un point de location de bateaux et de jet-skis, dans le Panhandle

sont dispensés un peu partout. On apprend à plonger en 4 jours pour 300 à 400 $.

Pour plus d'informations, compulsez le *Florida Boating and Diving Guide* de la Florida Sport Foundation ou appelez la **Keys Association of Dive Operators (KADO)**.

NATATION ET SPORTS NAUTIQUES

Pour de nombreux Floridiens, nager est aussi naturel que respirer. Beaucoup d'hôtels ont des piscines, mais on peut aussi profiter de l'océan, des lacs, des sources et des rivières.

Les plages de l'Atlantique sont les seules de Floride où l'on peut faire du surf, notamment à Cocoa Beach *(p. 195)*. Les eaux chaudes du golfe du Mexique sont mieux adaptées aux besoins des enfants. En raison de l'érosion côtière, celles du Sud-Est sont souvent étroites. Les Keys ne comptent que quelques plages de sable.

L'accès des plages est parfois contrôlé : beaucoup d'entre elles bordent des parcs ; elles sont donc payantes. Certains hôtels font croire que leur plage est privée, mais il n'en est rien. En haute saison, les maîtres nageurs surveillent celles qui sont le plus fréquentées.

Les parcs situés à l'intérieur des terres ont souvent des plans d'eau douce, voire des sources, comme dans le Blue Spring State Park *(p. 220)*, et les parcs aquatiques sont équipés de piscines en tout genre.

Les stations balnéaires proposent tous les sports nautiques possibles, du windsurf au jet ski. On peut aussi faire du ski nautique sur les lacs et les canaux.

LA PÊCHE

Les multiples lacs et rivières de Floride regorgent de poissons. Pour de nombreux Floridiens, la pêche est bien moins un sport qu'un style de vie. On peut la pratiquer aussi bien à l'intérieur des terres que le long de la côte.

Les passionnés de pêche sont très nombreux sur les rivages de l'Atlantique et du golfe du Mexique. On peut pêcher simplement, comme beaucoup, sur une jetée, mais la Floride est aussi célèbre pour ses pêches sportives.

De nombreuses stations balnéaires louent des navires de pêche en haute mer. Les plus nombreux se trouvent dans le Panhandle (autour de Fort Walton Beach et de Destin) et dans les Keys. Grâce au Gulf Stream, les eaux des Keys offrent la plus grande variété de poissons *(p. 295)*. Les excursions organisées en groupe sont une solution pour les novices. Un taxidermiste pourra même empailler vos prises, bien qu'il soit aujourd'hui mieux vu d'en commander une réplique. Les magasins d'articles de pêche vous fourniront des adresses de taxidermistes.

Il y a des centaines de lacs, de rivières et de canaux en Floride. Le long des principaux cours d'eau, comme la Saint Johns, et dans les grandes zones de pêche, comme le lac Okeechobee *(p. 128)*, vous pourrez louer un bateau ou les services d'un guide. La pêche est autorisée dans de nombreux parcs. Les camps de pêche offrent des logements rudimentaires et des équipements de base. Certains n'ouvrent qu'en été.

Pour pêcher en mer ou en eau douce, il vous faut un permis (de 12 à 30 dollars). Le *Fishing Handbook*, disponible à la **Florida Fish and Wildlife Conservation Commission**, vous fournit tous les renseignements sur les prix, les licences, les dates d'ouverture, les règlements et les tournois ; l'un des plus connus étant le Fishing Rodeo de Destin *(p. 36)*. Si vous souhaitez avoir plus d'informations, vous pouvez contacter le Department of Environmental Protection ou la Florida Game and Fresh Water Fish Commission *(p. 375)*.

Les pélicans semblent observer les pêcheurs sur la jetée de Cedar Key

L'Intracoastal Waterway à Boca Raton, sur la Gold Coast

FAIRE DU BATEAU

Les canaux de Floride sont sillonnés par toutes sortes de bateaux, du yacht dernier cri à l'esquif en bois. Avec 12 870 km de canaux proches des côtes, donc soumis aux marées, et 11 655 km de voies d'eau intérieures, la Floride est un paradis pour les amateurs de navigation. Pour certains Floridiens, posséder un bateau est aussi normal qu'avoir une voiture. Cet État compte 700 000 bateaux, plus 300 000 qui y sont introduits chaque année pour les vacances.

L'Intracoastal Waterway, qui s'étend sur 800 km le long de la côte est jusqu'aux Keys *(p. 22-23)*, est très fréquenté. Souvent protégé de l'Atlantique par des barrières d'îles, il traverse des rivières, des criques et des canaux. Bien que la majeure partie de la côte ouest soit ouverte, la section la plus intéressante de l'Intracoastal Waterway pour les amateurs de navigation est l'endroit où il longe les îles de la Lee Island Coast *(p. 278-279)*.

Les 217 km de l'Okeechobee Waterway, qui traverse l'État, sont aussi très fréquentés, surtout l'été. Cette voie longe le canal Saint Lucie depuis Stuart, traverse le Lake Okeechobee, puis rejoint Sanibel Island par la Caloosahatchee River.

Ces canaux intérieurs, comme la plupart des 166 rivières de Floride, sont ouverts aux petits bateaux et aux péniches, qui sont, pour la plupart, aménagées comme de véritables maisons.

On peut en louer dans certaines marinas, à Sanford sur la Saint Johns River par exemple *(p. 220)*. Dans d'autres marinas et dans les camps de pêche, on loue plutôt des bateaux petits et moyens.

Il y a au moins 1 250 marinas. Le long de la côte, elles proposent souvent des logements et des locations de bateaux et d'équipements de pêche. Dans les terres, elles sont plus rudimentaires. La **Florida Sports Foundation** édite une brochure, *Florida Boating and Diving*, qui recense toutes les marinas.

DÉCOUVRIR L'ARRIÈRE-PAYS

Les zones préservées de Floride comprennent aussi bien des plages populaires que des lieux sauvages. Elles sont plus ou moins équipées, mais la plupart des parcs possèdent un visitors' center. Certains organisent des excursions guidées. L'hiver est alors la meilleure saison (les pluies et les moustiques d'été ne sont plus qu'un souvenir).

On dénombre 110 zones protégées réparties en State Parks et State Preserves. Elles sont payantes et, en principe, elles ouvrent tous les jours, de 8 h au coucher du soleil. Le Department of Environmental Protection (DEP) édite un guide gratuit, *Florida State Parks,* qui les répertorie et mentionne leurs équipements. Vous pouvez aussi les visiter : www.floridastateparks.org

Le **National Park Service** de Géorgie vous renseignera sur les rares parcs nationaux gérés au niveau fédéral.

Beaucoup d'entre eux sont privés, notamment les refuges administrés par la **Florida Audubon Society**. Le guide *Florida Trails,* édité par le National Tourist Board *(p. 379)*, recense tous les parcs privés, fédéraux et nationaux. Le programme Rails-to-Trails transforme les voies ferrées en pistes pédestres, cyclables ou équestres : la Tallahassee-St Marks Historic Railroad State Trail, au sud de Tallahassee, et la Gainesville-Hawthorne State Trail *(p. 223)*, au nord-est, sont les meilleures. L'Office of Greenways and Trails recense toutes les pistes.

Logo du parc de Floride

Quelques sociétés organisent des voyages d'aventure. Ainsi, **Build a Field Trip** propose des circuits dans les Keys et les Everglades.

Visiteurs se promenant dans l'Everglades National Park

LA BICYCLETTE

La Floride permet de faire du vélo sur les nombreuses pistes cyclables ou de VTT. Le terrain est tellement plat que les cyclistes chevronnés risquent même de s'ennuyer. Le paysage accidenté du Panhandle est donc plus intéressant, tandis que le Nord-Est possède de bonnes pistes, par exemple dans la Paynes Prairie *(p. 223)*.

Si vous n'emmenez pas votre vélo, vous pourrez en louer sur place. Pour toute information, contactez le **State Bicycle Office** ou le Department of Environmental Protection.

Le Blackwater River State Park est idéal pour faire du canoë

LES RANDONNÉES

Bien que la Floride soit une région très plate, ce défaut est compensé par la variété de ses paysages. La plupart des parcs possèdent des pistes de randonnée. On projette de créer une nouvelle piste, la National Scenic Trail, dans le Big Cypress National Preserve *(p. 284)* au sud de la Floride, près de Pensacola. Sur les 2 080 km prévus, 880 ont été aménagés.

La **Florida Trail Association** vous fournira tous les renseignements nécessaires sur les randonnées.

LE CANOË

Vous aurez de nombreuses possibilités de faire du canoë en Floride, grâce au Florida Canoe Trail System qui comprend 36 circuits de criques et de rivières, d'une longueur de 1 520 km. De nombreux parcs sont réputés pour leurs circuits, notamment l'Everglades National Park, avec son Wilderness Waterway de 160 km de long *(p. 286-291)*. La Blackwater River *(p. 234)*, au nord, et la Hillsborough River, sur la Gulf Coast *(p. 263)*, sont deux des meilleurs endroits pour faire du canoë. Vérifiez, toutefois, que le niveau de l'eau ne soit ni trop haut ni trop bas.

Promenade à cheval à proximité d'Ocala

L'ÉQUITATION

L'Ocala National Forest, dans le Nord-Est *(p. 221)*, dispose de 160 km de pistes équestres. Quinze parcs d'État sont ainsi équipés, tels le Myakka River *(p. 274)*, le Jonathan Dickinson *(p. 117)* et les Florida Caverns *(p. 239)*. La moitié d'entre eux propose des logements pour la nuit.

Renseignez-vous auprès du **Department of Agriculture and Consumer Services**, qui édite le *Florida Horse Trail Directory*, ou adressez-vous au Department of Environmental Protection.

ADRESSES

SOURCES D'INFORMATION

Department of Environmental Protection (DEP)
3900 Commonwealth Blvd, Tallahassee, FL 32399.
Tél. *(850) 245-2052.*

Florida Sports Foundation
Tallahassee, FL 32312.
Tél. *(850) 488-8347*
www.flasports.com

TENNIS

Nick Bollettieri Tennis Academy
5500 34th St W, Bradenton, FL 34210.
Tél. *(800) 872-6425.*
www.imgacademies.com

United States Tennis Association (Florida Section)
1 280 SW 36th Ave, Pompano Beach, FL 33069.
Tél. *(914) 696-7000.*

PLONGÉE

Florida Association of Dive Operators (KADO)
PO Box 1717, Key West, FL 33040.
www.divekeys.com

PÊCHE

Florida Fish and Wildlife Conservation Commission
Tél. *(850) 488-4676.*
Tél. *(888) 347-4356 (licences de pêche).*
Tél. *(888) 486-8356 (licences de chasse).*
www.state.fl.us/fwc.

DÉCOUVRIR L'ARRIÈRE-PAYS

Florida Audubon Society
Tél. *(305) 371-6399.*
www.audubonofflorida.org

Build a Field Trip
1925 NE 45th St, Suite 132, Fort Lauderdale, FL 33308.
Tél. *(954) 772-7800.*

National Park Service (Southeast)
100 Alabama St SW, Atlanta, GA 30303.
Tél. *(404) 562-3123.*

BICYCLETTE

State Bicycle Office
Dept. of Transportation, 1211 Governor's Sq Blvd, Tallahassee, FL 32399.
Tél. *(850) 245-1500.*

RANDONNÉES

Florida Trail Association
PO Box 13 708, Gainesville, FL 32 604.
Tél. *(352) 378-8823 ou (800) 343-1882.*

ÉQUITATION

Department of Agriculture and Consumer Services
Tél. *(850) 487-3867.*
www.doacs.state.fl.us

SE MARIER EN FLORIDE

Destination très prisée des vacanciers, la Floride est aussi connue comme étant l'un des sites de mariage et de lune de miel les plus convoités. Avec son ciel de carte postale, c'est l'endroit idéal pour célébrer ses noces, qu'il s'agisse d'une réception bon marché organisée dans un jardin ou d'une autre plus exorbitante au sein d'un parc d'attractions. Les mariages à thèmes sont extrêmement populaires, et les organisateurs en mesure de réaliser tous les souhaits d'un couple. Côté insolite, les futurs époux peuvent en effet échanger leurs vœux au beau milieu d'un parcours de golf, d'une partie de pêche, sur la plage ou dans une montgolfière. La plupart des agences locales spécialisées proposent des cérémonies pouvant satisfaire tous les fantasmes et des lunes de miel ajustées à tous les budgets.

Bouquet traditionnel de mariée

Cérémonie romantique sur la plage

DU MARIAGE À LA LUNE DE MIEL

La majorité des stations balnéaires et des hôtels de Floride offrent un large choix de forfaits combinant mariage et lune de miel aux personnes qui s'unissent dans l'État.

À Orlando, la spécialité du **Westin Grand Bohemian Hotel** est un mariage « bohème », dont la cérémonie est orchestrée dans un jardin sur le toit de l'établissement. Les prix, qui comprennent une nuit dans cet hôtel d'inspiration Art déco, varient de 1 600 $ à plus de 3 000 $. Aménagé au sein d'une ancienne banque des années 1930, l'**Inn on Fifth** de Naples a conservé en grande partie l'architecture et la décoration d'origine. Récemment inaugurée, la piscine sur le toit, ornée de fontaines, offre un cadre pittoresque pour un mariage. À Coral Gables, le légendaire **Biltmore Hotel** abrite plusieurs sites remarquables, du ravissant belvédère au bassin parsemé de roses à la grande salle de bal ; les forfaits débutent à 3 000 $.

Les couchers de soleil de Key West sont splendides, et se marier au crépuscule peut donner une note encore plus romantique à la cérémonie. Le complexe du **Hilton Key West Resort & Marina**, ainsi que les **Sunset Key Guest Cottages** organisent justement ce type de mariage. Les vœux sont échangés sur l'embarcadère du Hilton ou sur la plage de Sunset Key, une autre île à trois minutes en bateau du Hilton. Pour un mariage sous les palmiers, le **Little Palm Island Resort & Spa**, au large de Little Torch Key, offre une atmosphère tropicale exceptionnelle. Forfaits à 1 500 $ minimum (hébergement exclu) mais, pour ce prix, vous aurez la garantie d'avoir l'île pour vous seul.

PARCS D'ATTRACTIONS

Que vous trouviez ça romantique, enfantin ou idiot, un mariage à **Disneyworld** est toujours un événement unique. Chaque année, plus de 2 000 couples sautent le pas. Comptez au minimum 3000 $, auxquels s'ajoutent le coût des préparatifs personnalisés, qui sont de l'ordre de 7500 $ et qui peuvent s'élever jusqu'à plus de 20000 $ en fonction du nombre d'invités. Vous pouvez choisir un mariage « conte de fées » dans le Magic Kingdom®, « safari » dans l'Animal Kingdom® ou « voyage » dans le pavillon d'un Land de votre choix à Epcot®. Il existe bien d'autres options : consultez leur site Internet. **SeaWorld** quant à lui vous fournira les invités : les cérémonies se déroulent au milieu des dauphins et des pingouins, et c'est une otarie qui apporte les alliances ! Si vous êtes plutôt girafes et gazelles, optez pour les **Busch Gardens**.

Mariée arrivant dans le carrosse de Cendrillon

FESTIVITÉS EN PLEIN AIR

Situé non loin du centre-ville d'Orlando, le **Parc d'Harry P. Leu** *(p. 188)* est un luxuriant domaine de 20 ha parsemé de merveilles horticoles. Le Rose Garden, le Floral Clock et le Butterfly Garden, par exemple, sont des sites très demandés.

Monument classé, l'historique **Bok Sanctuary** *(p. 193)* à Lake Wales est l'un des points culminants de Floride. C'est un site romantique pour échanger ses vœux au milieu des palmiers et des arbustes à fleurs.

PLUS INSOLITE ENCORE

Des sociétés telles que **Orange Blossom Balloons** et **Blue Water Balloons** proposent de célébrer la noce à bord d'une montgolfière. Le forfait comprend le transport jusqu'au site, une cérémonie au sol, et un vol d'une heure pour deux personnes, suivi d'une coupe de champagne. Le **Medieval Times Dinner & Tournament** propose de vous marier dans un décor anglais du XIe siècle, tandis que les passionnés de moto peuvent unir leurs cœurs et leur moteur grâce à **Orlando Harley-Davidson®**. Sur le circuit de **Daytona International Speedway**, les festivités se déroulent dans la loge du vainqueur et comprennent le fameux tour de piste de la victoire. Enfin, le **Flying Tigers Warbird Restoration Museum** propose d'officier dans un hangar investi d'avions prestigieux.

Mariage en montgolfière organisé par *Orange Blossom Balloons*

ORGANISATION DU MARIAGE

Il existe bon nombre de livres consacrés à l'organisation d'un mariage, qui recensent les sociétés spécialisées, les traiteurs et les photographes de la région. Publication gratuite, le **Perfect Wedding Guide** est un excellent point de départ. Les invitations peuvent être commandées chez l'imprimeur ou dans un magasin de fournitures de bureau, et les fleurs chez un grossiste ou un fleuriste spécialisé. Un conseil, laissez aux sociétés spécialisées le soin de régler ces détails.

D'UN POINT DE VUE JURIDIQUE

Les certificats de publication des bans sont disponibles dans tous les tribunaux de l'État, dont les adresses sont recensées dans le **State of Florida Official Marriage Guide**. Pour l'obtenir, les futurs mariés doivent présenter une pièce d'identité (passeport ou permis de conduire). Le certificat est délivré le jour de la demande et prend effet immédiatement, mais il doit être utilisé dans les 60 jours. Aucun test sanguin ou délai d'attente n'est requis pour les résidents des autres États.

ADRESSES

DU MARIAGE À LA LUNE DE MIEL

Biltmore Hotel
1200 Anastasia Ave, Coral Gables.
Tél. *(305) 445-1926.*

Grand Bohemian Hotel
325 S Orange Ave, Orlando.
Tél. *(407) 313-9000.*

Little Palm Island Resort & Spa
28500 Overseas Hwy, Little Torch Key.
Tél. *(305) 872-2524.*

The Inn on Fifth
699 5th Ave S, Naples.
Tél. *(888) 403-8778.*

Westin Key Guest Cottages

Westin Key West Resort & Marina
245 Front St, Key West.
Tél. *(305) 294-4000.*
www.keywestsunsetweddings.com

PARCS D'ATTRACTIONS

Busch Gardens
www.buschgardensgroupevents.com/fla

SeaWorld
www.seaworldgroupevents.com

Walt Disney World® Resort
www.disneyweddings.com

FESTIVITÉS EN PLEIN AIR

Harry P. Leu Gardens
www.leugardens.org

Historic Bok Sanctuary
www.boksanctuary.org

PLUS INSOLITE

Brevard Zoo
8225 N Wickham Rd, Melbourne.
Tél. *(321) 254-9453.*
www.brevardzoo.com

Daytona International Speedway
1801 W International Speedway Blvd, Daytona Beach. ***Tél.*** *(386) 253-7223.*
www.daytonainternationalspeedway.com

Fantasy of Flight
1400 Broadway Blvd SE, Polk City.
Tél. *(863) 984-3500.*
www.fantasyofflight.com

Medieval Times Dinner & Tournament
4510 W Irlo Bronson Hwy, Kissimmee.
Tél. *(407) 396-1518.*
www.medievaltimes.com

Orange Blossom Balloons
PO Box 22908, Lake Buena Vista, Orlando.
Tél. *(407) 239-7677.*
www.orangeblossomballoons.com

Orlando Harley-Davidson®
3770, 37th St, Orlando.
Tél. *(877) 740-3770.*
www.orlandoharley.com

ORGANISATION DU MARIAGE

Perfect Wedding Guide
www.pwg.com/florida/

D'UN POINT DE VUE JURIDIQUE

State of Florida Official Marriage Guide
www.stateofflorida.com

NO LIFE
GUARD
ON
DUTY

RENSEIGNEMENTS PRATIQUES

MODE D'EMPLOI

La Floride est un paradis pour les touristes et surtout pour les familles, qui attire plus de quarante millions de visiteurs par an. Accueillir les petits et les distraire sont des priorités. Le mode de vie décontracté et la qualité des équipements permettent de voyager avec des enfants en toute tranquillité. Ceux-ci n'auront plus que deux raisons de se plaindre : l'attente trop longue pour voir Mickey et le soleil trop chaud. Vu son climat doux, la Floride est, en hiver, un refuge pour les Américains du Nord. La haute saison s'étend de décembre à avril : c'est l'époque où les tarifs des billets d'avion et des hôtels sont au plus haut et les plages et les attractions le plus fréquentées. Si, pendant les vacances scolaires, vous visitez un parc à thèmes, il faudra vous armer de patience.

Le sceau de l'État de Floride

Centre d'informations touristiques, à Kissimmee

LES VISAS

Pour être exemptés d'un visa, tous les ressortissants de l'Union européenne et de la Suisse qui effectuent un séjour touristique de moins de 90 jours doivent être munis d'un passeport biométrique, ou d'un passeport lisible en machine à la condition que celui-ci ait été délivré avant le 26 octobre 2005.

De plus, il faut au préalable remplir une demande d'autorisation électronique ESTA (htpps://esta.cbp.dhs.gov). Quant aux Canadiens, il leur suffit d'être en possession d'un passeport valide. Mieux vaut vous renseigner auprès de l'ambassade ou du consulat.

LES DOUANES

Les personnes âgées d'au moins 21 ans peuvent introduire aux États-Unis 1 litre d'alcool, jusqu'à 100 dollars de cadeaux, 200 cigarettes, 100 cigares (s'ils ne viennent pas de Cuba) ou 1,4 kg de tabac. Certains articles sont interdits, tels que les fromages, les fruits frais, la viande et, bien entendu, les drogues.

LES INFORMATIONS TOURISTIQUES

Les grandes villes de Floride ont souvent un *convention and visitors' bureau* (CVB), qui distribue des brochures gratuites. Les chambres de commerce peuvent également vous aider.

Pour obtenir des informations avant de partir, demandez, par téléphone ou par courrier, un « special vacation pack », distribué par la Florida Tourism Corporation aux États-Unis et à l'étranger. Vous y trouverez la liste des offices de tourisme de Floride. Certaines régions des États-Unis, voire les principaux parcs à thèmes disposent d'un centre d'informations à l'étranger.

LES DROITS D'ENTRÉE

Les musées, les parcs et les attractions sont payants, de 2 dollars pour un petit musée à 60 dollars la journée au Magic Kingdom.

Les enfants, les étudiants et les personnes âgées ont souvent droit à des réductions. En outre, chacun peut utiliser les coupons des brochures distribuées dans les offices de tourisme. Ils vous permettront de payer moins cher les droits d'entrée et les restaurants locaux. Grâce aux coupons du centre d'information d'International Drive près d'Orlando *(p. 190)*, vous économiserez des centaines de dollars.

LES HEURES D'OUVERTURE

Certaines attractions ferment un jour par semaine, souvent le lundi. La majorité ouvre tous les jours, comme les parcs (du lever au coucher du soleil). Mais le *visitor center* ferme parfois plus tôt. Les parcs à thèmes ouvrent plus longtemps en haute saison. La plupart des sites ferment pour le Nouvel An, Thanksgiving et Noël *(p. 37)*.

VOYAGER AVEC DES ENFANTS

Destination familiale, la Floride fait grand cas des besoins des enfants. Les grands parcs à thèmes louent des poussettes (« strollers »).

On peut louer cette poussette en forme de dauphin à SeaWorld

Les sociétés de location de voitures sont tenues de fournir des sièges spéciaux et de nombreux restaurants proposent des menus enfants *(p. 333)*. Dans les avions, les bus et les trains, les enfants de moins de 12 ans paient moitié prix, voire moins s'ils sont encore plus jeunes.

Quelques minutes d'exposition au soleil vers midi suffisent à brûler la peau des enfants. Protégez-les avec une crème et mettez-leur un chapeau.

Pensez à convenir d'un point de rencontre au cas où vous vous perdriez dans un parc à thèmes. La plupart ont un service pour les enfants perdus (« lost kids area »).

En ce qui concerne les hôtels, voir p. 309. Pour les divertissements, voir p. 368.

LES PERSONNES ÂGÉES

La Floride est le paradis des personnes âgées, résidentes ou touristes. Les plus de 65 ans (parfois moins) ont droit à toutes sortes de réductions. L'**American Association of Retired Persons** vous aidera à organiser votre séjour et vous proposera des prix sur les billets d'avion, la location de voitures et les hôtels.

ÉTIQUETTE

En Floride, on s'habille de manière décontractée, sauf dans les restaurants de luxe *(p. 332)*. Les shorts et les T-shirts sont acceptés dans les bars du bord de plage. Sur la plage elle-même, les femmes n'ont pas le droit d'être torse nu, sauf, par exemple, à South Beach, à Miami.

Il est interdit de boire de l'alcool et de fumer dans les bus, les trains, les taxis, les restaurants et la plupart des bâtiments publics. Excepté quand il est compté directement (en général pour les repas de plus de six personnes), le service correspond généralement à 15 ou 20 % de l'addition au restaurant et de la course d'un taxi.

LES ÉQUIPEMENTS POUR HANDICAPÉS

Les États-Unis font beaucoup pour les handicapés. Tous les bâtiments publics doivent être accessibles aux fauteuils roulants, mais certains édifices anciens ne sont pas équipés. Ce guide indique si un site est accessible ou non, mais il vaut mieux appeler avant. Ainsi, dans les réserves naturelles, les sentiers de randonnée adaptés aux handicapés ne leur donnent pas accès à toutes les zones.

Accès pour fauteuil roulant

Quelques compagnies de location ont des voitures adaptées aux handicapés, ainsi que certains bus – regardez si un autocollant est apposé sur le pare-brise ou la porte. Amtrak et Greyhound offrent des réductions.

Pour tout renseignement, adressez-vous à **Mobility International**. La Florida Tourism Corporation et Walt Disney World éditent leur propre guide.

LES APPAREILS ÉLECTRIQUES

Il vous faudra un adaptateur et un transformateur pour utiliser le système alternatif américain en 110-120 volts. Les adaptateurs pour prises à deux fourches s'achètent aux États-Unis et à l'étranger. Les hôtels ont souvent des prises pour rasoirs en 110 et en 220 volts et des sèche-cheveux installés au mur.

ADRESSES

CONSULATS

France
1395 Brickell Ave, Esperito Santo Palza, suite 1050, Miami, FL 33131.
Tél. *001 (305) 403-4150*
www.consulfrance-miami.org

Suisse
1349 W Peachtree St., suite 1000, Atlanta, GA 30309.
Tél. *001 (404) 870 2000.*
www.eda.admin.ch/atlanta

Canada
200 S Biscayne Blvd, 1st Union Financial Center Suite 1600, Miami.
Tél. *(305) 579-1600.*
www.geo.international.gc.ca/can-am/miami

Belgique
4 100 North Miami Ave, Miami, FL 33127.
Tél. *(305) 573-0786.*

INFORMATIONS TOURISTIQUES

France
Centre de documentation de l'ambassade américaine 2, avenue Gabriel, 75008 Paris.
Tél. *01 43 12 25 70.*

Floride
Greater Miami Convention & Visitors Bureau, 701 Brickell Ave, Suite 2700, 33131 Miami, FL.
Tél. *(305) 539-300.*
www.visitflorida.com

AGENCE DE VOYAGES POUR HANDICAPÉS

Access Tourisme Service
8, rue Saint-Loup, 45130 Charsonville. ***Tél.*** *02 38 74 28 50.*
www.access-tourisme.com

Tenues décontractées au bar du Columbia Restaurant, à Tampa

Santé et sécurité

Au début des années 1990, la presse a révélé que des touristes avaient été agressés en Floride. Ces violences furent peu nombreuses, mais la police a rapidement réagi. Grâce à des mesures de sécurité supplémentaires, le nombre des délits a diminué. Toutefois, soyez sur vos gardes en ville, surtout à Miami, ou si vous êtes en voiture. En prenant un minimum de précautions, vous devriez passer un séjour agréable et sans problèmes.

LES FORCES DE POLICE

Il existe trois corps de police en Floride : la police municipale, les sheriffs (dans les campagnes) et la Florida Highway Patrol (qui s'occupe des accidents de la circulation et des délits en dehors des villes). Les principaux centres touristiques sont bien surveillés par la police. Miami et Orlando possèdent un service spécial, la Tourist Oriented Police (TOP).

Comme la Floride tient à attirer et à choyer les visiteurs, les officiers de police sont serviables et n'hésiteront pas à vous aider.

CONSIGNES DE SÉCURITÉ

Comme dans le monde entier, il existe dans les grandes villes de Floride des quartiers à éviter à tout prix. Les employés des offices de tourisme ou de votre hôtel devraient pouvoir vous renseigner sur ce point. Les centres-ville sont avant tout des quartiers d'affaires, qui sont déserts le soir et souvent dangereux. En cas de doute, prenez un taxi.

Les vols dans les hôtels ne sont pas rares. Laissez vos plus beaux bijoux chez vous et enfermez vos objets de valeur dans votre chambre ou confiez-les à la réception. Peu d'hôtels garantissent la sécurité des objets laissés dans les chambres. Si quelqu'un frappe à votre porte en prétendant appartenir au personnel de l'hôtel, vérifiez auprès de la réception avant d'ouvrir.

Quand vous sortez, emportez le moins d'argent possible. Rangez votre passeport et vos chèques de voyage dans des endroits différents et laissez votre clé à la réception. Si vous êtes agressé, ne résistez pas.

MIAMI

Le taux de criminalité de Miami est l'un des plus élevés des États-Unis. Bien que les agressions soient rares sur les touristes, certains quartiers sont à éviter absolument, notamment Liberty City et Overtown, entre l'aéroport et le centre-ville. Au nord, Little Haiti et Opa-Locka sont des endroits intéressants mais potentiellement dangereux *(p. 91)*. La nuit, évitez les sites déserts (terminaux de transport et centres-ville). Les lieux animés tels que Coconut Grove et South Beach sont les plus sûrs, mais ne vous aventurez pas dans les rues reculées (notamment au sud de la 5th Street à South Beach). Emportez toujours un plan de la ville.

Outre les patrouilles régulières de police, la Tourist Oriented Police de Miami couvre la zone de l'aéroport et les points de location de voitures. Les employés de ces agences vous conseilleront les meilleurs itinéraires et vous fourniront une carte. Voir p. 390 les conseils de sécurité pour les conducteurs.

En cas d'urgence, appelez le 911 ou contactez la **Miami Police Information** si vous n'êtes pas pressé.

Officiers de police patrouillant à Saint Augustine

OBJETS PERDUS OU VOLÉS

Même si vous avez peu de chances de récupérer votre bien, déclarez toute perte et tout vol à la police. Gardez une copie du rapport pour vous faire rembourser par votre assurance.

Les cartes bancaires ont un numéro d'appel gratuit où l'on peut faire opposition. Thomas Cook et American Express font de même pour leurs chèques de voyage. Contactez tout de suite votre consulat *(p. 379)* si vous perdez votre passeport.

LES ASSURANCES

Assurez-vous pour au moins un million de dollars à cause du prix très élevé des soins médicaux. Tout dépend bien sûr de la durée de votre séjour. Vérifiez que vous êtes couvert en cas de mort accidentelle, de soins médicaux d'urgence, d'annulation de voyage et de perte de bagages. Votre compagnie d'assurances ou votre agent de voyages vous renseignera, mais comparez tout de même les prix.

Sheriff de comté avec son uniforme et sa voiture de fonction

Ambulance des services d'urgence

Camion de pompiers du comté d'Orange

LES SERVICES MÉDICAUX

Les plus grandes villes possèdent des hôpitaux ouverts 24 h/24, où l'on soigne toutes sortes de maladies. Dans les cas moins graves, les drugstores (qui sont souvent ouverts tard, voire 24 h/24) devraient suffire.

Si vous avez un accident ou une maladie grave, vous pouvez avoir confiance dans la qualité des soins dispensés par les hôpitaux. Les histoires de médecins qui font attendre leurs patients pour marchander leur prix relèvent de la légende. Gardez cependant vos documents d'assurance sur vous. Une consultation chez un médecin peut coûter plus de 50 dollars. Les hôpitaux et la plupart des médecins et des dentistes acceptent les cartes bancaires. Si vous n'êtes pas assuré, vous devrez payer à l'avance.

Si vous prenez des médicaments, emportez-en une réserve et l'ordonnance rédigée par votre médecin.

LES DANGERS NATURELS

Les ouragans sont rares mais dévastateurs *(p. 26-27)*. Des procédures d'alerte ont lieu fréquemment. Si le pire survenait, suivez les annonces faites à la télé et à la radio ou appelez le **National Hurricane Center** à Miami, qui vous renseignera sur les menaces d'ouragan. Une ligne d'urgence peut aussi être mise en place. Le soleil est le principal danger naturel en Floride. Utilisez une crème solaire à indice élevé et portez un chapeau. Protégez aussi les enfants. Les effets de la chaleur sont également sérieux ; buvez beaucoup pour éviter une déshydratation. La nature sauvage domine encore dans de nombreuses régions de Floride. Les Everglades sont probablement la plus dangereuse d'entre elles. Mais soyez prudent partout. N'oubliez pas que les alligators peuvent tuer et le font parfois. Ne vous aventurez pas trop près de l'un d'eux. La Floride compte plusieurs serpents venimeux, tels que le mocassin d'eau dont la morsure est fatale. Ne touchez pas les plantes que vous ne connaissez pas et tenez-vous loin de la mousse espagnole qui pend de nombreux arbres dans le nord de la Floride. Elle abrite la mite rouge, qui provoque une irritation cutanée.

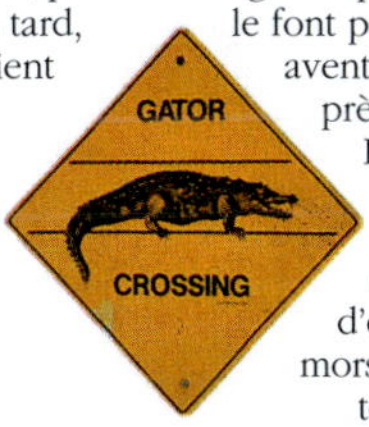

Panneau signalant la présence d'alligators

Les insectes qui piquent, comme les moustiques, sont une véritable plaie de juin à novembre, en particulier près des points d'eau. Ne visitez pas les parcs et les réserves sans produits insectifuges.

Les plages sont le plus souvent surveillées par des maîtres nageurs. Gardez quand même un œil sur les enfants, les courants sont parfois dangereux.

Maître nageur surveillant une plage dans le Panhandle

ADRESSES

PERTE DE CARTES BANCAIRES OU DE CHÈQUES DE VOYAGE

American Express (France)
Tél. *(800) 528-4800 (cartes).*
Tél. *(800) 221-7282 (chèques).*

Diners Club
Tél. *(800) 234-6377 (cartes).*

MasterCard
Tél. *(800) 826-2181 (cartes).*

Thomas Cook
Tél. *(800) 223-7373 (chèques).*

VISA
Tél. *(800) 336-8472 (cartes).*

AUTRES NUMÉROS D'URGENCE

Toutes urgences
Tél. *911 (police, pompiers et services médicaux).*

Miami Dade Police Information
Tél. *(305) 595-6263.*

Moneygram
Tél. *(800) 926-9400.*

National Hurricane Center
Tél. *(305) 229-4483 (serveur vocal sur les ouragans).*

LES URGENCES

En cas d'urgence, appelez le 911 pour obtenir la police, les pompiers ou les services médicaux. L'appel est gratuit des cabines. Des bornes d'appel sont disposées tous les kilomètres sur les voies express. Si vous êtes victime d'un vol dans la rue, allez au commissariat le plus proche (appelez le 911 pour savoir où il se trouve).

Si vous avez besoin d'argent, demandez à un proche de faire un transfert depuis votre banque ou utilisez le service d'American Express, **Moneygram**.

Banques et monnaie

Étant donné le statut dominant du dollar dans l'économie mondiale, le touriste étranger est confronté à une situation particulière aux États-Unis : on ne peut changer de l'argent que dans quelques bureaux, et les taux de change sont peu avantageux. Mieux vaut emporter des chèques de voyage libellés en dollars et une ou deux cartes bancaires.

LES BANQUES

Les banques ouvrent de 9 h à 15 h ou 16 h en semaine, parfois un peu plus tard. Vous pouvez changer de l'argent dans toutes les filiales de la **Bank of America**, l'une des principales banques de Floride. Amsouth, Sun Trust et Wachovia sont également présentes dans tout l'État.

LES CHÈQUES DE VOYAGE

Les chèques de voyage sont le meilleur moyen d'emporter de l'argent aux États-Unis. D'usage simple et sûrs (les chèques perdus ou volés sont restitués), ils font souvent office d'espèces. Les chèques de voyage en dollars américains sont en général acceptés par les magasins, les restaurants et les hôtels. Ceux d'American Express ou de Thomas Cook sont le plus répandus. En échange, on vous donnera du liquide ; assurez-vous que la banque a assez d'argent en caisse.

Pour échanger directement vos chèques de voyage contre des espèces, allez dans une banque ou un bureau de change. Avant d'entamer votre transaction, enquérez-vous du montant de la commission. Les banques des grandes villes et les bureaux de change privés vous offriront le meilleur taux. **American Express** et **Travelex** ont des bureaux dans des villes comme Miami et Orlando.

Dans les magasins,vous ne pourrez utiliser que les chèques de voyage libellés en dollars. Quelques banques et hôtels accepteront ceux qui sont libellés dans une autre monnaie. Les chèques personnels tirés sur des banques étrangères, comme les Eurochèques, n'ont pas cours en Floride.

LES DISTRIBUTEURS AUTOMATIQUES

La plupart des banques de Floride sont équipées d'ATM (automatic teller machines, c'est-à-dire des distributeurs automatiques). Grâce à ces machines, vous pourrez retirer des billets américains (de 20 dollars, souvent) sur votre compte.

Avant de partir, demandez à votre banque quelles sont ses homologues américaines qui accepteront votre carte. Vérifiez le coût de la transaction et assurez-vous de connaître votre code confidentiel. Les principaux systèmes de distributeurs sont **Plus** et **Cirrus**, qui acceptent les VISA, les MasterCard et autres cartes américaines.

Faites attention lorsque vous retirez de l'argent la nuit ou dans un lieu désert. Les vols ne sont pas rares.

Distributeur automatique (ATM)

L'une des nombreuses banques conçues sous forme de drive-in

LES CARTES BANCAIRES

L'usage des cartes bancaires fait partie de la vie quotidienne en Floride. Les plus largement acceptées sont les VISA, les American Express, les MasterCard, les Diners Club et les Japanese Credit Bureau.

Grâce aux cartes bancaires, vous n'êtes plus obligé de transporter de grosses sommes d'argent sur vous. Vous pourrez tout payer avec elles, du ticket d'entrée à la note de l'hôtel. En général, les compagnies de location de voitures prennent une empreinte de votre carte en guise de caution. La seule alternative consiste souvent à laisser en dépôt une importante somme d'argent. Certains hôtels débitent une somme « fantôme » de 200 à 300 dollars sur votre compte, même pour une seule nuit. Cette somme doit être automatiquement créditée à votre compte lorsque vous quittez l'hôtel. Rappelez-le quand même au réceptionniste.

La plupart des hôpitaux acceptent les cartes bancaires. Avec une VISA ou une MasterCard, vous pourrez retirer des espèces au guichet de certaines banques.

Les pièces

Les pièces américaines (montrées ici à échelle réelle) ont les valeurs suivantes : 1 dollar, 50, 25, 10, 5 et 1 cent(s). Une nouvelle pièce de 1 $, couleur or, a été introduite. Chacune a un nom populaire : les pièces de 1 cent, couleur de cuivre, sont appelées « pennies », celles de 5 cents, « nickels », celles de 10 cents, « dimes » et celles de 25 cents, « quarters » ou encore « two bits ».

Pièce de 25 cents (un *quarter*)

Pièce de 10 cents (un *dime*)

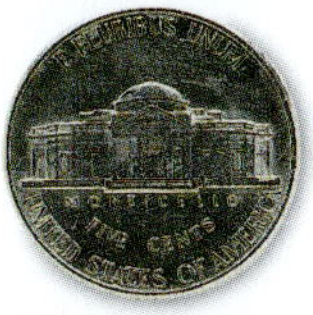

Pièce de 5 cents (un *nickel*)

Pièce de 1 cent (un *penny*)

Les billets de banque

La monnaie en cours aux États-Unis est le dollar et le cent. Il y a 100 cents dans un dollar. Tous les billets – 1 $, 5 $, 10 $, 20 $, 50 $ et 100 $ – sont de la même couleur. Des nouveaux billets de 10, 20 et 50 $, plus sécurisés, ont été mis en circulation. Les premiers billets ont été imprimés en 1862 à l'époque de la guerre de Sécession quand l'État américain manquait de pièces.

ADRESSES

Bank of America
Tél. *(800) 299-2265.*

American Express
100 W Biscayne Blvd, Miami.
Tél. *(305) 358-7350.* 7618 W. Sand Lake Road, Orlando.
Tél. *(407) 264-0104.*

Travelex
1303 SE 17th St, Fort Lauderdale.
Tél. *(954) 766-7995* ; 16000 Chamberlain Pkwy, Fort Myers.
Tél. *(239) 561-2204.*

Cirrus
Tél. *(800) 424-7787.*

Plus
Tél. *(800) 843-7587.*

Pièce de 1 dollar (un *buck*)

Billet de 1 dollar (1 $)

Billet de 5 dollars (5 $)

Billet de 10 dollars (10 $)

Billet de 20 dollars (20 $)

Billet de 50 dollars (50 $)

Billet de 100 dollars (100 $)

Les communications

Un timbre

Communiquer à l'intérieur ou à l'extérieur de la Floride, que ce soit par lettre ou par téléphone, est plutôt aisé – même si la poste des États-Unis est loin d'être la plus rapide du monde (en tout cas, en ce qui concerne le courrier national). Quant aux télécommunications, elles sont soumises à une concurrence bien plus féroce : Southern Bell, par exemple, contrôle la majorité des téléphones publics. Mais il existe d'autres compagnies similaires, comparez donc les prix pour trouver la moins chère. Évitez de téléphoner depuis votre chambre d'hôtel, car les tarifs sont exorbitants.

UTILISER UN TÉLÉPHONE À PIÈCES

1 Décrochez et attendez la tonalité.

2 Insérez la ou les pièces nécessaires.

3 Composez le numéro.

4 Si vous décidez d'interrompre la communication ou si le numéro ne répond pas, récupérez votre argent en appuyant sur « coin return ».

5 Si vous dépassez le temps qui vous est alloué, l'opérateur vous demandera de remettre des pièces dans le téléphone. Ces appareils ne rendent pas la monnaie.

Les pièces
Ces pièces sont acceptées par les téléphones.

5 cents

10 cents

25 cents

COMPOSEZ LE BON NUMÉRO

- Appels directs vers une autre région : faites le **1**, l'indicatif de la région et le numéro à 7 chiffres. Comme l'indicatif couvre une vaste région, certaines « zones d'appel » (situées dans la même région) sont précédées du 1.
- Appels internationaux directs : faites le **011**, l'indicatif du pays (France 33, Suisse 41, Belgique 32, Canada 1), celui de la région ou la ville (sans le premier zéro) et le numéro.
- Opérateur international : composez le **01**.
- Renseignements internationaux : composez le **00**.
- Opérateur local : composez le **0**.
- Renseignements locaux : composez le **411**.
- Informations longue distance : composez le **1**, l'indicatif de la région et le **555-1212**.
- Les numéros commençant par **800**, **877** ou **888** sont gratuits.
- Pour les urgences (police, ambulances), faites le **911**.

LES TÉLÉPHONES PUBLICS

En ville, vous trouverez des téléphones publics partout. Ailleurs, cherchez-les dans les stations-service et les magasins. La plupart sont à pièces, mais il y en a de plus en plus à carte. Comptez 8 dollars en pièces de 25 cents pour un appel international. Certains acceptent des cartes spéciales. Il faut alors appeler un numéro gratuit pour obtenir son numéro. Vous pouvez aussi utiliser votre carte bancaire dans n'importe quel téléphone. Appelez le (800) CALLATT, composez le code de votre carte et attendez d'être connecté. Vous paierez le prix normal de l'appel. Les cabines ont en général un annuaire, où vous trouverez tous les tarifs.

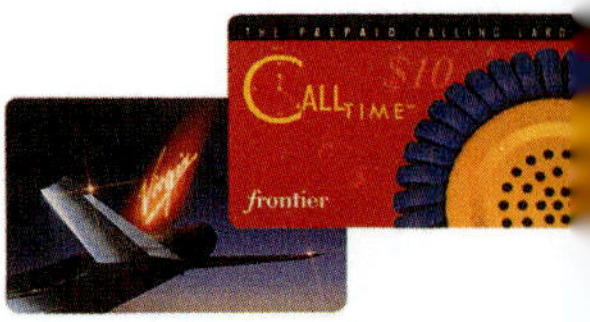

Cartes de téléphone valables dans certaines cabines

LES TARIFS TÉLÉPHONIQUES

Les numéros gratuits (commençant par 800, 877 ou 888) sont nombreux aux États-Unis. Cependant, ils sont payants si vous les appelez des États-Unis, et certains hôtels prennent une taxe sur ces numéros.

Pour un appel local d'une cabine publique, il faut mettre au moins 25 cents dans l'appareil, ce qui donne droit à environ trois minutes de conversation. Pour les appels nationaux longue distance, les heures creuses (60 % moins chères que le tarif de base) vont de 23 h à 8 h du matin tous les jours, sauf le dimanche de 17 h à 23 h. Ces rabais s'appliquent aussi au Canada, mais avec une heure de décalage. Les tarifs internationaux dépendent du pays que vous appelez : pour la France, les heures creuses vont de 19 h à 8 h.

La plupart des appels téléphoniques ne nécessitent

pas l'aide d'un opérateur. Les appels en PCV sont très chers. La carte téléphonique est la solution la plus économique pour appeler l'étranger.

ACCÈS INTERNET

Voyager avec son ordinateur portable permet aujourd'hui d'envoyer et de recevoir des e-mails partout.

La plupart des hôtels proposent un accès WI-FI dans les chambres. On trouve aussi de nombreux cafés Internet en Floride, qui proposent des tarifs à l'heure (ou à la demi-heure). Les hôtels et les auberges de jeunesse offrent aussi ce service.

LES SERVICES POSTAUX

Les bureaux de poste ouvrent de 9 h à 17 h en semaine. Certains ouvrent le samedi matin. Les drugstores et les hôtels vendent souvent des timbres. Certains grands magasins et les terminaux de transport ont des distributeurs de timbres. Mais attention, ils sont alors plus chers qu'à la poste. L'acheminement d'une lettre des États-Unis vers l'étranger prend des semaines,sauf par avion *(air mail)*, ce qui prend de 5 à 10 jours ouvrables.

Tous les envois nationaux prennent de 1 à 5 jours, voire plus si vous n'indiquez pas le code postal. En payant plus,

Une boîte aux lettres

Une rangée de distributeurs de journaux dans une rue de Palm Beach

la lettre mettra de 2 à 3 jours en **Priority Mail** et un seul jour (2 ou 3 pour l'étranger) en **Express Mail**. Les boîtes aux lettres pour ces deux services sont bleu et argent, alors que les boîtes aux lettres normales sont bleues.

Beaucoup d'Américains utilisent des services privés de courrier, tels que UPS, DHL ou Federal Express, que ce soit pour des envois nationaux ou internationaux (livrés le lendemain dans la plupart des cas). De nombreux magasins livrent vos achats à domicile. Si vous envoyez un paquet, vous devrez acheter un emballage approprié dans un bureau de poste.

TÉLÉVISION ET RADIO

En Floride, les programmes de télévision sont identiques à ceux des autres États, c'est-à-dire envahis par les jeux, les sitcoms et les soap operas. Les chaînes câblées sont plus variées : ESPN est consacrée au sport et CNN à l'actualité. Les chambres d'hôtel sont en général câblées, mais les films sont parfois payants *(p. 307)*.

La plupart des stations de radio diffusent des variétés et de la pop. Mais en cherchant bien (surtout sur la FM), vous trouverez des stations locales amusantes, dont certaines en espagnol, dans le sud de la Floride. NBC, ABC et PBS sont des stations plus sérieuses. Elles diffusent des documentaires, des débats et de la musique classique.

LES JOURNAUX

Chaque grande ville possède son propre quotidien. Le *Miami Herald*, le *Saint Petersburg Times* et le *Tampa Tribune* sont les journaux les plus lus. Le *Miami Herald* a aussi une édition espagnole, *El Heraldo*.

Les distributeurs disposés dans la rue proposent les journaux nationaux, comme *USA Today*. Vous trouverez les autres quotidiens nationaux, tels que le *New York Times*, et les journaux étrangers dans les librairies et les bons kiosques.

Deux des quotidiens les plus lus en Floride

LES FUSEAUX HORAIRES

La Floride dépend de l'*eastern standard time* (EST), sauf le Panhandle à l'ouest d'Apalachicola River, qui dépend du *central standard time* (CST). Cette zone a donc une heure de retard sur le reste de l'État.

L'EST a 5 heures de retard et le CST 6 sur l'heure GMT. Si vous téléphonez vers l'étranger, ajoutez 6 heures pour la France, la Belgique et la Suisse. Le Canada est aligné sur l'EST.

SE DÉPLACER EN FLORIDE

La Floride est la première destination touristique des États-Unis. Elle est desservie par des avions provenant du monde entier. Les principaux aéroports de l'État sont Miami, Orlando et Tampa. D'autres commencent à être connus grâce au nombre croissant de charters qu'ils accueillent. Pensez à l'avion pour vous déplacer à l'intérieur de la Floride. Ainsi, le vol Miami-Key West dure 40 min, au lieu de quatre heures en voiture. C'est pourtant l'automobile qui domine les transports grâce à l'important réseau routier (routes inter-États, express ou secondaires). Le train et le bus offrent néanmoins des solutions intéressantes.

Un avion d'American Airlines

L'intérieur impeccable de l'aéroport international d'Orlando

ARRIVER EN AVION

La plupart des grandes compagnies aériennes américaines, telles que **Continental, American Airlines, United Airlines** et **Delta Air Lines**, proposent des vols intérieurs réguliers pour Orlando et Miami, mais aussi pour les principaux aéroports de Floride, tels Tampa et Jacksonville.

La plupart d'entre elles offrent aussi des vols internationaux, avec parfois une escale dans un aéroport américain. American Airlines, par exemple, propose un vol quotidien Miami-Paris-aéroport d'Orly.

En France, **Air France international** dessert Miami tous les jours. Ces vols partent de Paris (aéroport Charles-de-Gaulle), mais des correspondances, également quotidiennes, sont organisées avec les principales villes du pays, notamment Marseille et Lyon.

Des compagnies aériennes, en particulier Sabena pour la Belgique et Swissair pour la Suisse, proposent également des vols quotidiens depuis leur pays respectif.

Voyages-sncf.com propose ses meilleurs prix sur les billets d'avion, hôtels, location de voitures, séjours clé en main ou Alacarte®. Vous avez également accès à des services exclusifs : envoi gratuit des billets à domicile, Alerte Résa qui signale l'ouverture des réservations, le calendrier des meilleurs prix, les offres de dernière minute et les promotions. www.voyages-sncf.com

LES TARIFS

Le moyen le plus économique d'aller en Floride consiste à acheter un billet aller-retour en réservant des dates fixées à l'avance. La concurrence entre les agences de voyage

AÉROPORT	INFORMATIONS	DISTANCE DE LA VILLE	PRIX MOYEN D'UN TAXI	PRIX MOYEN D'UNE NAVETTE
Miami	*Tél. (305) 876-7000*	à 16 km (10 miles) de Miami Beach	30 dollars pour Miami Beach	8 à 15 dollars pour Miami Beach
Orlando	*Tél. (407) 825-2352*	à 28 km (18 miles) de Walt Disney World	40 à 45 dollars pour WDW	15 dollars pour WDW ou 1 dollar par les bus Lynx
Sanford	*Tél. (407) 322-7771*	à 64 km (40 miles) de Walt Disney World	90 à 110 dollars pour WDW	20 à 50 dollars pour Walt Disney World
Tampa	*Tél. (813) 870-8700*	à 9 km (6 miles) du centre-ville	12 à 15 dollars pour le centre-ville	13 dollars pour le centre-ville
Fort Lauderdale	*Tél. (954) 359-1200*	à 13 km (8 miles) de Fort Lauderdale et à 48 km (30 miles) de Miami	20 à 100 dollars pour Fort Lauderdale, 45 dollars pour Miami	10 à 20 dollars pour Fort Lauderdale, 12 dollars pour Miami

Navette desservant l'aéroport de Miami

et les compagnies aériennes est si vive que cela vaut la peine de comparer les prix et de guetter les promotions. Certains opérateurs spécialisés proposent des vols avantageux en charters.

Vous pourrez faire des affaires en basse saison, notamment si vous partez en milieu de semaine. En revanche, les prix sont très élevés durant les vacances, surtout en décembre.

Les compagnies américaines consentent parfois des rabais sur les vols intérieurs, lorsque l'avion rentre à l'aéroport où il est affecté.

LES FORFAITS

Le moyen le plus économique de passer des vacances en Floride consiste à acheter un forfait combinant le voyage en avion avec la location d'une voiture et/ou le logement. Bien que les forfaits avion + voiture soient assez chers, ils vous permettront de louer un véhicule gratuitement ou très bon marché *(p. 389)*.

En ce qui concerne les forfaits avion + logement, ce que vous perdez en liberté de mouvement, vous le gagnerez en tranquillité d'esprit. Certains combinent deux villes. Les forfaits pour Walt Disney World, vendus par les tours operators et les filiales Disney, sont avantageux si vous y passez toutes vos vacances.

LES AÉROPORTS

Les principaux aéroports internationaux de Floride sont équipés de bureaux d'information, de banques, de points de location de voitures, etc. Si vous avez loué une voiture, il est possible que l'on vienne vous chercher en bus à un point de rencontre. Si vous allez en ville, vous pouvez prendre une navette (ou « limo »), qui sera moins chère qu'un taxi. Les grands hôtels offrent généralement un service de bus à leurs clients.

L'AÉROPORT DE MIAMI

L' aéroport de Miami est l'un des plus actifs du monde. Les files d'attente aux bureaux d'immigration sont donc parfois longues, comme la distance entre les halls et les portes d'embarquement.

Les bureaux d'information se trouvent après les douanes. Les voitures de location, les taxis et les navettes sont situés au niveau inférieur. Des sociétés comme **SuperShuttle** offrent des services de bus 24 h/24. En théorie, les bus municipaux desservent l'aéroport, mais mieux vaut ne pas s'y fier.

LES AÉROPORTS D'ORLANDO ET DE SANFORD

Une étude a montré que l'aéroport d'Orlando était le premier des États-Unis pour l'accueil des voyageurs. Les tapis roulants et le monorail automatisé facilitent les déplacements dans les deux terminaux. Les bureaux d'information (dont les employés sont polyglottes) sont ouverts de 7 h à 23 h.

De nombreux hôtels ont leur propre service de bus, mais il existe aussi des navettes. Le **Mears Transportation Group** dessert toute la région. Les bus Lynx, beaucoup moins chers, relient toutes les demi-heures, et en 50 min environ, International Drive ou le centre d'Orlando *(p. 395)*, à partir du terminal A Side.

L'aéroport de Sanford, récemment réaménagé, est beaucoup plus calme que celui d'Orlando. Les taxis et les points de location de voitures sont situés juste devant le terminal.

Le monorail People Mover de l'aéroport international d'Orlando

ADRESSES

COMPAGNIES AÉRIENNES

American Airlines
Tél. *01-55-17-43-41 (France).*
Tél. *(800) 433-7300 (États-Unis).*

Continental
Tél. *800-523-3273.*

United Airlines
Tél. *0810-72-72-72 (France).*
Tél. *(800) 221-1212 (États-Unis).*

Air France
Tél. *36-54 (France) : rens. et résa.*
Tél. *(800) 237-2747 (États-Unis).*

Delta Air Lines
Tél. *0811-640-005 (France).*
Tél. *(800) 241-4141 (États-Unis).*

NAVETTES DE BUS

SuperShuttle
Tél. *(305) 871-2000.*

Mears Transportation Group
Tél. *(407) 423-5566.*

Conduire en Floride

Il est très agréable de conduire en Floride. Les autoroutes sont rarement saturées et les Floridiens, respectueux du code de la route. L'essence est bon marché, et le coût de location des véhicules l'un des moins élevés des États-Unis. On peut se passer de voiture à Orlando *(p. 395)*, mais plus difficilement dans le reste de l'État. Malgré la publicité faite à quelques agressions d'automobilistes étrangers, qui a pu inquiéter certains visiteurs, la sécurité est de plus en plus assurée. La plupart des aires d'autoroute sont surveillées 24 h/24, et la signalisation dans Miami a été améliorée *(p. 390)*.

ARRIVER EN VOITURE

La desserte routière de la Floride depuis les États voisins de Géorgie et d'Alabama est excellente. Si l'on arrive par les principales autoroutes, des centres d'accueil situés à la frontière offrent à l'automobiliste des informations touristiques et pratiques. Ces centres sont situés sur les I-95, I-75, I-10 et sur l'US 231.

L'ÉTAT DES ROUTES

La Floride dispose d'un bon réseau routier. Les routes les plus rapides sont les routes inter-États répertoriées par la lettre « I » et deux chiffres (I-10, etc.). Elles disposent d'au moins six voies et d'aires de repos tous les 100 km environ.

Les *interstates* font partie d'un réseau plus vaste de routes express (*expressways* ou *freeways*), semblables à nos autoroutes. Parmi les *expressways*, les *turnpikes* et les *toll roads* sont payantes. Citons notamment le *Bee Line Expressway* (entre Orlando et la Space Coast) et les *Florida's Turnpikes*, qui relie l'I-75, au nord-ouest d'Orlando, à Florida City, au sud de Miami. Le prix à payer dépend de la distance parcourue : les 530 km (329 miles) du Turnpike vous coûteront environ 30 dollars. Les péages sont soit des machines automatiques où l'on dépose le montant exact, soit des cabines classiques. Soyez conscient que les conducteurs changent souvent de voie sur les *expressways*.

Pour éviter les accidents, tenez votre droite et soyez vigilant près des sorties, qui peuvent être des deux côtés des voies ; la plupart des accidents se produisent lorsque des conducteurs sortent par la gauche.

Parmi les autres types de routes, les *US highways* à plusieurs voies, bordées de motels et de stations-service, sont moins rapides que les *expressways*. Les *state roads* et les *county roads*, plus petites, sont plus touristiques. Dans les zones rurales, il existe encore des routes non asphaltées, que certaines compagnies de location de voitures interdisent formellement d'emprunter.

Le péage du Florida's Turnpike, à Boca Raton

Interstate Highway 4

US Highway 1, direction sud

Panneaux indiquant la jonction de deux routes

Stationnement réglementé

Borne en miles dans les Keys

Vitesse limite en mph

Aire de repos sur une autoroute

LA SIGNALISATION

La signalisation routière en Floride est assez claire et facile à comprendre. Le non-respect des panneaux est sanctionné d'une amende.

Les routes sont signalées par leur numéro et des panneaux de différentes couleurs selon leur catégorie. En général, les panneaux de direction sont verts.

SE REPÉRER

Il est recommandé de se munir d'une carte routière avant de découvrir la Floride en automobile. La *Florida Transportation Map* est gratuite et disponible dans les *convention and visitors' bureaux* et les offices de tourisme de Floride à l'étranger ; l'emplacement des aires de repos des routes et un plan des différentes villes y sont fournis. Toutefois, mieux vaut se procurer des cartes plus détaillées si vous effectuez un séjour prolongé au même endroit. Aux plans de ville distribués dans les offices de tourisme, préférez ceux qui sont vendus en librairie. Les routes nord-sud sont signalées par des nombres pairs et les routes est-ouest par des nombres impairs. Les panneaux indicateurs des bords de route, y compris les bornes des Keys *(p. 283)*, vous signalent la route que vous empruntez, ceux des croisements, en hauteur, celle que vous croisez. Sur certains tronçons communs, une route peut porter plusieurs noms.

LA LIMITATION DE VITESSE

Aux États-Unis, chaque État détermine lui-même ses limitations de vitesse. En Floride, celles-ci sont de :

- 55 à 70 mph (90 à 105 km/h) sur les autoroutes.
- 20 à 30 mph (32 à 48 km/h) dans les zones résidentielles.
- 15 à 20 mph (24 à 32 km/h) à proximité des écoles.

Les limitations de vitesse peuvent varier assez sensiblement sur de courtes distances. Sur les *interstates*, vous pouvez être verbalisé pour conduite à moins de 40 mph (64 km/h). La police (Florida Highway Patrol) peut imposer des amendes allant jusqu'à 150 dollars.

À Tallahassee, un croisement typiquement floridien

LOUER UNE VOITURE

En Floride, les tarifs de location de voitures sont peu élevés et peuvent être réduits jusqu'à 50 % si l'on opte pour une formule de location depuis son pays d'origine. Certaines agences de voyage offrent des formules abusivement qualifiées de « location gratuite », qui n'incluent ni les taxes d'État ni les assurances. Si vous choisissez de louer un véhicule sur place, il est préférable de le faire à l'aéroport plutôt qu'en ville. Pour louer une voiture, vous devez fournir votre permis de conduire, votre passeport et une carte bancaire. Si vous ne disposez pas de carte bancaire, vous devrez payer la caution en espèces. L'âge minimal pour louer est de 21 ans, mais les conducteurs âgés de moins de 25 ans devront payer un supplément. Assurez-vous que votre contrat de location inclut une assurance anticollision (*collision damage waiver*, CDW, parfois appelée *loss damage waiver*, ou LDW), sans quoi les frais induits par un accident seraient entièrement à votre charge, même si vous n'êtes pas en tort. Si les contrats d'assurances incluent souvent une assurance de dommages au tiers, celle-ci est rarement fiable. Il faut souscrire une assurance *top up* (appelée aussi *additional* ou *supplementary liability insurance*), qui vous couvre à hauteur de 1 million de dollars. Le supplément s'élève à 35-40 dollars par jour de location. Quelques compagnies facturent le fait de laisser sa voiture dans une autre ville et toutes surestiment le prix de l'essence : jusqu'à 3 dollars par gallon en plus si vous rendez la voiture avec moins d'essence qu'au départ. Les grandes agences *(p. 391)* offrent un vaste choix de véhicules. Toutes les voitures de location sont automatiques et équipées d'une direction assistée et de la climatisation.

Insigne des Highway Patrol

Une agence de location

CONSEILS AUX CONDUCTEURS

- Le port de la ceinture de sécurité est obligatoire pour le conducteur et les passagers. Les enfants de moins de trois ans doivent être assis dans des sièges spéciaux.
- Au feu rouge, on peut quand même tourner à droite après avoir marqué l'arrêt, sauf indication contraire.
- Aux intersections, un feu rouge clignotant indique qu'il faut ralentir et surveiller l'arrivée d'autres véhicules.
- Il est permis de doubler sur les deux côtés sur les routes à plusieurs voies, y compris les routes inter-États.
- Il est interdit de franchir les lignes jaunes symbolisées par deux lignes continues et parallèles, blanches ou jaunes.
- Lorsqu'un autobus scolaire s'arrête sur une route à deux voies, le trafic doit cesser dans les deux sens. Dans le cas de routes à quatre voies ou plus, seules les voies allant dans le même sens que l'autobus sont concernées.
- Ne buvez pas : la conduite en état d'ivresse (« driving under influence », DUI) est punie d'amendes de plusieurs centaines de dollars, de retrait de permis ou de peines d'emprisonnement.

Une station-service de style ancien dans le ranch de Burt Reynolds

L'ESSENCE

La plupart des voitures américaines roulent désormais à l'essence sans plomb (ou « gas »). L'essence est soit *regular,* soit *super*, soit *premium*. Le diesel est très répandu.

L'essence est bon marché, mais son prix varie beaucoup selon le lieu et les services proposés. Si vous voulez être servi, vous paierez une surtaxe (appliquée au prix du gallon, qui correspond à 3,8 litres). L'employé vérifiera alors l'huile et nettoiera votre pare-brise. Les taxes sont comprises dans le prix du gallon.

Dans la plupart des stations-service, vous pourrez payer en espèces, en carte ou en chèques de voyage. Vous pourrez aussi payer par carte aux pompes automatiques.

Si vous empruntez des petites routes dans des zones reculées, vérifiez les niveaux de carburant, d'huile et d'eau avant de partir, car vous croiserez peu de stations-service.

DES CONSIGNES DE SÉCURITÉ

Miami a la pire des réputations en ce qui concerne les agressions de conducteurs. Faites donc attention où que vous soyez. Mais des mesures ont été prises. Ainsi, les plaques minéralogiques qui identifiaient les voitures de location ont disparu et les panneaux ont été améliorés : les routes qui mènent à l'aéroport sont signalées par un soleil orange. Voici quelques trucs pour éviter le pire :

• Si vous arrivez en avion tard le soir, ne prenez votre voiture de location que le lendemain matin afin de ne pas conduire la nuit dans un lieu inconnu.
• Laissez vos bagages et vos objets de valeur dans le coffre, ils ne seront pas visibles de l'extérieur.
• Fermez les portières, surtout en ville.
• Ne vous arrêtez pas si quelqu'un tente, par exemple, de vous indiquer un problème sur votre voiture, vous pousse par l'arrière avec son véhicule ou encore semble être en panne et demande de l'aide.
• Si vous devez consulter une carte en ville, faites-le dans un endroit fréquenté et bien éclairé.
• Ne dormez pas dans votre voiture sur l'autoroute, même si les aires de repos sont parfois surveillées.
• Ne prenez pas de raccourci en ville. Restez le plus possible sur les axes principaux.

Les soleils orange de Miami

EN CAS DE PANNE

Si vous tombez en panne, dégagez la chaussée, allumez vos feux de détresse et attendez la police. Il existe des bornes d'appel d'urgence sur les voies express *(p. 381)*. Vous pouvez aussi louer un téléphone portable proposé par les compagnies de location de voitures.

Le contrat de location de la voiture comporte un numéro d'urgence. Si la panne est grave, on vous fournira un autre véhicule. L'**American Automobile Association** (AAA) envoie des dépanneuses à ses membres. Vous pouvez aussi appeler la police d'État ou le numéro d'urgence de votre carte bancaire ou celui de votre assurance.

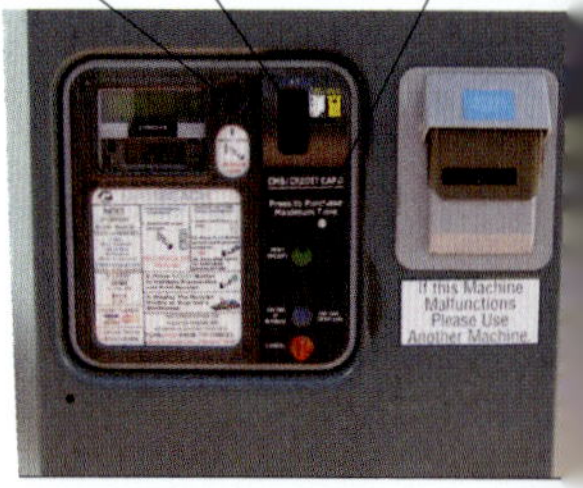

Parcmètre

LE STATIONNEMENT

On trouve facilement une place de stationnement dans les principaux sites touristiques, les centres commerciaux ou les centres-ville. En revanche, la tâche est plus délicate près des plages, par exemple à Fort Lauderdale ou à South Beach *(p. 394)*.

Les villes sont équipées de parcs de stationnement, mais vous aurez souvent recours à un parcmètre. Lorsque vous trouvez une place, n'hésitez pas à mettre beaucoup de pièces dans l'appareil : le prix varie de 25 cents à 1 $ l'heure. Si vous restez plus longtemps, vous risquez une amende, l'immobilisation de votre voiture ou la fourrière. Les interdictions de stationner sont indiquées sur les cabines téléphoniques, les feux, les

Location de tandems et de bicyclettes à Palm Beach

murs ou le bord des trottoirs. Il est interdit de se garer à moins de 3 m d'une bouche d'incendie. Dans maints hôtels et restaurants, on gare votre voiture pour vous, moyennant un pourboire.

FAIRE DU VÉLO

Le vélo est un passe-temps de plus en plus populaire *(p. 347)* et un bon moyen de se maintenir en forme. Mais c'est rarement un moyen de locomotion pratique. Dans les grandes villes, les automobilistes font peu, voire pas du tout attention aux cyclistes, ce qui peut s'avérer dangereux.

En revanche, dans les petites villes et les stations balnéaires, telles que South Beach, Key West, Palm Beach ou Saint Augustine, les routes sont moins fréquentées et se garer peut être un vrai problème : le vélo est alors une bonne solution. La location coûte de 10 à 15 $ par jour. On loue aussi facilement des patins et des planches à roulettes.

LOUER UNE MOTO

Si traverser la Floride en Harley Davidson est votre rêve, allez visiter l'**Orlando Tours** à Ornado. **Harley Davidson**, à Fort Lauderdale et Miami, propose un large choix de motos à louer. Il vous en coûtera environ 100 $ pour 24 heures en plus d'une substantielle caution. Vous devez être âgé d'au moins 21 ans.

LOUER UN CAMPING-CAR

Le camping-car (ou RV, *recreational vehicle*) est idéal pour une famille. Sa location coûte jusqu'à 500 dollars par semaine. Mais les agences de location sont rares. La plus grande des États-Unis est **Cruise America** qui a des agents à l'étranger. Vous pouvez aussi vous adresser à **RV Sales Rental**.

Les conditions de location sont souvent les mêmes que pour une voiture *(p. 389)*. La plupart des camping-cars sont très bien équipés.

Le car ferry de Mayport *(p. 209)* permet de traverser la Saint Johns River

CARNET D'ADRESSES

LOUER UNE VOITURE

Alamo
Tél. *0825-16 -15-18 (France).*
Tél. *(800) 462-5266 (États-Unis).*
www.alamo.com

Avis
Tél. *0820-05-05-05 (France).*
Tél. *(800) 331-1212 (États-Unis).*
www.avis.com

Budget
Tél. *0825-00-35-64 (France).*
Tél. *(800) 527-0700 (États-Unis).*
www.budget.com

Dollar
Tél. *(800) 800-4000 (États-Unis).*
www.dollarcar.com

Enterprise
Tél. *(800) 325-8007 (États-Unis).*

Hertz
Tél. *0139 38 38 38.*
Tél. *(800) 654-3131 (États-Unis).*
www.hertz.com

Kemwell Car Rental
Tél. *(800) 422-7737.*
www.kemwell.com

National
Tél. *(800) 227-7368 (États-Unis).*
www.nationalcar.com

Thrifty
Tél. *(800) 367-2277 (États-Unis).*
www.thrifty.com

EN CAS DE PANNE

American Automobile Association (AAA)
1 000 AAA Drive, Heathrow, FL 32746. ***Tél.*** *(407) 444-7000.*

AAA General Breakdown Assistance
Tél. *(800) 222-4357.*
NOTE: les compagnies de location fournissent une assistance 24h/24.

LOUER UNE MOTO

Harley-Davidson
Tél. *(954) 545-3200 (États-Unis).*

Orlando Tours
Tél. *(800) 303-5107 (États-Unis).*

LOUER UN CAMPING-CAR

Cruise America
Tél. *(800) 327-7799 (États-Unis).*

RV Sales and Rentals
Tél. *(407) 299-1917 (États-Unis).*

La Floride en train et en car

Ne comptez pas visiter la Floride grâce aux transports en commun. Le réseau de chemin de fer est particulièrement limité. Les cars Greyhound – qui relient la plupart des villes – sont le principal moyen de transport terrestre. Quant à la campagne, mieux vaut y posséder une voiture. Certains bus locaux sont pratiques, mais armez-vous de patience. Les transports publics urbains sont mieux organisés. Ils relient notamment le centre-ville et la banlieue. Les grands centres touristiques sont équipés de transports adaptés aux besoins des touristes.

La gare Tri-Rail de West Palm Beach, de style renouveau hispanique

ARRIVER EN TRAIN

L'usage du rail est de moins en moins répandu aux États-Unis. Seules les grandes villes sont reliées. La compagnie nationale, **Amtrak**, dessert la Floride depuis les côtes est et ouest. Il y a trois liaisons quotidiennes avec New York. Le Silver Meteor relie Washington DC à Jacksonville en 25 heures. Son terminus est Miami ou Tampa. Le Palmetto emprunte le même itinéraire mais possède une classe affaires.

Le Sunset Limited, équipé de luxueux wagons et d'écrans vidéo, couvre les 4 933 km qui séparent Los Angeles de Sanford, près d'Orlando, en passant par Phoenix et La Nouvelle-Orléans.

Amtrak propose un service quotidien train + auto de Lorton en Virginie à Sanford en 18 heures.

Un billet d'avion peut s'avérer moins cher qu'un billet de train. Il vaut souvent mieux acheter une carte de train forfaitaire.

VOYAGER EN TRAIN

Les trains Amtrak relient un petit nombre de villes de Floride (voir la carte, *p. 12-13*). À part Tampa, la Gulf Coast n'est desservie que par les cars Amtrak, appelés cars « Thruway ». Ils relient Winter Haven, près d'Orlando, à Fort Myers, via Saint Petersburg et Sarasota, avec des correspondances avec les trains Amtrak.

Le train est plus cher, mais plus confortable, que les cars Greyhound. Si vous voyagez la nuit, vous avez le choix entre un siège ordinaire (qui s'incline) et une cabine. Si vous prévoyez de faire au moins deux trajets en train, mieux vaut acheter une carte de train, qui permet de voyager sans limitation pendant un temps donné. Vous pouvez l'acquérir chez un agent Amtrak avant de partir. Ce dernier pourra également vous fournir des horaires nationaux et régionaux.

L'autre compagnie ferroviaire de Floride est **Tri-Rail**, qui relie 15 gares entre l'aéroport de Miami et West Palm Beach, dont Fort Lauderdale et Boca Raton. Bien que créés pour les banlieusards, ces trains sont aussi très pratiques pour le tourisme. Il y a à peu près un train par heure, un peu moins le week-end. Un billet aller coûte de 2 à 6 $, selon le nombre de zones que vous traversez. Le Metrorail et le Metromover de Miami sont alors gratuits *(p. 362)*.

Tri-Rail organise aussi des visites guidées, à South Beach et à Worth Avenue, par exemple, et des circuits lors des grands matchs qui se jouent à l'Orange Bowl Stadium de Miami.

CARS LONGUES DISTANCES

Les cars **Greyhound** sont le moyen le plus économique de voyager aux États-Unis. Certaines lignes sont « express », c'est-à-dire qu'il n'y a que quelques arrêts en route.

Certaines lignes comprennent des « flag stops ». Les bus s'y arrêtent pour déposer ou prendre des passagers, mais il ne s'agit pas d'un véritable arrêt de bus. Achetez votre ticket au chauffeur ou réservez votre place dans une agence Greyhound, souvent installée dans un grand magasin ou un

Un car Greyhound qui dessert les Keys

bureau de poste. Des abonnements *(passes)* permettent de voyager autant que l'on veut pendant une période déterminée (de 4 à 60 jours) : ils sont avantageux si l'on circule beaucoup. Ils sont moins chers à l'étranger qu'aux États-Unis.

Les agents Greyhound vous fourniront les itinéraires des lignes qui vous intéressent.

BUS LOCAUX ET URBAINS

Les bus gérés par les collectivités locales sont pratiques pour les petits trajets dans les limites d'un comté. Mais leur fréquence réduite s'adapte mal à un itinéraire touristique. Vous pouvez voyager entre de nombreuses villes du sud-est de la Floride grâce aux correspondances, mais cela prend beaucoup de temps.

Les bus sont nettement mieux organisés en ville, et les navettes sont pratiques pour aller aux aéroports d'Orlando et de Miami *(p. 387)*. Comme il n'y a pas de receveur, préparez de la monnaie, un ticket ou un jeton à donner au conducteur ou à composter directement.

LES TAXIS

Les taxis (ou « cabs ») sont nombreux dans les aéroports et les terminaux de transport et à proximité des grands hôtels. Comme les stations sont rares en ville et que les taxis ne cherchent pas le client dans les rues, il vaut mieux les appeler par téléphone : les compagnies sont répertoriées dans les *Yellow Pages*. Le concierge ou le portier se chargeront de vous appeler un taxi sans attendre de pourboire.

Si vous allez dans un endroit peu connu de la ville, prenez un plan où vous aurez inscrit votre itinéraire.

Un taxi de Key West, peint en rose et non en jaune

La calèche est un moyen agréable de découvrir Saint Augustine

Le prix dépend de la distance parcourue. Mieux vaut vérifier avant de monter que votre taxi accepte les cartes bancaires.

LES WATER TAXIS

Plusieurs villes ont développé des lignes de *water* taxis, notamment Jacksonville, Tampa et Fort Lauderdale. Les itinéraires sont souvent limités aux sites touristiques. Ils desservent également les hôtels, les restaurants et les magasins et permettent de profiter du paysage. Certains sont organisés sous forme de navette, comme sur la Saint Johns River à Jacksonville. Quant aux autres, par exemple à Tampa, il faut leur téléphoner. Le ticket, qu'on achète à bord, coûte de 5 à 10 $.

LES TRANSPORTS TOURISTIQUES

La plupart des centres touristiques sont équipés de transports spéciaux pour les visiteurs. Il s'agit souvent de trolleys de style ancien. À Tallahassee, on verra la réplique d'un tramway aux sièges en bois et aux balustrades en cuivre. Des trolleys relient la plage au centre de Daytona Beach et de Fort Lauderdale.

Le Conch Train de Key West est composé de wagons ouverts sur les côtés et tractés par une Jeep déguisée en locomotive. Saint Augustine a un train similaire, ainsi que des calèches, que l'on peut louer dans le centre d'Orlando.

COMPRENDRE LA VILLE

Le centre-ville (appelé « downtown ») n'est pas le cœur d'une ville. C'est le quartier des affaires, et les gens n'y passent pas leur temps libre. Les grandes villes sont construites sur la base d'une grille, avec des rues numérotées à partir du croisement des deux principaux axes du centre, comme à Miami *(p. 395)*.

Les Américains se déplacent très peu à pied. Avant de traverser, vérifiez que le signal énonce « Walk », et non « Wait » ou « Don't Walk ».

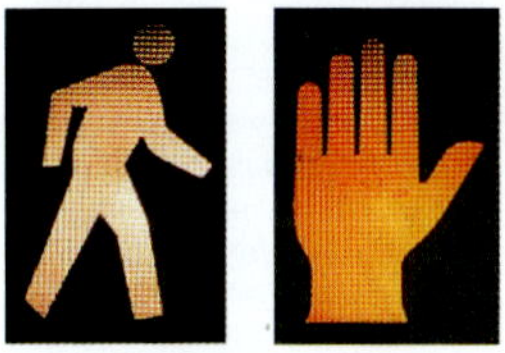

Les signaux destinés aux piétons indiquent la marche ou l'arrêt

ADRESSES

INFORMATIONS FERROVIAIRES

Amtrak
Tél. *(800) USA-RAIL ou (800) 872-7245.*

Tri-Rail
Tél. *(800) TRI-RAIL, (800) 874-7245 ou (954) 728-8445.*

INFORMATIONS SUR LES CARS LONGUES DISTANCES

Greyhound
Tél. *(800) 231-2222 ou (402) 330-8552 ou 8584.*

Circuler à Miami

Les transports en commun de Miami (c'est-à-dire les bus, le réseau ferroviaire Metrorail et le Metromover) sont gérés par la Miami-Dade Transit Agency. Le Metromover reste le moyen de transport le plus utilisé par les visiteurs dans le centre-ville. Il est toutefois difficile de se passer de voiture, sauf si vous restez à South Beach. Quel que soit votre mode de transport, respectez les consignes de sécurité indiquées p. 380 et 390.

Le Metromover fait le tour du centre-ville de Miami

ARRIVER À MIAMI

Pour savoir comment sortir de l'aéroport de Miami, voir p. 386. Si vous arrivez à la gare **Amtrak** ou à l'un des terminaux **Greyhound**, vous ne trouverez pas de voiture à louer, mais des taxis et quelques bus pour le centre-ville et Miami Beach.

Arriver en voiture à Miami est assez facile. L'I-95, la principale route venant du nord, dessert le centre-ville avant de rejoindre l'US 1, qui continue vers le sud en contournant Coral Gables. La route A1A est un axe moins rapide venant aussi du sud, qui dessert South Beach. De l'ouest, l'US 41 traverse Little Havana, puis atteint la côte où elle rejoint les principaux axes nord-sud.

Amtrak Station
8303 NW 37th Ave.
Tél. *(305) 835-1222.*

Greyhound Stations
Airpor t, 4111 NW 27th St.
Tél. *(305) 871-1810.*
36 NE 10th St.
Tél. *(305) 379-7403.* North Miami, NW 7th et 160th St.
Tél. *(305) 688-8645.*

LE METRORAIL ET LE METROMOVER

Metrorail est une ligne de chemin de fer de 34 km de long qui relie les banlieues nord et sud de Miami. Elle est très pratique pour aller de Coral Gables ou de Coconut Grove au centre-ville. Il y a un train toutes les 10 mn, de 6 h à minuit, tous les jours.

Vous pouvez prendre une correspondance gratuite entre le Metrorail et la ligne Tri-Rail *(p. 392)* à Hialeah et avec le Metromover à la station Government Center (où vous trouverez des plans et des informations sur ces trains).

Les deux lignes en boucle et surélevées du Metromover relient le cœur du centre-ville aux quartiers d'affaires de Brickell et d'Omni. De l'Inner Loop (le circuit intérieur), vous aurez une superbe vue sur le centre-ville *(p. 72-73)*. Ce service fonctionne sans interruption de 6 h à minuit. Préparez de la monnaie avant d'entrer dans la station (on achète les tickets à des distributeurs automatiques).

Miami-Dade Transit Information
Tél. *(305) 770-3131.*

LE METROBUS

Le réseau Metrobus de Miami dessert la plupart des lieux intéressants de la ville. Mais sa fréquence est très réduite le week-end. Ses lignes convergent à Flagler Street et à Government Center, un bon endroit pour prendre le bus.

Les itinéraires express sont deux fois plus chers. Si vous changez de bus, demandez un transfert gratuit en montant dans le premier bus. Ayez l'appoint exact sur vous. Les correspondances avec Metrorail et Metromover sont en supplément du ticket.

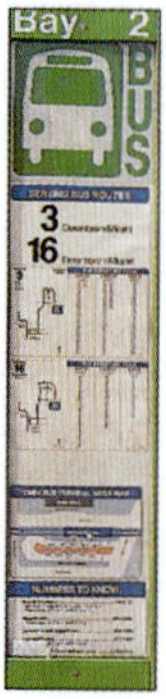

Arrêt de Metrobus

LES TAXIS

Le taxi est souvent le meilleur moyen de locomotion la nuit, même si vous avez une voiture. Conduire la nuit et surtout se garer dans certains quartiers n'est pas une sinécure.

Une course coûte environ 2 $ le mile, soit 15 $ de South Beach à Coconut Grove. Ne hélez pas un taxi dans la rue *(p. 393)*, appelez-le par téléphone. **Yellow Taxi** et **Central Cab** sont deux compagnies fiables.

Yellow Taxi
Tél. *(305) 888-8888.*
Central Cab
Tél. *(305) 532-5555.*

Une station typique du Metromover, avec un plan du réseau à l'entrée

LES WATER TAXIS

Miami ne possède pas de bateaux-taxis mais de nombreuses compagnies proposent des croisières. Fort Lauderdale, en revanche, dispose d'un service de bateaux-taxis. Des bateaux-bus relient Fort lauderdale à la marina de Miami.

Water Taxis (Fort Lauderdale)
Tél. *(954) 467-6677.*
www.watertaxi.com

Water Bus (Fort Lauderdale)
Tél. *(954) 467-0008.*

LA VOITURE

Conduire à Miami n'est pas aussi compliqué qu'on pourrait le croire. Biscayne Bay est un point de repère très pratique. En outre, si vous restez sur les axes principaux, vous ne pouvez pas vraiment vous perdre.

Se garer à South Beach peut être un cauchemar. N'y pensez même pas le week-end. En semaine, prenez de la monnaie pour le parcmètre (en fonctionnement de 9 h à 21 h). Contactez le **Miami Parking System** et le **Miami Beach Parking Department** pour toute information.

Miami Beach Parking Department
Tél. *(305) 673-7505.*

Miami Parking System
Tél. *(305) 373-6789.*

LE PLAN DE LA VILLE

Miami est divisée en quatre zones à partir du croisement de Miami Avenue avec Flagler Street dans le centre-ville. Les avenues (du nord au sud) et les rues (d'est en ouest) sont numérotées à partir de cet endroit. Les préfixes NE (nord-est), SE (sud-est), NW (nord-ouest) et SW (sud-ouest) sont placés devant les noms des rues. À Miami Beach, la rue la plus au sud est la 1st Street. Le numéro des rues va croissant en direction du nord.

Circuler dans les autres villes

Dans les grands centres touristiques, les trolleys et les calèches sont un agréable moyen de découvrir le paysage *(p. 393)*. Dans les grandes villes, comme Jacksonville et Tampa, ainsi que dans la région d'Orlando, il faudra vous familiariser avec les moyens de locomotion très variés qui vous sont offerts.

ORLANDO

On se passe aisément de voiture à Orlando grâce aux **Lynx Buses**, qui desservent l'aéroport, le centre-ville, International Drive et Walt Disney World. Si vous devez prendre une correspondance, demandez-la en montant dans le premier bus.

Les minibus I-Ride, également gérés par Lynx, font la navette toutes les 10 min, de 7 h à minuit, sur International Drive, entre Wet 'n Wild et SeaWorld. Les forfaits sont avantageux et vous dispensent de vous munir de monnaie. Ils sont disponibles, ainsi que les horaires, à la station des bus Lynx, dans le centre-ville (près de Church Street Station), et dans les magasins Walgreens sur International Drive.
Les taxis sont nombreux mais chers. Les navettes privées sont meilleur marché, surtout de I Drive à World Disney World, mais il faut réserver.

Logo des bus Lynx d'Orlando

Lynx Buses
Tél. *(407) 841-8240.*

JACKSONVILLE

Jacksonville est conçue pour les automobilistes. Le nouveau **Automated Skyway Express,** ou ASE, est un monorail qui ne dessert que le centre-ville. Mais il devrait être prolongé.

Jacksonville possède aussi une ligne de ***water* taxis** entre les deux rives de la Saint Johns River, qui fonctionne entre 10 h-11 h et 16 h-18 h.

Un water taxi de Jacksonville, prêt à traverser la Saint Johns River

Mais les horaires dépendent des conditions climatiques. Les bus administrés par la **Jacksonville Transit Authority** ont leur terminus au centre-ville, sur Kings Road, au nord de Jacksonville Landing.

Automated Skyway Express
Tél. *(904) 630-3181.*

Water taxis
Tél. *(904) 733-7782.*

Jacksonville Transit Authority
Tél. *(904) 630-3100.*

TAMPA

Le centre-ville de Tampa est assez dense. Si vous n'avez pas de voiture, prenez les bus HARTline *(p. 259)* pour visiter des sites tels que les Busch Gardens. De 5 h à 20 h, ces bus partent toutes les demi-heures du terminal situé dans Marion Street. Un trolley-bus fait également la liaison avec Ybor City.

Les *water* taxis fonctionnent à la demande et s'arrêtent devant un certain nombre d'attractions du centre-ville *(p. 258-259)*.

Un bus de touristes, à Tampa

Index

Les numéros de page en gras renvoient aux principales entrées.

C

D

N

O

P

S

T

W

X

Y

Z

Remerciements

L'éditeur remercie les organismes, les institutions et les particuliers dont la contribution a permis la réalisation de cet ouvrage.

Collaborateurs
Richard Cawthorne écrit des récits et des guides de voyage sur les États-Unis.

David Dick, de l'University College London, est un spécialiste de l'histoire américaine.

Guy Mansell écrit des articles pour la presse anglaise, notamment, *The Sunday Telegraph*, et des guides touristiques.

Fred Mawer est journaliste, notamment au *Daily Telegraph* et au *Mail on Sunday*. Il a écrit de nombreux guides touristiques et contribué à plusieurs ouvrages de cette collection.

Emma Stanford voyage souvent en Floride, à laquelle elle a consacré plusieurs études, notamment pour Berlitz, AA et Fodor's.

Phyllis Steinberg vit en Floride. Collaboratrice de différents journaux américains, elle a pour spécialités la gastronomie, les voyages et l'art de vivre.

Consultants
Frances et Fred Brown, Monique Damiano, Todd Jay Jonas, Marlena Spieler, David Stone.

Photographies d'appoint
Dave King, Ian O'Leary, Arvin Steinberg, Clive Streeter, James Stevenson.

Illustrations d'appoint
Julian Baker, Joanna Cameron, Stephen Conlin, Gary Cross, Chris Forsey, Paul Guest, Stephen Gyapay, Ruth Lindsay, Maltings Partnership, Paul Weston.

Conception et édition
Documentation : Fred Brown
Directeur éditorial : Vivien Crump
Directeur artistique : Jane Ewart
Assistant d'édition : Douglas Amrine
Collaboration artistique : Gillian Allan
Production : David Proffit
Documentation iconographique : Monica Allende
Mise en pages : Lee Redmond, Ingrid Vienings

Lesley Abravanel, Shahnaaz Bakshi, Vandana Bhagra, Louise Boulton, Sherry Collins, Cathy Day, Fay Franklin, Jo Gardner, Donald Greig, Emily Green, Vinod Harish, Leanne Hogbin, Kim Kemp, Desiree Kirke, Sam Merrell, Ella Milroy, Mary Ormandy, Helen Partington, Sangita Patel, Rada Radojicic, Mani Ramaswamy, Harvey de Roemer, Michael Sasser, Shailesh Sharma, Jonathan Shultz, Azeem Siddiqui, Asavari Singh, Michelle Snow, Arvin Steinberg, Phyllis Steinberg, Paul Steiner, Alka Thakur, Ingrid Vienings, Ros Walford, Michael Wise.

Cartographie
Malcolm Porter, David Swain, Holly Syer et Neil Wilson d'EMS Ltd (Digital Cartography Dept), East Grinstead,Grande-Bretagne, Alok Pathak, Kunal Singh.
Coordinateurs Emily Green, David Pugh.

Correcteur
Stewart Wild

Index
Hilary Bird

Collaboration spéciale
L'éditeur remercie tous les bureaux d'information touristique de Floride pour leur aide précieuse et plus particulièrement : Rachel Bell, Busch Gardens ; Alison Sanders, Cedar Key Area Chamber of Commerce ; Marie Mayer, Collier County Historical Museum, Naples ; M. et Mme Charlie Shubert, Coombs House Inn, Apalachicola ; Nick Robbins, Crystal River State Archaeological Site ; Emily Hickey, Dali Museum, Saint Petersburg ; Gary B. van Voorhuis, Daytona International Speedway ; James Laray, Everglades National Park ; Sandra Barghini, Flagler Museum, Palm Beach ; Ed Lane, Florida Geological Survey, Florida Department of Environmental Protection, Tallahassee ; Dr James Miller, Archaeological Research, Florida Department of State, Tallahassee ; Florida Keys National Marine Sanctuary ; Jody Norman , Florida State Archives; Damian O'Grady et Tanya Nigro, Florida Tourism Corporation, London ; Larry Paarlberg, Goodwood Plantation, Tallahassee ; Dawn Hugh, Historical Museum of Southern Florida ; Ellen Donovan, Historical Society of Palm Beach County ; Melissa Tomasso, Kennedy Space Center ; Valerie Rivers, Marjorie Kinnan Rawlings State Historic Site, Cross Creek ; Carmen Smythe, Micanopy County Historian ; Bob McNeil et Philip Pollack, Museum of Florida History, Tallahassee ; Frank Lepore et Ed Rappaport, National Hurricane Center, Miami ; Colonel Denis J Kiely, National Museum of Naval Aviation, Pensacola ; Richard Brosnaham et Tom Muir, Historic Pensacola Preservation Board ; Ringling Museum of Art, Sarasota ; Ardythe Bromley-Rousseau, Salvors Inc, Sebastian ; Arvin Steinberg ; Wit Tuttell, Universal Studios ; Holly Blount, Vizcaya, Miami ; Melinda Crowther, Margaret Melia etJoyce Taylor, Walt Disney Attractions, London.

Autorisations de photographier
L'éditeur remercie les entreprises, les institutions et les organismes suivants d'avoir accordé leur autorisation de photographier certaines de leurs œuvres : The Barnacle Historic Site ; © 1996 FL Cypress Gardens, Inc ; tous droits réservés, reproduction soumise à autorisation ; © Disney Enterprises, Inc ; Dreher Park Zoo : Le Zoo des Palm Beaches ; Fish and Wildlife Service, Department of the Interior ; Florida Park Service ; Harry P. Leu Gardens, Orlando ; Key West Art and Historical Society : Lighthouse Museum et East Martello Museum ; Miami-Dade Culture

Center, Historical Museum of Southern Florida ; Monkey Jungle Inc, Miami ; National Park Service, Department of Interior ; Pinellas County Park Department ; National Society of the Colonial Dames of America in the State of Florida ; Suncoast Seabird Sanctuary Inc, Indian Shores. L'éditeur remercie également tous les musées, églises, hôtels, restaurants, magasins, galeries et sites, trop nombreux pour être cités individuellement.

Crédits photographiques

h = en haut ; hg = en haut à gauche ; hgc = en haut à gauche au centre ; hc = en haut au centre ; hcd = en haut au centre à droite ; hd = en haut à droite ; cgd = au centre gauche au-dessus ; cd = au centre au-dessus ; cdd = au centre droit au-dessus ; cg = au centre à gauche ; c = au centre ; cd = au centre à droite ; cgs = au centre gauche en dessous ; cs = au centre en dessous ; cds = au centre droit en dessous ; bg = en bas à gauche ; b = en bas ; bc = en bas au centre ; bcg = en bas au centre à gauche ; bd = en bas à droite ; bra = en bas droit au-dessus ; d = détail.

Les œuvres d'art ont été reproduites avec l'autorisation des détenteurs de droits sui-vants : COURTESY OF GENERAL SERVICES ADMINISTRATION, PUBLIC BUILDING SERVICES, FINE ART COLLECTION : Dennan Fink, *Law Guides Florida's Progress* (1940), US Federal Courthouse Miami, 70cla.

L'éditeur remercie les particuliers, entreprises et agences suivants de lui avoir permis de reproduire leurs photographies :

AFP : Stephan Jaffe-STF 53bd ; AISA, Barcelona : 207b ; Museo de America 44cg ; © Disney Enterprises, Inc 150-151 ; Vidler 113h, 126h ; ALAMY IMAGES : Ian Dagnall 276b ; ALLSPORT/GETTY IMAGES : Brian Bahr 33cd ; Scott Halleran 96h ; Shaquille O'Neal/Christian Laettner 33cd ; Steve Swop 33b ; APPLETON MUSEUM OF ART, Ocala : *Jeune Bergère*, William Adolphe Bouguereau (1825-1905), huile sur toile 222h ; ARCHIVE PHOTOS, New York : 49cgd, 52cgs ; Bert & Richard Morgan 118b ; MUSEUM OF ART, Fort Lauderdale : *Grand Oiseau à l'enfant*, Karel Appel (1972) © DACS 1997 132h ; MUSEUM OF FINE ARTS, St Petersburg : *Poppy*, Georgia O'Keeffe (1927) © ARS, NY et DACS, London 1998 255h ; TONY ARRUZA : 23cs, 26cgs, 38, 128h, 140b, 290c, 297b, 361h ; AUNT CATFISH RESTAURANT, DAYTONA BEACH : Gerald Sprankerl 313h ; AVALON HOTEL, Miami : 61hg.

WWW.BAREFOOTWEDDINGS.NET : 374cg ; LARRY BENVENUTI : 293cd ; BIBLIOTECA NACIONAL, Madrid : *Codice Osuna* 43cs ; BRITISH MUSEUM : 41h, 45cd ; THE BRIDGEMAN ART LIBRARY, London : *Agonie au jardin*, 1889 par Gauguin, Paul (1848-1903), Norton Gallery, Palm Beach 127h ; BUSCH ENTERTAINMENT CORP : 2-3, 108b, 264c, 265h, 265bra, 265b. Tous droits réservés, DISCOVERY COVE : 179c, 179b.
CAMERA PRESS : Steve Benbow 166b ; JOHN CARTER : 21b, 386c ; Courtesy of THE CHARLESTON MUSEUM, Charleston, South Carolina : Osceola portrait 48cd ; ROBERT CLAYTON : 54-55, 299h, 390b, 392b, 394hd, 394b ; PAT CLYNE : 186h ; BRUCE COLEMAN, London : Atlantide SDF 294h ; Erwin & Peggy Bauer 289bd ; Raimund Cramm GDT 194cgd ; Jeff Foott Productions 25bg ; © John Shaw 25cg ; George McCarthy 25h ; LIBRARY OF CONGRESS, LC-USF33-30491-M3 51cd ; CORBIS : 48h, 44-45c, 374hc ; Morton Beebe 334cgd ; Jonathan Blair 146h ; REUTERS 138 ; CUBAN CLUB : © Burget Brothers, Tampa Hillsborough County Public Library 260hd ; CULVER PICTURES, INC, New York : 48cg, 51h, 55 (médaillon).

SALVADOR DALÍ MUSEUM, Saint Petersburg : 256h ; Toutes les œuvres de Salvador Dalí © DEMART PRO ARTE BV/DACS 1997, *Nature morte vivante* 256cd, *L'Enfant malade* 256cs, *Vue de Cadaquès* 256b, *Don Quichotte et Sancho* 257h, *la Découverte de l'Amérique* 257cd, *le Faucheux du matin-Espoir!* (1940) 257cs ; Salvador Dalí de Marc Lacroix 257b ; © INTERNATIONAL SPEEDWAY CORPORATION, Daytona : 218h, 219c, 219b ; Nascar 219cs ; Disney Enterprises, Inc. : 142-143 toutes, 144-145, 146, 152, 153, 160-161, 162, 163, 166h/b, 168, 168-169 toutes, 170-171 toutes, 172-3 toutes, 374b ; « The Twilight Zone™ est une marque déposée de CBS, Inc. et conforme à la licence de CBS, Inc. » 143bd; ©LEGO 173bd ; La Nouba™ by Cirque du Soleil® ; DAVID DYE, University of Memphis : South Florida Museum 40cd, 43cgd.

MARY EVANS PICTURE LIBRARY : 107 (médaillon) ; C Sheppard 9 (médaillon) ; ET ARCHIVE : Natural History Museum 45cgd.

MEL FISHER MARITIME HERITAGE SOCIETY, Key West, Photographe Dylan Kibler © 1993 42h ; © HENRY MORRISON FLAGLER MUSEUM, Palm Beach : 49h, 122hd, 124hg, 124c, 125h, 125cd, 125cs ; Archives 124hd, 125b. THE FLIGHT COLLECTION : Erik Simonsen 386h ; Fontainebleau Hilton, Miami : 69b.

PET GALLAGHER : 20b ; GENESIS SPACE PHOTO LIBRARY : NASA 198bg, 198bd, 199bg, 199bd, 200cs, 200c, 200hg ; GIRAUDON, Paris : portrait de Bridgeman Sir Francis Drake, Olivier Isaac (1540-1596) 43cd ; Laurus 39b ; THE GRANGER COLLECTION, New York : 46cgs, 46cds, 46h, 49cds, 50cg, 50h ; THE RONALD GRANT ARCHIVE : © King Feature Syndicated 180bg ; GULFSTREAM PARK RACETRACK : 96 cd.

ROBERT HARDING PICTURE LIBRARY : Liason 52-53c ; © THE MIAMI HERALD : © Al Diaz 33cg, 126b ; Chuck Fadely & Art Gallery 92h ; © Guzy 53cgd ; © Charlie Trainor 77cd ; HENRY HIRD : 214b ; DIVISION HISTORICAL RESOURCES, STATE DEPARTMENT, Tallahassee : 41cds, 114c ; Permission du HIBEL MUSEUM OF ART, Palm Beach : *Brittany and Child*, huile, enduit et or sur soie, Edna Hibel 24½ x 20½ (1994) 121c ; HISTORICAL MUSEUM OF SOUTHERN FLORIDA, Miami :

50cs, 51cgs, 52c, 63hd, 74th, 285h.
IGFA (INTERNATIONAL GAME FISH ASSOCIATION) : 136 hg ; THE IMAGE BANK, London : 12b, 21c, V. Chapman 50-51c ; IMAGES COLOUR LIBRARY : 17h, 51cdd, 57b, 286bd, 299b ; INDEX STOCK PHOTOGRAPHY, INC, New York : 23b, 34c, 34h, 36h, 36b, 37c, 48h, 121b, 181b, 184c, 263h, 358c, 366c ; © Bill Bachmann 24cg ; © James Blank 17b, 282c ; J. Christopher 27cd ; © Henry Fichner 25cd ; © Warren Flagler 53cdd ; Scott Kerrigan 295cd ; Larry Lipsky 177bg, 291bd ; Wendell Metzen 32h, 32b, 194cd, 288h ; © M Timothy O'Keefe 304-305 ; Jim Schwabel 18, 271h, 283h, 284h ; Scott Smith, 96c ; Steve Starr 26bra, 260bg ; M. Still 291h ; Randy Taylor 34b ; ARCHIVO DE INDIAS, Séville : 42cs ; INDIAN TEMPLE MOUND : 40cg ; KOBAL COLLECTIONS : Universal 181h ; MIAMI WORLD JAI-ALAI : 33h ; Fineman 137b ; KENNEDY SPACE CENTER-VISITOR CENTER, Cape Canaveral : 196h, 197cd, 197cs, 201c ; KEN LAFFAL : 23h, 56b, 109h, 117b, 366h ; FRANK LANE PICTURE LIBRARY : © Dembinsky 24bg, 293b ; © David Hosking 19b, 24bd, 25bd, 194h, 288bd ; Maslowski 116c ; © Leonard Lee Rue 25cds ; LIGHTNER MUSEUM, St Augustine : 49bg ; LOWE ART MUSEUM : 83c ; THE LYNN CONSERVATORY : 130hd.

BARRY MANSELL : 285c ; MACMILLAN PUBLISHERS : Pan Books *Native Tongue* et *Tourist Season* Carl Hiassen 84b ; MARVEL ENTERTAINMENT GROUP, NY : Spider-Man TM et © 1996, Marvel Characters, Inc. Tous droits réserrvés 130h ; FRED MAWER, London : 75h, 79h, 134b, 141h, 192h, 196cs ; MEDIEVAL TIMES DINNER AND TOURNAMENT : 191 bd ; MIAMI SEAQUARIUM : 91 b ; Jason Mitchell : 65 cdb.

© NASA : 200hd, 201h ; The Nature Conservancy : RICH FRANCO PHOTOGRAPHY 192b ; MUSEO NAVAL, Espagne : 28cg ; PETER NEWARK'S PICTURES : American Pictures 47cgs ; Historical Pictures 29cs ; Military Pictures 47cs ; THE NEW YORK PUBLIC LIBRARY : Print Collection, Miriam et Ira D. Wallach Division of Art, Impressions et photographies, Fondations Astor, Lenox et Tilden 42-43c ; JESSE NEWMAN ASSOCIATES : 119bd ; GLENN VAN NIMWEGEN, Wyoming : 290cd, 291bg ; Northampton Museums et Art Gallery : 44h. N.O.O.A. : National Hurricane Center, Miami 26-27, 27h.

THE OPIUM GROUP : Simon Hare Photography 97b ; Orange Blossom Balloons : 375h ; ORLANDO MUSEUM OF ART : prêt longue durée de la collection de la famille Gross, *The Conference*, Edward Potthast (American, 1857-1927), 189b ; ORONOZ, Madrid : 42ca.

THE PALM BEACH POST : © Allen Eyestone 53cgs ; © Thomas Hart Shelby 118cg ; © Greg Lovett 35c ; © Loren Hosack 119bg, 122b ; © EA Kennedy III 22b ; © Mark Mirko 37b ; © Bob Shanley 198h ; © Sherman Zent 35b ; PELICAN MAN'S BIRD SANCTUARY : Roger Hammond 69cd ; PICTURES COLOUR LIBRARY : 303b ; PLANET EARTH PICTURES : 293h ; Kurt Amsler 250h ; Peter Gasson 25bg ; © Brian Kenney 24cd, 24bg, 25cgd, 194cdd, 288cg, 286bg, 287cd, 289h, 289c, 289bg, David Maitland 22cdd ; Doug Perrine 292cd, 293h ; Mike Potts 288b ; Nancy Sefton 292bg.

QUADRANT PICTURE LIBRARY : © Anthony R Dalton 53cds ; MIKE RASTELLI, Ocala : 275b ; REX FEATURES : © Sipa-Press 53h ; Kevin Wisniewski 77h ; THE JOHN AND MABLE RINGLING MUSEUM OF ART, Sarasota : 272b, 271h ; Bequest of John Ringling, *la Construction d'un palais*, Piero di Cosimo (1515-1520) 271c, *Abraham et Melchisedech*, Pierre Rubens (1625) 271b, Philippe IV, roi d'Espagne, Diego Rodriguez de Silva y Velazquez 1625-1635 270 cga ; Giovanni Lunardi (2002) 272 cg, 273 hd, 273 cd, 273 bg, 273 bd.

SEA WORLD : 5h, 118c, 176h, 176c, 177cdd, 165bd ; SEMINOLE HARD ROCK HOTEL AND CASINO : 137h ; SMITHSONIAN INSTITUTION : département d'anthropologie catalogue n° 240915 40cgs ; St Augustine, Ponte Vedra and the beaches VCB : 210bga ; ARCHIVES DE FLORIDE, Tallahassee : 45h, 47h, 47cd, 48b, 51cd, 120bd, 125h, 219cd, 231b, 261b, 263h : Museum of Florida History 51cds, 115b ; TONY STONE IMAGES : Daniel McCulloch 52h ; Stephen Krasemann 280 ; Randy Wells 286c ; SUPERSTOCK : 188h.

TAMPA THEATRE : 367b ; FLORIDA DEPARTMENT OF COMMERCE : R. Overton 41cdd ; UNIVERSAL ORLANDO RESORT : 181h, 181bd, 182b, 183h, 183b, 184cg, 185h, 185b.

WARREN ASSOCIATES : 184hg, 185cg ; Prof L. GLENN WESTFALL, FK ; 48-49 ; WEST FLORIDA HISTORIC PRESERVATION INC : 228 cga ; WET'N'WILD : 186-187 toutes BILL WISSER, Miami : 67h ; WOLFSONIAN FOUNDATION, Miami : Mitchell Wolfson, JR Collection 67b ; WORLD PICTURES : 166h ; YBOR CITY CHAMBER OF COMMERCE : 260 hg.

Page de garde : photographies spéciales sauf TONY STONE : Stephen Krasemann bd.

COUVERTURE :
Première de couverture : © Gräfenhain Günter/ Sime/Photononstop (visuel principal et dos) ; © RIEGER Bertrand / hemis.fr (détourage).
Quatrième de couverture : © ANGELO CAVALLI/ Robert Harding World Imagery/Corbis (hg) ; © Luis Castaneda/Tips /Photononstop (cg) ; © HEEB Christian / hemis.fr (bg)

Toutes les autres photographies : © Dorling Kindersley. Pour plus d'informations, consultez le site **www.dkimages.com**

NOUILLORC
HEUREUSEMENT,
ON NE VOUS PROPOSE
PAS QUE LE TRAIN.
NEW YORK,
TOUTE L'AMERIQUE
ET LE RESTE DU MONDE.
Voyages-sncf.com
Voyages-sncf.com, première agence de voyage sur Internet avec plus de 600 destinations dans le monde, vous propose ses meilleurs prix sur les billets d'avion et de train, les chambres d'hôtel, les séjours et la location de voiture. Accessible 24h/24, 7j/7.

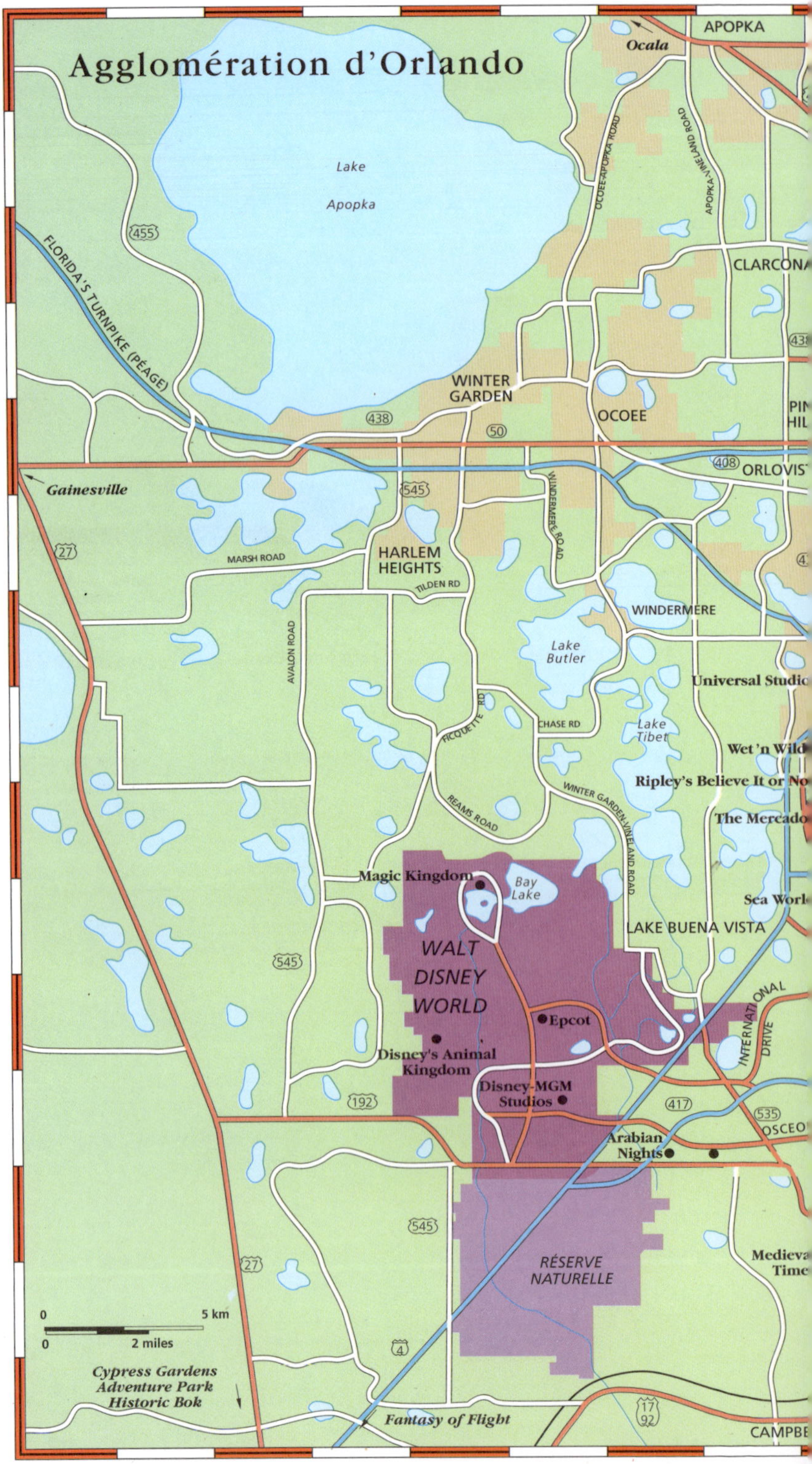
Agglomération d'Orlando
Lake
Apopka
APOPKA
Ocala
OCOEE-APOPKA ROAD
APOPKA-VINELAND ROAD
455
FLORIDA'S TURNPIKE (PÉAGE)
CLARCONA
WINTER
GARDEN
438
50
OCOEE
408
ORLOVIST
Gainesville
545
WINDERMERE ROAD
27
MARSH ROAD
HARLEM
HEIGHTS
TILDEN RD
WINDERMERE
AVALON ROAD
Lake
Butler
Universal Studio
FICQUETTE RD
CHASE RD
Lake
Tibet
Wet 'n Wild
Ripley's Believe It or No
WINTER GARDEN-VINELAND ROAD
REAMS ROAD
The Mercado
Magic Kingdom
Bay
Lake
Sea Worl
LAKE BUENA VISTA
WALT
DISNEY
WORLD
Epcot
INTERNATIONAL
DRIVE
Disney's Animal
Kingdom
Disney-MGM
Studios
192
417
535
OSCEO
Arabian
Nights
RÉSERVE
NATURELLE
Medieva
Time
0
5 km
0
2 miles
4
Cypress Gardens
Adventure Park
Historic Bok
Fantasy of Flight
17
92
CAMPBE